财政部规划教材

应用型教育数智化财经类教材

共享财务会计

刘 飞 刘 云 主编

中国财经出版传媒集团
中国财政经济出版社

图书在版编目（CIP）数据

共享财务会计／刘飞，刘云主编．--北京：中国财政经济出版社，2023.6

财政部规划教材　应用型教育数智化财经类教材

ISBN 978－7－5223－2261－2

Ⅰ.①共…　Ⅱ.①刘…②刘…　Ⅲ.①财务会计－高等职业教育－教材　Ⅳ.①F234.4

中国国家版本馆 CIP 数据核字（2023）第 094341 号

责任编辑：陈　冰　　　　责任印制：张　健
封面设计：卜建辰　　　　责任校对：胡永立

共享财务会计
GONGXIANG CAIWU KUAIJI

中国财政经济出版社 出版

URL：http：//www.cfeph.cn
E－mail：cfeph@cfeph.cn

社址：北京市海淀区阜成路甲 28 号　邮政编码：100142
营销中心电话：010－88191522
天猫网店：中国财政经济出版社旗舰店
网址：https：//zgczjjcbs.tmall.com
北京鑫海金澳胶印有限公司印刷　　　各地新华书店经销
成品尺寸：185mm×260mm　16 开　31 印张　708 000 字
2023 年 8 月第 1 版　2023 年 8 月北京第 1 次印刷
定价：87.00 元
ISBN 978－7－5223－2261－2
（图书出现印装问题，本社负责调换，电话：010－88190548）
本社质量投诉电话：010－88190744
打击盗版举报热线：010－88191661　QQ：2242791300

编写说明

自2005年中兴通讯建立我国第一家财务共享服务中心以来，这种特殊的财务组织形式受到越来越多的集团公司的青睐。2022年，国务院国资委印发《关于中央企业加快建设世界一流财务管理体系的指导意见》，指出“积极探索依托财务共享实现财务数字化转型的有效路径，推进共享模式、流程和技术创新，从核算共享向多领域共享延伸，从账务集中处理中心向企业数据中心演进，不断提高共享效率、拓展共享边界”，这为企业财务共享服务中心的未来建设与发展指明了方向。

在这样的大环境下，代理记账行业也将目光投向财务共享服务中心，正誉企业管理（广东）集团股份有限公司（以下简称正誉集团）是其中的先行者之一。该集团公司于2017年底与正保集团及广州番禺职业技术学院合作成立全国首家正保财务云共享中心，该中心通过标准化、流程化、信息化管理，利用AI技术与SaaS系统，实现了低成本且高质高效的智能化财务数据处理。本书编写团队全程参与了正保财务云共享中心的建设与运营，积累了丰富的素材与业务处理经验。本书力求按以下理念进行开发：

一、面向真实的工作岗位设置教学项目

本书以正誉集团共享中心事业部岗位设置为蓝本，调研其主要岗位设置及工作职责，根据岗位典型工作任务设置教学工作项目。本书项目一面向财税顾问岗位，项目二、项目三、项目五面向理票专员岗位，项目四面向审核专员岗位，项目六面向档案管理专员和收发专员岗位。

二、面向真实的业务流程编排教学内容

本书根据正誉集团共享中心事业部真实的客户资料虚拟了“中山市花田贸易有限公司”一个月的完整业务，并以该客户为例，全景式呈现了社会化财务云共享中心的智能化业务管理与业务处理流程。教材提供了50个财务云共享中心业务处理账号，可供一个教学班同时使用。本书按照真实的业务处理流程与处理标准编排教学内容，其中：项目一解决收集客户资料并为客户建档的问题，项目二至项目五解决客户财税业务处理问题，项目六解决客户档案整理与流转问题；每个项目内部再按业务处理流程与业务处理标准进行编写。六个项目贯穿起来，真实地呈现了社会化财务云共享中心的业务处理流程及业务处理标准。

三、利用商业化的财务云协同管理平台展示“共享”原理及智能化业务处理细节

本书依托正誉集团开发的财务云协同管理平台及智能化财税业务处理系统，真实且完整地呈现中山市花田贸易有限公司一个月的业务处理细节，展示正保财务云共享中心的“共享”原理，让学习者近距离感受财务云共享中心工作模式及智能化业务处理技术给代理记账行业带来的变革与冲击。

四、面向高职学生学习特点贯彻“成果导向，任务引领”的编写理念

本书作为一本应用型教材，旨在提升学习者利用智能化平台按业务标准处理企业财税业务的能力，所以在编写过程中始终遵循高职教育规律，以职业能力培养为核心，力求融理论于实践。全书由中山市花田贸易有限公司一个月的业务贯穿始终，每个项目都有自己的工作任务，当项目结束时，学习者能呈现相应的标志性工作成果，相关的理论知识则融入工作任务之中。

五、面向移动学习需求配有相应的数字化教学资源

本书在智慧职教平台配有相应的PPT、视频微课、习题及在线课程等教学资源，学习者利用手机扫描教材二维码可以随时获取，满足学习者随时、随地、颗粒化、移动化的学习需求。

本书由广州番禺职业技术学院刘飞担任第一主编，刘云担任第二主编，欧阳丽华担任副主编。第一主编负责书稿纲要的制定与内容总纂，第二主编负责虚拟公司全盘业务整理。教材具体编写分工如下：刘飞负责编写项目一下的模块一、项目四，刘云负责编写项目一下的模块三、项目二下的模块二、项目三，欧阳丽华负责编写项目五，刘飞、刘云、正誉集团信息总监康争辉负责编写项目一下的模块二，刘飞、刘云负责编写项目二下的模块一，刘飞、正誉集团共享中心副总经理罗颖负责编写项目六，正誉集团董事长鲁银花担任教材顾问，康争辉负责相关技术支持。

本书由正誉集团提供企业案例素材、财务云协同管理平台支持及票据技术处理支持，广州番禺职业技术学院财经学院院长杨则文教授从教材名称、框架构思、内容安排等方面进行了全方位的审阅与指导，在此深表感谢！

本书为用书学校任课老师提供了相关教学资源，如有需要请以电子邮件形式向中国财政经济出版社索取（请注明：学校、全书名、作者、版次），Email：caijingjiaocai@163.com。亦可登录以下网址下载：http://jiaocai.cfeph.cn。

尽管我们在教材编写过程中力求细致准确，但作为一本新生教材，可能会出现不妥和疏漏之处，敬请读者批评指正。

编者

2023年5月

目　录

本书资源二维码索引

序号	项目名称	模块名称	二维码资源名称	资源类型（视频/文本）	页码
1	项目一 共享中心工作准备	模块一 财务云共享中心认知	共享财务会计课程说明	视频	2
2			什么是财务云共享中心	视频	2
3			融智财务云共享中心	视频	9
4			共享中心业务处理平台认知 1	视频	15
5			共享中心业务处理平台认知 2	视频	15
6		模块二 客户资料收集与整理	客户资料收集与整理	视频	25
7		模块三 客户档案建立	花田公司信息	EXCEL 文本	96
8			建立客户信息档案	视频	97
9			财务云协同管理平台建账	视频	99
10			智能财税业务处理系统建账	视频	101
11	项目二 共享中心票据处理	模块一 业务识别	识别发票	视频	107
12			识别银行回单	视频	116
13			识别工资表	视频	117
14			识别完税证明	视频	119
15			识别电子缴款凭证	视频	120
16			识别花田公司业务 1	视频	121
17			识别花田公司业务 2	视频	121
18			识别花田公司业务 3	视频	121
19		模块二 票据云处理	票据上传	视频	131
20	项目三 共享中心业务核算	模块一 会计核算初始设置	账套信息设置	视频	137
21			习惯设置	视频	141
22			设置账套信息	视频	143
23			录入期初余额	视频	145
24			花田公司期初余额	EXCEL 文本	147
25			设置存货类别和存货明细	视频	151
26			录入期初库存数据	视频	155
27			花田公司期初库存明细	EXCEL 文本	156
28			录入期初固定资产卡片数据	视频	159

续表

序号	项目名称	模块名称	二维码资源名称	资源类型（视频/文本）	页码
29			花田公司固定资产信息	EXCEL 文本	159
30			手工单个新增固定资产	视频	162
31		模块二 采购业务智能核算	获取进项发票信息	视频	167
32			花田公司进项发票信息	EXCEL 文本	169
33			手动增加进项发票	视频	170
34			批量登记进项发票	视频	173
35			单张登记进项发票	视频	178
36			生成采购业务记账凭证	视频	183
37			核对采购业务记账凭证	视频	189
38		模块三 销售业务智能核算	获取发票信息	视频	194
39			花田公司销项发票信息	EXCEL 文本	196
40			手动增加销项发票	视频	197
41			批量登记销项发票	视频	202
42			单张登记销项发票	视频	207
43			生成销售业务记账凭证	视频	208
44			无票收入业务处理	视频	214
45			核对销售业务记账凭证	视频	216
46		模块四 货币资金业务智能核算	账户登记	视频	225
47			采集银行账单流水信息	视频	228
48			导入银行流水信息	视频	231
49			花田公司银行流水信息	EXCEL 文本	231
50			登记支付货款业务	视频	234
51			缴纳住房公积金业务登记	视频	235
52			缴纳税款业务登记	视频	236
53			生成银行业务记账凭证	视频	238
54			核对银行业务记账凭证	视频	250
55		模块五 薪酬业务智能核算	财务云协同管理平台导入人员信息	视频	258
56			花田公司人员信息	EXCEL 文本	259
57			手工录入人员信息	视频	259
58			智能财税业务处理系统新增人员信息	视频	262
59			创建薪酬表	视频	263
60			花田公司薪酬表	EXCEL 文本	264

续表

序号	项目名称	模块名称	二维码资源名称	资源类型（视频/文本）	页码
61			录入个税	视频	266
62			生成职工薪酬相关凭证	视频	271
63			花田公司社保公积金明细	EXCEL 文本	277
64		模块六 费用业务智能核算	费用增值税发票的登记	视频	283
65			其他费用发票登记	视频	288
66			生成费用业务记账凭证	视频	292
67			核对凭证	视频	298
68		模块七 成本业务智能核算	销售成本业务智能核算	视频	301
69		模块八 期末业务智能核算	结转增值税及计提附加税费	视频	312
70			计提固定资产折旧	视频	315
71			计提企业所得税及结转损益	视频	315
72			完成智能核算	视频	320
73	项目四 共享中心业务审核	模块一 原始凭证审核	共享中心业务审核流程	视频	323
74			原始凭证审核的主要内容	视频	329
75			采购业务原始凭证审核	视频	330
76			销售业务原始凭证审核	视频	335
77			货币资金业务原始凭证审核	视频	337
78			薪酬业务原始凭证审核	视频	341
79			成本费用业务原始凭证审核	视频	345
80			期末业务原始凭证审核	视频	346
81		模块二 记账凭证审核	记账凭证审核的主要内容	视频	347
82			科目余额表审核	视频	349
83			采购业务记账凭证审核	视频	357
84			销售业务记账凭证审核	视频	361
85			货币资金业务记账凭证审核	视频	363
86			薪酬业务记账凭证审核	视频	367
87			成本费用业务记账凭证审核	视频	369
88			期末业务记账凭证审核	视频	372
89		模块三 财务报表审核	财务报表审核	视频	375
90	项目五 共享中心税务申报	模块一 税务智能申报流程	税务智能申报	视频	383
91		模块二 流转税与附加税费智能申报	增值税一般纳税人智能申报	视频	393
92			小规模纳税人增值税智能申报	视频	410

续表

序号	项目名称	模块名称	二维码资源名称	资源类型（视频/文本）	页码
93			智能财税业务处理系统增值税智能申报	视频	418
94		模块三 所得税智能申报	企业所得税智能税务申报	视频	429
95			个人所得税智能税务申报	视频	437
96		模块四 其他税费智能申报	印花税智能税务申报	视频	449
97		模块五 税务审核	增值税的税务审核	视频	455
98			企业所得税的税务审核	视频	463
99			印花税的税务审核	视频	466
100	项目六 共享中心档案管理	模块一 会计档案整理	会计档案管理规定	视频	469
101			打印会计资料	视频	473
102			装订凭证	视频	477

项目一

共享中心工作准备

知识目标

1. 了解财务共享服务的概念
2. 了解财务云的概念
3. 了解财务云共享中心的特点

能力目标

1. 能搜集企业相关资料，理解企业文化
2. 能描述社会化财务云共享中心岗位设置及主要职责
3. 能简单绘制财务云共享中心客户服务流程图
4. 能简单绘制财务云共享中心业务处理流程图
5. 能描述财务云协同管理平台主要模块及其功能
6. 能对客户资料进行初步归类整理
7. 能为客户新建业务档案与财务档案

素养目标

1. 培养爱岗敬业、谨慎细心的工作作风
2. 培养诚实守信、不做假账的职业操守
3. 增强保密意识，严守公司商业机密

工作任务

1. 搜集公司资料，了解企业文化
2. 建立客户信息档案
3. 财务云协同管理平台建账
4. 智能财税业务处理系统建账

标志性成果

1. 财务云共享中心组织架构图
2. 财务云共享中心业务处理流程图
3. 客户业务档案
4. 客户初始账套

模块一　财务云共享中心认知

共享财务会计课程说明

什么是财务云共享中心

相关知识

随着大数据、人工智能、移动互联、云计算、区块链等新一代信息技术的发展，全球已进入数字经济时代。国家发展和改革委员会在2022年3月发布《“十四五”数字经济发展规划》，指出“数字经济是继农业经济、工业经济之后的主要经济形态，是以数据资源为关键要素，以现代信息网络为主要载体，以信息通信技术融合应用、全要素数字化转型为重要推动力，促进公平与效率更加统一的新经济形态。”党的二十大报告进一步强调发展数字经济的重要性，指出要“加快发展数字经济，促进数字经济和实体经济深度融合，打造具有国际竞争力的数字产业集群。”

共享作为数字经济时代的重要特征，正对各行各业产生重大影响。于企业而言，为降低成本，提高效率，能集中的资源都会尽可能利用信息技术进行共享。财务是天然的数据中心，财务共享服务是企业数字化转型的具体层面。财务共享服务，是在财务组织深化变革基础上所建立的组织模式，是新技术条件下财务工作的“工业化革命”，也是企业数字化转型的必由之路。在我国，财务共享服务已经进入到蓬勃发展阶段，很多企业建立了财务共享服务中心。

一、共享服务

马克思认为："一个民族的生产力的发展水平，最明显地表现为该民族分工的发展程度。任何新的生产力，只要它不是迄今已知的生产力单纯的量的扩大（例如开垦土地），都会引起分工的进一步发展。"亚当·斯密认为：技术进步和创新依赖于劳动分工。因为分工，才有专业化，才有熟练程度的提高和专心致志的研发，最终才有发明创造。分工是国民财富增进的源泉。

共享服务正是信息技术飞速发展和社会分工进一步精细化、精准化的产物。共享服务是业务运营整合的一种新兴模式，在共享服务模式下，企业将原来分散在不同业务单元进行的财务、人力资源管理、IT 技术等事务性或者需要充分发挥专业技能的活动，从原来的业务单元中抽离出来，由专门成立的独立实体提供统一的服务。共享服务通常适用于集团型企业，集团型企业通过将组织内部的一些单一的或者重复的业务进行标准化的统一运作并重新分工，以规模化、标准化、流程化运营来降低企业管理成本并提高工作效率。

二、财务云

上海国家会计学院于 2022 年 7 月发布"2022 年影响中国会计人员的十大信息技术"：财务云、会计大数据分析与处理技术、流程自动化（RPA 和 IPA）、中台技术（数据、业务、财务中台等）、电子会计档案、电子发票、在线审计与远程审计、新一代 ERP、在线与远程办公、商业智能（BI）。同时发布"2022 年五大潜在影响技术"：金税四期与大数据税收征管、业财税融合与数据编织、大数据多维引擎与增强分析、机器人任务挖掘与智能超级自动化、分布式记账与区块链审计。与 2021 年调查数据相比（图 1－1－1），"2022 年影响中国会计人员的十大信息技术"中，"财务云"依然首当其冲。

图 1－1－1　2021 年影响中国会计人员的十大信息技术

那么，“财务云”是什么呢？

孙彦丛在《财务云：从共享服务到财务数字化》一文中表示：“财务云”一词最早由中兴通讯在2011年正式提出，它的理念来源则要追溯到2005年。由于全球化业务的快速扩展，出于公司战略以及业务经营对财务转型的需求，中兴通讯在2005年将各个业务单位的财务工作进行标准化、流程化再造，并集中至财务共享服务中心统一处理，建立了我国企业第一个财务共享服务中心。2010年，中兴通讯建立了云计算中心。中兴通讯财务共享服务团队在研讨云计算技术发展趋势时发现，共享服务中心其实是企业内部财务计算能力的集成，非常符合云计算的特征——无时不在、无处不在，且随需取用。如同“看不见的财务”，用户不需要知道服务由谁提供，但只要提出服务请求，财务云就会实时响应，随时满足用户需求。因此，2011年中兴通讯将财务共享服务中心正式更名为“财务云服务中心”，简称“财务云”。

可见，财务云并非某种单一技术，它是在财务共享服务管理模式基础之上，融合大数据、人工智能、移动互联、云计算、物联网等各类新兴技术在财务领域的应用，如图1-1-2、图1-1-3所示。

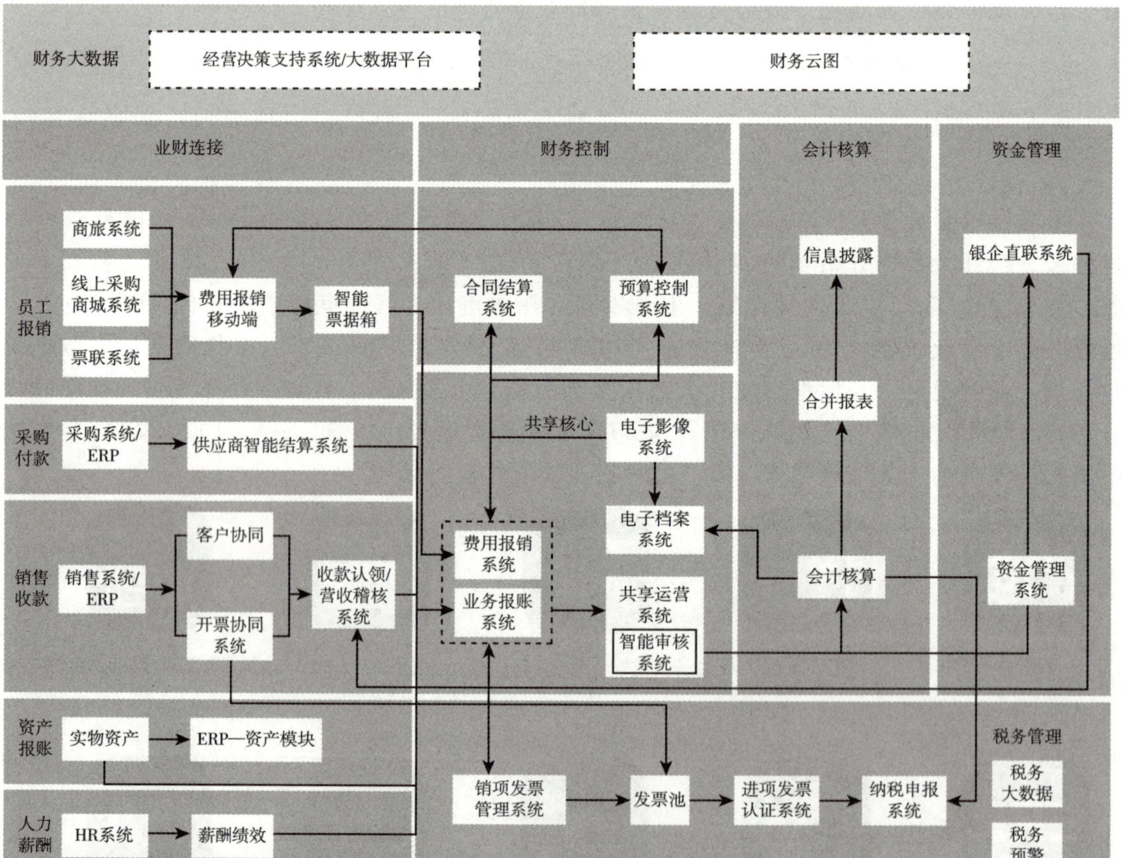

图1-1-2　中兴财务云信息系统框架

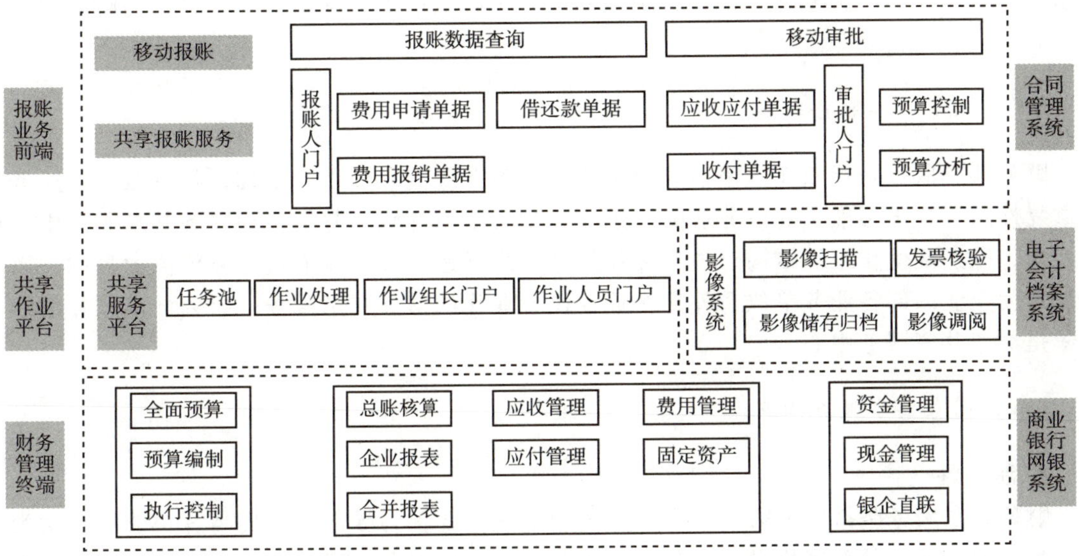

图 1－1－3 广东省某交投公司财务云信息系统框架

为了向用户提供最佳财务服务体验，中兴财务云提出了“5A”财务服务理念：任何时间（Anytime）、任何地点（Anywhere）、任何人（Anyone）都可以通过任何工具（Any-device）获得财务服务（Anything），实现财务能力的集中与共享，促进财务转型。未来，在数据驱动下，财务云将成为企业的大数据中心，通过建立数据中台，对企业内外部的全量、异构、多类型的数据，进行采集、处理、挖掘，释放数据价值，推动企业融入数字化时代。财务云从财务共享服务的实践中演变而来，既是财务管理模式的创新，又在信息技术发展的驱动下被赋予了更高的期望和定位，从早期的“会计工厂”向“大数据中心”转型发展。

三、财务云共享服务中心

（一）起源与发展

“财务共享”的概念最早起源于美国福特汽车公司。1913 年，福特汽车首创人类工业史上第一条流水生产线，大幅提高了生产效率和产品质量，公司也迅速发展壮大。在公司发展壮大的同时，公司不同部门之间，不同事业部之间，不同业务条线之间各自为政，数据难以协同管理，公司经营效率和业绩下滑。在这样的背景下，福特公司着手解决数据协同管理问题，并于 1981 年底在底特律创建了全球第一家财务共享服务中心。随后杜邦公司、通用电气公司也建立了财务共享服务中心。到了 20 世纪 90 年代，惠普、IBM、辉瑞等公司相继建立了自己的财务共享服务中心。

国内财务共享服务中心最先由跨国集团引入，1999 年摩托罗拉在天津成立亚洲财务结算中心；2000—2004 年，GE、埃森哲、惠普在中国建立了财务共享服务中心；2005 年，中兴通讯建立财务共享服务中心，成为第一家建立财务共享服务中心的中国企业；之后十年，海尔、宝钢、美的、国家开发银行、中国移动、中国电信等也逐步建立了自己的财务共享服务中心。

（二）财务共享服务内涵

财务共享服务是指依托数字信息技术，以财务业务流程处理为基础，将分散于各业务单元重复性高、易于标准化的财务业务，进行流程再造与优化，并集中到财务共享服务中心统一处理，以达到优化组织结构、提升工作效率、降低运营成本或创造财务价值为目的，以市场视角为企业内部各业务单位及外部企业提供专业化的财务共享服务。财务共享服务的运营主体是财务共享服务中心。

（三）财务共享服务特点

1. 服务性

财务共享服务坚持服务第一原则，以客户的业务要求为导向，以提高客户的满意度为宗旨，为集团内部及外部客户提供财务共享服务，并按照财务共享服务中心与集团内外部客户签订的协议收取服务费用，从理念上将业务处理变成服务，将服务变成商品。

2. 标准性

财务共享服务中心遵循统一的、标准化的作业流程、操作模式和业务处理规范，从而实现统一和共享，这样既可降低运营成本，又有利于企业的规模扩张。

3. 专业性

财务共享服务中心是一个相对独立的商业实体，拥有具有专业化知识和技能的共享服务人员团队以及高性能、高集成对接税务局和银行的共享软件平台系统，可以高效地为内外部客户提供专业化的共享服务。

4. 规模性

财务共享服务中心通过流程优化和再造，将不同业务单位冗杂繁多的业务进行归并、整合和集中，进而实现规模经济效益。

（四）国家政策支持

2011 年 7 月，国务院国资委发布《关于加强中央企业财务信息化工作的通知》，提出“具备条件的企业应当在集团层面探索开展会计集中核算和共享会计服务。”

2013 年 12 月，财政部印发《企业会计信息化工作规范》，其中第三十四条指出“分公司、子公司数量多、分布广的大型企业、企业集团应当探索利用信息技术促进会计工作的集中，逐步建立财务共享服务中心。”

2014 年 10 月，财政部印发《关于全面推进管理会计体系建设的指导意见》，指出“鼓励大型企业和企业集团充分利用专业化分工和信息技术优势，建立财务共享服务中心，加快会计职能从重核算到重管理决策的拓展，促进管理会计工作的有效开展。”

（五）未来发展方向

近几年随着财务共享服务的发展，财务共享服务模式已成为国内大型企业集团普遍认可和广泛采用的管理模式，其给企业带来的价值使财务共享服务模式成为企业集团财务管理提升的有效手段。随着“大、智、移、云、物”等新兴技术在财务管理领域应用探索的不断深入，财务共享服务中心对数字化及智能化的需求变得更加强烈。2022 年 2 月，国务院国资委印发《关于中央企业加快建设世界一流财务管理体系的指导意见》，指出要“积极探索依托财务共享实现财务数字化转型的有效路径，推进共享模式、流程和技术创新，从核算共享向多领域共享延伸，从账务集中处理中心向企业数据中心演进，不断提高共享效率、拓展共享边界。”这份文件既可以看作是国资委对央企建设财务共享服务中心的政策指导与支持，也可以看作是对财务共享服务中心的未来建设与发展指明了方向。

（六）财务共享服务中心岗位设置

根据资源配置理论，在社会经济发展的一定阶段，相对于人们的需求而言，资源总是表现出相对的稀缺性，从而要求人们对有限的、相对稀缺的资源进行合理配置，以便用最少的资源耗费，生产出最适用的商品和劳务，获取最佳的效益。集团公司构建财务共享服务中心就是为了实现资源的有效配置，将公司财务业务进行统一标准化处理，减少人力资源的浪费，使从事财务会计基础工作的人员转向战略决策并为业务提供服务，使得公司共享财务、业务财务和战略财务之间形成协同效应和规模效应，进而实现财务管理价值最大化。集团公司共享财务、业务财务和战略财务之间的协同关系如图 1－1－4（摘自《用友 BIP 大型企业财务共享数智化报告》）所示。

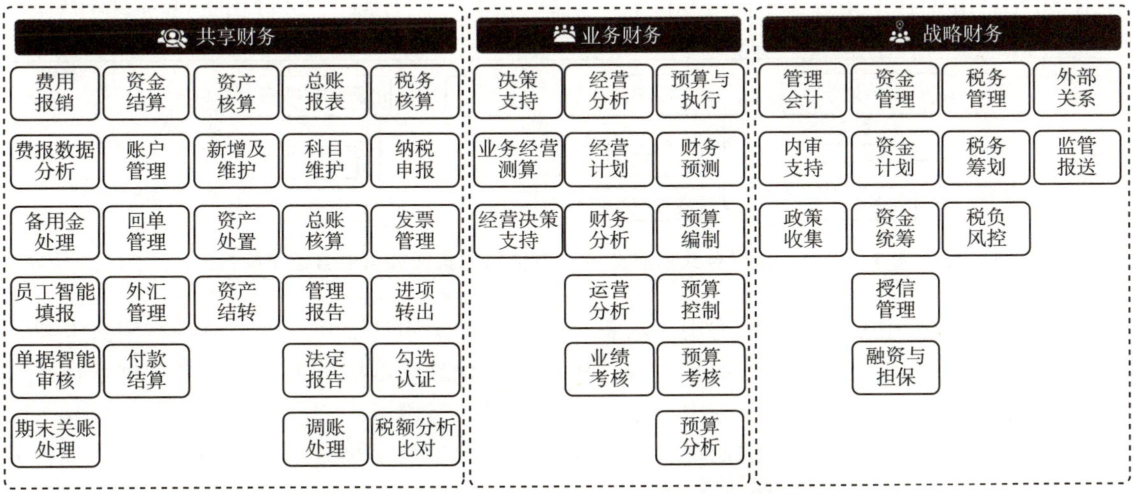

图 1－1－4　共享财务、业务财务和战略财务之间的协同关系

现代的财务共享服务中心是以“大智移云”等信息技术为依托，将分散于各业务单位的重复性高、易于标准化操作的财务活动进行流程再造与标准化改造，并统一到一个新的“中心”进行集中处理和管理的一种新型财务管理组织和模式。财务共享服务中心的出现，一定会打破原有的企业财务组织架构，比如国内最早成立财务共享服务中心的中兴通讯就对其财务部门进行了重组，根据职责分工，将财务部门人员划分为战略财务团队、业务财务团队、共享财务团队、专家团队，不同团队职责分工如表 1－1－1 所示。

表 1－1－1　　　　中兴通讯全球财务管理团队构架

团　队	团　队　职　责
战略财务	控制和管理：预算管理、成本管理、税务管理、资金管理、绩效管理、会计政策
业务财务	落实和支持：深入业务一线提供有效信息、全价值链财务管理支持、协调财务运营
共享财务	处理和分析：会计科目、核算流程、信息平台、数据标准、银行支付、绩效报表
专家团队	技术和专业：研究和突破财经管理重大专项、对实践提供指导意见、重大项目支持

某集团公司以财务共享服务中心为依托的财务组织架构如图 1－1－5（摘自《用友 BIP 大型企业财务共享数智化报告》）所示。

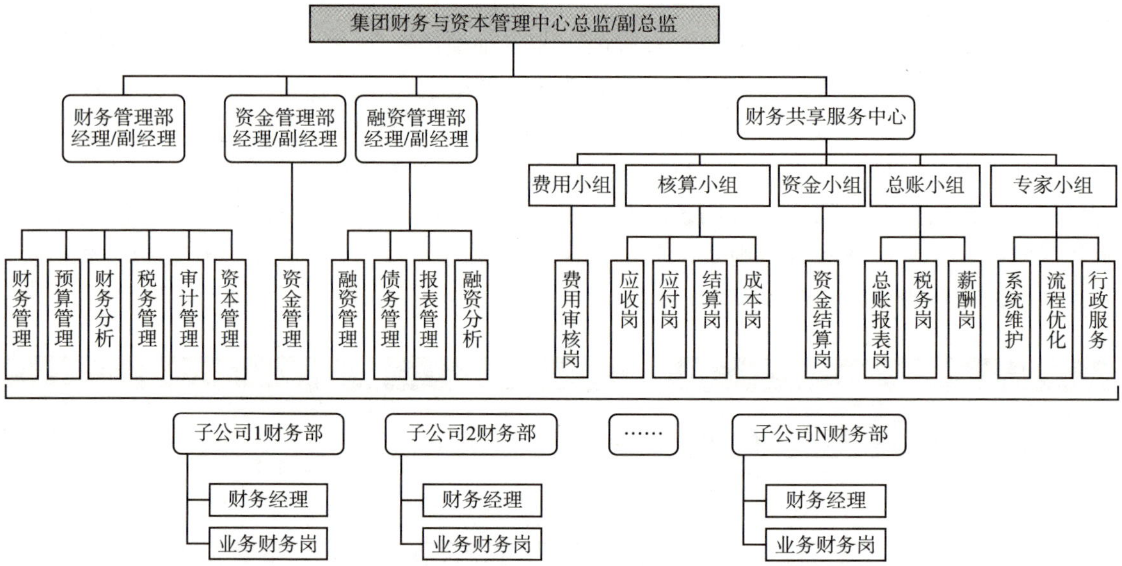

图 1－1－5　以财务共享服务中心为依托的集团公司财务组织架构

财务共享服务中心模式一般适用于具备一定规模的集团性公司，但也有一种财务共享服务中心并非集团企业内部设立，而是由提供中小企业代理记账服务的公司与会计师事务所转型升级而来。这一类财务共享服务中心采用集团财务共享服务中心服务模式的原理框架，但服务对象并不局限于单一集团的成员公司，而是吸收大量的中小微企业为服务对象，通过财务云系统的技术在线完成客户的财税业务处理。在这种模式下，很多中小微企业可以不用组建自己的财务部门，而是通过向社会化的财务共享服务中心购买服务的形式实现标准化、规范化的财务处理。无论是集团公司的财务共享服务中心，还是社会化的财务共享服务中心，在业务处理上，都具备信息化、流程化、标准化、智能化的特征；在业务类型上，往往面向标准化业务，基本上大同小异。

本书主要结合正誉企业管理（广东）集团股份有限公司旗下的“融智·财务云共享中心”介绍社会化的财务共享服务中心运营与业务处理。为方便表述，除特殊情况外，后文将财务云共享服务中心简称为共享中心。

业务流程

企业文化认知—共享中心岗位认知—共享中心客户服务流程认知—共享中心业务处理流程认知—共享中心业务处理平台认知。

业务操作

融智财务云
共享中心

一、企业文化认知

（一）企业概况

正誉企业管理（广东）集团股份有限公司（后文简称正誉集团）成立于2013年3月，总部位于广州市荔湾区，注册资金3 000万元，多年来深耕财税服务专业领域。2017年8月，公司进行股份制改造，并成功在广州股权交易中心挂牌，股权代码“880071”，为国家级高新技术企业，2020年成功入选广东省发改委立项的广东省第一批产教融合型企业入库培育名单。

正誉集团立足珠三角，面向全国市场，在广州、东莞、佛山、珠海、深圳、惠州、中山设有财税分公司。在广州、深圳、武汉、咸宁、台州、郑州、南宁、呼和浩特、昆明、银川、牡丹江等地设有共享中心基地，累计服务近两万家企业客户。正誉集团率先搭建了财务云共享中心，实现了“互联网＋财税”的服务模式，提升了财税服务的专业质量和效率，促进了财税服务行业的良性发展，提升了行业和专业价值。

（二）业务板块

正誉集团业务板块分为四大事业部，两大独立项目资质公司，如图1－1－6所示。

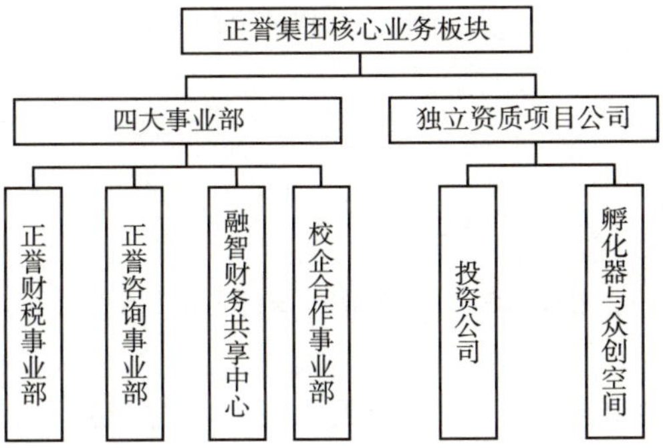

图1－1－6　正誉集团业务板块

1. 正誉财税事业部

正誉财税事业部深耕财税专业领域，旨在为广大客户提供专业的一站式服务，主要服务项目包括：财税代理服务、审计验资、小微企业财务顾问等五十多项企业服务。

在管理模式上，财税事业部采取总经理负责制，各地财税公司总经理独立运营管辖分公司。为配合总经理负责制模式顺利推行，集团下设财税顾问渠道管理部，由有着多年财税管理经验的集团核心成员组成，为各区域财税公司提供专业支持辅导，支持财税事业部全国布局。

正誉财税事业部有着完善的培训体系以及人才培养体系，率先进入高校教育领域，通过校企合作共同培养企业需要的财税顾问人才。

2. 正誉咨询事业部

正誉咨询事业部主要为大中型企业提供财务咨询、税务筹划、企业管理咨询服务。事业部拥有由上市公司财务总监、注册会计师、资深财税顾问、投融资顾问、企业管理咨询顾问组成的强大团队。

3. 融智·财务云共享中心

融智·财务云共享中心成立于2017年10月，是正誉集团联合全国高校、知名教育服务机构共同打造的服务于中小微企业的社会化的财务云共享服务中心。共享中心通过标准化、流程化、信息化管理，利用“AI技术+SaaS系统”实现低成本、高质量、高效率的智能化数据处理。共享中心通过与财税服务机构、教育培训机构合作，为中小微企业提供财税核算、纳税申报、财务咨询、业财管控、人才推荐、企业内训等经营管理服务，为大型企业提供财务会计外包服务，为院校提供会计类专业的教学服务、实践服务、就业服务、科研服务、师资培训等产教一体化协同育人服务。

4. 校企合作事业部

在“校企合作，产教融合”职业教育大背景下，正誉集团全力支持国家职业教育发展，以“企业真实业务+智能化平台+财务会计转型+企业老师带教”模式与全国高校开展合作，共建产业学院，共建校内外实践教学基地，通过“现代学徒制”“订单班”等模式，共同培养服务于地方经济发展的财税人才。

5. 投资公司

正誉集团旗下子公司钱多多投资有限公司主营新四板、新三板挂牌推荐、协助企业融资，帮助企业设计收购并购方案、企业股权架构，为企业提供上市前财务辅导等。

6. 孵化器及众创空间

孵化器位于广州市荔湾区，众创空间位广州市南沙区，合作伙伴金财众创为上市公司金财互联旗下项目，位于广州市黄埔区。

（三）经营理念

1. 公司核心价值观

诚信正直：为人处世正直讲诚信；对客户、对同事、对领导、对下级做到真诚合作，信誉至上。

反省感恩：凡事首先自我反省，反省使人进步；倡导感恩，珍惜当下，报效社会。

创新进取：勇于创新，时刻保持创新思维；敢于设立具有挑战性的目标，虚心学习、不畏困难、精益求精。

共赢发展：用利他的思维去合作，用发展的思维定目标，有胸怀有格局。

2. 公司核心竞争力

系统优势：致力于财税服务行业发展的规范化、专业化、标准化。

技术优势：关注企业财税服务管理水平和信息化建设。

平台优势：做最具影响力的企业财税服务平台。

资源优势：服务涵盖全行业，通过正誉平台实现企业从供应链到市场的资源互补。

3. 公司核心经营理念

为企业而生，与企业同行，为企业创造价值。

4. 公司品牌精神

专业可靠，正己守道，美誉全球。

5. 公司发展宗旨

报效国家与社会，改变行业定律，引领财税行业价值提升。

二、共享中心岗位认知

共享中心可以根据规模大小和业务量大小设置岗位，根据具体情况可以一人多岗，或一岗多人。正誉集团旗下融智·财务云共享中心主要岗位设置如图 1－1－7 所示。正誉集团财税事业部与财务云共享中心业务往来密切的岗位包括财税顾问、品控经理、品控专员，这里也一并予以介绍。

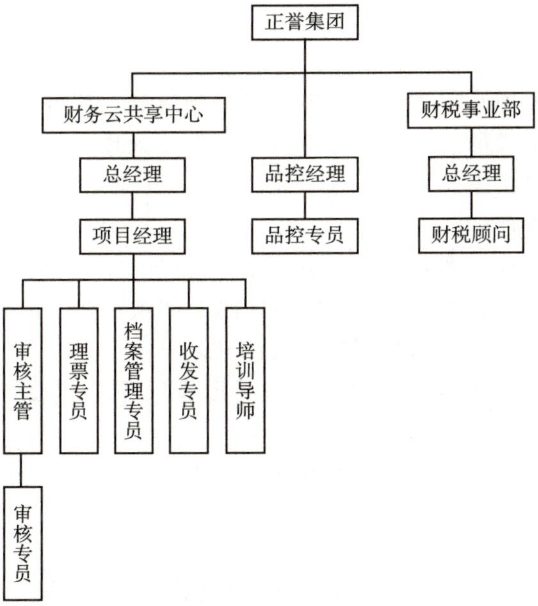

图 1－1－7　融智·财务云共享中心组织架构图

（一）总经理

（1）负责院校合作项目开发、当地财税业务开发和运营。对共享中心收入、成本、利润负责。

（2）负责共享中心日常运营与整体协调，监控共享中心产能数据，协调安排各共享中心业务处理量。

(3) 监管共享中心产品质量，提升全员服务质量。

(4) 负责共享中心 B 端客户（如财税公司、会计师事务所等）开发及客户日常维护。

(5) 负责共享中心人力资源管理。

(6) 负责市场情况调研，为公司的经营方向或产品研发提供支撑数据。

(二) 项目经理

(1) 根据共享中心年度预算编制年、月处理量目标，制订实施计划、人员工作分配计划，对共享中心业务实施的进度、质量、成本等事宜负责。

(2) 负责团队组织管理、人才梯队建设。

(3) 负责共享中心产品质量把控、作业流程优化。

(4) 对接新增客户在信息系统的账号创建工作，辅导客户进行系统测试；对客户的基础档案信息进行维护和及时更新。

(5) 为客户讲解项目操作流程，与客户商定标准流程（包含工作对接流程和要点、账税衔接标准、工作系统等），及时跟进完成进度，保障新接账套的顺利进场。

(6) 对客户提出的培训需求或工作中发现的培训需求及时整理汇报至总经理，配合总经理协调完成对内部员工和客户的培训作业。

(7) 制订共享中心账税处理工作计划，分配每日工作任务。

(三) 审核主管

(1) 共享中心账税处理及审核任务领取，负责当月分配任务的跟进。

(2) 对所负责的小组成员进行工作任务分配，保证处理结果和数据及时汇总统计。

(3) 指导实习生账税实操。

(4) 负责小组团队管理。

(5) 负责跟进审核会计问题件，及时进行汇总整理，反馈给客户并抄送经理，及时向项目负责人索要问题件反馈结果，保证审核会计的工作顺利有序进行。

(6) 协调处理客户疑难件问题及客户投诉问题。

(7) 每月会同审核会计就客户实际业务情况形成服务总结报告，挖掘实际工作中存在的问题。

(8) 负责抽检票账税，对发现的问题及时进行处理。

(四) 审核专员

(1) 票据审核。根据票据审核标准审核客户票据类型是否齐全，信息是否齐全。

(2) 账务审核。根据记账凭证审核标准、会计报表审核标准对客户记账凭证及会计报表进行审核。

(3) 税务审核。根据税务审核标准对客户报税情况进行审核。

(4) 对审核中发现的问题及时反馈给审核主管，审核主管汇总整理问题后与财税顾问沟通。

(5) 完成当天的票账税审核工作任务并保证质量。

(五) 理票专员

(1) 自动采集销项信息，生成相应记账凭证。

（2）自动采集进项信息，生成相应记账凭证。
（3）对系统未能自动采集到但财务云系统已上传的发票信息手工录入记账凭证。
（4）采集银行收支信息并生成记账凭证。
（5）根据财务云工资数据生成工资费用计提凭证。
（6）编制期末“摊”“提”“转”记账凭证。
（7）检查自动生成凭证与手工编制凭证，办理理票完成手续。
（8）税务申报。

（六）档案管理专员

（1）根据记账凭证整理、粘贴纸质原始凭证。
（2）打印记账凭证、账簿、报表及其他需要装订的会计资料。
（3）按共享中心装订标准装订记账凭证、账簿及其他会计资料。
（4）负责装订机日常维护和保养工作，保持装订台面整洁。
（5）负责装订材料的申购与领用。
（6）检验装订后的会计资料并交由收发会计归档管理。

（七）收发专员

（1）负责会计资料的日常整理、归档与领用管理。
（2）制订每月票、账、税、会计档案收发处理计划。
（3）每天按时间要求签收票据，签收完传递给审核主管。
（4）凭证完成后在规定时间内通过系统签发会计档案，将签发清单转财税顾问，便于财税顾问通知客户及时签收确认。

（八）培训导师

（1）做好授课计划，安排好每天上课的课程内容，并准备相应的教案。
（2）负责讲授相关理论，指导学生实操，解决学生在实操中遇到的问题。
（3）每天课后及时回复学生提交的工作日志，收集学生对课堂的建议。
（4）合理安排并指导助教协助工作。

（九）财税顾问

财税顾问隶属财税事业部，为共享中心及终端客户提供服务。其主要职责如下：
（1）日常客户辅导对接，做好共享中心与客户账税业务处理的桥梁，跟进票据处理问题及其他疑难问题。
（2）每月下旬沟通确认票账税工作计划表及客户税务信息表（包括客户名称、企业类型、缴纳税种、工资变动、发票勾选情况等信息），下达报税任务，确保信息的及时性与准确性。
（3）每月上门辅导客户1～2次，解决实际工作问题，做好客户关系维护。
（4）协助经理做好客户培训工作。对于B端客户，在接单次日，上门培训代账公司会计，做好对接指引、标准化理票培训、操作系统培训工作。

（十）品控经理

品控经理由集团总部委派和管理，其主要职责如下：

（1）负责组织编制、审核和发布共享中心相关规范、制度。

（2）负责解析财务共享工作涉及的法律法规及公司规章制度等政策、规范、指引，为财务共享中心提供专业支持。

（3）负责依据财务相关法律法规、公司规章制度、财务共享服务承诺，对共享中心输出的各类信息进行定期或不定期的检查，出具共享中心质量检查报告并追踪问题解决情况。

（4）负责建立财务共享质量管理机制，持续优化财务共享质量管理机制。

（十一）品控专员

品控专员由集团总部委派和管理，其主要职责如下：

（1）负责重点客户的终审工作、兼职会计的抽检工作。

（2）对全国各共享中心的账税进行抽检。

（3）协助品控经理编制品控标准。

三、共享中心客户服务流程认知

共享中心客户服务简略流程如图 1－1－8 所示。

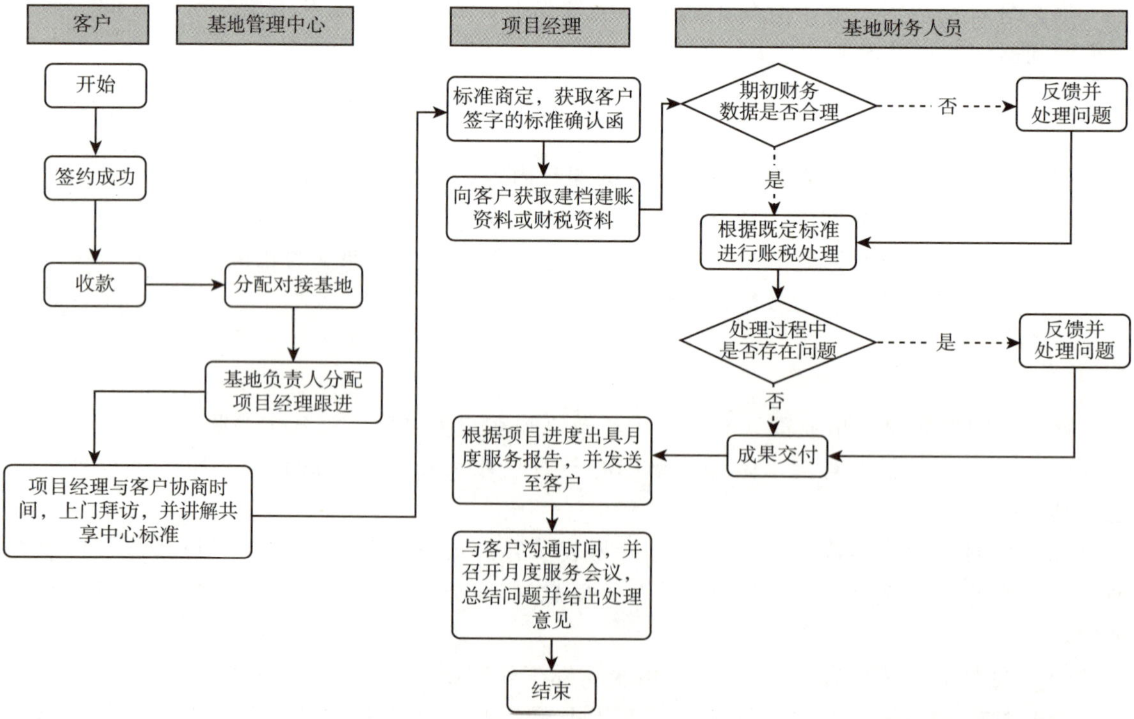

图 1－1－8　共享中心客户服务流程

四、共享中心业务处理流程认知

共享中心业务处理简略流程如图 1－1－9 所示。

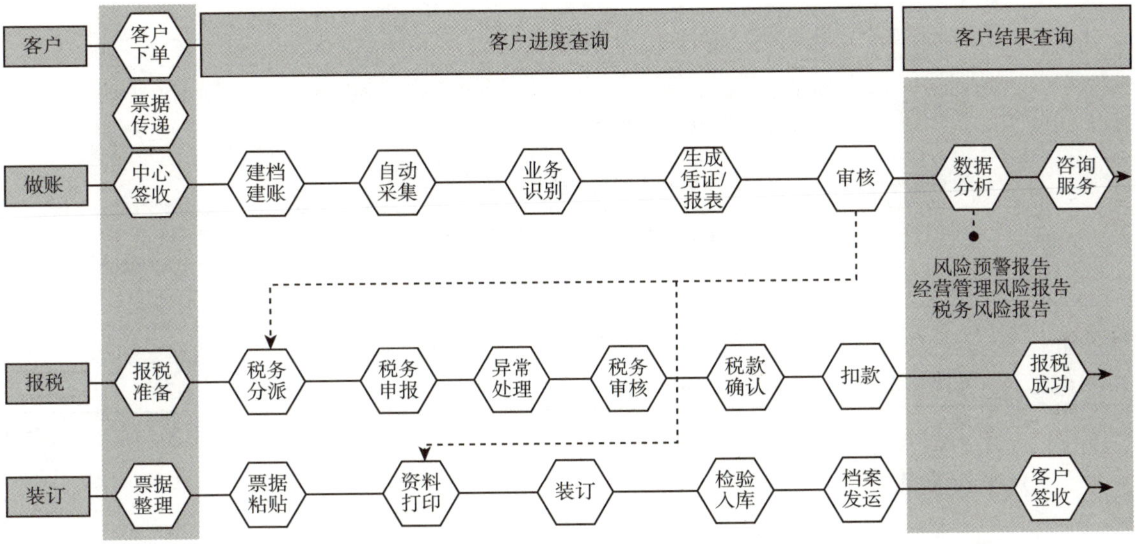

图 1－1－9　共享中心业务处理流程

（1）客户。作为客户，在下单以后将纸质单据快递给共享中心。平时可以通过电脑端或者手机端查询账税处理进展与结果，可以和共享中心财税顾问咨询沟通财务问题。

（2）做账。共享中心收到客户单据以后，如果是新增客户，首先要帮助客户建立档案和账套，之后再开始账务处理和审核，并向客户提交财务分析报告。

（3）报税。帮助客户申报纳税，并进行税务稽查，提交税务风险分析报告。

（4）装订。帮助客户整理单据，打印并装订账、证、表，经审核无误后快递给客户。

五、共享中心业务处理平台认知

共享中心业务处理平台认知 1

共享中心业务处理平台认知 2

财务云协同管理平台是采用 SaaS 云部署模式，实现无地域限制、无行业限制、无时间限制，一年 365 天 24 小时在线共享的业财税云管理平台。财务云协同管理平台采用 B＋C＋G 模式，C 端企业可以实时在线上传票据、查看进度及财税报表数据；B 端财税服务公司可在线管理服务的客户和财税顾问，可按客户与财税顾问分权分级管理；票、账、税全流程在线监管，通过 OCR 智能识别，税费自动申报，并与 G 端共享中心无缝对接，实时反馈进度及处理结果，结合 RPA 技术，将大部分重复性工作与有规律的工作实现流程化、自动化处理。主要功能模块如表 1－1－2 所示。

表 1－1－2　财务云协同管理平台主要功能模块

序号	功能模块	功能简介
1	基础档案	企业内部分公司、子公司或部门的设立与人员管理
2	客户管理	客户档案信息维护与客户权限管理
3	税务管理	个税基本信息、工资表与税费申报任务进度管理
4	票据管理	原始票据的邮寄、签收、凭证打印装订等进度管理
5	智能核算	原始票据拍照或扫描上传，线上任务分派、核算进度、进销项发票自动提取及自动生成凭证与财务报表等
6	计划管理	共享中心来料加工计划维护与账税处理进度分析与统计管理
7	小程序	企业账税查询、费用票据上传等功能
8	大数据分析	票账税处理进度与完成量的数据统计分析
9	RPA 自动报税	个税、增值税、企业所得税等税费自动申报与结果反馈
10	系统管理	系统用户、角色权限启用与停用维护

（一）平台登录

点击网址：http：//www.yuduwlkj.com，出现如图 1－1－10 所示界面。

图 1－1－10　财务云协同管理平台登录界面

个人用户需要系统管理员在后台用个人手机账号注册后用手机号和密码登录，公司用户需要注册由系统管理员后台审核通过后凭注册用户名和密码登录。

本教材个人用户体验账号和密码如表 1－1－3 所示。

表 1-1-3　　个人用户体验账号和密码表

序号	账号	财务云平台密码	智能财税系统密码
1	13920230001	123456	888888
2	13920230002	123456	888888
3	13920230003	123456	888888
4	13920230004	123456	888888
5	13920230005	123456	888888
6	13920230006	123456	888888
7	13920230007	123456	888888
8	13920230008	123456	888888
9	13920230009	123456	888888
10	13920230010	123456	888888
11	13920230011	123456	888888
12	13920230012	123456	888888
13	13920230013	123456	888888
14	13920230014	123456	888888
15	13920230015	123456	888888
16	13920230016	123456	888888
17	13920230017	123456	888888
18	13920230018	123456	888888
19	13920230019	123456	888888
20	13920230020	123456	888888
21	13920230021	123456	888888
22	13920230022	123456	888888
23	13920230023	123456	888888
24	13920230024	123456	888888
25	13920230025	123456	888888
26	13920230026	123456	888888
27	13920230027	123456	888888
28	13920230028	123456	888888
29	13920230029	123456	888888
30	13920230030	123456	888888
31	13920230031	123456	888888
32	13920230032	123456	888888
33	13920230033	123456	888888
34	13920230034	123456	888888

续表

序号	账号	财务云平台密码	智能财税系统密码
35	13920230035	123456	888888
36	13920230036	123456	888888
37	13920230037	123456	888888
38	13920230038	123456	888888
39	13920230039	123456	888888
40	13920230040	123456	888888
41	13920230041	123456	888888
42	13920230042	123456	888888
43	13920230043	123456	888888
44	13920230044	123456	888888
45	13920230045	123456	888888
46	13920230046	123456	888888
47	13920230047	123456	888888
48	13920230048	123456	888888
49	13920230049	123456	888888
50	13920230050	123456	888888

（二）平台主要功能

登录财务云协同管理平台后界面如图 1－1－11 所示。

图 1－1－11　财务云协同管理平台主要功能界面

1. 基础档案

基础档案模块主要用于为共享中心搭建组织架构，为共享中心员工建立个人档案。下设两个子模块：人员档案、职务任命，如图 1－1－12 所示。

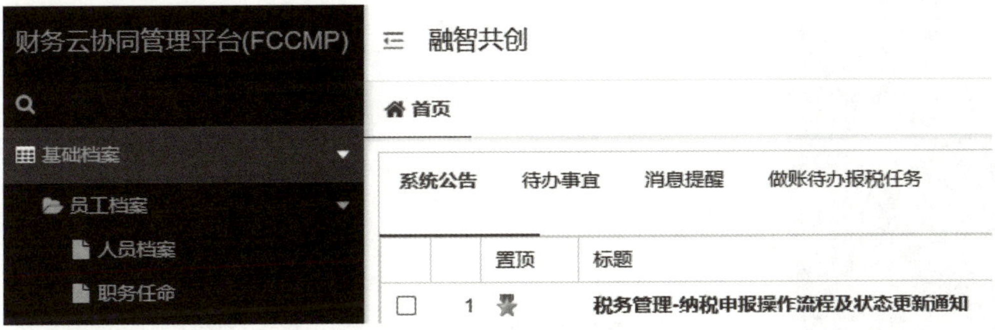

图 1－1－12 基础档案

（1）人员档案。人员档案是记录企业员工基本信息的档案，可录入人员的姓名、身份证号码、联系方式、入职日期、离职日期等信息。

（2）职务任命。职务任命用于指定员工部门、职务、岗位等信息。

2. 客户管理

客户管理模块主要用于管理共享中心的客户，下设三个子模块：客户联系人、财税公司客户、正式客户，如图 1－1－13 所示。

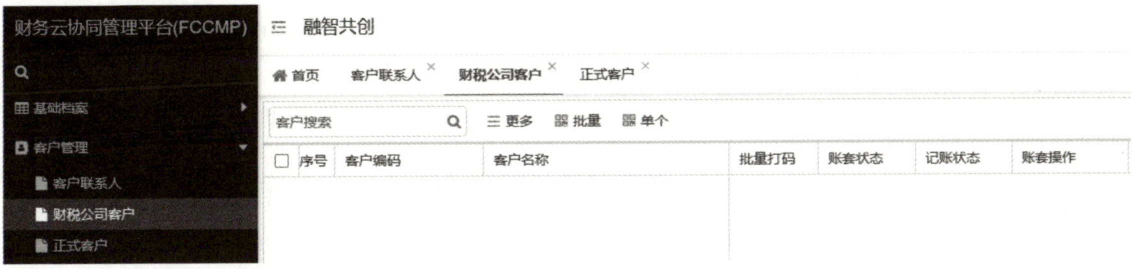

图 1－1－13 客户管理

（1）客户联系人。主要用于录入客户联系人的个人信息，包括客户名称、联系人姓名、电话、性别等。

（2）财税公司客户。主要用于录入共享中心服务的 B 端客户的客户信息。这一部分 B 端客户委托共享中心为其客户服务。比如 M 财税公司拥有 300 个客户，M 公司将其 300 个客户委托给共享中心处理财税业务，这 300 个客户信息就在本模块录入。

（3）正式客户。主要用于财税公司给其客户建立档案。比如 B 财税公司拥有 200 个客户，该财税公司利用财务云平台为其客户服务，并未将其客户委托给共享中心，这 200 个客户的信息在本模块录入。为避免混淆，财税公司登录财务云协同管理平台后，并不显示“财税公司客户”这个功能模块，也就是系统已经将此模块屏蔽。

3. 税务管理

税务管理模块主要用于个税、增值税及附加、企业所得税、印花税等税务处理工作的分派、申报、查询、审核。下设九个子模块：个税人员信息、年金表、工资表、任务中心、税费录入、纳税申报、纳税扣缴、汇算清缴、报税查询，如图 1－1－14 所示。

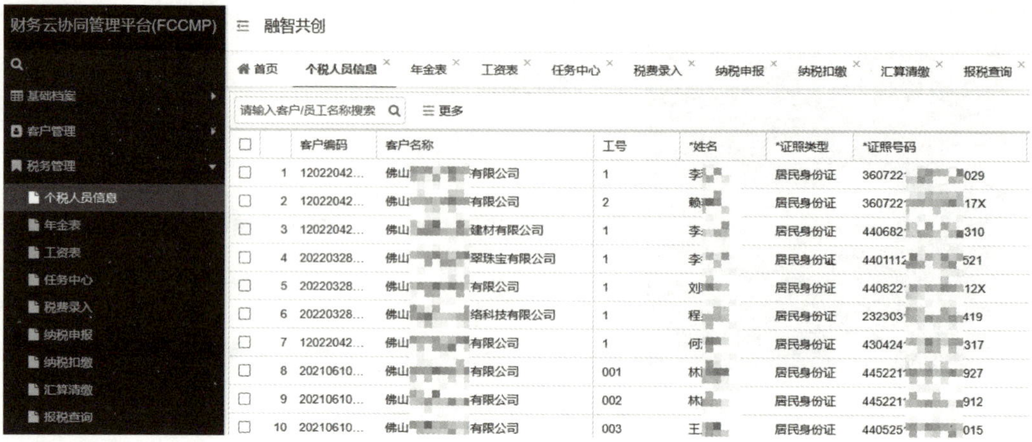

图 1－1－14　税务管理

（1）个税人员信息。按照税务部门对个税人员信息录入要求，录入各客户需要上缴个人所得税的人员信息。

（2）年金表。按不同客户分别录入客户员工全年一次性奖金数据。

（3）工资表。录入客户员工工资数据。

（4）任务中心。用来查看客户员工及工资信息统计信息。

（5）税费录入。本模块的主要功能是发起、审核、分派各种税务申报工作。个税申报：在完成上述 4 个模块任务后且确保客户员工工资信息无误的情况下，在“税费录入”模块发起、审核、分派个税申报任务。非个税申报：除个税以外的其他税种也需要在本功能模块发起、审核、分派申报任务。

（6）纳税申报。个税申报：在“税费录入”模块完成个税申报任务分派工作后，报税机器人即自动登录电子税务局申报个税，并将申报结果自动返回到系统。非个税申报：通过本模块查询到客户信息后，点击客户名称旁边的“W”标识进入到智能财税业务处理系统申报指定税费。

图 1－1－15　非个税纳税申报

除此之外，通过“纳税申报”模块可以查看当前已分派报税任务完成情况与完成进度，并可查看报错异常任务，及时进行处理。

（7）纳税扣缴。查看、审核客户是否已经扣缴相应税费，确保客户按期纳税。

（8）汇算清缴。主要用于登记、审核、查询客户汇算清缴完成情况及相关汇缴信息。

（9）报税查询。主要用于查看公司本年度所有企业各个税种申报进度完成情况。

4. 票据管理

票据管理模块主要用于规范共享中心与财税公司之间的票、证、账、表等会计档案收发及完成进度管理与数据统计，也可用于规范财税公司与终端客户之间的票、证、账、表等会计档案收发及完成进度管理与数据统计，为共享中心与财税公司之间、财税公司与终端客户之间的数据对接提供数据统计口径和依据。本模块利用二维码技术，结合财务云系统管理平台，通过扫码快速定位，提高系统的操作效率与准确率。下设五个子模块：收发管理、作业管理、退回管理、地址管理、基地管理，如图 1－1－16 所示。

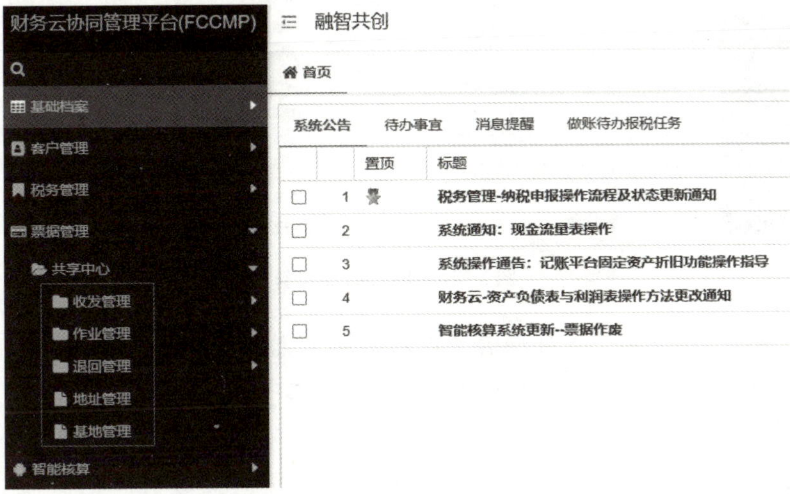

图 1－1－16　票据管理

票据管理环节包括下单、签收、审票、领取、录入、审核、打印、装订、检验、寄出、签收，如图 1－1－17 所示。

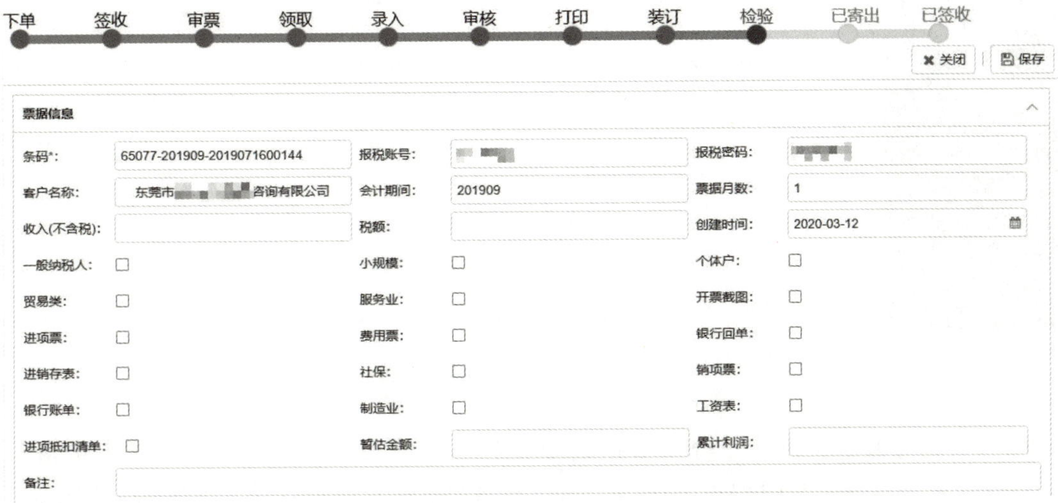

图 1－1－17　票据流转环节

5. 智能核算

智能核算模块主要用于处理客户财税业务，下设四个子模块：票据上传、票据分派、智能理票、智能记账，如图 1－1－18 所示。

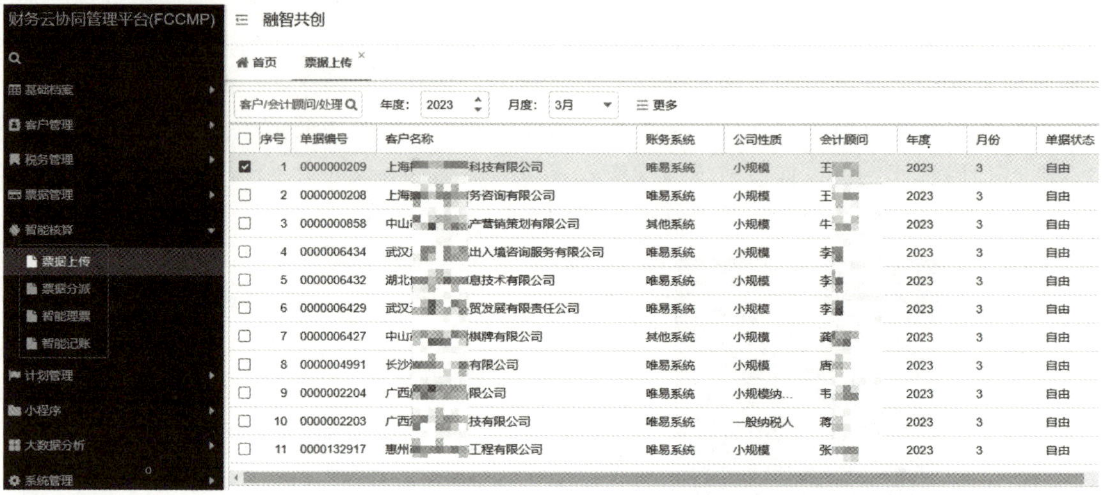

图 1－1－18　智能核算

（1）票据上传。主要用于将处理客户账税业务所需票据扫描上传，可以由客户自己上传，也可以由共享中心上传。可以通过 PC 端上传，也可以通过手机端上传。票据 PC 端上传如图 1－1－19 所示。

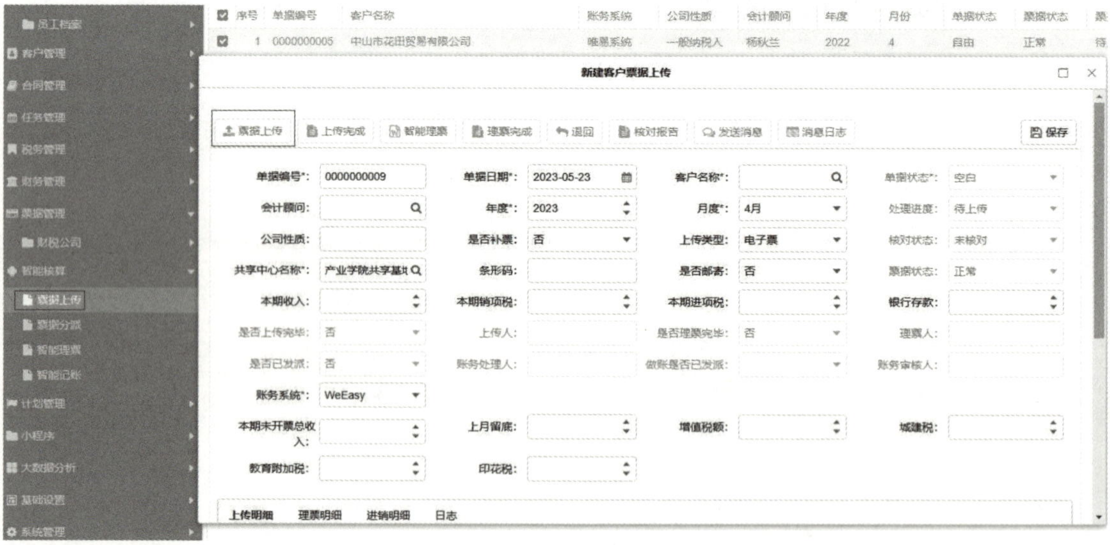

图 1－1－19　票据上传

（2）票据分派。主要用于分派票据处理任务给指定人完成，票据处理任务包括两种：账务处理、财务审核。通过票据分派可以指定某客户票据给账务处理人或者账务审核人，如图 1－1－20 所示。

图 1－1－20　票据分派

（3）智能理票。主要用于补传票据，查看、审核、作废、退回已上传的票据，通过点击客户名称旁边的“W”标识进入账智能财税业务处理系统处理某客户账税业务，完成账税业务处理后通过点击“理票完成”办理完成手续，如图 1－1－21 所示。

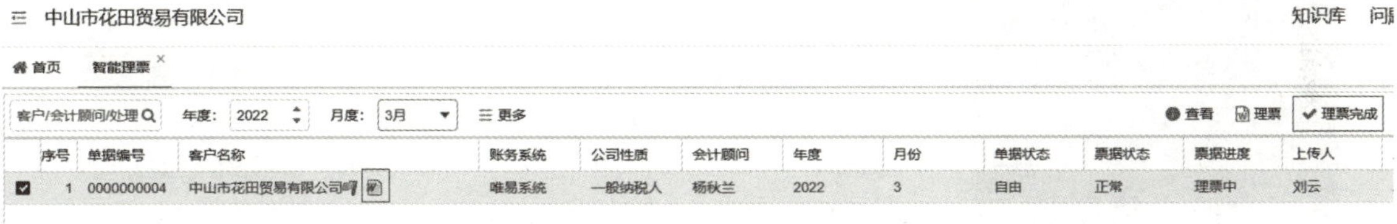

图 1－1－21　智能理票

（4）智能记账。用于查看、审核已上传票据，审核已完成的账税处理是否正确，办理审核完毕手续，如图 1－1－22 所示。

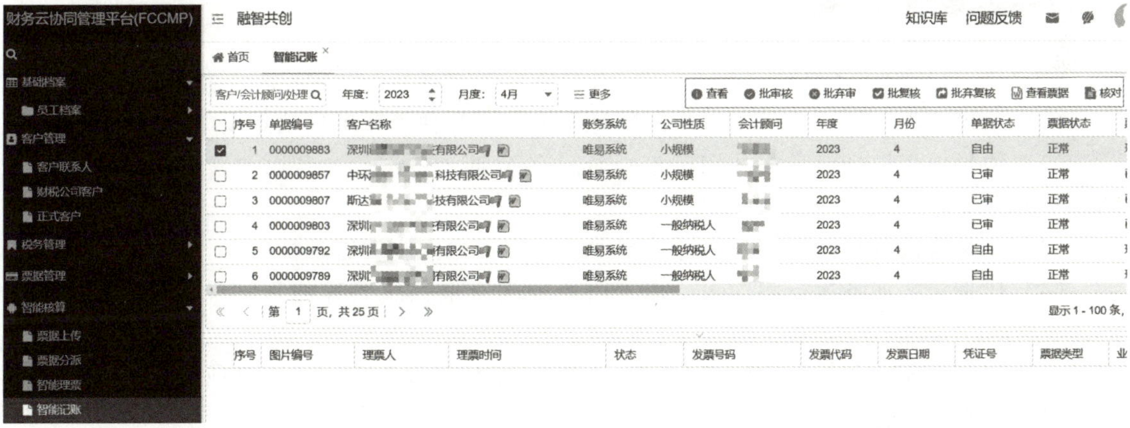

图 1－1－22　智能记账

6. 大数据分析

大数据分析模块主要用于从不同侧面查看共享中心业务执行情况，下设九个子模块：纳税申报统计表、收款查询分析表、代理记账业务执行明细表、代理记账业务执行统计表、共享中心财税业务执行明细表、共享中心财税业务执行统计表、纳税申报统计汇总表、智能核算明细表、客户一览表，如图 1－1－23 所示。

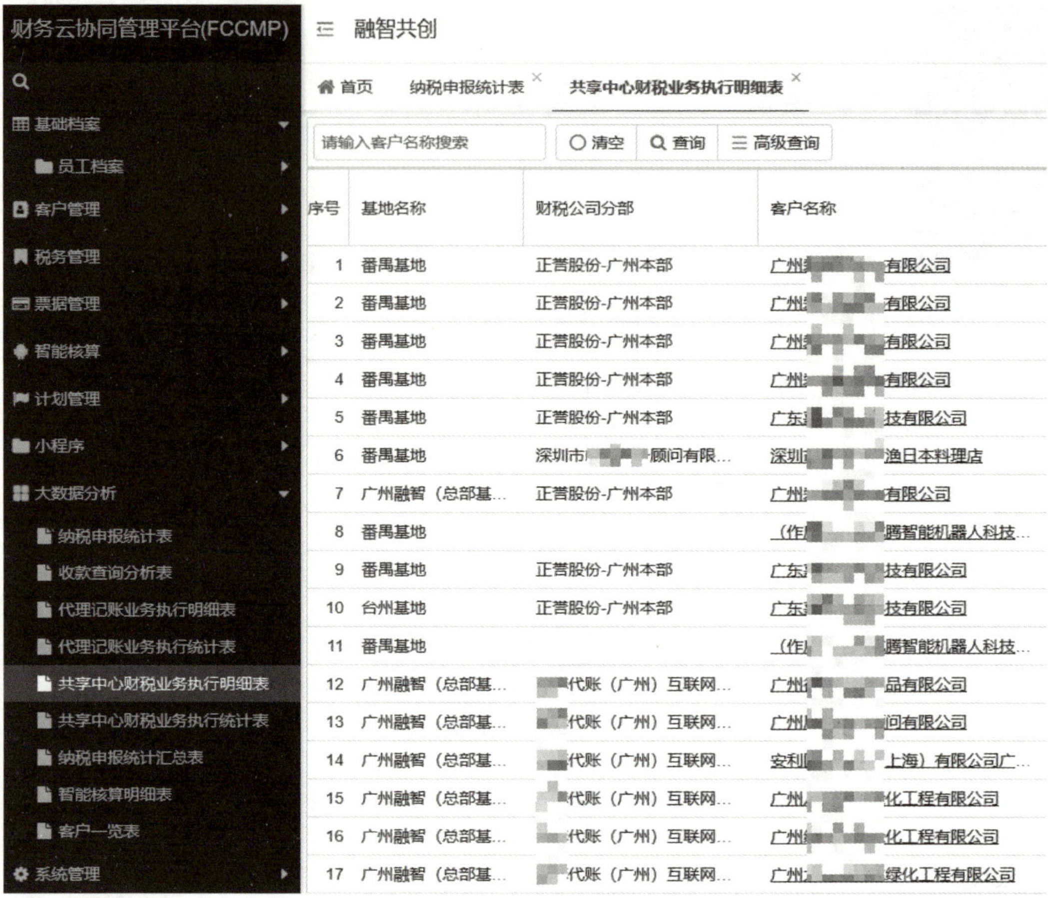

图 1－1－23　大数据分析

（1）纳税申报统计表，用于详细统计每一个客户各种税费申报状态及申报金额。

（2）纳税申报统计汇总表，用于汇总统计各分部、各部门、各财税顾问所管理的客户的税费申报状态。

（3）收款查询分析表，用于统计共享中心与客户之间收费管理情况。

（4）代理记账业务执行明细表，用于财税顾问查询其所管理的每一个客户代理记账业务进展情况。

（5）代理记账业务执行统计表，用于财税顾问查询每个会计期间其所管理的全部客户代理记账业务整体进展情况。

（6）共享中心财税业务执行明细表，用于统计共享中心下属的每一个基地所服务的每一个客户的财税业务进展情况。

（7）共享中心财税业务执行统计表，用于汇总统计共享中心下属的每一个基地所服务的全部客户的财税业务整体进展情况。

（8）智能核算明细表，用于查询每一个客户每一个会计期间票据上传、理票、账务审核进展情况。

模块二　客户资料收集与整理

客户资料收集与整理

相关知识

共享中心首次收到客户的资料时，首先要对客户提供的现有资料进行整理，对于欠缺的资料，要及时与财税顾问沟通；客户从未建立财务制度的，要帮助客户建立简要的财务制度。

业务流程

了解客户基本情况—初步整理客户单据—建立简要财务制度。

业务操作

一、了解客户的基本情况

本教材以中山市花田贸易有限公司（除特殊情况外，后文均简称花田公司）为例介绍财务云共享中心的主要工作内容及操作流程。共享中心收到客户资料后，对于一些公开资料，可以通过企查查等网站查询，确实需要但又缺乏的资料，可以通过财税顾问和客户沟通。

任务1：收集花田公司基本信息。

通过客户提供及上网查阅，花田公司基本信息如下：

公司名称：中山市花田贸易有限公司。

公司地址：中山市东区复兴南路365号。

公司电话：0760－83766666。

统一社会信用代码：91442000MA54C8888C。

开户银行：中国建设银行中山市城东支行。

银行账号：44050178230100098765。

公司法人代表：罗成功。

经营范围：主要从事牙膏、牙刷、香皂、润肤霜、洗涤剂、柔顺剂等家居用品、洗涤用品销售服务。

公司类型：一般纳税人。

注册资本与实收资本：50 万元。

公司共有员工 5 人，基本情况如表 1－2－1 所示。

表 1－2－1　　　　　　　　　　　　公司员工基本情况表

工号	姓名	身份证号码	性别	手机号码	入职时间	职位	备注
20200501	罗成功	440400198510131038	男	13611111111	2020－5－10	经理	法人代表
20200502	林绵绵	410184199006191145	女	13611111112	2020－5－10	出纳	
20200503	陈青	450900198804115327	女	13611111113	2020－5－10	仓管	
20200504	程琳	441300198702104489	女	13611111114	2020－5－10	质检	
20200505	周大福	445300198409266492	男	13611111115	2020－5－10	销售主管	

二、初步整理客户单据

实际工作中，共享中心收到的客户资料是未经整理的较为凌乱的单据，在对客户单据进行归类整理之前，可以先按单据时间先后顺序进行初步整理。

任务 2：按单据的时间先后顺序整理花田公司 2022 年 3 月份的单据。

经过初步整理，花田公司 2022 年 3 月份的单据如图 1－2－1 至图 1－2－160 所示。

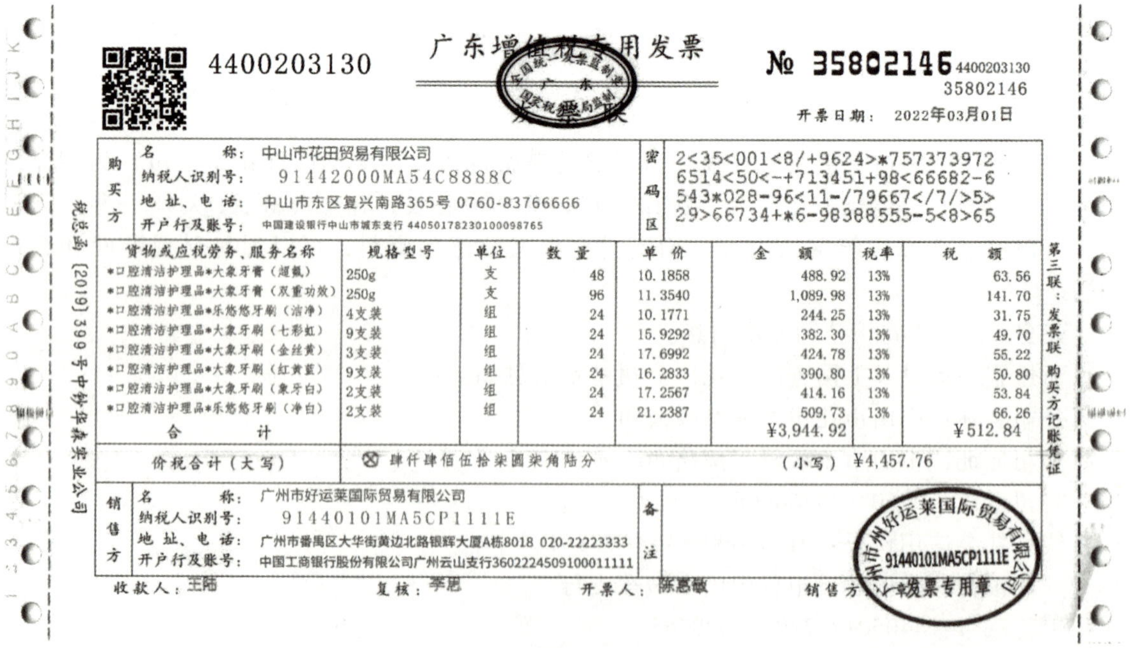

4400203130　　广东增值税专用发票　　№ 35802146 4400203130 35802146

开票日期：2022年03月01日

购买方　名称：中山市花田贸易有限公司
纳税人识别号：91442000MA54C8888C
地址、电话：中山市东区复兴南路365号 0760-83766666
开户行及账号：中国建设银行中山市城东支行 44050178230100098765

密码区
2<35<001<8/+9624>*757373972
6514<50<-+713451+98<66682-6
543*028-96<11-/79667</7/>5>
29>66734+*6-98388555-5<8>65

货物或应税劳务、服务名称	规格型号	单位	数量	单价	金额	税率	税额
*口腔清洁护理品*大象牙膏（超氟）	250g	支	48	10.1858	488.92	13%	63.56
*口腔清洁护理品*大象牙膏（双重功效）	250g	支	96	11.3540	1,089.98	13%	141.70
*口腔清洁护理品*乐悠悠牙刷（洁净）	4支装	组	24	10.1771	244.25	13%	31.75
*口腔清洁护理品*大象牙刷（七彩虹）	9支装	组	24	15.9292	382.30	13%	49.70
*口腔清洁护理品*大象牙刷（金丝黄）	3支装	组	24	17.6992	424.78	13%	55.22
*口腔清洁护理品*大象牙刷（红黄蓝）	9支装	组	24	16.2833	390.80	13%	50.80
*口腔清洁护理品*大象牙刷（象牙白）	2支装	组	24	17.2567	414.16	13%	53.84
*口腔清洁护理品*乐悠悠牙刷（净白）	2支装	组	24	21.2387	509.73	13%	66.26
合计					¥3,944.92		¥512.84

价税合计（大写）　⊗肆仟肆佰伍拾柒圆柒角陆分　（小写）¥4,457.76

销售方　名称：广州市好运莱国际贸易有限公司
纳税人识别号：91440101MA5CP1111E
地址、电话：广州市番禺区大华街黄边北路银辉大厦A栋8018 020-22223333
开户行及账号：中国工商银行股份有限公司广州云山支行3602224509100011111

备注

收款人：王陆　　复核：李思　　开票人：陈惠敏　　销售方：（章）

第三联：发票联 购买方记账凭证

税总函〔2019〕399号中钞华森实业公司

图 1－2－1

入 库 单 NO. 2022030101

供货单位：广州市好运莱国际贸易有限公司 2022年03月01日

序号	商品名称	规格	单位	数量	单 价	金额
1	大象牙膏（超氟）	250g	支	48	10.19	488.92
2	大象牙膏（双重功效）	250g	支	96	11.35	1,089.98
3	乐悠悠牙刷（洁净）	4支装	组	24	10.18	244.25
4	大象牙刷（七彩虹）	9支装	组	24	15.93	382.30
5	大象牙刷（金丝黄）	3支装	组	24	17.70	424.78
6	大象牙刷（红黄蓝）	9支装	组	24	16.28	390.80
7	大象牙刷（象牙白）	2支装	组	24	17.26	414.16
8	乐悠悠牙刷（净白）	2支装	组	24	21.24	509.73
合计						¥3,944.92

第二联 记账联

仓库：陈青 验收：程琳 制单：陈青

图 1-2-2

付款申请单

2022年03月01日

收款单位名称（全称）	付款事由（用途）	金额（元）	付款方式
中山市华科商贸有限公司	支付货款	4,593.64	转账
备注	银行付讫		
合计金额（大写）	肆仟伍佰玖拾叁圆陆角肆分	合计金额（小写）	¥4,593.64

经理：罗成功 出纳：林绵绵 经办：周大福

图 1-2-3

中国建设银行 China Construction Bank **中国建设银行单位客户专用回单**

币别：人民币 2022年03月01日 流水号：4408723010NLP2G35WY

付款人	全 称	中山市花田贸易有限公司	收款人	全 称	中山市华科商贸有限公司
	账 号	44050178230100098765		账 号	44050178040300045678
	开户行	中国建设银行中山市城东支行		开户行	中国建设银行中山市小榄支行
金 额		(大写)人民币肆仟伍佰玖拾叁元陆角肆分			(小写) ¥4,593.64
凭证种类		电子转账凭证	凭证号码		103144423931
结算方式		转账	用 途		货款
			打印柜员： 打印机构： 打印卡号：		中国建设银行 电子回单 专用章

（借方回单）

图 1-2-4

工资表

中山市花田贸易有限公司　　2022年2月

序号	姓名	证件号码	本期收入	累计收入	工资代扣													实发工资
					养老保险	医疗保险	失业保险	社保小计	住房公积金	累计减除费用	累计专项扣除	累计专项附加扣除	累计应预缴税额	累计已预缴税额	本期应预缴税额	代扣合计		
1	罗成功	440400198510131038	12,800	25,600	337.44	124.24	3.60	465.28	612.00	10,000	2,154.56	5,000	253.36	126.68	126.68	1,203.96		11,596.04
2	林绵绵	410184199006191145	5,000	10,000	337.44	124.24	3.60	465.28	250.00	10,000	1,430.56	1,600	0	0	0	715.28		4,284.72
3	陈青	450900198804115327	4,200	8,400	337.44	124.24	3.60	465.28	210.00	10,000	1,350.56	2,000	0	0	0	675.28		3,524.72
4	程琳	441300198702104489	5,000	10,000	337.44	124.24	3.60	465.28	250.00	10,000	1,430.56	2,600	0	0	0	715.28		4,284.72
5	周大福	445300198409266491	9,820	19,640	337.44	124.24	3.60	465.28	489.00	10,000	1,908.56	4,000	111.94	55.97	55.97	1,010.25		8,809.75

图 1-2-5

中国建设银行 China Construction Bank

中国建设银行单位客户专用回单

币别：人民币　　2022年03月01日　　流水号：4408720310NJPOVVWK8

付款人	全 称	中山市花田贸易有限公司	收款人	全 称	罗成功
	账 号	44050178230100098765		账 号	4563517004036987452
	开户行	中国建设银行中山市城东支行		开户行	中国建设银行中山市城东支行
金 额		(大写)人民币壹万壹仟伍佰玖拾陆元零肆分			(小写) ¥11,596.04
凭证种类		电子转账凭证	凭证号码		104316467552
结算方式		转账	用 途		工资
			打印柜员： 打印机构： 打印卡号：		

中国建设银行 电子回单 专用章

(借方回单)

图 1-2-6

中国建设银行 China Construction Bank

中国建设银行单位客户专用回单

币别：人民币　　2022年03月01日　　流水号：4408720814NJPOVVWK8

付款人	全 称	中山市花田贸易有限公司	收款人	全 称	林绵绵
	账 号	44050178230100098765		账 号	4563517004075467890
	开户行	中国建设银行中山市城东支行		开户行	中国建设银行中山市城东支行
金 额		(大写)人民币肆仟贰佰捌拾肆元柒角贰分			(小写) ¥4,284.72
凭证种类		电子转账凭证	凭证号码		104361462557
结算方式		转账	用 途		工资
			打印柜员： 打印机构： 打印卡号：		

中国建设银行 电子回单 专用章

(借方回单)

图 1-2-7

中国建设银行 China Construction Bank

中国建设银行单位客户专用回单

币别：人民币　　2022年03月01日　　流水号：8498720814NJPOVVWK8

付款人	全　称	中山市花田贸易有限公司	收款人	全　称	陈青
	账　号	44050178230100098765		账　号	4563517005789456212
	开户行	中国建设银行中山市城东支行		开户行	中国建设银行中山市城东支行
金　额		(大写)人民币叁仟伍佰贰拾肆元柒角贰分		(小写) ¥3,524.72	
凭证种类		电子转账凭证	凭证号码		104346162557
结算方式		转账	用　途		工资
			打印柜员： 打印机构： 打印卡号：		中国建设银行 电子回单 专用章

(借方回单)

图 1－2－8

中国建设银行 China Construction Bank

中国建设银行单位客户专用回单

币别：人民币　　2022年03月01日　　流水号：4420783001NJPOVVUL6

付款人	全　称	中山市花田贸易有限公司	收款人	全　称	程琳
	账　号	44050178230100098765		账　号	4563517007895412013
	开户行	中国建设银行中山市城东支行		开户行	中国建设银行中山市城东支行
金　额		(大写)人民币肆仟贰佰捌拾肆元柒角贰分		(小写) ¥4,284.72	
凭证种类		电子转账凭证	凭证号码		104346621557
结算方式		转账	用　途		工资
			打印柜员： 打印机构： 打印卡号：		中国建设银行 电子回单 专用章

(借方回单)

图 1－2－9

中国建设银行 China Construction Bank

中国建设银行单位客户专用回单

币别：人民币　　2022年03月01日　　流水号：84946220814NJPOVVRU6

付款人	全　称	中山市花田贸易有限公司	收款人	全　称	周大福
	账　号	44050178230100098765		账　号	4563517004054712369
	开户行	中国建设银行中山市城东支行		开户行	中国建设银行中山市城东支行
金　额		(大写)人民币捌仟捌佰零玖元柒角伍分		(小写) ¥8,809.75	
凭证种类		电子转账凭证	凭证号码		104346625517
结算方式		转账	用　途		工资
			打印柜员： 打印机构： 打印卡号：		中国建设银行 电子回单 专用章

(借方回单)

图 1－2－10

4400202130　**广东增值税专用发票**　№ 29320406　4400202130　29320406

此联不作报销、扣税凭证使用　开票日期：2022年03月02日

购买方	名　　称：江门市大兴商场有限公司 纳税人识别号：91440703665025555 5 地 址、电 话：江门市蓬江区东环路258号仁义广场 0750-6115888 开户行及账号：中国银行江门胜利路支行 701657951234	密码区	0<<946/001>38-<>045*+616+>/ 31+611<2-8-<99*1002-*+64+7- 3+989<576025/4><8-6>6540+67 7---238415*1++>+9/*00*+/582

货物或应税劳务、服务名称	规格型号	单位	数量	单价	金额	税率	税额
（详见销货清单）					34,837.34	13%	4,528.86
合　　计					¥34,837.34		¥4,528.86
价税合计（大写）	⊗叁万玖仟叁佰陆拾陆圆贰角整				（小写）¥39,366.20		

销售方	名　　称：中山市花田贸易有限公司 纳税人识别号：91442000MA54C8888C 地 址、电 话：中山市东区复兴南路365号 0760-83766666 开户行及账号：中国建设银行中山市城东支行 44050178230100098765	备注	

收款人：林绵绵　复核：林绵绵　开票人：罗成功　销售方：（章）中山市花田贸易有限公司 91442000MA54C8888C 发票专用章

税总函〔2021〕17号中钞华森实业公司

第一联：记账联　销售方记账凭证

图 1-2-11

销售货物或者提供应税劳务、服务清单

购买方名称：江门市大兴商场有限公司

销售方名称：中山市花田贸易有限公司

所属增值税专用发票代码：4400202130　号码：29320406　共 1 页 第 1 页

序号	货物（劳务）名称	规格型号	单位	数量	单价	金额	税率	税额
1	*洗涤剂*紫荆花彩漂	2,000ml	支	18	27.88	501.77	13%	65.23
2	*洗涤剂*紫荆花喷装厨房洁净液	500ml	支	72	15.93	1,146.90	13%	149.10
3	*洗涤剂*紫荆花喷装玻璃洁净液	500ml	支	72	15.93	1,146.90	13%	149.10
4	*洗涤剂*紫荆花喷装浴室洁净液	500ml	支	48	16.81	807.08	13%	104.92
5	*洗涤剂*紫荆花洁厕灵（玫瑰香）	600ml	支	24	15.93	382.30	13%	49.70
6	*口腔清洁护理品*妙妙儿童牙膏（香蕉味）	250g	支	80	10.18	814.16	13%	105.84
7	*口腔清洁护理品*大象牙膏（双重功效）	250g	支	96	13.72	1,316.81	13%	171.19
8	*口腔清洁护理品*大象牙膏（超氟）	250g	支	48	12.39	594.69	13%	77.31
9	*口腔清洁护理品*乐悠悠牙刷（洁净）	4支装	组	24	13.27	318.58	13%	41.42
10	*口腔清洁护理品*大象牙刷（七彩虹）	9支装	组	24	20.35	488.50	13%	63.50
11	*口腔清洁护理品*大象牙刷（金丝黄）	3支装	组	24	22.12	530.97	13%	69.03
12	*口腔清洁护理品*大象牙刷（红黄蓝）	9支装	组	24	20.80	499.12	13%	64.88
13	*口腔清洁护理品*大象牙刷（象牙白）	2支装	组	24	22.12	530.97	13%	69.03
14	*口腔清洁护理品*乐悠悠牙刷（净白）	2支装	组	24	26.55	637.17	13%	82.83
15	*美容护肤品*金蝴蝶嫩肤霜	500g	瓶	24	31.86	764.60	13%	99.40
16	*美容护肤品*金蝴蝶嫩肤霜	250g	瓶	24	20.35	488.50	13%	63.50
17	*洗涤剂*雪花柔顺剂（蓝色）	1,000ml	支	571	18.59	10,614.34	13%	1,379.86
18	*洗涤剂*雪花柔顺剂（绿色）	1,000ml	支	713	18.59	13,253.98	13%	1,723.02
小计						34,837.34		4,528.86
总计						34,837.34		4,528.86
备注								

销售方（章）：中山市花田贸易有限公司 91442000MA54C8888C 发票专用章　填开日期：2022年03月02日

图 1-2-12

出库单

NO. 2022030201

购货单位：江门市大兴商场有限公司 **2022年03月02日**

序号	产品名称	规格	计量单位	数量	备注
1	紫荆花彩漂	2,000ml	支	18	
2	紫荆花喷装厨房洁净液	500ml	支	72	
3	紫荆花喷装玻璃洁净液	500ml	支	72	
4	紫荆花喷装浴室洁净液	500ml	支	48	
5	紫荆花洁厕灵（玫瑰香）	600ml	支	24	
6	妙妙儿童牙膏（香蕉味）	250g	支	80	
7	大象牙膏（双重功效）	250g	支	96	
8	大象牙膏（超氟）	250g	支	48	
9	乐悠悠牙刷（洁净）	4支装	组	24	
10	大象牙刷（七彩虹）	9支装	组	24	
11	大象牙刷（金丝黄）	3支装	组	24	
12	大象牙刷（红黄蓝）	9支装	组	24	
13	大象牙刷（象牙白））	2支装	组	24	
14	乐悠悠牙刷（净白）	2支装	组	24	
15	金蝴蝶嫩肤霜	500g	瓶	24	
16	金蝴蝶嫩肤霜	250g	瓶	24	
17	雪花柔顺剂（蓝色）	1,000ml	支	571	
18	雪花柔顺剂（绿色）	1,000ml	支	713	

第二联 记账联

部门主管：周大福　　**仓库：**陈青　　**制单：**陈青

图 1－2－13

4403203130　　广东增值税专用发票　　№ 24973213 4403203130 24973213

发票联

开票日期： 2022年03月02日

购买方	
名　　称：	中山市花田贸易有限公司
纳税人识别号：	91442000MA54C8888C
地 址、电 话：	中山市东区复兴南路365号 0760-83766666
开户行及账号：	中国建设银行中山市城东支行 44050178230100098765

密码区：
2<35<002<8/+9624>*757373972
6514<50<-+713451+98<66682-6
543*028-96<11-/79667</7/>5>
29>66734+*6-98388555-5<8>65

货物或应税劳务、服务名称	规格型号	单位	数量	单价	金额	税率	税额
*美容护肤品*金蝴蝶嫩肤霜	250g	瓶	21	15.8029	331.86	13%	43.14
*美容护肤品*金蝴蝶嫩肤霜	500g	瓶	21	27.4338	576.11	13%	74.89
合　计					¥907.97		¥118.03

价税合计（大写） ⊗壹仟零贰拾陆圆整　　（小写） ¥1,026.00

销售方	
名　　称：	深圳金蝴蝶进出口有限公司
纳税人识别号：	91440300083433333B
地 址、电 话：	深圳市罗湖区龙湾街道金顶大厦A座1502 0755-87656666
开户行及账号：	中国银行深圳万科城支行 758862133333

备注：

收款人：黄颖　　复核：李倩倩　　开票人：周慧　　销售方：（章）

深圳金蝴蝶进出口有限公司 91440300083433333B 发票专用章

第三联：发票联 购买方记账凭证

税总函［2019］399号中钞华森实业公司

图 1－2－14

入 库 单

NO. 2022030202

供货单位：深圳金蝴蝶进出口有限公司　2022年03月02日

序号	商品名称	规格	单位	数量	单 价	金额
1	金蝴蝶嫩肤霜	250g	瓶	21	15.80	331.86
2	金蝴蝶嫩肤霜	500g	瓶	21	27.43	576.11
合计						¥907.97

第二联 记账联

仓库：陈青　验收：程琳　制单：陈青

图 1－2－15

广东增值税电子普通发票

全国统一发票监制章 国家税务总局 广东省税务局

机器编号：661814568607

发票代码：44001613111
发票号码：65359626
开票日期：2022 年03 月02日
校 验 码：80234 32735 11588 34607

购买方	名　称：中山市花田贸易有限公司 纳税人识别号：91442000MA54C8888C 地 址、电 话：中山市东区复兴南路365号 0760-83766666 开户行及账号：中国建设银行中山市城东支行 44050178230100098765	密码区	04<07/4><*98*<-7<010>/<97*< 549+793-<-15143+7>8+211*908 7>9*20570-+<1>95*+31+409-9* 96*+666+793-<-15143+7>8*-45

货物或应税劳务、服务名称	规格型号	单位	数 量	单 价	金 额	税率	税 额
*运输服务*代理运费		项	1	14,356.43564356	14,356.44	1%	143.56
合　　计					¥14,356.44		¥143.56
价税合计（大写）	⊗壹万肆仟伍佰圆整				（小写）¥14,500.00		

销售方	名　称：中山市快马物流有限公司 纳税人识别号：91442000MA4UR7755A 地 址、电 话：中山市火炬开发区中华路南浦货场0760-66335544 开户行及账号：中国建设银行中山火炬开发区支行44050178050200006894	备注	

中山市快马物流有限公司 91442000MA4UR7755A 发票专用章

收款人：吴茵　复核：周星星　开票人：胡慧明　销售方：（章）

图 1－2－16

付款申请单

2022年03月02日

收款单位名称（全称）	付款事由（用途）	金额（元）	付款方式
中山市快马物流有限公司	代理运费	14,500.00	转账
备注	银行付讫		
合计金额（大写）	壹万肆仟伍佰圆整	合计金额（小写）	¥14,500.00

经理：罗成功　出纳：林绵绵　经办：周大福

图 1－2－17

中国建设银行 China Construction Bank

中国建设银行单位客户专用回单

币别：人民币　　2022年03月02日　　流水号：4407283010N7P39KVXR

付款人	全　称	中山市花田贸易有限公司	收款人	全　称	中山市快马物流有限公司
	账　号	44050178230100098765		账　号	44050178050200068942
	开户行	中国建设银行中山市城东支行		开户行	中国建设银行中山火炬开发区支行
金　额		(大写)人民币壹万肆仟伍佰元整			(小写)￥14,500.00
凭证种类		电子转账凭证	凭证号码		103417682967
结算方式		转账	用　途		运输费
			打印柜员： 打印机构： 打印卡号：		

（借方回单）

中国建设银行 电子回单专用章

图 1－2－18

广东增值税专用发票

4400204130　　№ 26238966　4400204130　26238966

发票联

开票日期：2022年03月04日

购买方	名　　称：中山市花田贸易有限公司 纳税人识别号：91442000MA54C8888C 地 址、电 话：中山市东区复兴南路365号 0760-83766666 开户行及账号：中国建设银行中山市城东支行 44050178230100098765
密码区	2<35<003<8/+9624>*757373972 6514<50<-+713451+98<66682-6 543*028-96<11-/79667</7/>5> 29>66734+*6-98388555-5<8>65

货物或应税劳务、服务名称	规格型号	单位	数　量	单　价	金　额	税率	税　额
*口腔清洁护理品*妙妙儿童牙膏（香蕉味）	250g	支	80	7.3451	587.61	13%	76.39
*洗涤品*紫荆花香皂	130g	块	144	2.4778	356.81	13%	46.39
*洗涤品*紫荆花彩漂	2,000ml	支	12	23.9825	287.79	13%	37.41
*洗涤品*紫荆花洁厕灵（玫瑰香）	600ml	支	24	12.7700	306.48	13%	39.84
合　　计					￥1,538.69		￥200.03
价税合计（大写）	⊗壹仟柒佰叁拾捌圆柒角贰分				（小写）￥1,738.72		

销售方	名　　称：中山市华科商贸有限公司 纳税人识别号：91442000MA4UM4444C 地 址、电 话：中山市小榄镇解放大道中108号3栋二层 0760-66889777 开户行及账号：中国建设银行股份有限公司小榄支行 44050178040300044444
备注	

收款人：周丽君　　复核：谢珍妹　　开票人：李好　　销售方：（章）

中山市华科商贸有限公司 91442000MA4UM4444C 发票专用章

税总函[2019]399号中钞华森实业公司

第三联：发票联 购买方记账凭证

图 1－2－19

入　库　单

NO. 2022030403

供货单位：中山市华科商贸有限公司　　2022年03月04日

序号	商品名称	规格	单位	数量	单价	金额
1	妙妙儿童牙膏（香蕉味）	250g	支	80	7.35	587.61
2	紫荆花香皂	130g	块	144	2.48	356.81
3	紫荆花彩漂	2,000ml	支	12	23.98	287.79
4	紫荆花洁厕灵（玫瑰香）	600ml	支	24	12.77	306.48
合计						￥1,538.69

第二联 记账联

仓库：陈青　　验收：程琳　　制单：陈青

图 1－2－20

4400203130　　**广东增值税专用发票**　　№ 35804213　4400203130　35804213

发票联

开票日期：2022年03月05日

税总函[2019]399号中钞华森实业公司

购买方	
名　　称：	中山市花田贸易有限公司
纳税人识别号：	91442000MA54C8888C
地址、电话：	中山市东区复兴南路365号 0760-83766666
开户行及账号：	中国建设银行中山市城东支行 44050178230100098765

密码区：
2<35<004<8/+9624>*757373972
6514<50<-+713451+98<66682-6
543*028-96<11-/79667</7/>5>
29>66734+*6-98388555-5<8>65

货物或应税劳务、服务名称	规格型号	单位	数量	单价	金额	税率	税额
*口腔清洁护理品*大象牙膏（双重功效）	250g	支	240	11.354	2,724.96	13%	354.24
*口腔清洁护理品*大象儿童牙膏（草莓）	120g	支	80	11.7965	943.72	13%	122.68
*口腔清洁护理品*大象儿童牙膏（苹果）	120g	支	48	11.7965	566.23	13%	73.61
*口腔清洁护理品*大象牙膏（超氟）	250g	支	144	10.1858	1,466.76	13%	190.68
*口腔清洁护理品*妙妙儿童牙膏（苹果味）	250g	支	48	5.7523	276.11	13%	35.89
*口腔清洁护理品*大象美白牙膏	140g	支	72	7.0531	507.82	13%	66.02
*口腔清洁护理品*乐悠悠牙刷（净白）	2支装	组	24	21.2387	509.73	13%	66.26
*口腔清洁护理品*大象牙刷（红黄蓝）	9支装	组	24	16.2833	390.80	13%	50.80
合　　计					¥7,386.13		¥960.19

价税合计（大写）　⊗捌仟叁佰肆拾陆圆叁角贰分　　（小写）¥8,346.32

销售方	
名　　称：	广州市好运莱国际贸易有限公司
纳税人识别号：	91440101MA5CP1111E
地址、电话：	广州市番禺区大华街黄边北路银辉大厦A栋8018 020-22223333
开户行及账号：	中国工商银行股份有限公司广州云山支行3602224509100011111

备注：（广州市好运莱国际贸易有限公司 91440101MA5CP1111E 发票专用章）

收款人：王陆　　复核：李思　　开票人：陈慕敏　　销售方：（章）

第三联：发票联　购买方记账凭证

图 1－2－21

入　库　单　　NO. 2022030504

供货单位：广州市好运莱国际贸易有限公司　2022年03月05日

序号	商品名称	规格	单位	数量	单价	金额
1	大象牙膏（双重功效）	250g	支	240	11.35	2,724.96
2	大象儿童牙膏（草莓）	120g	支	80	11.80	943.72
3	大象儿童牙膏（苹果）	120g	支	48	11.80	566.23
4	大象牙膏（超氟）	250g	支	144	10.19	1,466.76
5	妙妙儿童牙膏（苹果味）	250g	支	48	5.75	276.11
6	大象美白牙膏	140g	支	72	7.05	507.82
7	乐悠悠牙刷（净白）	2支装	组	24	21.24	509.73
8	大象牙刷（红黄蓝）	9支装	组	24	16.28	390.80
合计						¥7,386.13

仓库：陈青　　验收：程琳　　制单：陈青

第二联　记账联

图 1－2－22

4400202130　　**广东增值税专用发票**　　№ 15086736　4400202130　15086736

此联不作报销、扣税凭证使用

开票日期：2022年03月04日

税总函[2021]17号中钞华森实业公司

购买方	
名　　称：	广东多美好商业连锁有限公司
纳税人识别号：	91442000282103333
地址、电话：	中山市石岐和平路188号 0760-66677888
开户行及账号：	工商行香山支行 20110021192003l2345

密码区：
0<<946/002>38-<>045*+616+>/
31+611<2-8-<99*1002-*+64+7-
3+989<576025/4><8-6>6540+67
7---238415*1++>+9/*00*+/582

货物或应税劳务、服务名称	规格型号	单位	数量	单价	金额	税率	税额
*美容护肤品*小海豚儿童润肤露	200ml	支	240	25.6692	6,160.62	13%	800.88
合　　计					¥6,160.62		¥800.88

价税合计（大写）　⊗陆仟玖佰陆拾壹圆伍角整　　（小写）¥6,961.50

销售方	
名　　称：	中山市花田贸易有限公司
纳税人识别号：	91442000MA54C8888C
地址、电话：	中山市东区复兴南路365号 0760-83766666
开户行及账号：	中国建设银行中山市城东支行 44050178230100098765

备注：（中山市花田贸易有限公司 91442000MA54C8888C 发票专用章）

收款人：林绵绵　　复核：林绵绵　　开票人：罗成功　　销售方：（章）

第一联：记账联　销售方记账凭证

图 1－2－23

出　库　单

NO. 2022030402

购货单位：广东多美好商业连锁有限公司　　2022年03月04日

序号	产品名称	规格	计量单位	数量	备注
1	小海豚儿童润肤露	200ml	支	240	

第二联 记账联

部门主管：周大福　　仓库：陈青　　制单：陈青

图 1－2－24

广东增值税专用发票

4400204130

发票联

№ 26238571　4400204130　26238571

开票日期：2022年03月05日

购买方	
名称	中山市花田贸易有限公司
纳税人识别号	91442000MA54C8888C
地址、电话	中山市东区复兴南路365号 0760-83766666
开户行及账号	中国建设银行中山市城东支行 44050178230100098765

密码区：
2<35<005<8/+9624>*757373972
6514<50<-+713451+98<66682-6
543*028-96<11-/79667</7/>5>
29>66734+*6-98388555-5<8>65

货物或应税劳务、服务名称	规格型号	单位	数量	单价	金额	税率	税额
*洗涤品*紫荆花彩漂	2,000ml	支	18	23.9822	431.68	13%	56.12
*洗涤品*紫荆花洁厕灵（玫瑰香）	600ml	支	24	12.7700	306.48	13%	39.84
*口腔清洁护理品*乐悠悠牙膏（清新）	250g	支	96	7.7522	744.21	13%	96.75
*洗涤品*紫荆花喷装浴室洁净液	500ml	支	24	14.5929	350.23	13%	45.53
*洗涤品*紫荆花香皂	130g	块	72	2.4779	178.41	13%	23.19
*洗涤品*紫荆花洁厕灵（柠檬香）	600ml	支	24	12.7700	306.48	13%	39.84
合计					¥2,317.49		¥301.27
价税合计（大写）	⊗贰仟陆佰壹拾捌圆柒角陆分				（小写）¥2,618.76		

销售方	
名称	中山市华科商贸有限公司
纳税人识别号	91442000MA4UM4444C
地址、电话	中山市小榄镇解放大道中108号3栋二层 0760-66889777
开户行及账号	中国建设银行股份有限公司小榄支行 44050178040300044444

备注：中山市华科商贸有限公司 91442000MA4UM4444C 发票专用章

收款人：周丽君　　复核：谢珍妹　　开票人：李好　　销售方：（章）

税总函〔2019〕399号中钞华森实业公司

第三联：发票联 购买方记账凭证

图 1－2－25

入　库　单

NO. 2022030505

供货单位：中山市华科商贸有限公司　　2022年03月05日

序号	商品名称	规格	单位	数量	单价	金额
1	紫荆花彩漂	2,000ml	支	18	23.98	431.68
2	紫荆花洁厕灵（玫瑰香）	600ml	支	24	12.77	306.48
3	乐悠悠牙膏（清新）	250g	支	96	7.75	744.21
4	紫荆花喷装浴室洁净液	500ml	支	24	14.59	350.23
5	紫荆花香皂	130g	块	72	2.48	178.41
6	紫荆花洁厕灵（柠檬香）	600ml	支	24	12.77	306.48
合计						¥2,317.49

第二联 记账联

仓库：陈青　　验收：程琳　　制单：陈青

图 1－2－26

付款申请单

2022年03月04日

收款单位名称（全称）		付款事由（用途）	金额（元）	付款方式
中山市华科商贸有限公司		支付货款	2,618.76	转账
备注	银行付讫			
合计金额（大写）	贰仟陆佰壹拾捌圆柒角陆分		合计金额（小写）	¥2,618.76

经理：罗成功　　出纳：林绵绵　　经办：周大福

图 1－2－27

中国建设银行 China Construction Bank

中国建设银行单位客户专用回单

币别：人民币　　2022年03月05日　　流水号：4407523001N8PHXFQWU

付款人	全称	中山市花田贸易有限公司	收款人	全称	中山市华科商贸有限公司
	账号	44050178230100098765		账号	44050178040300045678
	开户行	中国建设银行中山市城东支行		开户行	中国建设银行中山市小榄支行
金额		(大写)人民币贰仟陆佰壹拾捌元柒角陆分			(小写) ¥2,618.76
凭证种类		电子转账凭证	凭证号码		103426964198
结算方式		转账	用途		货款
			打印柜员: 打印机构: 打印卡号:		中国建设银行 电子回单 专用章

(借方回单)

图 1－2－28

中国建设银行 China Construction Bank

中国建设银行单位客户专用回单

币别：人民币　　2022年03月05日　　流水号：4402070100N9PMVFDZZ

付款人	全称	中山市丽之洁洗衣有限公司	收款人	全称	中山市花田贸易有限公司
	账号	713365445987		账号	44050178230100098765
	开户行	中国银行股份有限公司中山分行		开户行	中国建设银行中山市城东支行
金额		(大写)人民币壹万零伍佰陆拾元整			(小写) ¥10,560.00
凭证种类		电汇凭证	凭证号码		
结算方式		转账	用途		货款
汇款交易日期:20220305 支付清算业务类型:A100 汇款合约编号:033053421020506982607 49 实际收款人账户:44050178230100098765 实际收款人户名:中山市花田贸易有限公司 实际收款人汇入行:中国建设银行中山市城东支行 汇出行行名:中国银行股份有限公司中山分行 汇款备注:电子汇入			打印柜员: 打印机构: 打印卡号: 支行 汇款附言:货款		中国建设银行 电子回单 专用章

(贷方回单)

图 1－2－29

付款申请单

2022年03月05日

收款单位名称（全称）	付款事由（用途）	金额（元）	付款方式
中山市全心物业服务有限公司	支付物管费、税费	2,087.55	转账
备注	银行付讫		
合计金额（大写）	贰仟零捌拾柒圆伍角伍分	合计金额（小写）	¥2,087.55

经理：罗成功　　出纳：林绵绵　　经办：周大福

图 1－2－30

广东增值税专用发票

4400203130　　№ 35804678　4400203130 35804678

开票日期：2022年03月05日

购买方	名称：中山市花田贸易有限公司 纳税人识别号：91442000MA54C8888C 地址、电话：中山市东区复兴南路365号　0760-83766666 开户行及账号：中国建设银行中山市城东支行　440501782301000098765			密码区	+/080*1-07156-0+>2</7***1/- <*18**90-4743<<*-0>+*974<<* >/<<89->3+>+>4186>9*+0//+57 90439<38*5>59578>/8-<08*594		
货物或应税劳务、服务名称	规格型号	单位	数量	单价	金额	税率	税额
*企业管理服务*业务管理费			4	281.886792452	1127.55	6%	67.65
*企业管理服务*业务管理费			4	199.622641509	798.49	6%	47.91
*水冰雪*水费					44.61	3%	1.34
合计					¥1,970.65		¥116.90
价税合计（大写）	⊗ 贰仟零捌拾柒圆伍角伍分				（小写） ¥2,087.55		
销售方	名称：中山市全心物业服务有限公司 纳税人识别号：91442000072877655X 地址、电话：中山市东区解放路288号 0760-83745888 开户行及账号：中国建设银行中山市解放路支行 440501782302456557741			备注	2022年3月物业费水费 91440101MA5CP1111B 发票专用章		

收款人：徐佳丽　　复核：王思琪　　开票人：马晓莉　　销售方：（章）

税总函〔2020〕113号中钞华森实业公司

第三联：发票联 购买方记账凭证

图 1－2－31

中国建设银行 China Construction Bank　中国建设银行单位客户专用回单

币别：人民币　　2022年03月31日　　流水号：4407281030NGPFON1HW

付款人	全称	中山市花田贸易有限公司	收款人	全称	中山市全心物业服务有限公司
	账号	440501782301000098765		账号	440501782302456557741
	开户行	中国建设银行中山市城东支行		开户行	中国建设银行中山市解放支行
金额	(大写)人民币贰仟零捌拾柒伍角伍分				(小写) ¥2,087.55
凭证种类	电子转账凭证		凭证号码	103568257395	
结算方式	转账		用途	物业管理费水费	
			打印柜员： 打印机构： 打印卡号：	中国建设银行 电子回单专用章	

（借方回单）

图 1－2－32

4400204130

广东增值税专用发票

№ 33896210 4400204130 33896120

发票联

开票日期：2022年03月06日

购买方
名　　称：中山市花田贸易有限公司
纳税人识别号：91442000MA54C8888C
地址、电话：中山市东区复兴南路365号 0760-83766666
开户行及账号：中国建设银行中山市城东支行 44050178230100098765

密码区
2<35<006<8/+9624>*757373972
6514<50<-+713451+98<66682-6
543*028-96<11-/79667</7/>5>
29>66734+*6-98388555-5<8>65

货物或应税劳务、服务名称	规格型号	单位	数量	单价	金额	税率	税额
*口腔清洁护理品*乐悠悠牙膏（清新）	250g	支	96	7.7522	744.21	13%	96.75
*洗涤品*紫荆花香皂	130g	块	72	2.4779	178.41	13%	23.19
*洗涤品*紫荆花喷装浴室洁净液	500ml	支	48	14.5929	700.46	13%	91.06
*洗涤品*紫荆花喷装厨房洁净液	500ml	支	24	14.1592	339.82	13%	44.18
*洗涤品*紫荆花喷装玻璃洁净液	500ml	支	24	14.1592	339.82	13%	44.18
*洗涤品*紫荆花洁厕灵（玫瑰香）	600ml	支	36	12.7700	459.72	13%	59.76
合　　计					¥2,762.44		¥359.12

价税合计（大写）⊗叁仟壹佰贰拾壹圆伍角陆分　（小写）¥3,121.56

销售方
名　　称：中山市华科商贸有限公司
纳税人识别号：91442000MA4UM4444C
地址、电话：中山市小榄镇解放大道中108号3栋二层 0760-66889777
开户行及账号：中国建设银行股份有限公司小榄支行 44050178040300044444

备注

收款人：周丽君　复核：谢珍妹　开票人：李好　销售方：（章）

中山市华科商贸有限公司 91442000MA4UM4444C 发票专用章

第三联：发票联　购买方记账凭证

税总函〔2019〕399号中钞华森实业公司

图 1－2－33

入　库　单

NO. 2022030606

供货单位：中山市华科商贸有限公司　2022年03月06日

序号	商品名称	规格	单位	数量	单价	金额
1	乐悠悠牙膏（清新）	250g	支	96	7.75	744.21
2	紫荆花香皂	130g	块	72	2.48	178.41
3	紫荆花喷装浴室洁净液	500ml	支	48	14.59	700.46
4	紫荆花喷装厨房洁净液	500ml	支	24	14.16	339.82
5	紫荆花喷装玻璃洁净液	500ml	支	24	14.16	339.82
6	紫荆花洁厕灵（玫瑰香）	600ml	支	36	12.77	459.72
合计						¥2,762.44

第二联　记账联

仓库：陈青　验收：程琳　制单：陈青

图 1－2－34

付款申请单

2022年03月05日

收款单位名称（全称）	付款事由（用途）	金额（元）	付款方式
广州市好运莱国际贸易有限公司	支付货款	4,398.06	转账
备注	银行付讫		
合计金额（大写）	肆仟叁佰玖拾捌圆零陆分	合计金额（小写）	¥4,398.06

经理：罗成功　出纳：林绵绵　经办：周大福

图 1－2－35

中国建设银行 China Construction Bank

中国建设银行单位客户专用回单

币别：人民币　　2022年03月06日　　流水号：4402378010N1PD8JTC6

付款人	全称	中山市花田贸易有限公司	收款人	全称	广州市好运莱国际贸易有限公司
	账号	44050178230100098765		账号	360222450910001234
	开户行	中国建设银行中山市城东支行		开户行	中国工商银行股份有限公司广州云山支行
金额		(大写)人民币肆仟叁佰玖拾捌元零陆分			(小写) ¥4,398.06
凭证种类		电子转账凭证	凭证号码		103568255739
结算方式		转账	用途		货款
			打印柜员: 打印机构: 打印卡号:		中国建设银行 电子回单 专用章

(借方回单)

图 1－2－36

中国建设银行 China Construction Bank

中国建设银行单位客户专用回单

币别：人民币　　2022年03月07日　　流水号：44078230162CPB97066

户名：中山市花田贸易有限公司	账号：44050178230100098765	
项目名称	工本费/转账汇款手续费/手续费	金额
收费	10.00	10.00
合计金额　(大写)人民币壹拾元整		¥10.00
付款方式：转账 业务类型:商务卡-单位结算卡年费 摘要：收费	打印柜员: 打印机构: 打印卡号:	中国建设银行 电子回单 专用章

图 1－2－37

中国建设银行 China Construction Bank

中国建设银行单位客户专用回单

币别：人民币　　2022年03月07日　　流水号：4407280103NGPFON1HW

付款人	全称	中山市花田贸易有限公司	收款人	全称	其它代理业务资金-金融平带集中代收付清算户
	账号	44050178230100098765		账号	36022245090003216
	开户行	中国建设银行中山市城东支行		开户行	中国建设银行
金额		(大写)人民币叁仟陆佰贰拾贰元整			(小写) ¥3,622.00
凭证种类		电子转账凭证	凭证号码		103568257395
结算方式		转账	用途		公积金
			打印柜员: 打印机构: 打印卡号:		中国建设银行 电子回单 专用章

(借方回单)

图 1－2－38

单位住房公积金汇缴凭证

受理编号：20220324011201017132　　　　流水号：20220324475057

汇缴单位名称	中山市花田贸易有限公司		汇缴单位账号					140202						
资金来源	非财政统发		汇缴2022年03月-2022年03月（1个月）											
汇缴大写金额	人民币叁仟陆佰贰拾贰元整		十	亿	千	百	十	万	千	百	十	元	角	分
								¥	3	6	2	2	0	0
	上月汇缴	本月增加	本月减少					本月汇缴						
人数	5	0	0					5						
金额	3,622.00	0.00	0.00					3,622.00						
缴款方式	托收													
付款账户名称	中山市花田贸易有限公司		备注：暂存款使用额度0.00元，收款金额3,622.00元											
付款银行	建设银行													
付款账号	44050178230100098765													
经核对，以上内容无误。 经办人签名：		受理人：网上业务 中心经办网点盖章 受理网点：网上办事大厅	受理日期：2022年03月24日											

中山住房公积金管理中心 归集业务专用章

图 1－2－39

付款申请单

2022年03月06日

收款单位名称（全称）		付款事由（用途）	金额（元）	付款方式
中山市华科商贸有限公司		支付货款	2,985.60	转账
备注	银行付讫			
合计金额（大写）	贰仟玖佰捌拾伍圆陆角整		合计金额（小写）	¥2,985.60

经理：罗成功　　出纳：林绵绵　　经办：周大福

图 1－2－40

中国建设银行 China Construction Bank

中国建设银行单位客户专用回单

币别：人民币　　2022年03月07日　　流水号：4407820130NGPFON1HW

付款人	全称	中山市花田贸易有限公司	收款人	全称	中山市华科商贸有限公司
	账号	44050178230100098765		账号	44050178040300045678
	开户行	中国建设银行中山市城东支行		开户行	中国建设银行中山市小榄支行
金额		(大写)人民币贰仟玖佰捌拾伍元陆角			(小写)¥2,985.60
凭证种类		电子转账凭证	凭证号码		103568257395
结算方式		转账	用途		货款
			打印柜员： 打印机构： 打印卡号：		

（借方回单）

中国建设银行 电子回单专用章

图 1－2－41

费用报销单

2022年03月08日　　　　附件 1 张

报销人	周大福	所属部门	销售	报销形式	现金支付
项目		摘要		金额	备注
车辆费		加油		1,000.00	现金付讫
合　　计				¥1,000.00	
金额大写（人民币）：壹仟元整				原借款：¥0.00	公司应支付：¥1,000.00 个人应退回：¥0.00

经理：罗成功　　　　出纳：林绵绵

图 1－2－42

成品油　　**广东增值税电子普通发票**

机器编号：661811568607

发票代码：044001611311
发票号码：18819415
开票日期：2022年03月04日
校验码：80234 32735 11588 34607

购买方	名称：中山市花田贸易有限公司 纳税人识别号：91442000MA54C8888C 地址、电话：中山市东区复兴南路365号 0760-83766666 开户行及账号：中国建设银行中山市城东支行 44050178230100098765					密码区	04<07/4><*98*<-7<004>/<97*< 549+793-<-15143+7>8+211*908 7>9*20570-+<1>95*+31+409-9* 96*+666+793-<-15143+7>8*-45
货物或应税劳务、服务名称	规格型号	单位	数量	单价	金额	税率	税额
*汽油*92#车用汽油（VI）		升	204.91	4.31877409	884.96	13%	115.04
合　　计					¥884.96		¥115.04
价税合计（大写）	⊗壹仟圆整				（小写）¥1,000.00		
销售方	名称：中山市五桂坊加油站 纳税人识别号：91442000724766999A 地址、电话：中山市五桂山镇大风路88201898 开户行及账号：中国工商银行中山分行东风路支行2011028019200058793					备注	

收款人：刘伟民　　复核：刘燕兰　　开票人：李世明　　销售方：（章）

中山市五桂坊加油站 91442000724766999A 发票专用章

图 1－2－43

中国建设银行 China Construction Bank

中国建设银行单位客户专用回单

币别：人民币　　2022年03月08日　　流水号：4407200100N4P4AUI1G

付款人	全 称	江门市大兴商场有限公司	收款人	全 称	中山市花田贸易有限公司
	账 号	701657951234		账 号	44050178230100098765
	开户行	中国银行江门胜利路支行		开户行	中国建设银行中山市城东支行
金 额		(大写)人民币叁万玖仟叁佰陆拾陆元贰角			(小写) ¥39,366.20
凭证种类		电汇凭证	凭证号码		
结算方式		转账	用 途		货款

汇款交易日期:20220308 支付清算业务类型:A100
汇款合约编号:03305342102080719284592
实际收款人帐户:44050178230100098765
实际收款人户名:中山市花田贸易有限公司
实际收款人汇入行:中国建设银行中山市城东支行
汇出行行名:中国银行江门胜利路支行
汇款备注:电子汇入

打印柜员:
打印机构:
打印卡号:
汇款附言:货款

(中国建设银行 电子回单专用章)

(贷方回单)

图 1－2－44

中国建设银行 China Construction Bank

中国建设银行单位客户专用回单

币别：人民币　　2022年03月09日　　流水号：44027001106LP49MS3L

付款人	全 称	中山市花田贸易有限公司	收款人	全 称	待报解预算收入-省ets待清算户
	账 号	44050178230100098765		账 号	440270001156241035009910691
	开户行	中国建设银行中山市城东支行		开户行	中国建设银行广东省分行营运管理部
金 额		(大写)人民币柒仟叁佰零叁圆伍角壹分			(小写) ¥7,303.51
凭证种类			凭证号码		213696
结算方式		转账	用 途		ETS社保扣款

打印柜员:
打印机构:
打印卡号:

(中国建设银行 电子回单专用章)

(借方回单)

图 1－2－45

中国建设银行 China Construction Bank

中国建设银行单位客户专用回单

币别：人民币　　2022 年 03 月 09 日　　流水号：

付款人	全 称	中山市花田贸易有限公司	收款人	全 称	国家税务总局中山市税务局东区税务分局
	账 号	44050178230100098765		账 号	4420020190027520
	开户行	中国建设银行中山市城东支行		开户行	国家金库中山市中心支库
金 额		(大写)人民币柒仟叁佰零叁圆伍角壹分			(小写) ¥7,303.51
凭证种类		电子缴税凭证　凭证字号 420360022594	税票号码		3202105029547184
纳税人识别号		中山市营腾贸易有限公司	用 途		ETS社保扣款

税种(品目名称)		所属时期	实缴金额
6 6	单位养老	20220301-20220331	2,952.60
6 6	个人养老	20220301-20220331	1,687.20
6 6	工伤	20220301-20220331	9.00
6 6	单位失业	20220301-20220331	43.20
6 6	个人失业	20220301-20220331	18.00
6 6	单位医疗	20220301-20220331	1,972.31
6 6	个人医疗	20220301-20220331	621.20

打印柜员:
打印机构:
打印卡号:

6 6　社会保险基金收20220301-20220331　7303.51

(中国建设银行 电子回单专用章)

图 1－2－46

中华人民共和国 税收完税证明

No.344002207047840555

填发日期：2022 年 03 月 09 日　　税务机关：国家税务总局中山市税务局东区税务分局

纳税人识别号	91442000MA54C8888C		纳税人名称	中山市花田贸易有限公司	
原凭证号	税 种	品目名称	税款所属时期	入(退)库日期	实缴(退)金额
2202203379812893	社会保险基金	基本养老保险 单位	2022-03-01至2022-03-31	2022-03-09	2,952.60
2202203379812893	社会保险基金	基本养老保险 个人	2022-03-01至2022-03-31	2022-03-09	1,687.20
2202203379812893	社会保险基金	工伤保险 单位	2022-03-01至2022-03-31	2022-03-09	9.00
2202203379812893	社会保险基金	失业保险 单位	2022-03-01至2022-03-31	2022-03-09	43.20
2202203379812893	社会保险基金	失业保险 个人	2022-03-01至2022-03-31	2022-03-09	18.00
2202203379812893	社会保险基金	职工重大疾病医疗补助 单位	2022-03-01至2022-03-31	2022-03-09	1,972.31
2202203379812893	社会保险基金	基本医疗保险（含生育） 单位	2022-03-01至2022-03-31	2022-03-09	621.2
金额合计	（大写）柒仟叁佰零叁圆伍角壹分				¥7,303.51
税务机关（盖章）	填票人 广东省电子税务局		备注		

收据联 交纳税人作完税证明

印章：国家税务总局中山市税务局 电子征税专用章

图 1－2－47

广东增值税专用发票

4400202130　　№ 15086746　4400202130 15086746

此联不作报销、扣税凭证使用　　开票日期：2022年03月12日

购买方	名称：江门市远旺超市有限公司 纳税人识别号：91440705686354444 地址、电话：江门市新会区振兴中路168号 0750-6667777 开户行及账号：工商银行江门市人民支行 2012003609024789654	密码区	0<<946/003>38-<>045*+616+>/ 31+611<2-8-<99*1002-*+64+7- 3+989<576025/4><8-6>6540+67 7---238415*1++>+9/*00*+/582				
货物或应税劳务、服务名称	规格型号	单位	数量	单价	金额	税率	税额
(详见销货清单)					16,924.68	13%	2,200.22
合计					¥16,924.68		¥2,200.22
价税合计（大写）	⊗壹万玖仟壹佰贰拾肆圆玖角整			（小写）¥19,124.90			
销售方	名称：中山市花田贸易有限公司 纳税人识别号：91442000MA54C8888C 地址、电话：中山市东区复兴南路365号 0760-83766666 开户行及账号：中国建设银行中山市城东支行 44050178230100098765	备注					

收款人：林绵绵　　复核：林绵绵　　开票人：罗成功　　销售方：（章）

第一联：记账联 销售方记账凭证

税总函〔2021〕17号中钞华森实业公司

印章：中山市花田贸易有限公司 91442000MA54C8888C 发票专用章

图 1－2－48

销售货物或者提供应税劳务、服务清单

购买方名称：江门市远旺超市有限公司

销售方名称：中山市花田贸易有限公司

所属增值税专用发票代码：4400202130　　号码：15086746　　共 1 页　第 1 页

序号	货物（劳务）名称	规格型号	单位	数量	单价	金额	税率	税额
1	*洗涤剂*紫荆花香皂	130g	块	72	3.19	229.38	13%	29.82
2	*洗涤剂*紫荆花喷装厨房洁净液	500ml	支	24	15.93	382.30	13%	49.70
3	*洗涤剂*紫荆花喷装玻璃洁净液	500ml	支	24	15.93	382.30	13%	49.70
4	*洗涤剂*紫荆花喷装浴室洁净液	500ml	支	48	16.81	807.08	13%	104.92
5	*洗涤剂*紫荆花洁厕灵（玫瑰香）	600ml	支	12	15.93	191.15	13%	24.85
6	*口腔清洁护理品*紫荆花洁厕灵（柠檬香）	600ml	支	24	15.93	382.30	13%	49.70
7	*口腔清洁护理品*乐悠悠牙膏（薄荷）	250g	支	96	10.62	1,019.47	13%	132.53
8	*口腔清洁护理品*乐悠悠牙膏（清新）	250g	支	96	10.62	1,019.47	13%	132.53
9	*口腔清洁护理品*大象牙膏（双重功效）	250g	支	96	13.72	1,316.81	13%	171.19
10	*口腔清洁护理品*大象牙膏（超氟）	250g	支	48	12.39	594.69	13%	77.31
11	*口腔清洁护理品*大象儿童牙膏（草莓）	40g	支	96	4.87	467.26	13%	60.74
12	*口腔清洁护理品*乐悠悠牙刷（护龈））	3支装	组	48	22.12	1,061.95	13%	138.05
13	*口腔清洁护理品*乐悠悠牙刷（洁净）	6支装	组	48	19.47	934.51	13%	121.49
14	*口腔清洁护理品*乐悠悠牙刷（洁净）	4支装	组	24	13.27	318.58	13%	41.42
15	*口腔清洁护理品*大象牙刷（七彩虹）	9支装	组	24	20.35	488.50	13%	63.51
16	*口腔清洁护理品*大象牙刷（金丝黄）	3支装	组	24	22.12	530.97	13%	69.03
17	*口腔清洁护理品*妙妙儿童牙刷（健齿）		支	48	8.85	424.78	13%	55.23
18	*口腔清洁护理品*大象牙刷（红与黑）	2支装	组	24	22.12	530.97	13%	69.03
19	*口腔清洁护理品*大象牙刷（象牙白））	2支装	组	24	22.12	530.97	13%	69.03
20	*口腔清洁护理品*乐悠悠牙刷（净白）	2支装	组	24	26.55	637.17	13%	82.83
21	*洗涤剂*雪花柔顺剂（紫色）	1,000ml	支	80	18.55	1,483.83	13%	192.90
22	*洗涤剂*雪花柔顺剂（蓝色）	1,000ml	支	172	18.55	3,190.24	13%	414.73
小计						16,924.68		2,200.22
总计						16,924.68		2,200.22
备注								

销售方（章）：中山市花田贸易有限公司 91442000MA54C8888C 发票专用章　　填开日期：2022年03月12日

图 1－2－49

出　库　单　　NO. 2022031203

购货单位：江门市远旺超市有限公司　　2022年03月12日

序号	产品名称	规格	计量单位	数量	备注
1	紫荆花香皂	130g	块	72	
2	紫荆花喷装厨房洁净液	500ml	支	24	
3	紫荆花喷装玻璃洁净液	500ml	支	24	
4	紫荆花喷装浴室洁净液	500ml	支	48	
5	紫荆花洁厕灵（玫瑰香）	600ml	支	12	
6	紫荆花洁厕灵（柠檬香）	600ml	支	24	
7	乐悠悠牙膏（薄荷）	250g	支	96	
8	乐悠悠牙膏（清新）	250g	支	96	
9	大象牙膏（双重功效）	250g	支	96	
10	大象牙膏（超氟）	250g	支	48	
11	大象儿童牙膏（草莓）	40g	组	96	
12	乐悠悠牙刷（护龈））	3支装	组	48	
13	乐悠悠牙刷（洁净）	6支装	组	48	
14	乐悠悠牙刷（洁净）	4支装	组	24	
15	大象牙刷（七彩虹）	9支装	组	24	
16	大象牙刷（金丝黄）	3支装	组	24	
17	妙妙儿童牙刷（健齿）		支	48	
18	大象牙刷（红与黑）	2支装	组	24	
19	大象牙刷（象牙白））	2支装	组	24	
20	乐悠悠牙刷（净白）	2支装	组	24	
21	雪花柔顺剂（紫色）	1,000ml	支	80	
22	雪花柔顺剂（蓝色）	1,000ml	支	172	

第二联 记账联

部门主管：周大福　　仓库：陈青　　制单：陈青

图 1－2－50

差旅费报销单

部门：销售　　　　2022年03月12日　　　　附件：1张

出差人	周大福、程琳						出差事由		参加行业交流会				
出发			到达				交通		出差补助			其他费用	
月	日	地点	月	日	地点	人数	工具	金额	天数	补助标准	金额	项目	金额
3	11	中山	3	11	中山	2	自驾		2	240.00	480.00	住宿费用	402.00
3	12	中山	3	12	中山	2	自驾					市区交通	
										现金付讫			
合计									—	——	¥480.00	——	¥402.00
报销总额	人民币（大写）	捌佰捌拾贰元整						¥882.00	预借金额		¥0.00		
									退/补金额		¥882.00	支付方式	现金

经理：罗成功　　　　出纳：林绵绵

图 1－2－51

广东增值税普通发票

044002000204　　　　№ 11557108　　044002000204　11557108

发票联

校验码 55762 78343 30739 44376　　　　开票日期：2022年03月11日

购买方　名　　称：中山市花田贸易有限公司
纳税人识别号：91442000MA54C8888C
地 址、电 话：
开户行及账号：

密码区：
87390+860<*<*37<8/*8/>-77//
7-160</8+<+*13/+<*61>4326<*
>05+17871*72>/*3*3<8/>*4/>/
624-693607-/8>+0/0-/-*17610

货物或应税劳务、服务名称	规格型号	单位	数量	单价	金额	税率	税额
*住宿服务*住宿费		间	2	199.00990099	398.02	1%	3.98
合计					¥398.02		¥3.98
价税合计（大写）	⊗ 肆佰零贰圆整				（小写）¥402.00		

销售方　名　　称：中山市星辰酒店管理有限公司
纳税人识别号：91442000MA5304MMX5
地 址、电 话：中山市南区城南一路28号华朋豪庭15卡、20卡、42卡、43卡、44卡、45卡、46卡 0760-88896639
开户行及账号：中国工商银行股份有限公司中山城南支行 2011021309200182597

备注：

收款人：何水英　　复核：李海东　　开票人：李鑫　　销售方：（章）

中山市星辰酒店管理有限公司 91442000MA5304MMX5 发票专用章

第二联：发票联 购买方记账凭证

粤税货劳票函〔2020〕1号 广东乐佳印制有限公司

图 1－2－52

费用报销单

2022年03月13日　　附件 1 张

报销人	周大福	所属部门	销售	报销形式	现金支付
项目		摘要		金额	备注
通讯费		3月手机话费		500.00	现金付讫
合　计				¥500.00	
金额大写（人民币）：伍佰元整				原借款：¥0.00	公司应支付：¥500.00 个人应退回：¥0.00

经理：罗成功　　出纳：林绵绵

图 1－2－53

广东增值税电子普通发票

机器编号：661616301045

发票代码：044001843111
发票号码：57212716
开票日期：2022 年03 月13日
校 验 码：58786 77410 10898 87662

购买方	名　称：中山市花田贸易有限公司 纳税人识别号：91442000MA54C8888C 地址、电话：中山市东区复兴南路365号 0760-83766666 开户行及账号：中国建设银行中山市城东支行 4405017823100098765				密码区	<3037+0<1-01/>+/42<40224>>7 84*02*143787362<*<9770408++ 6870*7-44*<><80*/-<-*2>*871 4>3-*6302*143787362<*<91<30		
货物或应税劳务、服务名称	规格型号	单位	数量	单价	金额		税率	税额
*电信服务*通信业务服务费			1	500.00	500.00		*	*
合　计					¥500.00			*
价税合计（大写）	⊗伍拾圆整				（小写）¥500.00			
销售方	名　称：中国移动通信集团广东有限公司中山分公司 纳税人识别号：9144200084597788X 地址、电话：中山市东区解放路387号 0760-838946666 开户行及账号：中国建设银行中山市解放路支行 44050189320877777321				备注	手机号码：15922286666 发生时间：2022年03月13日		

收款人：黄谦　　复核：朱晓灵　　开票人：黄谦　　销售方：（章）

图 1－2－54

中国建设银行 China Construction Bank

中国建设银行单位客户专用回单

币别：人民币　　2022年03月13日　　流水号：44078230126HPDD4KTJ

户名：中山市花田贸易有限公司	账号：44050178230100098765	
项目名称	工本费/转账汇款手续费/手续费	金额
收费	20.00	20.00
合计金额　(大写)人民币贰拾元整		¥20.00
付款方式：转账 业务类型:收费项目:对公人民币转账、汇款（含退汇）- 摘要：收费	打印柜员： 打印机构： 打印卡号：	

图 1－2－55

中国建设银行 China Construction Bank

中国建设银行单位客户专用回单

币别：人民币　　2022年03月13日　　流水号：44078203162HPDD4KTQ

户名：中山市花田贸易有限公司	账号：44050178230100098765	
项目名称	工本费/转账汇款手续费/手续费	金额
收费	5.00	5.00
合计金额　(大写)人民币伍元整		¥5.00
付款方式：转账 业务类型:收费项目:对公人民币转账、汇款（含退汇）- 摘要：收费	打印柜员： 打印机构： 打印卡号：	

图 1－2－56

中国建设银行 China Construction Bank

中国建设银行单位客户专用回单

币别：人民币　　2022年03月13日　　流水号：44078203162HPDD4KTW

户名：中山市花田贸易有限公司	账号：44050178230100098765	
项目名称	工本费/转账汇款手续费/手续费	金额
收费	3.20	3.20
合计金额　(大写)人民币叁元贰角		¥3.20
付款方式：转账 业务类型:收费项目:对公人民币转账、汇款（含退汇）- 摘要：收费	打印柜员： 打印机构： 打印卡号：	

图 1－2－57

中国建设银行 China Construction Bank　　中国建设银行单位客户专用回单

币别：人民币　　2022年03月13日　　流水号：

付款人	全称	中山市花田贸易有限公司	收款人	全称	国家税务总局中山市税务局东区税务分局
	账号	44050178230100098765		账号	4420020190027520
	开户行	中国建设银行中山市城东支行		开户行	国家金库中山市中心支库
金额		(大写)人民币壹佰捌拾贰元陆角伍分			(小写) ¥182.65
凭证种类		电子缴税凭证　凭证字号 420360088598	税票号码		3202105299547593
纳税人识别号		91442000MA54C8888C	用途		个税扣款

税种(品目名称)　所属时期　实缴金额
个人所得税　20220201-200220228　182.65

打印柜员：
打印机构：
打印卡号：

中国建设银行 电子回单专用章

图 1－2－58

中华人民共和国
税收完税证明

No. 622042010489334687

填发日期：2022年03月13日　　税务机关：国家税务总局中山市税务局东区税务分局办税服务厅

纳税人识别号	91442000MA54C8888C		纳税人名称	中山市花田贸易有限公司	
原凭证号	税种	品目名称	税款所属时期	入（退）库日期	实缴（退）金额
622042010489734232	个人所得税	工资薪金所得	2022.02.01-2022.02.28		182.65
金额合计	(大写)人民币壹佰捌拾贰元陆角伍分				¥182.65
税务机关（盖章）	填票人 无		备注		

国家税务总局中山市税务局东区税务分局 征税专用章

妥善保管

图 1－2－59

中国建设银行 China Construction Bank　　中国建设银行单位客户专用回单

转账日期：2022年03月13日　　凭证字号:30012050121701952251

纳税人全称及纳税人识别号：中山市花田贸易有限公司
91442000MA54C8888C

付款人全称:中山市花田贸易有限公司　　咨询（投诉）电话:95533
付款人账号:44050178230100098765　　征收机关名称（委托方）:国家税务总局中山市税务局东区税务分局
付款人开户银行:中国建设银行中山市城东支行　　收款国库（银行）名称:国家金库中山市中心支库
小写（合计）金额：¥42,630.31　　缴款书交易流水号:20210517161036885000009586995588
大写（合计）金额:人民币肆万贰仟陆佰叁拾元叁角壹分　　税票号码:344206210500097131

税（费）种名称	所属时期	实缴金额
增值税	20220201-20220228	38,062.78
城市维护建设税	20220201-20220228	2,664.39
教育费附加	20220201-20220228	1,141.88
地方教育费附加	20220201-20220228	761.26

中国建设银行 电子回单专用章

此回单以客户真实交易为依据，可通过建行网站(www.ccb.com)校验真伪。电子回单可重复打印，请勿重复记账。

图 1－2－60

中华人民共和国
税收完税证明

No.344015220401084690

填发日期：2022年03月13日　　　　税务机关：国家税务总局中山市税务局东区税务分局

纳税人识别号	91442000MA54C8888C	纳税人名称	中山市花田贸易有限公司		
原凭证号	税种	品目名称	税款所属时期	入（退）库日期	实缴(退)金额
344203880300104788	增值税	商业	20220201 至 20220228	2022-03-13	38,062.78
344203880300104788	城市维护建设税	市区	20220201 至 20220228	2022-03-13	2,664.39
344203880300104788	教育费附加	市区	20220201 至 20220228	2022-03-13	1,141.88
344203880300104788	地方教育费附加	市区	20220201 至 20220228	2022-03-13	761.26
金额合计	（大写）人民币肆万贰仟陆佰叁拾元叁角壹分				¥42,630.31
税务机关（盖章） 国家税务总局中山市税务局 征税专用章	填票人：广东省电子税务局	备注 正常申报 一般申报 正税 自行申报 中山市火炬开发区沙边路18号第一层B-14-15卡 主管税务所（科、分局）：国家税务总局中山火炬高技术产业开发区税务局			

收据联 交纳税人作完税证明

第1次打印　　　　妥善保管　　　　查验网址：https://etax.guangdong.chinatax.gov.cn/tycx-cjpt-web/view/sscx/gzcx/qgsspzcy/qgsspzcy.jsp

图 1－2－61

中国建设银行 China Construction Bank　中国建设银行单位客户专用回单

币别：人民币　　　　2022年03月14日　　　　流水号：4402007010N4PJ3PR4U

付款人	全称	江门市大兴商场有限公司	收款人	全称	中山市花田贸易有限公司
	账号	701657951234		账号	44050178230100098765
	开户行	中国银行江门胜利路支行		开户行	中国建设银行中山市城东支行
金额		(大写)人民币捌仟伍佰元肆角			(小写) ¥8,500.40
凭证种类		电汇凭证	凭证号码		
结算方式		转账	用途		货款
汇款交易日期:20220314 支付清算业务类型:A100 汇款合约编号:033053421051411000084740 实际收款人账户:44050178230100098765 实际收款人户名:中山市花田贸易有限公司 实际收款人汇入行:中国建设银行中山市城东支行 汇出行行名:中国银行江门胜利路支行 汇款备注:电子汇入			打印柜员: 打印机构: 打印卡号: 支行 汇款附言:货款 中国建设银行 电子回单 专用章		

(贷方回单)

图 1－2－62

中国建设银行 China Construction Bank 中国建设银行单位客户专用回单

币别：人民币　　2022年03月14日　　流水号：4402700001N5P3TORAY

付款人	全　称	江门市远旺超市有限公司	收款人	全　称	中山市花田贸易有限公司
	账　号	2012003609024789654		账　号	44050178230100098765
	开户行	工商银行江门市人民支行		开户行	中国建设银行中山市城东支行
金　额		(大写)人民币壹万壹仟陆佰贰拾玖元贰角			(小写) ¥11,629.20
凭证种类		电汇凭证	凭证号码		
结算方式		转账	用　途		电子汇入

汇款交易日期:20220314 支付清算业务类型:A100
汇款合约编号:03305342105141103211325
实际收款人账户:44050178230100098765
实际收款人户名:中山市花田贸易有限公司
实际收款人汇入行:中国建设银行中山市城东支行
汇出行行名:工商银行江门市人民支行
汇款备注:电子汇入

打印柜员:
打印机构:
打印卡号:
汇款附言:

（中国建设银行 电子回单 专用章）

(贷方回单)

图 1－2－63

广东增值税专用发票

4400202130　　№ 29320308　4400202130 29320308

此联不作报销、扣税凭证使用　　开票日期：2022年03月15日

购买方	名　　称：广东多美好商业连锁有限公司 纳税人识别号：914420002821033333 地址、电话：中山市石岐和平路188号 0760-66677888 开户行及账号：工商行香山支行 2011002119200312345
密码区	0<<946/004>38-<>045*+616+>/ 31+611<2-8-<99*1002-*+64+7- 3+989<576025/4><8-6>6540+67 7---238415*1++>+9/*00*+/582

货物或应税劳务、服务名称	规格型号	单位	数量	单价	金额	税率	税额
*美容护肤品*小海豚儿童润肤露	200ml	支	960	25.6692	24,642.48	13%	3,203.52
合　　计					¥24,642.48		¥3,203.52
价税合计（大写）	⊗贰万柒仟捌佰肆拾陆圆整				（小写）¥27,846.00		

销售方	名　　称：中山市花田贸易有限公司 纳税人识别号：91442000MA54C8888C 地址、电话：中山市东区复兴南路365号 0760-83766666 开户行及账号：中国建设银行中山市城东支行 44050178230100098765
备注	

收款人：林绵绵　　复核：林绵绵　　开票人：罗成功　　销售方：（章）

（中山市花田贸易有限公司 91442000MA54C8888C 发票专用章）

第一联：记账联 销售方记账凭证

税总函〔2021〕17号中钞华森实业公司

图 1－2－64

出　库　单　　*NO. 2022031504*

购货单位：广东多美好商业连锁有限公司　　2022年03月15日

序号	产品名称	规格	计量单位	数量	备注
1	小海豚儿童润肤露	200ml	支	960	

第二联 记账联

部门主管：周大福　　仓库：陈青　　制单：陈青

图 1－2－65

广东增值税专用发票

4400202130 № 29320309 4400202130 29320309

此联不作报销、扣税凭证使用 开票日期：2022年03月15日

购买方	
名称	中山市丰沛商贸有限公司
纳税人识别号	91442000727858888F
地址、电话	中山市西区大岗南路250号 0760-88616666
开户行及账号	农业银行中山市西区支行 44314401040258963

密码区：
0<<946/005>38-<>045*+616+>/
31+611<2-8-<99*1002-*+64+7-
3+989<576025/4><8-6>6540+67
7---238415*1+*>+9/*00*+/582

货物或应税劳务、服务名称	规格型号	单位	数量	单价	金额	税率	税额
*美容护肤品*小海豚儿童润肤露	200ml	支	240	19.469	4,672.57	13%	607.43
合计					¥4,672.57		¥607.43
价税合计（大写）	⊗伍仟贰佰捌拾圆整				（小写）¥5,280.00		

销售方	
名称	中山市花田贸易有限公司
纳税人识别号	91442000MA54C8888C
地址、电话	中山市东区复兴南路365号 0760-83766666
开户行及账号	中国建设银行中山市城东支行 44050178230100098765

备注：

收款人：林绵绵 复核：林绵绵 开票人：罗成功 销售方：（章）

中山市花田贸易有限公司 91442000MA54C8888C 发票专用章

第一联：记账联 销售方记账凭证

税总函〔2021〕17号中钞华森实业公司

图 1－2－66

出 库 单 NO. 2022031505

购货单位：中山市丰沛商贸有限公司 2022年03月15日

序号	产品名称	规格	计量单位	数量	备注
1	小海豚儿童润肤露	200ml	支	240	

第二联 记账联

部门主管：周大福 仓库：陈青 制单：陈青

图 1－2－67

广东增值税专用发票

4400202130 № 29320400 4400202130 29320400

此联不作报销、扣税凭证使用 开票日期：2022年03月15日

购买方	
名称	江门市远旺超市有限公司
纳税人识别号	91440705686354444
地址、电话	江门市新会区振兴中路168号 0750-6667777
开户行及账号	工商银行江门市人民支行 2012003609024789654

密码区：
0<<946/006>38-<>045*+616+>/
31+611<2-8-<99*1002-*+64+7-
3+989<576025/4><8-6>6540+67
7---238415*1+*>+9/*00*+/582

货物或应税劳务、服务名称	规格型号	单位	数量	单价	金额	税率	税额
（详见销货清单）					24,677.16	13%	3,208.04
合计					¥24,677.16		¥3,208.04
价税合计（大写）	⊗贰万柒仟捌佰捌拾伍圆贰角整				（小写）¥27,885.20		

销售方	
名称	中山市花田贸易有限公司
纳税人识别号	91442000MA54C8888C
地址、电话	中山市东区复兴南路365号 0760-83766666
开户行及账号	中国建设银行中山市城东支行 44050178230100098765

备注：

收款人：林绵绵 复核：林绵绵 开票人：罗成功 销售方：（章）

中山市花田贸易有限公司 91442000MA54C8888C 发票专用章

第一联：记账联 销售方记账凭证

税总函〔2021〕17号中钞华森实业公司

图 1－2－68

销售货物或者提供应税劳务、服务清单

购买方名称：江门市远旺超市有限公司

销售方名称：中山市花田贸易有限公司

所属增值税专用发票代码：4400202130　　号码：29320400　　共 1 页 第 1 页

序号	货物（劳务）名称	规格型号	单位	数量	单价	金额	税率	税额
1	*口腔清洁护理品*妙妙儿童牙膏（香蕉味）	250g	支	80	10.18	814.16	13%	105.84
2	*洗涤剂*紫荆花彩漂	2,000ml	支	12	27.88	334.51	13%	43.49
3	*洗涤剂*紫荆花洁厕灵（玫瑰香）	600ml	支	24	15.93	382.30	13%	49.70
4	*洗涤剂*紫荆花香皂	130g	块	144	3.19	458.76	13%	59.64
5	*美容护肤品*小海豚儿童润肤露	200ml	支	240	18.92	4,540.88	13%	590.32
6	*美容护肤品*金蝴蝶嫩肤霜	250g	瓶	60	20.35	1,221.24	13%	158.76
7	*美容护肤品*金蝴蝶修护霜	500g	瓶	24	31.86	764.60	13%	99.40
8	*洗涤剂*雪花柔顺剂（绿色）	1,000ml	支	600	18.60	11,158.14	13%	1,450.56
9	*洗涤剂*雪花柔顺剂（紫色）	1,000ml	支	269	18.60	5,002.57	13%	650.33
小计						24,677.16		3,208.04
总计						24,677.16		3,208.04
备注								

（印章：中山市花田贸易有限公司 91442000MA54C8888C 发票专用章）

销售方（章）：　　填开日期：2022年03月15日

图 1－2－69

出 库 单

NO. 2022031506

购货单位：江门市远旺超市有限公司　　2022年03月15日

序号	产品名称	规格	计量单位	数量	备注
1	妙妙儿童牙膏（香蕉味）	250g	支	80	
2	紫荆花彩漂	2,000ml	支	12	
3	紫荆花洁厕灵（玫瑰香）	600ml	支	24	
4	紫荆花香皂	130g	块	144	
5	小海豚儿童润肤露	200ml	支	240	
6	金蝴蝶嫩肤霜	250g	瓶	60	
7	金蝴蝶修护霜	500g	瓶	24	
8	雪花柔顺剂（绿色）	1,000ml	支	600	
9	雪花柔顺剂（紫色）	1,000ml	支	269	

第二联 记账联

部门主管：周大福　　仓库：陈青　　制单：陈青

图 1－2－70

4400202130

广东增值税专用发票

此联不作报销、扣税凭证使用

№ 29320401　4400202130　29320401

开票日期：2022年03月15日

购买方　名　　称：江门市大兴商场有限公司
纳税人识别号：91440703665025555 5
地 址、电 话：江门市蓬江区东环路258号仁义广场 0750-6115888
开户行及账号：中国银行江门胜利路支行 701657951234

密码区　0<<946/007>38-<>045*+616+>/
31+611<2-8-<99*1002-*+64+7-
3+989<576025/4><8-6>6540+67
7---238415*1++>+9/*00*+/582

货物或应税劳务、服务名称	规格型号	单位	数量	单价	金额	税率	税额
（详见销货清单）					19,354.68	13%	2,516.12
合计					¥19,354.68		¥2,516.12

价税合计（大写）　⊗贰万壹仟捌佰柒拾圆捌角整　（小写）¥21,870.80

销售方　名　　称：中山市花田贸易有限公司
纳税人识别号：91442000MA54C8888C
地 址、电 话：中山市东区复兴南路365号 0760-83766666
开户行及账号：中国建设银行中山市城东支行 44050178230100098765

备注

收款人：林绵绵　复核：林绵绵　开票人：罗成功　销售方：（章）

第一联：记账联　销售方记账凭证

税总函〔2021〕17号中钞华森实业公司

图 1－2－71

销售货物或者提供应税劳务、服务清单

购买方名称：江门市大兴商场有限公司

销售方名称：中山市花田贸易有限公司

所属增值税专用发票代码：4400202130　　号码：29320401　　共 1 页　第 1 页

序号	货物（劳务）名称	规格型号	单位	数量	单价	金额	税率	税额
1	*洗涤剂*紫荆花香皂	130g	块	288	3.19	917.52	13%	119.28
2	*洗涤剂*紫荆花喷装玻璃洁净液	500ml	支	24	15.93	382.30	13%	49.70
3	*洗涤剂*紫荆花喷装厨房洁净液	500ml	支	24	15.93	382.30	13%	49.70
4	*洗涤剂*紫荆花清新柠檬洗洁精	1,000ml	支	12	28.32	339.82	13%	44.18
5	*洗涤剂*乐悠悠牙膏（清新）	250g	支	144	10.62	1,529.20	13%	198.80
6	*洗涤剂*乐悠悠牙膏（薄荷）	250g	支	144	10.62	1,529.20	13%	198.80
7	*洗涤剂*紫荆花洁厕灵（玫瑰香）	600ml	支	12	15.93	191.15	13%	24.85
8	*洗涤剂*紫荆花喷装浴室洁净液	500ml	支	24	16.81	403.54	13%	52.46
9	*口腔清洁护理品*大象美白牙膏	140g	支	72	8.85	637.17	13%	82.83
10	*口腔清洁护理品*大象牙膏（超氟）	250g	支	96	12.39	1,189.38	13%	154.62
11	*口腔清洁护理品*大象牙膏（双重功效）	250g	支	144	13.72	1,975.22	13%	256.78
12	*口腔清洁护理品*大象亮白牙膏	140g	支	144	11.50	1,656.64	13%	215.36
13	*口腔清洁护理品*大象牙刷（红黄蓝）	9支装	组	48	20.80	998.23	13%	129.77
14	*口腔清洁护理品*大象牙刷（金丝黄）	3支装	组	24	22.12	530.97	13%	69.03
15	*口腔清洁护理品*乐悠悠牙刷（护龈）	3支装	组	24	22.12	530.97	13%	69.03
16	*口腔清洁护理品*乐悠悠牙刷（洁净）	4支装	组	48	13.27	637.17	13%	82.83
17	*口腔清洁护理品*妙妙儿童牙刷（健齿）		支	48	8.85	424.78	13%	55.22
18	*口腔清洁护理品*大象牙刷（红与黑）	2支装	组	24	22.12	530.97	13%	69.03
19	*洗涤剂*雪花柔顺剂（紫色）	1,000ml	支	60	18.65	1,118.73	13%	145.43
20	*洗涤剂*雪花柔顺剂（蓝色）	1,000ml	支	60	18.65	1,118.73	13%	145.43
21	*洗涤剂*雪花柔顺剂（粉色）	1,000ml	支	60	18.65	1,118.73	13%	145.43
22	*洗涤剂*雪花柔顺剂（绿色）	1,000ml	支	65	18.65	1,211.96	13%	157.56
小计						19,354.68		2,516.12
总计						19,354.68		2,516.12
备注								

销售方（章）：　　填开日期：2022年03月15日

图 1－2－72

出库单

NO. 2022031507

购货单位：江门市大兴商场有限公司　　2022年03月15日

序号	产品名称	规格	计量单位	数量	备注
1	紫荆花香皂	130g	块	288	
2	紫荆花喷装玻璃洁净液	500ml	支	24	
3	紫荆花喷装厨房洁净液	500ml	支	24	
4	紫荆花清新柠檬洗洁精	1,000ml	支	12	
5	乐悠悠牙膏（清新）	250g	支	144	
6	乐悠悠牙膏（薄荷）	250g	支	144	
7	紫荆花洁厕灵（玫瑰香）	600ml	支	12	
8	紫荆花喷装浴室洁净液	500ml	支	24	
9	大象美白牙膏	140g	支	72	
10	大象牙膏（超氟）	250g	支	96	
11	大象牙膏（双重功效）	250g	支	144	
12	大象亮白牙膏	140g	支	144	
13	大象牙刷（红黄蓝）	9支装	组	48	
14	大象牙刷（金丝黄）	3支装	组	24	
15	乐悠悠牙刷（护龈）	3支装	组	24	
16	乐悠悠牙刷（洁净）	4支装	组	48	
17	妙妙儿童牙刷（健齿）		支	48	
18	大象牙刷（红与黑）	2支装	组	24	
19	雪花柔顺剂（紫色）	1,000ml	支	60	
20	雪花柔顺剂（蓝色）	1,000ml	支	60	
21	雪花柔顺剂（粉色）	1,000ml	支	60	
22	雪花柔顺剂（绿色）	1,000ml	支	65	

第二联　记账联

部门主管：周大福　　仓库：陈青　　制单：陈青

图 1－2－73

广东增值税专用发票

4400204130　　№ 20446155　4400204130　20446155

发票联

开票日期：2022年03月15日

购买方　名称：中山市花田贸易有限公司
纳税人识别号：91442000MA54C8888C
地址、电话：中山市东区复兴南路365号 0760-83766666
开户行及账号：中国建设银行中山市城东支行 44050178230100098765

密码区：
2<35<007<8/+9624>*757373972
6514<50<-+713451+98<66682-6
543*028-96<11-/79667</7/>5>
29>66734+*6-98388555-5<8>65

货物或应税劳务、服务名称	规格型号	单位	数量	单价	金额	税率	税额
*美容护肤品*小海豚儿童沐浴露	800ml	瓶	72	24.0442	1,731.19	13%	225.05
合计					¥1,731.19		225.05
价税合计（大写）	⊗壹仟玖佰伍拾陆圆贰角肆分				（小写）¥1,956.24		

销售方　名称：惠州市青山湖商贸有限公司
纳税人识别号：91441322MA4WH2222A
地址、电话：博罗县园洲镇镇光明大厦3408 0752-6680999
开户行及账号：中国银行股份有限公司惠州博罗园洲支行 696468922222

备注

收款人：邓艳文　　复核：陈燕华　　开票人：刘盼盼　　销售方：（章）

惠州市青山湖商贸有限公司 91441322MA4WH2222A 发票专用章

第三联：发票联　购买方记账凭证

税总函〔2019〕399号中钞华森实业公司

图 1－2－74

入 库 单

NO. 2022031508

供货单位：惠州市青山湖商贸有限公司 2022年03月15日

序号	商品名称	规格	单位	数量	单 价	金额
1	小海豚儿童沐浴露	800ml	瓶	72	24.04	1,731.19
合计						¥1,731.19

第二联 记账联

仓库：陈青 验收：程琳 制单：陈青

图 1－2－75

付款申请单

2022年03月16日

收款单位名称（全称）	付款事由（用途）	金额（元）	付款方式
中山市华科商贸有限公司	支付货款	1,660.84	转账
备注	银行付讫		
合计金额（大写）	壹仟陆佰陆拾圆捌角肆分	合计金额（小写）	¥1,660.84

经理：罗成功 出纳：林绵绵 经办：周大福

图 1－2－76

中国建设银行 China Construction Bank

中国建设银行单位客户专用回单

币别：人民币 2022年03月17日 流水号：4407823010N0PEAA657

付款人	全 称	中山市花田贸易有限公司	收款人	全 称	中山市华科商贸有限公司
	账 号	44050178230100098765		账 号	44050178040300045678
	开户行	中国建设银行中山市城东支行		开户行	中国建设银行中山市小榄支行
金 额		(大写)人民币壹仟陆佰陆拾元捌角肆分			(小写) ¥1,660.84
凭证种类		电子转账凭证		凭证号码	103568253975
结算方式		转账		用 途	货款
				打印柜员： 打印机构： 打印卡号：	中国建设银行 电子回单 专用章

（借方回单）

图 1－2－77

中国建设银行 China Construction Bank

中国建设银行单位客户专用回单

币别：人民币　　2022年03月17日　　流水号：44078320216CPTMWY6L

户名：中山市花田贸易有限公司	账号：44050178230100098765	
项目名称	工本费/转账汇款手续费/手续费	金额
收费	15.00	15.00
合计金额	(大写)人民币壹拾伍元整	￥15.00

付款方式：转账
业务类型：对公自助服务-自助设备使用费
摘要：收费

打印柜员：
打印机构：
打印卡号：

中国建设银行 电子回单专用章

图 1－2－78

税总函〔2019〕399号中钞华森实业公司

4400203130

广东增值税专用发票

发票联

№ 24972236　4400203130　24972236

开票日期：2022年03月15日

购买方
名　　称：中山市花田贸易有限公司
纳税人识别号：91442000MA54C8888C
地 址、电 话：中山市东区复兴南路365号 0760-83766666
开户行及账号：中国建设银行中山市城东支行 44050178230100098765

密码区
2<35<008<8/+9624>*757373972
6514<50<-+713451+98<66682-6
543*028-96<11-/79667</7/>5>
29>66734+*6-98388555-5<8>65

货物或应税劳务、服务名称	规格型号	单位	数量	单价	金额	税率	税额
*美容护肤品*金蝴蝶润肤霜	250g	瓶	48	16.8142	807.08	13%	104.92
*美容护肤品*金蝴蝶嫩肤霜	250g	瓶	60	15.9292	955.75	13%	124.25
*美容护肤品*金蝴蝶修护霜	500g	瓶	24	27.4337	658.41	13%	85.59
*美容护肤品*金蝴蝶润肤霜	500g	瓶	108	27.4336	2,962.83	13%	385.17
*美容护肤品*金蝴蝶柔润霜	500g	瓶	84	27.4336	2,304.42	13%	299.57
合　计					￥7,688.49		￥999.51
价税合计（大写）	⊗捌仟陆佰捌拾捌圆整				（小写）￥8,688.00		

销售方
名　　称：深圳金蝴蝶进出口有限公司
纳税人识别号：91440300083433333B
地 址、电 话：深圳市罗湖区龙湾街道金顶大厦A座1502 0755-87656666
开户行及账号：中国银行深圳万科城支行 758862133333

备注：深圳金蝴蝶进出口有限公司 91440300083433333B 发票专用章

收款人：黄颖　　复核：李倩倩　　开票人：周慧　　销售方：（章）

第三联：发票联 购买方记账凭证

图 1－2－79

入　库　单

NO. 2022031809

供货单位：深圳金蝴蝶进出口有限公司　2022年03月18日

序号	商品名称	规格	单位	数量	单价	金额
1	金蝴蝶润肤霜	250g	瓶	48	16.81	807.08
2	金蝴蝶嫩肤霜	250g	瓶	60	15.93	955.75
3	金蝴蝶修护霜	500g	瓶	24	27.43	658.41
4	金蝴蝶润肤霜	500g	瓶	108	27.43	2,962.83
5	金蝴蝶柔润霜	500g	瓶	84	27.43	2,304.42
合计						￥7,688.49

第二联 记账联

仓库：陈青　　验收：程琳　　制单：陈青

图 1－2－80

税总函 [2019] 399 号中钞华森实业公司

4400204130

广东增值税专用发票

全国统一发票监制章 广东 国家税务局监制

№ 26238174 4400204130
26238174

开票日期： 2022年03月13日

购买方
名　　称：中山市花田贸易有限公司
纳税人识别号：91442000MA54C8888C
地 址、电 话：中山市东区复兴南路365号 0760-83766666
开户行及账号：中国建设银行中山市城东支行 44050178230100098765

密码区
2<35<009<8/+9624>*757373972
6514<50<-+713451+98<66682-6
543*028-96<11-/79667</7/>5>
29>66734+*6-98388555-5<8>65

货物或应税劳务、服务名称	规格型号	单位	数量	单价	金额	税率	税额
*洗涤品*紫荆花香皂	130g	块	288	2.4779	713.63	13%	92.77
*洗涤品*乐悠悠牙膏（薄荷）	250g	支	144	7.7522	1,116.32	13%	145.12
*洗涤品*紫荆花洁厕灵（玫瑰香）	600ml	支	12	12.7700	153.24	13%	19.92
*洗涤品*紫荆花清新柠檬洗洁精	1,000ml	支	12	24.8675	298.41	13%	38.79
*洗涤品*紫荆花喷装厨房洁净液	500ml	支	24	14.1592	339.82	13%	44.18
*洗涤品*紫荆花喷装玻璃洁净液	500ml	支	24	14.1592	339.82	13%	44.18
*洗涤品*紫荆花喷装浴室洁净液	500ml	支	24	14.1592	339.82	13%	44.18
合计					¥3,301.06		¥429.14

价税合计（大写） ⊗叁仟柒佰叁拾圆贰角整　（小写）¥3,730.20

销售方
名　　称：中山市华科商贸有限公司
纳税人识别号：91442000MA4UM4444C
地 址、电 话：中山市小榄镇解放大道中108号3栋二层 0760-66889777
开户行及账号：中国建设银行股份有限公司小榄支行 44050178040300044444

备注

中山市华科商贸有限公司 91442000MA4UM4444C 发票专用章

收款人：周丽君　复核：谢珍妹　开票人：李好　销售方：（章）

第三联：发票联 购买方记账凭证

图 1－2－81

入 库 单

NO. 2022031307

供货单位：中山市华科商贸有限公司 2022年03月13日

序号	商品名称	规格	单位	数量	单价	金额
1	紫荆花香皂	130g	块	288	2.48	713.63
2	乐悠悠牙膏（薄荷）	250g	支	144	7.75	1,116.32
3	紫荆花洁厕灵（玫瑰香）	600ml	支	12	12.77	153.24
4	紫荆花清新柠檬洗洁精	1,000ml	支	12	24.87	298.41
5	紫荆花喷装厨房洁净液	500ml	支	24	14.16	339.82
6	紫荆花喷装玻璃洁净液	500ml	支	24	14.16	339.82
7	紫荆花喷装浴室洁净液	500ml	支	24	14.16	339.82
合计						¥3,301.06

第二联 记账联

仓库：陈青　验收：程琳　制单：陈青

图 1－2－82

付款申请单

2022年03月19日

收款单位名称（全称）		付款事由（用途）	金额（元）	付款方式
中山市华科商贸有限公司		支付货款	2,930.08	转账
备注	银行付讫			
合计金额（大写）	贰仟玖佰叁拾圆零捌分		合计金额（小写）	¥2,930.08

经理：罗成功　出纳：林绵绵　经办：周大福

图 1－2－83

中国建设银行 China Construction Bank

中国建设银行单位客户专用回单

币别：人民币　　2022年03月20日　　流水号：4407832001NPPPH4FHV

付款人	全称	中山市花田贸易有限公司	收款人	全称	中山市华科商贸有限公司
	账号	44050178230100098765		账号	44050178040300045678
	开户行	中国建设银行中山市城东支行		开户行	中国建设银行中山市小榄支行
金额	(大写)人民币贰仟玖佰叁拾元捌分				(小写) ¥2,930.08
凭证种类	电子转账凭证		凭证号码	103451427757	
结算方式	转账		用途	货款	
			打印柜员： 打印机构： 打印卡号：	中国建设银行 电子回单 专用章	

（借方回单）

图 1－2－84

付款申请单

2022年03月19日

收款单位名称（全称）	付款事由（用途）		金额（元）	付款方式
广州市好运莱国际贸易有限公司	支付货款		4, 851. 20	转账
备注	银行付讫			
合计金额（大写）	肆仟捌佰伍拾壹圆贰角整	合计金额（小写）	¥4, 851. 20	

经理：罗成功　　出纳：林绵绵　　经办：周大福

图 1－2－85

中国建设银行 China Construction Bank

中国建设银行单位客户专用回单

币别：人民币　　2022年03月20日　　流水号：4408723100NOPSQJDJT

付款人	全称	中山市花田贸易有限公司	收款人	全称	广州市好运莱国际贸易有限公司
	账号	44050178230100098765		账号	360222450910001234
	开户行	中国建设银行中山市城东支行		开户行	中国工商银行股份有限公司广州云山支行
金额	(大写)人民币肆仟捌佰伍拾壹元贰角				(小写) ¥4,851.20
凭证种类	电子转账凭证		凭证号码	103415838030	
结算方式	转账		用途	货款	
			打印柜员： 打印机构： 打印卡号：	中国建设银行 电子回单 专用章	

（借方回单）

图 1－2－86

收款收据

№ 00301

2022 年 03 月 19 日

兹收到 罗成功借给公司款项。

人民币（金额大写）贰万元整

小写：￥20,000.00

收款人 林绵绵　　收款单位（盖章）中山市花田贸易有限公司 财务专用章

图 1－2－87

中国建设银行单位客户专用回单

中国建设银行 China Construction Bank

币别：人民币　　2022年03月19日　　流水号：4402710001NIPQK34KL

付款人	全称	罗成功	收款人	全称	中山市花田贸易有限公司
	账号	4563517003046603567		账号	44050178230100098765
	开户行	中国建设银行中山市城东支行		开户行	中国建设银行中山市城东支行
金额		(大写)人民币贰万元整			(小写) ￥20,000.00
凭证种类		电汇凭证		凭证号码	
结算方式		转账		用途	电子汇入

打印柜员：
打印机构：
打印卡号：

中国建设银行 电子回单专用章

（贷方回单）

图 1－2－88

广东增值税专用发票

4400204130　　№ 26238735　4400204130 26238735

发票联

开票日期：2022年03月20日

购买方
名　　称：中山市花田贸易有限公司
纳税人识别号：91442000MA54C8888C
地 址、电 话：中山市东区复兴南路365号 0760-83766666
开户行及账号：中国建设银行中山市城东支行 44050178230100098765

密码区
2<35<010<8/+9624>*757373972
6514<50<-+713451+98<66682-6
543*028-96<11-/79667</7/>5>
29>66734+*6-98388555-5<8>65

货物或应税劳务、服务名称	规格型号	单位	数量	单价	金额	税率	税额
*口腔清洁护理品*乐悠悠牙膏（清新）	250g	支	80	7.3451	587.61	13%	76.39
*口腔清洁护理品*妙妙儿童牙膏（香蕉味）	250g	支	48	7.7523	372.11	13%	48.37
*洗涤品*紫荆花香皂	130g	块	144	2.4778	356.81	13%	46.39
*洗涤品*紫荆花清新柠檬洗洁精	1,000ml	支	24	24.8671	596.81	13%	77.59
*洗涤品*紫荆花喷装厨房洁净液	500ml	支	24	14.1592	339.82	13%	44.18
*洗涤品*紫荆花喷装玻璃洁净液	500ml	支	24	14.1592	339.82	13%	44.18
合计					￥2,592.98		￥337.10

价税合计（大写）⊗贰仟玖佰叁拾圆零捌分　（小写）￥2,930.08

销售方
名　　称：中山市华科商贸有限公司
纳税人识别号：91442000MA4UM4444C
地 址、电 话：中山市小榄镇解放大道中108号3栋二层 0760-66889777
开户行及账号：中国建设银行股份有限公司小榄支行 44050178040300044444

备注：中山市华科商贸有限公司 91442000MA4UM4444C 发票专用章

收款人：周丽君　　复核：谢珍妹　　开票人：李好　　销售方：（章）

税总函〔2019〕399号中钞华森实业公司

第三联：发票联 购买方记账凭证

图 1－2－89

入 库 单

NO. 2022032010

供货单位：中山市华科商贸有限公司　　2022年03月20日

序号	商品名称	规格	单位	数量	单 价	金额
1	乐悠悠牙膏（清新）	250g	支	80	7.35	587.61
2	妙妙儿童牙膏（香蕉味）	250g	支	48	7.75	372.11
3	紫荆花香皂	130g	块	144	2.48	356.81
4	紫荆花清新柠檬洗洁精	1,000ml	支	24	24.87	596.81
5	紫荆花喷装厨房洁净液	500ml	支	24	14.16	339.82
6	紫荆花喷装玻璃洁净液	500ml	支	24	14.16	339.82
合计						¥2,592.98

第二联　记账联

仓库：陈青　　验收：程琳　　制单：陈青

图 1－2－90

费 用 报 销 单

2022年03月20日　　附件　1　张

报销人	周大福	所属部门	销售	报销形式	现金支付
项目		摘要		金额	备注
业务招待费		招待客户		579.00	现金付讫
合　计				¥579.00	
金额大写（人民币）：伍佰柒拾玖元整				原借款：¥0.00	公司应支付：¥579.00 个人应退回：¥0.00

经理：罗成功　　出纳：林绵绵

图 1－2－91

广东增值税普通发票

044002000404　　№ 05494644　　044002000404　05494644

发票联

机器编号：947001679475

开票日期：2022年03月14日

购买方	名　称：中山市花田贸易有限公司 纳税人识别号：91442000MA54C8888C 地址、电话： 开户行及账号：				密码区	00*-+9/5766/0+42666349026<83 <47-/705-0<11-<875-7344>*5>2 66<61-1+7/474+2>/+00+++>7230 3022697+*2/>>401//4+0666-537	
货物或应税劳务、服务名称	规格型号	单位	数量	单价	金额	税率	税额
*餐饮服务*餐费		次	1	573.267326732	573.27	1%	5.73
合　计					¥573.27		¥5.73
价税合计（大写）	⊗伍佰柒拾玖圆整				（小写）¥579.00		
销售方	名　称：中山市悦来酒楼餐饮管理有限公司 纳税人识别号：91442000MA55BYKT84 地址、电话：中山市石岐区悦来南路37号3层1卡、3层2卡13823900686 开户行及账号：				备注	校验码 17509 67094 20311 314[illegible]	

收款人：宁玉婷　　复核：詹海红　　开票人：管理员　　销售方：（章）

中山市悦来酒楼餐饮管理有限公司　91442000MA55BYKT84　发票专用章

第二联：发票联　购买方记账凭证

粤税货劳票函〔2020〕1号中钞华森实业公司

图 1－2－92

税总函〔2019〕399号中钞华森实业公司

广东增值税专用发票

发票联

4400204130　　№ 33896282　4400204130　33896282

开票日期：2022年03月20日

购买方	名　　称：中山市花田贸易有限公司 纳税人识别号：91442000MA54C8888C 地 址、电 话：中山市东区复兴南路365号 0760-83766666 开户行及账号：中国建设银行中山市城东支行 44050178230100098765
密码区	2<35<011<8/+9624>*757373972 6514<50<-+713451+98<66682-6 543*028-96<11-/79667</7/>5> 29>66734+*6-98388555-5<8>65

货物或应税劳务、服务名称	规格型号	单位	数量	单价	金额	税率	税额
*洗涤品*紫荆花喷装厨房洁净液	500ml	支	48	14.1594	679.65	13%	88.35
*洗涤品*紫荆花洁厕灵（玫瑰香）	600ml	支	12	12.7700	153.24	13%	19.92
*口腔清洁护理品*乐悠悠牙膏（清新）	250g	支	240	7.7522	1,860.53	13%	241.87
*洗涤品*紫荆花喷装浴室洁净液	500ml	支	24	14.5929	350.23	13%	45.53
*洗涤品*紫荆花香皂	130g	块	72	2.4779	178.41	13%	23.19
*口腔清洁护理品*妙妙儿童牙膏（香蕉味）	250g	支	80	7.3451	587.61	13%	76.39
*洗涤品*紫荆花清新柠檬洗洁精	1,000ml	支	12	24.8675	298.41	13%	38.79
*洗涤品*紫荆花喷装浴室洁净液	500ml	支	48	14.1594	679.65	13%	88.35
合　　计					¥4,787.73		¥622.39
价税合计（大写）	⊗伍仟肆佰壹拾圆壹角贰分				（小写）¥5,410.12		

销售方	名　　称：中山市华科商贸有限公司 纳税人识别号：91442000MA4UM4444C 地 址、电 话：中山市小榄镇解放大道中108号3栋二层 0760-66889777 开户行及账号：中国建设银行股份有限公司小榄支行 44050178040300044444
备注	中山市华科商贸有限公司 91442000MA4UM4444C 发票专用章

收款人：周丽君　　复核：谢珍妹　　开票人：李好　　销售方：（章）

第三联：发票联　购买方记账凭证

图 1－2－93

入　库　单　　NO. 2022032211

供货单位：中山市华科商贸有限公司　　2022年03月22日

序号	商品名称	规格	单位	数量	单价	金额
1	紫荆花喷装厨房洁净液	500ml	支	48	14.16	679.65
2	紫荆花洁厕灵（玫瑰香）	600ml	支	12	12.77	153.24
3	乐悠悠牙膏（清新）	250g	支	240	7.75	1,860.53
4	紫荆花喷装浴室洁净液	500ml	支	24	14.59	350.23
5	紫荆花香皂	130g	块	72	2.48	178.41
6	妙妙儿童牙膏（香蕉味）	250g	支	80	7.35	587.61
7	紫荆花清新柠檬洗洁精	1,000ml	支	12	24.87	298.41
8	紫荆花喷装浴室洁净液	500ml	支	48	14.16	679.65
	合计					¥4,787.73

第二联　记账联

仓库：陈青　　验收：程琳　　制单：陈青

图 1－2－94

收 款 收 据　　№ 00312

2022 年 03 月 31 日

兹收到　罗成功借给公司款项。

人民币（金额大写）壹万元整

小写：¥10,000.00

收款人　林绵绵　　收款单位（盖章）　中山市花田贸易有限公司 财务专用章

图 1－2－95

中国建设银行 China Construction Bank　中国建设银行单位客户专用回单

币别：人民币　　2022年03月22日　　流水号：4402710000NIPQK07KL

付款人	全 称	罗成功	收款人	全 称	中山市花田贸易有限公司
	账 号	4563517003046603567		账 号	44050178230100098765
	开户行	中国建设银行中山市城东支行		开户行	中国建设银行中山市城东支行
金 额		(大写)人民币壹万元整			(小写) ¥10,000.00
凭证种类		电汇凭证	凭证号码		
结算方式		转账	用 途		电子汇入
			打印柜员: 打印机构: 打印卡号:		中国建设银行 电子回单 专用章

(贷方回单)

图 1－2－96

付款申请单

2022年03月21日

收款单位名称（全称）	付款事由（用途）	金额（元）	付款方式
广州市好运莱国际贸易有限公司	支付货款	3,686.40	转账
备注	银行付讫		
合计金额（大写）	叁仟陆佰捌拾陆圆肆角整	合计金额（小写）	¥3,686.40

经理：罗成功　　出纳：林绵绵　　经办：周大福

图 1－2－97

中国建设银行 China Construction Bank　中国建设银行单位客户专用回单

币别：人民币　　2022年03月22日　　流水号：4407823010N3P49E90J

付款人	全 称	中山市花田贸易有限公司	收款人	全 称	广州市好运莱国际贸易有限公司
	账 号	44050178230100098765		账 号	3602224509100001234
	开户行	中国建设银行中山市城东支行		开户行	中国工商银行股份有限公司广州云山支行
金 额		(大写)人民币叁仟陆佰捌拾陆元肆角			(小写) ¥3,686.40
凭证种类		电子转账凭证	凭证号码		103512894289
结算方式		转账	用 途		货款
			打印柜员: 打印机构: 打印卡号:		中国建设银行 电子回单 专用章

(借方回单)

图 1－2－98

4400202130　　**广东增值税专用发票**　　№ 15086706　4400202130　15086706

此联不作报销、扣税凭证使用　　开票日期：2022年03月24日

购买方	
名　　称：	江门市远旺超市有限公司
纳税人识别号：	914407056863544444
地 址、电 话：	江门市新会区振兴中路168号 0750-6667777
开户行及账号：	工商银行江门市人民支行 2012003609024789654

密码区：
0<<946/008>38-<>045*+616+>/
31+611<2-8-<99*1002-*+64+7-
3+989<576025/4><8-6>6540+67
7---238415*1++>+9/*00*+/582

货物或应税劳务、服务名称	规格型号	单位	数量	单价	金额	税率	税额
*洗涤品*紫荆花香皂	130g	块	72	3.1858	229.38	13%	29.82
*洗涤品*紫荆花彩漂	2,000ml	支	18	27.8761	501.77	13%	65.23
*洗涤品*紫荆花喷装浴室洁净液	500ml	支	24	16.8142	403.54	13%	52.46
*洗涤品*紫荆花洁厕灵（玫瑰香）	600ml	支	48	15.9292	764.6	13%	99.40
*口腔清洁护理品*乐悠悠牙膏（薄荷）	250g	支	144	10.6194	1,529.20	13%	198.80
*口腔清洁护理品*乐悠悠牙膏（清新）	250g	支	96	10.6195	1,019.47	13%	132.53
*洗涤品*雪花柔顺剂（紫色）	1,000ml	支	80	18.5976	1,487.81	13%	193.42
*洗涤品*雪花柔顺剂（蓝色）	1,000ml	支	50	18.5976	929.88	13%	120.88
合　计					¥6,865.65		¥892.55
价税合计（大写）	⊗柒仟柒佰伍拾捌圆贰角整				（小写）¥7,758.20		

销售方	
名　　称：	中山市花田贸易有限公司
纳税人识别号：	91442000MA54C8888C
地 址、电 话：	中山市东区复兴南路365号 0760-83766666
开户行及账号：	中国建设银行中山市城东支行 44050178230100098765

备注：（中山市花田贸易有限公司 91442000MA54C8888C 发票专用章）

收款人：林绵绵　　复核：林绵绵　　开票人：罗成功　　销售方：（章）

第一联：记账联　销售方记账凭证

税总函〔2021〕17号中钞华森实业公司

图 1－2－99

出 库 单

NO. 2022032408

购货单位：江门市远旺超市有限公司　　2022年03月24日

序号	产品名称	规格	计量单位	数量	备注
1	紫荆花香皂	130g	块	72	
2	紫荆花彩漂	2,000ml	支	18	
3	紫荆花喷装浴室洁净液	500ml	支	24	
4	紫荆花洁厕灵（玫瑰香）	600ml	支	48	
5	乐悠悠牙膏（薄荷）	250g	支	144	
6	乐悠悠牙膏（清新）	250g	支	96	
7	雪花柔顺剂（紫色）	1,000ml	支	80	
8	雪花柔顺剂（蓝色）	1,000ml	支	50	

第二联　记账联

部门主管：周大福　　仓库：陈青　　制单：陈青

图 1－2－100

4400202130　　广东增值税专用发票　　№ 15085716　4400202130 15086706

此联不作报销、扣税凭证使用　　开票日期：2022年03月24日

购买方	名称：江门市大兴商场有限公司 纳税人识别号：91440703665025555 5 地址、电话：江门市蓬江区东环路258号仁义广场 0750-6115888 开户行及账号：中国银行江门胜利路支行 701657951234	密码区	0<<946/009>38-<>045*+616+>/ 31+611<2-8-<99*1002-*+64+7- 3+989<576025/4><8-6>6540+67 7---238415*1++>+9/*00*+/582

货物或应税劳务、服务名称	规格型号	单位	数量	单价	金额	税率	税额
(详见销货清单)					10,267.60	13%	1,334.80
合计					¥10,267.60		¥1,334.80
价税合计（大写）	⊗壹万壹仟陆佰零贰圆肆角整				（小写）¥11,602.40		

销售方	名称：中山市花田贸易有限公司 纳税人识别号：91442000MA54C8888C 地址、电话：中山市东区复兴南路365号 0760-83766666 开户行及账号：中国建设银行中山市城东支行 44050178230100098765	备注	

收款人：林绵绵　　复核：林绵绵　　开票人：罗成功　　销售方：（章）

税总函〔2021〕17号中钞华森实业公司

第一联：记账联　销售方记账凭证

图 1－2－101

销售货物或者提供应税劳务、服务清单

购买方名称：江门市大兴商场有限公司

销售方名称：中山市花田贸易有限公司

所属增值税专用发票代码：4400202130　　号码：15085716　　共 1 页　第 1 页

序号	货物（劳务）名称	规格型号	单位	数量	单价	金额	税率	税额
1	*洗涤剂*紫荆花香皂	130g	块	72	3.19	229.38	13%	29.82
2	*洗涤剂*紫荆花香皂	130g	块	72	3.19	229.38	13%	29.82
3	*洗涤剂*紫荆花清新柠檬洗洁精	1,000ml	支	24	28.32	679.65	13%	88.35
4	*洗涤剂*紫荆花喷装厨房洁净液	500ml	支	24	15.93	382.30	13%	49.70
5	*洗涤剂*紫荆花喷装玻璃洁净液	500ml	支	24	15.93	382.30	13%	49.70
6	*口腔清洁护理品*妙妙儿童牙膏（香蕉味）	250g	支	80	10.18	814.16	13%	105.84
7	*洗涤剂*乐悠悠牙膏（清新）	250g	组	48	10.62	509.74	13%	66.27
8	*洗涤剂*乐悠悠牙膏（薄荷）	250g	组	144	10.62	1,529.20	13%	198.80
9	*口腔清洁护理品*大象牙膏（双重功效）	250g	支	144	13.72	1,975.22	13%	256.78
10	*口腔清洁护理品*大象牙膏（超氟）	250g	支	48	12.39	594.69	13%	77.31
11	*口腔清洁护理品*大象儿童牙膏（草莓）	40g	支	144	4.87	700.88	13%	91.12
12	*口腔清洁护理品*大象儿童牙膏（苹果）	40g	支	96	4.87	467.26	13%	60.74
13	*口腔清洁护理品*乐悠悠牙刷（洁净）	4支装	支	24	13.27	318.58	13%	41.42
14	*口腔清洁护理品*大象牙刷（七彩虹）	9支装	支	24	20.35	488.50	13%	63.51
15	*口腔清洁护理品*妙妙儿童牙膏（苹果味）	250g	支	48	7.52	361.05	13%	46.94
16	*口腔清洁护理品*妙妙儿童牙刷（护龈）		支	48	8.85	424.78	13%	55.22
17	*洗涤剂*雪花柔顺剂（粉色）	1,000ml	支	9	20.06	180.53	13%	23.47
小计						10,267.60		1,344.80
总计						10,267.60		1,344.80
备注								

销售方（章）：　　填开日期：2022年03月24日

图 1－2－102

出 库 单

NO. 2022032409

购货单位：江门市大兴商场有限公司　　2022年03月24日

序号	产品名称	规格	计量单位	数量	备注
1	紫荆花香皂	130g	块	72	
2	紫荆花香皂	130g	块	72	
3	紫荆花清新柠檬洗洁精	1,000ml	支	24	
4	紫荆花喷装厨房洁净液	500ml	支	24	
5	紫荆花喷装玻璃洁净液	500ml	支	24	
6	妙妙儿童牙膏（香蕉味）	250g	支	80	
7	乐悠悠牙膏（清新）	250g	支	48	
8	乐悠悠牙膏（薄荷）	250g	支	144	
9	大象牙膏（双重功效）	250g	支	144	
10	大象牙膏（超氟）	250g	支	48	
11	大象儿童牙膏（草莓）	40g	支	144	
12	大象儿童牙膏（苹果）	40g	支	96	
13	乐悠悠牙刷（洁净）	4支装	组	24	
14	大象牙刷（七彩虹）	9支装	组	24	
15	妙妙儿童牙膏（苹果味）	250g	支	48	
16	妙妙儿童牙刷（护龈）		支	48	
17	雪花柔顺剂（粉色）	1,000ml	支	9	

第二联 记账联

部门主管：周大福　　仓库：陈青　　制单：陈青

图 1－2－103

税总函〔2021〕17号中钞华森实业公司

广东增值税专用发票

4400202130　　№ 15086756　4400202130　15086756

此联不作报销、扣税凭证使用　　开票日期：2022年03月24日

（全国统一发票监制章 广东 国家税务总局监制）

购买方：
名　　称：珠海市隆泰实业有限公司
纳税人识别号：91440400618389999F
地 址、电 话：珠海市香洲区怡景路169号 0760-8543222
开户行及账号：珠海农商银行香洲支行 80020000065432148

密码区：
0<<946/010>38-<>045*+616+>/
31+611<2-8-<99*1002-*+64+7-
3+989<576025/4><8-6>6540+67
7---238415*1++>+9/*00*+/582

货物或应税劳务、服务名称	规格型号	单位	数量	单价	金额	税率	税额
*洗涤品*雪花柔顺剂（白色）	1,000ml	支	270	18.5841	5,017.70	13%	652.30
*洗涤品*雪花柔顺剂（紫色）	1,000ml	支	1,840	18.5841	34,194.69	13%	4,445.31
合　　计					¥39,212.39		¥5,097.61

价税合计（大写）：⊗肆万肆仟叁佰壹拾圆整　　（小写）¥44,310.00

销售方：
名　　称：中山市花田贸易有限公司
纳税人识别号：91442000MA54C8888C
地 址、电 话：中山市东区复兴南路365号 0760-83766666
开户行及账号：中国建设银行中山市城东支行 44050178230100098765

备注：（中山市花田贸易有限公司 91442000MA54C8888C 发票专用章）

第一联：记账联 销售方记账凭证

收款人：林绵绵　　复核：林绵绵　　开票人：罗成功　　销售方：（章）

图 1－2－104

出　库　单

NO. 2022032410

购货单位：珠海市隆泰实业有限公司　　2022年03月24日

序号	产品名称	规格	计量单位	数量	备注
1	雪花柔顺剂（白色）	1,000ml	支	270	
2	雪花柔顺剂（紫色）	1,000ml	支	1,840	

第二联　记账联

部门主管：周大福　　仓库：陈青　　制单：陈青

图 1－2－105

4400202130　　广东增值税专用发票　　№ 15086676　　4400202130 15086676

此联不作报销、扣税凭证使用

开票日期：2022年03月24日

购买方	名　　称：珠海市隆泰实业有限公司 纳税人识别号：91440400618389999F 地址、电话：珠海市香洲区怡景路169号 0760-8543222 开户行及账号：珠海农商银行香洲支行 80020000065432148				密码区	0<<946/011>38-<>045*+616+>/ 31+611<2-8-<99*1002-*+64+7- 3+989<576025/4><8-6>6540+67 7---238415*1++>+9/*00*+/582		
货物或应税劳务、服务名称	规格型号	单位	数量	单价	金额	税率	税额	
*洗涤品*雪花柔顺剂（蓝色）	1,000ml	支	3,038	18.5841	56,458.41	13%	7,339.59	
*洗涤品*雪花柔顺剂（粉色）	1,000ml	支	732	18.5841	13,603.54	13%	1,768.46	
合　　计					¥70,061.95		¥9,108.05	
价税合计（大写）	⊗柒万玖仟壹佰柒拾圆整				（小写）¥9,108.05			
销售方	名　　称：中山市花田贸易有限公司 纳税人识别号：91442000MA54C8888C 地址、电话：中山市东区复兴南路365号 0760-83766666 开户行及账号：中国建设银行中山市城东支行 44050178230100098765				备注			

收款人：林绵绵　　复核：林绵绵　　开票人：罗成功　　销售方：（章）

中山市花田贸易有限公司 91442000MA54C8888C 发票专用章

第一联：记账联　销售方记账凭证

税总函〔2021〕17号中钞华森实业公司

图 1－2－106

出　库　单

NO. 2022032411

购货单位：珠海市隆泰实业有限公司　　2022年03月24日

序号	产品名称	规格	计量单位	数量	备注
1	雪花柔顺剂（蓝色）	1,000ml	支	3,038	
2	雪花柔顺剂（粉色）	1,000ml	支	732	

第二联　记账联

部门主管：周大福　　仓库：陈青　　制单：陈青

图 1－2－107

税总函 [2019] 399 号中钞华森实业公司

4400203130　　**广东增值税专用发票**　　№ 35802147 4400203130 35802147

开票日期：2022年03月25日

购买方	名　称：中山市花田贸易有限公司 纳税人识别号：91442000MA54C8888C 地 址、电 话：中山市东区复兴南路365号 0760-83766666 开户行及账号：中国建设银行中山市城东支行 44050178230100098765	密码区	2<35<012<8/+9624>*757373972 6514<50<-+713451+98<66682-6 543*028-96<11-/79667</7/>5> 29>66734+*6-98388555-5<8>65

货物或应税劳务、服务名称	规格型号	单位	数量	单价	金额	税率	税额
*口腔清洁护理品*大象牙膏（双重功效）	250g	支	144	11.3540	1,634.97	13%	212.55
*口腔清洁护理品*大象牙膏（超氟）	250g	支	48	10.1858	488.92	13%	63.56
*口腔清洁护理品*大象儿童牙膏（草莓）	120g	支	48	11.7965	566.23	13%	73.61
*口腔清洁护理品*大象儿童牙膏（苹果）	120g	支	32	11.7966	377.49	13%	49.07
*口腔清洁护理品*乐悠悠牙刷（洁净）	4支装	组	24	10.1771	244.25	13%	31.75
*口腔清洁护理品*大象牙刷（七彩虹）	9支装	组	24	15.9292	382.3	13%	49.70
*口腔清洁护理品*妙妙儿童牙刷（健齿）		支	48	5.7523	276.11	13%	35.89
*口腔清洁护理品*妙妙儿童牙刷（护龈）		支	48	6.7256	322.83	13%	41.97
合　计					¥4,293.10		¥558.10
价税合计（大写）	⊗肆仟捌佰伍拾壹圆贰角整				（小写）¥4,851.20		

销售方	名　称：广州市好运莱国际贸易有限公司 纳税人识别号：91440101MA5CP1111E 地 址、电 话：广州市番禺区大华街黄边北路银辉大厦A栋8018 020-22223333 开户行及账号：中国工商银行股份有限公司广州云山支行3602224509100011111	备注	广州市好运莱国际贸易有限公司 91440101MA5CP1111E 发票专用章

收款人：王陆　　复核：李思　　开票人：陈惠敏　　销售方：（章）

第三联：发票联 购买方记账凭证

图 1－2－108

入　库　单

NO. 2022032512

供货单位：广州市好运莱国际贸易有限公司　2022年03月25日

序号	商品名称	规格	单位	数量	单价	金额
1	大象牙膏（双重功效）	250g	支	144	11.35	1,634.97
2	大象牙膏（超氟）	250g	支	48	10.19	488.92
3	大象儿童牙膏（草莓）	120g	支	48	11.80	566.23
4	大象儿童牙膏（苹果）	120g	支	32	11.80	377.49
5	乐悠悠牙刷（洁净）	4支装	组	24	10.18	244.25
6	大象牙刷（七彩虹）	9支装	组	24	15.93	382.30
7	妙妙儿童牙膏（苹果味）		支	48	5.75	276.11
8	妙妙儿童牙刷（护龈））		支	48	6.73	322.83
合计						¥4,293.10

第二联 记账联

仓库：陈青　　验收：程琳　　制单：陈青

图 1－2－109

付款申请单

2022年03月24日

收款单位名称（全称）	付款事由（用途）	金额（元）	付款方式
惠州市青山湖商贸有限公司	支付货款	1,726.92	转账
备注	银行付讫		
合计金额（大写）	壹仟柒佰贰拾陆圆玖角贰分	合计金额（小写）	¥1,726.92

经理：罗成功　　出纳：林绵绵　　经办：周大福

图 1－2－110

中国建设银行 China Construction Bank

中国建设银行单位客户专用回单

币别：人民币　　2022年03月25日　　流水号：4407832100NOPR1CSDS

付款人	全称	中山市花田贸易有限公司	收款人	全称	惠州市青山湖商贸有限公司
	账号	44050178230100098765		账号	69646892345
	开户行	中国建设银行中山市城东支行		开户行	中国银行股份有限公司惠州博罗园洲支行
金额		(大写)人民币壹仟柒佰贰拾陆元玖角贰分			(小写)￥1,726.92
凭证种类		电子转账凭证	凭证号码		103485551467
结算方式		转账	用途		货款
			打印柜员： 打印机构： 打印卡号：		中国建设银行 电子回单 专用章

(借方回单)

图 1－2－111

4400202130　　广东增值税专用发票　　№ 15086677　4400202130　15086677

此联不作报销、扣税凭证使用　　开票日期：2022年03月25日

购买方	名称：江门市大兴商场有限公司 纳税人识别号：914407036650255555 地址、电话：江门市蓬江区东环路258号仁义广场 0750-6115888 开户行及账号：中国银行江门胜利路支行 701657951234				密码区	0<<946/012>38-<>045*+616+>/ 31+611<2-8-<99*1002-*+64+7- 3+989<576025/4><8-6>6540+67 7---238415*1++>+9/*00*+/582	
货物或应税劳务、服务名称	规格型号	单位	数量	单价	金额	税率	税额
(详见销货清单)					17,932.01	13%	2,331.19
合计					￥17,932.01		￥2,331.19
价税合计(大写)	⊗贰万零贰佰陆拾叁圆贰角整				(小写)￥20,263.20		
销售方	名称：中山市花田贸易有限公司 纳税人识别号：91442000MA54C8888C 地址、电话：中山市东区复兴南路365号 0760-83766666 开户行及账号：中国建设银行中山市城东支行 44050178230100098765				备注	中山市花田贸易有限公司 91442000MA54C8888C 发票专用章	

收款人：林绵绵　　复核：林绵绵　　开票人：罗成功　　销售方：(章)

税总函〔2021〕17号中钞华森实业公司

第一联：记账联 销售方记账凭证

图 1－2－112

销售货物或者提供应税劳务、服务清单

购买方名称：江门市大兴商场有限公司

销售方名称：中山市花田贸易有限公司

所属增值税专用发票代码：4400202130　　号 码：15086677　　共 1 页 第 1 页

序号	货物（劳务）名称	规格型号	单位	数量	单价	金额	税率	税额
1	*口腔清洁护理品*大象牙膏（双重功效）	250g	支	96	13.72	1,316.81	13%	171.19
2	*口腔清洁护理品*大象美白牙膏	140g	支	72	8.85	637.17	13%	82.83
3	*口腔清洁护理品*大象亮白牙膏	140g	支	72	11.50	828.32	13%	107.68
4	*口腔清洁护理品*大象牙膏（超氟）	250g	支	48	12.39	594.69	13%	77.31
5	*口腔清洁护理品*大象儿童牙膏（苹果）	40g	支	240	4.87	1,168.14	13%	151.86
6	*口腔清洁护理品*大象儿童牙膏（草莓）	40g	支	240	4.87	1,168.14	13%	151.86
7	*口腔清洁护理品*乐悠悠牙刷（洁净）	4支装	组	24	13.27	318.58	13%	41.42
8	*口腔清洁护理品*大象牙刷（金丝黄）	3支装	组	24	22.12	530.97	13%	69.03
9	*口腔清洁护理品*妙妙儿童牙膏（苹果味）	250g	支	48	7.52	361.06	13%	46.94
10	*口腔清洁护理品*乐悠悠牙刷（软毛）	3支装	组	24	22.57	541.59	13%	70.41
11	*洗涤剂*紫荆花香皂	130g	块	72	3.19	229.38	13%	29.83
12	*洗涤剂*紫荆花清新柠檬洗洁精	1,000ml	支	12	28.32	339.82	13%	44.18
13	*口腔清洁护理品*妙妙儿童牙膏（香蕉味）	250g	支	80	10.18	814.16	13%	105.84
14	*洗涤剂*乐悠悠牙膏（薄荷）	250g	支	192	10.62	2,038.94	13%	265.06
15	*洗涤剂*乐悠悠牙膏（清新）	250g	支	240	10.62	2,548.67	13%	331.34
16	*洗涤剂*紫荆花洁厕灵（玫瑰香）	600ml	支	12	15.93	191.15	13%	24.85
17	*洗涤剂*紫荆花喷装玻璃洁净液	500ml	支	24	15.93	382.30	13%	49.70
18	*洗涤剂*紫荆花喷装厨房洁净液	500ml	支	24	15.93	382.30	13%	49.70
19	*洗涤剂*紫荆花喷装浴室洁净液	500ml	支	24	16.81	403.54	13%	52.46
20	*洗涤剂*雪花柔顺剂（蓝色）	1,000ml	支	84	18.67	1,568.14	13%	203.86
21	*洗涤剂*雪花柔顺剂（粉色）	1,000ml	支	84	18.67	1,568.14	13%	203.86
小计						17,932.01		2,331.19
总计						17,932.01		2,331.19
备注								

中山市花田贸易有限公司 91442000MA54C8888C 发票专用章

销售方（章）：　　填开日期：　2022年03月25日

图 1－2－113

出 库 单　　NO. 2022032512

购货单位：江门市大兴商场有限公司　　2022年03月25日

序号	产品名称	规格	计量单位	数量	备注
1	大象牙膏（双重功效）	250g	支	96	
2	大象美白牙膏	140g	支	72	
3	大象亮白牙膏	140g	支	72	
4	大象牙膏（超氟）	250g	支	48	
5	大象儿童牙膏（苹果）	40g	支	240	
6	大象儿童牙膏（草莓）	40g	支	240	
7	乐悠悠牙刷（洁净）	4支装	组	24	
8	大象牙刷（金丝黄）	3支装	组	24	
9	妙妙儿童牙膏（苹果味）	250g	支	48	
10	乐悠悠牙刷（软毛）	3支装	组	24	
11	紫荆花香皂	130g	块	72	
12	紫荆花清新柠檬洗洁精	1,000ml	支	12	
13	妙妙儿童牙膏（香蕉味）	250g	支	80	
14	乐悠悠牙膏（薄荷）	250g	支	192	
15	乐悠悠牙膏（清新）	250g	支	240	
16	紫荆花洁厕灵（玫瑰香）	600ml	支	12	
17	紫荆花喷装玻璃洁净液	500ml	支	24	
18	紫荆花喷装厨房洁净液	500ml	支	24	
19	紫荆花喷装浴室洁净液	500ml	支	24	
20	雪花柔顺剂（蓝色）	1,000ml	支	84	
21	雪花柔顺剂（粉色）	1,000ml	支	84	

第二联 记账联

部门主管：周大福　　仓库：陈青　　制单：陈青

图 1－2－114

4400202130　　**广东增值税专用发票**　　№ 29320403　4400202130 29320403

此联不作报销、扣税凭证使用　　开票日期：2022年03月27日

税总函〔2021〕17号中钞华森实业公司

购买方	名　　称：中山市兴隆商贸有限公司 纳税人识别号：91442000680633777F 地址、电话：中山市石岐区人民路666号 0760-88810999 开户行及账号：中国工商银行中山城北支行 2011026919289513425	密码区	0<<946/013>38-<>045*+616+>/ 31+611<2-8-<99*1002-*+64+7- 3+989<576025/4><8-6>6540+67 7---238415*1++>+9/*00*+/582

货物或应税劳务、服务名称	规格型号	单位	数量	单价	金额	税率	税额
*洗涤品*雪花柔顺剂（粉色）	1,000ml	支	1,500	18.5841	27,876.11	13%	3,623.89
*洗涤品*雪花柔顺剂（绿色）	1,000ml	支	3,000	18.5841	55,752.21	13%	7,247.79
合　　计					¥83,628.32		¥10,871.68
价税合计（大写）	⊗玖万肆仟伍佰圆整				（小写）¥94,500.00		

销售方	名　　称：中山市花田贸易有限公司 纳税人识别号：91442000MA54C8888C 地址、电话：中山市东区复兴南路365号 0760-83766666 开户行及账号：中国建设银行中山市城东支行 44050178230100098765	备注	

收款人：林绵绵　　复核：林绵绵　　开票人：罗成功　　销售方：（章）

第一联：记账联　销售方记账凭证

图 1－2－115

出　库　单

NO. 2022032714

购货单位：中山市兴隆商贸有限公司　　2022年03月27日

序号	产品名称	规格	计量单位	数量	备注
1	雪花柔顺剂（粉色）	1,000ml	支	1,500	
2	雪花柔顺剂（绿色）	1,000ml	支	3,000	

第二联　记账联

部门主管：周大福　　仓库：陈青　　制单：陈青

图 1－2－116

4400202130　　**广东增值税专用发票**　　№ 29320404　4400202130 29320404

此联不作报销、扣税凭证使用　　开票日期：2022年03月27日

税总函〔2021〕17号中钞华森实业公司

购买方	名　　称：中山市兴隆商贸有限公司 纳税人识别号：91442000680633777F 地址、电话：中山市石岐区人民路666号 0760-88810999 开户行及账号：中国工商银行中山城北支行 2011026919289513425	密码区	0<<946/014>38-<>045*+616+>/ 31+611<2-8-<99*1002-*+64+7- 3+989<576025/4><8-6>6540+67 7---238415*1++>+9/*00*+/582

货物或应税劳务、服务名称	规格型号	单位	数量	单价	金额	税率	税额
*洗涤品*雪花柔顺剂（粉色）	1,000ml	支	3,000	18.5841	55,752.21	13%	7,247.79
*洗涤品*雪花柔顺剂（蓝色）	1,000ml	支	1,500	18.5841	27,876.11	13%	3,623.89
合　　计					¥83,628.32		¥10,871.68
价税合计（大写）	⊗玖万肆仟伍佰圆整				（小写）¥94,500.00		

销售方	名　　称：中山市花田贸易有限公司 纳税人识别号：91442000MA54C8888C 地址、电话：中山市东区复兴南路365号 0760-83766666 开户行及账号：中国建设银行中山市城东支行 44050178230100098765	备注	

收款人：林绵绵　　复核：林绵绵　　开票人：罗成功　　销售方：（章）

第一联：记账联　销售方记账凭证

图 1－2－117

出 库 单

NO. 2022032713

购货单位：中山市兴隆商贸有限公司　　2022年03月27日

序号	产品名称	规格	计量单位	数量	备注
1	雪花柔顺剂（粉色）	1,000ml	支	3,000	
2	雪花柔顺剂（蓝色）	1,000ml	支	1,500	

第二联 记账联

部门主管：周大福　　仓库：陈青　　制单：陈青

图 1－2－118

广东增值税专用发票

4400202130　　№ 29320405　　4400202130　29320405

此联不作报销、扣税凭证使用　　开票日期：2022年03月27日

购买方
名称：中山市丽之洁洗衣有限公司
纳税人识别号：91442000338266666X
地址、电话：中山市东区光明北路228号 0760-88225000
开户行及账号：中国银行股份有限公司中山分行 713365445987

密码区
0<<946/015>38-<>045*+616+>/
31+611<2-8-<99*1002-*+64+7-
3+989<576025/4><8-6>6540+67
7---238415*1++>+9/*00*+/582

货物或应税劳务、服务名称	规格型号	单位	数量	单价	金额	税率	税额
*洗涤品*雪花柔顺剂（粉色）	1,000ml	支	250	18.5853	4,646.33	13%	604.02
*洗涤品*雪花柔顺剂（绿色）	1,000ml	支	500	18.5853	9,292.65	13%	1,208.04
*洗涤品*柔顺剂（蓝色）	1,000ml	支	300	18.5853	5,575.59	13%	724.83
*洗涤品*雪花柔顺剂（紫色）	1,000ml	支	638	18.5853	11,857.42	13%	1,541.46
合计					¥31,371.99		¥4,078.37

价税合计（大写）⊗叁万伍仟肆佰伍拾圆叁角陆分　　（小写）¥35,450.36

销售方
名称：中山市花田贸易有限公司
纳税人识别号：91442000MA54C8888C
地址、电话：中山市东区复兴南路365号 0760-83766666
开户行及账号：中国建设银行中山市城东支行 44050178230100098765

备注

收款人：林绵绵　　复核：林绵绵　　开票人：罗成功　　销售方：（章）

第一联：记账联　销售方记账凭证

税总函〔2021〕17号中钞华森实业公司

图 1－2－119

出 库 单

NO. 2022032715

购货单位：中山市丽之洁洗衣有限公司　　2022年03月27日

序号	产品名称	规格	计量单位	数量	备注
1	雪花柔顺剂（粉色）	1,000ml	支	250	
2	雪花柔顺剂（绿色）	1,000ml	支	500	
3	雪花柔顺剂（蓝色）	1,000ml	支	300	
4	雪花柔顺剂（绿色）	1,000ml	支	638	

第二联 记账联

部门主管：周大福　　仓库：陈青　　制单：陈青

图 1－2－120

费用报销单

2022 年 03 月 28 日　　　　附件 2 张

报销人	林绵绵	所属部门	财务	报销形式	现金支付
项目		摘要		金额	备注
办公费		打印纸		26.00	现金付讫
办公费		钢板不干胶纸		146.00	
合　　计				¥172.00	
金额大写（人民币）：壹佰柒拾贰元整				原借款：¥0.00	公司应支付：¥172.00 个人应退回：¥0.00

经理：罗成功　　　　出纳：林绵绵

图 1－2－121

广东增值税电子普通发票

机器编号：661814588605

发票代码：044002000114
发票号码：11558107
开票日期：2022 年03 月04日
校 验 码：80234 32735 15218 34605

购买方	名　　称：中山市花田贸易有限公司 纳税人识别号：91442000MA54C8888C 地 址、电 话：中山市东区复兴南路365号 0760-83766666 开户行及账号：中国建设银行中山市城东支行 44050178230100098765	密码区	04<07/4><*98*<-7<001>/<97*< 549+793-<-15143+7>8+211*908 7>9*20570-+<1>95*+31+409-9* 96*+666+793-<-15143+7>8*-45

货物或应税劳务、服务名称	规格型号	单位	数量	单价	金额	税率	税额
*纸制品*复印纸	A4	包	1	23.01	23.01	13%	2.99
合　　计					¥23.01		¥2.99
价税合计（大写）	⊗贰拾陆元圆整				（小写）¥26.00		

销售方	名　　称：广州晶东贸易有限公司 纳税人识别号：91440101664041243T 地 址、电 话：广州市黄埔区九龙镇九龙工业园凤凰三横路89号1号库房301 22165500-1602/1699 开户行及账号：招商银行股份有限公司北京青年路支行 120906065810403	备注	

收款人：王陆　　复核：李思　　开票人：王梅　　销售方：（章）

图 1－2－122

机器编号：754814568607

广东增值税电子普通发票

发票代码：44002100111
发票号码：32692952
开票日期：2022 年03 月07日
校 验 码：80234 34955 11588 34607

购买方	名 称：中山市花田贸易有限公司 纳税人识别号：91442000MA54C8888C 地 址、电 话：中山市东区复兴南路365号 0760-83766666 开户行及账号：中国建设银行中山市城东支行 44050178230100098765			密码区	04<07/4><*98*<-7<011>/<97*< 549+793-<-15143+7>8+211*908 7>9*20570-+<1>95*+31+409-9* 96*+666+793-<-15143+7>8*-45		
货物或应税劳务、服务名称	规格型号	单位	数量	单价	金额	税率	税额
*纸制品*铜版不干胶纸		卷	15	8.61356932	129.20	13%	16.80
合 计					¥129.20		¥16.80
价税合计（大写）	⊗壹佰肆拾陆圆整				（小写）¥146.00		
销售方	名 称：广州市杰伦纸业有限公司 纳税人识别号：91440111068663871B 地 址、电 话：广州市白云区太和镇北西街17号020-36276888 开户行及账号：中国工商银行广州粤秀支行3602015009201526543			备注			

收款人：陈宏光　　复核：刘思思　　开票人：王利　　销售方：（章）

（印章：广州市杰伦纸业有限公司 91440111068663871B 发票专用章）

图 1－2－123

费 用 报 销 单

2022年03月28日　　附件 2 张

报销人	林绵绵	所属部门	财务	报销形式	现金支付
项目		摘要		金额	备注
邮电费		快递费		47.00	现金付讫
合 计				¥47.00	
金额大写（人民币）：肆拾柒元整				原借款：¥0.00	公司应支付：¥47.00 个人应退回：¥0.00

经理：罗成功　　出纳：林绵绵

图 1－2－124

机器编号：661814588606

广东增值税电子普通发票

发票代码：044001613111
发票号码：82459927
开票日期：2022 年03 月08日
校 验 码：80234 32735 15218 34606

购买方	名　　称：中山市花田贸易有限公司 纳税人识别号：91442000MA54C8888C 地 址、电 话：中山市东区复兴南路365号 0760-83766666 开户行及账号：中国建设银行中山市城东支行 44050178230100098765	密码区	04<07/4><*98*<-7<002>/<97*< 549+793-<-15143+7>8+211*908 7>9*20570-+<1>95*+31+409-9* 96*+666+793-<-15143+7>8*-45

货物或应税劳务、服务名称	规格型号	单位	数 量	单 价	金 额	税率	税 额
*物流辅助服务*收派服务费		次	1	11.32	11.32	6%	0.68
合　　计					¥11.32		¥0.68
价税合计（大写）	⊗壹拾贰元圆整				（小写）¥12.00		

销售方	名　　称：中山顺丰速运有限公司 纳税人识别号：91442000775051888B 地 址、电 话：广东省中山市三角镇合作村南三公路0760-22814567 开户行及账号：中国工商银行股份有限公司中山三角支行2011004429000066666	备注	

收款人：蔡珊　　复核：张军　　开票人：王平　　销售方：（章）

图 1－2－125

机器编号：661814588607

广东增值税电子普通发票

发票代码：044001613111
发票号码：82459927
开票日期：2022 年03 月28日
校 验 码：80234 32735 15218 34607

购买方	名　　称：中山市花田贸易有限公司 纳税人识别号：91442000MA54C8888C 地 址、电 话：中山市东区复兴南路365号 0760-83766666 开户行及账号：中国建设银行中山市城东支行 44050178230100098765	密码区	04<07/4><*98*<-7<003>/<97*< 549+793-<-15143+7>8+211*908 7>9*20570-+<1>95*+31+409-9* 96*+666+793-<-15143+7>8*-45

货物或应税劳务、服务名称	规格型号	单位	数 量	单 价	金 额	税率	税 额
*物流辅助服务*收派服务费		次	1	33.02	33.02	6%	1.98
合　　计					¥33.02		¥1.98
价税合计（大写）	⊗叁拾伍元圆整				（小写）¥35.00		

销售方	名　　称：中山顺丰速运有限公司 纳税人识别号：91442000775051888B 地 址、电 话：广东省中山市三角镇合作村南三公路0760-22814567 开户行及账号：中国工商银行股份有限公司中山三角支行2011004429000066666	备注	

收款人：蔡珊　　复核：张军　　开票人：王平　　销售方：（章）

图 1－2－126

中国建设银行 China Construction Bank

中国建设银行单位客户专用回单

币别：人民币　　2022年03月28日　　流水号：4402700010NJP8OPMI6

付款人	全 称	江门市大兴商场有限公司	收款人	全 称	中山市花田贸易有限公司
	账 号	701657951234		账 号	44050178230100098765
	开户行	中国银行江门胜利路支行		开户行	中国建设银行中山市城东支行
金 额		(大写)人民币壹万壹仟柒佰壹拾叁元捌角			(小写) ¥11,713.80
凭证种类		电汇凭证	凭证号码		
结算方式		转账	用 途		货款

汇款交易日期:20220328 支付清算业务类型:A100
汇款合约编号:033053421052811648I9505
实际收款人账户:44050178230100098765
实际收款人户名:中山市花田贸易有限公司
实际收款人汇入行:中国建设银行中山市城东支行
汇出行行名:中国银行江门胜利路支行
汇款备注:电子汇入

打印柜员:
打印机构:
打印卡号:
支行
汇款附言:货款

中国建设银行 电子回单 专用章

(贷方回单)

图 1－2－127

广东增值税专用发票

4400204130　　№ 26238377　4400204130　26238377

发票联

开票日期：2022年03月29日

购买方	名　　称：中山市花田贸易有限公司 纳税人识别号：91442000MA54C8888C 地 址、电 话：中山市东区复兴南路365号 0760-83766666 开户行及账号：中国建设银行中山市城东支行 44050178230100098765	密码区	2<35<013<8/+9624>*757373972 6514<50<-+713451+98<66682-6 543*028-96<11-/79667</7/>5> 29>66734+*6-98388555-5<8>65

货物或应税劳务、服务名称	规格型号	单位	数 量	单 价	金 额	税率	税 额
*洗涤品*紫荆花彩漂	2,000ml	支	18	23.9822	431.68	13%	56.12
*洗涤品*紫荆花洁厕灵（玫瑰香）	600ml	支	24	12.7700	306.48	13%	39.84
*口腔清洁护理品*妙妙儿童牙膏（香蕉味）	250g	支	80	7.3451	587.61	13%	76.39
*洗涤品*紫荆花喷装厨房洁净液	500ml	支	72	14.1593	1,019.47	13%	132.53
*洗涤品*紫荆花喷装玻璃洁净液	500ml	支	72	14.1593	1 019.47	13%	132.53
*洗涤品*紫荆花喷装浴室洁净液	500ml	支	48	14.5929	700.46	13%	91.06
合　　计					¥4,065.17		¥528.47
价税合计（大写）	⊗肆仟伍佰玖拾叁圆陆角肆分				（小写）¥4,593.64		

销售方	名　　称：中山市华科商贸有限公司 纳税人识别号：91442000MA4UM4444C 地 址、电 话：中山市小榄镇解放大道中108号3栋二层 0760-66889777 开户行及账号：中国建设银行股份有限公司小榄支行 44050178040300044444	备注	

收款人：周丽君　　复核：谢珍妹　　开票人：李好　　销售方：（章）

中山市华科商贸有限公司 91442000MA4UM4444C 发票专用章

第三联：发票联 购买方记账凭证

税总函〔2019〕399号中钞华森实业公司

图 1－2－128

入　库　单

NO. 2022032913

供货单位：中山市华科商贸有限公司　2022年03月29日

序号	商品名称	规格	单位	数量	单 价	金额
1	紫荆花彩漂	2,000ml	支	18	23.98	431.68
2	紫荆花洁厕灵（玫瑰香）	600ml	支	24	12.77	306.48
3	妙妙儿童牙膏（香蕉味）	250g	支	80	7.35	587.61
4	紫荆花喷装厨房洁净液	500ml	支	72	14.16	1,019.47
5	紫荆花喷装玻璃洁净液	500ml	支	72	14.16	1,019.47
6	紫荆花喷装浴室洁净液	500ml	支	48	14.59	700.46
合计						¥4,065.17

仓库：陈青　　验收：程琳　　制单：陈青

第二联 记账联

图 1－2－129

4400203130　　广东增值税专用发票　　№ 35802145　4400203130　35802145

发票联

开票日期：2022年03月29日

购买方	名　称：中山市花田贸易有限公司 纳税人识别号：91442000MA54C8888C 地址、电话：中山市东区复兴南路365号 0760-83766666 开户行及账号：中国建设银行中山市城东支行 44050178230100098765			密码区	2<35<014<8/+9624>*757373972 6514<50<-+713451+98<66682-6 543*028-96<11-/79667</7/>5> 29>66734+*6-98388555-5<8>65		
货物或应税劳务、服务名称	规格型号	单位	数量	单价	金额	税率	税额
（详见销货清单）							
合　计					¥7,337.83		¥953.93
价税合计（大写）	⊗捌仟贰佰玖拾壹圆柒角陆分				（小写）¥8,291.76		
销售方	名　称：广州市好运莱国际贸易有限公司 纳税人识别号：91440101MA5CP1111E 地址、电话：广州市番禺区大华街黄边北路银辉大厦A栋8018 020-22223333 开户行及账号：中国工商银行股份有限公司广州云山支行3602224509100011111			备注	广州市好运莱国际贸易有限公司 91440101MA5CP1111E 发票专用章		

收款人：王陆　　复核：李思　　开票人：陈惠敏　　销售方：（章）

税总函〔2019〕399号中钞华森实业公司

第三联：发票联 购买方记账凭证

图 1-2-130

销售货物或者提供应税劳务、服务清单

购买方名称：中山市花田贸易有限公司

销售方名称：广州市好运莱国际贸易有限公司

所属增值税专用发票代码：4400203130　　号码：35802145　　共 1 页　第 1 页

序号	货物（劳务）名称	规格型号	单位	数量	单价	金额	税率	税额
1	*口腔清洁护理品*大象牙膏（双重功效）	250g	支	144	11.35	1,634.97	13%	212.55
2	*口腔清洁护理品*大象美白牙膏	140g	支	72	7.05	507.82	13%	66.02
3	*口腔清洁护理品*大象亮白牙膏	140g	支	144	9.48	1,364.81	13%	177.43
4	*口腔清洁护理品*大象牙膏（超氟）	250g	支	96	10.19	977.84	13%	127.12
5	*口腔清洁护理品*乐悠悠牙刷（护龈）	3支装	组	24	17.52	420.53	13%	54.67
6	*口腔清洁护理品*乐悠悠牙刷（洁净）	4支装	组	48	10.18	488.50	13%	63.51
7	*口腔清洁护理品*大象牙刷（金丝黄）	3支装	组	24	17.70	424.78	13%	55.22
8	*口腔清洁护理品*大象牙刷（红黄蓝）	9支装	组	48	16.28	781.59	13%	101.62
9	*口腔清洁护理品*妙妙儿童牙刷（健齿）		支	48	6.73	322.83	13%	41.97
10	*口腔清洁护理品*大象牙刷（红与黑）	2支装	组	24	17.26	414.16	13%	53.84
小计						7,337.83		953.93
总计						7,337.83		953.93
备注								

销售方（章）：广州市好运莱国际贸易有限公司 91440101MA5CP1111E 发票专用章　　填开日期：2022年03月29日

图 1-2-131

入 库 单

NO. 2022032914

供货单位：广州市好运莱国际贸易有限公司 2022年03月29日

序号	商品名称	规格	单位	数量	单 价	金额
1	大象牙膏（双重功效）	250g	支	144	11.35	1,634.97
2	大象美白牙膏	140g	支	72	7.05	507.82
3	大象亮白牙膏	140g	支	144	9.48	1,364.81
4	大象牙膏（超氟）	250g	支	96	10.19	977.84
5	乐悠悠牙刷（护龈）	3支装	组	24	17.52	420.53
6	乐悠悠牙刷（洁净）	4支装	组	48	10.18	488.50
7	大象牙刷（金丝黄）	3支装	组	24	17.70	424.78
8	大象牙刷（红黄蓝）	9支装	组	48	16.28	781.59
9	妙妙儿童牙刷（健齿）		支	48	6.73	322.83
10	大象牙刷（红与黑）	2支装	组	24	17.26	414.16
合计						¥7,337.83

第二联 记账联

仓库：陈青　　验收：程琳　　制单：陈青

图 1－2－132

付款申请单

2022年03月29日

收款单位名称（全称）		付款事由（用途）	金额（元）	付款方式
中山市勤信会计事务有限公司		支付代理记账费	3,780.00	转账
备注	银行付讫			
合计金额（大写）	叁仟柒佰捌拾圆整		合计金额（小写）	¥3,780.00

经理：罗成功　　出纳：林绵绵　　经办：周大福

图 1－2－133

广东增值税普通发票

044002000404　　№ 05635494　　044002000404 05635494

发票联

校验码 70338 57897 34178 08728　　开票日期：2022年03月28日

购买方　名称：中山市花田贸易有限公司

纳税人识别号：91442000MA54C8888C

地址、电话：

开户行及账号：

密码区：

13-*3*+12-2/734+->9-474176>

1-/6265-24>5/>3-9<74<8<78*8

147-83020+55/820730+*/9-017

16</09>62>3<05>91*5**<0274/

货物或应税劳务、服务名称	规格型号	单位	数量	单价	金额	税率	税额
*会计服务*记账费			6	623.76237624	3,742.57	1%	37.43
合计					¥3,742.57		¥37.43
价税合计（大写）	⊗叁仟柒佰捌拾圆整				（小写）	¥3,780.00	

销售方　名称：中山市谨信会计事务有限公司

纳税人识别号：91442000097065555C

地址、电话：中山市石岐区康正路40号5层 0760-88728999

开户行及账号：建设银行中山宏基支行 44001780384053087654

备注：3-8

中山市谨信会计事务有限公司 91442000097065555C 发货专用章

收款人：陈婉君　　复核：许敏　　开票人：洪伊纯　　（章）

第二联：发票联 购买方记账凭证

粤税货劳票函〔2020〕1号中钞华森实业公司

图 1－2－134

中国建设银行 China Construction Bank　　中国建设银行单位客户专用回单

币别：人民币　　2022年03月29日　　流水号：4408732010N1PD86TIC

付款人	全 称	中山市花田贸易有限公司	收款人	全 称	中山市谨信会计事务所有限公司
	账 号	44050178230100098765		账 号	44001780384053087654
	开户行	中国建设银行中山市城东支行		开户行	中国建设银行中山宏基支行
金 额		(大写)人民币叁仟柒佰捌拾圆整			(小写) ¥3,780.00
凭证种类		电子转账凭证	凭证号码		103568259375
结算方式		转账	用 途		记账费
			打印柜员: 打印机构: 打印卡号: 支行 汇款附言:货款		中国建设银行 电子回单 专用章

（贷方回单）

图 1－2－135

费 用 报 销 单

2022年03月31日　　附件 1 张

报销人	林绵绵	所属部门	财务	报销形式	现金支付
项目		摘要		金额	备注
福利费		员工聚餐		836.00	现金付讫
合　　计				¥836.00	
金额大写（人民币）：捌佰叁拾陆元整				原借款：¥0.00	公司应支付：¥836.00 个人应退回：¥0.00

经理：罗成功　　出纳：林绵绵

图 1－2－136

广东增值税电子普通发票

全国统一发票监制章 国家税务总局 广东省税务局

机器编号：661814868607

发票代码：44001613111
发票号码：65359626
开票日期：2022 年03 月30日
校 验 码：80234 32835 11588 34607

购买方	名　　称：中山市花田贸易有限公司 纳税人识别号：91442000MA54C8888C 地 址、电 话：中山市东区复兴南路365号 0760-83766666 开户行及账号：中国建设银行中山市城东支行 44050178230100098765	密码区	04<07/4><*98*<-7<013>/<97*< 549+793-<-15143+7>8+211*908 7>9*20570-+<1>95*+31+409-9* 96*+666+793-<-15143+7>8*-45

货物或应税劳务、服务名称	规格型号	单位	数 量	单 价	金 额	税率	税 额
*餐饮服务*餐费		项	1	827.72277228	827.72	1%	8.28
合　　计					¥827.72		¥8.28
价税合计（大写）	⊗ 捌佰叁拾陆圆整				（小写） ¥836.00		

销售方	名　　称：中山市石岐区江畔龙门海鲜火锅餐厅 纳税人识别号：440922197102132516 地 址、电 话：中山市石岐区安栏路122号一楼 0760-87153333 开户行及账号：中国建设银行中山市石岐区支行48050178050200006789	备注	

收款人：张兰芬　　复核：周凡秀　　开票人：周凡秀　　销售方：（章）

中山市石岐区江畔龙门海鲜火锅餐厅 440922197102132516 发票专用章

图 1－2－137

中国建设银行 China Construction Bank　中国建设银行单位客户专用回单

币别：人民币　　2022年03月31日　　流水号：4402700009N1PJ8KQ9Y

付款人	全 称	中山市兴隆商贸有限公司	收款人	全 称	中山市花田贸易有限公司
	账 号	20110269192895134425		账 号	44050178230100098765
	开户行	中国工商银行中山城北支行		开户行	中国建设银行中山市城东支行
金 额	(大写)人民币捌万肆仟元整			(小写) ¥84,000.00	
凭证种类	电汇凭证		凭证号码		
结算方式	转账		用 途	电子汇入	
			打印柜员： 打印机构： 打印卡号：		

（贷方回单）

中国建设银行 电子回单专用章

图 1－2－138

费 用 报 销 单

2022年03月31日　　　　附件　4　张

报销人	林绵绵	所属部门	财务	报销形式	转账支付
项目	摘要			金额	备注
劳保费	购买口罩			408.82	银行付讫
合　计				¥408.82	
金额大写（人民币）：肆佰零捌元捌角贰分				原借款：¥0.00	公司应支付：¥408.82 个人应退回：¥0.00

经理：罗成功　　　　出纳：林绵绵

图 1－2－139

广东增值税电子普通发票

机器编号：661619948784

发票代码：044002000211
发票号码：49471877
开票日期：2022年03月23日
校 验 码：64356 07476 15389 83349

购买方	名　　称：中山市花田贸易有限公司 纳税人识别号：91442000MA54C8888C 地 址、电 话：中山市东区复兴南路365号　0760-83766666 开户行及账号：中国建设银行中山市城东支行　4405017823100098765	密码区	37*9<<3958-/80>4>57<09>/2+8 2<-762992+*1>-60<15*1**<*-5 9<>7137<98/8+--08472-47<4// /3+*1*4762992+*1>-60<15+8+8

货物或应税劳务、服务名称	规格型号	单位	数量	单价	金额	税率	税额
*医药*稳健（Winner）医用外科口罩日用防护防细菌50只/盒	604-007666	盒	1	69.91	69.91	13%	9.09
*医药*稳健（Winner）医用外科口罩日用防护防细菌50只/盒					-69.91	13%	-9.09
*医药*稳健（Winner）医用外科口罩日用防护防细菌50只/盒	604-007666	盒	2	69.91	139.82	13%	18.18
*医药*稳健（Winner）医用外科口罩日用防护防细菌50只/盒					-0.01	13%	0.00
合　计					¥139.81		¥18.18
价税合计（大写）	⊗壹佰伍拾柒圆玖角玖分				（小写）¥157.99		

销售方	名　　称：广州晶东贸易有限公司 纳税人识别号：91440101664041243T 地 址、电 话：广州市黄埔区九龙镇九龙工业园凤凰三横路89号1号库房301020-22165500-1602/1699 开户行及账号：招商银行股份有限公司北京青年路支行 120906065810403	备注	订单号:127290344913

收款人：王陆　　复核：李思　　开票人：王梅　　销售方：（章）

图 1－2－140

广东增值税电子普通发票

机器编号：661619948709

发票代码：044002000211
发票号码：51365634
开票日期：2022年03月27日
校验码：69087 60306 29688 66479

购买方	名称：中山市花田贸易有限公司 纳税人识别号：91442000MA54C8888C 地址、电话：中山市东区复兴南路365号 0760-83766666 开户行及账号：中国建设银行中山市城东支行 4405017823100098765
密码区	/490-80>++/>*91</78*97+3244 33212/431/--5>02*></>5376> 940/>027*<<<59/2*/98968*/38 334001/12/431/--5>02*><-637

货物或应税劳务、服务名称	规格型号	单位	数量	单价	金额	税率	税额
*医药*稳健（Winner）医用外科口罩日用防护防细菌50只/盒	604-007666	盒	1	69.91	69.91	13%	9.09
*医药*稳健（Winner）医用外科口罩日用防护防细菌50只/盒					-69.91	13%	-9.09
*医药*稳健（Winner）医用外科口罩日用防护防细菌50只/盒	604-007666	盒	2	69.91	139.82	13%	18.18
*医药*稳健（Winner）医用外科口罩日用防护防细菌50只/盒					-10.64	13%	-1.38
合计					¥129.18		¥16.80
价税合计（大写）	⊗壹佰肆拾伍圆玖角捌分				（小写）¥145.98		

销售方	名称：广州晶东贸易有限公司 纳税人识别号：91440101664041243T 地址、电话：广州市黄埔区九龙镇九龙工业园凤凰三横路89号1号库房301020-22165500-1602/1699 开户行及账号：招商银行股份有限公司北京青年路支行 120906065810403
备注	订单号：127432324401

收款人：王陆　　复核：李思　　开票人：王梅　　销售方：（章）

图 1－2－141

广东增值税电子普通发票

机器编号：661008377556

发票代码：044002000311
发票号码：45187241
开票日期：2022年03月04日
校验码：52380 97759 08523 68190

购买方	名称：中山市花田贸易有限公司 纳税人识别号：91442000MA54C8888C 地址、电话：中山市东区复兴南路365号 0760-83766666 开户行及账号：中国建设银行中山市城东支行 44050178230100098765
密码区	221>6+<0<9663310232780<11+< 65646436681-929+7//<6>8/5<1 >*+8<2+93*011+6-3786711346> 020227946436681-929+7//8>**

货物或应税劳务、服务名称	规格型号	单位	数量	单价	金额	税率	税额
（详见销货清单）					92.78	13%	12.07
合计					¥92.78		¥12.07
价税合计（大写）	⊗壹佰零肆圆捌角伍分				（小写）¥104.85		

销售方	名称：广州京东弘健贸易有限公司 纳税人识别号：91440101MA5D67XE4N 地址、电话：广州市花都区绿港三街1号广州空港中心D栋404-7室（空港花都） 4006065500 开户行及账号：中国银行股份有限公司广州广大路支行 663972968972
备注	

收款人：王明　　复核：王思雨　　开票人：李丽　　销售方：（章）

图 1－2－142

销售货物或者提供应税劳务、服务清单

购买方名称:中山市花田贸易有限公司

销售方名称:广州京东弘健贸易有限公司

所属增值税电子普通发票代码:044002000311　　号码:45187241　　共 1 页　第 1 页

序号	货物(劳务)名称	规格型号	单位	数量	单价	金额	税率	税额
1	*医药*【买2送1】稳健(Winner)医用外科口罩日用防护防细菌50只/盒	604-007666	盒	1	69.91	69.91	13%	9.09
2	*医药*【买2送1】稳健(Winner)医用外科口罩日用防护防细菌50只/盒					-69.91	13%	-9.09
3	*医药*【买2送1】稳健(Winner)医用外科口罩日用防护防细菌50只/盒	604-007666	盒	2	69.91	139.82	13%	18.18
4	*医药*【买2送1】稳健(Winner)医用外科口罩日用防护防细菌50只/盒					-47.04	13%	-6.11
小计						¥92.78		¥12.07
总计						¥92.78		¥12.07
备注								

销售方(章):广州京东弘健贸易有限公司 91440101MA5D67XE4N 发票专用章

填开日期:2022 年 03 月 04 日

图 1 - 2 - 143

中国建设银行 China Construction Bank 中国建设银行单位客户专用回单

币别：人民币　　2022年03月31日　　流水号：4407280301NGPFON1HW

付款人	全称	中山市花田贸易有限公司	收款人	全称	林绵绵
	账号	44050178230100098765		账号	4563517004075467890
	开户行	中国建设银行中山市城东支行		开户行	中国建设银行中山市城东支行
金额		(大写)人民币肆佰零捌圆捌角贰分			(小写) ¥408.82
凭证种类		电子转账凭证	凭证号码		103568257395
结算方式		转账	用途		报销口罩费

打印柜员：
打印机构：
打印卡号：

（印章：中国建设银行 电子回单专用章）

（借方回单）

图 1－2－144

费用报销单

2022年03月31日　　附件 2 张

报销人	林绵绵	所属部门	财务部	报销形式	转账
				支票号码	
报销项目	摘要		金额		备注
固定资产/网络存储器	购买威联通网络存储器（TS-453D mini）		2,997.00		银行付讫
合计			¥2,997.00		
金额大写（人民币）：贰仟玖佰玖拾柒元整			原借款：¥0.00	公司应支付：	¥2,997.00
				个人应退回：	¥0.00

经理：罗成功　　出纳：林绵绵

图 1－2－145

固定资产验收单

2022 年 03 月 15 日　　金额：元

资产编号	BGSB0021			资产来源	购买		
名称	网络存储器			规格型号	TS-453Dmini	购价	¥2,997.00
安装费	0.00	使用年限	3年	预计残值率	5%	预计残值	¥149.85
验收部门		验收人员	罗成功	使用部门	财务	管理人员	林绵绵
备注							

审核：罗成功　　制表：林绵绵

图 1－2－146

广东增值税电子普通发票

机器编号：661619950788

发票代码：044002000511
发票号码：49157711
开票日期：2022年03月12日
校验码：63392 71518 09215 19811

购买方	名称：中山市花田贸易有限公司 纳税人识别号：91442000MA54C8888C 地址、电话：中山市东区复兴南路365号 0760-83766666 开户行及账号：中国建设银行中山市城东支行 44050178231000098765	密码区	+/0>5085+-8>802-0<3-41*6-51 39>6616-563012/</2>76748-4+ //1*89-82664588284+/4>3-05< 6+550-/6652<473*07/</<91>21

货物或应税劳务、服务名称	规格型号	单位	数量	单价	金额	税率	税额
*计算机外部设备*威联通（QNAP）TS-453Dmini 8G内存四盘位nas网络存储英特尔四核处理器2.5GbE网	TS-453Dmini	台	1	3,273.45	3,273.45	13%	425.55
*计算机外部设备*威联通（QNAP）TS-453Dmini 8G内存四盘位nas网络存储英特尔四核处理器2.5GbE网					-621.24	13%	-80.76
合计					¥2,652.21		¥344.79
价税合计（大写）	⊗贰仟玖佰玖拾柒圆整				（小写）¥2,997.00		

销售方	名称：广州晶东贸易有限公司 纳税人识别号：91440101664041243T 地址、电话：广州市黄埔区九龙镇九龙工业园凤凰三横路89号1号库房301020-22165500-1602/1699 开户行及账号：招商银行股份有限公司北京青年路支行 120906065810403	备注	订单号：181592122856

收款人：王陆　　复核：李思　　开票人：王梅　　销售方：（章）

（印章：广州晶东贸易有限公司 91440101664041243T 发票专用章）

图 1－2－147

中国建设银行 China Construction Bank　中国建设银行单位客户专用回单

币别：人民币　　2022年03月31日　　流水号：4407813200NGPFON1HW

付款人	全称	中山市花田贸易有限公司	收款人	全称	林绵绵
	账号	44050178230100098765		账号	4563517004075467890
	开户行	中国建设银行中山市城东支行		开户行	中国建设银行中山市城东支行
金额	（大写）人民币贰仟玖佰玖拾柒圆整			（小写）¥2,997.00	
凭证种类	电子转账凭证		凭证号码	103568257395	
结算方式	转账		用途	报销网络存储器	
			打印柜员： 打印机构： 打印卡号：		

（借方回单）

（印章：中国建设银行 电子回单专用章）

图 1－2－148

费用报销单

2022年03月31日　　附件 8 张

报销人	周大福	所属部门	销售	报销形式	现金支付
项目		摘要		金额	备注
车辆费		停车费		50.00	现金付讫
合计				¥50.00	
金额大写（人民币）：伍拾元整				原借款：¥0.00	公司应支付：¥50.00 个人应退回：¥0.00

经理：罗成功　　出纳：林绵绵

图 1－2－149

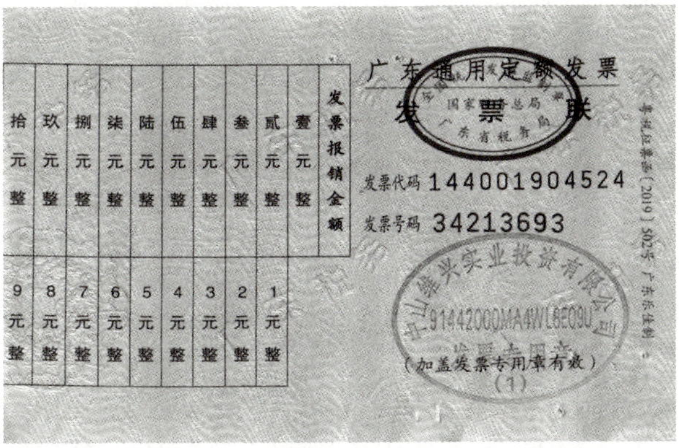
广东通用定额发票
发票联
发票报销金额
壹元整 贰元整 叁元整 肆元整 伍元整 陆元整 柒元整 捌元整 玖元整 拾元整
1元整 2元整 3元整 4元整 5元整 6元整 7元整 8元整 9元整
发票代码 144001904524
发票号码 34213693
中山肇兴实业投资有限公司 91442000MA4WL8E09U 发票专用章
（加盖发票专用章有效）
（1）
粤税征票函〔2019〕502号 广东乐佳制

图 1－2－150

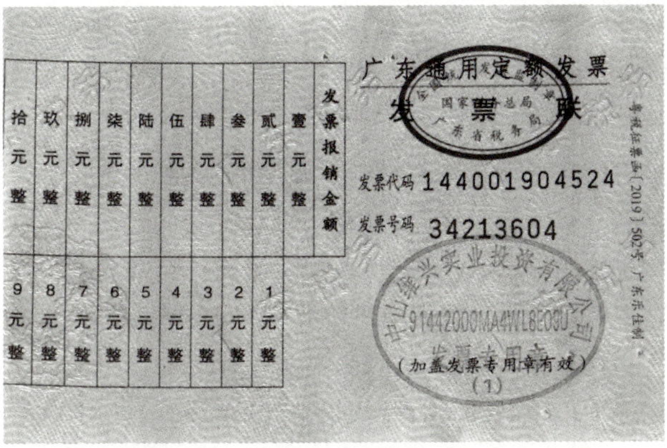
广东通用定额发票
发票联
发票报销金额
壹元整 贰元整 叁元整 肆元整 伍元整 陆元整 柒元整 捌元整 玖元整 拾元整
1元整 2元整 3元整 4元整 5元整 6元整 7元整 8元整 9元整
发票代码 144001904524
发票号码 34213604
中山肇兴实业投资有限公司 91442000MA4WL8E09U 发票专用章
（加盖发票专用章有效）
（1）
粤税征票函〔2019〕502号 广东乐佳制

图 1－2－151

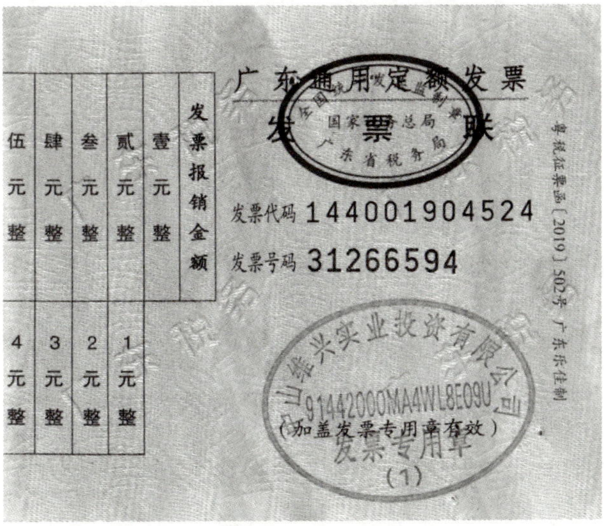
广东通用定额发票
发票联
发票报销金额
壹元整 贰元整 叁元整 肆元整 伍元整
1元整 2元整 3元整 4元整
发票代码 144001904524
发票号码 31266594
中山肇兴实业投资有限公司 91442000MA4WL8E09U 发票专用章
（加盖发票专用章有效）
（1）
粤税征票函〔2019〕502号 广东乐佳制

图 1－2－152

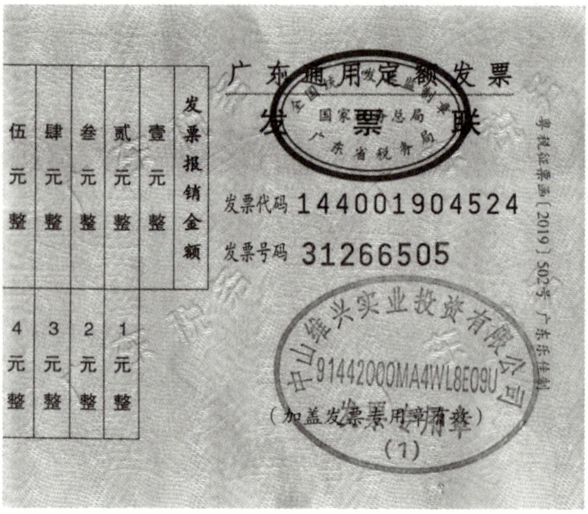

广东通用定额发票

发票联

发票代码 144001904524

发票号码 31266505

全国统一发票监制章 国家税务总局 广东省税务局

发票报销金额	壹元整	贰元整	叁元整	肆元整	伍元整
		1元整	2元整	3元整	4元整

中山鑫兴实业投资有限公司 91442000MA4WL8E09U 发票专用章

（加盖发票专用章有效）

（1）

粤税征票函〔2019〕502号 广东乐佳制

图 1－2－153

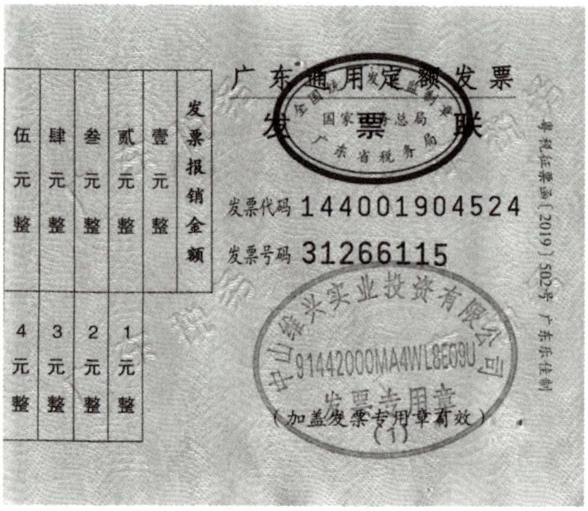

广东通用定额发票

发票联

发票代码 144001904524

发票号码 31266115

全国统一发票监制章 国家税务总局 广东省税务局

发票报销金额	壹元整	贰元整	叁元整	肆元整	伍元整
		1元整	2元整	3元整	4元整

中山鑫兴实业投资有限公司 91442000MA4WL8E09U 发票专用章

（加盖发票专用章有效）

（1）

粤税征票函〔2019〕502号 广东乐佳制

图 1－2－154

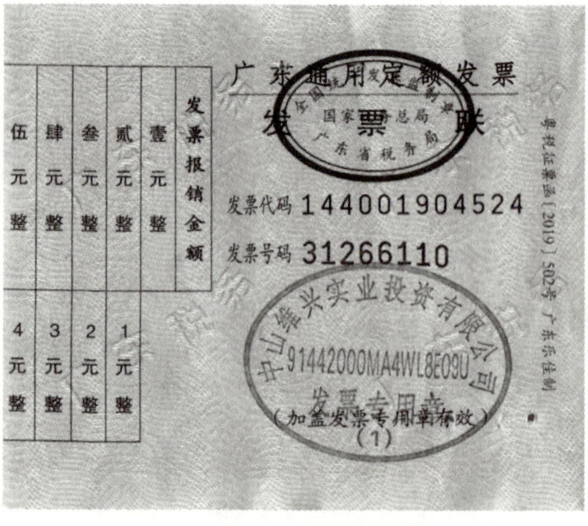

广东通用定额发票

发票联

发票代码 144001904524

发票号码 31266110

全国统一发票监制章 国家税务总局 广东省税务局

发票报销金额	壹元整	贰元整	叁元整	肆元整	伍元整
		1元整	2元整	3元整	4元整

中山鑫兴实业投资有限公司 91442000MA4WL8E09U 发票专用章

（加盖发票专用章有效）

（1）

粤税征票函〔2019〕502号 广东乐佳制

图 1－2－155

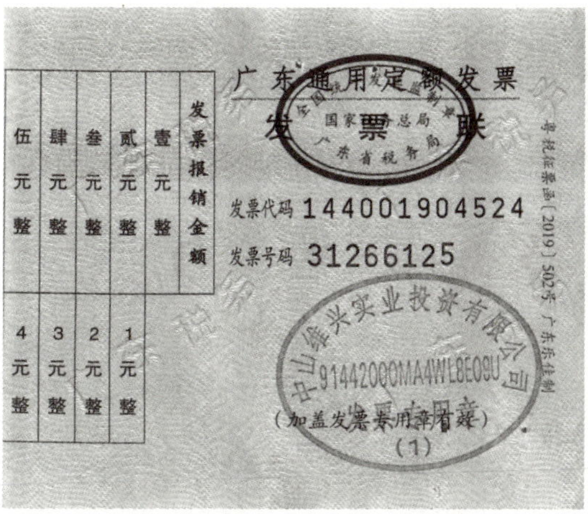
广东通用定额发票
发票联
全国统一发票监制章 国家税务总局 广东省税务局
发票报销金额：壹元整 贰元整 叁元整 肆元整 伍元整
1元整 2元整 3元整 4元整
发票代码 144001904524
发票号码 31266125
中山纬兴实业投资有限公司 91442000MA4WL8E09U 发票专用章
（加盖发票专用章有效）
（1）
粤税征票函〔2019〕502号 广东乐佳制

图 1－2－156

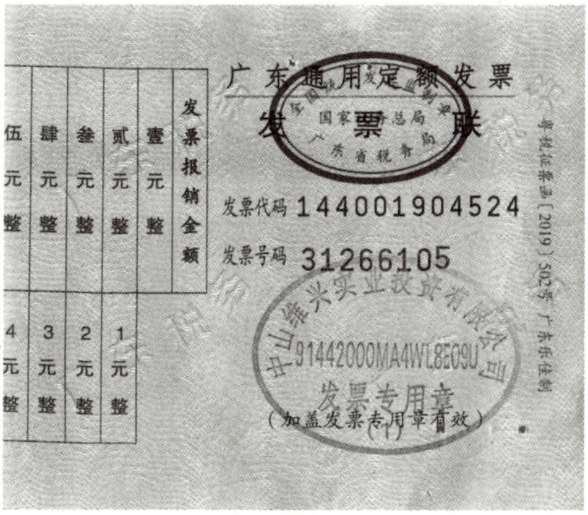
广东通用定额发票
发票联
全国统一发票监制章 国家税务总局 广东省税务局
发票报销金额：壹元整 贰元整 叁元整 肆元整 伍元整
1元整 2元整 3元整 4元整
发票代码 144001904524
发票号码 31266105
中山纬兴实业投资有限公司 91442000MA4WL8E09U 发票专用章
（加盖发票专用章有效）
（1）
粤税征票函〔2019〕502号 广东乐佳制

图 1－2－157

工资表

中山市花田贸易有限公司　　2022年3月

序号	姓名	证件号码	本期收入	累计收入	工资代扣													实发工资
					养老保险	医疗保险	失业保险	社保小计	住房公积金	累计减除费用	累计专项扣除	累计专项附加扣除	累计应预缴税额	累计已预缴税额	本期应预缴税额	代扣合计		
1	罗成功	440400198510131038	12,800.00	38,400.00	337.44	124.24	3.60	465.28	612.00	15,000.00	3,231.84	7,500.00	380.04	253.36	126.68	1,203.96		11,596.04
2	林绵绵	410184199006191145	5,000.00	15,000.00	337.44	124.24	3.60	465.28	250.00	15,000.00	2,145.84	2,400.00	0.00	0.00	0.00	715.28		4,284.72
3	陈青	450900198804115327	4,200.00	12,600.00	337.44	124.24	3.60	465.28	210.00	15,000.00	2,025.84	3,000.00	0.00	0.00	0.00	675.28		3,524.72
4	程琳	441300198702104489	5,000.00	15,000.00	337.44	124.24	3.60	465.28	250.00	15,000.00	2,145.84	3,900.00	0.00	0.00	0.00	715.28		4,284.72
5	周大福	445300198409266491	10,756.00	30,396.00	337.44	124.24	3.60	465.28	489.00	15,000.00	2,862.84	6,000.00	195.99	111.94	84.05	1,038.33		9,717.67

图 1－2－158

花田公司职工社保、公积金明细表

统一社会信用代码（纳税人识别号）：	914420005989807279	纳税人名称：	中山市花田贸易有限公司
社保管理机构：	中山市社会保险基金管理局	税务管理机关：	国家税务总局中山市税务局东区税务分局
单位社保号：	4420100001111	费款所属期：	2022-03-01至2022-03-31

单位：元

序号	姓名	证件号码	企业基本养老保险			工伤保险			失业保险			基本医疗保险			单位部分社保合计	个人部分社保合计	社保金额总计	住房公积金			单位部分合计	个人部分合计	总计
			缴费基数	单位	个人	缴费基数	单位	个人	缴费基数	单位	个人	缴费基数	单位	个人				缴费基数	单位	个人			
1	罗成功	440400198510131038	4,218.00	590.52	337.44	1,800.00	1.80	0.00	1,800.00	8.64	3.60	6,212.00	394.46	124.24	995.42	465.28	1,460.70	12,240.00	612.00	612.00	1,607.42	1,077.28	2,684.70
2	林绵绵	410184199006191145	4,218.00	590.52	337.44	1,800.00	1.80	0.00	1,800.00	8.64	3.60	6,212.00	394.46	124.24	995.42	465.28	1,460.70	5,000.00	250.00	250.00	1,245.42	715.28	1,960.70
3	陈青	450900198804115327	4,218.00	590.52	337.44	1,800.00	1.80	0.00	1,800.00	8.64	3.60	6,212.00	394.46	124.24	995.42	465.28	1,460.70	4,200.00	210.00	210.00	1,205.42	675.28	1,880.70
4	程琳	441300198702104489	4,218.00	590.52	337.44	1,800.00	1.80	0.00	1,800.00	8.64	3.60	6,212.00	394.46	124.24	995.42	465.28	1,460.70	5,000.00	250.00	250.00	1,245.42	715.28	1,960.70
5	周大福	445300198409266491	4,218.00	590.52	337.44	1,800.00	1.80	0.00	1,800.00	8.64	3.60	6,212.00	394.46	124.24	995.42	465.28	1,460.70	9,780.00	489.00	489.00	1.484.42	954.28	2,438.70

图 1－2－159

中国建设银行 China Construction Bank **对账单**

账 号：44050178230100098765 户名：中山市花田贸易有限公司 币种：人民币

交易日期	摘 要	凭证号	借方发生额	贷方发生额	借/贷	余额	对方账户名称
20220301	货款		4.593.64		贷	236.039.94	中山市华科商贸有限公司
20220301	工资		11,596.04		贷	224.443.90	罗成功
20220301	工资		4.284.72		贷	220,159.18	林绵绵
20220301	工资		3.524.72		贷	216.634.46	陈青
20220301	工资		4.284.72		贷	212.349.74	程琳
20220301	工资		8.809.75		贷	203.539.99	周大福
20220302	运输费		14.500.00		贷	189.039.99	中山市快马物流有限公司
20220305	货款		2.618.76		贷	186.421.23	中山市华科商贸有限公司
20220305	货款			10.560.00	贷	196.981.23	中山市丽之洁洗衣有限公司
20220306	货款		4.398.06		贷	192.583.17	广州市好运莱国际贸易有限公司
20220307	手续费		10.00		贷	192,573.17	中国建设银行中山市城东支行
20220307	公积金扣款		3.622.00		贷	188,951.17	中山住房公积金管理中心
20220307	货款		2.985.60		贷	185,965.57	中山市华科商贸有限公司
20220308	货款			39.366.20	贷	225,331.77	江门市大兴商场有限公司
20220309	缴纳3月社保		7.303.51		贷	218.028.26	中山市税务局东区税务分局
20220313	手续费		20.00		贷	218.008.26	中国建设银行中山市城东支行
20220313	手续费		5.00		贷	218.003.26	中国建设银行中山市城东支行
20220313	手续费		3.20		贷	218.000.06	中国建设银行中山市城东支行
20220313	预缴2月个税		182.65		贷	217,817.41	中山市税务局东区税务分局
20220313	缴纳2月税款		42.630.31		贷	175.187.10	中山市税务局东区税务分局
20220314	货款			8.500.40	贷	183.687.50	江门市大兴商场有限公司
20220314	货款			11.629.20	贷	195.316.70	江门市远旺超市有限公司
20220317	收费		15.00		贷	195.301.70	中国建设银行中山市城东支行
20220317	货款		1.660.84		贷	193.640.86	中山市华科商贸有限公司
20220319	电子汇入			20.000.00	贷	213,640.86	罗成功
20220320	货款		2.930.08		贷	210,710.78	中山市华科商贸有限公司
20220320	货款		4.851.20		贷	205,859.58	广州市好运莱国际贸易有限公司
20220322	电子汇入			10.000.00	贷	215,859.58	罗成功
20220322	货款		3.686.40		贷	212,173.18	广州市好运莱国际贸易有限公司
20220325	货款		1.726.92		贷	210.446.26	惠州市青山湖商贸有限公司
20220328	货款			11.713.80	贷	222,160.06	江门市大兴商场有限公司
20220329	代理记账费		3.780.00		贷	218.380.06	中山市谨信会计事务有限公司
20220331	货款			84.000.00	贷	302.380.06	中山市兴隆商贸有限公司
20220331	网上汇款		2.087.55		贷	300.292.51	中山市全心物业服务有限公司
20220331	网上汇款		408.82		贷	299.883.69	林绵绵
20220331	网上汇款		2.997.00		贷	296.886.69	林绵绵

图 1－2－160

三、建立简要财务制度

通过和客户沟通及整理客户单据，可以为客户建立简要的财务制度，后续根据企业业务发展情况再逐步完善。

任务3：为花田公司建立简要财务制度。

根据花田公司基本情况，建立简要财务制度如下：

（1）会计准则选择。根据《小企业会计准则》进行会计核算。

（2）资产处理。花田公司存货采用实际成本计价，存货发出采用全月一次加权平均法；周转材料采用一次摊销法；固定资产折旧采用平均年限法。

（3）费用处理。公司管理费用包括：工资、社会保险费、住房公积金、福利费、劳保用品、办公费、折旧费、邮电费、代理记账费、物业管理费、水电费、通信费、运输费、交通费、车辆费。

公司销售费用包括：工资、社会保险费、住房公积金、通信费、运输费、交通费、车辆费。

（4）工资及福利费用处理。公司在月末计提工资及社会保险费和住房公积金；福利费不计提，采用实报实销方式处理。

模块三　客户档案建立

相关知识

一、共享中心主要工作内容

共享中心的工作内容一般包括建立客户档案、建立客户账套、票据整理与扫描上传、财税业务智能核算、财税业务智能审核、智能计税报税、会计档案整理与流转等。

（一）客户建档建账

为客户建档建账是共享中心开展财务共享服务工作的开端。在准备开始建档建账前，共享中心需收集完备的企业基本信息资料，比如企业营业执照、法人身份信息、企业财务制度、公司章程、企业联系人、联系方式等，除此之外，还需要熟悉企业的基本情况、发展状况，以便提供高质量的共享服务。期初建档建账是新客户才需要的操作步骤，老客户只需在信息有变化时对基础信息档案或账套信息进行相应修改即可。

（二）票据整理与扫描上传

票据即原始凭证，是会计核算最基础的资料，是证明企业经济业务发生最有效的证据。共享中心在收到客户的票据后，首先需要对收到的票据进行整理，剔除不合规票据，然后按照共享中心工作要求分类、编号，比如共享中心通常会把票据分为销售类、采购类、银行类、费用类、成本类五类票据。最后需要将整理完成的各类票据按客户分别上传到财务云协同管理平台。

（三）财税业务智能核算

共享中心借助对接电子税务局、银行的共享服务管理平台和财务机器人等现代信息技术，对客户业务信息进行采集，然后由共享中心工作人员进行业务登记，登记后可由系统生成记账凭证，并进行自动登账、自动生成财务报表，实现共享中心高效智能的核算工作。

（四）财税业务智能审核

共享中心完成了凭证、报表的处理后，其结果是否正确，还需要审核会计的审核，保证每笔业务的会计科目使用正确、金额无误、附件完整；保证各项税费计算正确；保证财务报表各项目数据准确及表间勾稽关系无误。

（五）税务智能申报

共享中心在完成了客户每期的智能核算和审核后，需要在纳税申报期内，借助共享中心业务处理平台和财务机器人，完成各税种的智能纳税申报工作。

（六）会计档案整理与流转

每个账期结束，共享中心需要对客户的相关会计资料及时打印并装订成册，然后根据会计档案保管要求和保管期限对会计档案进行妥善保管，并按客户要求及时寄送给客户。

二、《企业会计准则》和《小企业会计准则》的主要差异

在处理客户业务之前，有必要了解我国《企业会计准则》与《小企业会计准则》的主要差异，便于帮助客户选择合适的会计准则。

（一）适用范围不同

（1）《企业会计准则》主要适用于在中华人民共和国境内设立的一般企业、银行、证券公司、保险公司和担保公司等。即《企业会计准则》一般适用于大中型企业或不适用《小企业会计准则》的小企业。

（2）《小企业会计准则》适用于在中华人民共和国境内依法设立的、符合《中小企业划型标准规定》所规定的小型企业标准（如表1-3-1所示）的企业。下列三类小企业除外：①股票或债券在市场上公开交易的小企业。②金融机构或其他具有金融性质的小企业。③企业集团内的母公司和子公司。同时，根据《小企业会计准则》第八十九条的规定，符合划型标准的微型企业也参照执行本准则，因此《小企业会计准则》同时适用于小型企业和微型企业。

具体在执行时，存在以下执行原则：

（1）符合《小企业会计准则》的小微企业，按准则规定可执行《小企业会计准则》，也可执行《企业会计准则》，但不得在执行《企业会计准则》的同时，又选择执行《小企业会计准则》的有关规定。

（2）集团公司内部母子公司分属不同规模的，为统一会计政策和合并会计报表等目的，集团内小企业应执行《企业会计准则》。

（3）按照《小企业会计准则》进行核算的小企业，如果需要公开发行股票或债券，应转为执行《企业会计准则》；因经营规模或企业性质变化导致不符合小企业标准而成为大中型企业或金融企业的，应当从次年1月1日起转为执行《企业会计准则》。

（4）已执行《企业会计准则》的上市公司、大中型企业和小企业，不得转为执行《小企业会计准则》。

表1-3-1　　大、中、小、微企业划分标准

行业名称	指标名称	计量单位	大型	中型	小型	微型
农、林、牧、渔	营业收入（Y）	万元	Y≥20 000	3 000≤Y<20 000	300≤Y<3 000	Y<300
工业、交通运输、仓储、邮政	从业人员（X）	人	X≥1 000	300≤X<1 000	20≤X<300	X<20
	营业收入（Y）	万元	Y≥200 000	20 000≤Y<200 000	2 000≤Y<20 000	Y<2 000
建筑业、住址管理服务	营业收入（Y）	万元	Y≥80 000	8 000≤Y<80 000	800≤Y<8 000	Y<800
	资产总额（Z）	万元	Z≥100 000	10 000≤Z<100 000	1 000≤Z<1 000	Z<1 000
批发业	从业人员（X）	人	X≥200	20≤X<200	5≤X<20	X<5
	营业收入（Y）	万元	Y≥200 000	20 000≤Y<200 000	2 000≤Y<20 000	Y<2 000
零售业	从业人员（X）	人	X≥300	50≤X<300	10≤X<50	X<10
	营业收入（Y）	万元	Y≥50 000	5 000≤Y<50 000	500≤Y<5 000	Y<500
住宿、餐饮业	从业人员（X）	人	X≥300	100≤X<300	10≤X<100	X<10
	营业收入（Y）	万元	Y≥40 000	4 000≤Y<40 000	200≤Y<4 000	Y<200
信息传输、软件、信息技术服务	从业人员（X）	人	X≥500	100≤X<500	10≤X<100	X<10
	营业收入（Y）	万元	Y≥100 000	10 000≤Y<100 000	1 000≤Y<10 000	Y<1 000
房地产开发经营	营业收入（Y）	万元	Y≥100 000	10 000≤Y<100 000	1 000≤Y<10 000	Y<1 000
	资产总额（Z）	万元	Z≥50 000	50 000≤Z<500 000	5 000≤Z<50 000	Z<5 000

续表

<table>
<tr><th>行业名称</th><th>指标名称</th><th>计量单位</th><th>大型</th><th>中型</th><th>小型</th><th>微型</th></tr>
<tr><td rowspan="2">房地产业（不含房地产开发经营）；租赁和商务服务业（不含组织管理服务）；科学研究和技术服务；水利、环境和公共设施管理业；居民服务、修理和其他服务；教育、卫生和社会工作；文化、体育和娱乐业</td><td>从业人员（X）</td><td>人</td><td>X≥300</td><td>100≤X＜300</td><td>10≤X＜100</td><td>X＜10</td></tr>
<tr><td>营业收入（Y）</td><td>万元</td><td>Y≥50 000</td><td>5 000≤Y ＜50 000</td><td>500≤Y＜5 000</td><td>Y＜500</td></tr>
<tr><td>其他事项</td><td colspan="6">1. 企业规模类型划分以企业有关指标上年度数据为定量依据。没有上年度完整数据的企业规模类型划分，从业人员、资产总额以划型时的数据为定量依据，营业收入按以下公式计算：
营业收入（年）= 企业实际存续期间营业收入/企业实际存续月数 ×12
2. 本划分适用于在中华人民共和国境内依法设立的企业，企业的分支机构除外。
符合中小企业划型定量标准，但有下列情形之一的，视同大型企业：
①单个大型企业或大型企业全资子公司直接控股超过 50% 的企业。
②两个以上大型企业或大型企业全资子公司直接控股超过 50% 的企业。
③与大型企业或大型企业子公司的法定代表人为同一人的企业。</td></tr>
</table>

（二）核算要求不同

《企业会计准则》规定，企业可以根据实际需要选用历史成本、重置成本、可变现净值、现值、公允价值等会计计量属性对会计要素进行计量。《小企业会计准则》是在遵循《企业会计准则——基本准则》的大前提下，充分考虑了我国小企业规模较小、业务较为简单、会计基础工作较为薄弱、会计信息使用者的信息需求相对单一等实际情况，对小企业的会计确认、计量和报告进行了简化处理，减少了会计人员职业判断的内容与空间。

（1）计量模式不同。小企业的资产要求按照成本计量，不要求计提资产减值准备，也就没有“资产减值准备”等科目；应收及预付款项的坏账损失采用直接转销法，应当于实际发生时计入营业外支出；资产实际损失的确定参照《企业所得税法》中的有关认定标准。

（2）债券的溢折价摊销方法不同。《企业会计准则》规定，债券的溢折价在债券存续期间内确认相关债券利息收入时采用实际利率法进行摊销。《小企业会计准则》规定，债券的溢折价在债券存续期间内确认相关债券利息收入时采用直线法进行摊销。

（3）长期股权投资核算方法不同。《企业会计准则》规定，长期股权投资在持有期间，根据投资企业对被投资单位的影响程度及是否存在活跃市场、公允价值能否可靠取得等情况，分别采用成本法或权益法进行核算。《小企业会计准则》要求小企业对长期股权投资统一采用成本法进行核算。

(4) 固定资产折旧年限和无形资产摊销期限确定时考虑不同。《企业会计准则》规定，企业应当根据固定资产的性质和使用情况，合理确定固定资产的使用寿命及预计净残值，而不必考虑税法的规定。《小企业会计准则》规定，小企业应当根据固定资产的性质和使用情况，并考虑税法的规定，合理确定固定资产的使用寿命和预计净残值，即折旧政策基本与税法规定保持一致，一般不产生税会差异。《企业会计准则》规定，企业应当于取得无形资产时分析判断其使用寿命；使用寿命有限的无形资产，其应摊销金额应当在使用寿命内合理摊销；企业摊销无形资产，应当自无形资产可供使用起，至不再作为无形资产确认时止。而《小企业会计准则》规定，无形资产的摊销期自其可供使用时开始至停止使用或出售时止，有关法律规定或合同约定了使用年限的，可以按照规定或约定的使用年限分期摊销；小企业不能可靠估计无形资产使用寿命的，摊销期不得低于10年。

(5) 负债处理方式不同。《企业会计准则》规定，应付债券是按摊余价值计量并按实际利率确认费用处理的。辞退福利中，如实质性辞退工作在一年内实施但补偿款项超过一年支付的辞退计划，要选择适当的折现率，以折现后的金额作为该辞退福利的金额计入当期管理费用。《小企业会计准则》规定，企业要以实际发生额入账，利息计算统一采用票面利率或合同利率；会计方法也减少预提的使用。因解除与职工的劳动关系给予的补偿，在实际支付补偿时计入损益科目，不采用在劳动合同解除日按折现值预提的做法。

(6) 核算企业所得税方法不同。《企业会计准则》要求采用资产负债表债务法核算企业所得税，在计算应交企业所得税和递延所得税的基础上，确认所得税费用。《小企业会计准则》要求企业采用应付税款法核算所得税，将计算的应交所得税确认为所得税费用，大大简化了所得税的会计处理。

(7) 会计政策变更和会计差错更正处理不同。《企业会计准则》要求企业根据具体情况对会计政策变更及前期差错更正采用追溯调整法或未来适用法进行处理。《小企业会计准则》要求小微企业对会计政策变更及前期差错更正均应当采用未来适用法进行处理。

(三) 会计科目设置不同

《企业会计准则》常用会计科目表、《小企业会计准则》会计科目表分别如表1-3-2、表1-3-3所示。

表1-3-2　《企业会计准则》常用会计科目表

序号	编号	会计科目名称	序号	编号	会计科目名称
一、资产类			7	1123	预付账款
1	1001	库存现金	8	1131	应收股利
2	1002	银行存款	9	1132	应收利息
3	1012	其他货币资金	10	1164	合同资产
4	1101	交易性金融资产	11	1165	合同资产减值准备
5	1121	应收票据	12	1221	其他应收款
6	1122	应收账款	13	1231	坏账准备

续表

序号	编号	会计科目名称	序号	编号	会计科目名称
一、资产类			45	2201	应付票据
14	1401	材料采购	46	2202	应付账款
15	1402	在途物资	47	2203	预收账款
16	1403	原材料	48	2204	合同负债
17	1404	材料成本差异	49	2211	应付职工薪酬
18	1405	库存商品	50	2221	应交税费
19	1406	发出商品	51	2231	应付利息
20	1408	委托加工物资	52	2232	应付股利
21	1410	商品进销差价	53	2241	其他应付款
22	1411	周转材料	54	2501	长期借款
23	1471	存货跌价准备	55	2401	应付债券
24	1501	债权投资	56	2701	长期应付款
25	1502	其他债权投资	57	2801	预计负债
26	1503	其他权益工具投资	58	2901	递延所得税负债
27	1511	长期股权投资	三、共同类（略）		
28	1512	长期股权投资减值准备	四、所有者权益		
29	1521	投资性房地产	59	4001	实收资本
30	1531	长期应收款	60	4002	资本公积
31	1601	固定资产	61	4101	盈余公积
32	1602	累计折旧	62	4103	本年利润
33	1603	固定资产减值准备	63	4104	利润分配
34	1604	在建工程	64	4201	库存股
35	1605	工程物资	五、成本类		
36	1606	固定资产清理	65	5001	生产成本
37	1701	无形资产	66	5101	制造费用
38	1702	累计摊销	67	5301	研发支出
39	1703	无形资产减值准备	68	5401	合同履约成本
40	1711	商誉	69	5402	合同取得成本
41	1801	长期待摊费用	六、损益类		
42	1811	递延所得税资产	70	6001	主营业务收入
43	1901	待处理财产损溢	71	6051	其他业务收入
二、负债类			72	6101	公允价值变动损益
44	2001	短期借款	73	6102	投资收益

续表

序号	编号	会计科目名称	序号	编号	会计科目名称
74	6103	资产处置损益	81	6603	财务费用
75	6301	营业外收入	82	6701	资产减值损失
76	6401	主营业务成本	83	6702	信用减值损失
77	6402	其他业务成本	84	6711	营业外支出
78	6403	税金及附加	85	6801	所得税费用
79	6601	销售费用	86	6901	以前年度损益调整
80	6602	管理费用			

表 1－3－3　　《小企业会计准则》会计科目表

序号	编号	会计科目名称	序号	编号	会计科目名称
一、资产类			24	1604	在建工程
1	1001	库存现金	25	1605	工程物资
2	1002	银行存款	26	1606	固定资产清理
3	1012	其他货币资金	27	1621	生产性生物资产
4	1101	短期投资	28	1622	生产性生物资产累计折旧
5	1121	应收票据	29	1701	无形资产
6	1122	应收账款	30	1702	累计摊销
7	1123	预付账款	31	1801	长期待摊费用
8	1131	应收股利	32	1901	待处理财产损溢
9	1132	应收利息	二、负债类		
10	1221	其他应收款	33	2001	短期借款
11	1401	材料采购	34	2201	应付票据
12	1402	在途物资	35	2202	应付账款
13	1403	原材料	36	2203	预收账款
14	1404	材料成本差异	37	2211	应付职工薪酬
15	1405	库存商品	38	2221	应交税费
16	1407	商品进销差价	39	2231	应付利息
17	1408	委托加工物资	40	2232	应付利润
18	1411	周转材料	41	2241	其他应付款
19	1421	消耗性生物资产	42	2401	递延收益
20	1501	长期债券投资	43	2501	长期借款
21	1511	长期股权投资	44	2701	长期应付款
22	1601	固定资产	三、所有者权益		
23	1602	累计折旧	45	3001	实收资本

续表

序号	编号	会计科目名称	序号	编号	会计科目名称
46	3002	资本公积	56	5051	其他业务收入
47	3101	盈余公积	57	5111	投资收益
48	3103	本年利润	58	5301	营业外收入
49	3104	利润分配	59	5401	主营业务成本
四、成本类			60	5402	其他业务成本
50	4001	生产成本	61	5403	税金及附加
51	4101	制造费用	62	5601	销售费用
52	4301	研发支出	63	5602	管理费用
53	4401	工程施工	64	5603	财务费用
54	4403	机械作业	65	5711	营业外支出
五、损益类			66	5801	所得税费用
55	5001	主营业务收入			

（四）财务报表编制要求不同

《企业会计准则》规定，企业应当编制资产负债表、利润表、现金流量表、所有者权益变动表和报表附注。《小企业会计准则》要求小微企业应当编制资产负债表、利润表、现金流量表和报表附注，不要求编制股东权益变动表，且会计报表附注中披露的内容相对简化。

业务流程

收集客户信息资料—建立客户信息档案—财务云协同管理平台启用账套—智能财税业务处理系统开设账套。

业务操作

一、收集客户信息资料

花田公司信息

共享中心在与客户签订服务协议后，就要着手收集客户资料，并在财务云协同管理平台为客户建立档案。共享中心与花田公司于 2022 年 2 月签订服务协议，于 2022 年 3 月开始为花田公司提供财税服务。

任务 1：收集花田公司相关资料，为建立档案做准备。

收集到的花田公司基本资料信息如表 1－3－4 所示，建账资料信息如表 1－3－5 所示。

表 1－3－4　　企业基本资料信息

企业名称	中山市花田贸易有限公司
企业注册地址	中山市东区复兴南路 365 号
公司电话	0760－83766666
企业简介	中山市花田贸易有限公司是一家销售家居用品的商贸公司，公司成立于 2020 年 5 月，一般纳税人。主要的经营范围为牙膏、牙刷、香皂、润肤霜、洗涤剂、柔顺剂等家居用品、洗涤用品销售服务
企业法人及电话	罗成功　13611111111
统一社会信用代码	91442000MA54C8888C
实名认账账号	Luocg
实名认证密码	HT123456
从业人员	5

表 1－3－5　　企业建账资料信息

账套启用年度		2022 年
账套启用期间		3 月
会计准则		《小企业会计准则》2013
币种		人民币
企业类型		一般纳税人
行业类型		批发零售业
国税登录信息	登录方式	用户名密码
	纳税人识别号	91442000MA54C8888C
	用户名	Luocg
	密码	HT123456
个税验证方式	验证方式	申报密码登录
	个税申报密码	HT123456

二、建立客户信息档案

建立客户信息档案

任务 2：为花田公司建立信息档案。

共享中心使用的平台是建立在先进的信息技术基础之上的数字化平台，客户档案、会计档案也在共享平台上实现档案信息的数字化和网络化。为便于后续业务处理和客户管理，共享中心首先要在财务云协同管理平台建立花田公司信息档案，其步骤如下：

（1）登录财务云协同管理平台（网址：http：//www.yuduwlkj.com/），登录界面如图 1－3－1 所示。

图 1－3－1　财务云协同管理平台登录界面

（2）进入“客户管理—正式客户”界面，点击“新建”按钮，如图 1－3－2 所示。

图 1－3－2　新建正式客户

（3）填写客户信息，主要包括基本信息、企业信息、业务信息三个方面，填写时，根据收集到的花田公司的信息准确填写，具体如图 1－3－3、图 1－3－4、图 1－3－5 所示。

①填写基本信息。

图 1－3－3　花田公司基本信息

②填写企业信息。

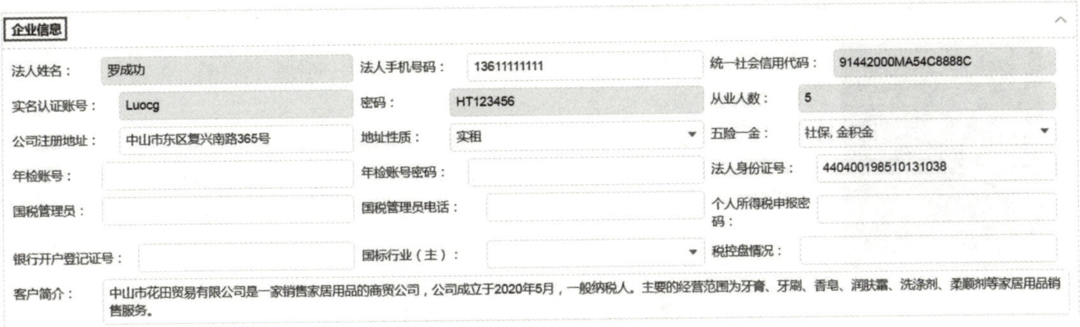

图 1-3-4 花田公司其他信息

③填写业务信息。

图 1-3-5 业务信息

信息填写完成并保存后，就能在财务云协同管理平台的正式客户里查看到花田公司，此时由于仅仅是进行了企业信息的建档，还未建账，所以公司存在的状态是未建账状态，如图 1-3-6 所示。接下来就可以进行建账操作了。

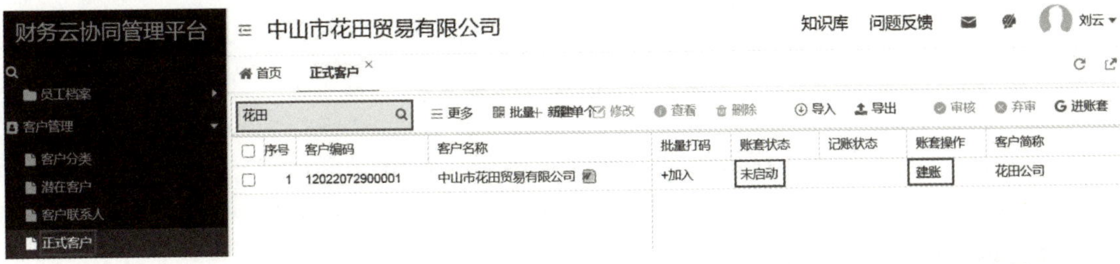

图 1-3-6 完成花田公司建档

三、财务云协同管理平台建立账套

财务云协同管理平台建账

任务 3：财务云协同管理平台建立花田公司账套。

创建账套是指在共享中心平台为客户建立的一套符合客户核算要求的账簿体系，是共享中心为客户进行业务处理的关键环节。建立账套的步骤如下：

（1）登录财务云协同管理平台，进入“客户管理—正式客户”界面，搜索“花田”，点击“建账”按钮，如图 1－3－7 所示。

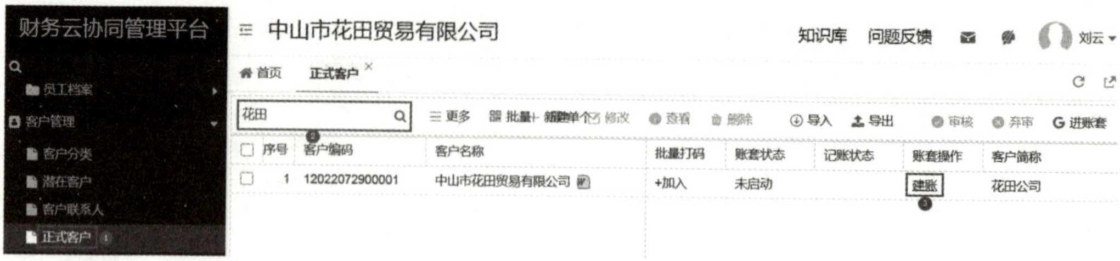

图 1－3－7　搜索客户名称

（2）填写花田公司账套信息并保存，如图 1－3－8 所示。

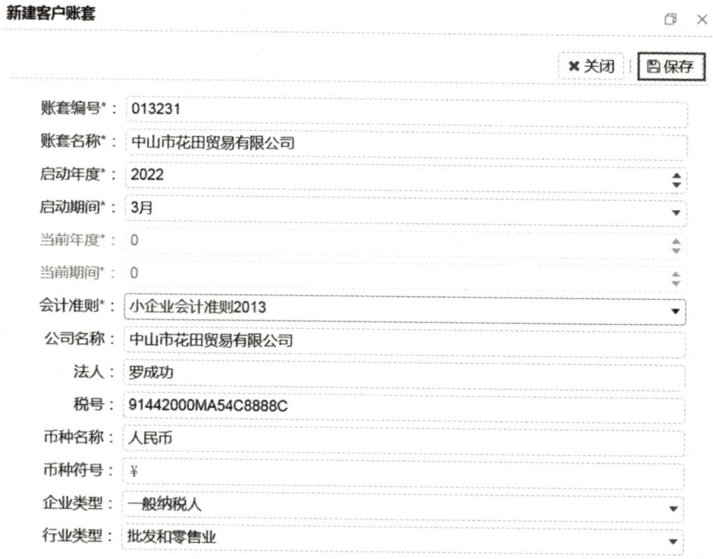

图 1－3－8　填写账套信息

（3）收到“建账成功”提示信息，可以观察到，花田公司账套已处于开启状态，如图 1－3－9 所示，这意味着在财务云协同管理平台已经完成了花田公司的建账工作。

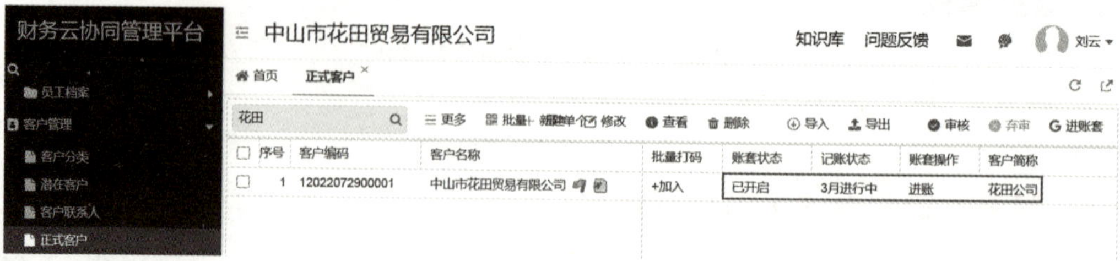

图 1－3－9　完成建账

智能财税业务处理系统建账

四、智能财税业务处理系统建立账套

任务 4： 在智能财税业务处理系统为花田公司建立账套。

财务云协同管理平台启用花田公司账套是为了便于管理客户业务，比如上传单据、分派任务等，为了处理客户财税业务，还需要在智能财税业务处理系统同步建立账套，其操作如下：

（1）登录智能财税业务处理系统（网址：https：//www. mi – guo. com/），登录界面如图 1 – 3 – 10 所示。

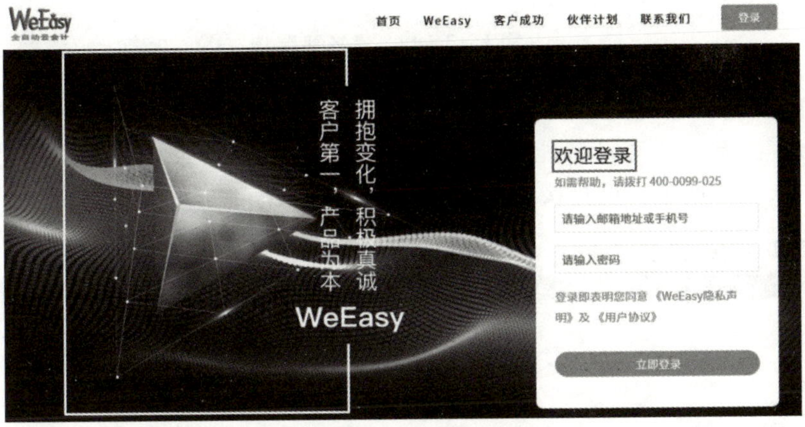

图 1 – 3 – 10 智能财税业务处理系统登录界面

（2）点击功能模块“客户管理”，进入客户管理界面。点击“新增”按钮，弹出“新增企业”对话框，填写花田公司账套信息，填写完毕点击“保存”即可，如图 1 – 3 – 11 所示。

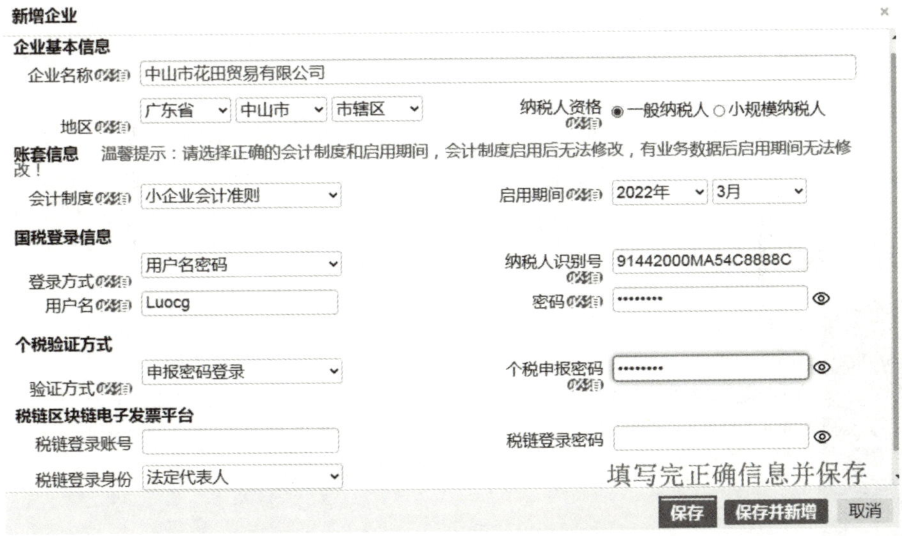

图 1 – 3 – 11 新增花田公司账套信息

（3）保存后，返回到“客户管理”界面，即可看到花田公司采集状态处于采集中，此时智能财税业务处理系统在和广东省电子税务局智能匹配花田公司账套信息，如图 1－3－12 所示。

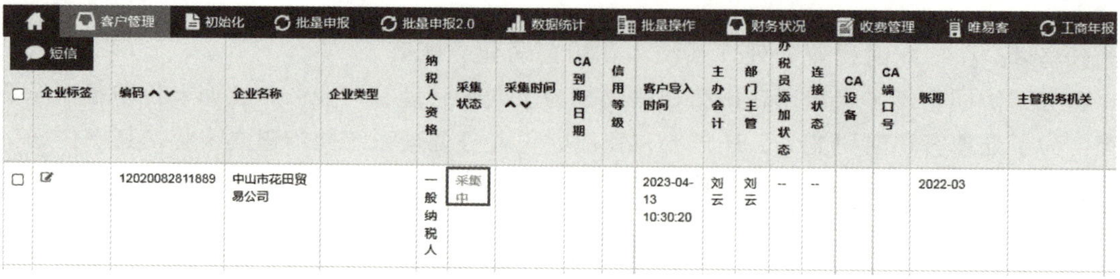

图 1－3－12　完成建账

（4）登录花田公司账套。财务云平台可通过两种方式登录花田公司账套。

方法一：直接登录。登录智能财税业务处理系统，搜索“花田公司”，点击“进入账套”，如图 1－3－13 所示，可直接进入花田公司账套。

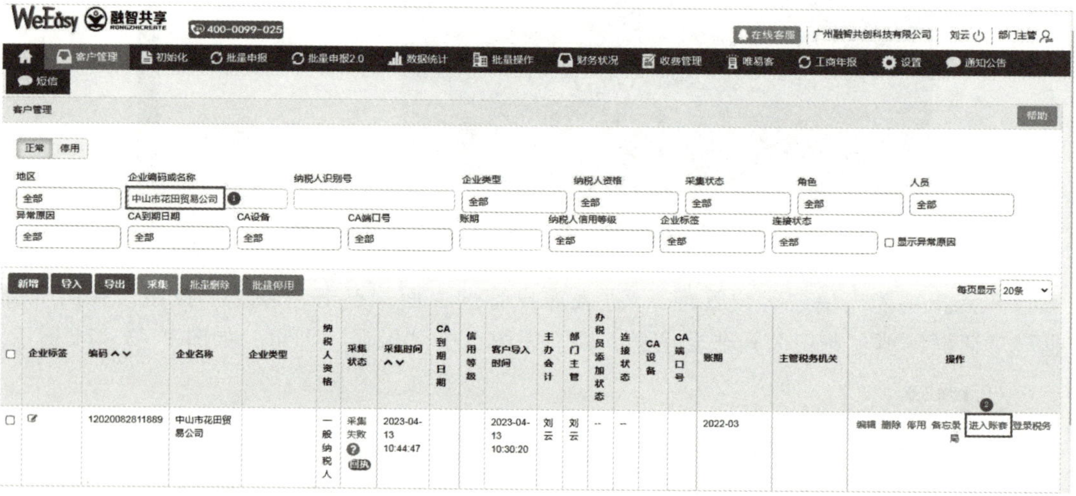

图 1－3－13　智能财税业务处理系统登录账套

方法二：跳转登录。登录财务云协同管理平台，“客户管理—正式客户”搜索“花田”，然后跳转进入智能财税业务处理系统，如图 1－3－14 所示。

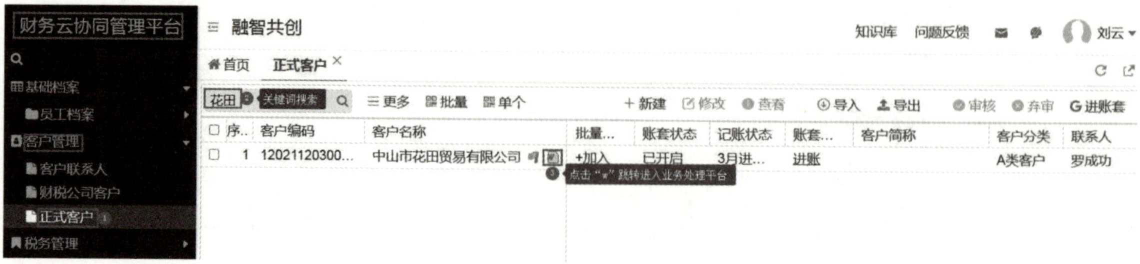

图 1－3－14　财务云协同管理平台跳转进入账套

至此，新客户档案及账套已经建立完毕。在之后的服务过程中，如果客户信息有变化，再根据变化修改客户档案或账套信息即可。

思政园地

汇聚起科技强国的澎湃力量

习近平总书记在中共二十大报告中强调，要坚持教育优先发展、科技自立自强、人才引领驱动，加快建设教育强国、科技强国、人才强国，坚持为党育人、为国育才，全面提高人才自主培养质量，着力造就拔尖创新人才，聚天下英才而用之。习近平总书记指出："我们提出并贯彻新发展理念，着力推进高质量发展，推动构建新发展格局，实施供给侧结构性改革，制定一系列具有全局性意义的区域重大战略，我国经济实力实现历史性跃升。国内生产总值从五十四万亿元增长到一百一十四万亿元，我国经济总量占世界经济的比重达百分之十八点五，提高七点二个百分点，稳居世界第二位；人均国内生产总值从三万九千八百元增加到八万一千元。谷物总产量稳居世界首位，十四亿多人的粮食安全、能源安全得到有效保障。城镇化率提高十一点六个百分点，达到百分之六十四点七。制造业规模、外汇储备稳居世界第一。建成世界最大的高速铁路网、高速公路网，机场港口、水利、能源、信息等基础设施建设取得重大成就。我们加快推进科技自立自强，全社会研发经费支出从一万亿元增加到二万八千亿元，居世界第二位，研发人员总量居世界首位。基础研究和原始创新不断加强，一些关键核心技术实现突破，战略性新兴产业发展壮大，载人航天、探月探火、深海深地探测、超级计算机、卫星导航、量子信息、核电技术、新能源技术、大飞机制造、生物医药等取得重大成果，进入创新型国家行列。"

全国政协委员尚勇表示："中共二十大报告，把以中国式现代化全面推进中华民族伟大复兴确定为新时代新征程党的使命任务，把加快建设教育强国、科技强国、人才强国作为中国式现代化的重点任务和重大举措，为新时代我国教育发展、科技进步、人才培养指明了前进方向，提供了根本遵循。激荡人心、催人奋进。"他认为，应坚持创新在我国现代化建设全局中的核心地位，立足本职推动科教兴国、人才强国、创新驱动发展战略落地见效。进一步增强为中华民族复兴而拼搏奉献的志气、应对严峻挑战实现科技自立自强的骨气和制胜现代化强国的底气。杨卫常委表示："报告在创造性地组合教育、科技、人才三要素的同时，彰显了创新驱动发展的突出地位，描画出了一条从使命到发展再到创新的叙事主线。创新，尤其是'从0到1'的原始创新，必须在三要素有机复合交互下才能完成，这也是我国发展的必由之路。"

资料来源：习近平总书记《高举中国特色社会主义伟大旗帜为全面建设社会主义现代化国家而团结奋斗——在中国共产党第二十次全国代表大会上的报告》及《人民政协报》相关报道。

思考：结合习近平总书记的讲话，你能谈一谈科技的发展对会计行业的影响吗？作为财务人员，你打算如何应对呢？

项目二

共享中心票据处理

知识目标

1. 熟悉发票种类
2. 掌握经济业务分类

能力目标

1. 能根据票据识别企业经济业务
2. 能根据经济业务整理单据
3. 能根据业务处理需要完成票据分类整理
4. 能利用扫描仪扫描票据
5. 能将扫描后的票据按要求上传至财务云协同管理平台

素养目标

1. 培养与客户沟通交流的能力
2. 培养良好的客户服务能力

工作任务

1. 按经济业务类别整理票据
2. 扫描票据
3. 上传票据

标志性成果

1. 分类整理的票据
2. 票据扫描件
3. 上传至财务云协同管理平台的票据

模块一　业务识别

相关知识

作为共享中心的财务人员，首先要能根据客户提供的单据对企业发生的经济业务进行准确判断和识别，然后才能正确处理经济业务。

一、什么是票据

要处理共享中心业务，首先要能准确识别票据。票据即原始凭证，又称单据，是指在经济业务发生或完成时取得或填制的，用以记录或证明经济业务的发生或完成情况的原始凭据。原始凭证的作用主要是记载经济业务的发生过程和具体内容。常见的原始凭证有发票、银行回单、费用报销单、收据、入库单、领料单、商品出库单、税费缴款凭证、工资表等。这些常见的单据中，发票因为涉及企业税务风险，企业及财务人员应予以特别关注。

二、什么是发票

发票是单位和个人在购销商品、提供或者接受服务以及其他经营活动中，开具、取得的收付款凭证，包括纸质发票和电子发票。发票的基本内容包括：发票的名称、发票代码和号码、联次及用途、客户名称、开户银行及账号、商品名称或经营项目、计量单位、数量、单价、大小写金额、开票人、开票日期、开票单位（个人）名称（章）等。

三、常见增值税发票

目前增值税发票主要包括五个票种：增值税专用发票、增值税普通发票、机动车销售统一发票、二手车销售统一发票、全电发票。

（一）增值税专用发票

增值税专用发票（含增值税电子专用发票），是增值税纳税人销售货物或者提供应税劳务开具的发票，是购买方支付增值税额并可按照增值税有关规定据以抵扣增值税进项税额的凭证。

（二）增值税普通发票

增值税普通发票（含电子普通发票、卷式发票、通行费发票），是增值税纳税人销售货物或者提供应税劳务、服务时，通过增值税税控系统开具的普通发票。

增值税专用发票与普通发票的主要区别为：增值税专用发票不仅是购销双方收付款的凭证，而且还可以用作购买方（增值税一般纳税人）扣除增值税的凭证，因此不仅具有商事凭证的作用，而且具备完税凭证的作用。而增值税普通发票除税法规定的经营项目外都不能抵扣进项税。

（三）机动车销售统一发票

凡从事机动车零售业务的单位和个人，从2006年8月1日起，在销售机动车（不包括销售旧机动车）收取款项时开具的发票。

（四）二手车销售统一发票

二手车经销企业、经纪机构和拍卖企业，在销售、中介和拍卖二手车收取款项时，通过开票软件开具的发票。

（五）全电发票

全电发票不是传统电子发票的简称，而是全面数字化的电子发票，是与纸质发票具有同等法律效力的全新发票，不以纸质形式存在、不用介质支撑，金税盘、税控盘、税务UKey等专用设备都不需要。全电发票没有联次，不需要盖发票专用章，不需申请领用。全电发票将纸质发票的票面信息全面数字化，通过标签管理将多个票种集成归并为电子发票单一票种，设立税务数字账户，无须发票票种核定、领用、验旧，实现全国统一赋码、智能赋予发票开具金额总额度并动态调整。为了符合纳税人开具发票的习惯，全电发票的基本内容在现行增值税发票基础上进行了优化，主要包括：动态二维码、发票号码、开票日期、购买方信息、销售方信息、项目名称、规格型号、单位、数量、单价、金额、税率/征收率、税额、合计、价税合计（大写、小写）、备注、开票人。全电发票开具后，发票数据文件自动发送至开票方和受票方的税务数字账户，减少人工收发。

企业业务比较复杂，涉及票据种类繁多，本教材无法做到一一介绍，这里仅针对不同类型业务介绍一些具有代表性的单据。

业务流程

发票识别—银行回单识别—工资表识别—完税证明识别—电子缴款凭证识别—花田公司业务识别。

业务操作

一、识别发票

识别发票

共享中心处理最多的单据就是发票，共享中心财务人员应能准确识别各种形式的发票，并根据发票信息识别企业业务。

（一）增值税专用发票

增值税专用发票分纸质版和电子版。

增值税专用发票纸质版的基本联次为三联：发票联、抵扣联和记账联。发票联，作为购买方核算采购成本和增值税进项税额的记账凭证；抵扣联，作为购买方报送主管税务机关认证和留存备查的凭证；记账联，作为销售方核算销售收入和增值税销项税额的记账凭证。

增值税专用发票电子版没有联次，且不需要盖发票专用章。国家税务总局于 2020 年 12 月印发的《关于在新办纳税人中实行增值税专用发票电子化有关事项的公告》中指出，电子专票由各省税务局监制，采用电子签名代替发票专用章，属于增值税专用发票，其法律效力、基本用途、基本使用规定等与增值税纸质专用发票相同。增值税专用发票电子版格式为 OFD 格式，需要用特定的阅读器打开。根据《关于规范电子会计凭证报销入账归档的通知》（财会〔2020〕6 号）规定：“使用的会计核算系统能够准确、完整、有效接收和读取电子会计凭证及其元数据，能够按照国家统一的会计制度完成会计核算业务，能够按照国家档案行政管理部门规定格式输出电子会计凭证及其元数据，设定了经办、审核、审批等必要的审签程序，且能有效防止电子会计凭证重复入账。”“单位以电子会计凭证的纸质打印件作为报销入账归档依据的，必须同时保存打印该纸质件的电子会计凭证。”这意味着以电子发票纸质打印件作为报销入账归档依据的，必须同时保存打印该纸质打印件的电子文件，即必须保存 OFD 源文件，不得以截图等其他形式保存。

任务 1：识别增值税专用发票信息。

图 2－1－1 是一张增值税专用发票，从中我们可以识别出以下信息：

（1）发票类别：增值税专用发票。

（2）发票代码：发票左上角的一串数字“4400203130”为发票代码，发票代码是税务部门给予发票的编码，也是把发票的性质用数字编码之后的一个代码。发票代码由国地税代码、行政区域代码、年份代码、行业代码、发票种类代码等组成。发票代码用于发票的真伪查验和号码记录，查询发票真伪的时候，需要输入发票代码。

（3）发票号码：发票右上角的一串数字“15086736”为发票号码，发票号码是税务部门给予发票的编码。在查询发票真伪的时候，需要输入发票号码。

（4）开票日期：发票右上角有注明开票日期，即开具发票的时间。

（5）购销双方信息：包括购销双方的名称、纳税人识别号等，其中购销双方名称必须为全称，且一个字也不能写错，也不得写简称，不得增减字。比如不得将“中山市花田贸易有限公司”写成“中山市花田贸易有限责任公司”“中山花田贸易有限公司”“中山市花田公司”“中山花田公司”等。图 2－1－1 传递出的主要业务信息为：中山市花田贸易有限公司销售商品给广东多美好商业连锁有限公司。

（6）购销内容：包括货物或应税劳务、服务名称，规格型号，单位，数量，单价，金额，税率，税额，价税合计金额大小写。

（7）签名与盖章：发票上面盖有国家税务总局监制章，下面盖有发票专用章。在发票底端“开票人”“收款人”“复核人”要签名。

（8）发票联次：增值税专用发票右侧小字注明了发票联次“第一联：记账联 销售方记账凭证”，表明本联次由销售方保留并作为销售方做账的依据，采购方不能根据此联做账，也不能以此作为抵税依据。

（9）密码区：发票密码区的作用是防伪，发票密码区的数字为 108 位，是防伪税控系统将发票的代码、开复票日期、发票号码、购销双方纳税人识别号、金额、税率、税额等 7 个方面的内容通过加密的方式产生 108 位数字或运算符号组成的密制文。发票抵扣联在网上或税务大厅的机器上进行扫描之后，密文就能还原，从而判断发票的真伪。扫描发票时要求密文清晰、票面整洁，否则机器无法识别。

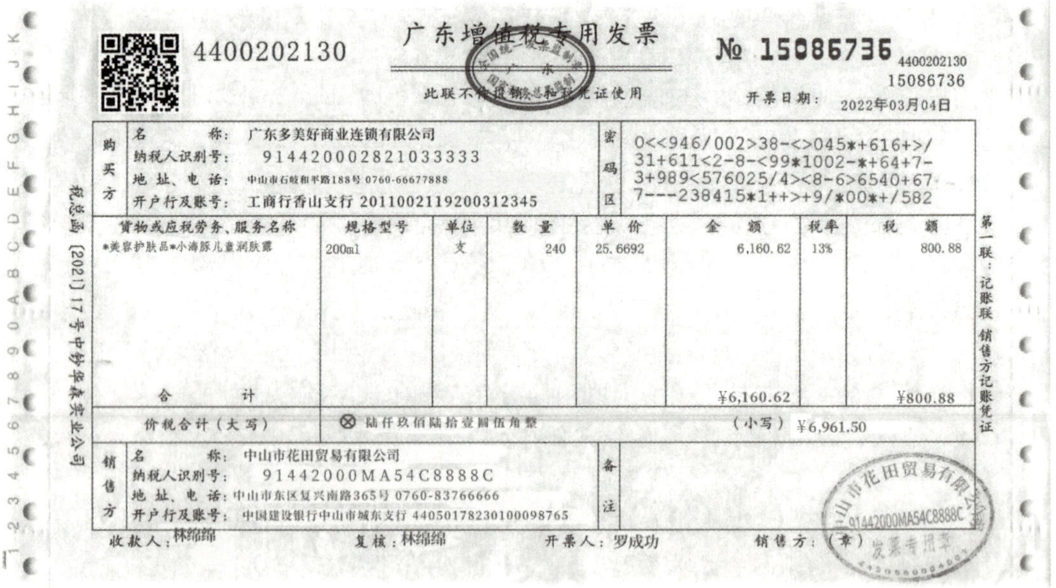
4400202130　广东增值税专用发票　№ 15086736　4400202130　15086736

此联不作报销、扣税凭证使用　开票日期：2022年03月04日

购买方　名称：广东多美好商业连锁有限公司　纳税人识别号：91442000282103333　地址、电话：中山市石岐和平路188号 0760-66677888　开户行及账号：工商行香山支行 2011002119200312345

密码区：0<<946/002>38-<>045*+616+>/ 31+611<2-8-<99*1002-*+64+7- 3+989<576025/4><8-6>6540+67 7---238415*1+*>+9/*00*+/582

货物或应税劳务、服务名称	规格型号	单位	数量	单价	金额	税率	税额
*美容护肤品*小海豚儿童润肤露	200ml	支	240	25.6692	6,160.62	13%	800.88
合计					¥6,160.62		¥800.88

价税合计（大写）⊗陆仟玖佰陆拾壹圆伍角整　（小写）¥6,961.50

销售方　名称：中山市花田贸易有限公司　纳税人识别号：91442000MA54C8888C　地址、电话：中山市东区复兴南路365号 0760-83766666　开户行及账号：中国建设银行中山市城东支行 44050178230100098765　备注

收款人：林绵绵　复核：林绵绵　开票人：罗成功　销售方：（章）

第一联：记账联 销售方记账凭证

税总函〔2021〕17号中钞华森实业公司

图 2－1－1　纸质版增值税专用发票

任务 2：识别代开增值税专用发票信息。

图 2－1－2 是一张代开增值税专用发票。发票左上角有一个明显的标识“代开”，这样的发票意味着是代开发票。需要临时使用发票的单位和个人，可凭相关证明，直接向经营地税务机关申请代开发票。应当缴纳税款的，先征收税款，再开具发票。已办理税务登记的小规模纳税人（包括个体经营者）以及国家税务总局确定的其他可予代开增值税专用发票的纳税人，发生增值税应税行为、需要开具专用发票时可向其主管税务机关申请代开。

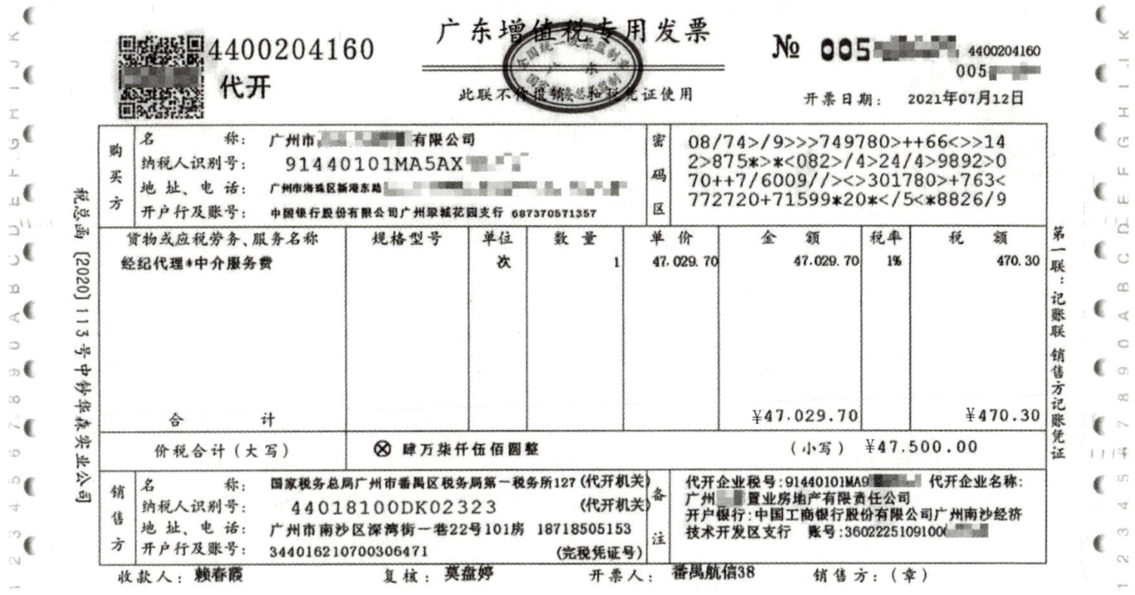

4400204160 代开

广东增值税专用发票

此联不作报销、扣税凭证使用

№ 005[redacted] 4400204160 005[redacted]

开票日期：2021年07月12日

购买方	名称：广州市[redacted]有限公司 纳税人识别号：91440101MA5AX[redacted] 地址、电话：广州市海珠区新港东路[redacted] 开户行及账号：中国银行股份有限公司广州翠城花园支行 687370571357	密码区	08/74>/9>>>749780>++66<>>14 2>875*>*<082>/4>24/4>9892>0 70++7/6009//><>301780>+763< 772720+71599*20*</5<*8826/9

货物或应税劳务、服务名称	规格型号	单位	数量	单价	金额	税率	税额
经纪代理*中介服务费		次	1	47.029.70	47.029.70	1%	470.30
合计					¥47.029.70		¥470.30
价税合计（大写）	⊗肆万柒仟伍佰圆整			（小写）¥47.500.00			

销售方	名称：国家税务总局广州市番禺区税务局第一税务所127（代开机关） 纳税人识别号：44018100DK02323（代开机关） 地址、电话：广州市南沙区深湾街一巷22号101房 18718505153 开户行及账号：344016210700306471（完税凭证号）	备注	代开企业税号：91440101MA9[redacted] 代开企业名称：广州[redacted]置业房地产有限责任公司 开户银行：中国工商银行股份有限公司广州南沙经济技术开发区支行 账号：3602225109100[redacted]

收款人：赖春霞 复核：莫盘婷 开票人：番禺航信38 销售方：（章）

税总函〔2020〕113号中钞华森实业公司

第一联：记账联 销售方记账凭证

图 2－1－2 代开增值税专用发票

识别代开发票时要格外留意交易双方主体，以免做出错误的账务处理。从图 2－1－2 中可以看出，真正的销售方不是广州市番禺区税务局，而是广州某置业房地产有限公司，广州市番禺区税务局只是帮助广州某置业房地产有限公司开具发票而已。

（二）增值税普通发票

增值税普通发票和增值税专用发票一样，也分为纸质版和电子版两种。

增值税普通发票纸质版分为二联票和五联票，第一联为记账联，销货方记账凭证；第二联为发票联，购货方扣税凭证；第三联至第五联由发票使用单位自行安排使用。

增值税普通发票电子版没有联次，格式为 OFD 格式或 PFD 格式。OFD 格式发票无发票专用章，PDF 格式发票有发票专用章。

任务 3：识别增值税电子普通发票信息。

图 2－1－3 是一张增值税电子普通发票。

（1）发票类别。图 2－1－3 发票名称显示，该发票类别为增值税电子普通发票，和纸质版相比，其明显区别在于名称里多了“电子”的表述。同时要留意，这是一张增值税普通发票，一般不能用来抵扣增值税。

（2）机器编号。发票机器编号是税务机关在制作空白发票时所对应的打印发票机器的编号，发票机器编码的设置是国家税务总局升级税控开票系统后新增加的一项管控措施，同时发票机器编码也是用于验证发票真伪的重要信息之一。发票机器编码通常在发票的左上角，与发票号码、发票代码、发票密码等内容同属于发票的基本信息。

（3）发票校验码。发票校验码共 20 位，是发票防伪识别的一种特有的密文。

（4）发票联次。增值税电子发票没有联次，共享中心财务人员务必要结合客户名称与发票购销双方信息进行核对，判断该笔业务是采购业务还是销售业务。

其他信息和任务 1 基本相同，这里不再表述。如果是 OFD 格式发票，则不要求盖发票专用章，其格式发票如图 2－1－4 所示。

广东增值税电子普通发票

发票代码：044002000211
发票号码：51365634
开票日期：2022 年03 月27日
校 验 码：69087 60306 29688 66479
机器编号：661619948709

购买方	名　　称：中山市花田贸易有限公司 纳税人识别号：91442000MA54C8888C 地 址、电 话：中山市东区复兴南路365号　0760-83766666 开户行及账号：中国建设银行中山市城东支行　4405017823100098765	密码区	/490-80>++/>*91</78*97+3244 33212/431/--5>02*></>5376>< 940/>027*<<<59/2*/98968*/38 334001/12/431/--5>02*><-637

货物或应税劳务、服务名称	规格型号	单位	数量	单价	金额	税率	税额
*医药*稳健（Winner）医用外科口罩日用防护防细菌50只/盒	604-007666	盒	1	69.91	69.91	13%	9.09
*医药*稳健（Winner）医用外科口罩日用防护防细菌50只/盒					-69.91	13%	-9.09
*医药*稳健（Winner）医用外科口罩日用防护防细菌50只/盒	604-007666	盒	2	69.91	139.82	13%	18.18
*医药*稳健（Winner）医用外科口罩日用防护防细菌50只/盒					-10.64	13%	-1.38
合　计					¥129.18		¥16.80
价税合计(大写)	⊗壹佰肆拾伍圆玖角捌分				(小写) ¥145.98		

销售方	名　　称：广州晶东贸易有限公司 纳税人识别号：91440101664041243T 地 址、电 话：广州市黄埔区九龙镇九龙工业园凤凰三横路89号1号库房301020- 22165500-1602/1699 开户行及账号：招商银行股份有限公司北京青年路支行 120906065810403	备注	订单号:127432324401

收款人：王陆　　复核：李思　　开票人：王梅　　销售方：(章)

图 2－1－3　增值税电子普通发票

广东增值税电子普通发票

发票代码：04400150[redacted]
发票号码：8704[redacted]
开票日期：2021年12月03日
校 验 码：01259 93316 56345 [redacted]
机器编号：58700[redacted]281

购买方	名　　称：珠海市[redacted]教育科技有限公司 纳税人识别号：91440400MA54[redacted] 地 址、电 话：珠海市凤凰北路[redacted] 开户行及账号：交通银行珠海凤凰支行6232 6107 [redacted]	密码区	0041->+*/5+6*0-/+6129>5338*3 80774/-2**-9<726*5/578/01153 3077+84-532/*52- [redacted]+*4/ 226087/249/6390180/0191/7<95

项目名称	规格型号	单位	数量	单价	金额	税率	税额
*生活服务*摄影服务费		项	1	4,947.524752	4,947.52	1%	49.48
合　计					¥4,947.52		¥49.48
价税合计（大写）	⊗肆仟玖佰玖拾柒圆整				（小写）¥4,997.00		

销售方	名　　称：珠海市[redacted]文化传播有限公司 纳税人识别号：91440400MA4XA[redacted] 地 址、电 话：珠海市香洲区[redacted] 开户行及账号：广发银行股份有限公司珠海迎宾路支行[redacted]	备注	

收 款 人：李贵容　　复 核：梁燕凤　　开 票 人：李贵容

图 2－1－4　OFD 格式电子发票

从图 2－1－4 可以看出，发票最下端并没有设计“销售方：（章）”字样，也无须加盖发票专用章。

（三）增值税普通发票（卷票）

增值税普通发票（卷票）为定长发票。发票宽度有 76mm、57mm 两种，长度固定为 177. 8mm。发票基本联次为一联，即“发票联”。发票印制的基本内容包括：发票名称、发票监制章、发票联、发票代码、发票号码、黑标定位符和二维码等。发票印制二维码中包含发票代码和发票号码信息，用于发票查验时的快速扫描录入。增值税普通发票（卷票）如图 2－1－5 所示。

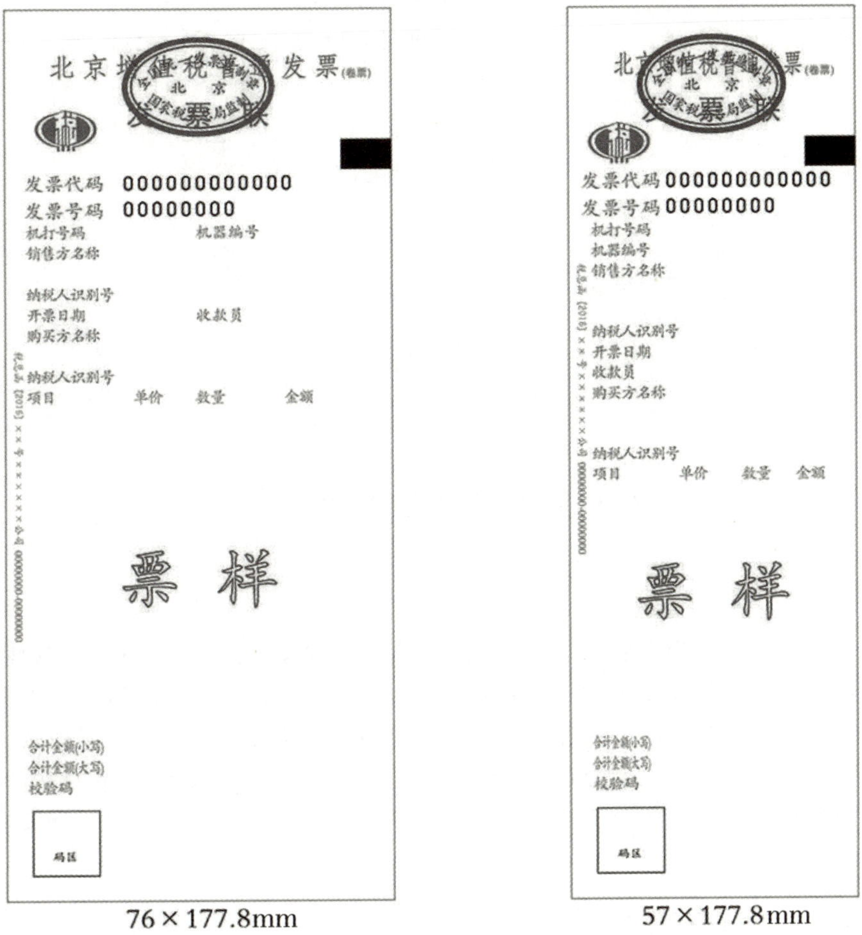

图 2－1－5　增值税普通发票（卷票）

（四）增值税电子普通发票（通行费）

收费公路通行费增值税电子普通发票，简称“通行费电子发票”，目的是推进物流业降本增效、提升收费公路服务水平。2017 年 12 月 25 日，交通运输部、国家税务总局发出《关于收费公路通行费增值税电子普通发票开具等有关事项的公告》（交通运输部国家税务总局公告2017年第66号)，该公告指出，自2018年1月1日起，用户使用ETC卡或用户卡交纳的通行费，以及ETC卡充值费可以开具通行费电子发票，不再开具纸质票据。增值税电子普通发票（通行费）如图2－1－6所示。

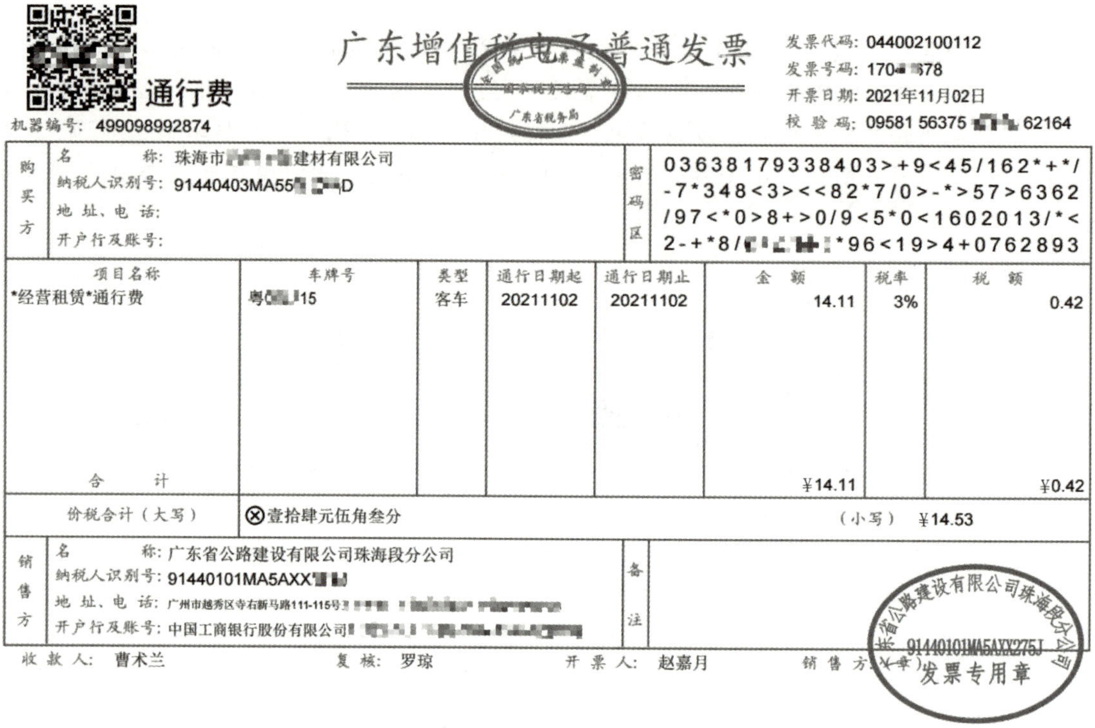

广东增值税电子普通发票 通行费

机器编号：499098992874

发票代码：044002100112
发票号码：170[redacted]78
开票日期：2021年11月02日
校验码：09581 56375 [redacted] 62164

购买方 名称：珠海市[redacted]建材有限公司
纳税人识别号：91440403MA55[redacted]D
地址、电话：
开户行及账号：

密码区：03638179338403>+9<45/162*+*/ -7*348<3><<82*7/0>-*>57>6362 /97<*0>8+>0/9<5*0<1602013/*< 2-+*8/[redacted]*96<19>4+0762893

项目名称	车牌号	类型	通行日期起	通行日期止	金额	税率	税额
*经营租赁*通行费	粤[redacted]15	客车	20211102	20211102	14.11	3%	0.42
合计					¥14.11		¥0.42
价税合计（大写）	⊗壹拾肆元伍角叁分				（小写） ¥14.53		

销售方 名称：广东省公路建设有限公司珠海段分公司
纳税人识别号：91440101MA5AXX[redacted]
地址、电话：广州市越秀区寺右新马路111-115号[redacted]
开户行及账号：中国工商银行股份有限公司[redacted]

备注

收款人：曹术兰　复核：罗琼　开票人：赵嘉月　销售方（章）

图2－1－6　增值税电子普通发票（通行费）

（五）机动车销售统一发票

机动车销售统一发票为电脑六联式发票。即第一联发票联（购货单位付款凭证），第二联抵扣联（购货单位扣税凭证），第三联报税联（车购税征收单位留存），第四联注册登记联（车辆登记单位留存），第五联记账联（销货单位记账凭证），第六联存根联（销货单位留存）。第一联印色为棕色，第二联印色为绿色，第三联印色为紫色，第四联印色为蓝色，第五联印色为红色，第六联印色为黑色。发票代码、发票号码印色为黑色。机动车销售统一发票如图2－1－7所示。

（六）二手车销售统一发票

二手车销售统一发票为一式五联计算机票。计算机票第一联为发票联，印色为棕色；第二联为转移登记联（公安车辆管理部门留存），印色为蓝色；第三联为出入库联，印色为紫色；第四联为记账联，印色为红色；第五联为存根联，印色为黑色。二手车销售统一发票如图2－1－8所示。

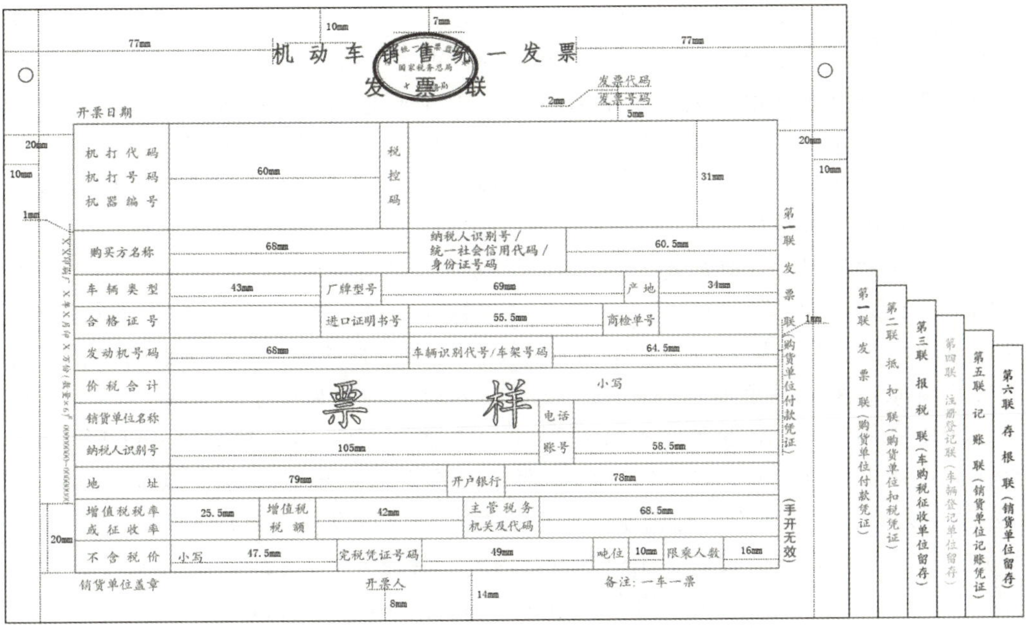

图 2-1-7 机动车销售统一发票

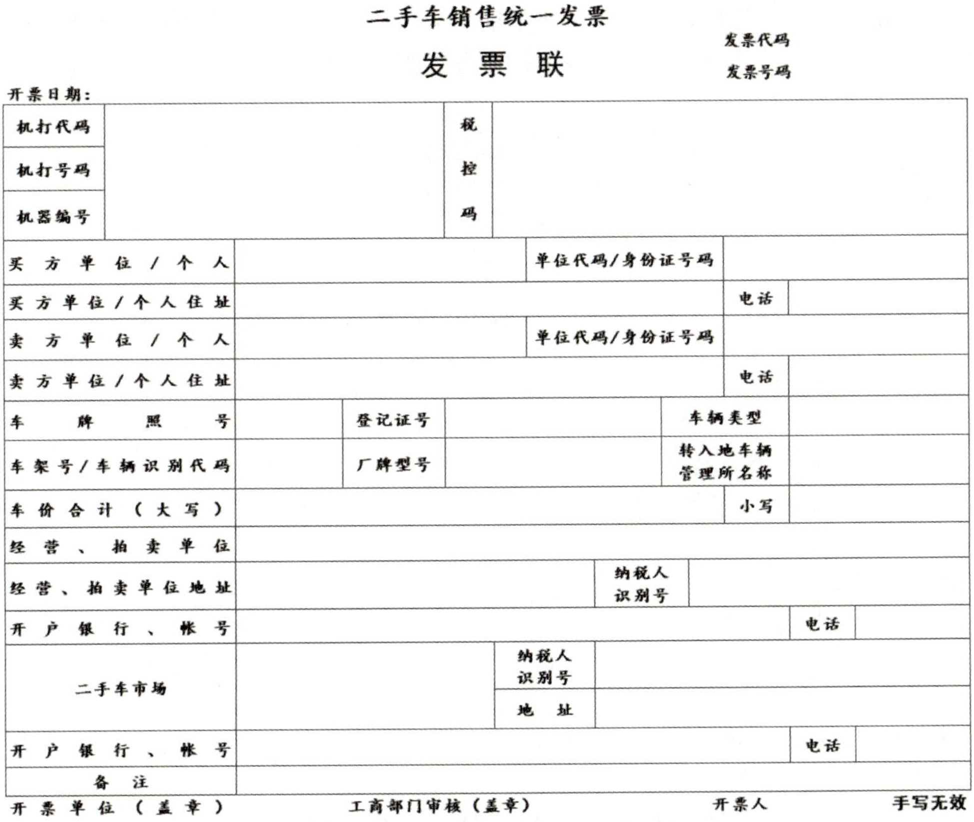

二手车销售统一发票

发票联

发票代码

发票号码

开票日期：

机打代码		税控码			
机打号码					
机器编号					
买方单位/个人		单位代码/身份证号码			
买方单位/个人住址				电话	
卖方单位/个人		单位代码/身份证号码			
卖方单位/个人住址				电话	
车牌照号		登记证号		车辆类型	
车架号/车辆识别代码		厂牌型号		转入地车辆管理所名称	
车价合计（大写）				小写	
经营、拍卖单位					
经营、拍卖单位地址				纳税人识别号	
开户银行、帐号				电话	
二手车市场		纳税人识别号			
		地址			
开户银行、帐号				电话	
备注					

第一联 发票联

开票单位（盖章） 工商部门审核（盖章） 开票人 手写无效

图 2-1-8 二手车销售统一发票

（七）全电发票

全电发票是全面数字化的电子发票的简称，是与纸质发票具有同等法律效力的全新发票，不以纸质形式存在，不用介质支撑，无须申请领用。发票验旧及申请增版增量。它将纸质发票的票面信息全面数字化，将多个票种集成归并为电子发票单一票种，全电发票实行全国统一赋码、自动流转交付。

全电发票样式与现有发票样式区别在于：一是全电发票票样将原有发票代码与发票号码变为20位发票号码；取消了校验码、收款人、复核人、销售方（章）；取消了发票密码区。二是全电发票特定业务会影响发票展示内容，不同的特定业务展示的发票票面内容不同。三是全电发票将原备注栏中手工填列、无法采集的内容，设置为固定可采集、可使用的数据项，并展示于票面上。全电发票样式如图2－1－9、图2－1－10、图2－1－11所示。

为了满足从事特定行业、经营特殊商品服务及特定应用场景业务（以下简称“特定业务”）的纳税人开具发票的个性化需求，税务机关根据现行发票开具的有关规定和特定业务的开票场景，在全电发票中设计了相应的特定内容。特定业务包括但不限于稀土、卷烟、建筑服务、旅客运输服务、货物运输服务、不动产销售、不动产经营租赁、农产品收购、光伏收购、代收车船税、自产农产品销售、差额征税等。试点纳税人在开具全电发票时，可以按照实际业务开展情况，选择特定业务，将按规定应填写在发票备注等栏次的信息，填写在特定内容栏次，进一步规范发票票面内容，便于纳税人使用。特定业务的全电发票票面按照特定内容展示相应信息，同时票面左上角展示该业务类型的字样。

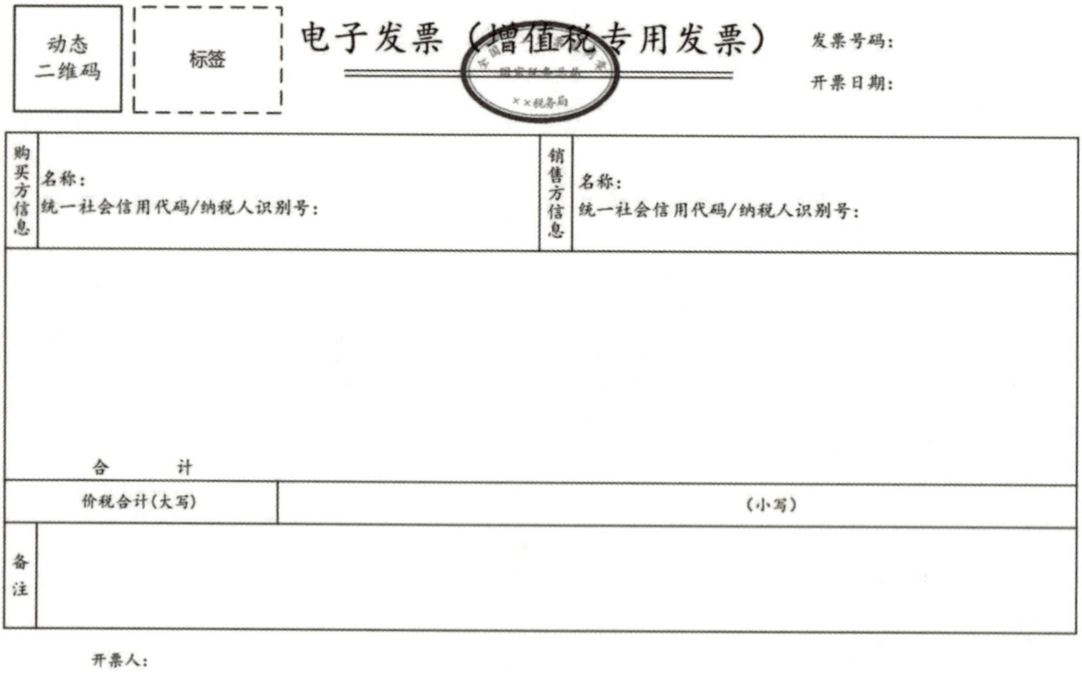

图2－1－9　增值税专用发票（全电发票）

动态二维码　　标签

电子发票（普通发票）

发票号码：
开票日期：

购买方信息	名称： 统一社会信用代码/纳税人识别号：	销售方信息	名称： 统一社会信用代码/纳税人识别号：
合　计			
价税合计（大写）		（小写）	
备注			

开票人：

图 2－1－10　普通发票（全电发票）

动态二维码　　建筑服务

电子发票（　　　）

发票号码：
开票日期：

购买方信息	名称： 统一社会信用代码/纳税人识别号：	销售方信息	名称： 统一社会信用代码/纳税人识别号：

项目名称	建筑服务发生地	建筑项目名称	金　额	税率/征收率	税　额
合　计					

价税合计（大写）	（小写）
备注	土地增值税项目编号： 跨地（市）标志：

开票人：

图 2－1－11　建筑服务电子发票（全电发票）

相较于之前的传统纸质发票及电子发票，全电发票有以下优点：

（1）发票信息全面数字化，实现发票全领域、全环节、全要素电子化。

（2）发票版式全面简化，重新设计了票面要素，简化购买方、销售方信息，仅需填写纳税人识别号和纳税人名称；联次全面简化，全票无联次；取消了收款人和复核人栏，仅保留开票人。

（3）开票流程全面简化，开票零前置，无须税控设备即可开票，无须票种票量核定即可开票，一个企业确定开票总额度即可开票，且开票额度可动态调整。有网络就可以开票，登录网页、客户端或者手机 App 即可开票。

（4）电子发票重复入账报销问题彻底解决，纳税人可通过电子发票服务平台标记发票入账标识，避免重复入账。

（5）实现发票自动交付，纳税人可以通过电子发票服务平台税务数字账户自动交付全电发票，也可通过电子邮件、二维码等方式自行交付全电发票。

（6）红字发票处理流程简化，发票未入账时可直接全额红冲，发票已入账时销售方和购买方均可提出红字申请。

二、识别银行回单

识别银行回单

银行回单全称“银行回执单”，是客户在银行办理业务以后，由银行出具的一个有效凭证，可以证明客户在银行办理了某种业务，比如通过银行收了款或付了款等。常见的银行回执单有 ATM 机回执单、柜台回执单、对账回执单以及电子回执单等。客户办理业务后，每个银行出具的回执单格式都不一样，但内容大同小异。

任务 4： 识别花田公司 2022 年 3 月 5 日的银行回单，如图 2－1－12 所示。

中国建设银行 China Construction Bank　　**中国建设银行单位客户专用回单**

币别：人民币　　2022年03月05日　　流水号：4407523001N8PHXFQWU

付款人	全　称	中山市花田贸易有限公司	收款人	全　称	中山市华科商贸有限公司
	账　号	44050178230100098765		账　号	44050178040300045678
	开户行	中国建设银行中山市城东支行		开户行	中国建设银行中山市小榄支行
金　额		(大写)人民币贰仟陆佰壹拾捌元柒角陆分		(小写)	￥2,618.76
凭证种类		电子转账凭证	凭证号码		103426964198
结算方式		转账	用　途		货款
			打印柜员： 打印机构： 打印卡号：		中国建设银行 电子回单 专用章

（借方回单）

图 2－1－12　银行付款回单

识别银行回单时一定要注意付款方、收款方、金额及用途。本回单可以解读的信息为：中山市花田贸易有限公司支付 2 618.76 元货款给中山市华科商贸有限公司。如果服务的对象是中山市华科商贸有限公司，本回单由中山市华科商贸有限公司提供，则可以解读为中山市华科商贸有限公司收到花田贸易有限公司支付的 2 618.76 元货款。尽管意思都一样，但站的角度不同，账务处理也会不一样。站在中山市花田贸易有限公司的立场，该业务为付款业务；站在中山市华科商贸有限公司的立场，该业务为收款业务。

任务 5： 识别 2021 年 6 月中山市某工程公司银行对账单，如图 2 - 1 - 13 所示。

中国建设银行股份有限公司活期存款明细账

账号：44050178[redacted]　　账户名称：中山市[redacted]工程有限公司　　日期：20210601 - 20210630　　第1页

日期	凭证种类	凭证号码	摘要	对方户名	发生额		币种	借贷	余额	交易流水号
					借方	贷方				
20210601	电汇凭证		消防围堰工程	[redacted]塑料（中山）有限公司	0.00	200,000.00	人民币	贷	490,136.04	4402[redacted]YO
20210607			商务卡-单位结算卡年费		10.00	0.00	人民币	贷	490,126.04	4407[redacted]JS
20210608			转账、汇款（含退汇）-对公资金划转本行异		25.00	0.00	人民币	贷	490,101.04	4407[redacted]MS
20210611		0000000163415253	信息服务费	[redacted]公司	280.00	0.00	人民币	贷	489,821.04	4402[redacted]9F
20210616		78506	ETS社保扣款	待报解预算收入-省ets待清算户	4,317.10	0.00	人民币	贷	485,503.94	4402[redacted]32
20210617			对公自助服务-自助设备使用费		15.00	0.00	人民币	贷	485,488.94	4407[redacted]SQA

图 2 - 1 - 13　银行对账单

识别银行对账单要注意以下方面：

（1）银行存款期初余额。有的银行对账单会直接给出期初余额，有的没有直接给出，要反推。比如图 2 - 1 - 13 中期初余额可以从第一笔业务发生后的余额反推，2021 年 6 月“银行存款期初余额 = 490 136.04 - 200 000 = 290 136.04 元。”推算出期初余额后可以和账面上银行存款期初余额核对，看是否一致。

（2）摘要。从摘要可以大致推测发生了什么业务。

（3）对方户名。从对方户名可以看出收款或者付款的对象是谁。

（4）发生额。银行对账单上的发生额是站在银行的立场来看的，对开户的公司来说，要反过来看，比如第一笔业务 200 000 元记在贷方，不能解读为公司银行存款减少了 200 000 元，而是要理解为增加了 200 000 元，具体来讲是中山市某工程公司在 2021 年 6 月 1 日收到了中山市某塑料公司支付的消防围堰工程款 200 000 元。

需要说明的是，银行对账单的作用主要是用于核对银行存款账面数据与实际数据是否相符，并不能作为企业入账的依据。在共享中心，银行对账单还可以起到核对银行回单的作用，检查客户有否少提交银行回单。

三、识别工资表

识别工资表

工资表又称工资结算表，是按单位、部门编制的用于核算员工工资的表格。工资表没有统一的格式，每一个企业都有自己设计的工资表，其主要内容一般包括工资构成（比如基本工资、津贴补贴、绩效工资等）、应发工资、代扣项目（社会保险费、住房公积金、个人所得税等）。

与工资表紧密相关的还有社会保险费申报个人明细表，用以反映企业和员工各自应负担的社会保险费和住房公积金。社会保险是指国家通过立法，多渠道筹集资金，对劳动者在因年老、失业、工伤、生育而减少劳动收入时给予经济补偿，使他们能够享有基本生活保障的一项社会保障制度。社会保险主要包括“四险”：养老保险、失业保险、医疗保险和工伤保险。其中，养老保险、失业保险、医疗保险由企业和员工共同负担，即企业缴纳一部分，员工也缴纳一部分；工伤保险由企业全部负担，员工不缴纳。

任务6：识别花田公司2022年3月份工资表，如图2－1－14所示。

工资表

中山市花田贸易有限公司　　2022年3月　　单位：元

序号	姓名	证件号码	本期收入	累计收入	工资代扣												实发工资
					养老保险	医疗保险	失业保险	社保小计	住房公积金	累计减除费用	累计专项扣除	累计专项附加扣除	累计应预缴税额	累计已预缴税额	本期应预缴税额	代扣合计	
1	罗成功	440400198510131038	12,800.00	38,400.00	337.44	124.24	3.60	465.28	612.00	15,000.00	3,231.84	7,500.00	380.04	253.36	126.68	1,203.96	11,596.04
2	林绵绵	410184199006191145	5,000.00	15,000.00	337.44	124.24	3.60	465.28	250.00	15,000.00	2,145.84	2,400.00	0.00	0.00	0.00	715.28	4,284.72
3	陈青	450900198804115327	4,200.00	12,600.00	337.44	124.24	3.60	465.28	210.00	15,000.00	2,025.84	3,000.00	0.00	0.00	0.00	675.28	3,524.72
4	程琳	441300198702104489	5,000.00	15,000.00	337.44	124.24	3.60	465.28	250.00	15,000.00	2,145.84	3,900.00	0.00	0.00	0.00	715.28	4,284.72
5	周大福	445300198409266491	10,756.00	30,396.00	337.44	124.24	3.60	465.28	489.00	15,000.00	2,862.84	6,000.00	195.99	111.94	84.05	1,038.33	9,717.67
合计			37,756.00	111,396.00	1,687.20	621.20	18.00	2,326.40	1,811.00	75,000.00	12,412.20	22,800.00	576.03	365.30	210.73	4,348.13	33,407.87

图2－1－14　工资表

花田公司工资表中没有通常工资表中的“应发工资”项目，“本期收入”可以理解为应发工资。应发工资构成了企业的“负担”，形成企业的成本费用，在处理计提工资费用业务时应以“应发工资”为依据，不能以“实发工资”为依据。

“工资代扣”项目主要涉及由企业代扣代缴的社会保险费、住房公积金及个人所得税；“实发工资”反映的是企业实际发放到员工手上的工资，由“本期收入”减去“工资代扣”后形成。在处理实际发放工资业务时，应以“实发工资”“工资代扣”为依据。

任务7：识别花田公司2022年3月社会保险费申报个人明细表，如图2－1－15所示。

花田公司职工社保、公积金明细表

统一社会信用代码（纳税人识别号）：	914420005989807279	纳税人名称：	中山市花田贸易有限公司
社保管理机构：	中山市社会保险基金管理局	税务管理机关：	国家税务总局中山市税务局东区税务分局
单位社保号：	4420100001111	费款所属期：	2022-03-01至2022-03-31

单位：元

序号	姓名	证件号码	企业基本养老保险			工伤保险			失业保险			基本医疗保险			单位部分社保合计	个人部分社保合计	社保金额总计	住房公积金			单位部分合计	个人部分合计	总计
			缴费基数	单位	个人	缴费基数	单位	个人	缴费基数	单位	个人	缴费基数	单位	个人				缴费基数	单位	个人			
1	罗成功	440400198510131038	4,218.00	590.52	337.44	1,800.00	1.80	0.00	1,800.00	8.64	3.60	6212.00	394.46	124.24	995.42	465.28	1460.70	12,240.00	612.00	612.00	1,607.42	1 077.28	2,684.70
2	林绵绵	410184199006191145	4,218.00	590.52	337.44	1,800.00	1.80	0.00	1,800.00	8.64	3.60	6212.00	394.46	124.24	995.42	465.28	1460.70	5,000.00	250.00	250.00	1,245.42	715.28	1,960.70
3	陈青	450900198804115327	4,218.00	590.52	337.44	1,800.00	1.80	0.00	1,800.00	8.64	3.60	6212.00	394.46	124.24	995.42	465.28	1460.70	4,200.00	210.00	210.00	1,205.42	675.28	1,880.70
4	程琳	441300198702104489	4,218.00	590.52	337.44	1,800.00	1.80	0.00	1,800.00	8.64	3.60	6212.00	394.46	124.24	995.42	465.28	1460.70	5,000.00	250.00	250.00	1,245.42	715.28	1,960.70
5	周大福	445300198409266491	4,218.00	590.52	337.44	1,800.00	1.80	0.00	1,800.00	8.64	3.60	6212.00	394.46	124.24	995.42	465.28	1460.70	9,780.00	489.00	489.00	1,484.42	954.28	2,438.70

图2－1－15　社会保险费申报个人明细表

从社会保险费申报个人明细表可以看出，该表主要由两个部分构成：一是社会保险费，二是住房公积金。

（1）社会保险费。社会保险费由两个部分组成：一是企业要负担的社会保险费，构成企业的费用；二是个人要负担的社会保险费，这一部分因为是由个人负担，企业只是代扣代缴，不构成企业的费用。花田公司在2022年3月总共要缴纳7 303.51元社会保险费，其中企业要负担4 977.11元，个人要负担2 326.40元。企业负担的部分在计提社会保险费时按员工所在部门计入相应的会计科目，个人负担的部分不构成企业的费用，在发放工资时由企业在应发工资里扣除。以罗成功为例，其在2022年3月总共要缴纳1 460.70元的社会保险费，其中企业负担995.42元，这一部分形成企业的费用，引例资料显示，罗成功为企业经理，故995.42元的人工费会形成企业的管理费用；罗成功个人要负担465.28元社保费，这一部分将从其工资中扣除，不构成企业的费用。

（2）住房公积金。和社会保险费一样，住房公积金也是由两个部分组成：一是企业要负担的住房公积金，二是个人要负担的住房公积金。其业务识别原理与社会保险费相同，这里不再赘述。花田公司在 2022 年 3 月总共要缴纳 3 622 元住房公积金，其中企业要负担 1 811 元，个人也要负担 1 811 元。

综上，花田公司在 2022 年 3 月总共要负担社会保险费和住房公积金 6 788. 11 元，这一部分会形成企业的费用；员工个人总共要负担社会保险费和住房公积金 4 137. 40 元，在发放工资时从员工个人工资里扣除，不构成企业的费用。

四、识别完税证明

识别完税证明

完税证明是税务机关开出的，证明纳税人已缴纳税费的完税凭证，用于证明已完成纳税义务。根据《中华人民共和国税收征收管理法》第三十四条规定：“税务机关征收税款时，必须给纳税人开具完税凭证。扣缴义务人代扣、代收税款时，纳税人要求扣缴义务人开具代扣、代收税款凭证的，扣缴义务人应当开具。”《中华人民共和国税收征收管理法实施细则》第四十五条规定：“税收征管法第三十四条所称完税凭证，是指各种完税证、缴款书、印花税票、扣（收）税凭证以及其他完税证明。”

完税证明有表格式和文书式两种，可登录电子税务局下载，操作步骤为：登录电子税务局—我要办税—证明开具—开具税收完税（费）证明—选择税款所属期—查询—打印，下载完税证明。

任务 8：识别广州某公司 2023 年 4 月 16 日打印的表格式完税证明，如图 2－1－16 所示。

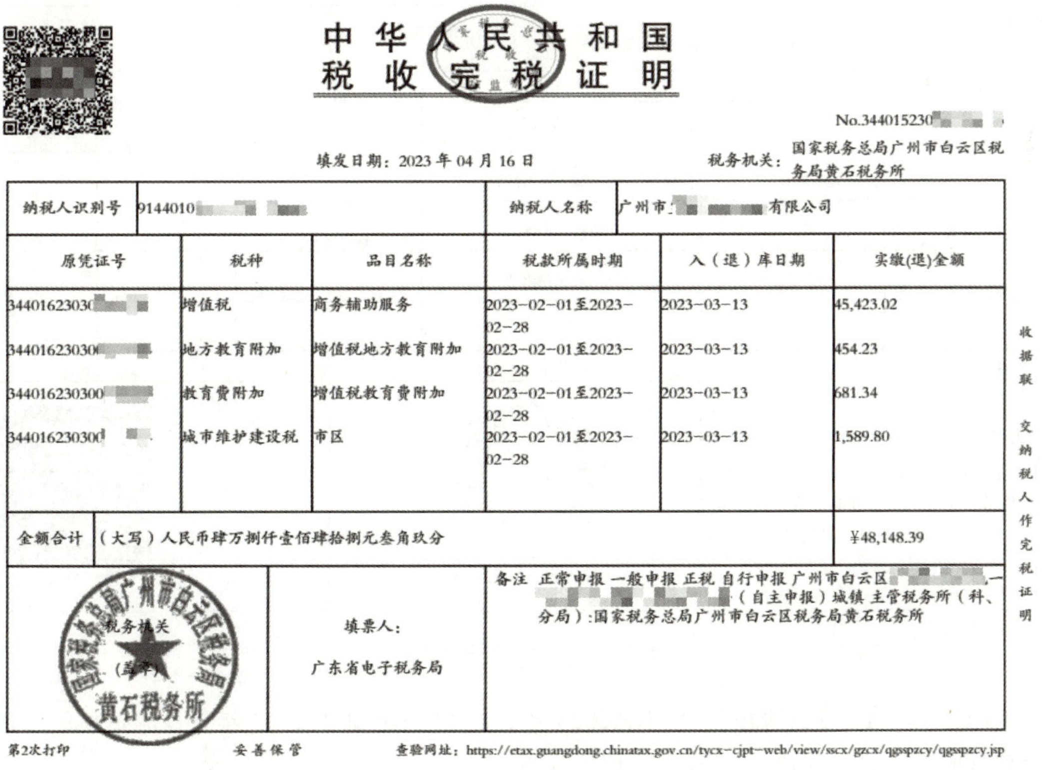

中华人民共和国
税收完税证明

No.344015230[redacted]

填发日期：2023 年 04 月 16 日　　税务机关：国家税务总局广州市白云区税务局黄石税务所

纳税人识别号	9144010[redacted]		纳税人名称	广州市[redacted]有限公司	
原凭证号	税种	品目名称	税款所属时期	入（退）库日期	实缴(退)金额
34401623030[redacted]	增值税	商务辅助服务	2023-02-01至2023-02-28	2023-03-13	45,423.02
34401623030[redacted]	地方教育附加	增值税地方教育附加	2023-02-01至2023-02-28	2023-03-13	454.23
344016230300[redacted]	教育费附加	增值税教育费附加	2023-02-01至2023-02-28	2023-03-13	681.34
344016230300[redacted]	城市维护建设税	市区	2023-02-01至2023-02-28	2023-03-13	1,589.80
金额合计	（大写）人民币肆万捌仟壹佰肆拾捌元叁角玖分				¥48,148.39
税务机关（盖章）	填票人：广东省电子税务局		备注 正常申报 一般申报 正税 自行申报 广州市白云区[redacted]（自主申报）城镇 主管税务所（科、分局）：国家税务总局广州市白云区税务局黄石税务所		

收据联 交纳税人作完税证明

第2次打印　　妥善保管　　查验网址：https://etax.guangdong.chinatax.gov.cn/tycx-cjpt-web/view/sscx/gzcx/qgsspzcy/qgsspzcy.jsp

图 2－1－16　完税证明

从图 2－1－16 可以看出，公司于 2022 年 3 月 13 日缴纳了 2023 年 2 月应负担的增值税、地方教育附加、教育费附加、城市维护建设税。

需要说明的是，完税证明一般不用来作为入账的原始凭证，但可以作为相关银行回单的辅助说明。比如有的银行回单只列有缴纳税费的总额，没有分税种或者社保明细列示，此时可以通过电子税务局下载完税证明或者电子缴款凭证作为账务处理的辅助资料。完税证明除了作为账务处理的辅助性资料之外，一般可用于企业投标、审计、融资等需要证明自己完税情况的场景。

五、识别电子缴款凭证

识别电子缴款凭证

电子缴款凭证可登录电子税务局下载，操作步骤为：登录电子税务局—我要办税—证明开具—完税证明（缴款凭证）开具—选择税款所属期—查询—打印，下载电子缴款凭证。电子缴款凭证和银行出具的缴款回单可以互相核对，两者数据要保持一致。

任务 9：识别广州某公司 2023 年 4 月 16 日打印的电子缴款凭证，如图 2－1－17 所示。

电子缴款凭证

打印日期：2023年04月16日　　　　凭证编号：20230416105[redacted]

纳税人识别号	91440101 M A[redacted]		税务征收机关	国家税务总局广州市白云区税务局	
纳税人全称	广州市[redacted]有限公司		银行账号		
系统税票号	税（费）种	税（品）目	所属时期	缴款日期	实缴金额
3440162303[redacted]	教育费附加	增值税教育费附加	2023-02-01至2023-02-28	2023-03-13	681.34
3440162303[redacted]	地方教育附加	增值税地方教育附加	2023-02-01至2023-02-28	2023-03-13	454.23
344016230[redacted]	增值税	人力资源服务（6%、5%）	2023-02-01至2023-02-28	2023-03-13	45,423.02
3440162303[redacted]	城市维护建设税	市区（增值税附征）	2023-02-01至2023-02-28	2023-03-13	1,589.8
金额合计	（大写）肆万捌仟壹佰肆拾捌元叁角玖分				¥48,148.39
本缴款凭证仅作为纳税人记账核算凭证使用，需与银行对账单电子划缴记录核对一致方有效。纳税人如需开具正式完税凭证，请凭税务登记证副本到主管税务机关开具。	国家税务总局广东省税务局 电子征款 专用章 税务机关（电子章）		备注：第2次打印 第1页，共1页		

图 2－1－17　电子缴款凭证

从图 2－1－17 可以看出，公司于 2023 年 3 月 13 日缴纳了 2023 年 2 月应负担的增值税、地方教育附加、教育费附加、城市维护建设税。

不难发现，图 2－1－16 和图 2－1－17 反映的经济业务内容是一样的，只是两者的用途不同而已。完税证明侧重证明企业完成了纳税义务，表明其“信用”良好；电子缴款凭证类似于“收据”，表明企业缴纳了相关税费，侧重财务功能。

识别花田公司业务1　识别花田公司业务2　识别花田公司业务3

六、业务识别

作为财务人员，仅仅识别单个的单据是不够的，还要能对企业整体业务进行综合判断，把相关单据关联在一起，准确识别企业发生的经济业务。对于有缺失的单据，要和客户及时进行沟通或者自行查找补齐单据。比如银行对账单中有某笔业务，但没有银行回单，可以和客户沟通补充银行回单；比如看到有支付社保的银行回单，但回单未能反映支付的社保明细，导致无法判断其中单位负担的社保和个人负担的社保，此时无须找客户索取，自行登录电子税务局下载补充电子缴款凭证即可。

任务10：根据花田公司2022年3月份的单据识别该公司发生的经济业务（具体单据见项目一模块二，因票据较多，此处不再重复展示）。

业务1：3月1日，向广州市好运莱国际贸易有限公司采购商品，增值税专用发票注明价款3 944.92元，增值税税额512.84元，价税合计4 457.76元，单据如图1－2－1、图1－2－2所示。

业务2：3月1日，支付中山市华科商贸有限公司货款，单据如图1－2－3、图1－2－4所示。

业务3：3月1日，发放2月工资。单据如图1－2－5至图1－2－10所示。

业务4：3月2日，向江门市大兴商场有限公司销售商品一批（详情见清单），增值税专用发票注明价款34 837.34元，增值税4 528.86元，价税合计39 366.20元，单据如图1－2－11、图1－2－12、图1－2－13所示。

业务5：3月2日，向深圳金蝴蝶进出口有限公司采购商品，增值税专用发票注明价款907.97元，增值税118.03元，价税合计1 026.00元，单据如图1－2－14、图1－2－15所示。

业务6：3月2日，收到中山市快马物流有限公司提供运费普通发票，价款14 356.44元，增值税143.56元，价税合计14 500.00元，单据如图1－2－16所示。

业务7：3月2日，支付中山市快马物流有限公司运输费14 500.00元，单据如图1－2－17、图1－2－18所示。

业务8：3月4日，向中山市华科商贸有限公司采购商品，增值税专用发票注明价款1 538.69元，增值税200.03元，价税合计1 738.72元，单据如图1－2－19、图1－2－20所示。

业务9：3月4日，向广州市好运莱国际贸易有限公司采购商品，增值税专用发票注明价款7 386.13，增值税960.19元，价税合计8 346.32元，单据如图1－2－21、图1－2－22所示。

业务10：3月4日，向广东多美好商业连锁有限公司销售商品，增值税专用发票注明价款6 160.62元，增值税800.88元，价税合计6 961.50元，单据如图1－2－23、图1－2－24所示。

业务11：3月5日，向中山市华科商贸有限公司采购商品，增值税专用发票注明价款2 317.49元，增值税303.27元，价税合计2 618.76元，单据如图1－2－25、图1－2－26所示。

业务 12：3 月 5 日，支付中山市华科商贸有限公司货款 2 618.76 元，单据如图 1－2－27、图 1－2－28 所示。

业务 13：3 月 5 日，收到中山市丽之洁洗衣有限公司货款 10 560.00 元，单据如图 1－2－29 所示。

业务 14：3 月 5 日，结算 1－3 月物业管理费、水费共计 2 087.55 元，单据如图 1－2－30、图 1－2－31 所示。

业务 15：3 月 5 日，支付 1－3 月物业管理费、水费共计 2 087.55 元，单据如图 1－2－32 所示。

业务 16：3 月 6 日，向中山市华科商贸有限公司采购商品，增值税专用发票注明价款 2 762.44 元，增值税 359.12 元，价税合计 3 121.56 元，单据如图 1－2－33、图 1－2－34 所示。

业务 17：3 月 6 日，支付广州市好运莱国际贸易有限公司货款 4 398.06 元，单据如图 1－2－35、图 1－2－36 所示。

业务 17：3 月 6 日，支付广州市好运莱国际贸易有限公司货款 4 398.06 元，单据如图 1－2－35、图 1－2－36 所示。

业务 18：3 月 7 日，支付建设银行手续费，单据如图 1－2－37 所示。

业务 19：缴纳 3 月份住房公积金，单据如图 1－2－38、图 1－2－39 所示。

业务 20：3 月 7 日，支付中山市华科商贸有限公司货款 2 985.60 元，单据如图 1－2－40、图 1－2－41 所示。

业务 21：3 月 8 日，员工周大福报销车辆使用费，单据如图 1－2－42、图 1－2－43 所示。

业务 22：3 月 8 日，收到江门市大兴商场有限公司货款 39 366.20 元，单据如图 1－2－44 所示。

业务 23：3 月 9 日，缴纳 3 月份社会保险，单据如图 1－2－45、图 1－2－46、图 1－2－47 所示。

业务 24：3 月 12 日，向江门市远旺超市有限公司销售商品一批（详情见清单），增值税专用发票注明价款 16 924.66 元，增值税 2 200.22 元，价税合计 19 124.90 元，单据如图 1－2－48、图 1－2－49、图 1－2－50 所示。

业务 25：3 月 12 日，员工报销出差差旅费，单据如图 1－2－51、图 1－2－52 所示。

业务 26：3 月 13 日，销售主管周大福报销通信费，单据如图 1－2－53、图 1－2－54 所示。

业务 27：3 月 13 日，支付建设银行手续费，单据如图 1－2－55、图 1－2－56、图 1－2－57 所示。

业务 28：预缴 2 月份个人所得税，单据如图 1－2－58、图 1－2－59 所示。

业务 29：支付 2 月份税款，单据如图 1－2－60、图 1－2－61 所示。

业务 30：3 月 14 日，收到江门市大兴商场有限公司货款 8 500.40 元，单据如图 1－2－62 所示。

业务 31：3 月 14 日，收到江门市远旺超市有限公司货款 11 629.20 元，单据如图 1－2－63 所示。

业务 32：3 月 15 日，向广东多美好商业连锁有限公司销售商品，增值税专用发票注明价款 24 644.48 元，增值税 3 203.52 元，价税合计 27 846.00 元，单据如图 1－2－64、图 1－2－65 所示。

业务 33：3 月 15 日，向中山市丰沛商贸有限公司销售商品，增值税专用发票注明价款 4 672.57 元，增值税 607.43 元，价税合计 5 280.00 元，单据如图 1－2－66、图 1－2－67 所示。

业务 34：3 月 15 日，向江门市远旺超市有限公司销售商品一批（详情见清单），增值税专用发票注明价款 24 677.16 元，增值税 3 208.04 元，价税合计 27 885.20 元，单据如图 1－2－68、图 1－2－69、图 1－2－70 所示。

业务 35：3 月 15 日，向江门市大兴商场有限公司销售商品一批（详情见清单），增值税专用发票注明价款 19 354.68 元，增值税 2 516.12 元，价税合计 21 870.80 元，单据如图 1－2－71、图 1－2－72、图 1－2－73 所示。

业务 36：3 月 15 日，向惠州市青山湖商贸有限公司采购商品，增值税专用发票注明价款 1 731.19 元，增值税 225.05 元，价税合计 1 956.24 元，单据如图 1－2－74、图 1－2－75 所示。

业务 37：3 月 17 日，支付中山市华科商贸公司货款，单据如图 1－2－76、图 1－2－77 所示。

业务 38：3 月 17 日，支付建设银行手续费，单据如图 1－2－78 所示。

业务 39：3 月 18 日，向深圳金蝴蝶进出口有限公司采购商品，增值税专用发票注明价款 7 688.49 元，增值税 999.51 元，价税合计 8 688.00 元，单据如图 1－2－79、图 1－2－80 所示。

业务 40：3 月 13 日，向中山市华科商贸有限公司采购商品，增值税专用发票注明价款 3 301.06 元，增值税 429.14 元，价税合计 3 730.20 元，单据如图 1－2－81、图 1－2－82 所示。

业务 41：3 月 19 日，支付中山市华科商贸有限公司货款，单据如图 1－2－83、图 1－2－84 所示。

业务 42：3 月 19 日，支付广州市好运莱国际贸易有限公司货款，单据如图 1－2－85、图 1－2－86 所示。

业务 43：3 月 19 日，收到向股东的借款，如图 1－2－87、图 1－2－88 所示。

业务 44：3 月 20 日，向中山市华科商贸有限公司采购商品，增值税专用发票注明价款 2 592.90 元，增值税 337.10 元，价税合计 2 930.08 元，单据如图 1－2－89、图 1－2－90 所示。

业务 45：3 月 20 日，员工周大福报销招待客户餐费，单据如图 1－2－91、图 1－2－92 所示。

业务 46：3 月 22 日，向中山市华科商贸有限公司采购商品，增值税专用发票注明价款 4 787.73 元，增值税 622.39 元，价税合计 5 410.12 元，单据如图 1－2－93、图 1－2－94 所示。

业务 47：3 月 22 日，收到向股东借款，单据如图 1－2－95、图 1－2－96 所示。

业务 48：3 月 22 日，支付广州市好运莱国际贸易有限公司货款，单据如图 1－2－97、图 1－2－98 所示。

业务 49：3 月 24 日，向江门市远旺超市有限公司销售商品，增值税专用发票注明价款 6 865.65 元，增值税 892.55 元，价税合计 7 758.20 元，单据如图 1－2－99、图 1－2－100 所示。

业务50：3月24日，向江门市大兴商场有限公司销售商品一批（详情见清单），增值税专用发票注明价款10 267.60元，增值税1 334.80元，价税合计1 1602.40元，单据如图1-2-101、图1-2-102、图1-2-103所示。

业务51：3月24日，向珠海市隆泰实业有限公司销售商品，增值税专用发票注明价款39 212.39元，增值税5 097.61元，价税合计44 310.00元，单据如图1-2-104、图1-2-105所示。

业务52：3月24日，向珠海市隆泰实业有限公司销售商品，增值税专用发票注明价款70 061.95元，增值税9 108.05元，价税合计79 170.00元，单据如图1-2-106、图1-2-107所示。

业务53：3月25日，向广州市好运莱国际贸易有限公司采购商品，增值税专用发票注明价款4 293.10元，增值税558.10元，价税合计4 851.20元，单据如图1-2-108、图1-2-109所示。

业务54：3月25日，支付惠州市青山湖商贸有限公司货款，单据如图1-2-110、图1-2-111所示。

业务55：3月25日，向江门市大兴商场有限公司销售商品一批（详情见清单），增值税专用发票注明价款17 932.01元，增值税2 331.19元，价税合计20 263.20元，单据如图1-2-112、图1-2-113、图1-2-114所示。

业务56：3月27日，向中山市兴隆商贸有限公司销售商品，增值税专用发票注明价款83 628.32元，增值税10 871.68元，价税合计94 500.00元，单据如图1-2-115、图1-2-116所示。

业务57：3月27日，向中山市兴隆商贸有限公司销售商品，增值税专用发票注明价款83 628.32元，增值税10 871.68元，价税合计94 500.00元，单据如图1-2-117、图1-2-118所示。

业务58：3月27日，向中山市丽之洁洗衣有限公司销售商品，增值税专用发票注明价款31 371.99元，增值税4 078.37元，价税合计35 450.36元，单据如图1-2-119、图1-2-120所示。

业务59：3月28日，林绵绵报销办公费，单据如图1-2-121、图1-2-122、图1-2-123所示。

业务60：3月28日，林绵绵报销快递费，单据如图1-2-124、图1-2-125、图1-2-126所示。

业务61：3月28日，收到江门市大兴商场有限公司货款，单据如图1-2-127所示。

业务62：3月29日，向中山市华科商贸有限公司采购商品，增值税专用发票注明价款4 065.17元，增值税528.47元，价税合计4 593.64元，单据如图1-2-128、图1-2-129所示。

业务63：3月29日，向广州市好运莱国际贸易有限公司采购商品一批（详情见清单），增值税专用发票注明价款7 337.83元，增值税953.93元，价税合计8 291.76元，单据如图1-2-130、图1-2-131、图1-2-132所示。

业务64：3月29日，结算中山市万佳会计事务有限公司代理记账费，增值税普通发票注明价款3 742.57元，税款37.43元，价税合计3 780.00元，单据如图1-2-133、

图 1－2－134 所示。

业务 65：3 月 29 日，向中山市谨信会计事务所有限公司支付代理记账费，单据如图 1－2－135 所示。

业务 66：3 月 31 日，林绵绵报销员工聚餐费，单据如图 1－2－136、图 1－2－137 所示。

业务 67：3 月 31 日，收到中山市兴隆商贸有限公司货款，单据如图 1－2－138 所示。

业务 68：3 月 31 日，林绵绵报销购买口罩费，单据如图 1－2－139 至图 1－2－143 所示。

业务 69：3 月 31 日，支付劳保费报销款，单据如图 1－2－144 所示。

业务 70：3 月 31 日，林绵绵报销购买网络存储器费用，单据如图 1－2－145、图 1－2－146、图 1－2－147 所示。

业务 71：3 月 31 日，支付林绵绵报销款，单据如图 1－2－148 所示。

业务 72：3 月 31 日，周大福报销交通费，单据如图 1－2－149 至图 1－2－157 所示。

业务 73：3 月 31 日，计提 3 月份工资，工资表如图 1－2－158 所示。

业务 74：3 月 31 日，计提 3 月份社保，社保明细如图 1－2－159 所示。

为展示案例企业经济业务的完整性，对于其他暂时没有获取单据或者不需要单据的业务处理，这里也一并说明如下：

业务 75：3 月 31 日，计提 3 月份住房公积金。

业务 76：3 月 31 日，计提个人所得税。

业务 77：3 月 31 日，结转未交增值税。

业务 78：3 月 31 日，计提附加税费。

业务 79：3 月 31 日，计提印花税。

业务 80：3 月 31 日，计提固定资产折旧。

业务 81：3 月 31 日，结转销售成本。

业务 82：3 月 31 日，计提 3 月企业所得税。

业务 83：3 月 31 日，结转损益。

模块二　票据云处理

相关知识

在对客户票据进行初步整理的基础上，为提高工作效率，共享中心接下来要对票据按经济业务内容进行分类，一般分为采购业务票据、销售业务票据、货币资金业务票据、职工薪酬业务票据、成本费用业务票据、固定资产业务票据、其他业务票据。

一、采购业务票据

采购业务票据是记录材料、物品、商品采购或劳务供应的凭据，完整的商品采购业务应具备的单据有采购发票和入库单，辅助性的票据有送货单、质检报告等，采购所发生的现金或银行存款付款归类为货币资金业务票据。

二、销售业务票据

销售业务票据是记录产成品、商品或劳务销售的凭据，完整的销售业务应具备的单据有销售发票（无须开票的，应附销售清单）和出库单，辅助性票据有送货单或提货单等。销售所发生的现金或银行存款收款归类为货币资金业务票据。

三、货币资金业务票据

现金业务分为现金收款业务、现金付款业务。现金业务票据通常应该有盖“现金收讫”或“现金付讫”章，如图 2－2－1 所示。

费 用 报 销 单

2022年03月13日　　附件 1 张

报销人	周大福	所属部门	销售	报销形式	现金支付
项目		摘要		金额	备注
通讯费		3月手机话费		500.00	现金付讫
合　　计				¥500.00	
金额大写（人民币）：伍佰元整				原借款：¥0.00	公司应支付：¥500.00 个人应退回：¥0.00

经理：罗成功　　出纳：林绵绵

图 2－2－1　费用报销单

银行存款业务分为银行收款业务、银行付款业务和银行转款业务。如果是银行收款业务，必须有银行出具的收款回单；如果是银行付款业务，必须有银行出具的付款回单；转款业务即为货币资金的内部转换，比如取款、存款业务，判断回单是否为转款类回单依据主要看票据上的备注，如“提现”“存现”“现”“备用金”等字样；收款方或付款方没有信息，同一企业名称下的银行间转账等。同时每月还应该有银行对账单。

当然，不同银行的回单形式上会有所不同，比如中国建设银行回单（如图2－2－2所示），没有明确标出是收款单或付款单，此时应根据核算主体是收款方或付款方来进行判断，如果核算主体是中山市花田贸易有限公司，则是收款回单；如果核算主体是中山市华科商贸有限公司，则是付款回单。

中国建设银行 China Construction Bank　　中国建设银行单位客户专用回单

币别：人民币　　2022年03月07日　　流水号：4407820130NGPFON1HW

付款人	全　称	中山市花田贸易有限公司	收款人	全　称	中山市华科商贸有限公司
	账　号	44050178230100098765		账　号	44050178040300045678
	开户行	中国建设银行中山市城东支行		开户行	中国建设银行中山市小榄支行
金　额		(大写)人民币贰仟玖佰捌拾伍元陆角			(小写)￥2,985.60
凭证种类		电子转账凭证	凭证号码		103568257395
结算方式		转账	用　途		货款
			打印柜员： 打印机构： 打印卡号：		中国建设银行 电子回单 专用章

（借方回单）

图2－2－2　银行回单

四、职工薪酬业务票据

职工薪酬业务包括工资的计提和工资的发放，社会保险、住房公积金的计提和缴纳。涉及的单据主要是工资表，社会保险费、住房公积金的计算表等。

五、成本费用业务票据

成本类业务票据一般涉及生产成本、销售成本，比如领料单、产品出库单等；费用开支要复杂一些，种类也相对比较多，常见的有差旅费、交通费、办公费、业务招待费、加油费、培训费、税费等。不同的费用票据各有不同，但一般要取得真实、合法的发票，如果是费用报销，还应填写费用报销单。有的单据需要结合公司业务进行判断，比如同样是购买水果的发票，如果水果店用于销售，应作为存货处理；如果是一般企业用于招待客户，应作为业务招待费处理。

六、固定资产业务票据

固定资产业务票据是记录固定资产购置、调拨、出售、报废和清查等业务的凭证。不同的固定资产业务对应的票据会有所不同，比如固定资产购置业务主要涉及的票据有购置发票、固定资产验收单等；固定资产清查则会涉及固定资产盈亏盘点报告表等。

七、其他业务票据

共享中心票据按经济业务分类，主要包括以上五个类别，不能归入以上类别的，归为其他。

需要说明的是，以上分类也不是绝对的，有些票据可能会跨越几个业务类别，需要具体问题具体分析。比如，现金支付费用报销业务，既涉及货币资金业务，又涉及费用业务，就只能把相关票据要么归入货币资金业务，要么归入费用业务，不能同时归入货币资金业务和费用业务；或者人为进行拆分。还以现金支付费用报销业务为例，比如把盖有“现金付讫”章的费用报销单归入货币资金业务，把相关报销发票归入费用业务或者采购业务等，这样有可能会导致同一笔业务重复入账。

总之，业务分类的主要目的是提高工作效率，但不能为了提高工作效率导致财务处理出现问题。

业务流程

票据分类整理—票据扫描—票据上传。

业务操作

一、票据分类整理

任务 1：对收到的花田公司 2022 年 3 月份的票据按经济业务进行分类整理。

（1）审核票据。对花田公司 2022 年 3 月的票据进行审核，看是否存在合规性、完整性及票据要素不全、内容记载含糊不清、票据破损残缺等问题。经过审核，花田公司 3 月份票据齐全、内容记载清楚、金额准确、手续完备。

（2）分类整理。花田公司 2022 年 3 月份业务整理如下：

商品采购业务 14 笔，包括采购发票、采购清单、商品入库单共计 29 张票据。

商品销售业务 15 笔，包括销售发票、销售清单、商品出库单共计 36 张票据。

银行结算业务 30 笔，其中：8 笔银行收款业务，共计 10 张银行存款收款单据；22 笔银行付款业务，共计 43 张银行付款单据，另有银行对账单 1 份。

职工薪酬业务 3 笔，包括 2 月份工资单、3 月份工资单及社会保险费与住房公积金明细表共计 3 张。

成本费用业务 11 笔，报销单、发票等共计 35 张单据。

固定资产采购业务 1 笔，包括采购发票、固定资产验收单、报销单共计 3 张票据，与采购固定资产相关的银行存款支付回单归类为银行存款付款单据。

（3）票据编号。为了方便后期账务处理及会计档案管理，要对分好类的票据进行编号。编号时可以按照“业务号 - 序号”的方式进行，比如商品采购第一笔业务的第一张单据，编号为“商采 1 - 1”（如图 2 - 2 - 3 所示），商品采购第一笔业务的第二张单据，编号为“商采 1 - 2”（如图 2 - 2 - 4 所示）。每一类票据均可按此方式进行编号。

4400203130 **广东增值税专用发票** № 35802146 4400203130 35802146

发票联 （全国统一发票监制章 广东 国家税务局监制）

开票日期：2022年03月01日

购买方
名　　称：中山市花田贸易有限公司
纳税人识别号：91442000MA54C8888C
地 址、电 话：中山市东区复兴南路365号 0760-83766666
开户行及账号：中国建设银行中山市城东支行 44050178230100098765

密码区
2<35<001<8/+9624>*757373972
6514<50<-+713451+98<66682-6
543*028-96<11-/79667</7/>5>
29>66734+*6-98388555-5<8>65

货物或应税劳务、服务名称	规格型号	单位	数量	单价	金额	税率	税额
*口腔清洁护理品*大象牙膏（超氟）	250g	支	48	10.1858	488.92	13%	63.56
*口腔清洁护理品*大象牙膏（双重功效）	250g	支	96	11.3540	1,089.98	13%	141.70
*口腔清洁护理品*乐悠悠牙刷（洁净）	4支装	组	24	10.1771	244.25	13%	31.75
*口腔清洁护理品*大象牙刷（七彩虹）	9支装	组	24	15.9292	382.30	13%	49.70
*口腔清洁护理品*大象牙刷（金丝黄）	3支装	组	24	17.6992	424.78	13%	55.22
*口腔清洁护理品*大象牙刷（红黄蓝）	9支装	组	24	16.2833	390.80	13%	50.80
*口腔清洁护理品*大象牙刷（象牙白）	2支装	组	24	17.2567	414.16	13%	53.84
*口腔清洁护理品*乐悠悠牙刷（净白）	2支装	组	24	21.2387	509.73	13%	66.26
合　计					¥3,944.92		¥512.84

价税合计（大写）　⊗肆仟肆佰伍拾柒圆柒角陆分　　（小写）¥4,457.76

销售方
名　　称：广州市好运莱国际贸易有限公司
纳税人识别号：91440101MA5CP1111E
地 址、电 话：广州市番禺区大华街黄边北路银辉大厦A栋8018 020-22223333
开户行及账号：中国工商银行股份有限公司广州云山支行3602224509100011111

备注

收款人：王陆　　复核：李思　　开票人：陈惠敏　　销售方：（章）

（广州市好运莱国际贸易有限公司 91440101MA5CP1111E 发票专用章）

税总函[2019]399号中钞华森实业公司

第三联：发票联 购买方记账凭证

图 2 - 2 - 3　商品采购发票

入　库　单　　NO. 2022030101

供货单位：广州市好运莱国际贸易有限公司　　2022年03月01日

序号	商品名称	规格	单位	数量	单价	金额
1	大象牙膏（超氟）	250g	支	48	10.19	488.92
2	大象牙膏（双重功效）	250g	支	96	11.35	1,089.98
3	乐悠悠牙刷（洁净）	4支装	组	24	10.18	244.25
4	大象牙刷（七彩虹）	9支装	组	24	15.93	382.30
5	大象牙刷（金丝黄）	3支装	组	24	17.70	424.78
6	大象牙刷（红黄蓝）	9支装	组	24	16.28	390.80
7	大象牙刷（象牙白）	2支装	组	24	17.26	414.16
8	乐悠悠牙刷（净白）	2支装	组	24	21.24	509.73
合计						¥3,944.92

第二联 记账联

仓库：陈青　　验收：程琳　　制单：陈青

图 2 - 2 - 4　商品入库单

二、票据扫描

对于客户提供的纸质版单据，在分类并编号之后，需要扫描上传至财务云协同管理平台。

任务2：扫描花田公司2022年3月份票据。

扫描时可以单张扫描，也可以多张扫描。由于花田公司2022年3月份票据较多，为提高扫描效率，采用多张扫描。

（1）将待扫描的票据弄松散。双手握住票据的两端，将文档弄松散几次，如图2-2-5所示。

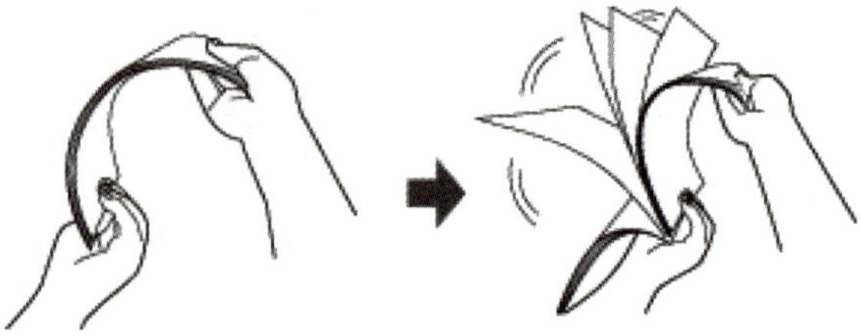

图2-2-5　弄散票据

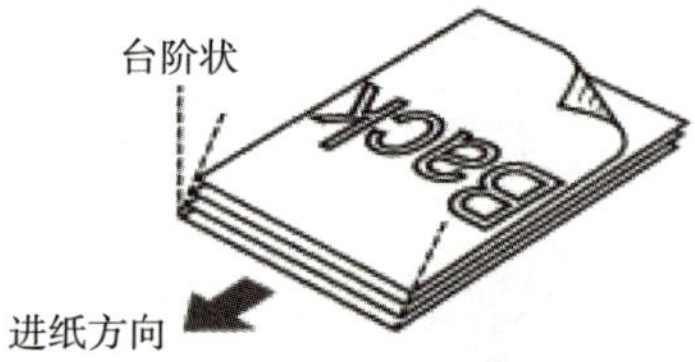

图2-2-6　对齐票据

（2）对齐票据，以避免票据在两侧尚未对齐的状态下扫描，可能会出现卡纸或使票据破损。并将顶部错开，使其成为台阶状，如图2-2-6所示。

（3）将票据放到进纸斜槽。注意在放置票据时，面朝下，顶部先进入；如果多张票据同时扫描，最后一张应放在上面。放置票据时，调整票据数量以确保扫描票据的厚度不超过侧导板的标记，如图2-2-7所示。

（4）开始扫描。按下"Scan"按钮，即可开始扫描，如图2-2-8所示。

图2-2-7　放置待扫描票据

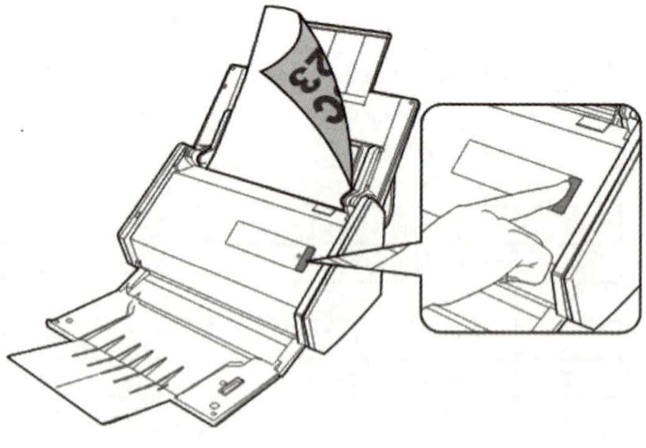

图2-2-8　按下扫描按钮

（5）扫描完成，选择扫描到文件夹，保存即可。

三、票据上传

票据上传

完成票据扫描后，需要把扫描的票据上传到财务云协同管理平台，便于共享中心财务人员随时随地线上处理客户财税业务。

任务3： 上传花田公司2022年3月份票据扫描至财务云协同管理平台。

（1）登录财务云协同管理平台，依次点击"智能核算—票据上传"，再点击"新增"按钮，如图2-2-9所示。

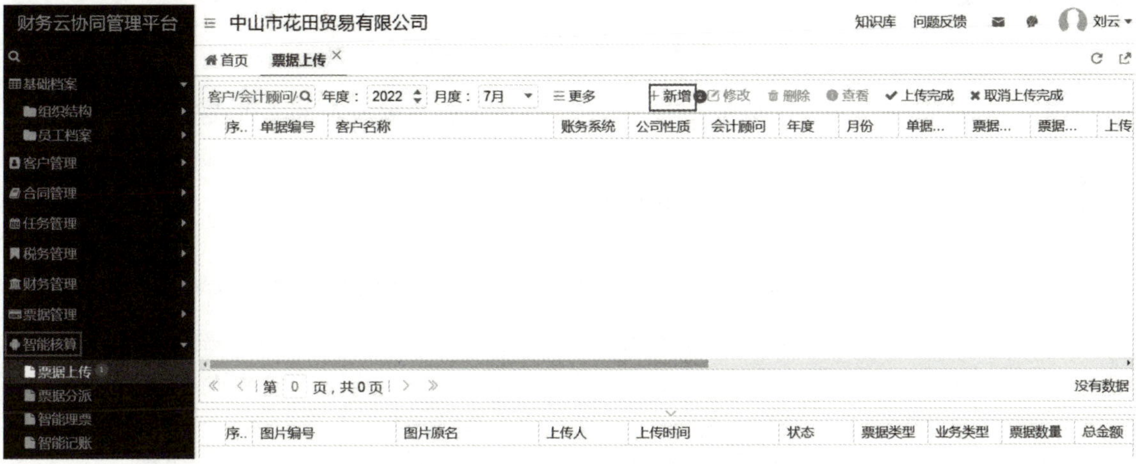

图2-2-9 新增票据上传

（2）填写上传的票据信息，点击"保存"，如图2-2-10所示。

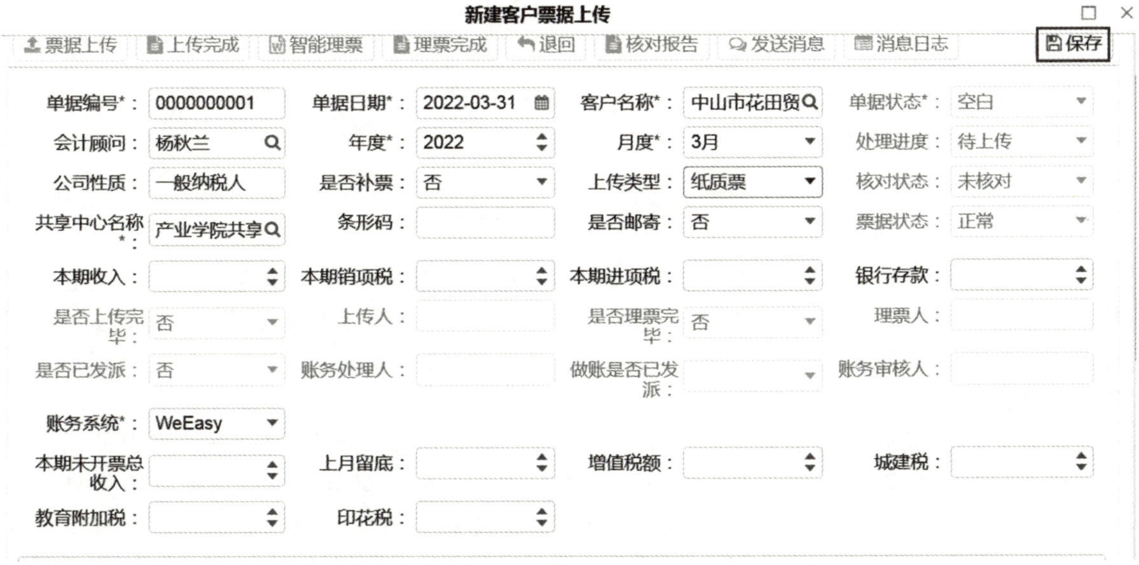

图2-2-10 填写上传票据信息

（3）保存后，将返回票据上传界面，关键词搜索“花田”，可以看到花田公司票据状态为“待上传”。双击任一位置，进入上传票据界面，如图 2－2－11 所示。

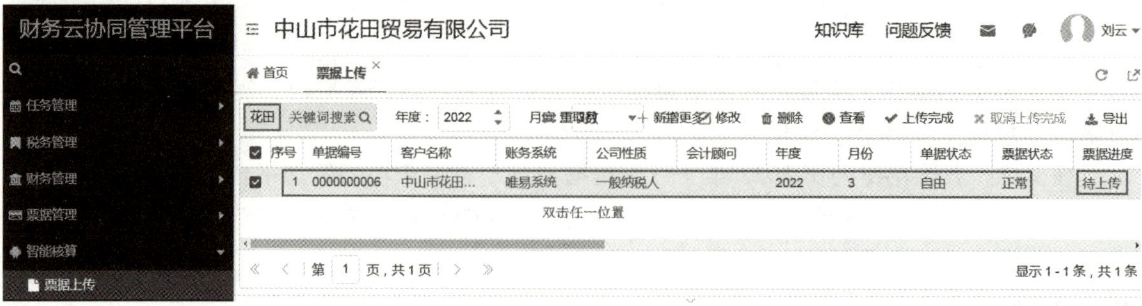

图 2－2－11　进入票据上传

（4）点击“票据上传”（见图 2－2－12）。然后找到票据所在的文件夹选择需上传的票据并打开即可。

图 2－2－12　票据上传

（5）票据在上传中，会闪出“正在加载”的提示。此时，可以多等一会，以免造成部分票据上传失败。上传完毕，在“上传明细”可以查看到已上传的票据，且状态为“正常”，如图 2－2－13 所示。此时，需要核对上传成功的票据数量是否和应上传的票据数量一致，以确保所有票据均成功上传。

（6）上传完成后，点击“上传完成”，弹出“确认上传完成”对话框，无误的话，确认即可，以完成共享中心票据流程管理。确认上传完成后，花田公司的票据进度将显示为“上传完毕”，如图 2－2－14 所示。上传完成后，票据将自动流转到“智能理票”环节，并处于“待理票”状态，如图 2－2－15 所示，此时，可进入理票岗位的“理票”环节进行账务处理。

图 2－2－13　查看已上传票据

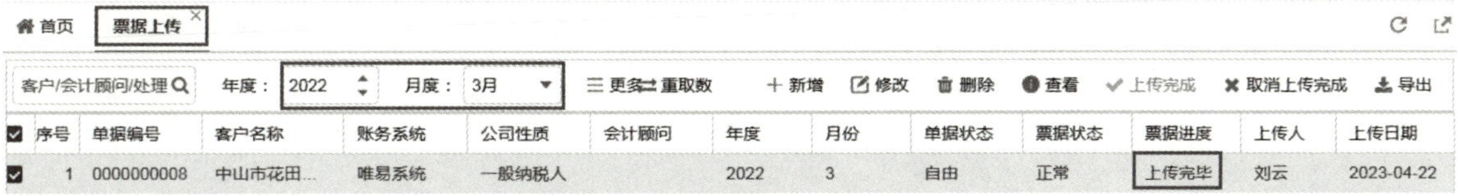

图 2－2－14　票据上传完成

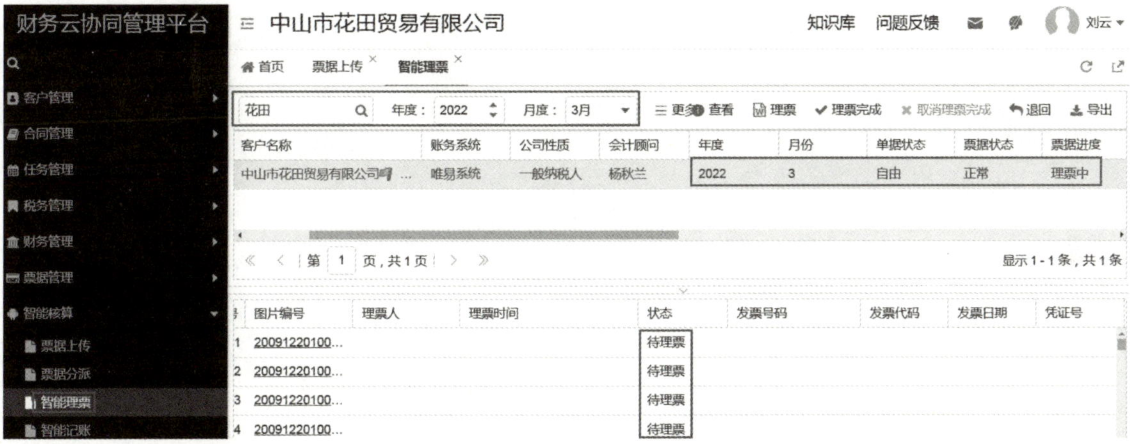

图 2－2－15　“待理票”票据

思政园地

虚开发票　终难逃法网

2021 年初，深圳税务部门依托智慧稽查系统发现一起涉嫌虚开电子普通发票案件线索，于是警税联合成立专案组开展查处。2021 年 2 月，深圳警方同时在深圳和广东陆丰、普宁等地开展“护航 1 号”收网行动，成功打掉电子普通发票虚开团伙 1 个，抓获犯罪嫌疑人 5 名，摧毁犯罪窝点 4 个。初步查明，该犯罪团伙控制了 580 余家注册在深圳的空壳企业，利用电子普通发票便利属性，采取异地开票的手段，对外虚开增值税普通发票 15.8 万余份，涉案金额十多亿元。

资料来源：http：//www. chinatax. gov. cn。

思考：请你谈一谈什么是虚开发票行为？虚开发票行为应承担何种法律责任？如何识别虚开发票？

项目三
共享中心业务核算

知识目标

1. 了解会计核算初始设置各选项的含义
2. 掌握商贸企业采购业务的核算
3. 掌握收入的分类及确认
4. 掌握销售业务的核算
5. 了解支付结算方式
6. 掌握货币资金业务的核算
7. 掌握职工薪酬的含义和内容
8. 掌握职工薪酬业务的核算
9. 掌握存货发出计价方法
10. 掌握期末业务的核算

能力目标

1. 能完成会计核算初始设置
2. 能完成采购业务智能核算
3. 能完成销售业务智能核算
4. 能完成货币资金业务智能核算
5. 能完成薪酬业务智能核算
6. 能完成费用业务智能核算
7. 能完成成本业务智能核算
8. 能完成期末业务智能核算

素养目标

1. 培养诚信守法、不做假账的职业道德
2. 树立成本意识，养成节约习惯
3. 培养严谨细致、一丝不苟的工作作风

工作任务

1. 设置账套信息及存货类别
2. 录入期初余额及固定资产卡片信息
3. 核算采购业务
4. 核算销售业务
5. 核算货币资金业务
6. 核算薪酬业务
7. 核算费用业务
8. 核算成本业务
9. 核算期末业务

标志性成果

1. 智能化处理的记账凭证
2. 智能化生成的账簿
3. 智能化生成的财务报表

模块一　会计核算初始设置

相关知识

在智能财税业务处理系统“设置”的“企业信息”设置中，归集了基本信息、账套信息、国税信息一、国税信息二、习惯设置、打印设置、结账设置、申报流程控制八个部分的内容。每一部分信息填写或勾选中，包括“必须”部分信息和“非必须”部分信息，其中“必须”部分是必填项。建账时填写的主要信息已自动同步到“基本信息”“国税信息一”

“国税信息二”的“必须”部分，其他信息可通过系统的采集或手工补全或变更。本模块主要介绍账套信息设置和习惯设置。

账套信息设置

一、账套信息设置

账套信息设置包括基础设置、功能模块设置、账表设置、记账设置，具体如图 3－1－1 至图 3－1－4 所示。下面简要说明各勾选项目。

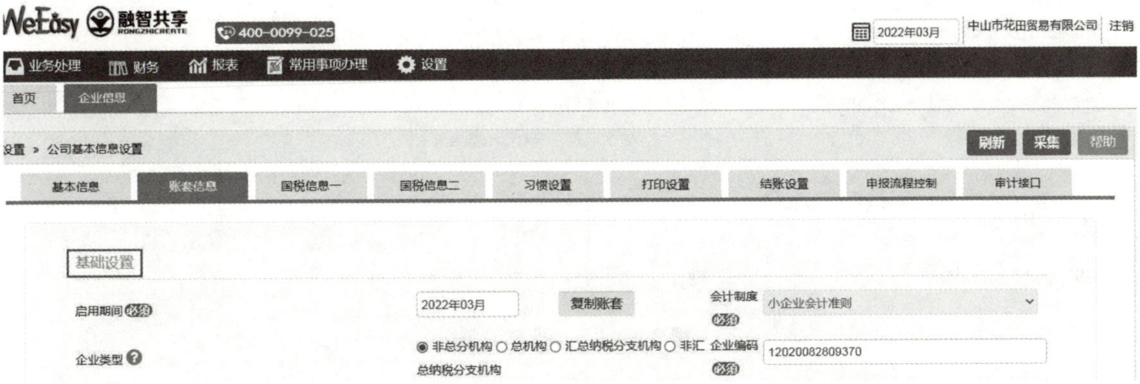

图 3－1－1　基础设置

图 3－1－2　功能模块设置

（一）基础设置

1. 启用期间

启用期间，也即账套启用日期，由建账时所填账套启用日期自动生成。在没有发生数据时，启用期间可以变更；发生数据后仅能将启用期间往前调整，不能调整至数据发生后的年月。

2. 会计制度

选择合适的会计制度很关键，可供选择的会计制度包括《企业会计准则》和《小企业会计准则》。财务云共享中心帮客户企业建账时，需要根据企业规模、业务量、业务特点、客户要求等选择合适的会计制度，选择后会自动同步到账套信息。《小企业会计准则》适用经营规模较小、经济业务相对简单的企业，有特殊要求的企业除外。选择《小企业会计准则》，会计科目设置和会计核算都会相对简化。

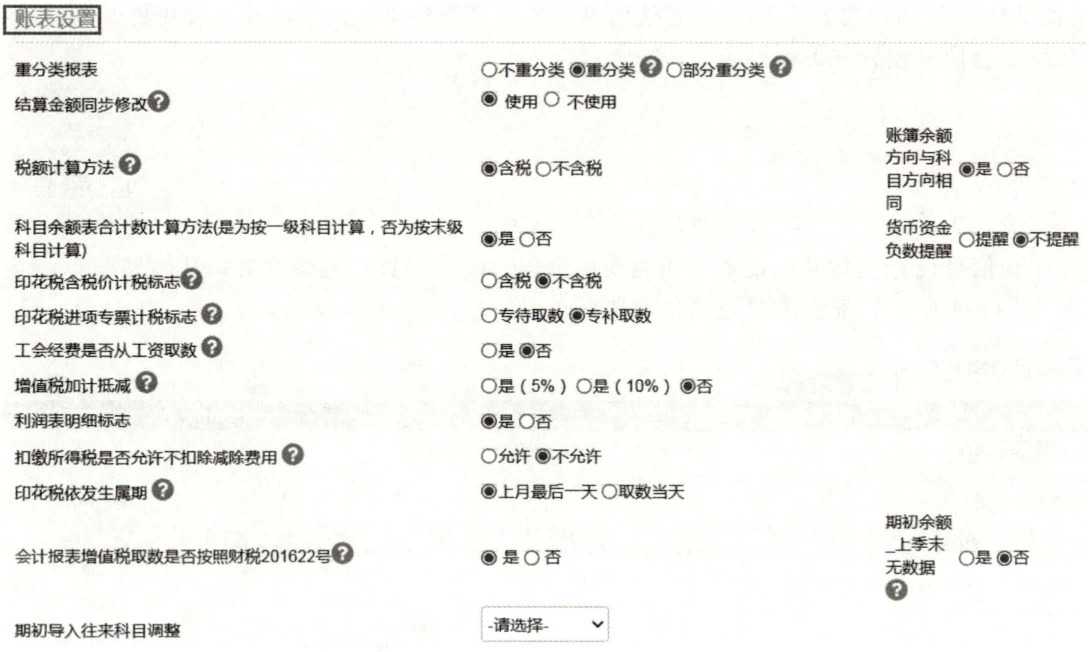

图 3－1－3　账表设置

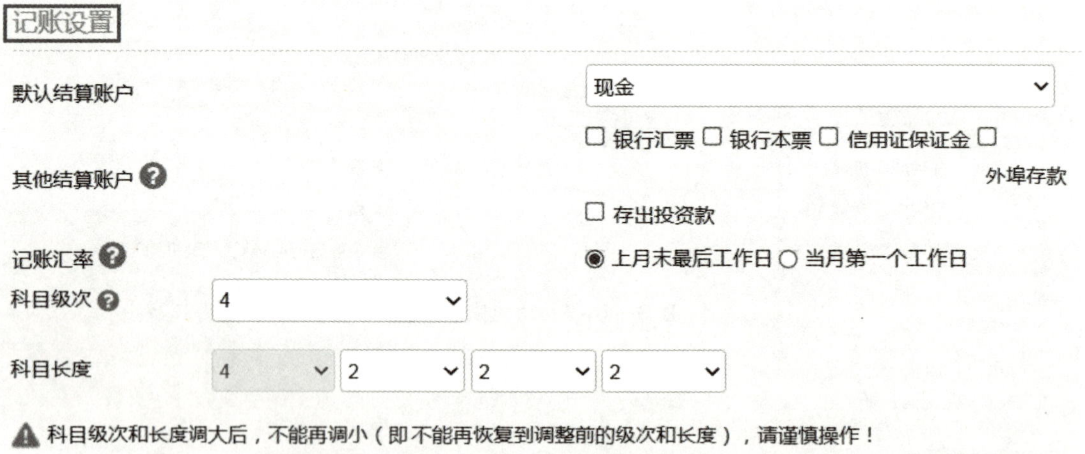

图 3－1－4　记账设置

3. 企业类型

总机构是指经过一定程序设立，并经有国家主管部门批准成立的企业、公司和其他经济组织。其特点是从法律地位看，可以是法人机构，也可以是非法人机构；从经营地点看，可以集中于总机构所在地经营，也可以通过设立分支机构经营，如果设立了分支机构，就有了总机构、分支机构；如果没有设立分支机构，就属于非总分机构。分支机构不具有独立法人，但可独立核算报税，也可和总机构汇总纳税。所以从纳税的角度就有汇总纳税分支机构和非汇总纳税分支机构之分。

4. 企业编码

企业编码是由智能财税业务处理平台在企业建账时自动生成。

（二）功能模块设置

1. 开启成本核算

成本核算，是对生产、采购或销售货物所发生的存货成本选择合适的成本核算方法进行核算，适用包含原材料、库存商品、委托加工物资、周转材料等存货类科目。如果企业或企业客户需要进行成本核算，就需要开启成本核算模式，即勾选“是”；否则，勾选“否”。

2. 启用单位换算

如果开启成本核算，必须开启单位换算。开启单位换算后，登记存货时，如果存货的计量单位不同，则需要维护单位的换算关系，维护后系统可以自动换算单位。

3. 进项发票勾选

进项发票勾选是指购买方取得销售方使用新系统开具的增值税发票（包括增值税专用发票、机动车销售统一发票）通过增值税勾选认证平台进行勾选确认，选择用于申报抵扣或者出口退税的增值税发票信息。共享中心客户可选择自行勾选确认或由代理机构勾选确认。

（三）账表设置

1. 重分类报表

重分类报表，也就是报表项目重分类，一般是“调表不调账”，即只调报表相应项目，不调整明细账和总账，当资产类往来会计科目期末出现贷方余额时，不再是债权而是债务，应重分类到负债类科目；反之，当负债类往来科目期末出现借方余额时，不再是债务而是债权，应重分类到资产类科目中。比如应收账款明细账出现借方余额，应将它重分类到预收账款中。因此，应收账款与预收账款、应付账款与预付账款、其他应收款与其他应付款等为重分类的对应科目。重分类的原因往往是如果不进行重分类而直接以总账余额反映到会计报表中，则不能反映资产负债表的本来面目，甚至导致财务指标异常。

2. 结算金额同步修改

如果选择“使用”结算金额同步修改，即为当交易结清后，交易的总金额发生变化时，结算的金额也做同样的变化；如果选择“不使用”，则结算金额不随交易总金额的变化而变化。

3. 税额计算办法

税额计算办法，是指设置登记发票时输入的金额为含税价还是不含税价，“是”即为含税价，“否”即为不含税价。

4. 科目余额表合计数计算方法

科目余额表合计数计算方法分为按一级科目计算和按末级科目计算两种，“是”为按一级科目计算，“否”为按末级科目计算。

5. 印花税含税价计税标志

印花税含税价计税标志是指选择申报印花税取数时是取含税价还是不含税价，“是”为含税价，“否”为不含税价。

6. 工会经费是否从工资取数

“是”是指工会经费计税依据本期工资取数，“否”则取数为0，可自行修改计税依据。

7. 增值税加计抵减

根据财政部、税务总局、海关总署公告2019年第39号和财政部税务总局公告2019第87号，提供邮政服务、电信服务、现代服务、生活服务取得的销售额占全部销售额的比重超过50%的一般纳税人，可以按照当期可抵扣进项税额的10%（生活服务业为15%）计提当期加计抵减额。如果符合条件并在税务局做过使用加计抵减政策的声明，按实际情况勾选“是”，不符合加计抵减的勾选“否”。

8. 扣缴所得税是否允许不扣除减除费用

这里的“所得税”是指个人所得税。个人所得税中减除费用具体包括每个月5000元基本费用扣除；职工个人缴纳的基本养老保险、基本医疗保险、失业保险等社会保险费和住房公积金等专项扣除；《个人所得税法》规定的3岁以下婴幼儿照护、子女教育、继续教育、大病医疗、住房贷款利息、住房租金和赡养老人等专项附加扣除；企业年金与职业年金、商业健康保险、税收递延型商业养老保险等。

如果选择“允许”，并且在人员登记页面选择了不扣除减除费用，则个税申报时会按照选择去申报，此时减除费用为0元；如果选择“不允许”，则个税申报时会按照申报的减除费用进行计税申报。

9. 印花税依发生属期

印花税依发生属期即申报印花税依发生报表时在电子税务局选择的税款所属期，可供选择的有上月最后一天和取数当天。

10. 会计报表增值税取数是否按照财税〔2016〕22号执行

按照财税〔2016〕22号，“应交税费”科目下的“应交增值税”“未交增值税”“待抵扣进项税额”“待认证进项税额”“增值税留抵税额”等明细科目期末借方余额将在“其他流动资产”或“其他非流动资产”项目列示；“应交税费——待转销项税额”等科目期末贷方余额将在资产负债表中的“其他流动负债”或“其他非流动负债项目”列示。如果选择“否”，则统一在“应交税费”项目下列示。

（四）记账设置

1. 默认结算账户

默认结算账户即智能财税业务处理系统默认的结清登记时可选择使用的账户，一般仅有现金和银行存款。

2. 其他结算账户

结清登记时一般仅有现金和银行存款可以选择，无银行汇票、银行本票、信用卡保证金、外埠存款、存出投资款，如果企业实际业务涉及现金、银行存款以外的结算方式，可根据实际需要进行勾选，勾选后就可在结清登记时选择使用。

3. 科目级次

会计科目按其所提供信息的详细程度及其统驭关系不同，分为总分类科目和明细分类科目，总分类科目为一级会计科目，明细分类科目是对总分类科目所作的进一步分类项目。明细分类科目还可进行进一步分类，所以就有一级科目、二级科目、三级科目等科目级次问题。一级科目是统一由财政部制定，明细科目及级次由企业根据管理的需要自行设置。

4. 科目长度

科目长度就是每一级科目的代码长度。比如“1002 银行存款”是一级科目，是用四个数字表示，则其科目长度为 4；“100201 中国银行”就是二级科目，科目长度为 2，以此类推。一般来说一级科目是 4，二级、三级、四级、五级、六级科目为 2，不过企业也可根据实际需要设置各级别科目长度。

二、习惯设置

习惯设置

习惯设置包括销项发票、进项发票、银行账单、单据登记、账户结转、成本核算、折旧摊销七个部分业务处理的习惯设置，主要是根据生成凭证要求的不同进行不同的设置，由于这七个部分习惯设置内容类似，下面仅以销项发票为例进行说明。

销项发票习惯设置包括凭证习惯、凭证日期、摘要习惯、分录合并、代开发票五个方面内容，具体如图 3－1－5 所示。

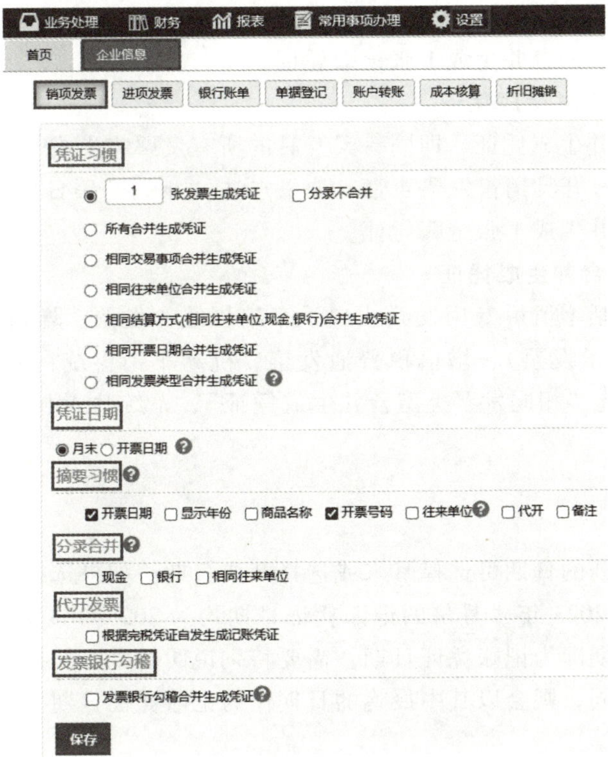

图 3－1－5 销项发票习惯设置

（一）凭证习惯

1. 1 张发票生成凭证

1 张发票生成记账凭证，即 1 张发票生成 1 张记账凭证，比如花田公司 3 月份共有 15 张销售发票，如果点选“1 张发票生成凭证”，系统则会根据 15 张销售发票生成 15 张记账凭证。

2. 相同交易事项合并生成凭证

相同交易事项是指交易内容相同，例如花田公司有 3 笔业务均是销售大象亮白牙膏，那么这 3 笔销售即为相同交易事项，如果点选“相同交易事项合并生成凭证”，系统则将这 3 笔业务对应的 3 张发票合并生成 1 张记账凭证。

3. 相同往来单位合并生成凭证

相同往来单位合并生成凭证，也就是如果几笔业务是同一客户，那么将合并生成 1 张凭证。比如花田公司有 5 笔销售均是销售给广州多美好商业连锁有限公司，即这 5 笔销售属于相同往来单位，如果点选“相同往来单位合并生成凭证”，系统将这 5 笔销售对应的 5 张发票合并生成 1 张记账凭证。

4. 相同结算方式合并生成凭证

结算方式是指用一定的形式和条件来实现企业间或企业与其他单位或个人间货币资金收付的程序和方法，一般包括现金结算和银行存款结算。相同结算方式合并生成凭证，也就是如果几笔业务均为现金结算或均为银行存款结算，那么，这几笔业务就属于相同结算方式，如果点选“相同结算方式合并生成凭证”，系统则将同为现金结算的合并生成 1 张记账凭证，同为银行存款结算的合并生成 1 张记账凭证。

5. 相同开票日期合并生成凭证

相同开票日期合并生成凭证，即同一天开具的所有发票将生成 1 张记账凭证。比如花田公司 2022 年 3 月 24 日开具销售发票 4 张，如果点选“相同开票日期合并生成凭证”，则系统会将这 4 张发票合并生成 1 张记账凭证。

6. 相同发票类型合并生成凭证

发票类型目前包括增值税专用发票、二手车销售统一发票、增值税普通发票（卷票）、增值税普通发票（电子发票）、增值税普通发票、机动车销售统一发票、增值税专用发票（代开）等。如果点选“相同发票类型合并生成凭证”，系统将对相同的发票类型合并生成 1 张记账凭证。

（二）凭证日期

系统生成记账凭证的日期可选择月末或选择开票日期。如果选择月末，则所有记账凭证日期均为月末，比如 2023 年 4 月份的记账凭证日期均为 2023 年 4 月 30 日；如果选择开票日期，则发票记载日期即为记账凭证日期。需要特别说明的是，若按凭证习惯合并生成 1 张凭证中交易日期有不同，则会以其中最晚的日期作为记账凭证日期。

（三）摘要习惯

摘要习惯设置也就是设置摘要显示内容。通常情况下，为便于发票和记账凭证后续的核对，需勾选开票日期和开票号码，这样开票日期和开票号码就会出现在摘要内容里，实际工作可以根据需要进行相应勾选。特别说明，如果全部未勾选，则生成的记账凭证没有摘要信息；如果勾选往来单位，仅当凭证习惯选择单张发票生成凭证或相同往来单位合并生成凭证时有效。

（四）分录合并

如果勾选了“现金”或“银行存款”，或者两者同时勾选，则分录中有库存现金的将合并为1条，有银行存款的将合并为1条，此时摘要习惯里如果勾选了“往来单位”，则此项勾选不会生效。如果勾选“相同往来单位”，则分录中相同往来单位的则合并为1条。

（五）代开发票

此项主要是对代开发票生成凭证方式多了一项选择，如果勾选，则可以根据完税凭证自发生成记账凭证。

业务流程

设置账套信息—录入账户期初余额—设置存货—录入期初存货数据—录入期初固定资产卡片。

业务操作

共享中心完成了花田公司建账和票据的整理、扫描和上传后，下一步就需要进行业务智能核算的初始设置，主要包括账套信息设置、期初余额数据录入、存货设置、期初存货数据录入和期初固定资产卡片数据录入。

一、设置账套信息

设置账套信息

任务1：设置花田公司账套信息。

（1）登录财务云协同管理平台，进入“客户管理—正式客户”页面，搜索花田公司，跳转进入智能财税业务处理系统，如图3－1－6、图3－1－7所示。

图3－1－6 搜索花田公司

图 3-1-7　花田公司账套

（2）鼠标移到“设置”，依次点击“企业信息—账套信息”，如图 3-1-8 所示。

图 3-1-8　进入账套信息设置

（3）共享中心财税顾问基于对花田公司的了解及其对会计核算的要求，对账套信息进行勾选，比如，花田公司需要进行“进销存”明细核算，那么就需要在“开启成本核算”选项勾选“是”，如图 3-1-9 所示。账套信息勾选完成后点击“保存”，保存后，账套信息就设置完成。

图 3-1-9　设置花田公司账套信息

二、录入期初余额数据

录入期初余额

期初余额数据录入有手工录入和 Excel 导入两种方式。因 Excel 导入方式更加快捷、方便和准确，所以实务中大多采用 Excel 导入方式。采用 Excel 导入方式，需要在智能财税业务处理系统期初余额设置下载期初余额导入模板，与原来的期初余额表的格式对比是否一致。如果一致则可直接将原来的期初余额表导入上传；如果不一致，则按下载的模板调整一致后再导入上传。

任务 2：录入花田公司 2022 年 3 月份期初余额。

方法一：手动录入期初余额。手动录入方式适合期初余额数据不多的情况。手动录入方式步骤如下：

（1）跳转进入智能财税业务处理系统，单击“设置—初始化”下的“期初余额设置”，如图 3－1－10 所示。

图 3－1－10　进入期初余额设置

（2）进入期初余额界面，点击“科目类别”切换不同类别科目。根据花田公司期初余额数据表，输入期初余额、本年累计借方发生额、本年累计贷方发生额，其中年初余额是在输入期初余额、本年累计借方发生额、本年累计贷方发生额后由系统自动计算，如图 3－1－11 所示。

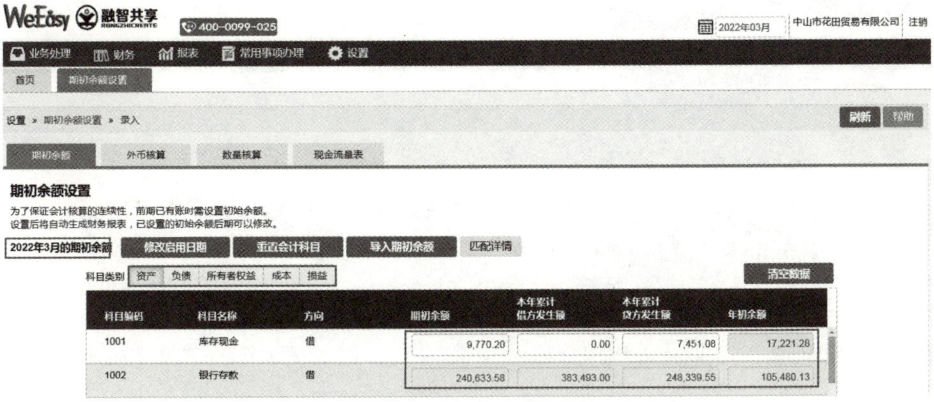

图 3－1－11　输入期初余额

(3) 点击“试算平衡”，对花田公司期初余额、本年累计发生额的借贷是否相等进行检验，检验结果如图 3－1－12 所示。

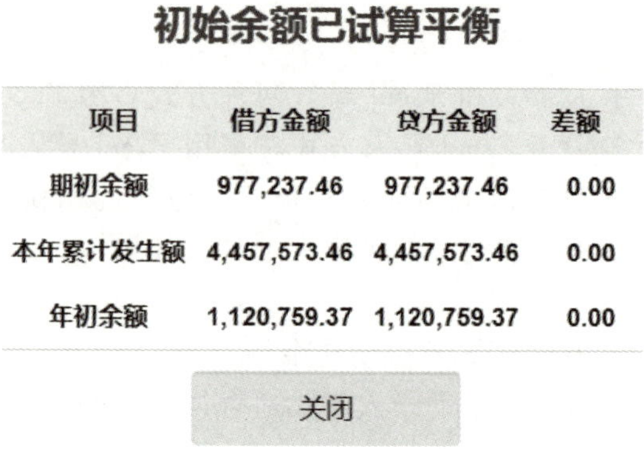

项目	借方金额	贷方金额	差额
期初余额	977,237.46	977,237.46	0.00
本年累计发生额	4,457,573.46	4,457,573.46	0.00
年初余额	1,120,759.37	1,120,759.37	0.00

图 3－1－12　试算平衡

(4) 试算平衡后，关闭试算平衡对话框，点击“保存”，系统会自动进行报表间勾稽关系的核对，如果核对无问题，就能进行正常的保存。此时就能查看到输入的期初余额数据，如图 3－1－13 所示。

科目编码	科目名称	方向	期初余额	本年累计借方金额	本年累计贷方金额	年初余额
1001	库存现金	借	9,770.20	0.00	7,451.08	17,221.28
1002	银行存款	借	240,633.58	383,493.00	248,339.55	105,480.13

图 3－1－13　期初余额

(5) 进入“财务—科目余额表”页面，就可在科目余额表（见图 3－1－14）中同步看到输入的期初余额数据，查看科目余额表看数据是否存在问题，若没有问题，期初余额录入就完成了；如若有问题，需修改数据，按同样步骤操作即可。

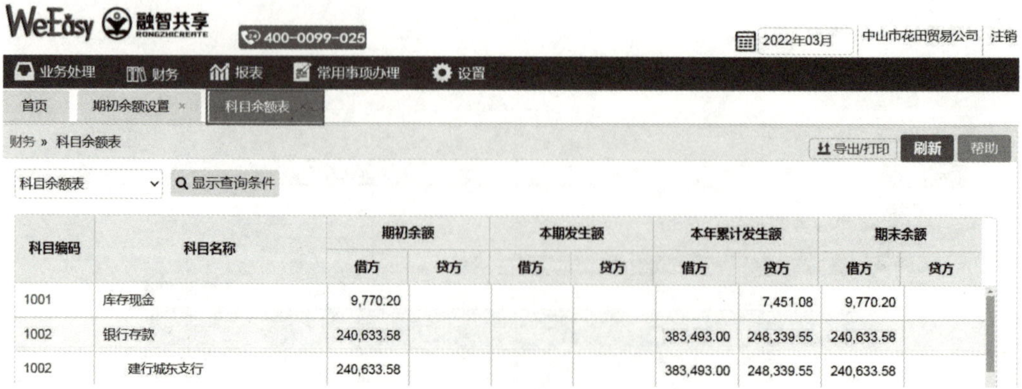

科目编码	科目名称	期初余额		本期发生额		本年累计发生额		期末余额	
		借方	贷方	借方	贷方	借方	贷方	借方	贷方
1001	库存现金	9,770.20					7,451.08	9,770.20	
1002	银行存款	240,633.58				383,493.00	248,339.55	240,633.58	
1002	建行城东支行	240,633.58				383,493.00	248,339.55	240,633.58	

图 3－1－14　科目余额表

方法二：Excel 导入期初余额。

（1）在“期初余额设置”界面点击“导入期初余额”，如图 3－1－15 所示。

花田公司期初余额

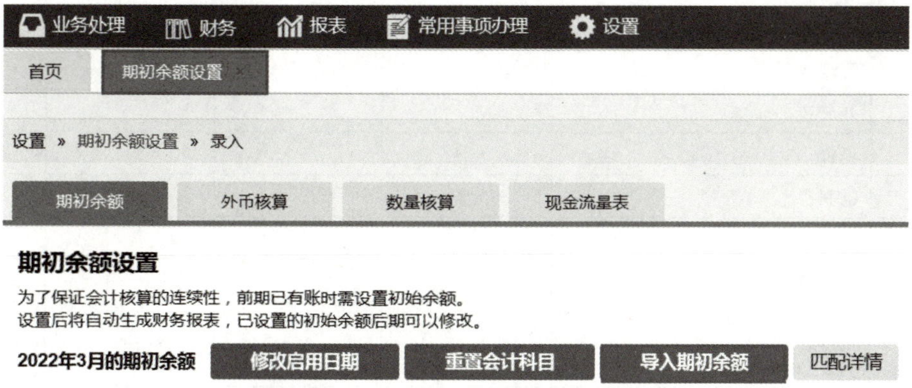

图 3－1－15 导入期初余额

（2）点击“期初余额下载模板”，如图 3－1－16 所示，下载期初余额导入模板，如表 3－1－1 所示，并与客户已有的期初余额表的格式对比是否一致。如果一致则可直接将原来的期初余额表导入上传；如果不一致，则按下载的模板调整一致后（见表 3－1－2）再导入上传。

图 3－1－16 下载期初余额模板

表 3－1－1 期初余额模板

科目编码	科目名称	本年累计借方发生额	本年累计贷方发生额	期末借方余额	期末贷方余额
1001	现金				
1002	银行存款				
100201	中国建行				
2121	应付账款				
212101	南京首度信息科技有限公司				
2151	应付工资				
2181	其他应付款				
218101	借款				
3101	实收资本（或股本）				

续表

科目编码	科目名称	本年累计借方发生额	本年累计贷方发生额	期末借方余额	期末贷方余额
310101	法人				
3131	本年利润				
5502	管理费用				
550201	办公费				
550210	工资				
550211	福利费				
550219	广告费				
550220	车辆费				
5503	财务费用				
550301	利息收入				
550302	邮电费				

表 3-1-2　　花田公司调整后期初余额表

科目编码	科目名称	本年累计借方发生额	本年累计贷方发生额	期末借方余额	期末贷方余额
1001	库存现金		7 451. 08	9 770. 20	
1002	银行存款	383 493. 00	248 339. 55	240 633. 58	
100201	建行城东支行	383 493. 00	248 339. 55	240 633. 58	
1122	应收账款	953 881. 99	637 332. 76	327 621. 72	
112201	江门市大兴商场有限公司	165 722. 63	106 053. 11	62 016. 32	
112202	广东多美好商业连锁有限公司	61 957. 35	2 088. 45	59 868. 90	
112203	中山市兴隆商贸有限公司	336 420. 00	211 520. 00	127 680. 00	
112204	江门市远旺超市有限公司	97 487. 57	62 797. 45	34 690. 12	
112205	中山市丽之洁洗衣有限公司	63 101. 64	53 796. 80	12 649. 73	
112206	珠海市隆泰实业有限公司	219 794. 40	189 077. 75	30 716. 65	
112207	中山市丰沛商贸有限公司	9 398. 40	12 000. 00		
1405	库存商品	97 286. 24	685 058. 95	368 211. 96	
1601	固定资产			31 000. 00	
160101	办公设备——电脑			25 000. 00	
160102	办公设备——空调			6 000. 00	
1602	累计折旧		1 636. 11		16 361. 11
160201	办公设备——电脑		1 319. 44		13 194. 44
160202	办公设备——空调		316. 67		3 166. 67
2202	应付账款	202 423. 67	109 933. 44		113 859. 76

续表

科目编码	科目名称	本年累计借方发生额	本年累计贷方发生额	期末借方余额	期末贷方余额
220201	广州市好运莱国际贸易有限公司	23 025.47	46 185.73		65 008.57
220202	中山市华科商贸有限公司	56 324.28	42 974.68		17 258.65
220203	惠州市青山湖商贸有限公司	3 073.92	3 482.11		1 726.92
220204	深圳金蝴蝶进出口有限公司	120 000.00	17 290.92		29 865.62
2211	应付职工薪酬	78 070.84	79 686.94		32 499.95
221101	工资	65 589.58	67 205.68		32 499.95
221102	社会保险	8 859.26	8 859.26		
221103	住房公积金	3 622.00	3 622.00		
2221	应交税费	76 207.08	112 174.84		47 810.50
222102	未交增值税	67 751.75	96 883.50		38 062.78
222103	应交城市维护建设税	4 742.62	6 781.85		2 664.39
222104	应交教育费附加	2 032.55	2 906.51		1 141.88
222105	应交地方教育费附加	1 355.03	1 937.67		761.26
222107	应交企业所得税		3 290.21		4 997.54
222108	应交个人所得税	325.12	375.10		182.65
2241	其他应付款	153 522.30	53 400.00		27 834.45
224101	罗成功	153 522.30	53 400.00		27 834.45
3001	实收资本				500 000.00
3002	盈余公积				16 894.26
3103	本年利润	834 272.57	844 143.21		18 821.28
3104	利润分配				203 156.15
310401	未分配利润				203 156.15
5001	主营业务收入	844 143.21	844 143.21		
500101	销售商品收入	844 143.21	844 143.21		
5401	主营业务成本	685 058.95	685 058.95		
540101	销售成本	685 058.95	685 058.95		
5403	税金及附加	11 908.47	11 908.47		
540301	城市维护建设税	6 781.85	6 781.85		
540302	教育费附加	2 906.51	2 906.51		
540303	地方教育费附加	1 937.67	1 937.67		
540304	印花税	282.43	282.43		
5602	管理费用	75 798.47	75 798.47		
560201	办公费	4 389.82	4 389.82		
560202	代理记账费	6 728.40	6 728.40		

续表

科目编码	科目名称	本年累计借方发生额	本年累计贷方发生额	期末借方余额	期末贷方余额
560203	工资	48 060.00	48 060.00		
560217	劳保用品	727.70	727.70		
560204	社会保险	7 087.41	7 087.41		
560211	物业管理费、水费	3 507.76	3 507.76		
560216	职工福利费	1 488.08	1 488.08		
560205	住房公积金	2 353.16	2 353.16		
560218	折旧费	1 456.15	1 456.15		
5601	销售费用	58 121.77	58 121.77		
560107	工资	19 145.68	19 145.68		
560106	差旅费	9 633.82	9 633.82		
560111	社会保险	1 771.85	1 771.85		
560103	通信费	890.00	890.00		
560101	运输费	25 810.00	25 810.00		
560112	住房公积金	870.42	870.42		
5603	财务费用	94.70	94.70		
560303	手续费	94.70	94.70		
5801	所得税费用	3 290.21	3 290.21		

（3）在上传文件功能区模块，通过点选或拖动的方式将已录入期初余额数据的导入模板放入准备区，单击“下一步”，如图 3-1-17 所示。

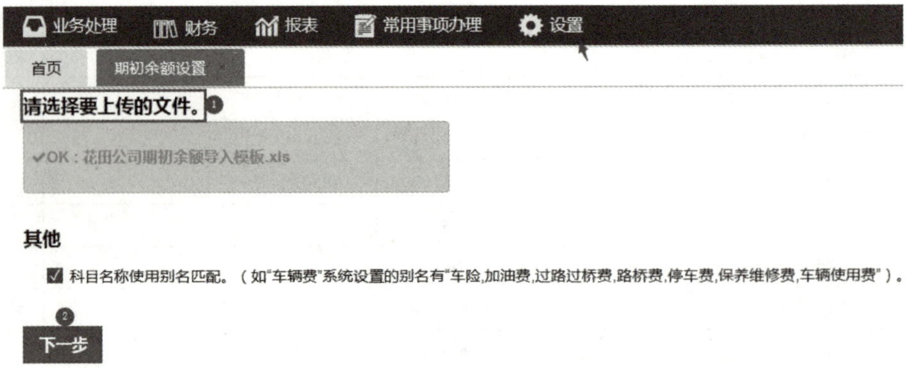

图 3-1-17　放导入模板至准备区

（4）系统导入后会返回上一界面，此时已有数据，如图 3-1-18 所示，点击“匹配详情”下载导入情况，如图 3-1-19 所示（只显示部分数据），看是否存在系统没有自动识别的特殊情况。如果存在，手工将系统没有自动识别的特殊情况录入。经查看匹配结果，花田公司期初余额均成功导入并匹配成功，其中手续费和职工福利费匹配为银行手续费和福利费。

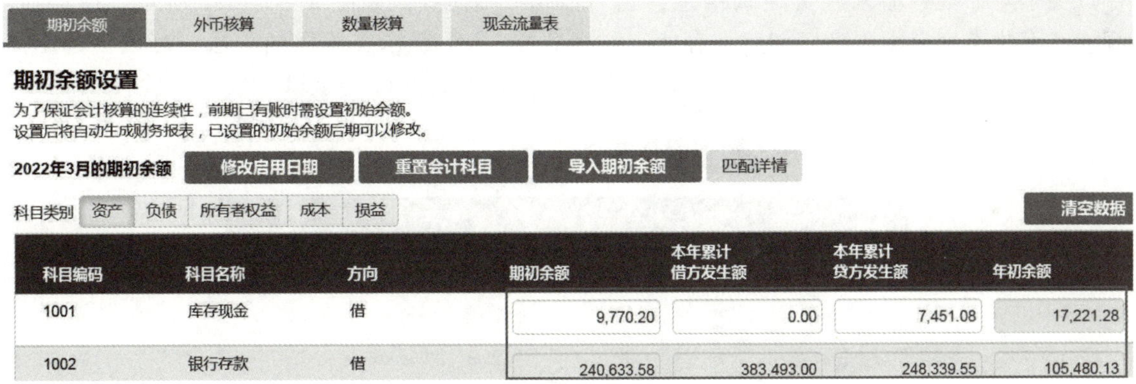

图 3－1－18　导入数据

科目编码	科目名称	本年累计借方发生额	本年累计贷方发生额	期末借方余额	期末贷方余额	处理结果	匹配科目编码	匹配科目名称
560216	职工福利费	1,488.08	1,488.08	0.00		导入成功（别名匹配）	560216	福利费
560205	住房公积金	2,353.16	2,353.16	0.00		导入成功	560205	住房公积金
560218	折旧费	1,456.15	1,456.15	0.00		导入成功	560218	折旧费
5601	销售费用	58,121.77	58 121.77	0.00		导入成功	5601	销售费用
560107	工资	19,145.68	19,145.68	0.00		导入成功	560107	工资
560106	差旅费	9,633.82	9,633.82	0.00		导入成功	560106	差旅费
560111	社会保险	1,771.85	1,771.85	0.00		导入成功	560113	社会保险
560103	通讯费	890.00	890.00	0.00		导入成功	560114	通讯费
560101	运输费	25,810.00	25,810.00	0.00		导入成功	560115	运输费
560112	住房公积金	870.42	870.42	0.00		导入成功	560112	住房公积金
5603	财务费用	94.70	94.70	0.00		导入成功	5603	财务费用
560303	手续费	94.70	94.70	0.00		导入成功（别名匹配）	560303	银行手续费
5801	所得税费用	3,290.21	3,290.21	0.00		导入成功	5801	所得税费用

图 3－1－19　数据匹配

（5）点击“试算平衡”，对花田公司期初余额、本年累计发生额的借贷是否相等进行检验。

（6）期初余额试算平衡后，关闭试算平衡对话框，保存即可。

（7）进入“财务—科目余额表”页面，可以同步看到导入的期初余额数据。同样，查看数据是否存在问题，若没有问题，期初余额导入工作就完成了；如若有问题，修改导入模板数据，按同样的操作步骤重新导入即可。

三、设置存货

对于需要进行存货成本核算的客户，在进行会计核算之前，需要对存货类别和存货明细进行设置。

任务 3：设置花田公司存货类别和存货明细。

（1）存货类别设置。

①登录智能财税业务处理平台，依次点击“业务处理—成本核算—存货设置”，如图 3－1－20 所示。

②点击“存货设置”下的“存货类别”，然后点击“增加”，出现创建

设置存货类别和存货明细

存货类别对话框，输入存货类别信息，然后点击“保存”，如图 3－1－21 所示。保存后，就能在存货类别界面看到已创建的存货，如图 3－1－22 所示，同样的方法，可以创建不同类别的存货。存货类别创建后，在没使用之前，可以对其进行“编辑”或“删除”。

图 3－1－20　存货设置

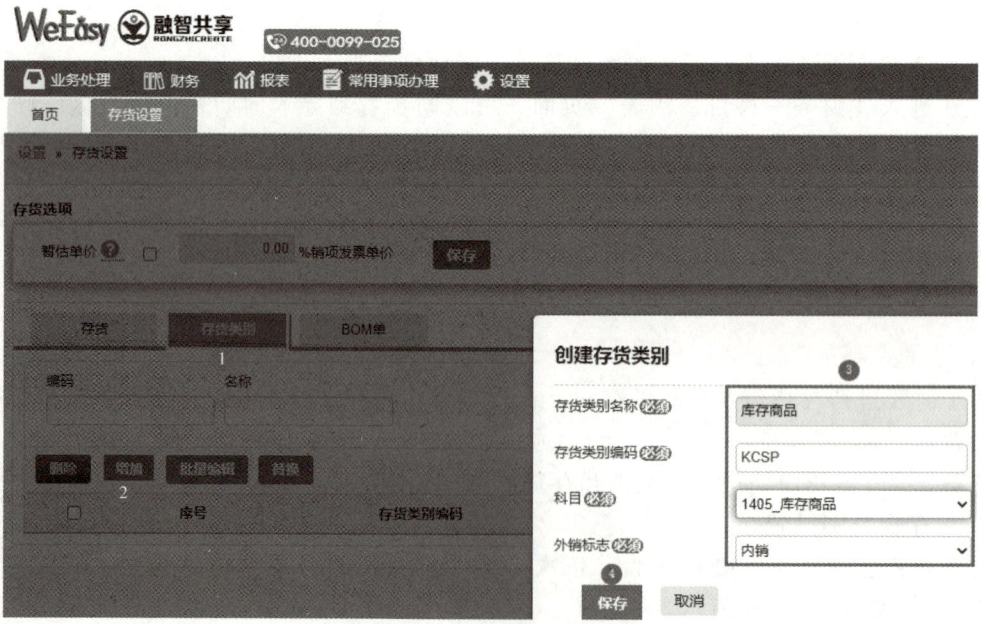

图 3－1－21　设置存货类别

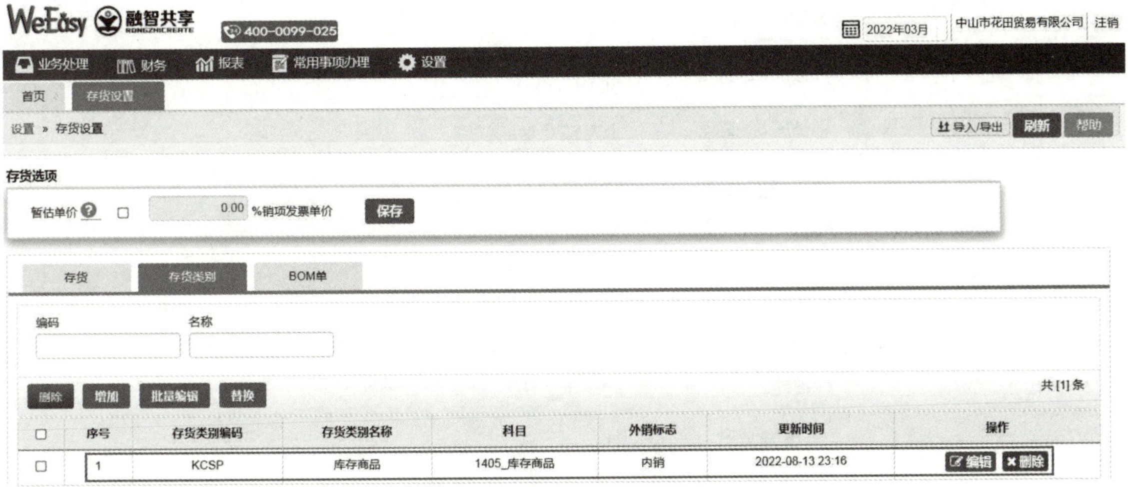

图 3-1-22　存货类别

（2）存货明细设置。智能财税业务处理系统设置存货明细有两种方式，手工录入和 Excel 导入。手工录入适合存货种类比较少的情况。

方法一：手工录入存货明细。

进入“业务处理—成本核算—存货设置”页面，点击“增加”，如图 3-1-23 所示。弹出新增存货明细对话框，填写新增的存货信息，然后“保存”即可，如图 3-1-24 所示。

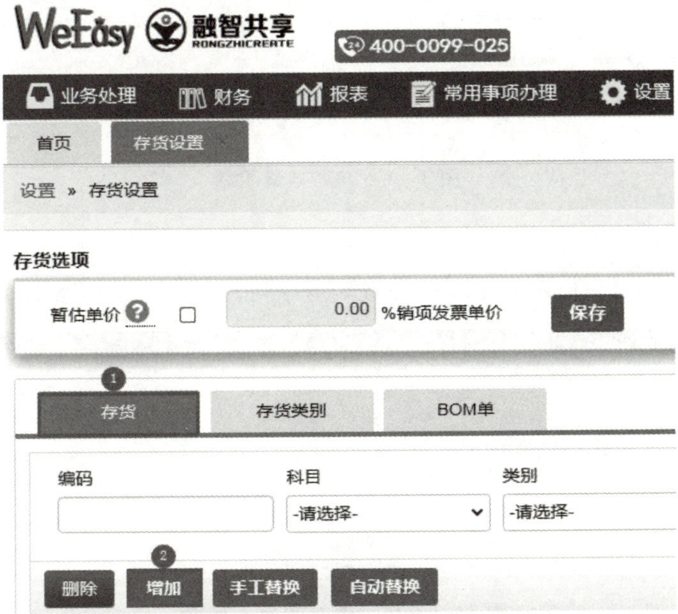

图 3-1-23　增加存货明细

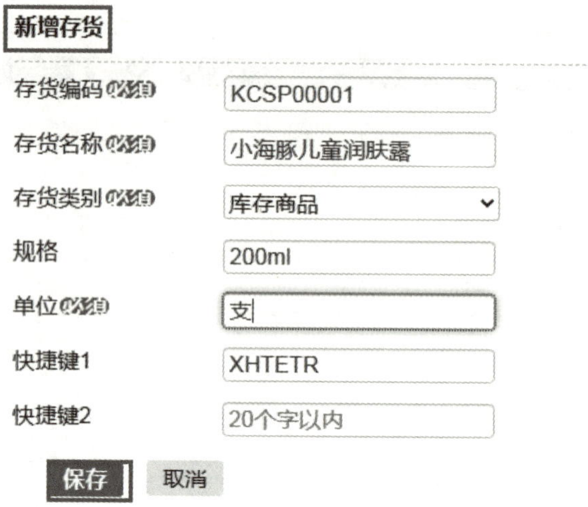

图 3－1－24　填写存货明细

同样的方法，完成花田公司其他存货的录入，如图 3－1－25 所示。录入完成后，要和花田公司提供的存货明细进行核对，如果有误可以进行编辑或删除；如果没有问题，存货明细就设置完成。

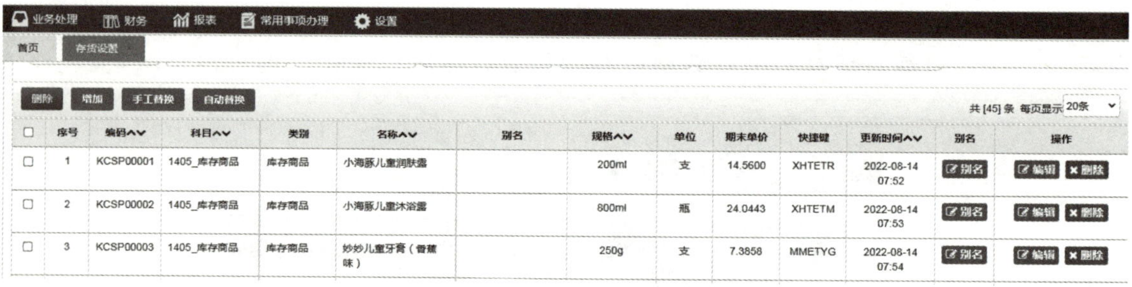

	序号	编码	科目	类别	名称	别名	规格	单位	期末单价	快捷键	更新时间	别名	操作
☐	1	KCSP00001	1405_库存商品	库存商品	小海豚儿童润肤露		200ml	支	14.5600	XHTETR	2022-08-14 07:52	别名	编辑 删除
☐	2	KCSP00002	1405_库存商品	库存商品	小海豚儿童沐浴露		800ml	瓶	24.0443	XHTETM	2022-08-14 07:53	别名	编辑 删除
☐	3	KCSP00003	1405_库存商品	库存商品	妙妙儿童牙膏（香蕉味）		250g	支	7.3858	MMETYG	2022-08-14 07:54	别名	编辑 删除

图 3－1－25　存货明细

方法二：Excel 导入存货明细。

①点击“存货设置”下的“导入存货（Excel）”，如图 3－1－26 所示。

图 3－1－26　进入“导入存货”

②点击“批量导入”对话框的“模板下载”，如图 3－1－27 所示，下载导入模板，并在模板中录入存货信息必填信息并保存。

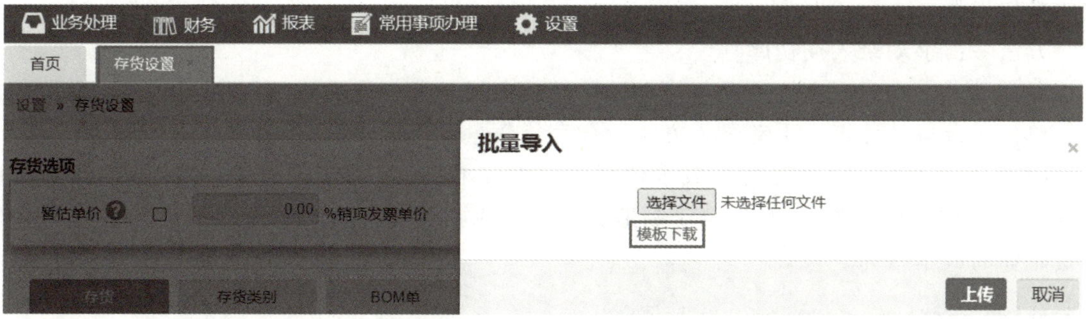

图 3－1－27 下载导入模板

③点击“选择文件”，打开存货明细导入模板，上传文件，如图 3－1－28 所示。上传完成后，就能在存货界面看到导入的存货明细，如图 3－1－29 所示（部分显示）。如果存货信息没有问题，存货明细设置就完成了。

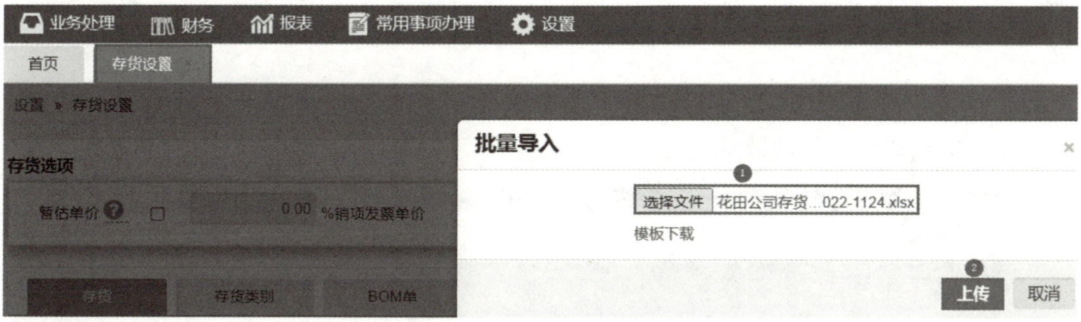

图 3－1－28 模板导入

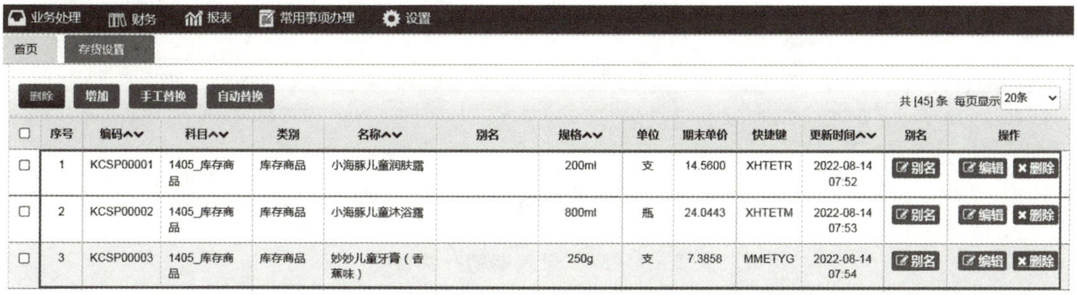

图 3－1－29 导入存货明细

四、录入期初库存数据

录入期初库存数据

任务 4： 录入花田公司 2022 年 3 月份期初库存数据。

期初库存数据录入同样有手工录入和 Excel 导入两种方式。下面分别介绍这两种录入方式的操作步骤。

方法一：手动录入期初库存。

手动录入方式下，直接手动选择会计科目及存货名称，然后输入规格、单位、数量和金额，单价平台自动计算。手动录入方式适合存货数量不多的情况。

（1）依次点击“业务处理—成本核算—销售成本核算”，如图3－1－30所示。需要说明的是，“生产成本核算”是适合于制造类企业的成本核算，而“销售成本核算”是适合于商贸企业的成本核算。

图3－1－30　成本核算

（2）点击“月初库存”下的“新增”，在增加存货信息栏选择存货对应的会计科目、存货名称及填写期初存货的数量、金额，单价由系统自动计算，如图3－1－31所示。

图3－1－31　录入期初存货数据

（3）期初存货数据一一录入，核对无问题后点击“保存”，如图3－1－32所示（部分显示）。

方法二：Excel导入期初库存。

实务工作中，采用Excel导入方式，更加快捷、方便。采用Excel导入方式，需要在智能财税业务处理系统成本核算中的月初库存下载月初库存导入模板（见图3－1－33），与花田公司提供的期初库存表的格式对比看是否一致。如果一致，则可直接将原来的期初库存表导入上传；如果不一致，则按下载的模板调整一致后（见图3－1－34）再导入上传。

花田公司期初库存明细

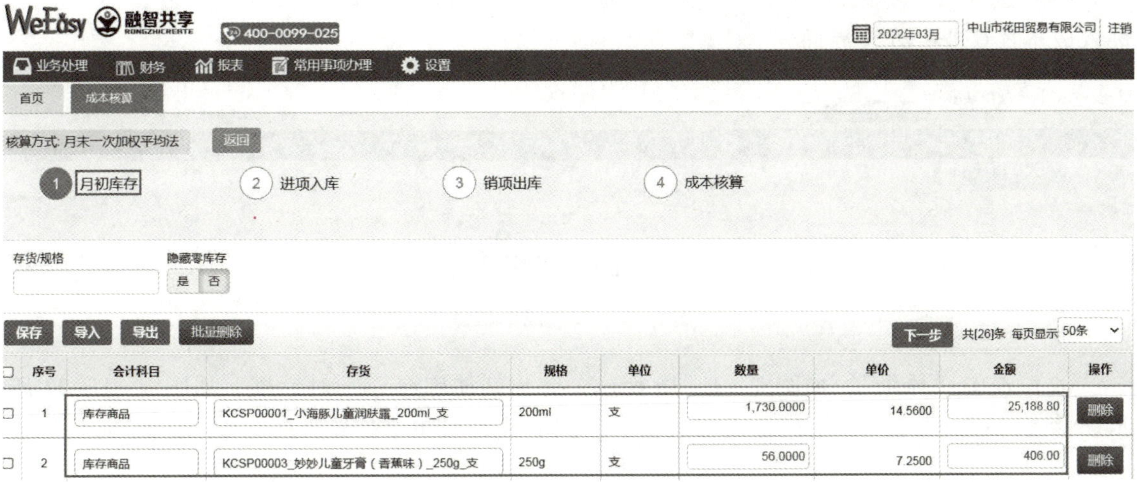

图 3－1－32　期初存货

月初库存导入模板								
*会计科目	*存货类别	*存货名称	规格	*单位	*数量	其中：暂估数量	*金额	其中：暂估金额
库存商品	库存商品	(示例)	XXX	X	0	0	0	0

图 3－1－33　期初库存导入模板

	A	B	C	D	E	F	G	H	I
1	月初库存导入								
2	*会计科目	*存货类别	*存货名称	规格	*单位	*数量	其中：暂估数量	*金额	其中：暂估金额
3	库存商品	库存商品	大象儿童牙膏（草莓）	40g	支	516		717.24	
4	库存商品	库存商品	大象儿童牙膏（苹果）	40g	支	380		851.20	
5	库存商品	库存商品	大象亮白牙膏	140g	支	162		1,535.76	
6	库存商品	库存商品	大象牙膏（双重功效）	250g	支	150		1,702.50	
7	库存商品	库存商品	大象牙刷（红黄蓝）	9支装	组	52		846.56	
8	库存商品	库存商品	大象牙刷（红与黑）	2支装	组	48		825.60	
9	库存商品	库存商品	大象牙刷（金丝黄）	3支装	组	100		1,770.00	
10	库存商品	库存商品	大象牙刷（七彩虹）	9支装	组	32		509.73	
11	库存商品	库存商品	大象牙刷（象牙白）	2支装	组	62		1,067.64	
12	库存商品	库存商品	金蝴蝶嫩肤霜	250g	瓶	20		318.00	
13	库存商品	库存商品	金蝴蝶嫩肤霜	500g	瓶	8		219.45	
14	库存商品	库存商品	乐悠悠牙膏（薄荷）	250g	支	660		5,115.00	
15	库存商品	库存商品	乐悠悠牙膏（清新）	250g	支	137		1,002.84	
16	库存商品	库存商品	乐悠悠牙刷（护龈）	3支装	组	64		1,118.72	
17	库存商品	库存商品	乐悠悠牙刷（洁净）	4支装	组	68		692.04	
18	库存商品	库存商品	乐悠悠牙刷（洁净）	6支装	组	80		1,289.60	
19	库存商品	库存商品	乐悠悠牙刷（软毛）	3支装	组	30		580.50	
20	库存商品	库存商品	妙妙儿童牙膏（苹果味）	250g	支	60		333.00	
21	库存商品	库存商品	妙妙儿童牙膏（香蕉味）	250g	支	56		406.00	
22	库存商品	库存商品	小海豚儿童润肤露	200ml	支	1,730		25,188.80	
23	库存商品	库存商品	雪花柔顺剂（白色）	1,000ml	支	280		4,362.40	
24	库存商品	库存商品	雪花柔顺剂（粉色）	1,000ml	支	5,846		94,237.52	
25	库存商品	库存商品	雪花柔顺剂（蓝色）	1,000ml	支	5,995		92,442.90	
26	库存商品	库存商品	雪花柔顺剂（绿色）	1,000ml	支	5,312		82,548.48	
27	库存商品	库存商品	雪花柔顺剂（紫色）	1,000ml	支	3,128		48,077.36	
28	库存商品	库存商品	紫荆花喷装玻璃洁净液	500ml	支	32		453.12	

图 3－1－34　花田公司期初库存

（1）进入“业务处理—成本核算”页面，点击“销售成本核算”，如图 3－1－35 所示，进入成本核算业务处理界面。

图 3－1－35　成本核算

（2）点击“导入”，如图 3－1－36 所示。弹出期初库存导入对话框，如图 3－1－37 所示。单击“模板下载”，把存货期初数据录入到下载的期初库存导入模板中。

图 3－1－36　导入

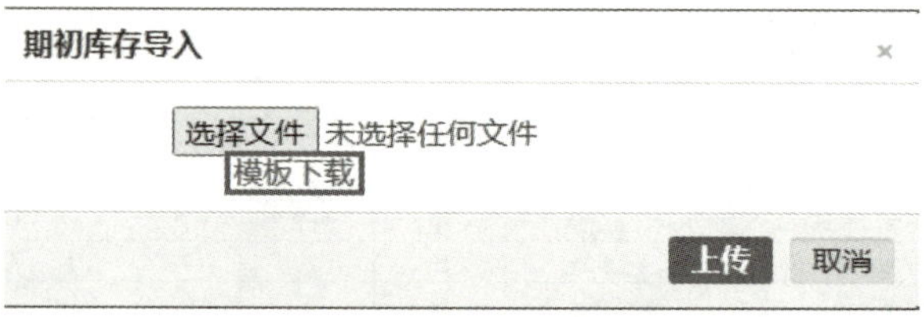

图 3－1－37　下载导入模板

（3）点击“选择文件”，打开已经录入期初库存数据的导入模板，完成后，点击“上传”即可，如图 3－1－38 所示。

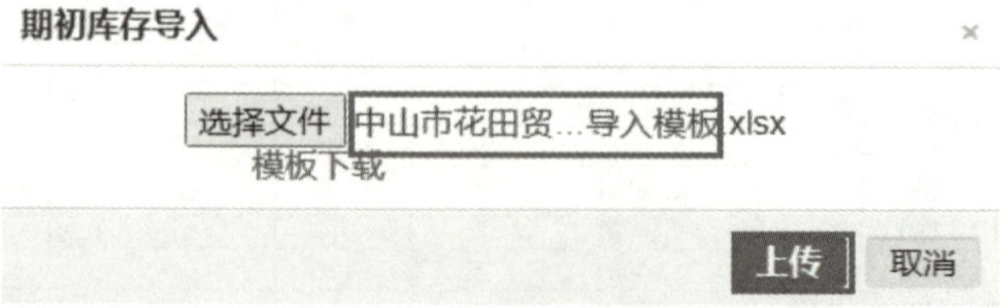

图 3－1－38　上传录入期初库存的导入模板

（4）导入后，须核对导入数据，如图 3－1－39（部分显示）所示，看是否与花田公司提供的存货期初余额一致，如果不一致，可直接在期初余额数据界面直接修改；如果一致，点击“保存”即可。

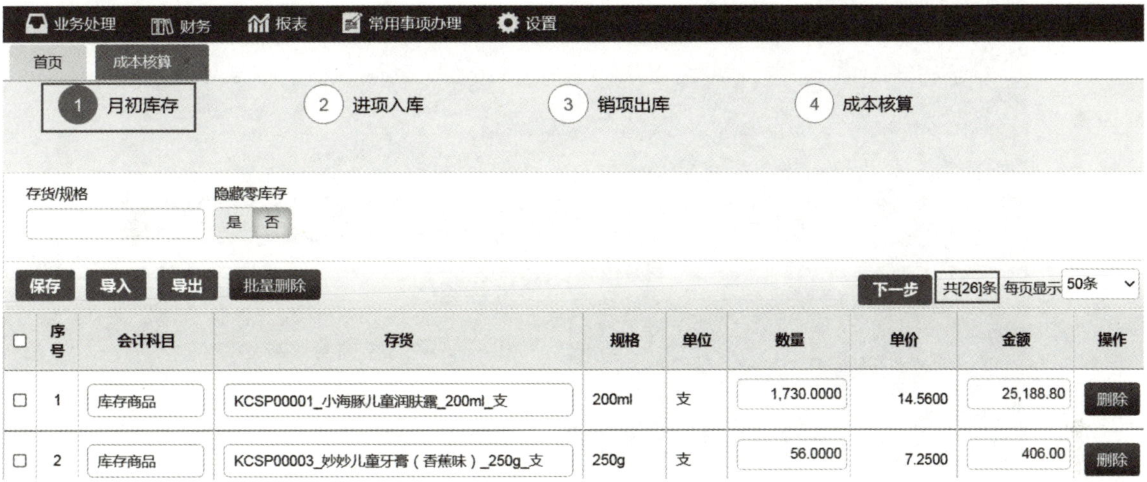

图 3－1－39 期初库存

五、录入期初固定资产卡片数据

录入期初固定资产卡片数据

任务 5：录入花田公司 2022 年 3 月份期初固定资产卡片数据。

期初固定资产卡片数据录入可以采用导入和手工单个新增的方式，其中手工单个新增适合固定资产比较少的情况。下面分别介绍两种录入方式。

花田公司固定资产信息

方法一：导入期初固定资产卡片信息。

导入是提前下载好导入模板，把固定资产信息填入模板中，然后按导入步骤操作即可，具体步骤如下：

（1）进入“业务处理—业务台账—折旧摊销”界面，鼠标移至“导入/导出”，点击“导入固定资产（Excel）”，如图 3－1－40 所示。

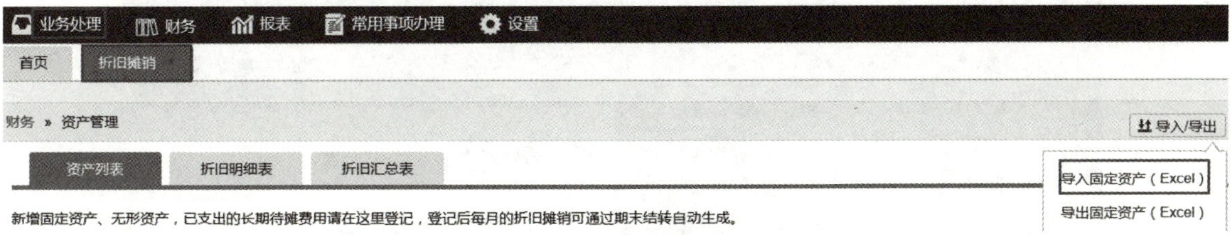

图 3－1－40 折旧摊销

（2）在弹出的“导入固定资产”对话框中点击“模板下载”，下载固定资产导入模板，如图 3－1－41 所示。

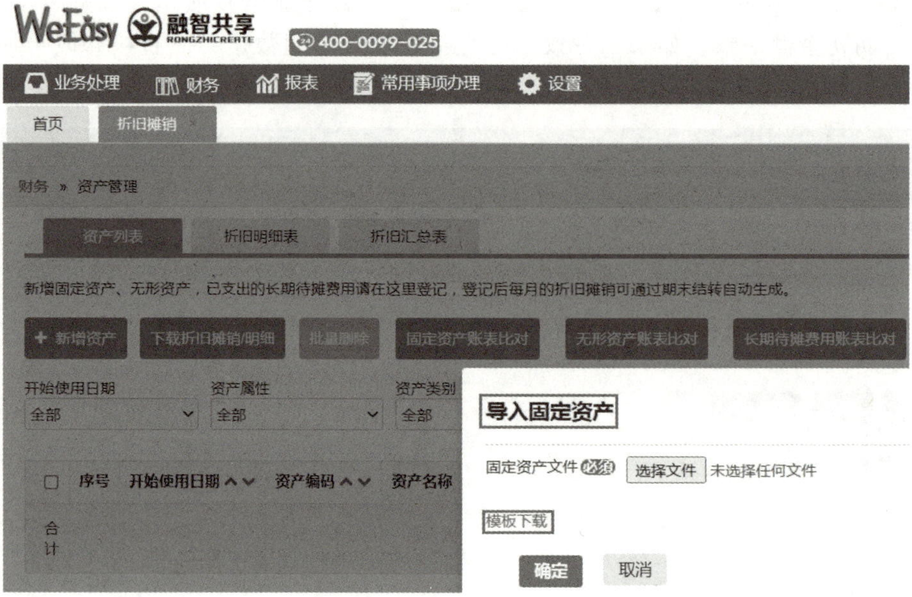

图 3－1－41　下载导入模板

（3）把花田公司固定资产信息填在导入模板，点选导入模板到“准备区”，点击“确定”，如图 3－1－42、图 3－1－43 所示。

					WeEasy云会计（唯易财税）固定资产导入模版									
资产编码	资产属性	资产名称	规格型号	资产类别	数量	开始使用日期(xxxx-xx-xx)	折旧方法	预计使用月份	原值科目编码	累计折旧科目编码	成本费用科目编码	原值(元)	残值率(%)	已折旧(摊销月份)
01	固定资产	电脑		电子设备	5.00	2020-06-30	平均年限法	36	160101	160201	560218	25,000	5	20
02	固定资产	空调		电子设备	2.00	2020-06-30	平均年限法	36	160102	160202	560218	6,000	5	20

图 3－1－42　导入模板

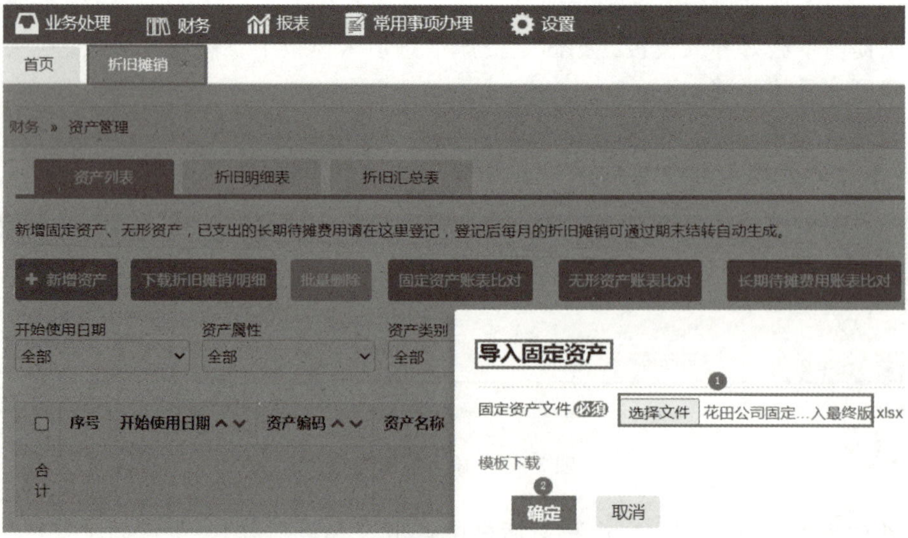

图 3－1－43　导入花田公司固定资产期初数据

（4）弹出资产类别维护对话框，点击“资产类别页面”，进入资产类别维护界面，点击“操作”按钮，填写或确认资产类别信息，然后保存。在资产列表可查看到导入的花田公司固定资产信息（提示：如果导入之前已经做了资产类别维护，则不再需要此步骤），如图 3－1－44、图 3－1－45、图 3－1－46 所示。

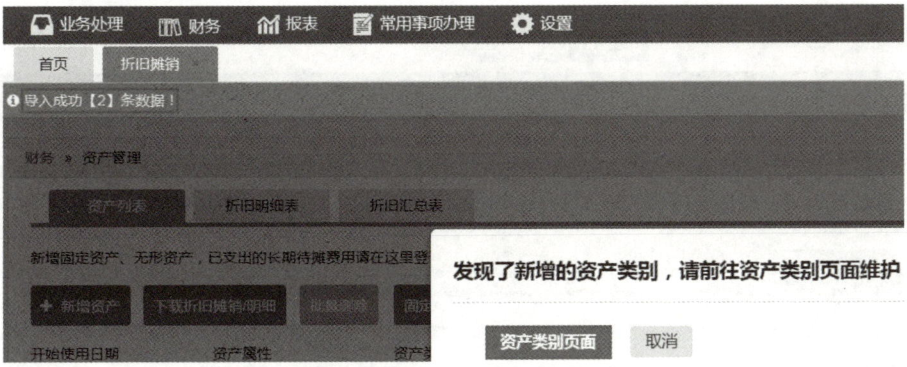

图 3－1－44　资产维护

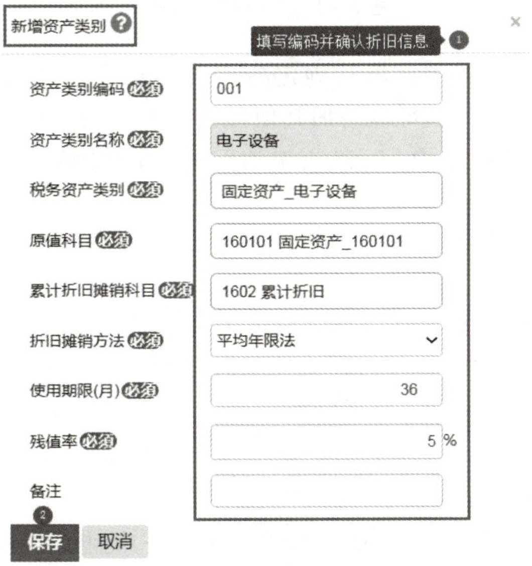

图 3－1－45　填写资产维护信息

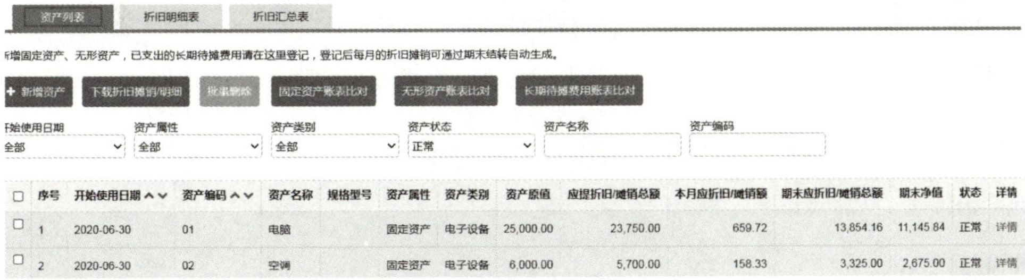

图 3－1－46　固定资产卡片明细

方法二：手工单个新增。

（1）进入“业务处理—业务台账—折旧摊销”界面，点击“新增资产”，如图 3－1－47 所示。

手工单个新增
固定资产

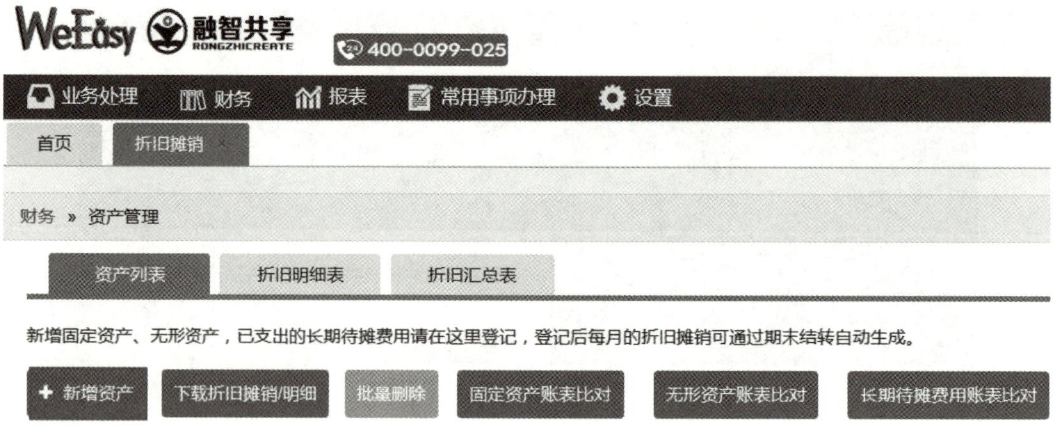

图 3－1－47　新增资产

（2）进入“新增资产”界面，填写固定资产相关信息，然后点击“保存”按钮，如图 3－1－48 所示。按同样的方式可以增加其他固定资产。需要提醒的是，第一次建立固定资产卡片需要先进行固定资产维护，后续有增加不同类别的固定资产，同样是需要先增加资产类别，然后才能新增固定资产卡片。

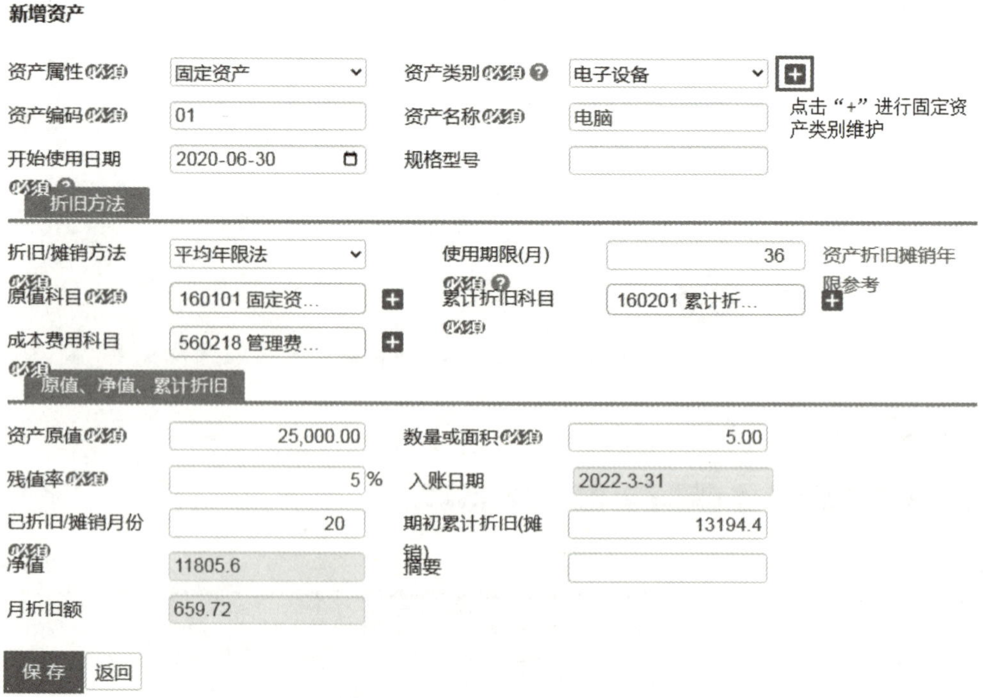

图 3－1－48　填写新增资产信息

（3）保存后，在资产列表界面查看手工增加的固定资产信息，如图 3－1－49 所示。

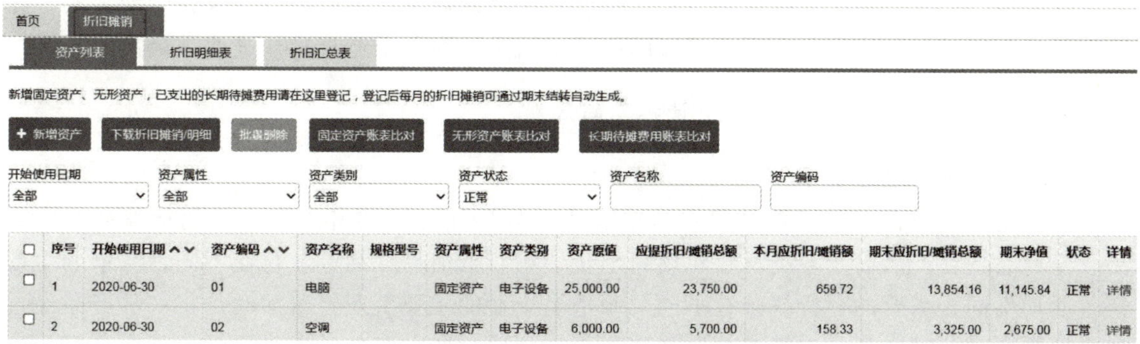

图 3－1－49　固定资产卡片信息

模块二　采购业务智能核算

相关知识

一、采购业务的含义

采购业务是指企业购买物资（或接受劳务）及支付款项等的相关活动，其中物资包括材料、商品、工程物资、固定资产等。在采购过程中，一方面通过商品交易、等价交换实现商品所有权的转移，另一方面通过运输、储存、包装、装卸、流通加工等手段实现商品空间位置和时间位置的完整结合。前者是一个商流过程，后者是一个物流过程。只有这两方面都完全实现，采购过程才算完成。因此，采购过程实际上是商流过程与物流过程的统一。

二、商贸企业和制造类企业会计核算的区别

（一）商贸企业和制造类企业的界定

商贸企业是以商品的购进、销售、运输、存储为基本业务，通过对商品购进和销售以及因此而必需的运输和储存业务，完成商品由生产领域到消费领域转移的过程，并在此过程中赚取利润。商贸企业的主要职能是组织商品的流通，对经营的商品基本上不进行加工或只进行浅度加工。

制造类企业是以产品的生产、销售、运输、存储为基本业务，其中生产是制造类企业经营过程的核心环节，在这个过程中，企业以材料为劳动对象，以机器设备等为劳动手段，辅以工人的活劳动，最终生产出可供销售的产品，这是和商贸企业直接购进商品最大的区别。

（二）商贸企业和制造类企业会计核算的区别

1. 存货核算方面的差异

存货是指企业在生产经营过程中为销售或者耗用而储存的各类资产，包括商品、产成品、半成品、在产品以及各类材料、燃料、包装物、低值易耗品等。行业不同，从事的生产经营活动不同，需要的存货就会有不同。制造类企业的主要生产经营活动是将一种产品经过加工转变为另一种产品，它既需要储备用来生产的原材料，又有处于生产过程的在产品，还会有已完成制造过程、待发出、销售的产成品等。因此，制造类企业存货核算范围包括原材料、包装物、低值易耗品、委托加工物资、半成品、产成品等。商贸企业的存货更多体现为购进待销售的库存商品。

商贸企业和制造类企业因存货内容不同，在存货核算上使用的会计科目就不尽相同。比如商贸企业存货涉及的会计科目主要就是“库存商品”；而制造类企业在核算时多了个生产环节，在账务处理上多个成本结转环节，因此制造类企业除了“库存商品”还会涉及“生产成本”“制造费用”“半成品”等会计科目。

2. 成本核算不同

成本费用是随企业的生产经营活动而产生，并按配比原则、依企业取得的收入而确定的，因此，有什么样的业务收入，就会有什么样的成本费用。由于各行业生产经营活动内容不同，所以成本费用的内容也必然有所区别。

制造类企业的成本一般体现为所制造产品耗用的原材料、燃料及动力、直接人工、制造费用；商贸企业的成本费用则表现为所销售商品的进价成本。因此商贸企业主要是针对商品入库、出库、期末进销差价的核算问题；制造类企业更注重生产过程，也就是生产成本的控制核算。

在成本核算方法上，制造类企业成本核算方法主要包括品种法、分批法、分步法等。商贸企业的成本核算方法则主要有进价法和售价法。

3. 采购费用处理不同

商贸企业在采购商品过程中发生的包装费、运输费、保险费、运输中的仓储费、合理损耗、入库前的挑选整理费等进货费用及应计入商品采购成本的关税、不能抵扣的增值税进项税额等进货费用的处理更多样。《企业会计准则第 1 号——存货》的《应用指导》明确规定：①商贸企业采购过程中发生的进货费用，应当计入存货采购成本，也可以先进行归集，期末根据商品存销情况进行分摊；归集时增设“进货费用”科目；②对已售商品的进货费用，计入当期损益，对未售商品的进货费用，计入期末存货成本；③企业采购商品的进货费用金额较小的，可以在发生时直接计入当期损益，即直接将发生的进货费用计入“销售费用”。

制造类企业在采购材料过程中发生的包装费、运输费、保险费、运输中的仓储费、合理损耗、入库前的挑选整理费及应计入材料采购成本的关税、不能抵扣的增值税进项税额等采购费用应同材料的买价共同构成材料的入账成本。

三、商贸企业采购业务的核算

（一）进价法之账户设置

进价法是指以库存商品的购进价格来反映和控制商品的购进、销售和储存情况的一种核算方法。在进价法下，购进商品所涉及的会计账户主要有“在途物资”“库存商品”“应交税费——应交增值税（进项税额）”“应付账款”“应付票据”等。

1. “在途物资”账户

“在途物资”属于资产类账户，用于核算企业已取得所有权但尚未运抵验收入库商品的实际成本。该账户借方登记购买商品的实际采购成本，贷方登记验收入库后转入“库存商品”账户的实际采购成本，期末借方余额反映在途商品的实际成本。该账户应按在途商品的种类、品种和规格等进行明细分类核算。

2. “库存商品”账户

“库存商品”属于资产类账户，用于核算商贸企业库存待出售商品的实际成本。该账户的借方登记验收入库的商品实际成本，贷方登记发出商品的实际成本，期末借方余额反映库存商品的结存数额。该账户应按库存商品的种类、品种和规格等进行明细分类核算。

3. “应交税费——应交增值税（进项税额）”账户

“应交税费——应交增值税（进项税额）”属于负债类账户，用于核算一般纳税人购进货物、服务等可以从当期的销项税额中抵扣的增值税。

4. “应付账款”账户

“应付账款”属于负债类账户，用于核算企业因购买商品应付未付的款项，应付未付款项包括购买货物的价款、增值税、销售方代垫费用等。应付账款附有现金折扣的，应按扣除现金折扣前的应付款总额入账，在折扣期内付款而获得的现金折扣冲减财务费用。该账户贷方登记应付未付款项，借方登记偿还的款项，期末贷方余额反映期末尚未归还的款项。

5. “应付票据”账户

“应付票据”属于负债类账户，用于核算企业因购买商品等而开出、承兑的商业汇票，包括商业承兑汇票和银行承兑汇票。该账户贷方登记开出、承兑汇票的面值，借方登记支付票据的金额，余额在贷方，反映企业尚未到期的商业汇票的票面金额。

（二）售价法之账户设置

售价法是指以库存商品的销售价格来反映和控制商品购进、销售和储存情况的一种方法。在售价法下，除了“在途物资”“库存商品”“应交税费——应交增值税（进项税额）”“应付账款”“应付票据”账户等外，还需要设置“商品进销差价”账户。其中“库存商品”账户在运用中存在明显的不同。

1. “库存商品”账户

“库存商品”属于资产类账户。在售价法下，本账户按售价核算库存商品入库、出库成本和结存情况。该账户借方登记验收入库的库存商品的售价，贷方登记出库的商品售价，余额一般在借方，反映期末结存的商品售价。

2. “商品进销差价”账户

“商品进销差价”属于资产类账户，是“库存商品”账户的抵减账户，用以反映库存商品售价和进价之间的差额。该账户借方表示当期销售商品分摊的商品进销差价，贷方表示购入商品的进价和售价之间的差额。余额一般在贷方，表示库存商品的进销差价。

（三）账务处理

企业购进商品时，商品和发票等结算凭证到达企业的时间可能会出现三种情况：一是商品和发票账单同时到达；二是发票账单先到、商品后到；三是商品先到，发票账单后到。这三种情况会计处理方法有所不同。

进价法和售价法购进商品业务的对比核算如表 3-2-1 所示。

表 3-2-1　　进价法和售价法购进商品业务的核算对比

业务内容		进价法	售价法
情形 1：发票账单和商品同时到达		借：库存商品　（进价） 应交税费——应交增值税（进项税额） 贷：应付账款、应付票据等	借：库存商品　（售价） 应交税费——应交增值税（进项税额） 贷：应付账款、应付票据等 商品进销差价
情形 2：发票账单先到，商品后到	发票账单到时	借：在途物资 应交税费——应交增值税（进项税额） 贷：应付账款、应付票据等	借：在途物资　（进价） 应交税费——应交增值税（进项税额） 贷：应付账款、应付票据等
	入库时	借：库存商品 贷：在途物资	借：库存商品　（售价） 贷：在途物资 商品进销差价
情形 3：商品先到，发票账单后到	商品验收入库时	不做账务处理 入库商品做备查登记	不做账务处理 入库商品做备查登记
	月末发票账单仍未到	借：库存商品（暂估） 贷：应付账款——暂估	借：库存商品 贷：应付账款 商品进销差价
	下月初	借：库存商品 贷：应付账款——暂估	借：库存商品 贷：应付账款 商品进销差价
	发票账单到达	借：库存商品　（进价） 应交税费——应交增值税（进项税额） 贷：应付账款、应付票据等	借：库存商品　（售价） 应交税费——应交增值税（进项税额） 贷：应付账款、应付票据等 商品进销差价

业务流程

获取进项发票信息—登记经济业务—生成记账凭证—核对凭证。

业务操作

共享中心在完成了客户花田公司的初始设置后，接下来就需对其2022年3月份的业务进行智能核算。首先介绍采购业务。采购业务智能核算内容主要包括获取进项发票信息、登记经济业务、生成记账凭证和核对凭证。

一、获取进项发票信息

获取进项发票信息

获取进项发票信息的方式有三种：电子税务局采集、Excel导入及手动增加。

任务1：获取花田公司2022年3月份进项发票信息。

方法一：电子税务局采集。

电子税务局采集是指智能财税业务处理系统通过其“采集”功能，发送采集任务去电子税务局获取进项发票信息，已经采集过的可以再次采集。再次采集时会根据发票号码、发票代码判断是否重复，少的增加上。需注意的是，这里的进项发票专指“专票进项”，所以一般纳税人才会显示“采集”按钮，而小规模纳税人不涉及进项抵扣，因此在进项发票功能模块没有“采集”按钮，但小规模纳税人采购发票数据信息也是在进项发票处显示，其数据是和销项发票一同采集，不用另外单独采集。

电子税务局采集获取花田公司2022年3月份进项发票信息步骤如下（需要说明的是，由于花田公司是一家虚拟公司，所以并不能通过电子税务局采集该公司的发票数据，本处只是以花田公司为例模拟采集过程）：

（1）进入“业务处理—发票—进项发票”界面，点击“采集”按钮，如图3-2-1所示。

图3-2-1 采集进项发票

（2）确认提示信息，然后在“进项发票”界面可以看到进项发票采集中的信息提示，如图 3－2－2、图 3－2－3 所示。

图 3－2－2　确认采集任务

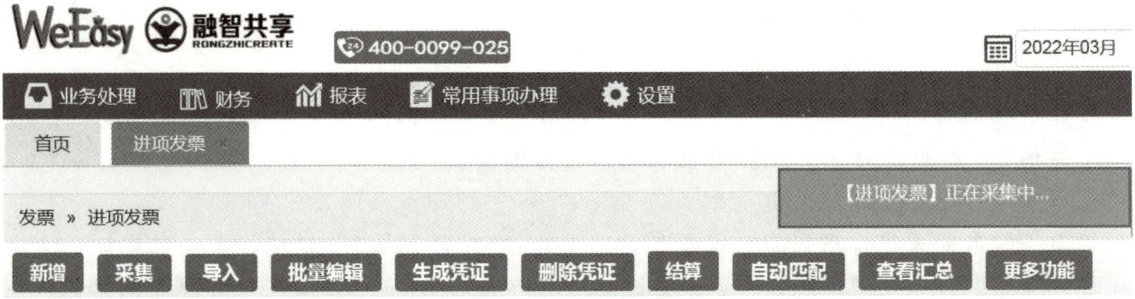

图 3－2－3　进项发票采集中

（3）稍后刷新页面即可查看采集结果及采集到的发票种类、发票代码、发票号码、商品名称、数量、金额等发票信息，具体如图 3－2－4 所示（部分显示）。

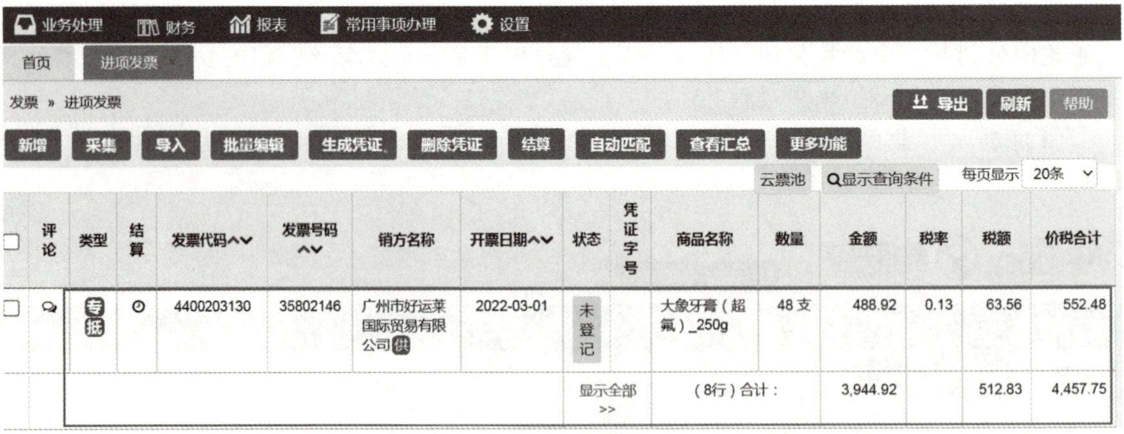

图 3－2－4　进项发票

（4）依次点击“进项发票—查看汇总”，查看并核对采集的进项发票信息，比如增值税专用发票的发票张数、发票金额合计、税额合计等；增值税普通发票的发票张数、发票金额合计、税额合计等情况信息，如图 3－2－5 所示。查看后如无遗漏，采集发票信息工作就完成了；如果查看后发现有遗漏发票，可通过再次采集或导入或手工新增的方式添加发票信息。

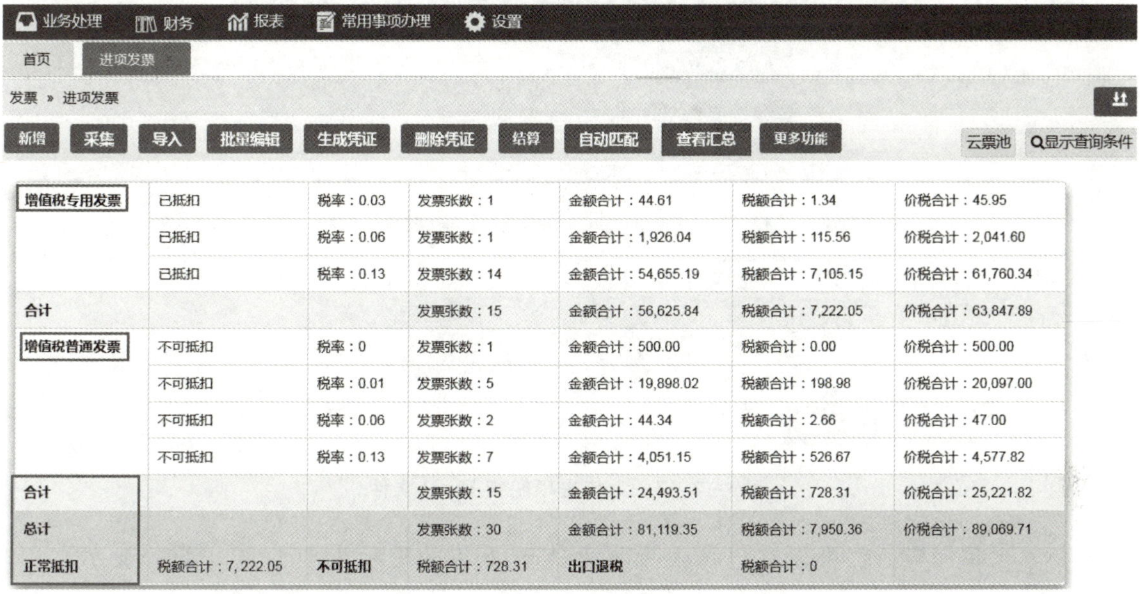

增值税专用发票	已抵扣	税率：0.03	发票张数：1	金额合计：44.61	税额合计：1.34	价税合计：45.95
	已抵扣	税率：0.06	发票张数：1	金额合计：1,926.04	税额合计：115.56	价税合计：2,041.60
	已抵扣	税率：0.13	发票张数：14	金额合计：54,655.19	税额合计：7,105.15	价税合计：61,760.34
合计			发票张数：15	金额合计：56,625.84	税额合计：7,222.05	价税合计：63,847.89
增值税普通发票	不可抵扣	税率：0	发票张数：1	金额合计：500.00	税额合计：0.00	价税合计：500.00
	不可抵扣	税率：0.01	发票张数：5	金额合计：19,898.02	税额合计：198.98	价税合计：20,097.00
	不可抵扣	税率：0.06	发票张数：2	金额合计：44.34	税额合计：2.66	价税合计：47.00
	不可抵扣	税率：0.13	发票张数：7	金额合计：4,051.15	税额合计：526.67	价税合计：4,577.82
合计			发票张数：15	金额合计：24,493.51	税额合计：728.31	价税合计：25,221.82
总计			发票张数：30	金额合计：81,119.35	税额合计：7,950.36	价税合计：89,069.71
正常抵扣	税额合计：7, 222.05	不可抵扣	税额合计：728.31	出口退税	税额合计：0	

图 3-2-5　进项发票汇总

方法二：Excel 导入。

Excel 导入是指把从“增值税发票选择确认平台”导出的进项明细的 Excel 文件直接导入上传到智能财税业务处理系统，步骤如下：

（1）进入“业务处理—发票—进项发票”页面，点击“导入”按钮，如图 3-2-6 所示。

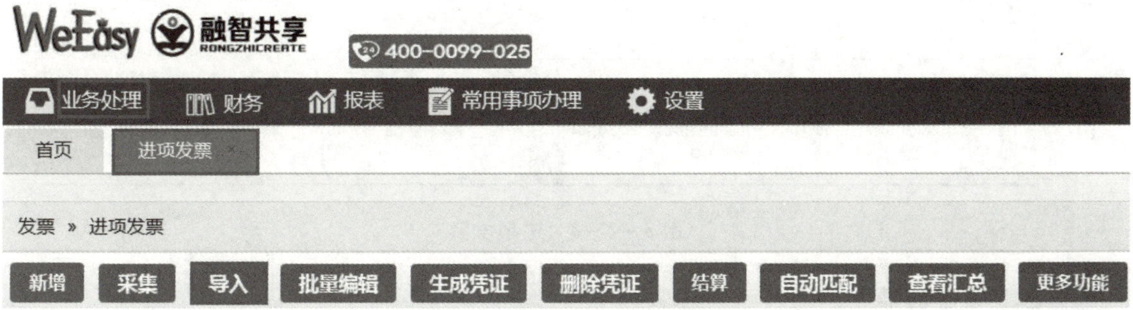

图 3-2-6　进项发票功能区

（2）进入发票文件上传界面，通过点选或拖动的方式把从“增值税发票选择确认平台”导出的进项明细 Excel 文件放在上传准备区，点击“下一步”，如图 3-2-7 所示。

花田公司进项发票信息

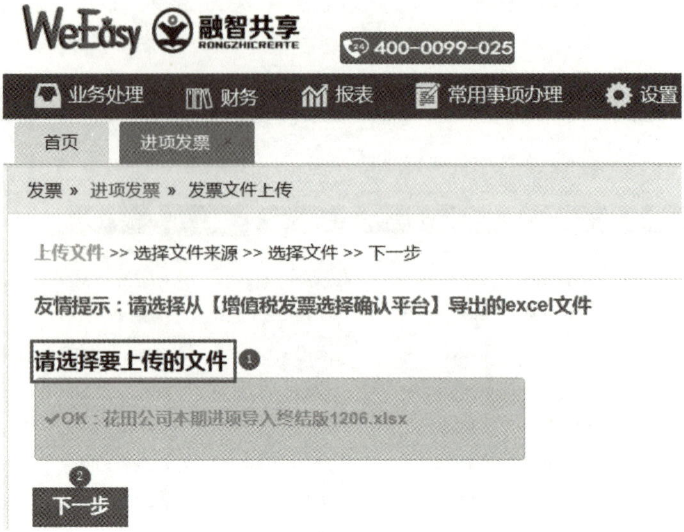

图 3－2－7　上传进项明细 Excel 文件

（3）上传完毕，就可以在进项发票界面查看上传的进项发票信息（部分显示），如图 3－2－8 所示。

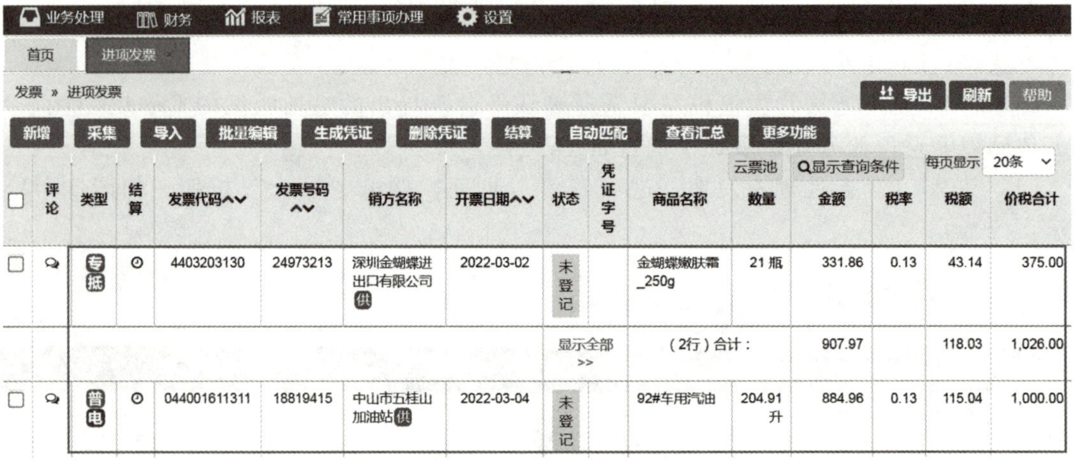

图 3－2－8　进项发票

方法三：手动增加。

如果财务云协同管理平台已上传本月的进项发票，但有发票未能通过“采集”或“导入”获取信息，则需要把未能通过“采集”或“导入”的发票手动增加。步骤如下：

手动增加进项发票

（1）登录财务云协同管理平台，依次点击“智能核算—智能理票”，关键词搜索“花田”，期间选为 2022 年 3 月，查看上传的进项发票是否存在未采集到的，假如查看到发票代码为“4400202130”、发票号码为“20446155”的采购发票（如图 3－2－9 所示）未采集到，则可以手动增加。

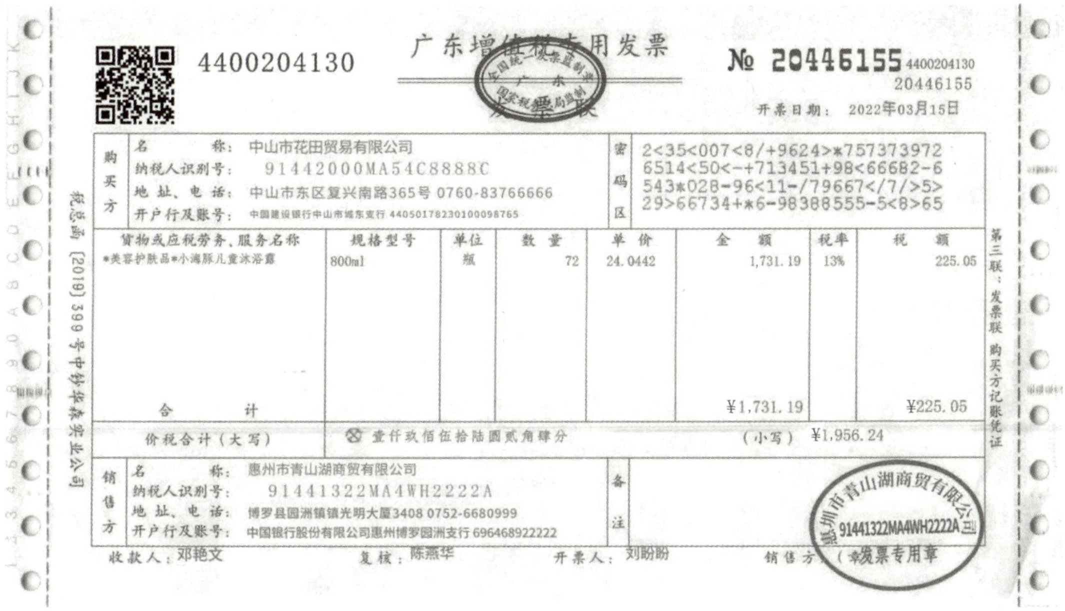

广东增值税专用发票

4400204130 № 20446155 4400204130 20446155

开票日期：2022年03月15日

购买方	名称：中山市花田贸易有限公司 纳税人识别号：91442000MA54C8888C 地址、电话：中山市东区复兴南路365号 0760-83766666 开户行及账号：中国建设银行中山市城东支行 44050178230100098765			密码区	2<35<007<8/+9624>*757373972 6514<50<-+713451+98<66682-6 543*028-96<11-/79667</7/>5> 29>66734+*6-98388555-5<8>65		
货物或应税劳务、服务名称	规格型号	单位	数量	单价	金额	税率	税额
*美容护肤品*小海豚儿童沐浴露	800ml	瓶	72	24.0442	1,731.19	13%	225.05
合计					¥1,731.19		¥225.05
价税合计（大写）	⊗壹仟玖佰伍拾陆圆贰角肆分				（小写）¥1,956.24		
销售方	名称：惠州市青山湖商贸有限公司 纳税人识别号：91441322MA4WH2222A 地址、电话：博罗县园洲镇镇光明大厦3408 0752-6680999 开户行及账号：中国银行股份有限公司惠州博罗园洲支行 696468922222			备注			

收款人：邓艳文　复核：陈燕华　开票人：刘盼盼　销售方：（章）

第三联：发票联 购买方记账凭证

图 3－2－9　进项发票

（2）进入“业务处理—发票—进项发票”页面，点击“新增”按钮，出现“手工录入”和“新增”两种方式，点击任意一种增加方式，如图 3－2－10 所示。

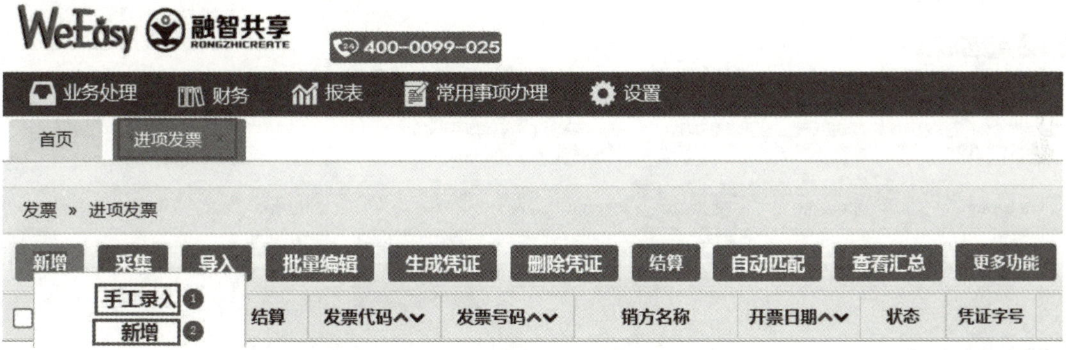

图 3－2－10　新增发票

（3）填写发票信息。“手工录入”和“新增”的区别有三：一是，“手工录入”只需录入发票代码、发票号码、开票日期、开票金额，如图 3－2－11 所示；“新增”需要录入客户/供应商、发票类型、交易事项等必填项，但出于后续生成凭证及整理装订的需要，建议发票代码、发票号码选填项也录入进去，如果企业进行成本核算，“项目·部门·存货·标签”也需录入发票对应的存货名称，如图 3－2－12 所示。二是，“手工录入”的发票信息会自动与电子税务局比对，如果比对不成功，则无法保存；而“新增”不存在与电子税务局比对的问题。三是，“手工录入”的发票和“采集”“导入”一样处于”未登记”，即没有指明核算使用的会计科目，所以不能直接生成凭证；而“新增”则选定了“交易事项”，使得发票处于“已登记”状态，所以此方式新增的发票可直接生成凭证。

图 3－2－11　手工录入

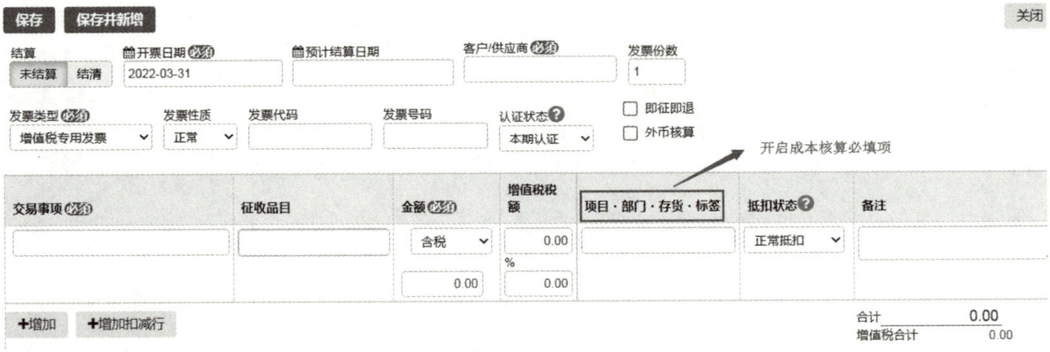

图 3－2－12　新增

（4）填写发票信息后点击“保存”按钮，如图 3－2－13 所示。保存后，就可以在发票信息栏看到新增的发票信息，如图 3－2－14 所示。

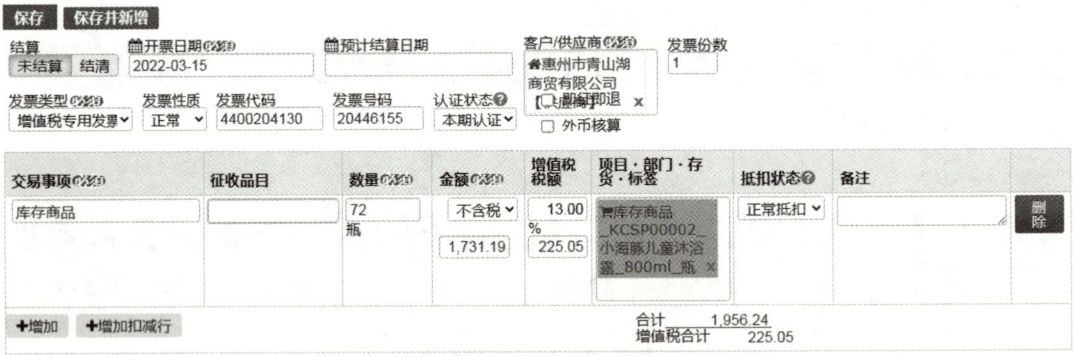

图 3－2－13　填写进项发票信息

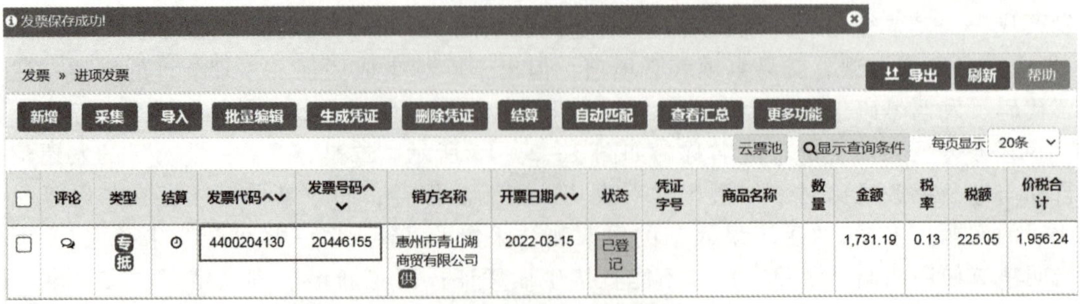

图 3－2－14　进项发票

二、业务登记

业务登记是根据获取的发票内容，选择发票所对应的交易事项等信息，进而确定核算所对应的会计科目。进项发票的登记是以共享中心收到客户的发票为前提，即如果仅仅是采集到该发票信息，但共享中心还并未收到此发票，则该进项发票暂不登记，待收到发票再做登记。根据获取的花田公司 2022 年 3 月份的进项发票信息，从业务内容看主要包括采购库存商品、采购固定资产以及发生的运输费、福利费等费用，其中费用发票的登记放在本项目模块六介绍，本模块主要介绍采购库存商品和采购固定资产发票的登记。单据业务登记有批量登记和单张登记两种方式。

方法一：批量登记。

批量登记适合于业务内容相同、发票类型相同的交易事项，比如均为采购商品，发票类型均为增值税专用发票，通过批量登记可提高业务登记效率。

批量登记进项发票

（1）登录财务云协同管理平台，进入“智能核算—智能记账”，关键词搜索“花田”，期间为 2022 年 3 月，查看上传的花田公司 3 月份所有票据，如图 3－2－15 所示（部分显示），并与智能财税业务处理系统采集到的进项发票核对，确认采集到的进项发票是否均已上传至财务云协同管理平台。以采购商品为例，花田公司 2022 年 3 月采集到的采购商品进项发票共有 14 张，电子版均已上传至财务云协同管理平台。

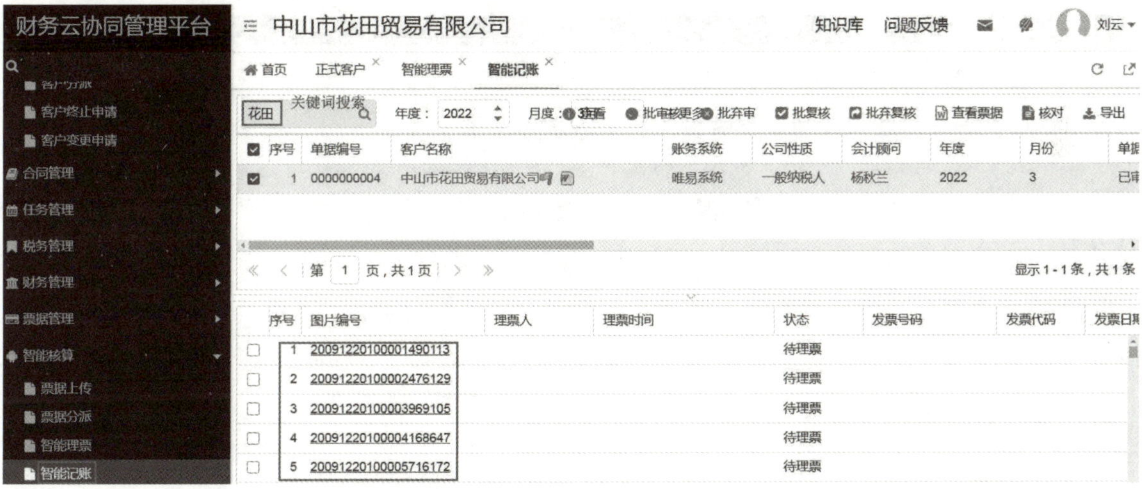

图 3－2－15　单据查询

（2）查看平台上传的进项税额勾选明细中该发票进项税额的用途确认情况。根据花田公司 2022 年 3 月进项税额勾选明细，14 张采购商品发票均已进行正常的用途确认，如图 3－2－16 所示。

（3）勾选业务内容相同的交易事项，点击“批量编辑”。同时勾选这 14 张发票，然后点击“批量编辑”，如图 3－2－17 所示。进入“批量编辑”页面，可供编辑的事项包括“客户/供应商”“交易事项”等，如图 3 - 2 - 18 所示。其中选择“交易事项”是为确定生成凭证使用的核算科目；进行成本核算必须勾选“自动创建存货”，以便进行进销存的成本核算；抵扣状态、认证状态是为确定增值税核算科目，如果勾选了“正常抵扣”“本期认证”，则生成凭证增值税使用的会计科目为“应交税费——应交增值税（进项税额）”，如果选择“正常抵扣”“暂不认证”则生成凭证使用的会计科目为“应交税费——待认证进项税额”核算，所以要根据实际情况相应勾选。其他事项为非必填项，不再一一说明。

中山市花田贸易有限公司进项税额勾选明细

序号	勾选状态	发票来源	发票代码	发票号码	开票日期	销售方纳税人识别号	销售方纳税人名称	金额	税额	有效抵扣税额	票种	票种标签	发票状态	勾选时间	发票风险等级
1	已勾选	增值税发票管理系统	4400203130	62436703	2022-03-01	91440101MA5CP1111E	广州市好运莱国际贸易有限公司	3.944.92	512.84	66.67	增值税专用发票	增值税专用发票	正常	2022-3-31 19:14	正常
2	已勾选	增值税发票管理系统	4400203130	24027292	2022-03-02	91440300083433333E	深圳金蝴蝶进出口有限公司	907.97	118.04	15.34	增值税专用发票	增值税专用发票	正常	2022-3-31 19:14	正常
3	已勾选	增值税发票管理系统	4400203130	35802146	2022-03-05	91440101MA5CP1111E	广州市好运莱国际贸易有限公司	7.386.13	960.20	124.83	增值税专用发票	增值税专用发票	正常	2022-3-31 19:14	正常
4	已勾选	增值税发票管理系统	4400204130	24973213	2022-03-05	91442000MA4UM4444C	中山市华科商贸有限公司	2.317.49	301.27	39.17	增值税专用发票	增值税专用发票	正常	2022-3-31 19:14	正常
5	已勾选	增值税发票管理系统	4400204130	35804213	2022-03-06	91442000MA4UM4444C	中山市华科商贸有限公司	2.762.44	359.12	46.69	增值税专用发票	增值税专用发票	正常	2022-3-31 19:14	正常
6	已勾选	增值税发票管理系统	4400204130	26238571	2022-03-13	91442000MA4UM4444C	中山市华科商贸有限公司	3.301.06	429.14	55.79	增值税专用发票	增值税专用发票	正常	2022-3-31 19:14	正常
7	已勾选	增值税发票管理系统	4400204130	20446155	2022-03-15	91441322MA4WH2222A	惠州市青山湖商贸有限公司	1.731.19	225.05	29.26	增值税专用发票	增值税专用发票	正常	2022-3-31 19:14	正常
8	已勾选	增值税发票管理系统	4400203130	24972236	2022-03-18	91440300083433333E	深圳金蝴蝶进出口有限公司	7.688.49	999.50	129.94	增值税专用发票	增值税专用发票	正常	2022-3-31 19:14	正常
9	已勾选	增值税发票管理系统	4400204130	26238735	2022-03-20	91442000MA4UM4444C	中山市华科商贸有限公司	2.592.98	337.09	43.82	增值税专用发票	增值税专用发票	正常	2022-3-31 19:14	正常
10	已勾选	增值税发票管理系统	4400204130	33896282	2022-03-22	91442000MA4UM4444C	中山市华科商贸有限公司	4.787.73	622.40	80.91	增值税专用发票	增值税专用发票	正常	2022-3-31 19:14	正常
11	已勾选	增值税发票管理系统	4400203130	35802147	2022-03-25	91440101MA5CP1111E	广州市好运莱国际贸易有限公司	4.293.1	558.10	72.55	增值税专用发票	增值税专用发票	正常	2022-3-31 19:14	正常
12	已勾选	增值税发票管理系统	4400203130	35802145	2022-03-29	91440101MA5CP1111E	广州市好运莱国际贸易有限公司	7.337.83	953.92	124.01	增值税专用发票	增值税专用发票	正常	2022-3-31 19:14	正常
13	已勾选	增值税发票管理系统	4400204130	26238377	2022-03-29	91442000MA4UM4444C	中山市华科商贸有限公司	4.065.17	528.47	68.70	增值税专用发票	增值税专用发票	正常	2022-3-31 19:14	正常
14	已勾选	增值税发票管理系统	4400204130	26238966	2022-03-31	91442000MA4UM4444C	中山市华科商贸有限公司	1.538.69	200.03	26.00	增值税专用发票	增值税专用发票	正常	2022-3-31 19:14	正常

图 3 - 2 - 16　进项发票勾选明细

图 3 - 2 - 17　勾选同类发票

（4）勾选登记必填项。由于选中的 14 张发票均为采购商品，所以交易事项勾选“业务相关的支付——库存商品”；花田公司需要进行进销存成本核算，所以勾选“自动创建存货”，同时勾选存货类别。不同类型的企业存货类别会有不同，比如制造类企业，存货类别主要有原材料、库存商品、委托加工物资等，而商贸企业，如花田公司，存货类别主要是库存商品，所以需同时勾选存货类别中的“库存商品”。花田公司采购商品增值税专用发票均正常抵扣、本期认证，对应勾选即可。必填项勾选完毕点击“保存”，如图 3 - 2 - 19 所示。

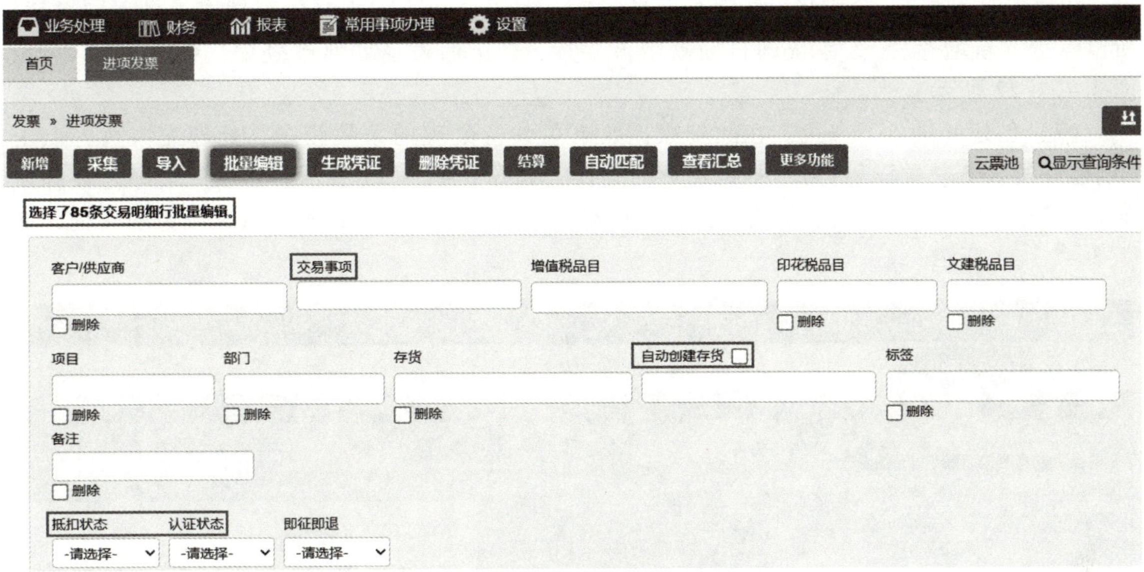

图 3-2-18 批量登记发票

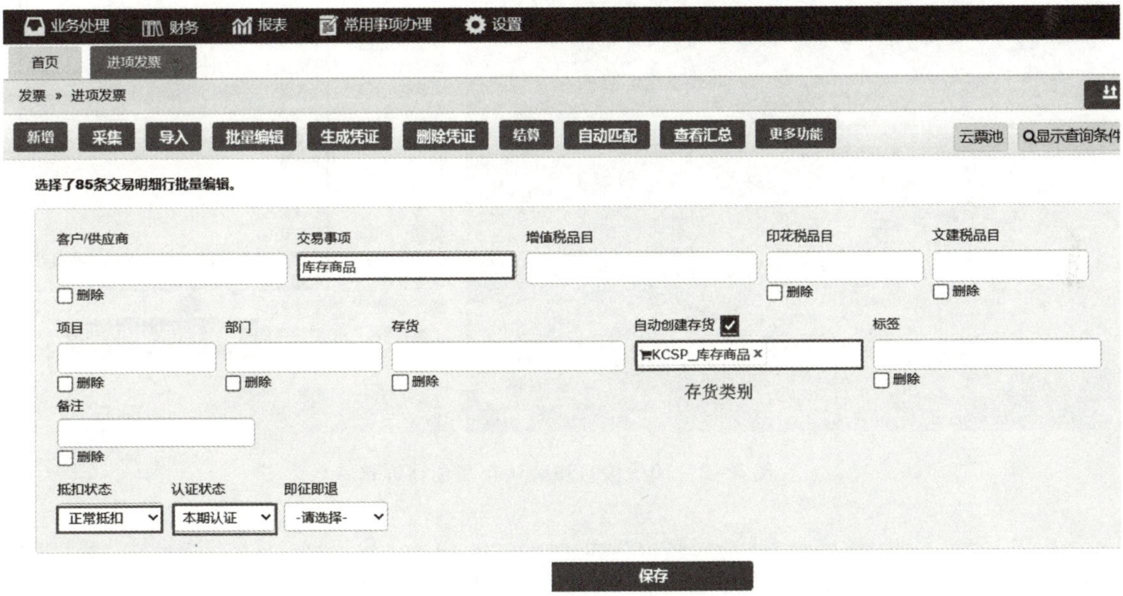

图 3-2-19 登记发票

（5）保存后，弹出批量编辑确认对话框，核对编辑信息是否有误，如无问题，点击“确认存货创建详情”，如登记信息有误，点击“取消”，返回上一步重新登记。具体如图 3-2-20 所示。

（6）确认存货创建详情。由于同一存货存在因文字有差异而识别成不同存货的情况，需要确认存货如何登记。有两种方式：第一，选择登记为已有存货，若单位不同则还需进行单位换算；第二，按照票面信息新增存货登记。全部处理为“已登记换算”或“已新增存货”

后，再点击“创建”，否则将无法保存批量编辑。花田公司不同规格的存货需进行不同登记，所以点击“新增存货”，系统即自动新增该存货，登记后可返回修改登记，如图 3 – 2 – 21、图 3 – 2 – 22 所示。

（7）创建并进入下一批。在此步骤，如果总共待处理的条数较多，处理完本页，点击“创建并进入下一批”，进行下一批存货的确认，如图 3 – 2 – 23 所示。当然，最好是在确认前，先调整显示条数使显示条数最大，这样待处理的均处于 1 页或较少页，避免漏登记，如图 3 – 2 – 24 所示。

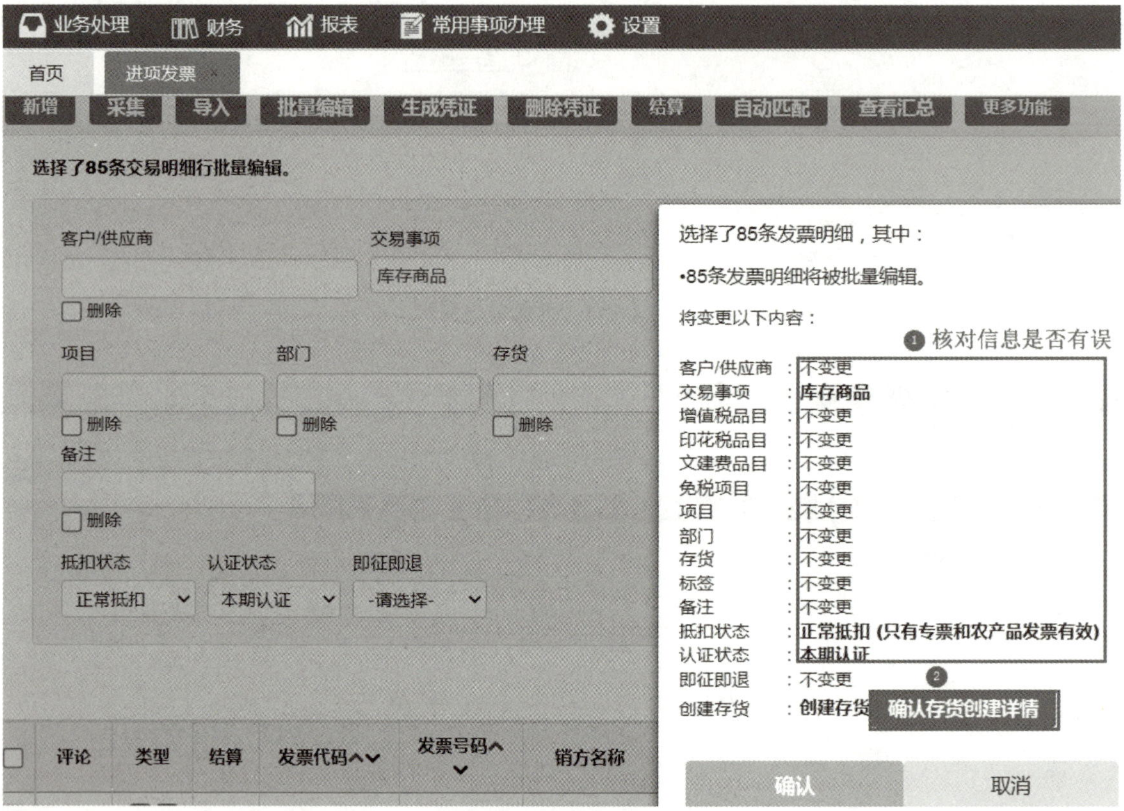

图 3 – 2 – 20　核对和确认存货创建详情

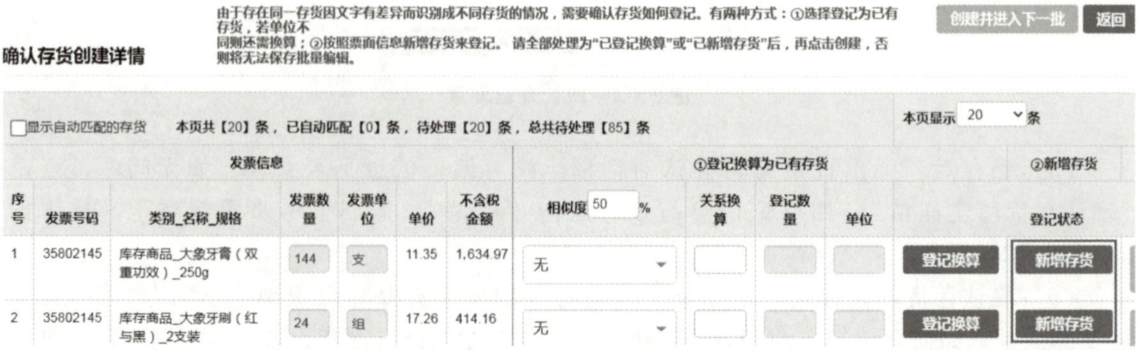

图 3 – 2 – 21　确认存货创建详情

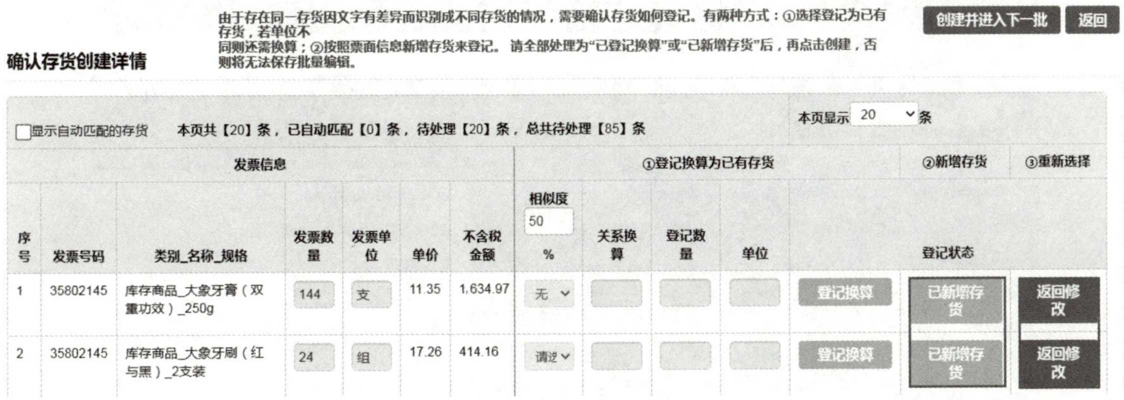

图 3-2-22　确认存货创建详情

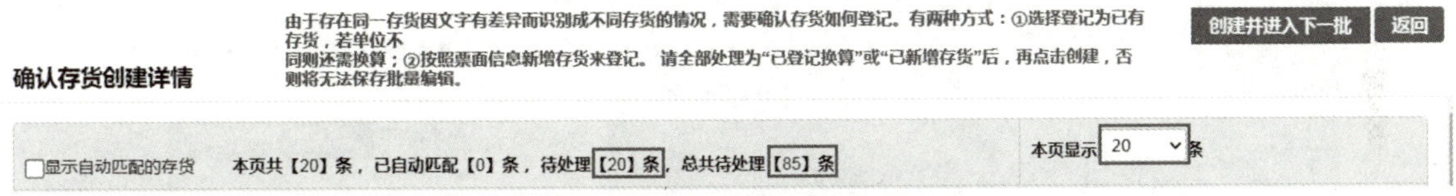

图 3-2-23　确认存货创建详情

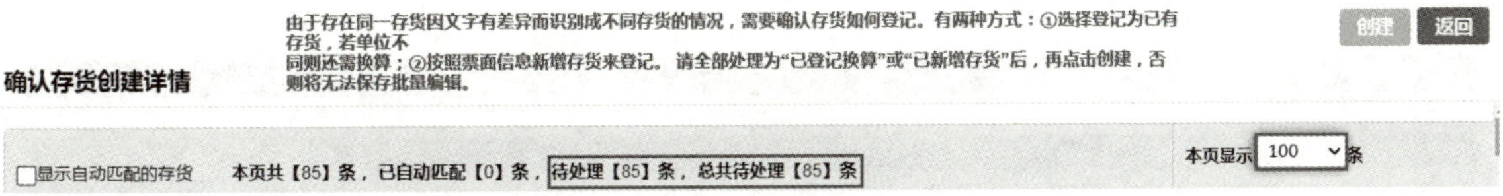

图 3-2-24　确认存货创建详情

（8）待处理存货全部确认为"新增存货"后，点击"创建"，返回到登记对话框，点击"确认"分别如图 3-2-25、图 3-2-26 所示。确认后自动返回到进项发票界面，登记的发票已由"未登记"转变为"已登记"状态，如图 3-2-27 所示。采用同样的方法，批量登记其他同类发票。

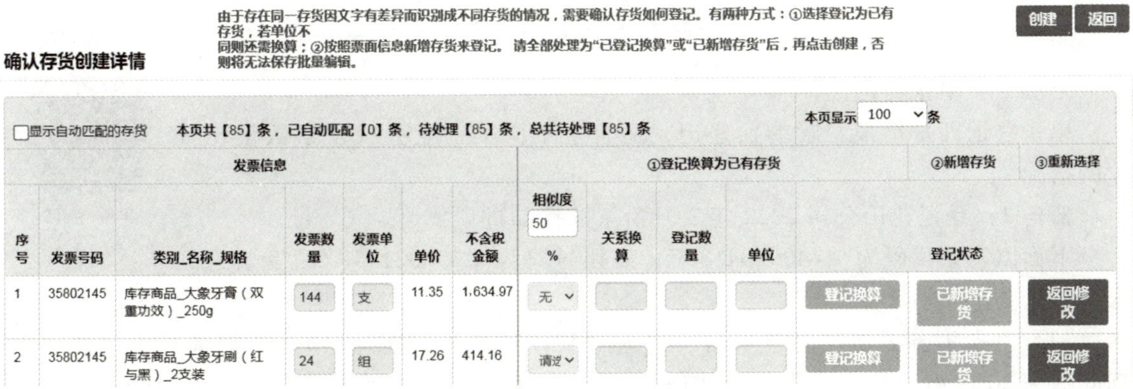

图 3-2-25　创建存货

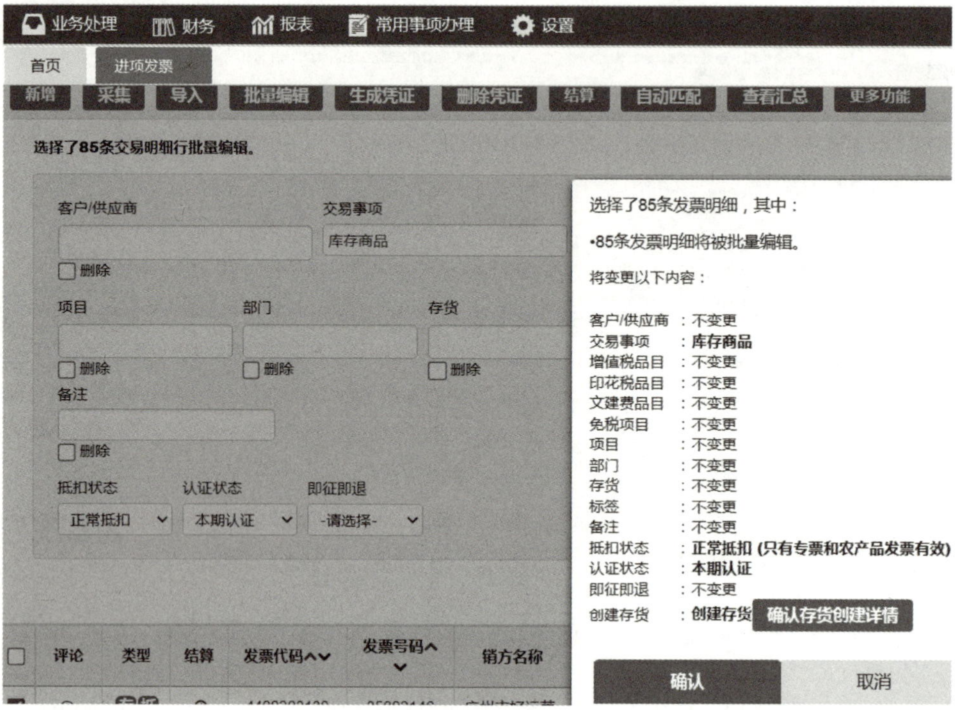

图 3－2－26　确认登记

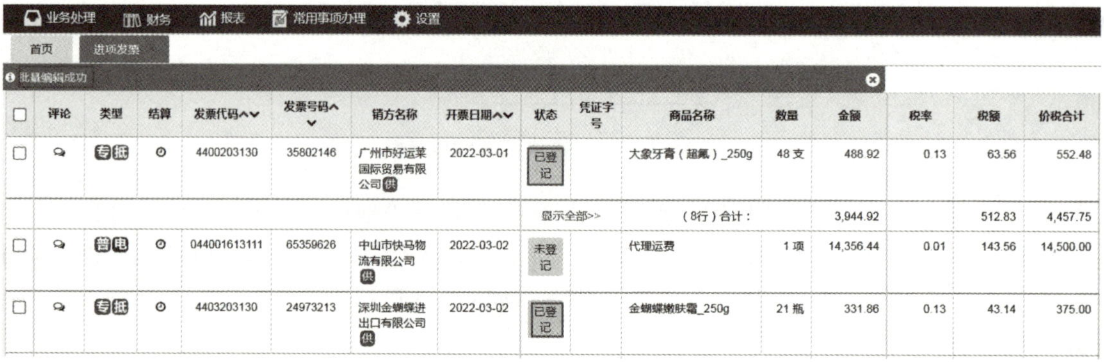

图 3－2－27　发票登记

方法二：单张登记

单张登记即是每张发票单独登记，适合于不同类别业务或发票数量比较少的情况。

单张登记
进项发票

任务 2：登记花田公司 2022 年 3 月份采购商品进项发票。

下面以发票代码为“4400204130”、发票号码为“35802146”的发票为例介绍单张登记。

（1）登录财务云协同管理平台，进入“智能核算—智能理票”，关键词搜索“花田”，期间选为 2022 年 3 月，查看发票代码为“4400204130”、发票号码为“35802146”的发票是否已上传至财务云协同管理平台，经查看，该张发票已上传，如图 3－2－28 所示。

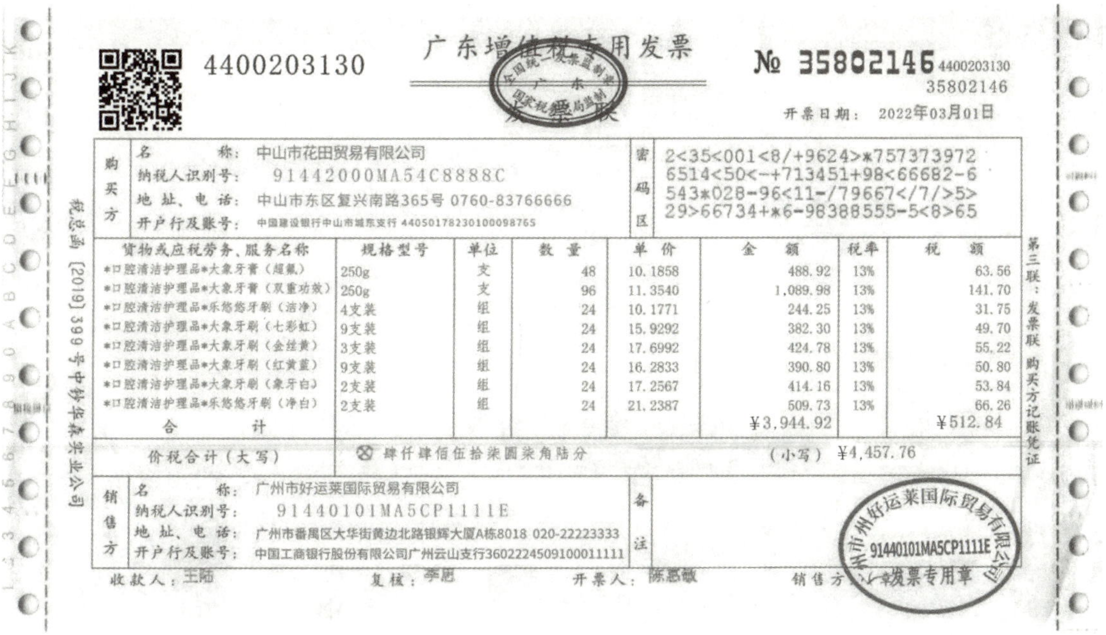
4400203130 广东增值税专用发票 № 35802146 4400203130 35802146

发票联

开票日期：2022年03月01日

购买方	名称：中山市花田贸易有限公司 纳税人识别号：91442000MA54C8888C 地址、电话：中山市东区复兴南路365号 0760-83766666 开户行及账号：中国建设银行中山市城东支行 44050178230100098765	密码区	2<35<001<8/+9624>*757373972 6514<50<-+713451+98<66682-6 543*028-96<11-/79667</7/>5> 29>66734+*6-98388555-5<8>65

货物或应税劳务、服务名称	规格型号	单位	数量	单价	金额	税率	税额
*口腔清洁护理品*大象牙膏（超氟）	250g	支	48	10.1858	488.92	13%	63.56
*口腔清洁护理品*大象牙膏（双重功效）	250g	支	96	11.3540	1,089.98	13%	141.70
*口腔清洁护理品*乐悠悠牙刷（洁净）	4支装	组	24	10.1771	244.25	13%	31.75
*口腔清洁护理品*大象牙刷（七彩虹）	9支装	组	24	15.9292	382.30	13%	49.70
*口腔清洁护理品*大象牙刷（金桂黄）	3支装	组	24	17.6992	424.78	13%	55.22
*口腔清洁护理品*大象牙刷（红黄蓝）	9支装	组	24	16.2833	390.80	13%	50.80
*口腔清洁护理品*大象牙刷（象牙白）	2支装	组	24	17.2567	414.16	13%	53.84
*口腔清洁护理品*乐悠悠牙刷（净白）	2支装	组	24	21.2387	509.73	13%	66.26
合计					¥3,944.92		¥512.84
价税合计（大写）	⊗肆仟肆佰伍拾柒圆柒角陆分				（小写）¥4,457.76		

销售方	名称：广州市好运莱国际贸易有限公司 纳税人识别号：91440101MA5CP1111E 地址、电话：广州市番禺区大华街黄边北路银辉大厦A栋8018 020-22223333 开户行及账号：中国工商银行股份有限公司广州云山支行3602224509100011111	备注	广州市好运莱国际贸易有限公司 91440101MA5CP1111E 发票专用章

收款人：王陆 复核：李君 开票人：陈思敏 销售方：（章）

第三联：发票联 购买方记账凭证

税总函［2019］399号中钞华森实业公司

图 3-2-28 智能理票

（2）查看财务云协同管理平台上传的进项税额勾选明细中该发票进项税额的用途确认情况，根据花田公司2022年3月进项税额勾选明细知，该发票也已进行正常的用途确认。

（3）登录或跳转进入智能财税业务处理系统。进入“业务处理—发票—进项发票”界面，点击发票代码为“4400204130”、发票号码为“35802146”的发票，其状态显示为“未登记”，如图3-2-29所示。除了已经采集到的信息外，需要选择发票认证状态、交易事项及是否结算。认证状态包括本期认证、暂不认证和本期补认证，由于该张发票已经在本期进行了用途确认，所以选择本期认证；交易事项根据发票记载的业务内容进行选择，该项业务是采购商品，所以每项商品对应的交易事项均选择“业务相关的支付”下的“库存商品”；为了更好地反映企业的往来情况，习惯选择“未结算”，如果当期已经付款，则在银行业务处理时根据银行回单做一笔往来付款即可。当然，如果实际付款了，登记时也可直接选择结算，只是如果此处选择了银行结算，为避免业务处理的重复，在银行业务处理时，就不能在处理此项业务对应的付款信息。同时由于花田公司需要进行进销存成本核算，需在“项目·部门·存货·标签”中点选对应的存货，选填完毕，点击“保存”按钮，如图3-2-30所示。

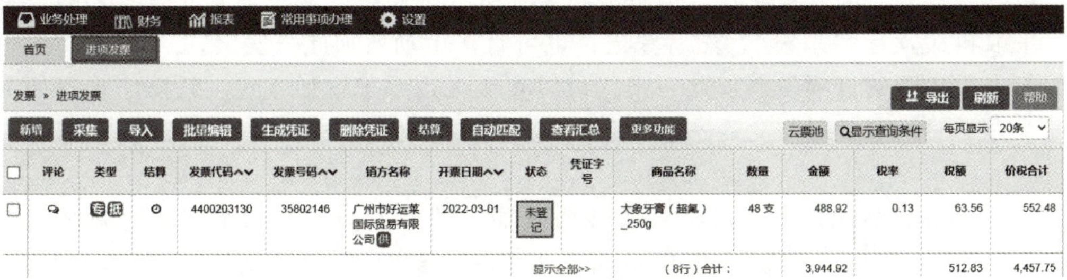

图 3-2-29 进项发票

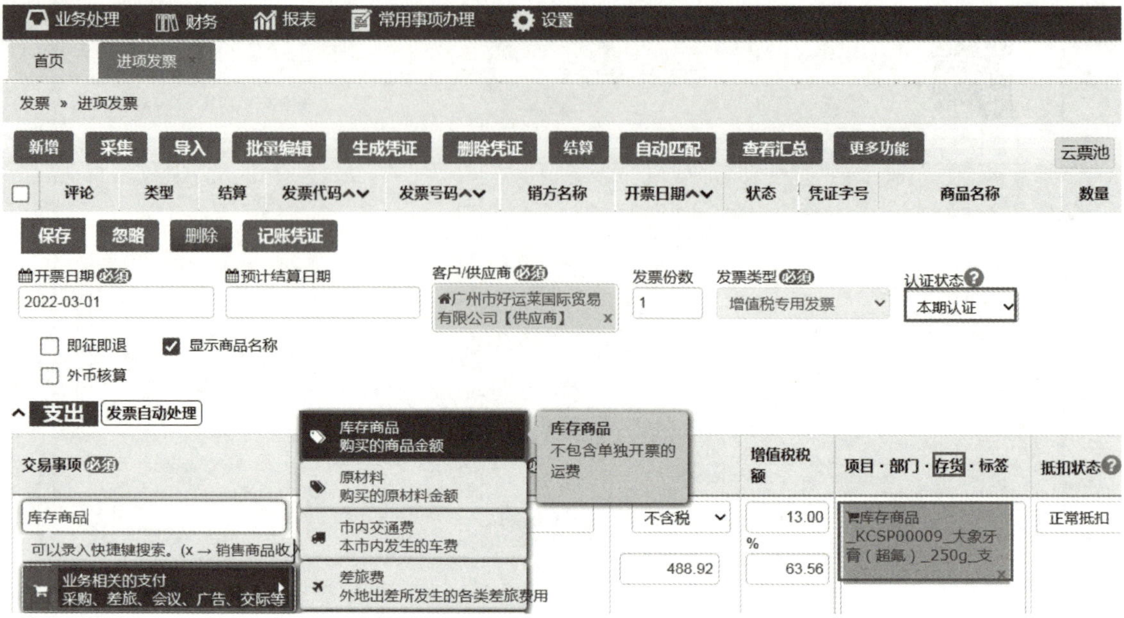

图 3－2－30　登记进项发票

（4）保存后，“状态”栏就可以看到该张发票处于“已登记”状态，如图 3－2－31 所示，该张发票即登记完成。

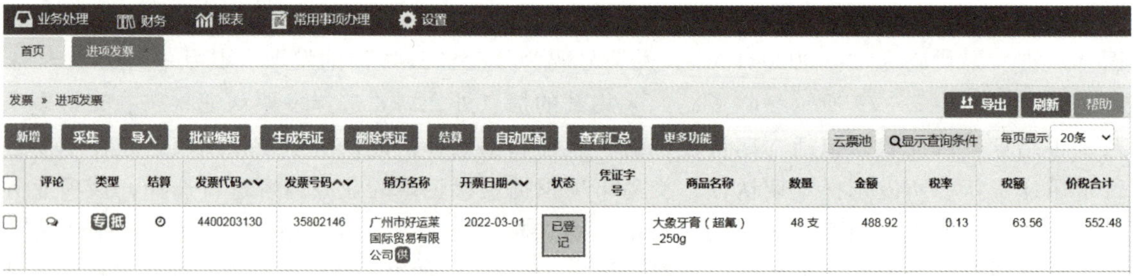

图 3－2－31　进项发票

任务 3： 手动增加花田公司 2022 年 3 月份未能采集到的发票。

假设发票代码为“044002000511”、发票号码为“49157711”的发票（见图 3－2－32）已经上传到财务云协同管理平台，但智能财税业务处理系统未能采集到此张发票的信息，此时可以采取再次发起“采集”，然后登记；也可直接手动增加此张发票。

假如未采集到的进项发票仅此一张，可以直接采用手工增加方式，其操作步骤如下：

（1）进入“业务处理—发票—进项发票”界面，依次点击“新增—新增”，如图 3－2－33 所示。

（2）选填新增发票信息。由发票所载信息知，销售方为广州晶东贸易有限公司，根据交易习惯，此项采购业务属于现付业务，“结算”应选择“结清”，“开票日期”选择“2022－03－12”，“账户”选择“中国建设银行－8765（银）”，“客户/供应商”点击“供应商—增加记录”进行供应商登记，“发票类型”选择“增值税电子普票”，输入“发票代码”“发票号码”，交易事项为资产采购中的固定资产采购等，输入不含税金额，选择税率，税额由平台自动计算，填写完毕，点击“保存”。保存后弹出“输入固定资产不能为空”错误提示，如图 3－2－34 所示。

（3）点击“征收品目—资产”的“增加记录”，如图 3－2－35 所示。填写新增固定资产卡片信息并保存，如图 3－2－36 所示。

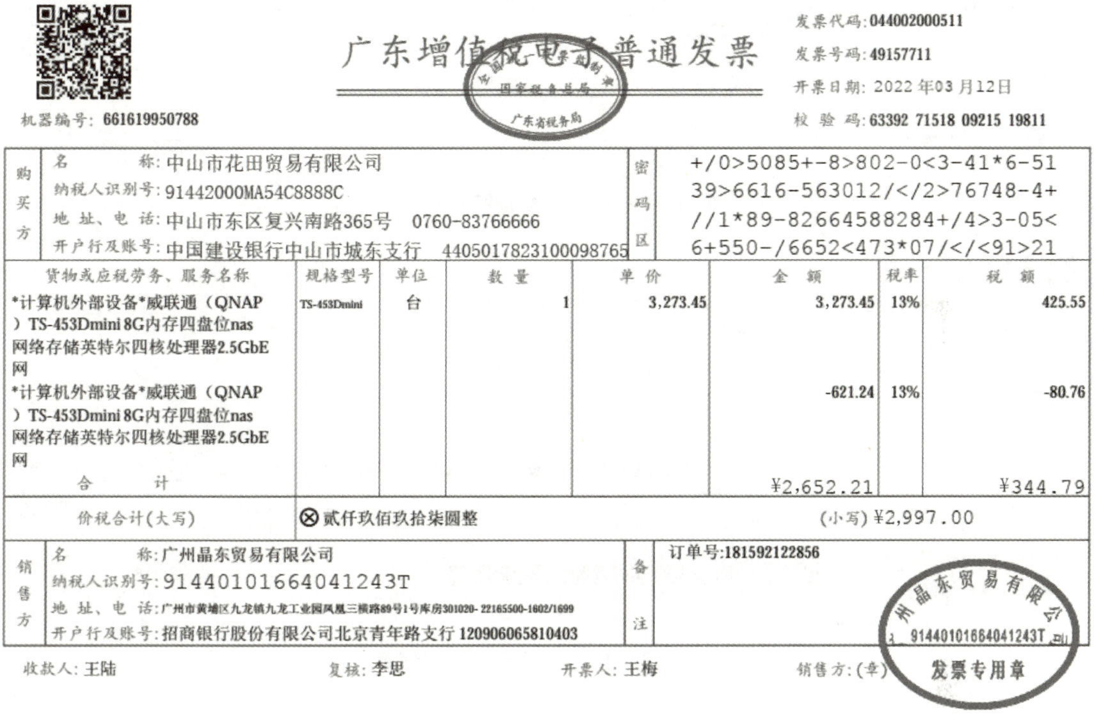
广东增值税电子普通发票

发票代码：044002000511
发票号码：49157711
开票日期：2022年03月12日
校验码：63392 71518 09215 19811
机器编号：661619950788

购买方
名称：中山市花田贸易有限公司
纳税人识别号：91442000MA54C8888C
地址、电话：中山市东区复兴南路365号 0760-83766666
开户行及账号：中国建设银行中山市城东支行 4405017823100098765

密码区
+/0>5085+-8>802-0<3-41*6-51
39>6616-563012/</2>76748-4+
//1*89-82664588284+/4>3-05<
6+550-/6652<473*07/</<91>21

货物或应税劳务、服务名称	规格型号	单位	数量	单价	金额	税率	税额
*计算机外部设备*威联通（QNAP）TS-453Dmini 8G内存四盘位nas网络存储英特尔四核处理器2.5GbE网	TS-453Dmini	台	1	3,273.45	3,273.45	13%	425.55
*计算机外部设备*威联通（QNAP）TS-453Dmini 8G内存四盘位nas网络存储英特尔四核处理器2.5GbE网					-621.24	13%	-80.76
合计					¥2,652.21		¥344.79
价税合计（大写）	⊗贰仟玖佰玖拾柒圆整				（小写）¥2,997.00		

销售方
名称：广州晶东贸易有限公司
纳税人识别号：91440101664041243T
地址、电话：广州市黄埔区九龙镇九龙工业园凤凰三横路89号1号库房301020-22165500-1602/1699
开户行及账号：招商银行股份有限公司北京青年路支行 120906065810403

备注：订单号:181592122856

收款人：王陆　复核：李思　开票人：王梅　销售方：（章）

图 3－2－32　进项发票

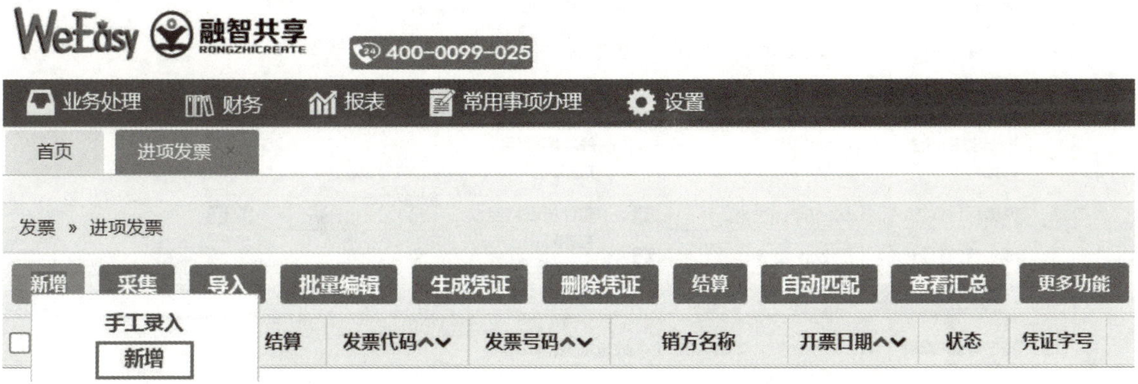

图 3－2－33　新增进项发票

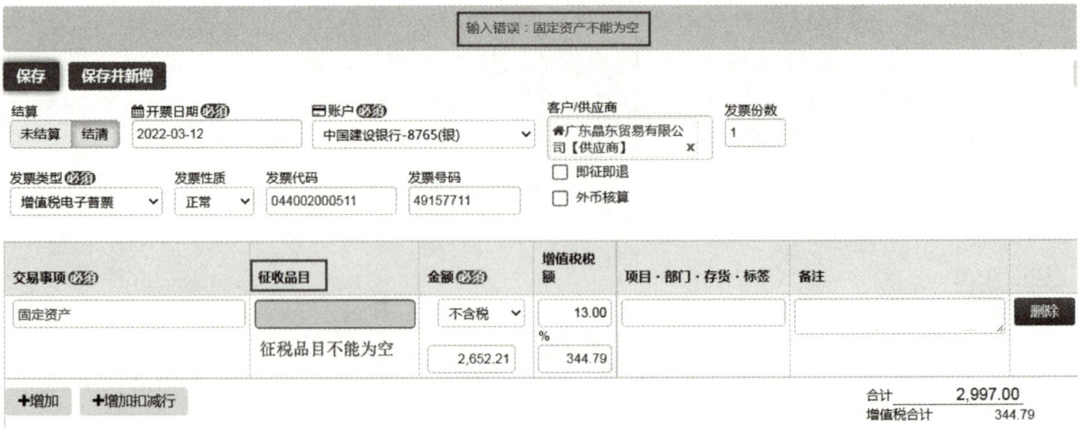

图 3－2－34　填写新增发票信息

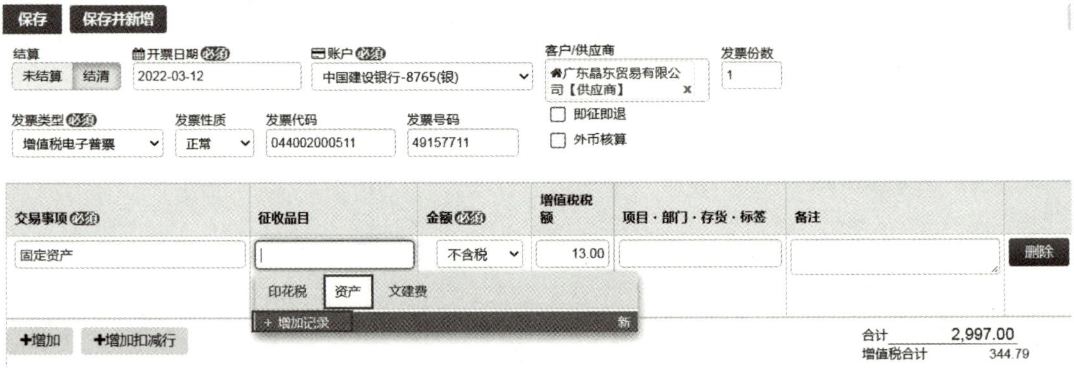

图 3－2－35　填写新增发票信息

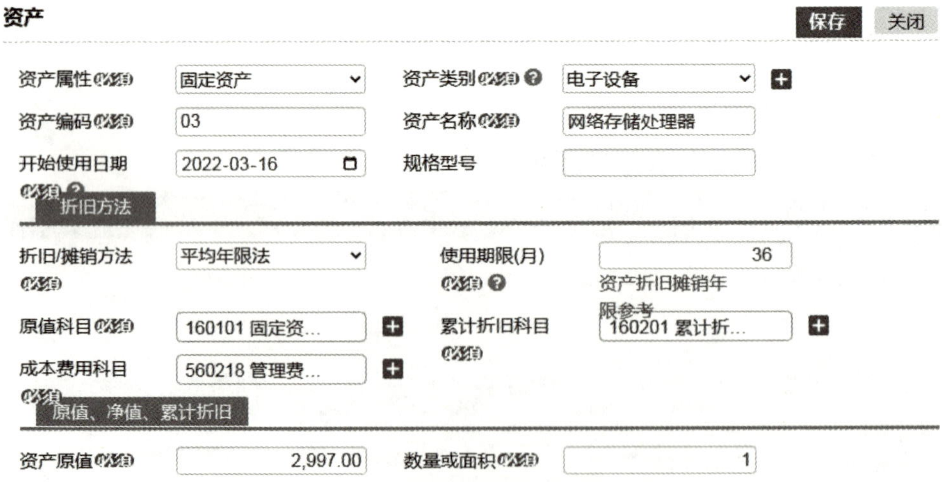

图 3－2－36　新增固定资产卡片

（4）保存新增发票信息，保存后就能在“进项发票”界面看到新增的采购固定资产信息，且已处于“已登记”状态。在“业务处理—业务台账—折旧摊销”可以查看到新增的卡片信息如图 3－2－37、图 3－2－38 所示。此时就完成了采购固定资产发票的新增和登记工作。

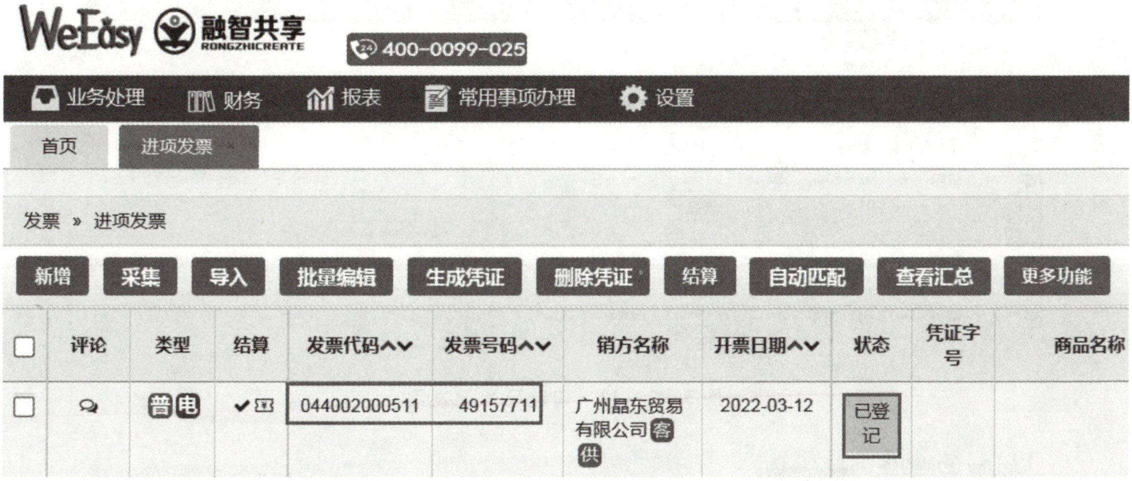

图 3－2－37　进项发票

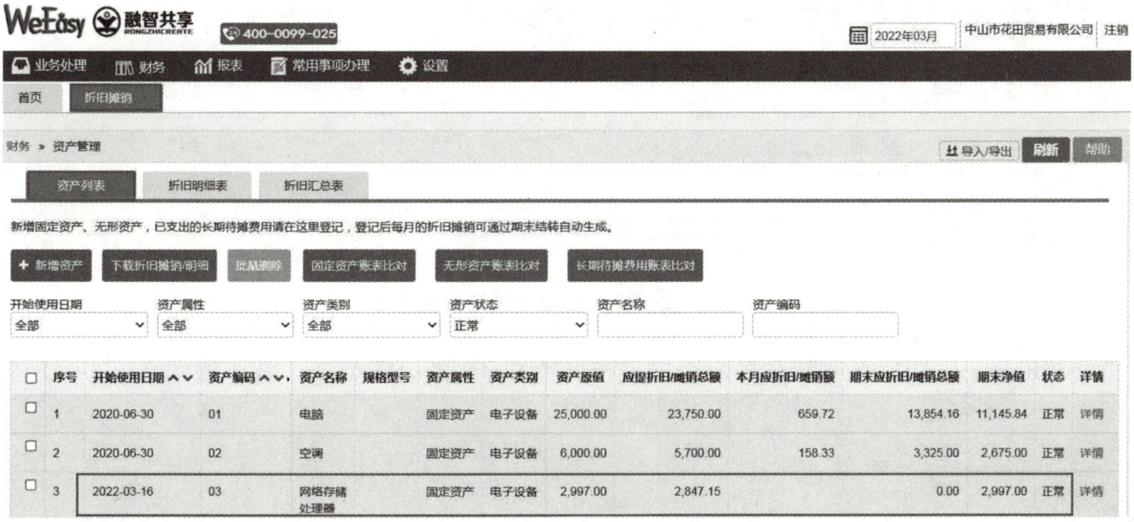

图 3－2－38　固定资产列表

三、生成记账凭证

生成采购业务记账凭证

任务 4：生成花田公司 2022 年 3 月份采购商品和采购固定资产记账凭证。

完成进项发票登记后，生成记账凭证就比较简单和智能，勾选所有已经登记的进项发票，点击“生成凭证”按钮，平台就自动生成记账凭证，如图 3－2－39、图 3－2－40 所示。

图 3-2-39　勾选已登记发票

图 3-2-40　自动生成记账凭证

花田公司采购库存商品和采购固定资产共生成 15 张记账凭证，具体如图 3-2-41 至图 3-2-55 所示。

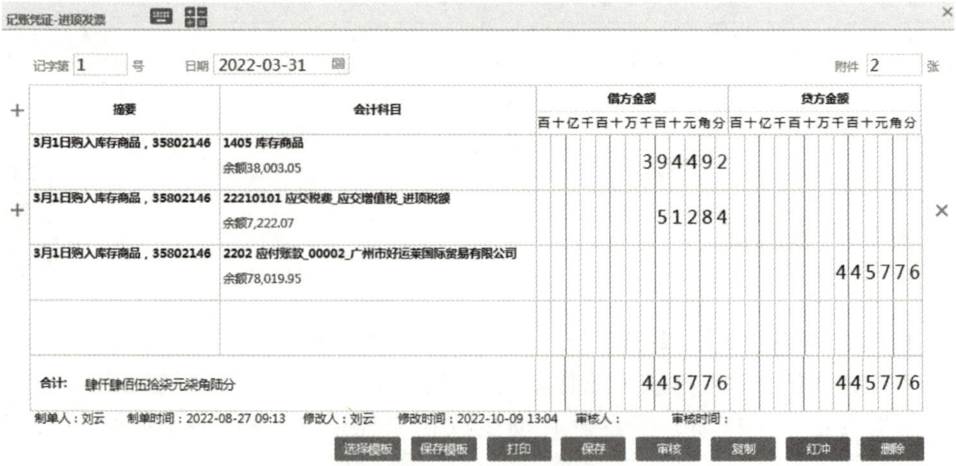

图 3-2-41　记账凭证

记账凭证-进项发票

记字第 2 号　日期 2022-03-31　附件 2 张

摘要	会计科目	借方金额	贷方金额
3月2日购入库存商品，24973213	1405 库存商品 余额38,003.05	90797	
3月2日购入库存商品，24973213	22210101 应交税费_应交增值税_进项税额 余额7,222.07	11803	
3月2日购入库存商品，24973213	2202 应付账款_00005_深圳金蝴蝶进出口有限公司 余额39,579.62		102600
合计：壹仟零贰拾陆元整		102600	102600

制单人：刘云　制单时间：2022-08-27 09:13　修改人：刘云　修改时间：2022-10-09 13:04　审核人：　审核时间：

选择模板　保存模板　打印　保存　审核　复制　红冲　删除

图 3－2－42　记账凭证

记账凭证-进项发票

记字第 3 号　日期 2022-03-31　附件 2 张

摘要	会计科目	借方金额	贷方金额
3月5日购入库存商品，35804213	1405 库存商品 余额38,003.05	738613	
3月5日购入库存商品，35804213	22210101 应交税费_应交增值税_进项税额 余额7,222.07	96019	
3月5日购入库存商品，35804213	2202 应付账款_00002_广州市好运莱国际贸易有限公司 余额78,019.95		834632
合计：捌仟叁佰肆拾陆元叁角贰分		834632	834632

制单人：刘云　制单时间：2022-08-27 09:13　修改人：刘云　修改时间：2022-10-09 13:04　审核人：　审核时间：

选择模板　保存模板　打印　保存　审核　复制　红冲　删除

图 3－2－43　记账凭证

记账凭证-进项发票

记字第 4 号　日期 2022-03-31　附件 2 张

摘要	会计科目	借方金额	贷方金额
3月5日购入库存商品，26238571	1405 库存商品 余额38,003.05	231749	
3月5日购入库存商品，26238571	22210101 应交税费_应交增值税_进项税额 余额7,222.07	30127	
3月5日购入库存商品，26238571	2202 应付账款_00003_中山市华科商贸有限公司 余额26,612.81		261876
合计：贰仟陆佰壹拾捌元柒角陆分		261876	261876

制单人：刘云　制单时间：2022-08-27 09:13　修改人：刘云　修改时间：2022-10-09 13:04　审核人：　审核时间：

选择模板　保存模板　打印　保存　审核　复制　红冲　删除

图 3－2－44　记账凭证

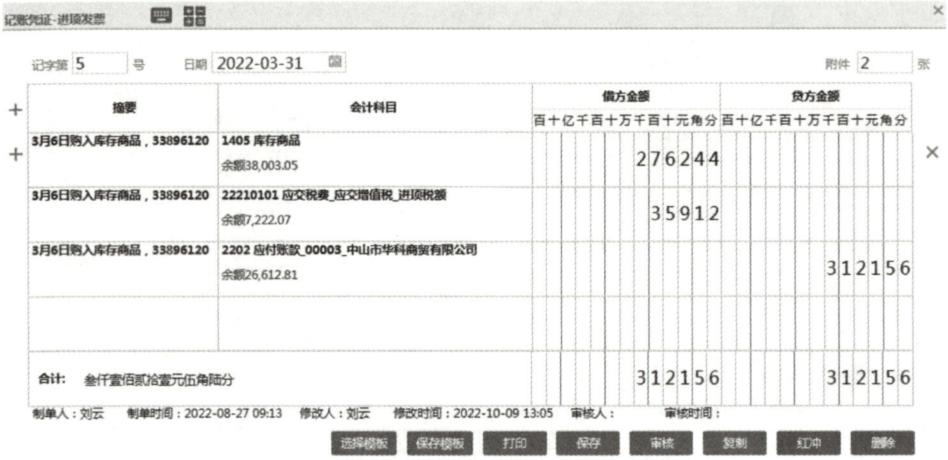

记账凭证-进项发票

记字第 5 号　日期 2022-03-31　附件 2 张

摘要	会计科目	借方金额	贷方金额
3月6日购入库存商品，33896120	1405 库存商品 余额38,003.05	276244	
3月6日购入库存商品，33896120	22210101 应交税费_应交增值税_进项税额 余额7,222.07	35912	
3月6日购入库存商品，33896120	2202 应付账款_00003_中山市华科商贸有限公司 余额26,612.81		312156
合计：叁仟壹佰贰拾壹元伍角陆分		312156	312156

制单人：刘云　制单时间：2022-08-27 09:13　修改人：刘云　修改时间：2022-10-09 13:05　审核人：　审核时间：

选择模板　保存模板　打印　保存　审核　复制　红冲　删除

图 3－2－45　记账凭证

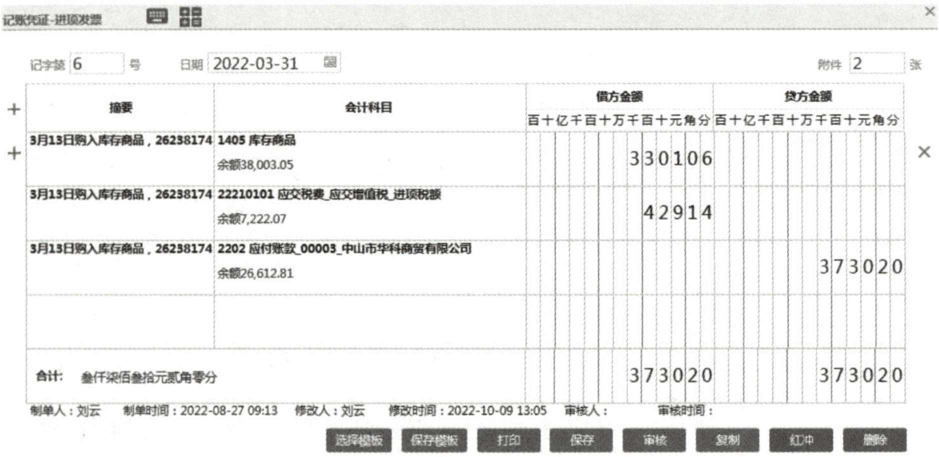

记账凭证-进项发票

记字第 6 号　日期 2022-03-31　附件 2 张

摘要	会计科目	借方金额	贷方金额
3月13日购入库存商品，26238174	1405 库存商品 余额38,003.05	330106	
3月13日购入库存商品，26238174	22210101 应交税费_应交增值税_进项税额 余额7,222.07	42914	
3月13日购入库存商品，26238174	2202 应付账款_00003_中山市华科商贸有限公司 余额26,612.81		373020
合计：叁仟柒佰叁拾元贰角零分		373020	373020

制单人：刘云　制单时间：2022-08-27 09:13　修改人：刘云　修改时间：2022-10-09 13:05　审核人：　审核时间：

选择模板　保存模板　打印　保存　审核　复制　红冲　删除

图 3－2－46　记账凭证

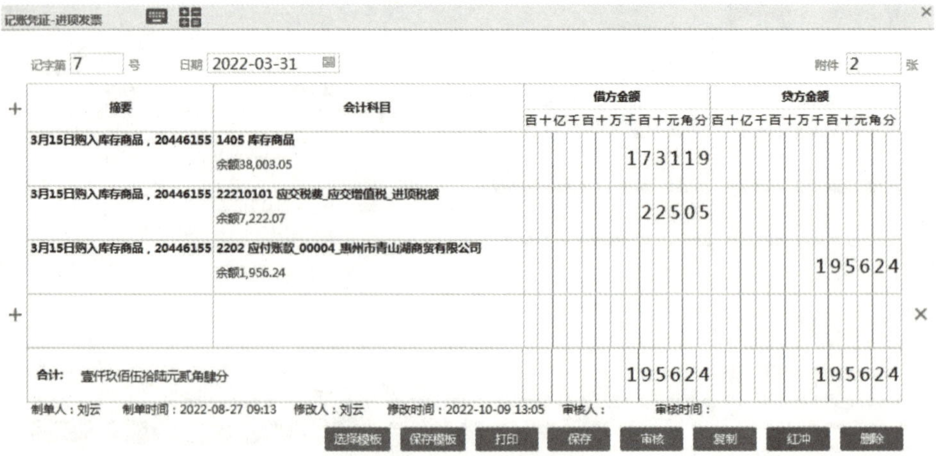

记账凭证-进项发票

记字第 7 号　日期 2022-03-31　附件 2 张

摘要	会计科目	借方金额	贷方金额
3月15日购入库存商品，20446155	1405 库存商品 余额38,003.05	173119	
3月15日购入库存商品，20446155	22210101 应交税费_应交增值税_进项税额 余额7,222.07	22505	
3月15日购入库存商品，20446155	2202 应付账款_00004_惠州市青山湖商贸有限公司 余额1,956.24		195624
合计：壹仟玖佰伍拾陆元贰角肆分		195624	195624

制单人：刘云　制单时间：2022-08-27 09:13　修改人：刘云　修改时间：2022-10-09 13:05　审核人：　审核时间：

选择模板　保存模板　打印　保存　审核　复制　红冲　删除

图 3－2－47　记账凭证

记账凭证-进项发票

记字第 8 号　日期 2022-03-31　附件 2 张

摘要	会计科目	借方金额	贷方金额
3月18日购入库存商品，24972236	1405 库存商品 余额38,003.05	768849	
3月18日购入库存商品，24972236	22210101 应交税费_应交增值税_进项税额 余额7,222.07	99951	
3月18日购入库存商品，24972236	2202 应付账款_00005_深圳金蝴蝶进出口有限公司 余额39,579.62		868800
合计： 捌仟陆佰捌拾捌元整		868800	868800

制单人：刘云　制单时间：2022-09-26 14:45　修改人：刘云　修改时间：2022-10-09 13:05　审核人：　审核时间：

选择模板　保存模板　打印　保存　审核　复制　红冲　删除

图 3－2－48　记账凭证

记账凭证-进项发票

记字第 9 号　日期 2022-03-31　附件 2 张

摘要	会计科目	借方金额	贷方金额
3月20日购入库存商品，26238735	1405 库存商品 余额38,003.05	259298	
3月20日购入库存商品，26238735	22210101 应交税费_应交增值税_进项税额 余额7,222.07	33710	
3月20日购入库存商品，26238735	2202 应付账款_00003_中山市华科商贸有限公司 余额26,612.81		293008
合计： 贰仟玖佰叁拾元零角捌分		293008	293008

制单人：刘云　制单时间：2022-08-27 09:13　修改人：刘云　修改时间：2022-10-09 13:05　审核人：　审核时间：

选择模板　保存模板　打印　保存　审核　复制　红冲　删除

图 3－2－49　记账凭证

记账凭证-进项发票

记字第 10 号　日期 2022-03-31　附件 2 张

摘要	会计科目	借方金额	贷方金额
3月22日购入库存商品，33896282	1405 库存商品 余额38,003.05	478773	
3月22日购入库存商品，33896282	22210101 应交税费_应交增值税_进项税额 余额7,222.07	62239	
3月22日购入库存商品，33896282	2202 应付账款_00003_中山市华科商贸有限公司 余额26,612.81		541012
合计： 伍仟肆佰壹拾元壹角贰分		541012	541012

制单人：刘云　制单时间：2022-08-27 09:13　修改人：刘云　修改时间：2022-10-09 13:05　审核人：　审核时间：

选择模板　保存模板　打印　保存　审核　复制　红冲　删除

图 3－2－50　记账凭证

记账凭证-进项发票

记字第 11 号　日期 2022-03-31　附件 2 张

摘要	会计科目	借方金额	贷方金额
3月25日购入库存商品，35802147	1405 库存商品 余额38,003.05	429310	
3月25日购入库存商品，35802147	22210101 应交税费_应交增值税_进项税额 余额7,222.07	55810	
3月25日购入库存商品，35802147	2202 应付账款_00002_广州市好运莱国际贸易有限公司 余额78,019.95		485120
合计：　肆仟捌佰伍拾壹元贰角零分		485120	485120

制单人：刘云　制单时间：2022-08-27 09:13　修改人：刘云　修改时间：2022-10-09 13:06　审核人：　审核时间：

选择模板　保存模板　打印　保存　审核　复制　红冲　删除

图 3-2-51　记账凭证

记账凭证-进项发票

记字第 12 号　日期 2022-03-31　附件 3 张

摘要	会计科目	借方金额	贷方金额
3月29日购入库存商品，35802145	1405 库存商品 余额38,003.05	733783	
3月29日购入库存商品，35802145	22210101 应交税费_应交增值税_进项税额 余额7,222.07	95393	
3月29日购入库存商品，35802145	2202 应付账款_00002_广州市好运莱国际贸易有限公司 余额78,019.95		829176
合计：　捌仟贰佰玖拾壹元柒角陆分		829176	829176

制单人：刘云　制单时间：2022-09-26 15:30　修改人：刘云　修改时间：2022-10-09 13:03　审核人：　审核时间：

选择模板　保存模板　打印　保存　审核　复制　红冲　删除

图 3-2-52　记账凭证

记账凭证-进项发票

记字第 13 号　日期 2022-03-31　附件 2 张

摘要	会计科目	借方金额	贷方金额
3月29日购入库存商品，26238377	1405 库存商品 余额38,003.05	406517	
3月29日购入库存商品，26238377	22210101 应交税费_应交增值税_进项税额 余额7,222.07	52847	
3月29日购入库存商品，26238377	2202 应付账款_00003_中山市华科商贸有限公司 余额26,612.81		459364
合计：　肆仟伍佰玖拾叁元陆角肆分		459364	459364

制单人：刘云　制单时间：2022-08-27 09:13　修改人：刘云　修改时间：2022-10-09 13:06　审核人：　审核时间：

选择模板　保存模板　打印　保存　审核　复制　红冲　删除

图 3-2-53　记账凭证

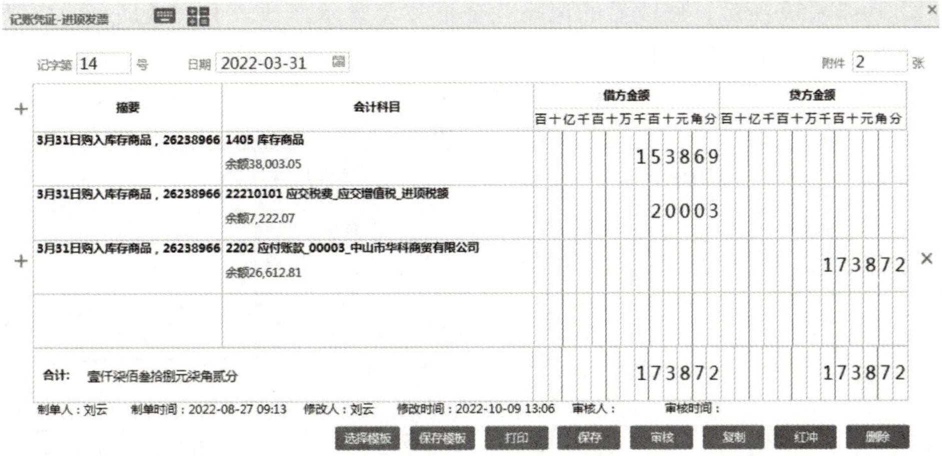

图 3－2－54 记账凭证

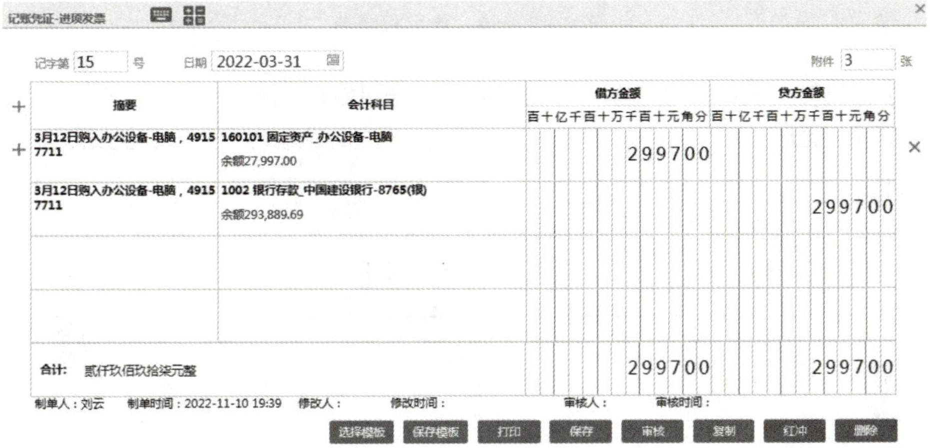

图 3－2－55 记账凭证

四、核对凭证

核对采购业务记账凭证

这里的核对凭证主要是检查生成的记账凭证是否存在科目登记、金额等错误问题，如果发现有错误，要及时对生成的记账凭证做出修改。

任务 5：核对花田公司 2022 年 3 月份采购商品和采购固定资产记账凭证。

财务云共享中心会计核对花田公司 2022 年 3 月份进项发票记账凭证发现，第 15 号记账凭证（见图 3－2－55）贷方账户登记错误。因根据查看到的财务云协同管理平台上传的花田公司 2022 年 3 月票据（见图 3－2－56、图 3－2－57）显示，该项采购是由职员林绵绵先代为支付，而后到公司报销，并不是由花田公司直接支付给广州晶东贸易有限公司，所以贷方登记的账户应该是“其他应付款——林绵绵”。那么就需要打开第 15 号凭证，修改贷方账户为“其他应付款——林绵绵”，修改后点击“保存”，如图 3－2－58 所示，保存后的 15

号凭证如图 3－2－59 所示，修改后的记账凭证下方会显示修改人和修改时间。需要提醒的是如果系统中不存在需要的会计科目，点击“新增科目”新增即可。

费用报销单

2022年03月31日　　　　附件 2 张

报销人	林绵绵	所属部门	财务部	报销形式	转账
				支票号码	
报销项目		摘要		金额	备注
固定资产/网络存储器		购买威联通网络存储器（TS-453D mini）		2,997.00	银行付讫
合　计				¥2,997.00	
金额大写（人民币）：贰仟玖佰玖拾柒元整				原借款：¥0.00	公司应支付：¥2,997.00
					个人应退回：¥0.00

经理：罗成功　　出纳：林绵绵

图 3－2－56　费用报销单

中国建设银行 China Construction Bank　中国建设银行单位客户专用回单

币别：人民币　　2022年03月31日　　流水号：4407813200NGPFON1HW

付款人	全称	中山市花田贸易有限公司	收款人	全称	林绵绵
	账号	44050178230100098765		账号	4563517004075467890
	开户行	中国建设银行中山市城东支行		开户行	中国工商银行股份有限公司广州云山支行
金额		(大写)人民币贰仟玖佰玖拾柒圆整			(小写)¥2,997.00
凭证种类		电子转账凭证	凭证号码		103568257395
结算方式		转账	用途		报销网络存储器
			打印柜员： 打印机构： 打印卡号：		中国建设银行 电子回单专用章

（借方回单）

图 3－2－57　银行回单

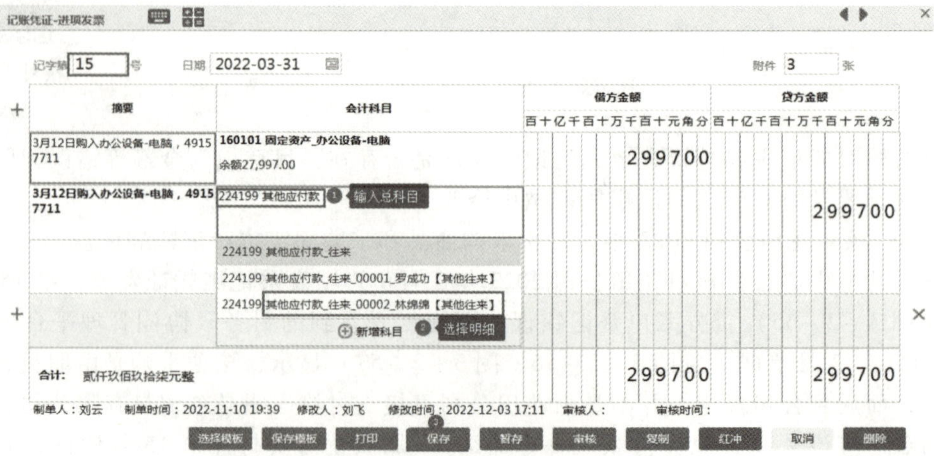

图 3－2－58　更正凭证

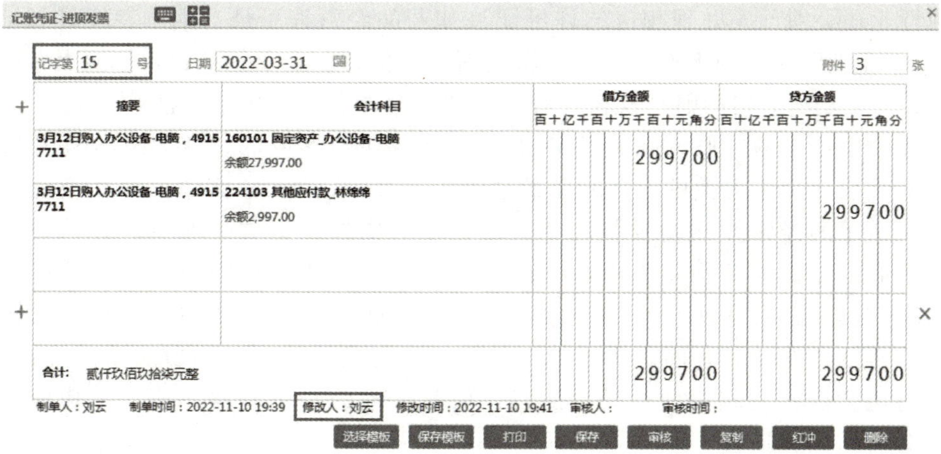

记账凭证-进项发票

记字第 15 号　日期 2022-03-31　附件 3 张

摘要	会计科目	借方金额	贷方金额
3月12日购入办公设备-电脑，49157711	160101 固定资产_办公设备-电脑 余额27,997.00	299700	
3月12日购入办公设备-电脑，49157711	224103 其他应付款_林绵绵 余额2,997.00		299700
合计：贰仟玖佰玖拾柒元整		299700	299700

制单人：刘云　制单时间：2022-11-10 19:39　修改人：刘云　修改时间：2022-11-10 19:41　审核人：　审核时间：

选择模板　保存模板　打印　保存　审核　复制　红冲　删除

图 3－2－59　记账凭证

模块三　销售业务智能核算

相关知识

一、销售及销售业务

销售是以出售、租赁或其他任何方式向第三方提供商品或服务的行为，包括为促进该行为进行的有关辅助活动，例如广告、促销、展览、服务等活动。销售是实现企业生产经营成果的活动，是服务客户、有偿帮助客户解决问题的行为过程。

在产品销售过程中，企业以一定方式将产品或商品销售给购买方，并按约定的销售价格取得销售收入，是产品价值和使用价值的实现过程。企业为取得一定数量的销售收入，必须付出相应数量的产品，这些产品的制造成本或采购成本称为“产品销售成本”；为了销售产品还将可能发生广告费、包装费、运输费等销售费用；在取得销售收入时，应按国家规定计算缴纳相关税费。所有的这些成本、费用、相关税费都应当在销售收入中得到补偿。综上，销售过程的主要业务是：销售产品，实现收入；与购货单位结算货款；结转销售成本；支付销售费用；计算和结转税金及相关附加税费。本模块主要介绍销售收入的核算。

二、收入的定义

企业开展业务，必须到市场监督管理局办理设立登记并领取营业执照，某些特殊经营项目或特殊行业还必须预先办理相应的许可证（如药品经营许可证、烟草专卖许可证、金融许可证等）。企业营业执照上面注有“经营范围”等信息。企业依照营业执照上载明的营业范围从事经营活动所获得的财产权利（对价）即为会计准则所称的“收入”。

会计准则中定义的“收入”是指企业在日常活动中形成的、会导致所有者权益增加的、与所有者投入资本无关的经济利益的总流入。其中，“日常活动”是指企业为完成其经营目标所从事的经常性活动及与之相关的活动。比如制造类企业生产并销售产品、商贸企业销售商品、保险公司签发保单、商业银行对外贷款、租赁公司出租资产等，均属于企业为完成其经营目标所从事的经常性活动，由此产生的经济利益的总流入构成该企业的收入。再如，企业处置固定资产，不是企业为完成其经营目标所从事的经常性活动，也不属于与经常性活动相关的活动，所以，由此产生的经济利益总流入不构成收入，而应当确认为资产处置损益。

显然，不同的行业，收入的具体含义是不同的，比如对商贸企业而言，“收入”是指销售商品、提供劳务和让渡资产使用权所取得的收入。

三、收入的分类

（一）按企业从事日常活动的性质分类

企业按从事日常活动的性质不同分为销售商品收入、提供劳务收入和让渡资产使用权收入。

（1）销售商品收入。是指企业通过销售商品实现的收入，如制造类企业生产并销售产品、商贸企业销售商品等实现的收入。

（2）提供劳务收入。是指企业提供劳务取得的收入，即企业从事建筑安装、修理修配、交通运输、仓储租赁、金融保险、邮电通信、咨询经纪、文化体育、科学研究、技术服务、教育培训、餐饮住宿、中介代理、卫生保健、社区服务、旅游、娱乐、加工及其他劳务服务活动取得的收入。

（3）让渡资产使用权收入。是指让渡资产使用权而取得的收入，主要包括利息收入、使用费收入、出租资产收取的租金、进行债券投资取得的利息、进行股权投资取得的现金股利收入等。

（二）按企业经营业务主次分类

收入按企业经营业务的主次不同分为主营业务收入和其他业务收入。

企业在进行会计管理时常常需要区分主营业务和兼营业务。从业绩评价与控制的角度，需要分析企业的利润来源究竟是来自营业活动还是来自偶然所得。当然，主营业务和兼营业务的区分并没有统一的标准。对于一家企业而言的主营业务和兼营业务，对另一家企业而言可能恰恰相反。

（1）主营业务收入。是企业为完成其经营目标而从事的日常活动中的主要项目，可根据企业营业执照上载明的主要业务范围进行确定。

（2）其他业务收入。是指企业主营业务以外业务所取得的收入。如剩余材料物资的销售收入，包装物的租金收入，无形资产使用权转让收入等。

四、收入确认的原则

收入确认是指企业记录收入的行为。收入确认的根本问题是在什么时间确认收入。

收入确认的原则是企业应当在履行了合同中的履约义务，即在客户取得相关商品控制权时确认收入。

取得相关商品控制权是指客户能够主导该商品的使用并从中获得几乎全部经济利益，也包括有能力阻止其他方主导该商品的使用并从中获得经济利益。取得商品控制权具体包括三个要素：

第一，客户必须拥有现时权利，能够主导该商品的使用并从中获得几乎全部经济利益。如果客户只能在未来的某一期间主导该商品的使用并从中获益，则表明其尚未取得该商品的控制权。

第二，客户有能力主导该商品的使用，即客户在其活动中有权使用该商品，或者能够允许或阻止其他方使用该商品。

第三，客户能够获得商品几乎全部的经济利益。商品的经济利益是指商品的潜在现金流量，既包括现金流入的增加，也包括现金流出的减少。

五、销售业务账户设置

（一）“主营业务收入”账户

“主营业务收入”账户用来核算企业销售商品、提供劳务及让渡资产使用权等日常活动所实现的收入，属于损益类账户。该账户贷方登记出售商品、自制半成品、提供劳务等取得的收入，借方登记发生销售退回、销售折让时冲减的主营业务收入以及期末将其转入“本年利润”账户的金额，期末结转后该账户应无余额；该账户可以按产品的种类设置明细账，进行明细核算。

（二）“其他业务收入”账户

“其他业务收入”账户用于核算企业确认的除主营业务活动以外的其他营业活动实现的收入，包括出租固定资产、出租无形资产、出租包装物和商品、销售材料等实现的收入，属于损益类账户。该账户贷方登记企业实现的各种其他业务收入，借方登记期末转入“本年利润”账户的金额，期末结转后应无余额。该账户按其他业务收入的种类设置明细账，进行明细核算。

（三）“应收账款”账户

“应收账款”账户用于核算企业因销售商品、提供劳务等经营活动应收取尚未收取的款项，属于资产类账户。该账户借方登记应收账款的发生额，贷方登记应收账款的收回数和确认的坏账损失数，期末余额一般在借方，表示尚未收回的应收账款；期末如为贷方余额表示企业预收的货款。该账户应按不同的购货或接受劳务单位或个人设置明细账，进行明细核算。

（四）“应收票据”账户

“应收票据”账户用于核算企业因销售商品和提供劳务等而收到的商业汇票，属于资产类账户。该账户借方登记应收票据的增加额，贷方登记到期减少的应收票据款，期末余额一般在借方，表示尚未到期的应收票据款。企业应设置应收票据备查簿，用以登记应收票据的详细资料，比如签发日期、到期日期、承兑人信息等。

（五）“合同资产”账户

“合同资产”账户用于核算企业已向客户转让商品而有权收取对价的权利，属于资产类账户。仅取决于时间流逝因素的权利不在本账户核算。该账户借方登记已经向客户转让商品应当按因已转让商品而有权收取对价的金额，贷方登记企业取得无条件收款权时转销的收取对价金额，期末借方余额反映应收的已转让商品而有权收取的对价金额。

（六）“合同负债”账户

“合同负债”账户用于核算已收应收客户对价而应向客户转让商品的义务，属于负债类账户。该账户贷方登记企业在向客户转让商品之前，已经收到的合同对价或已经取得的无条件收到合同对价权利的金额，借方登记企业向客户转让相关商品时抵减的已收到的合同对价权利金额，期末余额在贷方，反映企业已收客户尚未向客户转让相关商品的合同对价权利的金额。

业务流程

获取销项发票信息—登记经济业务—生成记账凭证—核对凭证。

业务操作

一、销项发票获取信息

获取发票信息

销项发票信息的获取方式和进项发票信息获取一样，也有三种方式：电子税务局采集、Excel 导入以及手动增加。

任务 1：获取花田公司 2022 年 3 月份销项发票信息。

方法一：电子税务局采集。

（1）进入“业务处理—发票—销项发票”界面，鼠标移到“更多功能”，点击“采集”按钮，如图 3－3－1 所示。

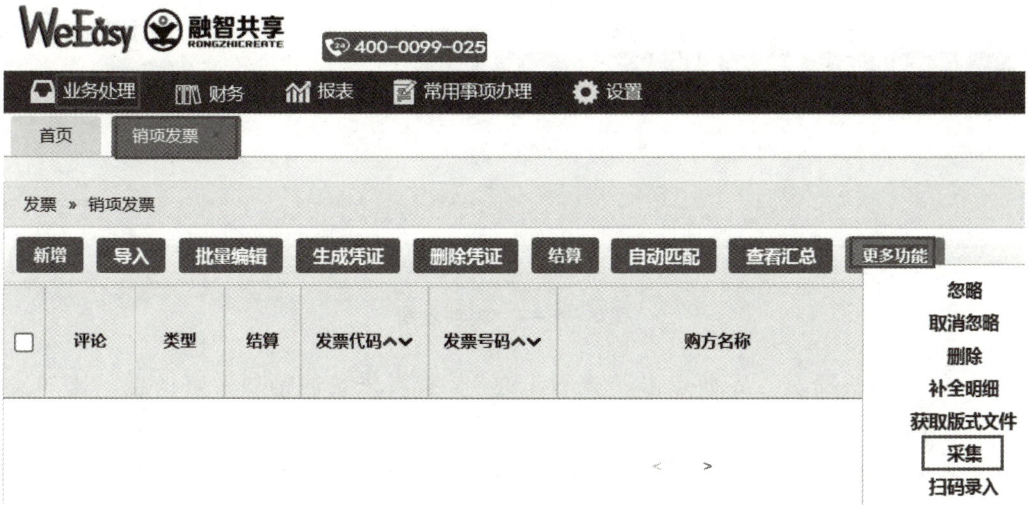

图 3－3－1　采集销项发票

（2）确认提示信息（见图 3－3－2），然后在“销项发票”界面可以看到销项发票采集中的信息提示，如图 3－3－3 所示。

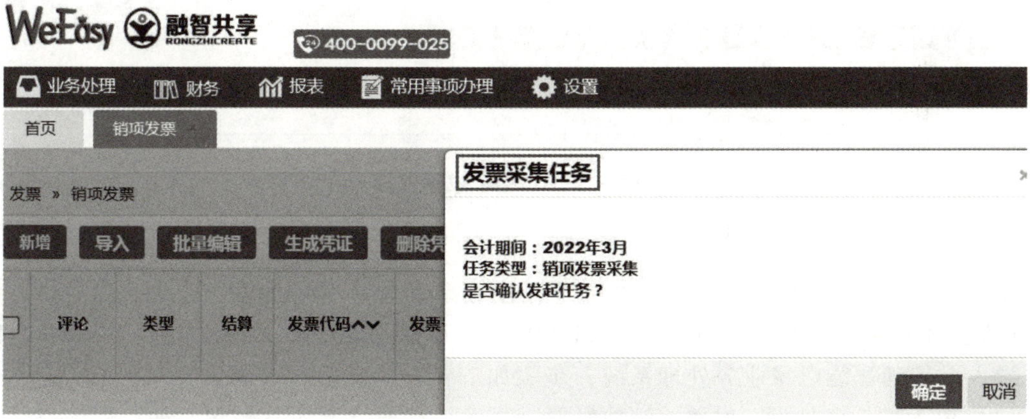

图 3－3－2　确认采集任务

图 3－3－3　发票采集进行中

（3）稍后刷新页面即可查看采集结果及采集到的发票种类、发票代码、发票号码、商品名称、数量、金额等发票信息，具体如图3-3-4所示。

图3-3-4 销项发票

（4）在“销项发票”界面点击“查看汇总”，查看采集的销项发票信息，比如发票张数、发票金额合计、税额合计等（见图3-3-5）。查看后如无遗漏，采集发票信息工作就完成了；如果发现有遗漏发票，可通过再次采集或导入或手工新增的方式添加发票信息。

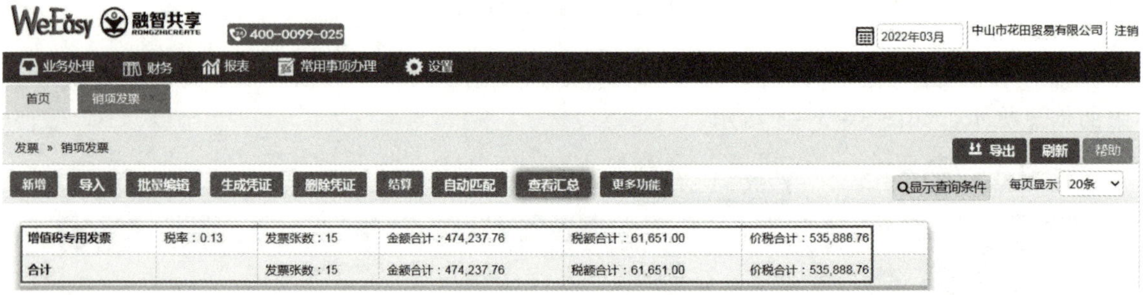

图3-3-5 销项发票汇总

方法二：Excel导入。

Excel导入是指把从“航信增值税发票税控开票软件（金税盘版）”或“百旺增值税发票税控开票软件（金税盘版）”导出的销项发票Excel文件直接导入上传到智能财税业务处理系统，步骤如下：

（1）进入“业务处理—发票—销项发票”页面，点击“导入”按钮，如图3-3-6所示。

花田公司销项发票信息

图3-3-6 导入销项发票

（2）进入销项发票文件上传界面，通过点选或拖动的方式把从开票软件导出花田公司2022年3月销项明细的Excel文件放在上传准备区，点击“下一步”，如图3－3－7所示。

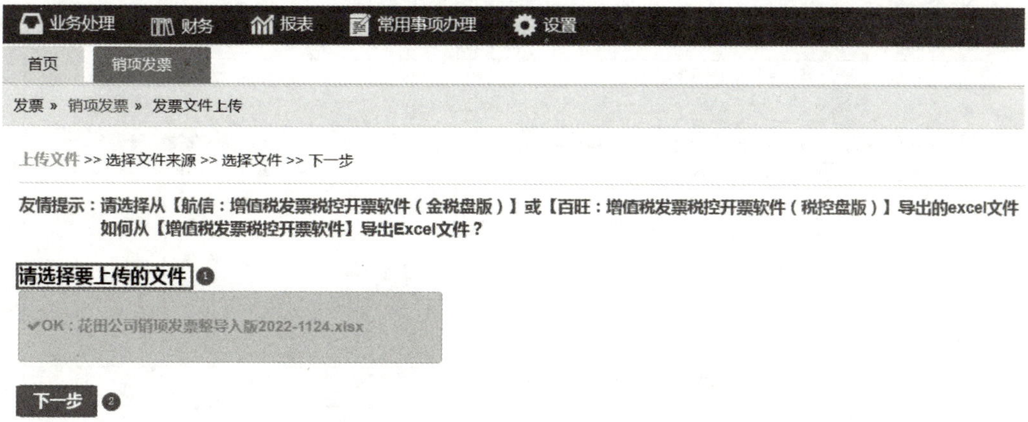

图3－3－7　上传销项发票明细

（3）上传完毕，即可在销项发票界面查看上传的销项发票信息，如图3－3－8所示。

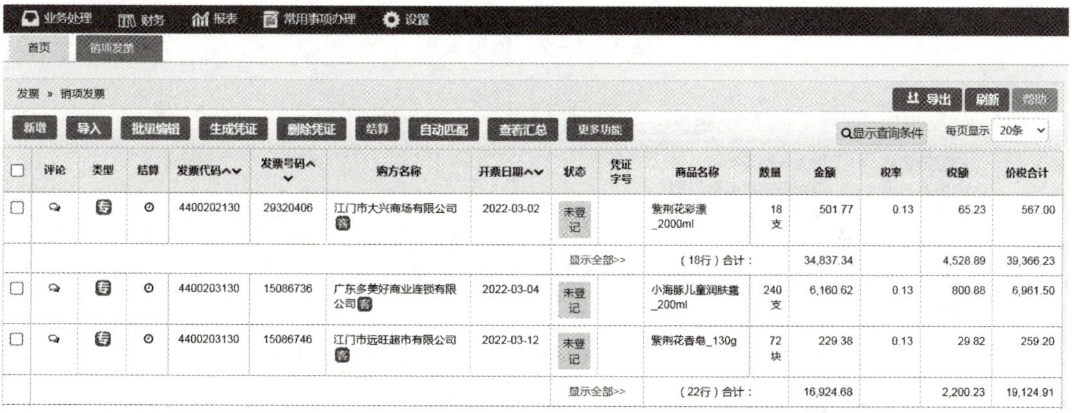

图3－3－8　销项发票

方法三：手动增加。

情形1：财务云协同管理平台已上传发票，但发票信息未能“采集”或“导入”。操作步骤如下：

（1）登录财务云协同管理平台，依次点击“智能核算—智能理票”，关键词搜索“花田”，期间选为2022年3月，查看上传的销项发票是否存在未采集到的发票，假如发票代码为“4400202130”、发票号码为“29320406”的销项发票未能采集到信息（见图3－3－9、图3－3－10），则可再次采集或直接手动增加发票。

手动增加销项发票

（2）进入“业务处理—发票—销项发票”页面，点击“新增”按钮，出现“手工录入”和“新增”两种方式，（“手工录入”和“新增”两种方式的区别与进项发票类似，不再赘述），如图3－3－11所示。

广东增值税专用发票

4400202130　　№ 29320406　4400202130　29320406

此联不作报销、扣税凭证使用　　开票日期：2022年03月02日

购买方	
名　　称：	江门市大兴商场有限公司
纳税人识别号：	914407036650255555
地 址、电 话：	江门市蓬江区东环路258号仁义广场 0750-6115888
开户行及账号：	中国银行江门胜利路支行 701657951234

密码区：
0<<946/001>38-<>045*+616+>/
31+611<2-8-<99*1002-*+64+7-
3+989<576025/4><8-6>6540+67
7---238415*1++>+9/*00*+/582

货物或应税劳务、服务名称	规格型号	单位	数量	单价	金额	税率	税额
（详见销货清单）					34,837.34	13%	4,528.86
合　　计					¥34,837.34		¥4,528.86
价税合计（大写）	⊗叁万玖仟叁佰陆拾陆圆贰角整				（小写）¥39,366.20		

销售方	
名　　称：	中山市花田贸易有限公司
纳税人识别号：	91442000MA54C8888C
地 址、电 话：	中山市东区复兴南路365号 0760-83766666
开户行及账号：	中国建设银行中山市城东支行 44050178230100098765

备注：

收款人：林绵绵　　复核：林绵绵　　开票人：罗成功　　销售方：（章）

第一联：记账联　销售方记账凭证

税总函〔2021〕17号中钞华森实业公司

图 3－3－9　销项发票

销售货物或者提供应税劳务、服务清单

购买方名称：江门市大兴商场有限公司

销售方名称：中山市花田贸易有限公司

所属增值税专用发票代码：4400202130　　号码：29320406　　共 1 页　第 1 页

序号	货物（劳务）名称	规格型号	单位	数量	单价	金额	税率	税额
1	*洗涤剂*紫荆花彩漂	2,000ml	支	18	27.88	501.77	13%	65.23
2	*洗涤剂*紫荆花喷装厨房洁净液	500ml	支	72	15.93	1,146.90	13%	149.10
3	*洗涤剂*紫荆花喷装玻璃洁净液	500ml	支	72	15.93	1,146.90	13%	149.10
4	*洗涤剂*紫荆花喷装浴室洁净液	500ml	支	48	16.81	807.08	13%	104.92
5	*洗涤剂*紫荆花洁厕灵（玫瑰香）	600ml	支	24	15.93	382.30	13%	49.70
6	*口腔清洁护理品*妙妙儿童牙膏（香蕉味）	250g	支	80	10.18	814.16	13%	105.84
7	*口腔清洁护理品*大象牙膏（双重功效）	250g	支	96	13.72	1,316.81	13%	171.19
8	*口腔清洁护理品*大象牙膏（超氟）	250g	支	48	12.39	594.69	13%	77.31
9	*口腔清洁护理品*乐悠悠牙刷（洁净）	4支装	组	24	13.27	318.58	13%	41.42
10	*口腔清洁护理品*大象牙刷（七彩虹）	9支装	组	24	20.35	488.50	13%	63.50
11	*口腔清洁护理品*大象牙刷（金丝黄）	3支装	组	24	22.12	530.97	13%	69.03
12	*口腔清洁护理品*大象牙刷（红黄蓝）	9支装	组	24	20.80	499.12	13%	64.88
13	*口腔清洁护理品*大象牙刷（象牙白）	2支装	组	24	22.12	530.97	13%	69.03
14	*口腔清洁护理品*乐悠悠牙刷（净白）	2支装	组	24	26.55	637.17	13%	82.83
15	*美容护肤品*金蝴蝶嫩肤霜	500g	瓶	24	31.86	764.60	13%	99.40
16	*美容护肤品*金蝴蝶嫩肤霜	250g	瓶	24	20.35	488.50	13%	63.50
17	*洗涤剂*雪花柔顺剂（蓝色）	1,000ml	支	571	18.59	10,614.34	13%	1,379.86
18	*洗涤剂*雪花柔顺剂（绿色）	1,000ml	支	713	18.59	13,253.98	13%	1,723.02
小计						34,837.34		4,528.86
总计						34,837.34		4,528.86
备注								

销售方（章）：　　　　填开日期：　2022年03月02日

图 3－3－10　销售清单

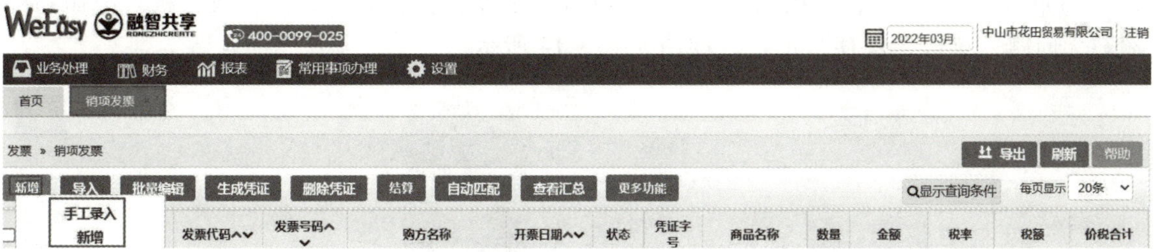

图 3－3－11 新增销项发票

（3）如果通过“新增—新增”方式，点击“新增”按钮，弹出新增对话框，如图 3－3－12 所示。

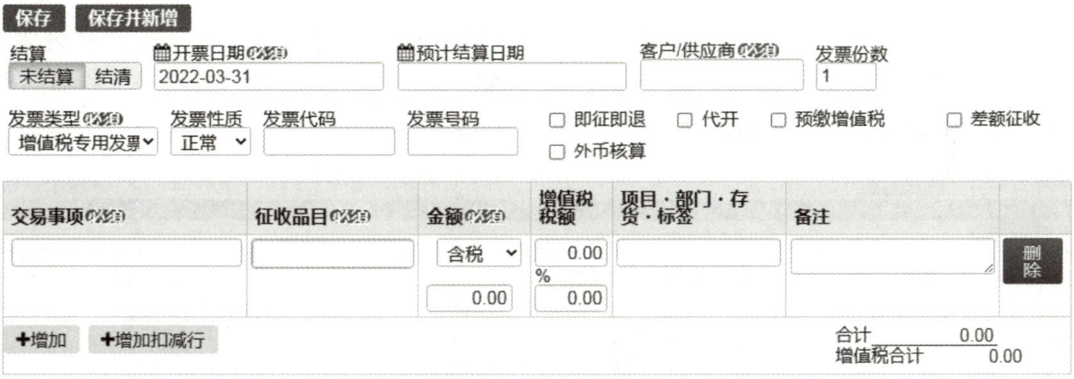

图 3－3－12 新增发票

（4）根据销售发票和销售清单——选择或填写发票登记信息。其中“交易事项”点选“主营业务收入——销售商品收入”；“金额”可选择含税或不含税，输入的金额要与选择相对应；选择适用税率，税额由平台自动计算；花田公司需进行成本核算，所以登记时“项目·部门·存货·标签”是必填项，点击“项目·部门·存货·标签”中的存货，关键词搜索并选择对应商品，如图 3－3－13 所示。

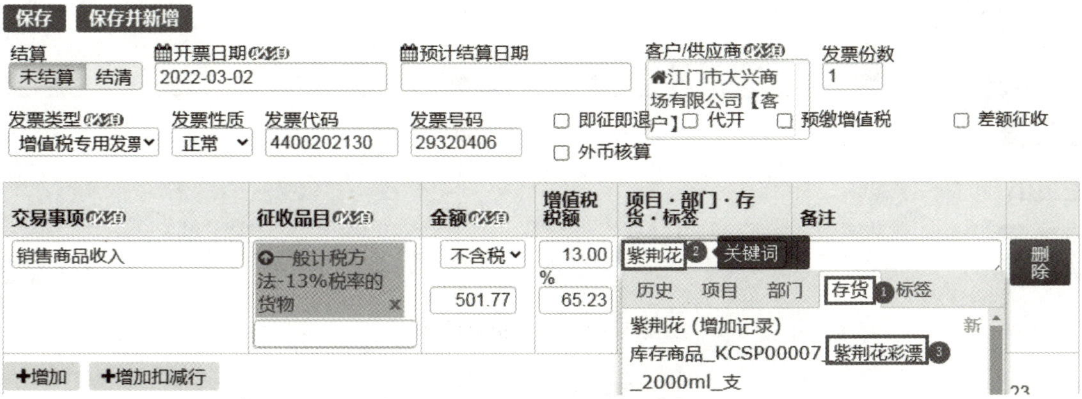

图 3－3－13 填写登记事项

（5）点击“增加”，采用同样的方式——录入其他商品信息，录入完成，核对金额和税额，无问题，点击“保存”即可，如图 3－3－14 所示。

图 3－3－14　录入商品信息

（6）保存后，在“业务处理—发票—销项发票”页面就可以查看到录入的发票信息，并处于已登记状态，如图 3－3－15 所示。需要说明的是，手工录入的发票，“商品名称”栏是空的，不过不影响后续的业务处理。

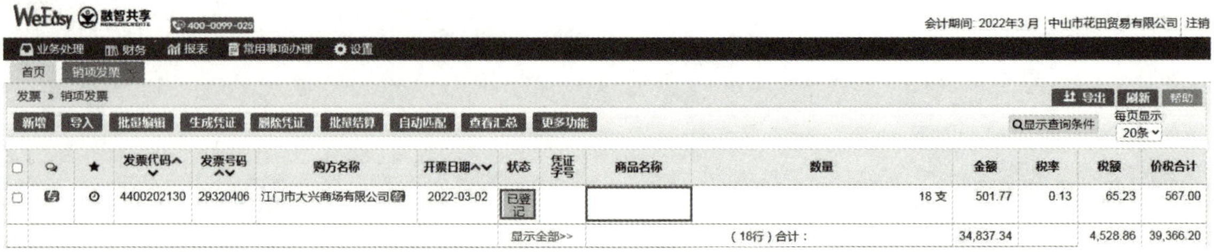

图 3－3－15　手工新增发票

情形 2：电子税务局有开票信息，但平台未能“采集”到信息。操作步骤如下：

（1）打开“设置—企业信息—国税信息一”，复制纳税人识别号、用户名、密码到电子税务局登录界面，验证通过，点击“登录”按钮，如图 3－3－16、图 3－3－17 所示。

图 3－3－16　企业信息

图 3－3－17　广东省电子税务局

（2）查询发票开具信息。依次点击“我要查询—发票信息查询”，如图 3－3－18 所示，在“发票信息查询”界面点击“发票开具信息查询”，输入查询的发票期间，选择发票种类，如图 3－3－19 所示。

图 3－3－18　发票查询

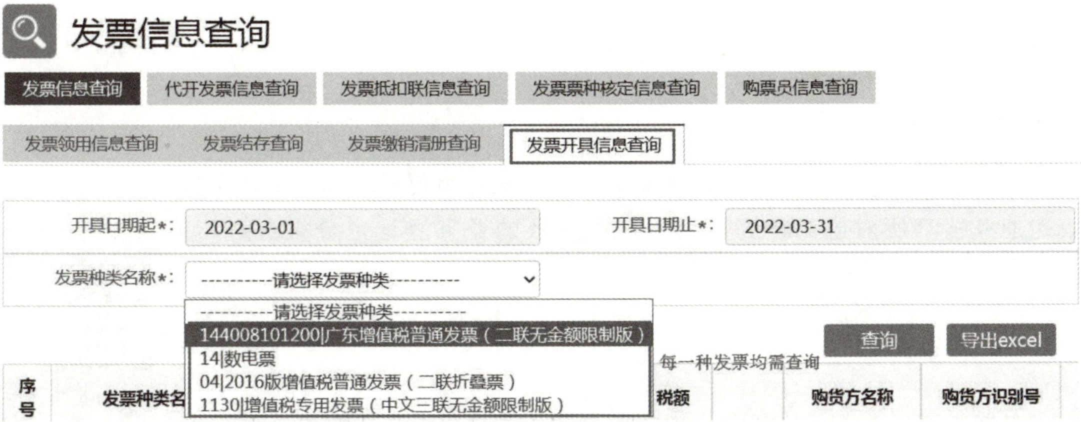

图 3－3－19　发票查询

（3）点击“查询”，导出每一类发票的开具信息，计算出合计金额（如果有作废发票，合计金额要剔除作废发票金额），如图 3－3－20 所示。

序号	发票种类名称	开具日期	发票代码	发票号码	发票金额	税额	购货方名称	购货方识别号	货物名称	发票状态
1	增值税专用发票（中文三联无金额限制版）	2022-03-02	4400202130	29320406	34.837.34	4.528.86	江门市大兴商场有限公司	914407036650255555		正常
2	增值税专用发票（中文三联无金额限制版）	2022-03-04	4400202130	15086736	6.160.62	800.88	广东多美好商业连锁有限公司	914420002821033333		正常
3	增值税专用发票（中文三联无金额限制版）	2022-03-12	4400202130	15086746	1.6924.68	2.200.22	江门市远旺超市有限公司	914407056863544444		正常
4	增值税专用发票（中文三联无金额限制版）	2022-03-15	4400202130	29320308	24.642.48	3.203.52	广东多美好商业连锁有限公司	914420002821033333		正常
5	增值税专用发票（中文三联无金额限制版）	2022-03-15	4400202130	29320309	4.672.57	607.43	中山市丰沛商贸有限公司	91442000727858888F		正常
6	增值税专用发票（中文三联无金额限制版）	2022-03-15	4400202130	29320400	24.677.16	3.208.04	江门市远旺超市有限公司	914407056863544444		正常
7	增值税专用发票（中文三联无金额限制版）	2022-03-15	4400202130	29320401	19.354.68	2.516.12	江门市大兴商场有限公司	914407036650255555		正常
8	增值税专用发票（中文三联无金额限制版）	2022-03-24	4400202130	15085716	10.267.6	1.334.80	江门市大兴商场有限公司	914407036650255555		正常
9	增值税专用发票（中文三联无金额限制版）	2022-03-24	4400202130	15086676	70.061.95	9.108.05	珠海市隆泰实业有限公司	91440400618389999F		正常
10	增值税专用发票（中文三联无金额限制版）	2022-03-24	4400202130	15086760	6.865.65	892.55	江门市远旺超市有限公司	914407056863544444		正常
11	增值税专用发票（中文三联无金额限制版）	2022-03-24	4400202130	15086756	39.212.39	5.097.61	珠海市隆泰实业有限公司	91440400618389999F		正常
12	增值税专用发票（中文三联无金额限制版）	2022-03-25	4400202130	15086677	17.932.01	2.331.19	江门市大兴商场有限公司	914407036650255555		正常
13	增值税专用发票（中文三联无金额限制版）	2022-03-27	4400202130	29320403	83.628.32	10.871.68	中山市兴隆商贸有限公司	91442000680633777F		正常
14	增值税专用发票（中文三联无金额限制版）	2022-03-27	4400202130	29320404	83.628.32	10.871.68	中山市兴隆商贸有限公司	91442000680633777F		正常
15	增值税专用发票（中文三联无金额限制版）	2022-03-27	4400202130	29320405	31.371.99	4.078.37	中山市丽之洁洗衣有限公司	91442000338266666X		正常
				合计	474.237.76	61.651.00				

图 3－3－20　发票开具信息

（4）进入“业务处理—发票—销项发票”界面，点击“查看汇总”，如图 3－3－21 所示。核对智能财税业务处理系统采集的发票汇总和电子税务局导出的发票张数、汇总金额是否一致，如不一致，即当月电子税务局（发票开具信息查询）有发票，但智能财税业务处理系统没有该发票信息，则需要按“情形 1”的手工新增方式新增发票。

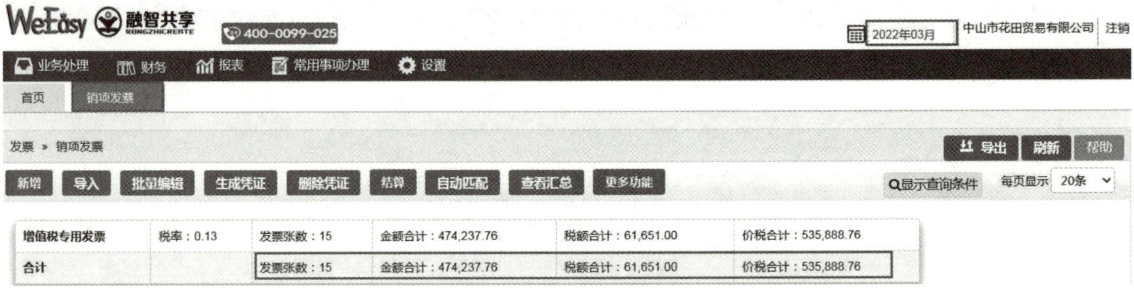

图 3－3－21　“业务处理—发票—销项发票”界面

二、登记经济业务

登记经济业务是根据获取的销项发票信息，选择销项发票所对应的交易事项等信息，进而确定业务核算所对应的核算科目。销项发票的业务登记也分批量登记和单张登记两种方式。

批量登记销项发票

（一）批量登记

如是同类销售业务，比如均为销售商品或均为提供劳务，则可采用批量登记方式，以提高登记效率。下面以花田公司销售业务为例介绍销项发票的批量登记。花田公司 2022 年 3 月份采集到的销项发票共 15 条，如图 3－3－22 所示。从采集到的发票信息知，均为销售商品，所以 15 条发票可进行一次性批量登记。

（1）勾选所有发票，点击批量编辑，如图 3－3－23 所示。

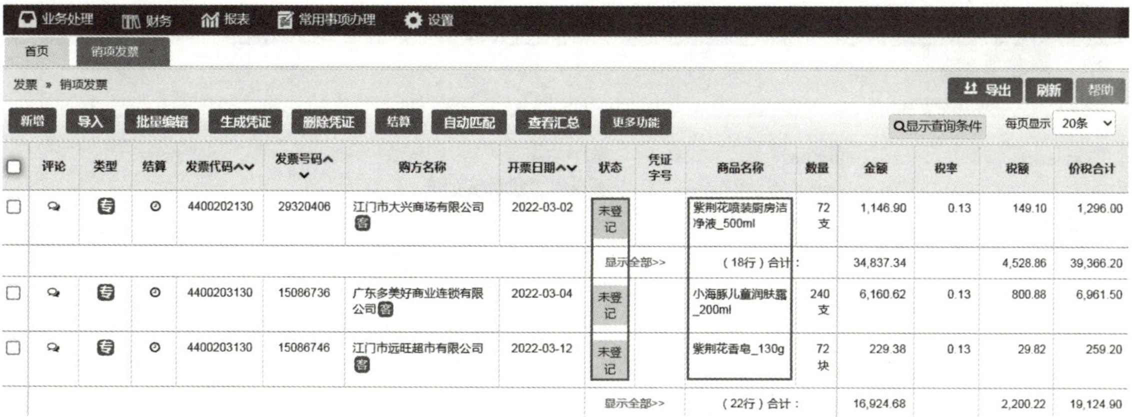

图 3-3-22 销项发票

图 3-3-23 批量编辑

（2）填写登记信息。“交易事项”和“增值税项目”是销项发票批量编辑必填项，“交易事项”根据业务主次确认为“主营业务收入”或“其他业务收入”，一般为“主营业务收入”，然后参照“商品名称”在销售商品或提供服务中进行选择；“增值税品目”根据税率进行选择；花田公司需进行进销存成本核算，所以要勾选“自动创建存货”，同时“自动创建存货”下方选择存货类别，花田公司为“库存商品”，选填完毕，点击“保存”，如图 3-3-24 所示。特别提醒，如果销项发票的税率为“0”，则必须填写“免税项目”，在“免税项目”选择对应的免税条款，比如“鲜活肉蛋产免征增值税优惠”“蔬菜免征增值税优惠”等。

（3）保存后，弹出批量编辑确认对话框，核对编辑信息是否有误，如无问题，点击“确认存货创建详情”，如登记信息有误，点击“取消”，返回上一步重新登记。具体如图 3-3-25 所示。

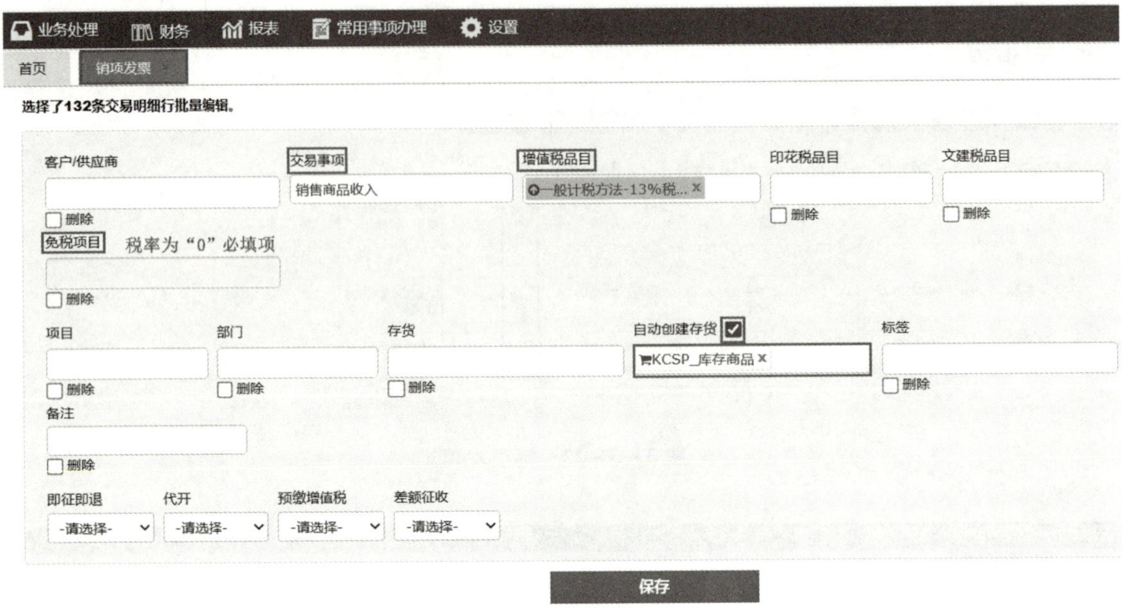

图 3－3－24　填写登记信息

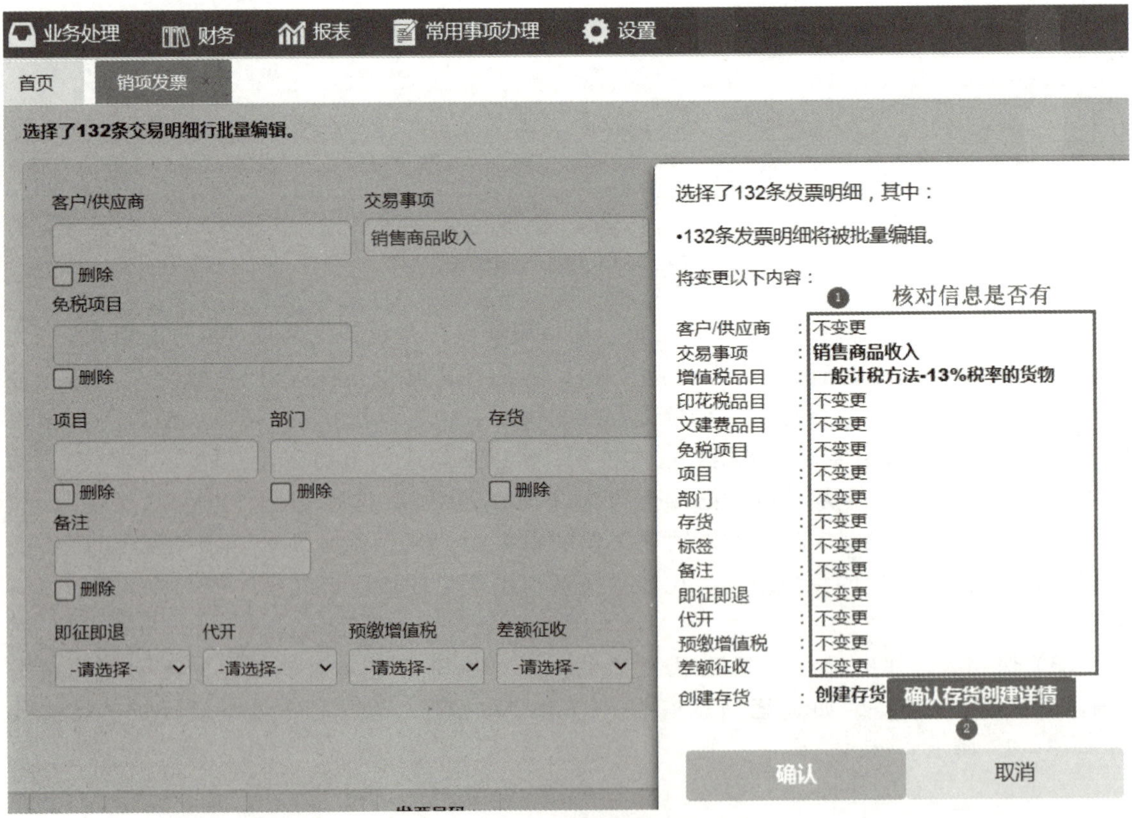

图 3－3－25　确认创建存货详情

（4）确认存货创建详情。由于同一存货存在因文字有差异而识别成不同存货的情况，需要确认存货如何登记，此处和进项发票登记类似，不再重复。进入确认存货创建详情界面，先调整显示条数到最大，使得待处理的均处于1页或较少页，避免漏登记。花田公司不同规格的存货需进行不同登记，所以点击“新增存货”，系统即自动创建该存货，登记后可返回修改登记，如图3－3－26、图3－3－27所示。

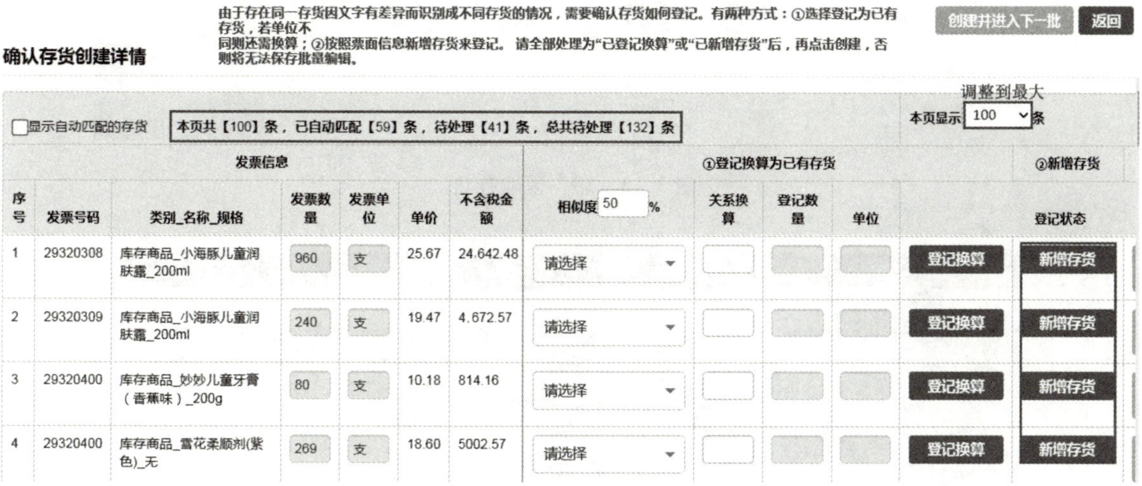

图3－3－26 确认创建存货详情

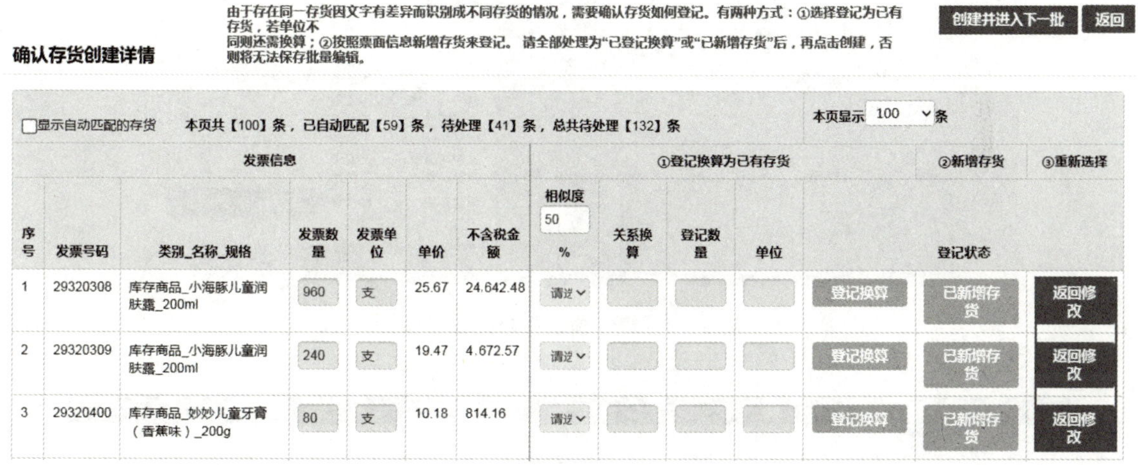

图3－3－27 确认创建存货详情

（5）待处理存货全部确认后，点击“创建”，返回到登记对话框，点击“确认”，分别如图3－3－28、图3－3－29所示。确认后自动返回到进项发票界面，登记的发票已由“未登记”转变为“已登记”状态，如图3－3－30所示。采用同样的方法，批量登记其他类销售发票。

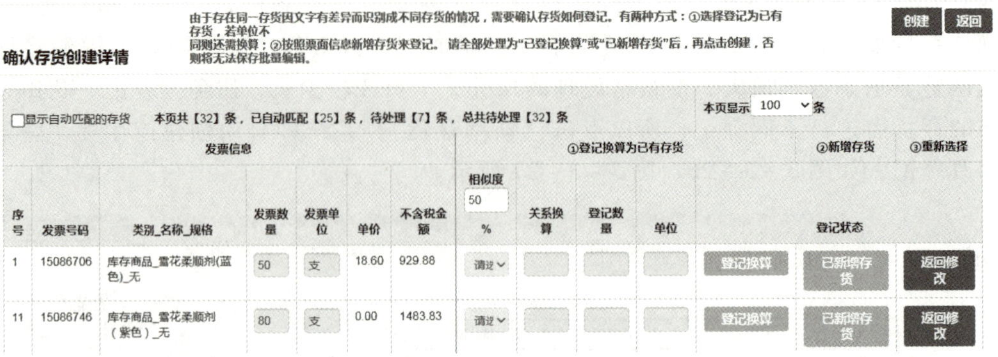

图 3－3－28　创建存货

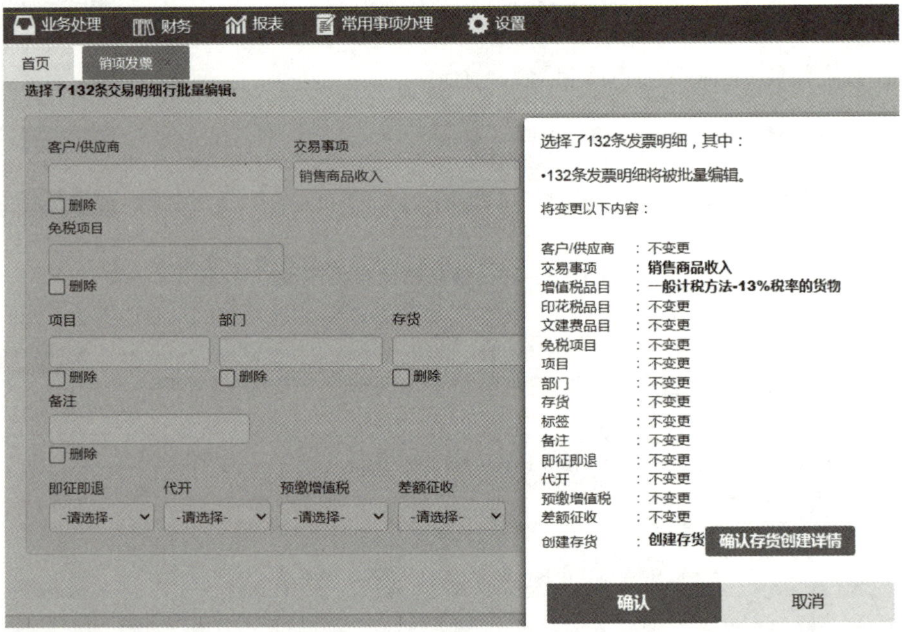

图 3－3－29　确认创建存货详情

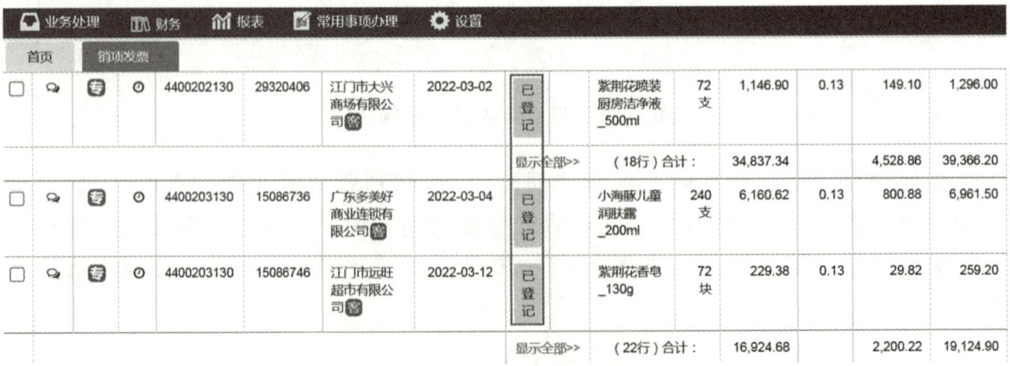

图 3－3－30　成功登记

（二）单张登记

单张登记销项发票

任务2：登记花田公司2022年3月份销售发票。

如果销售业务不多，且为不同类型的销售，比如仅两项销售业务，一项为销售商品，另一项为提供劳务，则就需采用单张登记方式。

下面以花田公司发票代码“4400202130”、发票号码“29320406”的发票为例介绍销项发票单张登记。

（1）点击“未登记”，在需要登记的发票下方就会出现“开票日期、客户/供应商、发票类型、交易事项、征收品目、数量、金额、增值税税额”等待登记信息，如图3－3－31、图3－3－32所示。

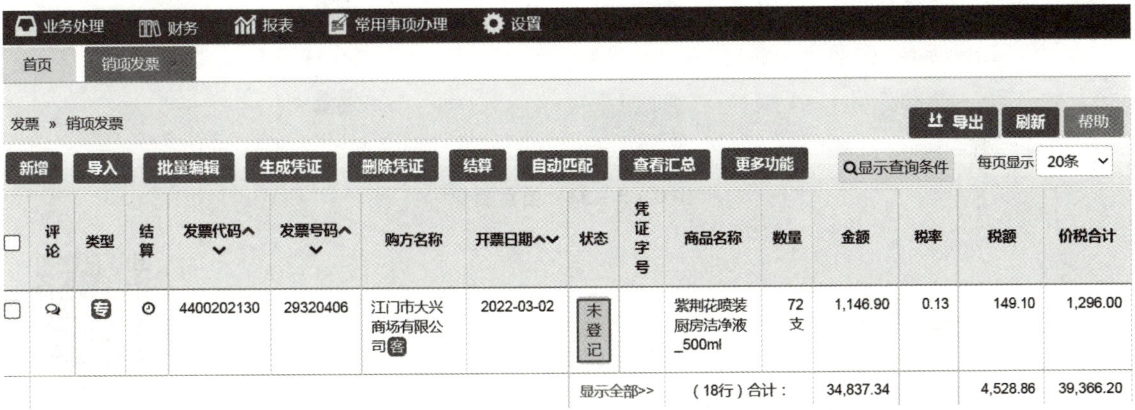

图3－3－31 未登记销项发票

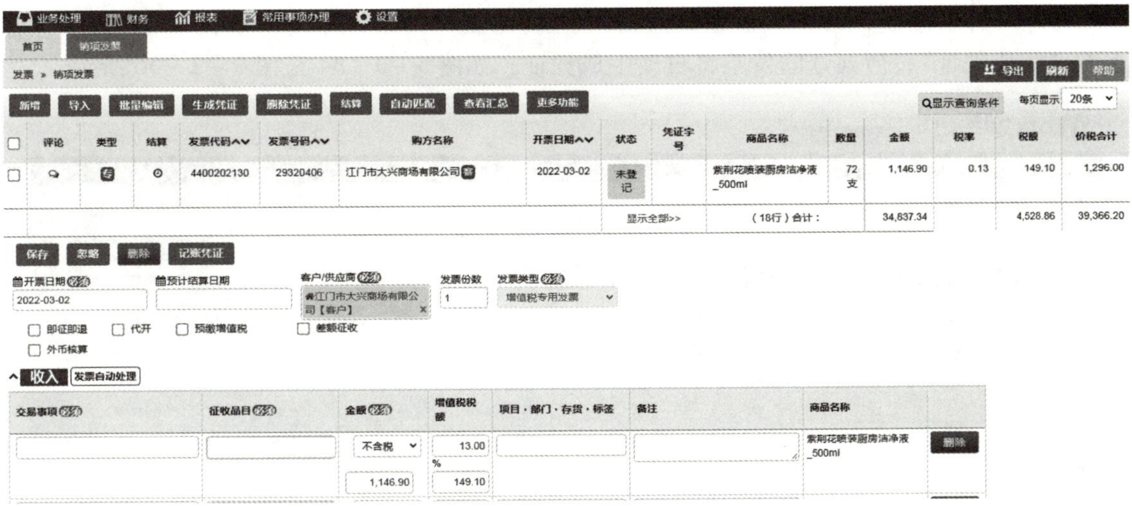

图3－3－32 登记信息

（2）根据采集的发票信息逐一填写登记信息，填写完毕，点击“保存”，此时发票状态也转变为“已登记”状态，如图3－3－33所示，该张发票就完成了单张登记。需要注意的是，“项目·部门·存货·标签”是进行成本核算的必填项，根据采集的存货信息一一填写即可。

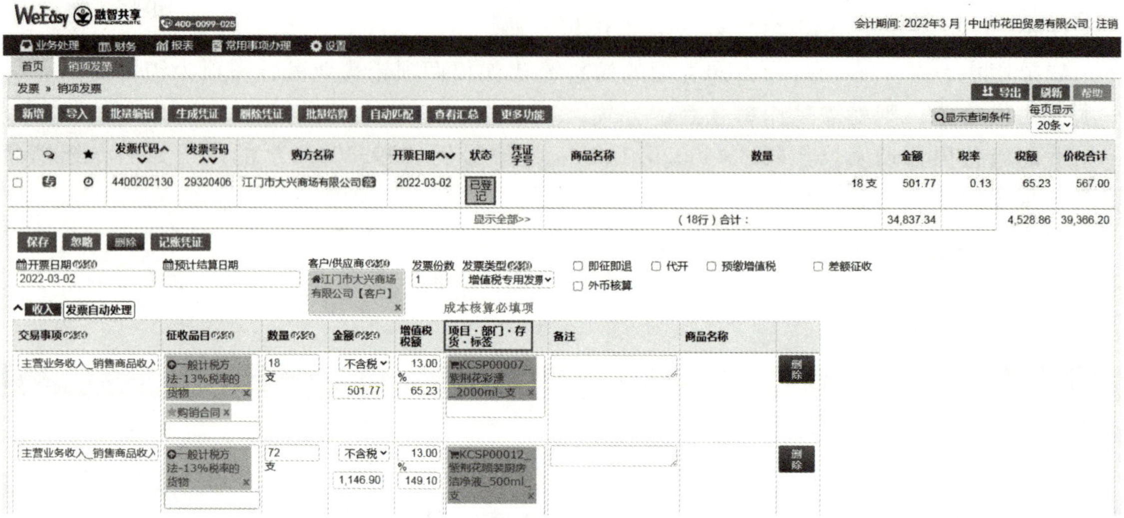

图 3-3-33 信息登记

三、生成凭证

生成销售业务记账凭证

完成销项发票登记后，生成记账凭证比较简单和智能化。

任务3：完成花田公司2022年3月份开票业务智能核算。

勾选所有已经登记的销项发票，点击“生成凭证”按钮；弹出发票批量生成对话框，点击“生成凭证”；所勾选的发票将自动生成凭证，如图3-3-34至图3-3-36所示。

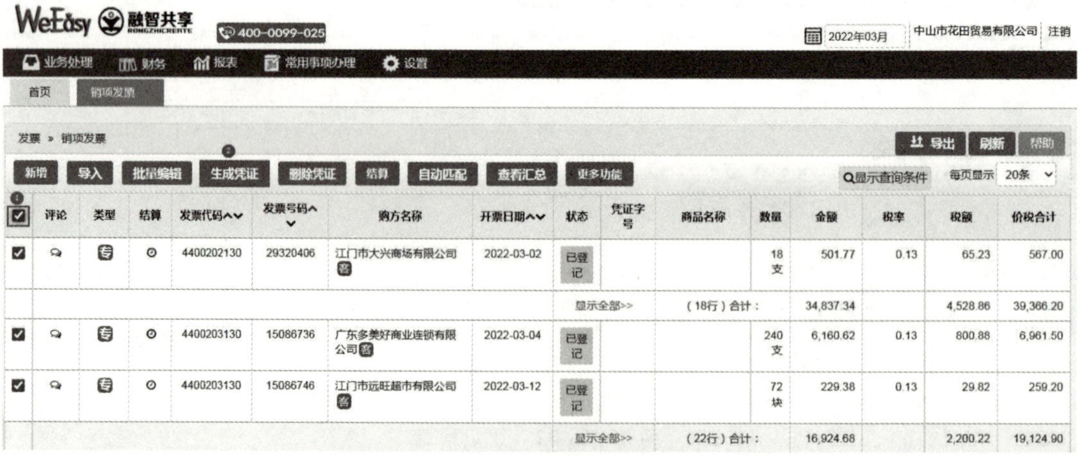

图 3-3-34 勾选已登记发票

图 3－3－35　确认生成凭证

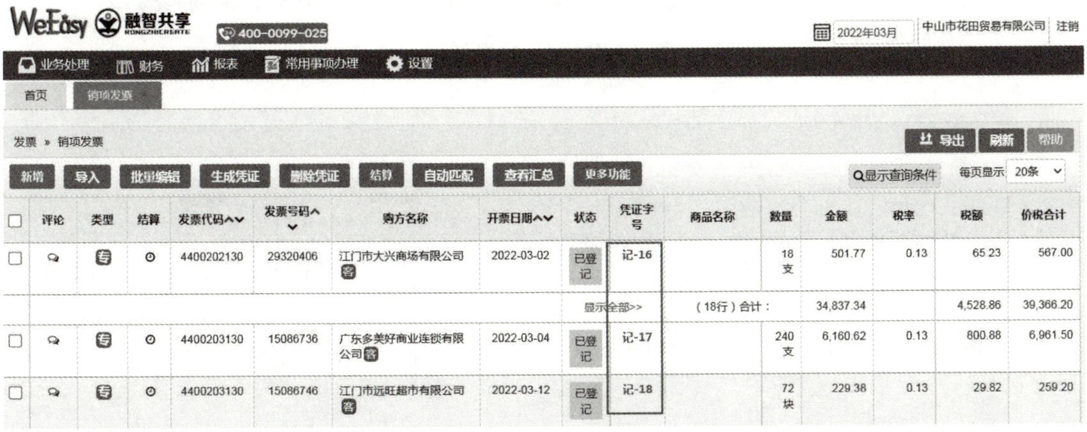

图 3－3－36　生成记账凭证

花田公司 2022 年 3 月销项发票共生成 15 张记账凭证，具体如图 3－3－37 至图 3－3－51 所示。

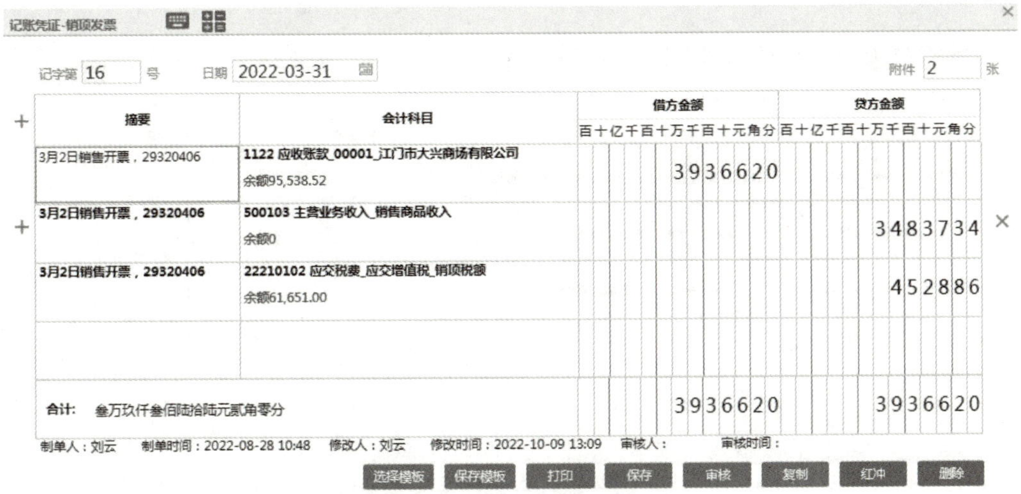

图 3－3－37　记账凭证

记账凭证-销项发票

记字第 17 号　　日期 2022-03-31　　附件 1 张

摘要	会计科目	借方金额	贷方金额
3月4日销售开票，15086736	1122 应收账款_00002_广东多美好商业连锁有限公司 余额94,676.40	696150	
3月4日销售开票，15086736	500103 主营业务收入_销售商品收入 余额0		616062
3月4日销售开票，15086736	22210102 应交税费_应交增值税_销项税额 余额61,651.00		80088
合计：陆仟玖佰陆拾壹元伍角零分		696150	696150

制单人：刘云　制单时间：2022-08-28 10:48　修改人：　修改时间：　审核人：　审核时间：

选择模板　保存模板　打印　保存　审核　复制　红冲　删除

图 3－3－38　记账凭证

记账凭证-销项发票

记字第 18 号　　日期 2022-03-31　　附件 2 张

摘要	会计科目	借方金额	贷方金额
3月12日销售开票，15086746	1122 应收账款_00004_江门市远旺超市有限公司 余额77,829.22	1912490	
3月12日销售开票，15086746	500103 主营业务收入_销售商品收入 余额0		1692468
3月12日销售开票，15086746	22210102 应交税费_应交增值税_销项税额 余额61,651.00		220022
合计：壹万玖仟壹佰贰拾肆元玖角零分		1912490	1912490

制单人：刘云　制单时间：2022-09-26 15:18　修改人：刘云　修改时间：2022-10-09 13:10　审核人：　审核时间：

选择模板　保存模板　打印　保存　审核　复制　红冲　删除

图 3－3－39　记账凭证

记账凭证-销项发票

记字第 19 号　　日期 2022-03-31　　附件 1 张

摘要	会计科目	借方金额	贷方金额
3月15日销售开票，29320308	1122 应收账款_00002_广东多美好商业连锁有限公司 余额94,676.40	2784600	
3月15日销售开票，29320308	500103 主营业务收入_销售商品收入 余额0		2464248
3月15日销售开票，29320308	22210102 应交税费_应交增值税_销项税额 余额61,651.00		320352
合计：贰万柒仟捌佰肆拾陆元整		2784600	2784600

制单人：刘云　制单时间：2022-08-28 10:48　修改人：　修改时间：　审核人：　审核时间：

选择模板　保存模板　打印　保存　审核　复制　红冲　删除

图 3－3－40　记账凭证

记账凭证-销项发票

记字第 20 号　日期 2022-03-31　附件 1 张

摘要	会计科目	借方金额	贷方金额
3月15日销售开票，29320309	1122 应收账款_00007_中山市丰沛商贸有限公司 余额5,280.00	528000	
3月15日销售开票，29320309	500103 主营业务收入_销售商品收入 余额0		467257
3月15日销售开票，29320309	22210102 应交税费_应交增值税_销项税额 余额61,651.00		60743
合计：伍仟贰佰捌拾元整		528000	528000

制单人：刘云　制单时间：2022-08-28 10:48　修改人：　修改时间：　审核人：　审核时间：

选择模板　保存模板　打印　保存　审核　复制　红冲　删除

图 3-3-41　记账凭证

记账凭证-销项发票

记字第 21 号　日期 2022-03-31　附件 2 张

摘要	会计科目	借方金额	贷方金额
3月15日销售开票，29320400	1122 应收账款_00004_江门市远旺超市有限公司 余额77,829.22	2788520	
3月15日销售开票，29320400	500103 主营业务收入_销售商品收入 余额0		2467716
3月15日销售开票，29320400	22210102 应交税费_应交增值税_销项税额 余额61,651.00		320804
合计：贰万柒仟捌佰捌拾伍元贰角零分		2788520	2788520

制单人：刘云　制单时间：2022-08-28 10:48　修改人：刘云　修改时间：2022-10-09 13:10　审核人：　审核时间：

选择模板　保存模板　打印　保存　审核　复制　红冲　删除

图 3-3-42　记账凭证

记账凭证-销项发票

记字第 22 号　日期 2022-03-31　附件 2 张

摘要	会计科目	借方金额	贷方金额
3月15日销售开票，29320401	1122 应收账款_00001_江门市大兴商场有限公司 余额95,538.52	2187080	
3月15日销售开票，29320401	500103 主营业务收入_销售商品收入 余额0		1935468
3月15日销售开票，29320401	22210102 应交税费_应交增值税_销项税额 余额61,651.00		251612
合计：贰万壹仟捌佰柒拾元捌角零分		2187080	2187080

制单人：刘云　制单时间：2022-08-28 10:48　修改人：刘云　修改时间：2022-10-09 13:10　审核人：　审核时间：

选择模板　保存模板　打印　保存　审核　复制　红冲　删除

图 3-3-43　记账凭证

记账凭证-销项发票

记字第 23 号　日期 2022-03-31　附件 2 张

摘要	会计科目	借方金额	贷方金额
3月24日销售开票，15085716	1122 应收账款_00001_江门市大兴商场有限公司 余额95,538.52	1160240	
3月24日销售开票，15085716	500103 主营业务收入_销售商品收入 余额0		1026760
3月24日销售开票，15085716	22210102 应交税费_应交增值税_销项税额 余额61,651.00		133480
合计：壹万壹仟陆佰零贰元肆角零分		1160240	1160240

制单人：刘云　制单时间：2022-08-28 10:48　修改人：刘云　修改时间：2022-10-09 13:11　审核人：　审核时间：

选择模板　保存模板　打印　保存　审核　复制　红冲　删除

图 3－3－44　记账凭证

记账凭证-销项发票

记字第 24 号　日期 2022-03-31　附件 1 张

摘要	会计科目	借方金额	贷方金额
3月24日销售开票，15086676	1122 应收账款_00006_珠海市隆泰实业有限公司 余额154,196.65	7917000	
3月24日销售开票，15086676	500103 主营业务收入_销售商品收入 余额0		7006195
3月24日销售开票，15086676	22210102 应交税费_应交增值税_销项税额 余额61,651.00		910805
合计：柒万玖仟壹佰柒拾元整		7917000	7917000

制单人：刘云　制单时间：2022-08-28 10:48　修改人：　修改时间：　审核人：　审核时间：

选择模板　保存模板　打印　保存　审核　复制　红冲　删除

图 3－3－45　记账凭证

记账凭证-销项发票

记字第 25 号　日期 2022-03-31　附件 1 张

摘要	会计科目	借方金额	贷方金额
3月24日销售开票，15086706	1122 应收账款_00004_江门市远旺超市有限公司 余额77,829.22	775820	
3月24日销售开票，15086706	500103 主营业务收入_销售商品收入 余额0		686565
3月24日销售开票，15086706	22210102 应交税费_应交增值税_销项税额 余额61,651.00		89255
合计：柒仟柒佰伍拾捌元贰角零分		775820	775820

制单人：刘云　制单时间：2022-08-28 10:48　修改人：　修改时间：　审核人：　审核时间：

选择模板　保存模板　打印　保存　审核　复制　红冲　删除

图 3－3－46　记账凭证

记账凭证-销项发票

记字第 26 号　日期 2022-03-31　附件 1 张

摘要	会计科目	借方金额	贷方金额
3月24日销售开票，15086756	1122 应收账款_00006_珠海市隆泰实业有限公司 余额154,196.65	4431000	
3月24日销售开票，15086756	500103 主营业务收入_销售商品收入 余额0		3921239
3月24日销售开票，15086756	22210102 应交税费_应交增值税_销项税额 余额61,651.00		509761
合计：肆万肆仟叁佰壹拾元整		4431000	4431000

制单人：刘云　制单时间：2022-08-28 10:48　修改人：　修改时间：　审核人：　审核时间：

选择模板　保存模板　打印　保存　审核　复制　红冲　删除

图 3－3－47　记账凭证

记账凭证-销项发票

记字第 27 号　日期 2022-03-31　附件 1 张

摘要	会计科目	借方金额	贷方金额
3月27日销售开票，29320403	1122 应收账款_00003_中山市兴隆商贸有限公司 余额232,680.00	9450000	
3月27日销售开票，29320403	500103 主营业务收入_销售商品收入 余额0		8362832
3月27日销售开票，29320403	22210102 应交税费_应交增值税_销项税额 余额61,651.00		1087168
合计：玖万肆仟伍佰元整		9450000	9450000

制单人：刘云　制单时间：2022-09-26 16:41　修改人：　修改时间：　审核人：　审核时间：

选择模板　保存模板　打印　保存　审核　复制　红冲　删除

图 3－3－48　记账凭证

记账凭证-销项发票

记字第 28 号　日期 2022-03-31　附件 1 张

摘要	会计科目	借方金额	贷方金额
3月27日销售开票，29320404	1122 应收账款_00003_中山市兴隆商贸有限公司 余额232,680.00	9450000	
3月27日销售开票，29320404	500103 主营业务收入_销售商品收入 余额0		8362832
3月27日销售开票，29320404	22210102 应交税费_应交增值税_销项税额 余额61,651.00		1087168
合计：玖万肆仟伍佰元整		9450000	9450000

制单人：刘云　制单时间：2022-08-28 10:48　修改人：　修改时间：　审核人：　审核时间：

选择模板　保存模板　打印　保存　审核　复制　红冲　删除

图 3－3－49　记账凭证

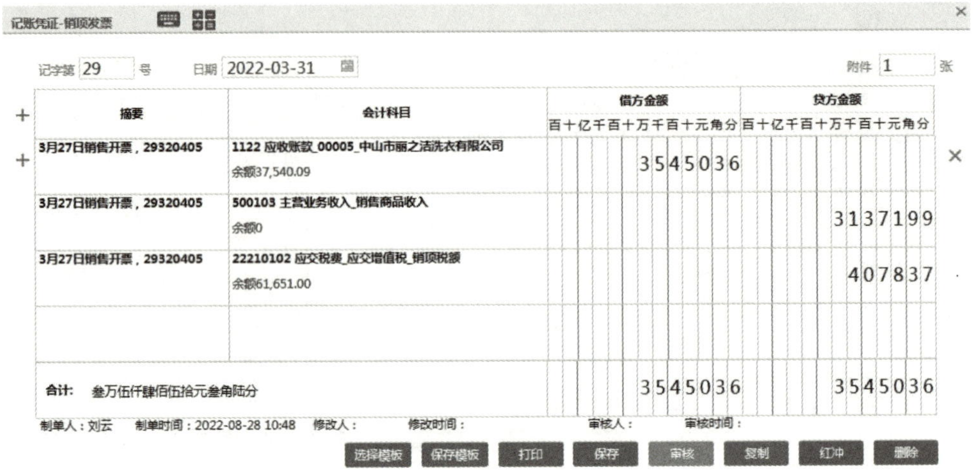
记账凭证-销项发票

记字第 29 号　日期 2022-03-31　附件 1 张

摘要	会计科目	借方金额	贷方金额
3月27日销售开票，29320405	1122 应收账款_00005_中山市丽之洁洗衣有限公司 余额37,540.09	3545036	
3月27日销售开票，29320405	500103 主营业务收入_销售商品收入 余额0		3137199
3月27日销售开票，29320405	22210102 应交税费_应交增值税_销项税额 余额61,651.00		407837
合计：叁万伍仟肆佰伍拾元叁角陆分		3545036	3545036

制单人：刘云　制单时间：2022-08-28 10:48　修改人：　修改时间：　审核人：　审核时间：

选择模板　保存模板　打印　保存　审核　复制　红冲　删除

图 3－3－50　记账凭证

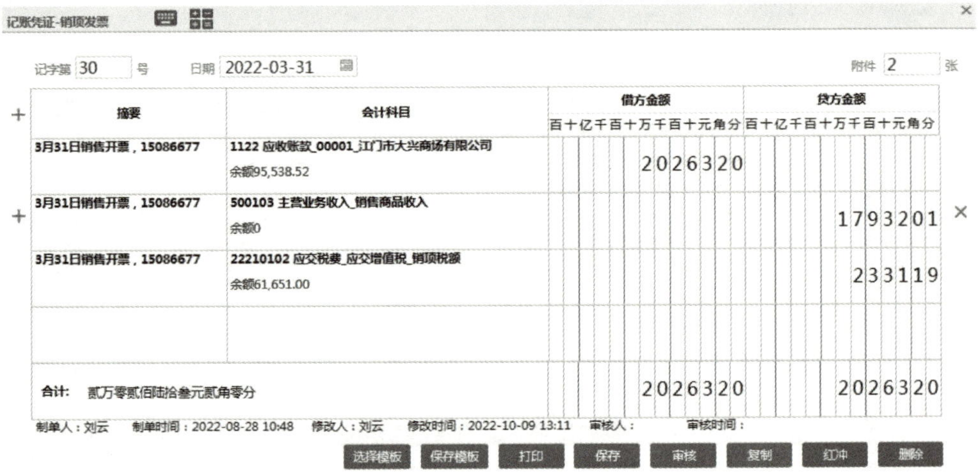
记账凭证-销项发票

记字第 30 号　日期 2022-03-31　附件 2 张

摘要	会计科目	借方金额	贷方金额
3月31日销售开票，15086677	1122 应收账款_00001_江门市大兴商场有限公司 余额95,538.52	2026320	
3月31日销售开票，15086677	500103 主营业务收入_销售商品收入 余额0		1793201
3月31日销售开票，15086677	22210102 应交税费_应交增值税_销项税额 余额61,651.00		233119
合计：贰万零贰佰陆拾叁元贰角零分		2026320	2026320

制单人：刘云　制单时间：2022-08-28 10:48　修改人：刘云　修改时间：2022-10-09 13:11　审核人：　审核时间：

选择模板　保存模板　打印　保存　审核　复制　红冲　删除

图 3－3－51　记账凭证

任务 4： 确认花田公司 2022 年 3 月是否存在无开票业务收入，如若存在，需核算无票业务收入。

无票收入业务处理

（1）登录财务云协同管理平台，在“智能核算—智能记账”查看上传的票据中是否存在销售收据、销售说明等无票收入单据，如图 3－3－52 所示。经核查，花田公司 2022 年 3 月份单据中不存在无票收入单据。

（2）登录广东电子税务局，查看花田公司 2022 年 3 月增值税申报表，确认是否存在无票收入，如图 3－3－53 所示。

由增值税申报表知，花田公司 2022 年 3 月份不存在无票收入，则其 2022 年 3 月份销售业务生成凭证工作完成。

假如花田公司有无票收入，收款收据如图 3－3－54 所示，该如何完成无票收入智能核算呢？

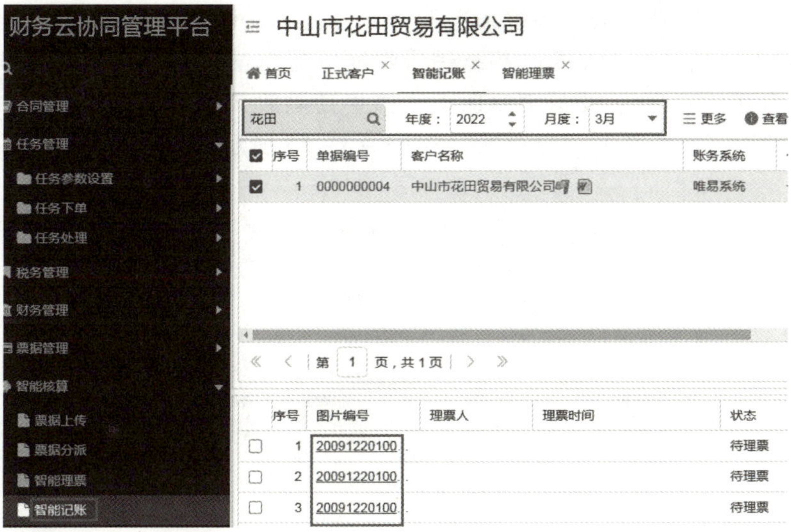

图 3－3－52　智能理票

增值税及附加税费申报表附列资料（一）（本期销售情况明细）

税款所属时间：2022-03-01 至 2022-03-31

纳税人名称：（公章）中山市花田贸易有限公司　　　　金额单位：元（列至角分）

填表日期：2022-04-12　　　　纳税人识别号：（社会统一信用代码）91442000MA54C8888C

项目及栏次				开具增值税专用发票		开具其他发票		未开具发票		纳税检查调整		合计			服务、不动产和无形资产扣除项目本期实际扣	扣除后	
				销售额	销项(应纳)税额	销售额	销项(应纳)	销售额	销项(应纳)税额	销售额	销项(应纳)税额	销售额	销项(应纳)税额	价税合计		含税(免税)销售额	销项(应纳)税额
				1	2	3	4	5	6	7	8	9=1+3+5+7	10=2+4+6+8	1=9+1	12	13=11-12	14=13÷(100%+税率或征收率)×税
一、一般计税方法计税	全部征税项目	13%税率的货物及加工修理修配劳务	1	474,237.76	61,651.00	0.00	0.00	0.00	0.00	0.00	0.00	474,237.76	61,651.00	——	——	——	——
		13%税率的服务、不动产和无形资产	2	0.00	0.00	0.00	0.00	0.00	0.00	0.00	0.00	0.00	0.00	0.00	0.00	0.00	0.00
		9%税率的货物及加工修理修配劳务	3	0.00	0.00	0.00	0.00	0.00	0.00	0.00	0.00	0.00	0.00	——	——	——	——
		9%税率的服务、不动产和无形资产	4	0.00	0.00	0.00	0.00	0.00	0.00	0.00	0.00	0.00	0.00	0.00	0.00	0.00	0.00
		6%税率	5	0.00	0.00	0.00	0.00	0.00	0.00	0.00	0.00	0.00	0.00	0.00	0.00	0.00	0.00
	其中：即征即退项目	即征即退货物及加工修理修配劳务	6	——	——	——	——	——	——	——	——	0.00	0.00	——	——	——	——
		即征即退服务、不动产和无形资产	7	——	——	——	——	——	——	——	——	0.00	0.00	0.00	0.00	0.00	0.00
二、简易计税方法计税	全部征税项目	6%征收率	8	0.00	0.00	0.00	0.00	0.00	0.00	——	——	0.00	0.00	——	——	——	——
		5%征收率的货物及加工修理修配劳务	9a	0.00	0.00	0.00	0.00	0.00	0.00	——	——	0.00	0.00	——	——	——	——
		5%征收率的服务、不动产和无形资产	9b	0.00	0.00	0.00	0.00	0.00	0.00	——	——	0.00	0.00	0.00	0.00	0.00	0.00
		4%征收率	10	0.00	0.00	0.00	0.00	0.00	0.00	——	——	0.00	0.00	——	——	——	——
		3%征收率的货物及加工修理修配劳务	11	0.00	0.00	0.00	0.00	0.00	0.00	——	——	0.00	0.00	——	——	——	——
		3%征收率的服务、不动产和无形资产	12	0.00	0.00	0.00	0.00	0.00	0.00	——	——	0.00	0.00	0.00	0.00	0.00	0.00
		预征率 %	13a	0.00	0.00	0.00	0.00	0.00	0.00	——	——	0.00	0.00	0.00	0.00	0.00	0.00
		预征率 %	13b	0.00	0.00	0.00	0.00	0.00	0.00	——	——	0.00	0.00	0.00	0.00	0.00	0.00
		预征率 %	13c	0.00	0.00	0.00	0.00	0.00	0.00	——	——	0.00	0.00	0.00	0.00	0.00	0.00

图 3－3－53　增值税及附加税费申报表附列资料（一）

收　款　收　据　　　№ 00312

2022 年 03 月 31 日

兹收到　顺发日用百货商店购买雪花柔顺剂（粉色）200支、乐悠悠牙刷（护龈）300组、小海豚儿童润肤露300支，货款合计16,400.00元整。

人民币（金额大写）壹万陆仟肆佰元整

小写：　¥16,400.00

收款人　林绵绵　　　　收款单位（盖章）中山市花田贸易有限公司 财务专用章

图 3－3－54　销售收据

（1）登录智能财税业务处理系统，进入“业务处理—销项发票”页面，依次点击“新增—新增”，弹出“新增”对话框，根据销售收据填写新增信息，结算选择“结清”，发票类型选择“没有开具发票”，交易事项选择“销售商品收入”，开票日期、金额等按照收据信息填写，全部填写完毕点击“保存”，如图 3－3－55 所示。

图 3－3－55　新增无票收入

（2）勾选新增销售单据，点击“生成凭证”即可，如图 3－3－56 所示。

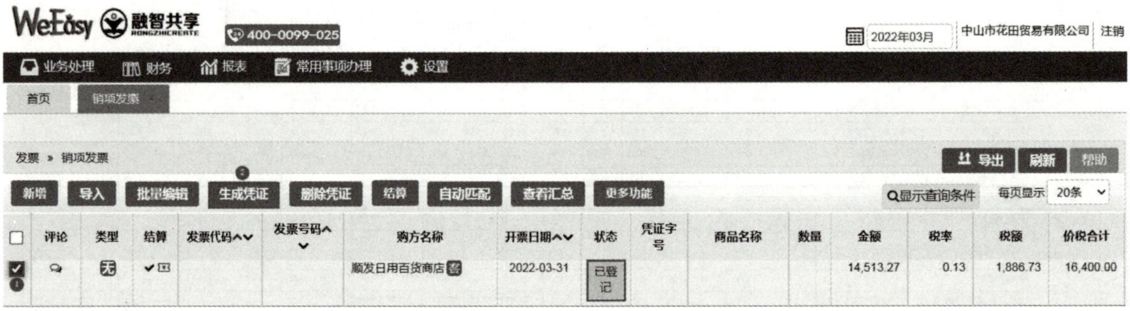

图 3－3－56　生成凭证

四、核对凭证

核对销售业务记账凭证

任务 5： 核对花田公司 2022 年 3 月份销售业务记账凭证。

销项发票自动生成凭证后，需要检查或核对所生成的凭证是否存在科目、金额等错误。依次点击“财务—会计凭证”按钮，就可以看到生成的所有凭证（部分显示），如图 3－3－57 所示。如果某号凭证（摘要、科目、金额）有误需要修改，比如“记－30 号”凭证有误，点击该凭证任意地方打开凭证，直接修改保存即可，如图 3－3－58 所示。

在核对销项业务记账凭证的同时，还需核对下科目余额表收入的本期发生额是否和增值税申报的收入金额一致。

花田公司 2022 年 3 月份科目余额表、增值税申报表分别如图 3－3－59、图 3－3－60 所示，二者显示的收入金额一致，则可以从总体判断销售业务记账凭证金额没有问题。

图 3－3－57 会计凭证

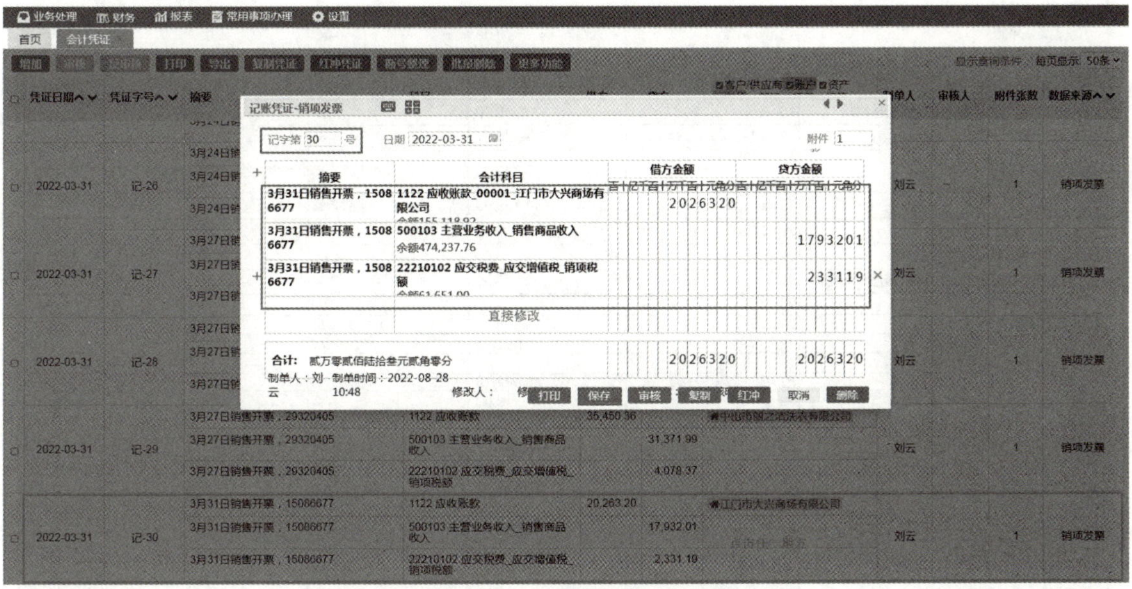

图 3－3－58 修改凭证

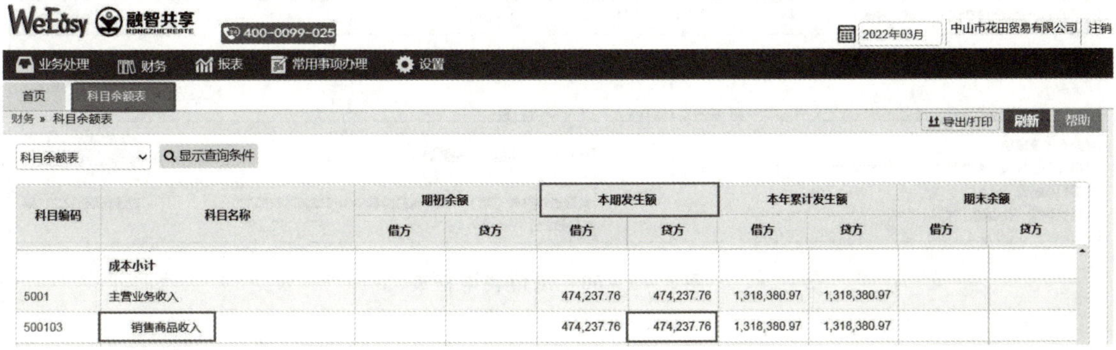

图 3－3－59 科目余额表

增值税及附加税费申报表

（一般纳税人适用）

根据国家税收法律法规及增值税相关规定制定本表。纳税人不论有无销售额，均应按税务机关核定的纳税期限填写本表，并向当地税务机关申报。

税款所属时间：2022-03-01 至 2022-03-31　　　　填表日期：2022-04-12　　　　金额单位：元（列至角分）

纳税人识别号(统一社会信用代码):	91442000MA54C8888C					所属行业：	
纳税人名称:	中山市花田贸易有限公司	法定代表人姓名	罗成功	注册地址	中山市东区复兴南路365号	生产经营地址	中山市东区复兴南路365号
开户银行及账号	中国建设银行中山市城东支行 44050178230100098765	登记注册类型	有限责任公司			电话号码	13582073234

	项　目	栏次	一般项目 本月数	一般项目 本年累计	即征即退项目 本月数	即征即退项目 本年累计
销售额	（一）按适用税率计税销售额	1	474,237.76	1,318,380.97	0.00	0.00
	其中：应税货物销售额	2	474,237.76	1,318,380.97	0.00	0.00
	应税劳务销售额	3	0.00	0.00	0.00	0.00
	纳税检查调整的销售额	4	0.00	0.00	0.00	0.00
	（二）按简易办法计税销售额	5	0.00	0.00	0.00	0.00
	其中：纳税检查调整的销售额	6	0.00	0.00	0.00	0.00
	（三）免、抵、退办法出口销售额	7	0.00	0.00	——	——
	（四）免税销售额	8	0.00	0.00	——	——
	其中：免税货物销售额	9	0.00	0.00	——	——
	免税劳务销售额	10	0.00	0.00	——	——
税款计算	销项税额	11	61,651.00	171,389.53	0.00	0.00
	进项税额	12	7,222.07	20,077.10	0.00	0.00
	上期留抵税额	13	0.00	0.00	0.00	——
	进项税额转出	14	0.00	0.00	0.00	0.00
	免、抵、退应退税额	15	0.00	0.00	——	——
	按适用税率计算的纳税检查应补缴税额	16	0.00	0.00	——	——
	应抵扣税额合计	17=12+13-14-15+16	7,222.07	——	0.00	——
	实际抵扣税额	18（如17<11，则为17，否则为11）	7,222.07	20,077.10	0.00	0.00
	应纳税额	19=11-18	54,428.93	151,312.43	0.00	——
	期末留抵税额	20=17-18	0.00	0.00	0.00	——
	简易计税办法计算的应纳税额	21	0.00	0.00	0.00	0.00
	按简易计税办法计算的纳税检查应补缴税额	22	0.00	0.00	——	——
	应纳税额减征额	23	0.00	0.00	0.00	0.00
	应纳税额合计	24=19+21-23	54,428.93	151,312.43	0.00	0.00
税款缴纳	期初未缴税额（多缴为负数）	25	38,062.78	38,062.78	0.00	0.00
	实收出口开具专用缴款书退税额	26		0.00	——	——
	本期已缴税额	27=28+29+30+31	38,062.78	38,062.78	0.00	0.00
	①分次预缴税额	28	0.00	——	0.00	——
	②出口开具专用缴款书预缴税额	29	0.00	——	——	——
	③本期缴纳上期应纳税额	30	38,062.78	38,062.78	0.00	0.00
	④本期缴纳欠缴税额	31	0.00	0.00	0.00	0.00
	期末未缴税额（多缴为负数）	32=24+25+26-27	54,428.93	54,428.93	0.00	0.00
	其中：欠缴税额（≥0）	33=25+26-27	0.00	——	0.00	——
	本期应补(退)税额	34=24-28-29	54,428.93	——	0.00	——
	即征即退实际退税额	35	——	——	0.00	0.00
	期初未缴查补税额	36	0.00	0.00	——	——
	本期入库查补税额	37	0.00	0.00	——	——
	期末未缴查补税额	38=16+22+36-37	0.00	0.00	——	——
附加税费	城市维护建设税本期应补（退）税额	39	1,905.01	8,686.86	——	——
	教育费附加本期应补（退）费额	40	816.43	4,539.37	——	——
	地方教育附加本期应补（退）费额	41	544.29	3,026.25	——	——

声明：此表是根据国家税收法律法规及相关规定填写的，本人（单位）对填报内容（及附带资料）的真实性、可靠性、完整性负责。

纳税人（签章）：　　　年　月　日

经办人：罗成功 经办人身份证号：440**************5687 代理机构签章： 代理机构统一社会信用代码：	受理人：广东省电子税务局 受理税务机关（章）：国家税务总局中山市东城区税务局　　受理日期：2022年04月12日

图 3－3－60　增值税申报表

模块四　货币资金业务智能核算

相关知识

一、货币资金的含义

货币资金是指企业在生产经营过程中处于货币形态的那部分资金，包括库存现金、银行存款和其他货币资金。其在资产负债表中，往往列在资产项目的首位。

货币资金是企业资金运动的起点和终点，是企业生产经营的先决条件。在企业生产经营过程中，会形成频繁的货币资金收支。企业取得货币资金投资、取得银行借款、销售商品或提供劳务取得收入等业务，会形成货币资金收入；购买材料、支付工资、缴纳税金、支付各种费用等业务，会形成货币资金支出。企业在日常经济往来中，货币资金的应收应付与实收实付往往存在时间间隔，这就形成了往来结算。

二、结算方式

结算方式是指用一定的形式和条件来实现各单位（或个人）之间货币资金收付的程序和方法。结算方式是办理结算业务的具体组织形式，是结算制度的重要组成部分。现行结算方式主要包括现金结算、银行结算和第三方支付结算。

（一）现金结算

现金结算是指在商品交易、劳务供应等经济往来中直接使用现金进行应收应付款结算的行为，是货币结算的形式之一。在我国主要适用于单位与个人之间的款项收付及在现金结算起点金额以下的零星小额收付。目前现金结算方式已较少采用。

1. 现金结算的特点

（1）直接性。在现金结算方式下，交易双方一手交钱、一手交货，钱货当面两清，无须通过中介，因而对交易双方来说比较直接。

（2）不安全性。由于现金结算没有明显的记录，隐蔽性好，很难掌握证据，使其容易成为不法分子觊觎的目标。尤其是，如果企业内部现金管理控制制度薄弱，企业现金容易受到非法的侵占和挪用，造成企业资金流失。

（3）不易宏观管理和控制。由于现金结算大部分不通过银行，因而使得国家很难对交易现金进行控制。而且过多的现金结算会使流通中的现金过多，容易造成物价不合理上涨，进而引发通货膨胀，不利于经济的发展和稳定。

（4）费用较高。尽管大多数情况下现金结算不需要手续费，但现金的清点、运送、保管成本高，过多的现金结算将增大国家印制、保管、运送和回收废旧等工作费用。因而国家实行现金管理，限制现金结算的范围。

2. 现金结算范围

根据《中华人民共和国现金管理暂行条例》的规定，开户单位可以在下列范围内使用现金：

（1）支付职工个人的工资、奖金、津贴；

（2）支付个人劳务报酬；

（3）根据国家规定颁发给个人的科学技术、文化艺术、体育等各种奖金；

（4）各种劳保、福利费用以及国家规定的对个人的其他支出；

（5）支付向个人收购农副产品和其他物资的价款；

（6）出差人员必须随身携带的差旅费；

（7）结算起点（1 000 元）以下的零星支出；

（8）中国人民银行确定需要支付现金的其他支出。

注意：除第（5）、（6）项外，开户单位支付给个人的款项，超过使用现金限额的部分，应当以支票或者银行本票支付；确需全额支付现金的，经开户银行审核后，予以支付现金。企业与其他单位的经济往来除规定的范围可以使用现金外，应通过开户银行进行转账结算。

3. 现金的限额

现金的限额是指为了保证单位日常零星开支的需要，允许单位留存现金的最高数额。限额是由开户银行根据单位的实际需要核定，一般按单位 3～5 天日常零星开支所需确定。边远地区和交通不便地区开户单位的库存现金限额，可按多于 5 天，但不得超过 15 天的日常零星开支的需要确定。需增加或减少限额的，应当向开户银行提出申请，由开户银行核定。

4. 现金收支的规定

开户单位现金收支应当按下列规定办理：

（1）开户单位现金收入应当于当日送存开户银行，当日送存确有困难的，由开户银行确定送存时间。

（2）开户单位支付现金，可从库存现金限额中支付或从开户银行提取，不得从本单位的现金收入中直接支付（即坐支）。因特殊情况需坐支现金的，应当报开户银行审查批准。坐支单位应当定期向开户银行报送坐支金额及使用情况。

（3）开户单位从开户银行提取现金时，应当写明用途，由本单位财会部门负责人签字盖章，经开户银行审批后，予以支付。

（4）因采购地点不确定，交通不便，生产或市场急需，抢险救灾以及其他特殊情况必须使用现金的，开户单位应向开户银行提出申请，由本单位财会部门负责人签字盖章，经开户银行审核后，予以支付现金。

（二）银行结算

银行结算是指通过银行账户的资金转移实现资金收付的行为，即银行接受客户委托代收代付，从付款单位银行账户划出款项，转入收款单位存款账户，以此完成经济主体之间债权债务的清算或资金的调拨。

1. 银行账户

根据我国《银行账户管理办法》，银行账户一般分为基本存款账户、一般存款账户、临时存款账户和专用存款账户。存款人可以自主选择银行，银行也可以自愿选择存款人开立账户。任何单位和个人不得干预存款人、银行开立或使用账户。

（1）基本存款账户。基本存款账户是存款人办理日常转账结算和现金收付的账户。存款人的工资、奖金等现金的支取，只能通过本账户办理。存款人只能在银行开立一个基本存款账户。

（2）一般存款账户。一般存款账户是存款人在基本存款账户以外的银行借款转存、与基本存款账户的存款人不在同一地点的附属非独立核算单位开立的账户。存款人可以通过本账户办理转账结算和现金缴存，但不能办理现金支取。

（3）临时存款账户。临时存款账户是存款人因临时经营活动需要开立的账户。存款人可以通过本账户办理转账结算和根据国家现金管理的规定办理现金收付。

（4）专用存款账户。专用存款账户是存款人因特定用途需要开立的账户。

企业应当根据业务需要，按照规定在其所在地银行开设账户，运用所开设的账户，进行存款、取款以及各种收支转账业务的结算。银行存款的收付应严格执行银行结算制度的规定。

2. 结算方式

目前的银行结算方式主要有银行汇票、银行本票、商业汇票、支票、汇兑、委托收款、托收承付、信用卡、信用证等。

（1）银行汇票。银行汇票是指由出票银行签发，由其在见票时按照实际结算金额无条件支付给收款人或持票人的票据。银行汇票的出票银行为银行汇票的付款人。单位和个人各种款项的结算，均可使用银行汇票。银行汇票可用于转账，填明“现金”字样的银行汇票也可用于支取现金。银行汇票的提示付款期间为自出票日起 1 个月，持票人超过付款期限提示付款的，银行将不予受理。

（2）银行本票。银行本票是指银行签发的，承诺自己在见票时无条件支付确定的金额给收款人或持票人的票据。单位和个人在同一票据交换区域需要支付的各种款项，均可使用银行本票。银行汇票可用于转账，注明“现金”字样的银行汇票也可用于支取现金。银行本票分为定额本票和不定额本票两种。银行本票的提示付款期限自出票日起最长不得超过两个月。在有效付款期限内，银行见票付款。持票人超过提示付款期限的，银行不予受理。

（3）商业汇票。商业汇票是出票人签发的，委托付款人在指定日期无条件支付确定的金额给收款人或持票人的票据。商业汇票分为商业承兑汇票和银行承兑汇票。商业承兑汇票由银行以外的付款人承兑（付款人为承兑人），银行承兑汇票由银行承兑。商业汇票的付款期限最长不超过 6 个月，电子商业汇票可延长至 1 年。

(4) 支票。支票是出票人签发，委托办理支票存款业务的银行或其他金融机构在见票时无条件支付确定的金额给收款人或持票人的票据。支票分为现金支票、转账支票和普通支票。现金支票不得背书转让，转账支票可以背书转让。支票提示付款期为10天（从签发支票的当日起，到期日遇例假顺延）。支票签发的日期、大小写金额和收款人名称不得更改；其他内容有误，可以划线更正，并加盖预留银行印鉴之一证明。

(5) 汇兑。汇兑是汇款人委托银行将其款项支付给收款人的结算方式。汇兑分为电汇和信汇两种，由汇款人自行选择。单位和个人的各种款项的结算，均可使用汇兑结算方式。汇兑便于汇款人向异地的收款人主动付款，使用范围广泛。

(6) 委托收款。委托收款是收款人委托银行向付款人收取款项的结算方式。无论单位还是个人都可收取同城和异地的款项。委托收款结算款项划回的方式分为邮寄和电报两种。

(7) 托收承付。托收承付是根据购销合同由收款人发货后委托银行向异地付款人收取款项，由付款人向银行承认付款的结算方式。办理托收承付必须是国有企业、供销合作社以及经营管理较好，并经开户银行审查同意的城乡集体所有制工业企业。

(8) 信用卡。凡在中国境内金融机构开立基本存款账户的单位可申领单位卡。单位卡可申领若干张，持卡人资格由申领单位法定代表人或其委托的代理人书面指定和注销。单位卡账户的资金一律从其基本存款账户转账存入，不得交存现金，不得将销售收入的款项存入其账户。

(9) 信用证。信用证是指银行（包括政策性银行、商业银行、农村合作银行等）依照申请人的申请开立的、对相符交单予以付款的承诺。信用证的开立和转让，应当具有真实的贸易背景，适用于银行为企事业单位之间货物和服务贸易提供的信用证服务。信用证只限于转账结算，不得支取现金。

（三）第三方支付结算

第三方支付指具备实力和信誉保障的第三方企业和国内外的各大银行签约，以其自身在通信、计算机和信息安全方面的技术优势，以及强大的商户支持能力，在银行的直接支付环节中增加一中介。在通过第三方支付平台交易时，买方选购商品等，将款项不直接支付给卖方而是支付给中介，中介通知卖方发货，买方收到商品后，通知付款，通知付款中介将款项转至卖家账户。第三方支付结算方式主要有微信、支付宝、百度钱包、PayPal、网银在线等。

三、库存现金的核算

为了反映和监督企业库存现金的收入、支出和结存情况，企业应当设置“库存现金”账户。“库存现金”账户属于资产类，借方登记企业库存现金的增加，贷方登记企业库存现金的减少，期末借方余额反映期末企业实际持有的库存现金的金额。库存现金的账务处理如表3-4-1所示。

表 3－4－1 库存现金的核算

情形	账务处理
收到现金	借：库存现金 　　贷：相关科目
支出现金	借：相关科目 　　贷：库存现金

四、银行存款的核算

为了反映和监督企业银行存款的收入、支出和结存情况，企业应当设置“银行存款”账户。“银行存款”属于资产类，借方登记企业银行存款的增加，贷方登记企业银行存款的减少，期末借方余额反映期末企业实际持有的银行存款的金额。银行存款的账务处理如表 3－4－2 所示。

表 3－4－2 银行存款的核算

情形	账务处理
存入或转入款项时	借：银行存款 　　贷：库存现金等
提取或转出款项时	借：库存现金等 　　贷：银行存款

五、其他货币资金的核算

其他货币资金是指企业除库存现金、银行存款以外的其他各种货币资金，主要包括银行汇票存款、银行本票存款、信用卡存款、信用证保证金存款、存出投资款和外埠存款等。除此之外，随着互联网的发展，微信、支付宝等移动支付也已成为比较常见的结算方式。企业之间通过微信或支付宝进行经济业务的支付结算，也属于“其他货币资金”核算的范围。

企业应当设置“其他货币资金”账户，并应当按照其他货币资金的种类设置明细账进行明细核算。“其他货币资金”账户属于资产类，借方登记其他货币资金的增加，贷方登记其他货币资金的减少，期末借方余额反映企业实际持有的其他货币资金的金额。其他货币资金的账务处理（微信、支付宝另单独介绍）如表 3－4－3 所示。

表 3－4－3　　其他货币资金的核算

情　形	账　务　处　理
存入款项时	借：其他货币资金——×× 　贷：银行存款
支付款项时	借：物资采购/原材料/库存商品等 　应交税费——应交增值税（进项税额） 　贷：其他货币资金——××
收回剩余款项时	借：银行存款 　贷：其他货币资金——××

需要注意的是，临时存款账户和专用存款账户为银行存款账户，不属于其他货币资金，应通过“银行存款”科目核算。另外在使用商业汇票、支票、银行本票、银行汇票等结算方式结算时，销售方和购买方使用的核算科目不尽相同，具体如表 3－4－4 所示。

表 3－4－4　　常见票据核算科目

票据类型	购货方	销货方
商业汇票 （商业承兑汇票、银行承兑汇票）	应付票据	应收票据
支票	银行存款	银行存款
银行汇票	其他货币资金——银行汇票	
银行本票	其他货币资金——银行本票	

微信、支付宝属于电子类金融账户，其核算科目为“其他货币资金”。在业务核算时，在“其他货币资金”下设微信和支付宝二级明细科目。微信、支付宝结算常见业务账务处理如表 3－4－5 所示。

表 3－4－5　　微信（支付宝）结算的核算

情　形	账　务　处　理
转入微信（支付宝）余额	借：其他货币资金——微信（支付宝） 　贷：银行存款
微信（支付宝）支付货款时	借：物资采购/原材料/库存商品等 　应交税费——应交增值税（进项税额） 　贷：其他货币资金——微信（支付宝）
微信（支付宝）转账购买办公用品时	借：管理费用等 　应交税费——应交增值税（进项税额） 　贷：其他货币资金——微信（支付宝）

续表

情　　形	账　务　处　理
微信（支付宝）收到销售款	借：其他货币资金——微信（支付宝） 　贷：主营业务收入 　　应交税费——应交增值税（销项税额）
从微信（支付宝）提现时	借：银行存款 　贷：其他货币资金——微信（支付宝）

业务流程

账户登记—获取银行流水信息—登记业务—生成凭证—核对凭证。

业务操作

账户登记

一、账户登记

账户登记是指在智能财税业务处理系统对新增货币资金账户填写账户类别、开户银行、账号、账户名称等账户信息的行为。企业货币资金账户包括现金、银行账户、支付宝、微信、其他结算账户（电子货币）、信用卡的各类账户。

任务1： 登记花田公司货币资金账户。

（1）进入账户登记界面。鼠标移至“设置”，依次点击“数据设置—账户登记”，进入账户登记界面，如图3-4-1、图3-4-2所示。

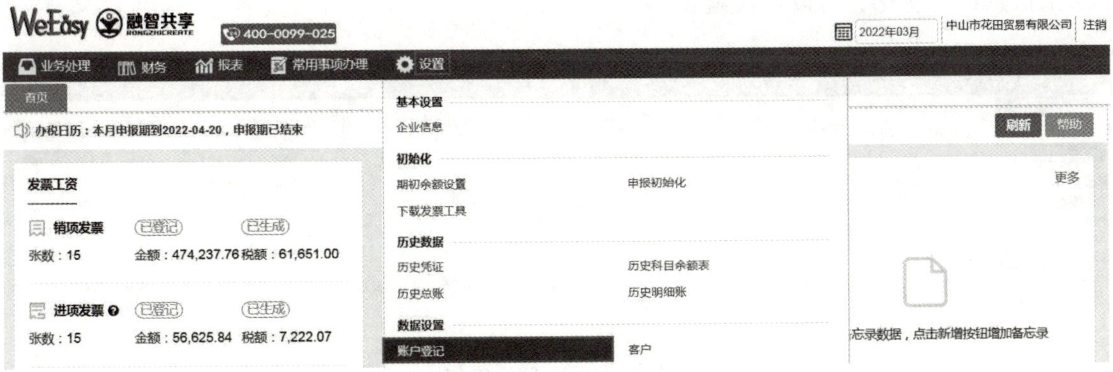

图3-4-1　数据设置

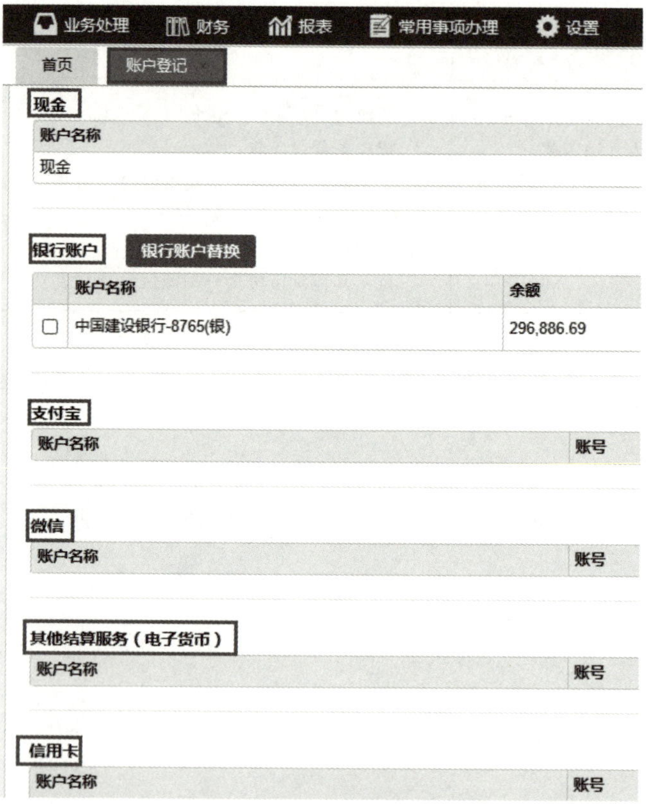

图 3-4-2　账户登记

（2）编辑账户。如果智能财税业务处理系统账户已存在，只是信息不完整或信息有变动，则需要对已存账户进行信息编辑。花田公司在导入期初余额时自动生成“建行城东支行”账户，不过生成的账户仅有“账户名称”，缺少“开户银行”“账号”必填信息，此时就需要把信息补充完整。点击编辑图标，进入编辑账户界面，填写企业开户银行和银行账号，点击“保存”即可，如图 3-4-3、图 3-4-4、图 3-4-5 所示。登记完成的账户以后如果信息还有变化，可以再次编辑。

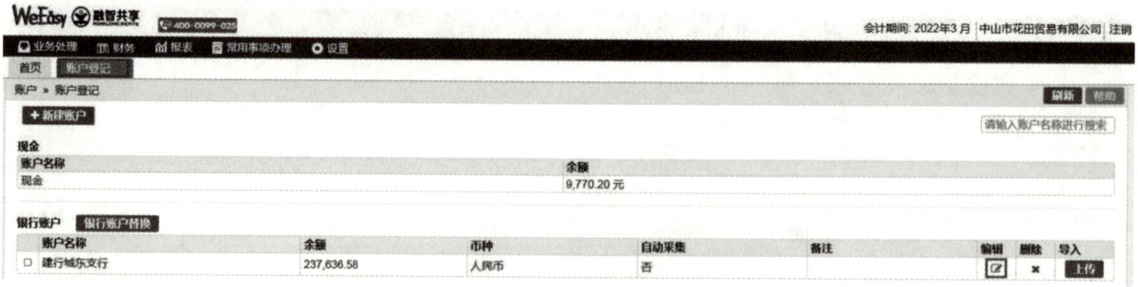

图 3-4-3　账户登记

图 3－4－4 填写账户登记信息

图 3－4－5 银行账户

（3）新建账户。如果客户有新增加的银行账户，而智能财税业务处理系统不存在该账户，此时需要新建，可以新建除现金之外的所有账户类型。进入“设置—数据设置—账户登记”，点击“＋新建账户”，进入新建账户界面，如图 3－4－6、图 3－4－7 所示。依次选择、录入、保存即可。

图 3－4－6 新建账户

图 3-4-7　新建账户

二、获取银行流水信息

智能财税业务处理系统可以通过“采集”“导入”“手动新增”三种方式获取银行流水信息。智能财税业务处理系统对接有各个银行，如果共享中心客户提供有银行查询密码，则可通过“采集”智能、高效地获取银行流水信息。不过，客户出于谨慎性等考虑，多不愿意提供银行查询密码。“导入”相对也比较快捷，需要客户提供银行对账单原始 Excel 表格或者银行回单原始 PDF，其中银行对账单原始 Excel 表格需要“. xls”格式才能直接导入，如银行对账单原始 Excel 表格格式不符合要求，需要另存为“. xls”格式再导入；“手动新增”是比较传统的方式，适合于企业银行单数据较少或难以拿到 Excel 格式的银行对账单明细或银行回单原始 PDF，可以手动新增银行单。

任务 2：采集某公司银行账单流水信息。

（1）进入平台“设置—数据设置—账户登记”，选择对应账户，点击编辑按钮，如图 3-4-8 所示。

采集银行账单流水信息

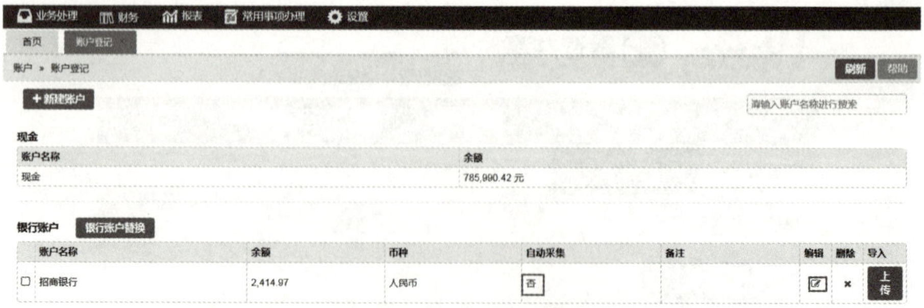

图 3-4-8　银行账户

（2）进入“编辑账户”界面，勾选“自动采集”、填写“户口号”（即银行账号）、银行查询密码必填项；采集周期非必填项，可以根据情况在“月末采集一次”和“手工采集”选择，默认为“月末采集一次”，然后点击“保存”即可，如图3－4－9所示。返回账户登记界面，可以看到账户已变为可“采集”状态，如图3－4－10所示。

图3－4－9 编辑银行账户

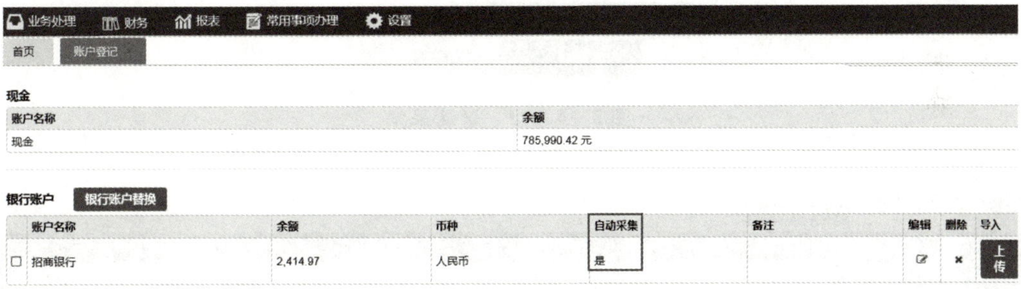

图3－4－10 银行账户

（3）依次点击“业务处理—账单一览”，进入银行账单页面，点击“显示查询条件”，选择需采集账户，如图3－4－11所示。

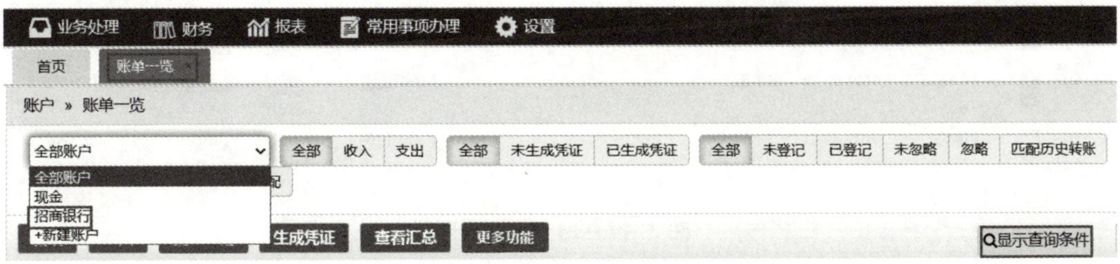

图3－4－11 账户查询

（4）依次点击“更多功能—银行采集”，弹出“操作提示”，输入采集期间，然后点击“确认”按钮，如图 3－4－12、图 3－4－13 所示。系统将会同步银行的账单数据，并可查阅采集到的银行回单，如图 3－4－14、图 3－4－15 所示。该过程一般大约 1 分钟左右（视数据多少会有所不同）。

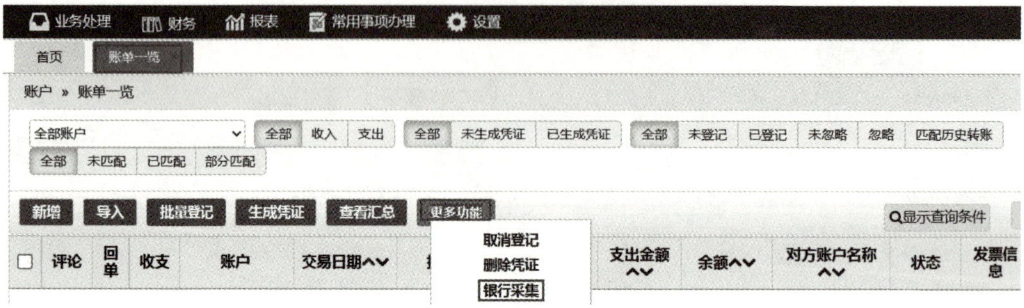

图 3－4－12　银行采集

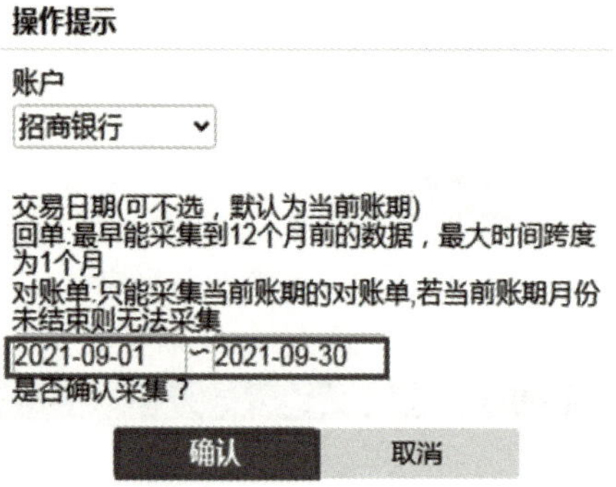

图 3－4－13　确认采集

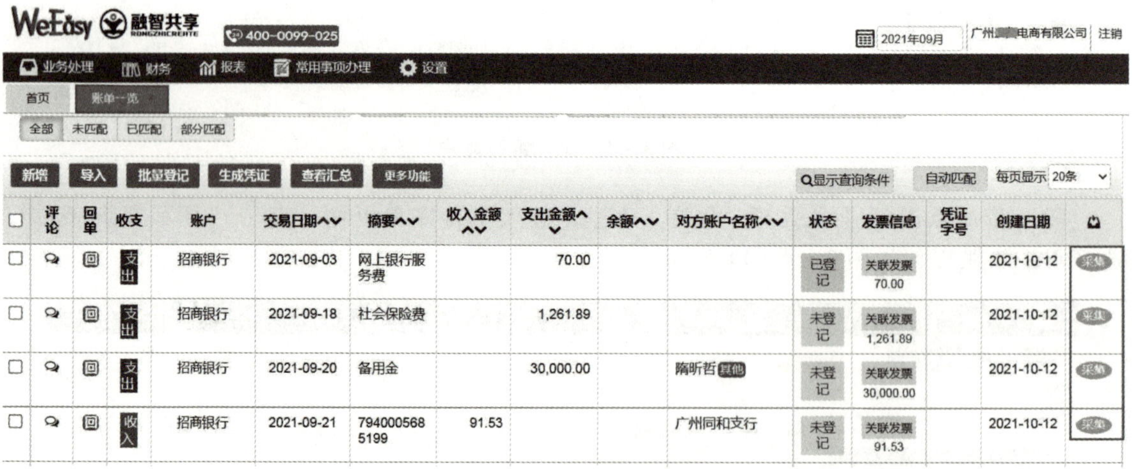

图 3－4－14　账单明细

收费回单

招商银行股份有限公司 H6APRE2A 电子回单专用章

招商银行 CHINA MERCHANTS BANK

日期：2021年09月03日　　业务类型：企业银行扣费　　业务流水号：G06018V903BVLNJ

扣费账号：120916145510102

户名：广州[redacted]电商有限公司

开户行：广州同和支行

实收金额：CNY70.00

摘要：网上银行服务费

收费时段：20210801-20210831

回单编号：0360005835380　　20211012

图 3－4－15　银行回单

任务 3：导入花田公司 2022 年 3 月份银行流水信息。

导入银行流水信息　　花田公司银行流水信息

（1）依次点击“业务处理—账单一览”，选择好银行账户，点击“导入”按钮，如图 3－4－16 所示；或者依次点击“设置—数据设置—账户登记”，进入账户页面，点击“上传”，如图 3－4－17 所示。

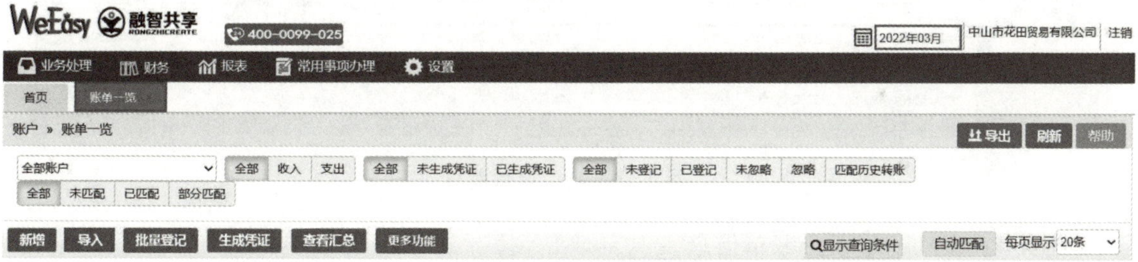

图 3－4－16　导入账单

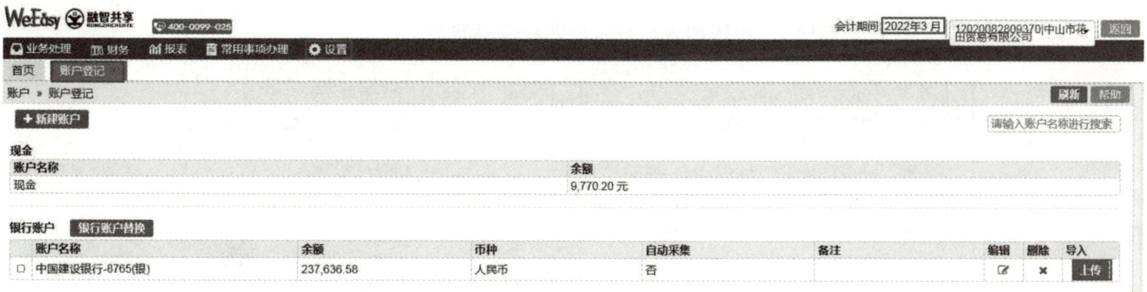

图 3－4－17　上传账单

（2）点选或拖动花田公司银行单 Excel 或银行回单 PDF 到准备区，点击“下一步”按钮，即可导入花田公司 3 月份银行数据，如图 3－4－18、图 3－4－19 所示。

图 3－4－18　上传银行账单

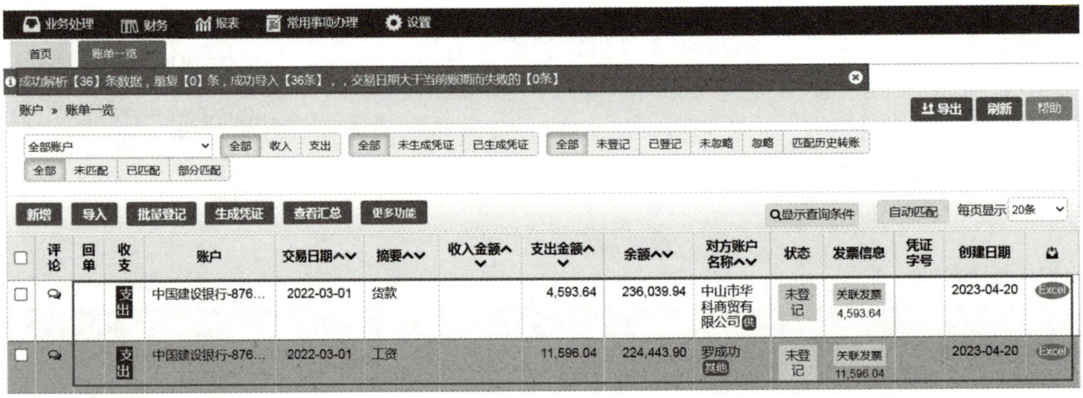

图 3－4－19　银行账单

任务 4： 手动新增银行账单信息。

如果未能通过采集或导入的方式获取银行账单信息，则可手动新增。此处以银行回单（如图 3－4－20 所示）为例介绍手动新增。

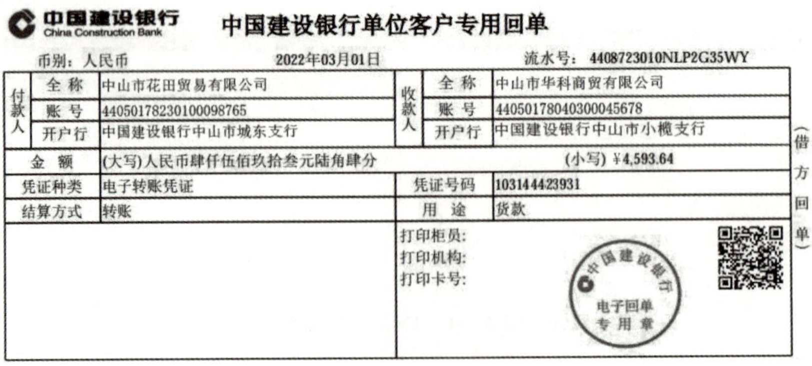

中国建设银行 China Construction Bank　中国建设银行单位客户专用回单

币别：人民币　2022年03月01日　流水号：4408723010NLP2G35WY

付款人	全 称	中山市花田贸易有限公司	收款人	全 称	中山市华科商贸有限公司
	账 号	44050178230100098765		账 号	44050178040300045678
	开户行	中国建设银行中山市城东支行		开户行	中国建设银行中山市小榄支行
金 额	(大写)人民币肆仟伍佰玖拾叁元陆角肆分			(小写) ¥4,593.64	
凭证种类	电子转账凭证		凭证号码	103144423931	
结算方式	转账		用 途	货款	

打印柜员：
打印机构：
打印卡号：

中国建设银行 电子回单专用章

（借方回单）

图 3－4－20　银行回单

（1）依次点击“业务处理—账单一览”，进入账单页面，点击“新增”按钮，弹出“增加账单”对话框，如图 3－4－21、图 3－4－22 所示。

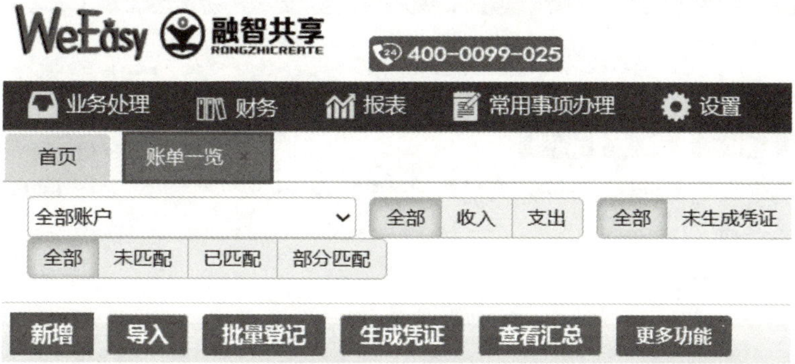

图 3－4－21　新增账单信息

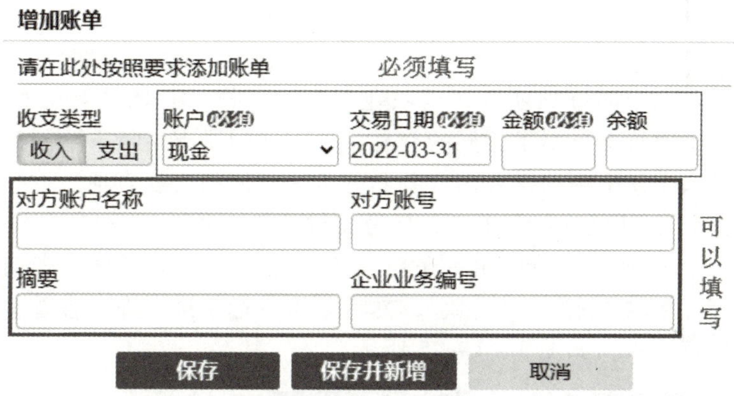

图 3－4－22　增加账单

（2）根据回单填写账单信息，填写完成，点击“保存”按钮，账单一览就可以查看手工新增的账单信息，如图 3－4－23、图 3－4－24 所示。

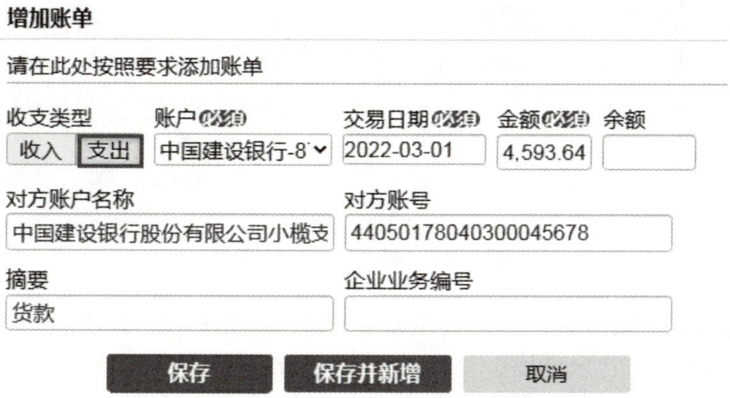

图 3－4－23　填写账单信息

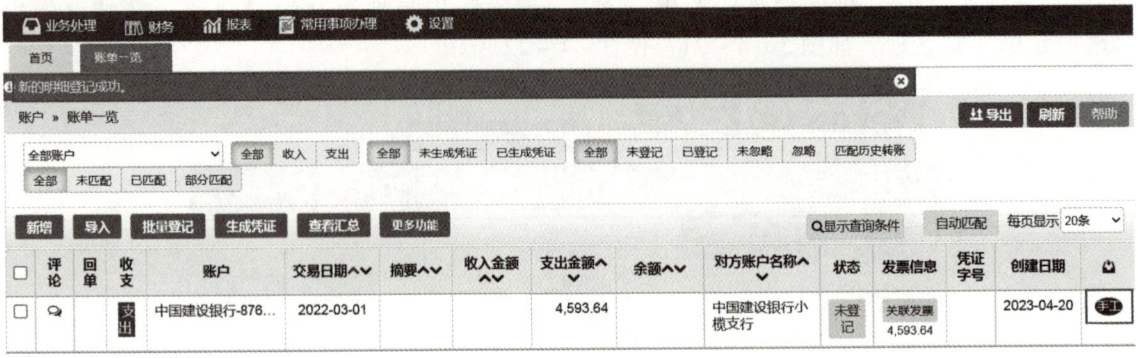

图 3-4-24 银行账单

三、业务登记

货币资金的业务登记同进项业务、销项业务登记一样，有批量登记和单张登记两种方式，批量登记适合于银行交易属于相同的交易事项，如同是支付货款、同是收到货款等。一般是根据采集或导入交易事项的摘要内容判断是否是相同的交易事项。

任务 5：批量登记花田公司 2022 年 3 月份支付货款业务。

（1）进入“业务处理—银行账单—账单一览”页面，点击“显示查询条件”。选定“支出”，摘要栏输入“货款”，然后单击鼠标左键，即可查看本期所有支付货款的银行流水，如图 3-4-25 所示。

登记支付货款业务

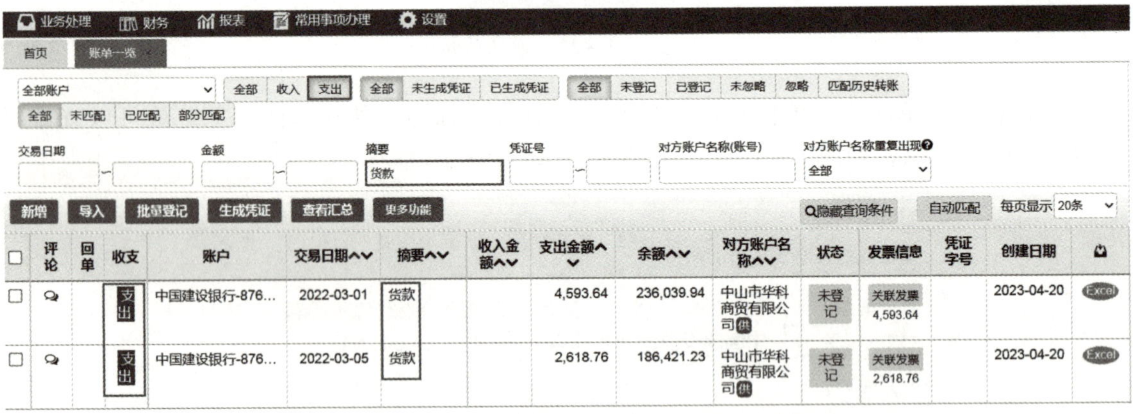

图 3-4-25 支付货款账单

（2）勾选所有的筛选结果，点击“批量登记”，如图 3-4-26 所示。

（3）进入“批量登记”界面，交易事项栏选择“付款·还款·手续费—支付应付账款”，点击“登记”，即可查看到支付货款的银行账单由“未登记”转变为“已登记”状态。如图 3-4-27、图 3-4-28 所示。

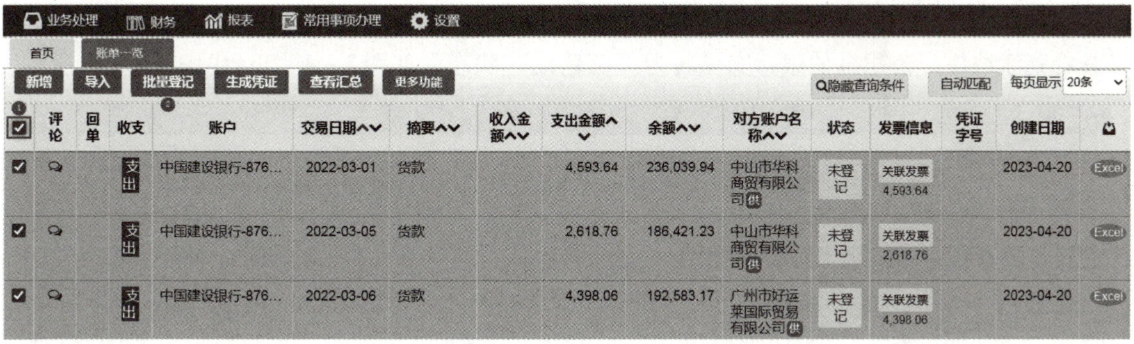

图 3-4-26　批量登记

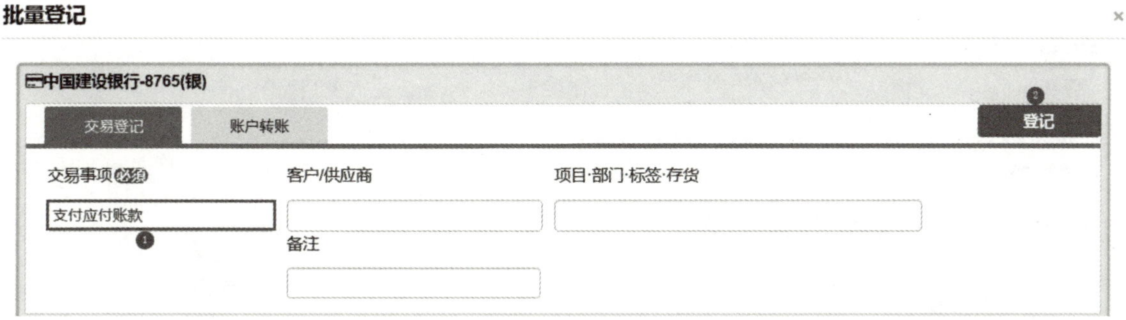

图 3-4-27　选填登记信息

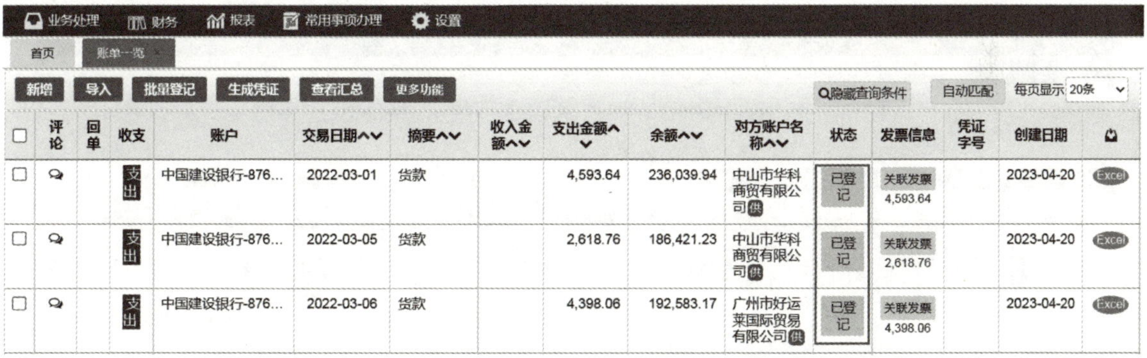

图 3-4-28　银行账单

其他具有相同交易内容的事项，比如同为收到货款，则采用同样的登记方法登记即可。

任务 6： 单张登记花田公司 2022 年 3 月份缴纳住房公积金的银行业务。

缴纳住房公积金业务登记

（1）进入“业务处理—银行账单—账单一览”页面，单击公积金扣款的“未登记”按钮，如图 3-4-29 所示。

（2）由于缴纳的住房公积金包含公司和个人两部分，所以需要对银行账单金额进行拆分，因此需勾选多行交易。在“交易事项”处选择“工资薪金—交公积金（企业）”，再选择“交易事项—工资薪金—交公积金（企业）”然后点击"登记"即可。企业和个人缴纳比例均为50%，所以金额栏均填1 811.00，登记完成即可查看到缴纳住房公积金的银行交易转为"已登记"状态，如图3－4－30、图3－4－31所示。

图3－4－29　银行账单

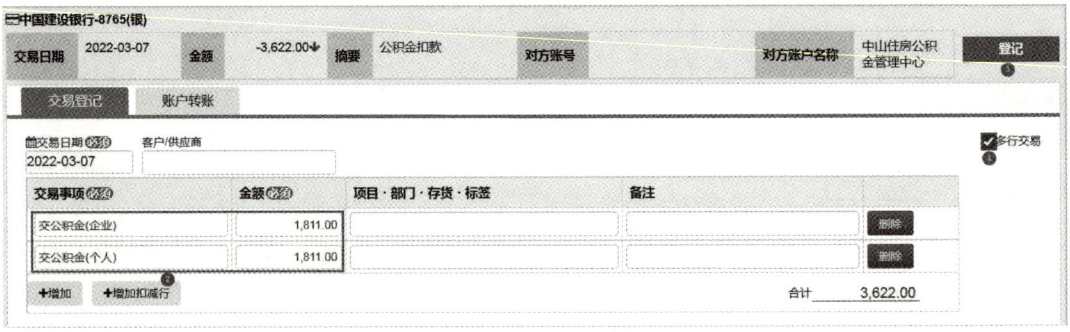

图3－4－30　账单登记

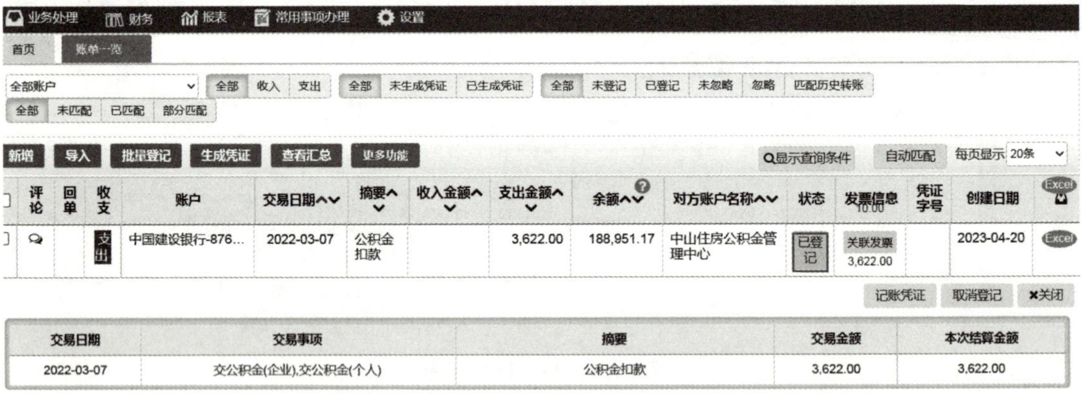

图3－4－31　账单登记

任务7：单张登记花田公司2022年3月份缴纳税款的银行业务。

由导入的花田公司2022年3月份银行流水可知，2022年3月13日，花田公司有缴纳2月税款的银行业务，如图3－4－32所示，如何完成此笔业务的登记呢？

缴纳税款业务登记

（1）登录广东省电子税务局，查询花田公司完税凭证，如图3－4－33所示，确认其缴纳何种税款。

业务处理 财务 报表 常用事项办理 设置

首页 账单一览

全部账户 | 全部 收入 支出 | 全部 未生成凭证 已生成凭证 | 全部 未登记 已登记 未忽略 忽略 匹配历史转账

全部 未匹配 已匹配 部分匹配

新增 导入 批量登记 生成凭证 查看汇总 更多功能 | 显示查询条件 自动匹配 每页显示 50条

	评论	回单	收支	账户	交易日期	摘要	收入金额	支出金额	余额	对方账户名称	状态	发票信息 182.65	凭证字号	创建日期	Excel
☐			支出	中国建设银行-876…	2022-03-13	缴纳2月税款		42,630.31	175,187.10	中山市税务局东区税务分局	未登记	关联发票 42,630.31		2023-04-20	Excel
☐			收入	中国建设银行-876…	2022-03-14	货款	8,500.40		183,687.50	江门市大兴商场有限公司	未登记	关联发票 8,500.40		2023-04-20	Excel

图 3－4－32 银行账单

中华人民共和国
税收完税证明

No.344015220401084690

填发日期：2022 年 03 月 13 日　　税务机关：国家税务总局中山市税务局东区税务分局

纳税人识别号	91442000MA54C8888C		纳税人名称	中山市花田贸易有限公司	
原凭证号	税种	品目名称	税款所属时期	入（退）库日期	实缴(退)金额
344203880300104788	增值税	商业	20220201 至 20220228	2022-03-13	38,062.78
344203880300104788	城市维护建设税	市区	20220201 至 20220228	2022-03-13	2,664.39
344203880300104788	教育费附加	市区	20220201 至 20220228	2022-03-13	1,141.88
344203880300104788	地方教育费附加	市区	20220201 至 20220228	2022-03-13	761.26
金额合计	（大写）人民币肆万贰仟陆佰叁拾元叁角壹分				¥42,630.31
国家税务总局中山市税务局税务机关（盖章）征税专用章	填票人：广东省电子税务局		备注 正常申报 一般申报 正税 自行申报 中山市火炬开发区沙边路18号第一层B-14-15卡 主管税务所（科、分局）:国家税务总局中山火炬高技术产业开发区税务局		

收据联 交纳税人作完税证明

第1次打印　　妥善保管　　查验网址：https://etax.guangdong.chinatax.gov.cn/tycx-cjpt-web/view/sscx/gzcx/qgspzcy/qgspzcy.jsp

图 3－4－33 完税证明

（2）单击缴纳 2 月税款的“未登记”按钮，勾选“多行交易”，根据完税证明分别进行各税款的选填，内容填写完毕单击“登记”即可，如图 3－4－34 所示。

类似金额需拆分的业务，比如缴纳社会保险，同样需登录电子税务局或登录财务云协同管理平台查看其完税证明以进行拆分登记即可。如果银行交易金额不需要拆分，比如花田公司 2022 年 3 月银行账单中的预缴 2 月份个税，则直接根据业务内容选填登记即可，如

图 3 - 4 - 35 所示。花田公司 2022 年 3 月的银行账单业务采用类似的方法登记，不再一一赘述。

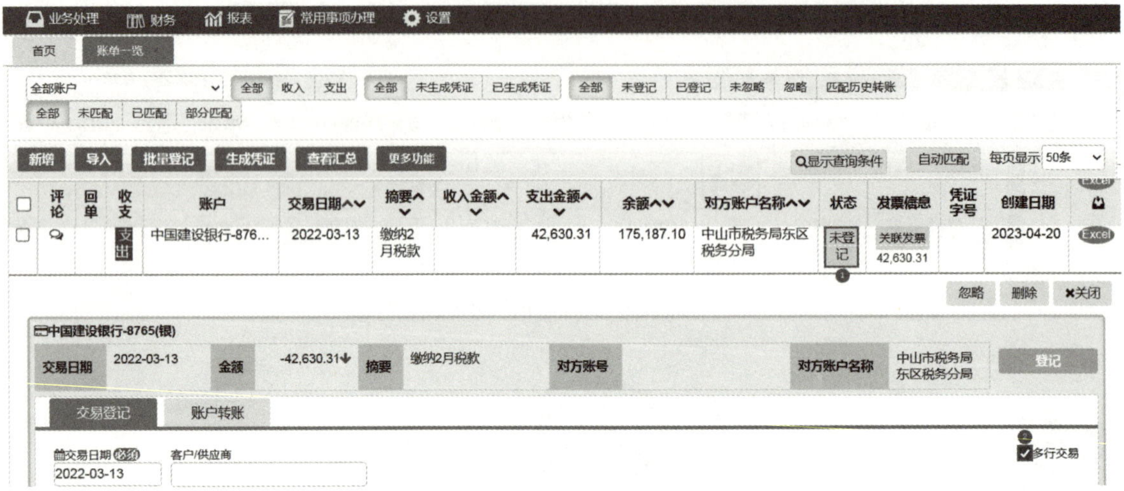

图 3 - 4 - 34　账户登记

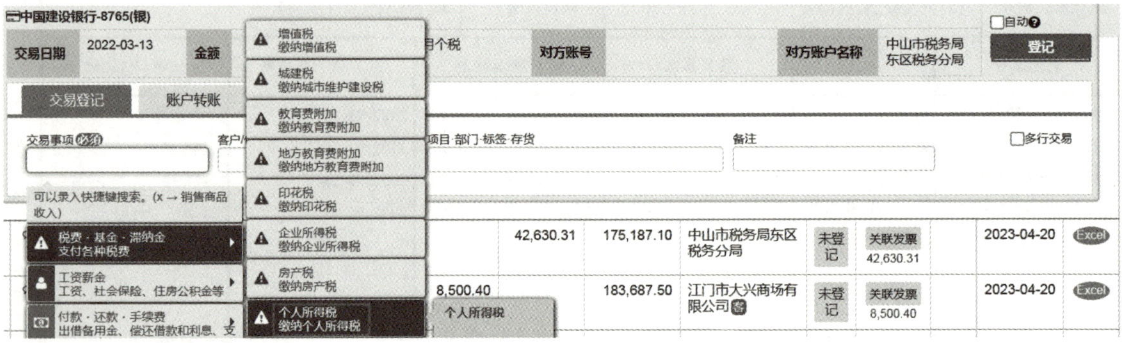

图 3 - 4 - 35　账户登记

四、生成凭证

任务 8： 完成花田公司 2022 年 3 月份银行账单智能核算。

花田公司 2022 年 3 月份银行账单登记完成后，勾选需生成记账凭证的银行业务（发放工资业务放在“薪资业务智能核算介绍”），点击“生成凭证”按钮，平台就自动生成记账凭证，如图 3 - 4 - 36、图 3 - 4 - 37 所示。

花田公司银行业务共生成 31 张记账凭证（发放工资除外），具体如图 3 - 4 - 38 至图 3 - 4 - 68 所示。

生成银行业务记账凭证

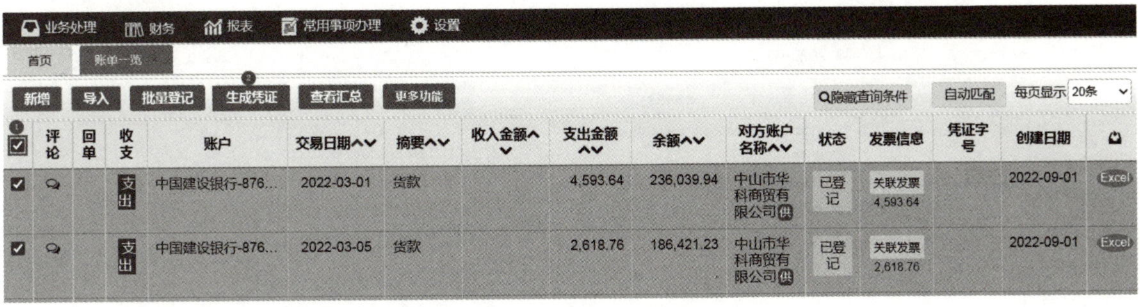

图 3－4－36　账单一览

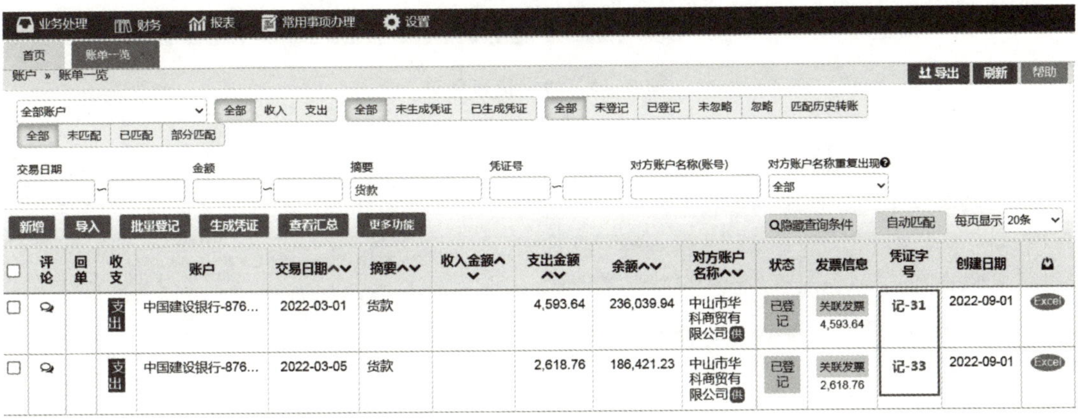

图 3－4－37　账单一览

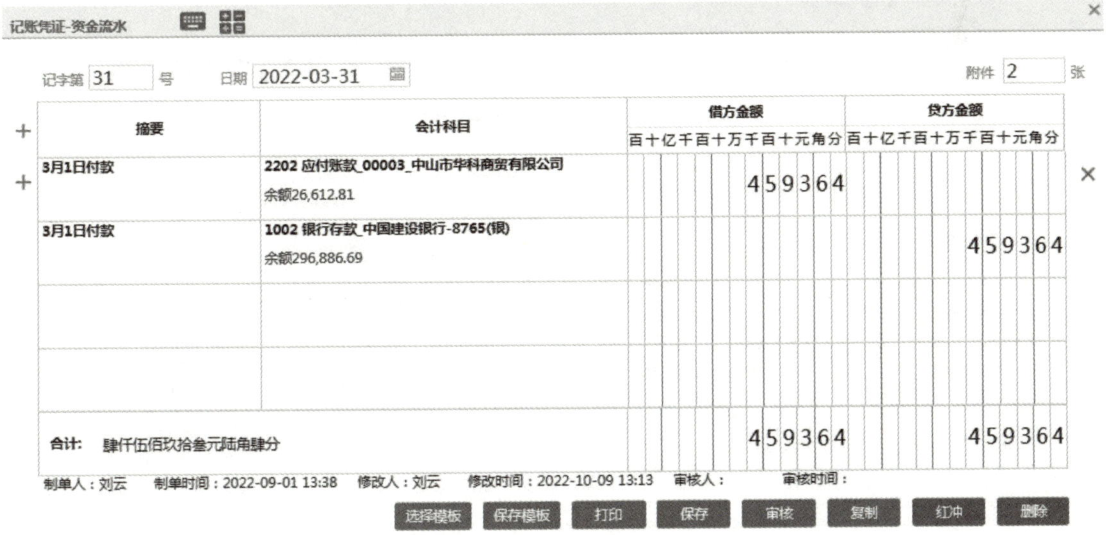

图 3－4－38　记账凭证

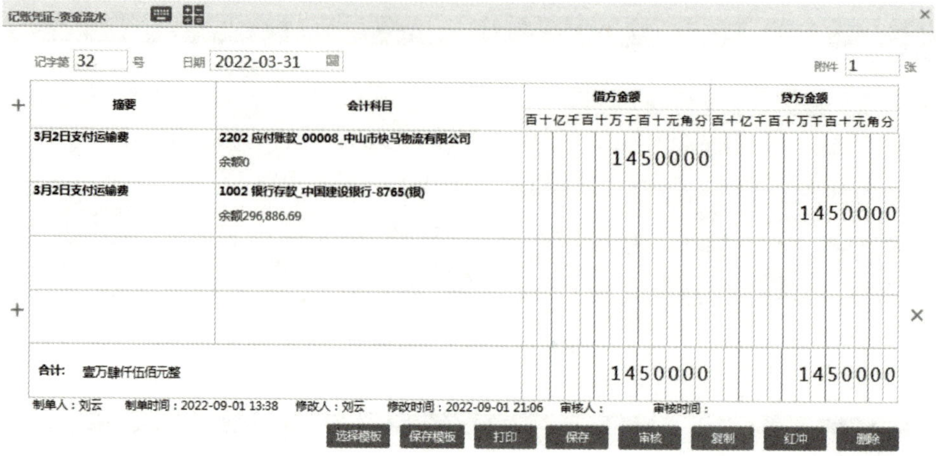

图 3－4－39　记账凭证

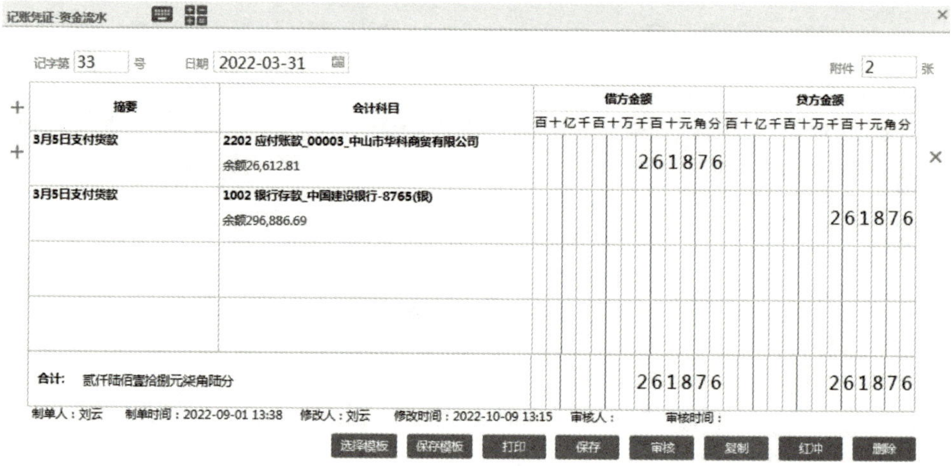

图 3－4－40　记账凭证

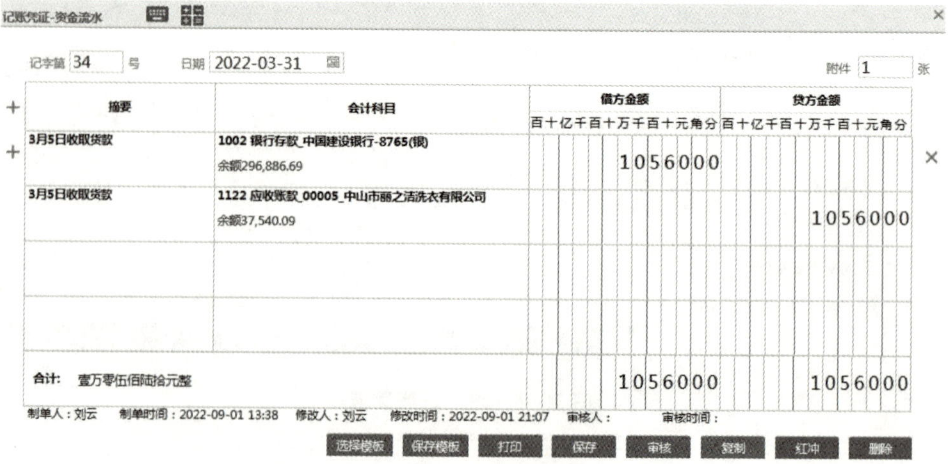

图 3－4－41　记账凭证

记账凭证-资金流水

记字第 35 号　　日期 2022-03-31　　附件 2 张

摘要	会计科目	借方金额	贷方金额
3月6日支付货款	2202 应付账款_00002_广州市好运莱国际贸易有限公司 余额78,019.95	439806	
3月6日支付货款	1002 银行存款_中国建设银行-8765(银) 余额296,886.69		439806
合计：肆仟叁佰玖拾捌元零角陆分		439806	439806

制单人：刘云　制单时间：2022-09-01 13:38　修改人：刘云　修改时间：2022-10-09 13:18　审核人：　审核时间：

选择模板　保存模板　打印　保存　审核　复制　红冲　删除

图 3-4-42　记账凭证

记账凭证-资金流水

记字第 36 号　　日期 2022-03-31　　附件 1 张

摘要	会计科目	借方金额	贷方金额
3月7日银行手续费	560303 财务费用_银行手续费 余额0	1000	
3月7日银行手续费	1002 银行存款_中国建设银行-8765(银) 余额296,886.69		1000
合计：壹拾元整		1000	1000

制单人：刘云　制单时间：2022-09-01 13:38　修改人：　修改时间：　审核人：　审核时间：

选择模板　保存模板　打印　保存　审核　复制　红冲　删除

图 3-4-43　记账凭证

记账凭证-资金流水

记字第 37 号　　日期 2022-03-31　　附件 2 张

摘要	会计科目	借方金额	贷方金额
3月7日住房公积金	221103 应付职工薪酬_住房公积金 余额0	181100	
3月7日代扣公积金	224102 其他应付款_代扣公积金 余额0	181100	
3月7日住房公积金	1002 银行存款_中国建设银行-8765(银) 余额296,886.69		362200
合计：叁仟陆佰贰拾贰元整		362200	362200

制单人：刘云　制单时间：2022-09-01 13:38　修改人：刘云　修改时间：2022-10-09 13:19　审核人：　审核时间：

选择模板　保存模板　打印　保存　审核　复制　红冲　删除

图 3-4-44　记账凭证

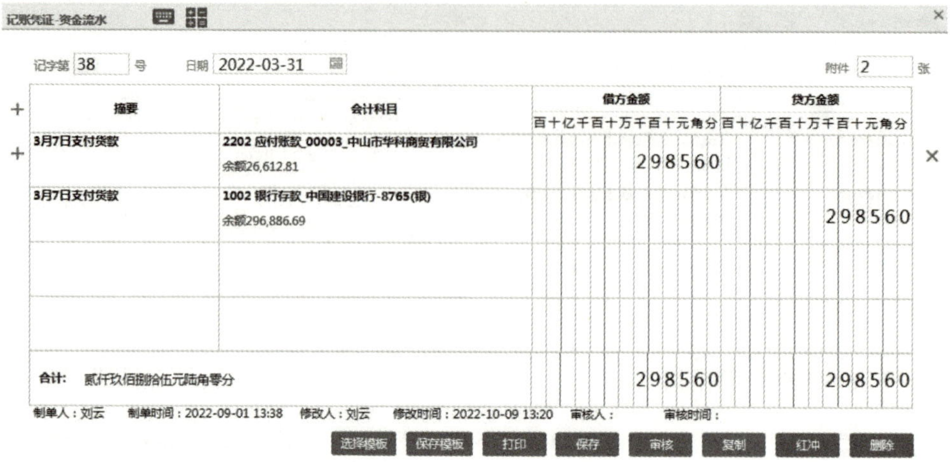

记账凭证-资金流水

记字第 38 号　日期 2022-03-31　附件 2 张

摘要	会计科目	借方金额	贷方金额
3月7日支付货款	2202 应付账款_00003_中山市华科商贸有限公司 余额26,612.81	298560	
3月7日支付货款	1002 银行存款_中国建设银行-8765(银) 余额296,886.69		298560
合计：贰仟玖佰捌拾伍元陆角零分		298560	298560

制单人：刘云　制单时间：2022-09-01 13:38　修改人：刘云　修改时间：2022-10-09 13:20　审核人：　审核时间：

选择模板　保存模板　打印　保存　审核　复制　红冲　删除

图 3－4－45　记账凭证

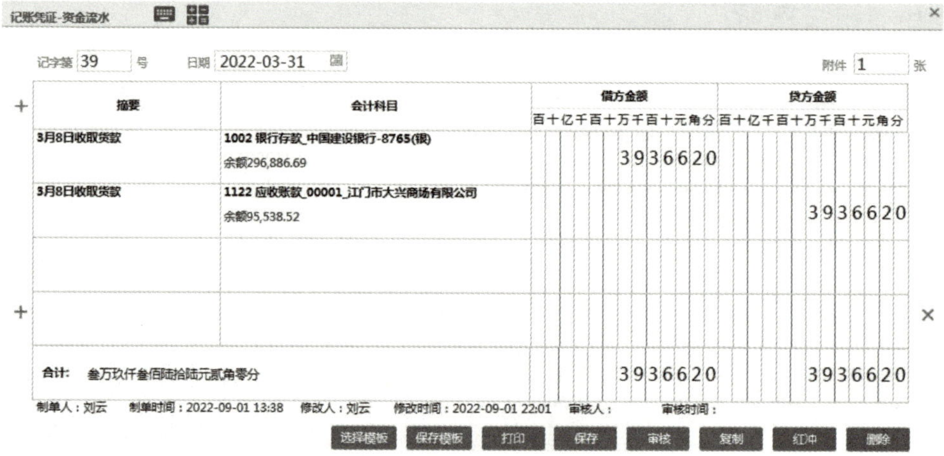

记账凭证-资金流水

记字第 39 号　日期 2022-03-31　附件 1 张

摘要	会计科目	借方金额	贷方金额
3月8日收取货款	1002 银行存款_中国建设银行-8765(银) 余额296,886.69	3936620	
3月8日收取货款	1122 应收账款_00001_江门市大兴商场有限公司 余额95,538.52		3936620
合计：叁万玖仟叁佰陆拾陆元贰角零分		3936620	3936620

制单人：刘云　制单时间：2022-09-01 13:38　修改人：刘云　修改时间：2022-09-01 22:01　审核人：　审核时间：

选择模板　保存模板　打印　保存　审核　复制　红冲　删除

图 3－4－46　记账凭证

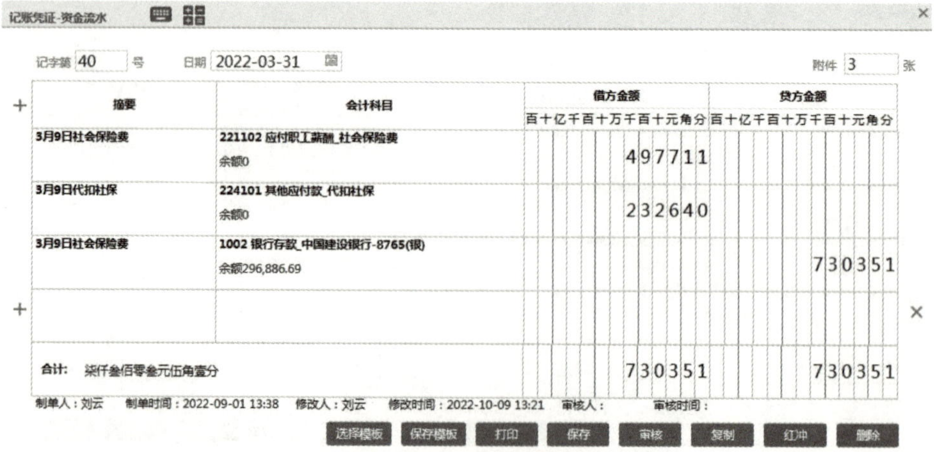

记账凭证-资金流水

记字第 40 号　日期 2022-03-31　附件 3 张

摘要	会计科目	借方金额	贷方金额
3月9日社会保险费	221102 应付职工薪酬_社会保险费 余额0	497711	
3月9日代扣社保	224101 其他应付款_代扣社保 余额0	232640	
3月9日社会保险费	1002 银行存款_中国建设银行-8765(银) 余额296,886.69		730351
合计：柒仟叁佰零叁元伍角壹分		730351	730351

制单人：刘云　制单时间：2022-09-01 13:38　修改人：刘云　修改时间：2022-10-09 13:21　审核人：　审核时间：

选择模板　保存模板　打印　保存　审核　复制　红冲　删除

图 3－4－47　记账凭证

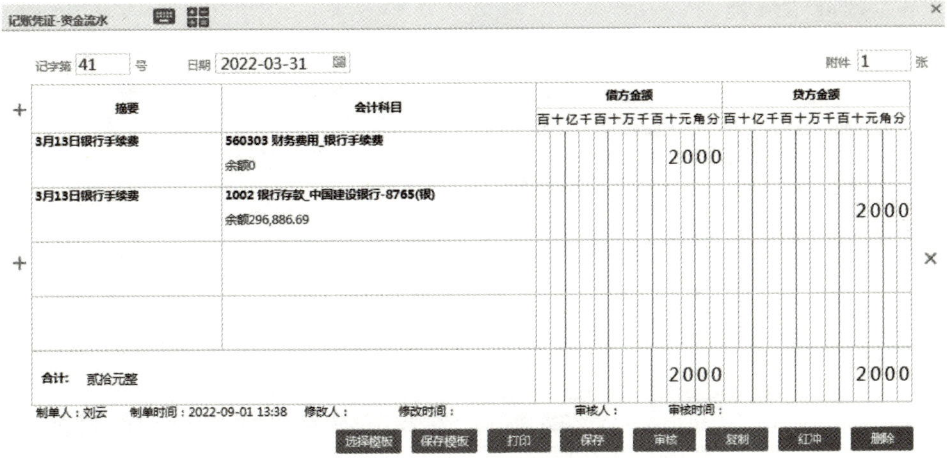

记账凭证-资金流水

记字第 41 号　日期 2022-03-31　附件 1 张

摘要	会计科目	借方金额	贷方金额
3月13日银行手续费	560303 财务费用_银行手续费 余额0	2000	
3月13日银行手续费	1002 银行存款_中国建设银行-8765(银) 余额296,886.69		2000
合计：贰拾元整		2000	2000

制单人：刘云　制单时间：2022-09-01 13:38　修改人：　修改时间：　审核人：　审核时间：

选择模板　保存模板　打印　保存　审核　复制　红冲　删除

图 3－4－48　记账凭证

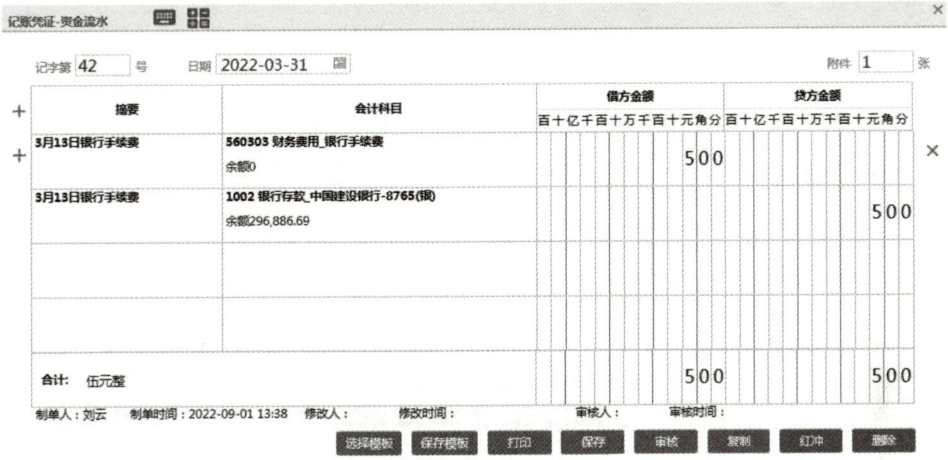

记账凭证-资金流水

记字第 42 号　日期 2022-03-31　附件 1 张

摘要	会计科目	借方金额	贷方金额
3月13日银行手续费	560303 财务费用_银行手续费 余额0	500	
3月13日银行手续费	1002 银行存款_中国建设银行-8765(银) 余额296,886.69		500
合计：伍元整		500	500

制单人：刘云　制单时间：2022-09-01 13:38　修改人：　修改时间：　审核人：　审核时间：

选择模板　保存模板　打印　保存　审核　复制　红冲　删除

图 3－4－49　记账凭证

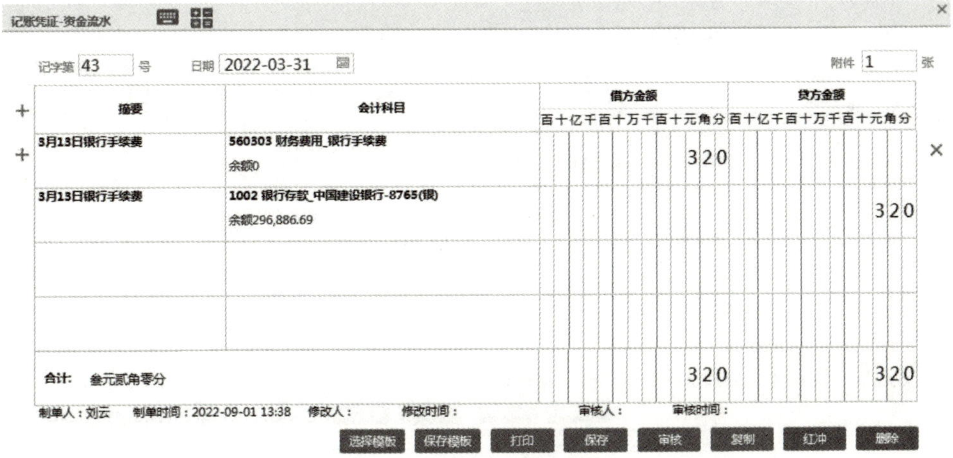

记账凭证-资金流水

记字第 43 号　日期 2022-03-31　附件 1 张

摘要	会计科目	借方金额	贷方金额
3月13日银行手续费	560303 财务费用_银行手续费 余额0	320	
3月13日银行手续费	1002 银行存款_中国建设银行-8765(银) 余额296,886.69		320
合计：叁元贰角零分		320	320

制单人：刘云　制单时间：2022-09-01 13:38　修改人：　修改时间：　审核人：　审核时间：

选择模板　保存模板　打印　保存　审核　复制　红冲　删除

图 3－4－50　记账凭证

记账凭证-资金流水

记字第 44 号　日期 2022-03-31　附件 2 张

摘要	会计科目	借方金额	贷方金额
		百十亿千百十万千百十元角分	百十亿千百十万千百十元角分
3月13日缴纳个人所得税	222108 应交税费_应交个人所得税 余额210.73	18265	
3月13日缴纳个人所得税	1002 银行存款_中国建设银行-8765(银) 余额296,886.69		18265
合计：壹佰捌拾贰元陆角伍分		18265	18265

制单人：刘云　制单时间：2022-09-01 20:14　修改人：刘云　修改时间：2022-10-09 13:22　审核人：　审核时间：

选择模板　保存模板　打印　保存　审核　复制　红冲　删除

图 3－4－51　记账凭证

记账凭证-资金流水

记字第 45 号　日期 2022-03-31　附件 2 张

摘要	会计科目	借方金额	贷方金额
		百十亿千百十万千百十元角分	百十亿千百十万千百十元角分
3月13日缴纳地方教育费附加	222105 应交税费_应交地方教育费附加 余额1,088.58	76126	
3月13日缴纳增值税	222102 应交税费_未交增值税 余额54,428.93	3806278	
3月13日缴纳教育费附加	222104 应交税费_应交教育费附加 余额1,632.87	114188	
3月13日缴纳城市维护建设税	222103 应交税费_应交城市维护建设税 余额3,810.03	266439	
合计：肆万贰仟陆佰叁拾元叁角壹分		4263031	4263031

制单人：刘云　制单时间：2022-09-01 13:38　修改人：刘云　修改时间：2022-10-09 13:23　审核人：　审核时间：

选择模板　保存模板　打印　保存　审核　复制　红冲　删除

图 3－4－52　记账凭证

记账凭证-资金流水

记字第 46 号　日期 2022-03-31　附件 1 张

摘要	会计科目	借方金额	贷方金额
		百十亿千百十万千百十元角分	百十亿千百十万千百十元角分
3月14日收取货款	1002 银行存款_中国建设银行-8765(银) 余额296,886.69	850040	
3月14日收取货款	1122 应收账款_00001_江门市大兴商场有限公司 余额95,538.52		850040
合计：捌仟伍佰元肆角零分		850040	850040

制单人：刘云　制单时间：2022-09-01 13:39　修改人：刘云　修改时间：2022-09-01 21:42　审核人：　审核时间：

选择模板　保存模板　打印　保存　审核　复制　红冲　删除

图 3－4－53　记账凭证

记账凭证-资金流水

记字第 47 号　日期 2022-03-31　附件 1 张

摘要	会计科目	借方金额	贷方金额
3月14日收取货款	1002 银行存款_中国建设银行-8765(银) 余额296,886.69	1162920	
3月14日收取货款	1122 应收账款_00004_江门市远旺超市有限公司 余额77,829.22		1162920
合计：壹万壹仟陆佰贰拾玖元贰角零分		1162920	1162920

制单人：刘云　制单时间：2022-09-01 13:39　修改人：刘云　修改时间：2022-09-01 21:43　审核人：　审核时间：

选择模板　保存模板　打印　保存　审核　复制　红冲　删除

图 3－4－54　记账凭证

记账凭证-资金流水

记字第 48 号　日期 2022-03-31　附件 1 张

摘要	会计科目	借方金额	贷方金额
3月17日银行手续费	560303 财务费用_银行手续费 余额0	1500	
3月17日银行手续费	1002 银行存款_中国建设银行-8765(银) 余额296,886.69		1500
合计：壹拾伍元整		1500	1500

制单人：刘云　制单时间：2022-09-01 13:39　修改人：　修改时间：　审核人：　审核时间：

选择模板　保存模板　打印　保存　审核　复制　红冲　删除

图 3－4－55　记账凭证

记账凭证-资金流水

记字第 49 号　日期 2022-03-31　附件 2 张

摘要	会计科目	借方金额	贷方金额
3月17日支付货款	2202 应付账款_00003_中山市华科商贸有限公司 余额26,612.81	166084	
3月17日支付货款	1002 银行存款_中国建设银行-8765(银) 余额296,886.69		166084
合计：壹仟陆佰陆拾元捌角肆分		166084	166084

制单人：刘云　制单时间：2022-09-01 13:39　修改人：刘云　修改时间：2022-10-09 13:24　审核人：　审核时间：

选择模板　保存模板　打印　保存　审核　复制　红冲　删除

图 3－4－56　记账凭证

记账凭证-资金流水

记字第 50 号　日期 2022-03-31　附件 2 张

摘要	会计科目	借方金额	贷方金额
3月19日收到股东借款	1002 银行存款_中国建设银行-8765(银) 余额296,886.69	2000000	
3月19日收到股东借款	224199 其他应付款_往来_00001_罗成功 余额57,834.45		2000000
合计：贰万元整		2000000	2000000

制单人：刘云　制单时间：2022-09-01 13:39　修改人：刘云　修改时间：2022-10-09 13:27　审核人：　审核时间：

选择模板　保存模板　打印　保存　审核　复制　红冲　删除

图 3－4－57　记账凭证

记账凭证-资金流水

记字第 51 号　日期 2022-03-31　附件 2 张

摘要	会计科目	借方金额	贷方金额
3月20日支付货款	2202 应付账款_00003_中山市华科商贸有限公司 余额26,612.81	293008	
3月20日支付货款	1002 银行存款_中国建设银行-8765(银) 余额296,886.69		293008
合计：贰仟玖佰叁拾元零角捌分		293008	293008

制单人：刘云　制单时间：2022-09-01 13:39　修改人：刘云　修改时间：2022-10-09 13:25　审核人：　审核时间：

选择模板　保存模板　打印　保存　审核　复制　红冲　删除

图 3－4－58　记账凭证

记账凭证-资金流水

记字第 52 号　日期 2022-03-31　附件 2 张

摘要	会计科目	借方金额	贷方金额
3月20日支付货款	2202 应付账款_00002_广州市好运莱国际贸易有限公司 余额78,019.95	485120	
3月20日支付货款	1002 银行存款_中国建设银行-8765(银) 余额296,886.69		485120
合计：肆仟捌佰伍拾壹元贰角零分		485120	485120

制单人：刘云　制单时间：2022-09-01 13:39　修改人：刘云　修改时间：2022-10-09 13:25　审核人：　审核时间：

选择模板　保存模板　打印　保存　审核　复制　红冲　删除

图 3－4－59　记账凭证

记账凭证-资金流水

记字第 53 号　日期 2022-03-31　附件 2 张

摘要	会计科目	借方金额	贷方金额
3月22日收到股东借款	1002 银行存款_中国建设银行-8765(银) 余额296,886.69	1000000	
3月22日收到股东借款	224199 其他应付款_往来_00001_罗成功 余额57,834.45		1000000
合计：壹万元整		1000000	1000000

制单人：刘云　制单时间：2022-09-01 13:39　修改人：刘云　修改时间：2022-10-09 13:28　审核人：　审核时间：

选择模板　保存模板　打印　保存　审核　复制　红冲　删除

图 3-4-60　记账凭证

记账凭证-资金流水

记字第 54 号　日期 2022-03-31　附件 2 张

摘要	会计科目	借方金额	贷方金额
3月22日支付货款	2202 应付账款_00002_广州市好运莱国际贸易有限公司 余额78,019.95	368640	
3月22日支付货款	1002 银行存款_中国建设银行-8765(银) 余额296,886.69		368640
合计：叁仟陆佰捌拾陆元肆角零分		368640	368640

制单人：刘云　制单时间：2022-09-01 13:39　修改人：刘云　修改时间：2022-10-09 13:26　审核人：　审核时间：

选择模板　保存模板　打印　保存　审核　复制　红冲　删除

图 3-4-61　记账凭证

记账凭证-资金流水

记字第 55 号　日期 2022-03-31　附件 2 张

摘要	会计科目	借方金额	贷方金额
3月25日支付货款	2202 应付账款_00004_惠州市青山湖商贸有限公司 余额1,956.24	172692	
3月25日支付货款	1002 银行存款_中国建设银行-8765(银) 余额296,886.69		172692
合计：壹仟柒佰贰拾陆元玖角贰分		172692	172692

制单人：刘云　制单时间：2022-09-01 13:39　修改人：刘云　修改时间：2022-10-09 13:26　审核人：　审核时间：

选择模板　保存模板　打印　保存　审核　复制　红冲　删除

图 3-4-62　记账凭证

记账凭证-资金流水

记字第 56 号　日期 2022-03-31　附件 1 张

摘要	会计科目	借方金额	贷方金额
3月28日收取货款	1002 银行存款_中国建设银行-8765(银) 余额296,886.69	1171380	
3月28日收取货款	1122 应收账款_00001_江门市大兴商场有限公司 余额95,538.52		1171380
合计：壹万壹仟柒佰壹拾叁元捌角零分		1171380	1171380

制单人：刘云　制单时间：2022-09-01 13:39　修改人：刘云　修改时间：2022-09-01 21:57　审核人：　审核时间：

选择模板　保存模板　打印　保存　审核　复制　红冲　删除

图 3-4-63　记账凭证

记账凭证-资金流水

记字第 57 号　日期 2022-03-31　附件 1 张

摘要	会计科目	借方金额	贷方金额
3月29日支付代理记账费	2202 应付账款_00014_中山市瑾信会计事务所有限公司 余额0	378000	
3月29日支付代理记账费	1002 银行存款_中国建设银行-8765(银) 余额296,886.69		378000
合计：叁仟柒佰捌拾元整		378000	378000

制单人：刘云　制单时间：2022-09-01 13:39　修改人：刘云　修改时间：2022-09-22 18:54　审核人：　审核时间：

选择模板　保存模板　打印　保存　审核　复制　红冲　删除

图 3-4-64　记账凭证

记账凭证-资金流水

记字第 58 号　日期 2022-03-31　附件 1 张

摘要	会计科目	借方金额	贷方金额
3月31日收取货款	1002 银行存款_中国建设银行-8765(银) 余额296,886.69	8400000	
3月31日收取货款	1122 应收账款_00003_中山市兴隆商贸有限公司 余额232,680.00		8400000
合计：捌万肆仟元整		8400000	8400000

制单人：刘云　制单时间：2022-09-01 13:39　修改人：刘云　修改时间：2022-09-01 21:48　审核人：　审核时间：

选择模板　保存模板　打印　保存　审核　复制　红冲　删除

图 3-4-65　记账凭证

记账凭证-资金流水

记字第 59 号　日期 2022-03-31　附件 1 张

摘要	会计科目	借方金额	贷方金额
3月31日支付1-3月物业费、水费	2202 应付账款_00009_中山市全心物业服务有限公司 余额0	208755	
3月31日支付1-3月物业费、水费	1002 银行存款_中国建设银行-8765(银) 余额296,886.69		208755
合计： 贰仟零捌拾柒元伍角伍分		208755	208755

制单人：刘云　制单时间：2022-09-01 13:39　修改人：刘云　修改时间：2022-10-09 13:30　审核人：　审核时间：

选择模板　保存模板　打印　保存　审核　复制　红冲　删除

图 3-4-66　记账凭证

记账凭证-资金流水

记字第 60 号　日期 2022-03-31　附件 1 张

摘要	会计科目	借方金额	贷方金额
3月31日支付劳保费报销款	224199 其他应付款_往来_00002_林绵绵 余额-2,997.00	40882	
3月31日支付劳保费报销款	1002 银行存款_中国建设银行-8765(银) 余额296,886.69		40882
合计： 肆佰零捌元捌角贰分		40882	40882

制单人：刘云　制单时间：2022-09-01 13:39　修改人：刘云　修改时间：2022-09-01 21:53　审核人：　审核时间：

选择模板　保存模板　打印　保存　审核　复制　红冲　删除

图 3-4-67　记账凭证

记账凭证-资金流水

记字第 61 号　日期 2022-03-31　附件 1 张

摘要	会计科目	借方金额	贷方金额
3月31日支付购买网络存储器报销款	224199 其他应付款_往来_00002_林绵绵 余额-2,997.00	299700	
3月31日支付购买网络存储器报销款	1002 银行存款_中国建设银行-8765(银) 余额296,886.69		299700
合计： 贰仟玖佰玖拾柒元整		299700	299700

制单人：刘云　制单时间：2022-09-01 13:39　修改人：刘云　修改时间：2022-09-01 21:51　审核人：　审核时间：

选择模板　保存模板　打印　保存　审核　复制　红冲　删除

图 3-4-68　记账凭证

五、核对凭证

核对银行业务
记账凭证

记账凭证生成以后，同样需要核对记账凭证的科目、金额、摘要是否准确，如有问题及时修改（职工薪酬相关凭证的检查放在模块五）。

任务9：核对花田公司2022年3月份银行业务记账凭证。

检查银行账单生成的记账凭证发现，其摘要只是简单地有“收款”或“付款”字样，并未准确表明业务的具体内容，失去“摘要”的意义。比如收到客户货款和收到法人借款，如果摘要内容一样，就不太合理，因此，需要对摘要做出修改以便准确表达业务内容。

那么如何修改呢？比如需要把第31号凭证摘要“3月1日付款”更改为“3月1日支付货款”，点击凭证字号“记－31”，打开凭证，直接修改凭证摘要，修改完成，点击“保存”即可，如图3－4－69、图3－4－70所示。采用同样的方式，修改其他需修改的凭证。

图3－4－69 银行账单

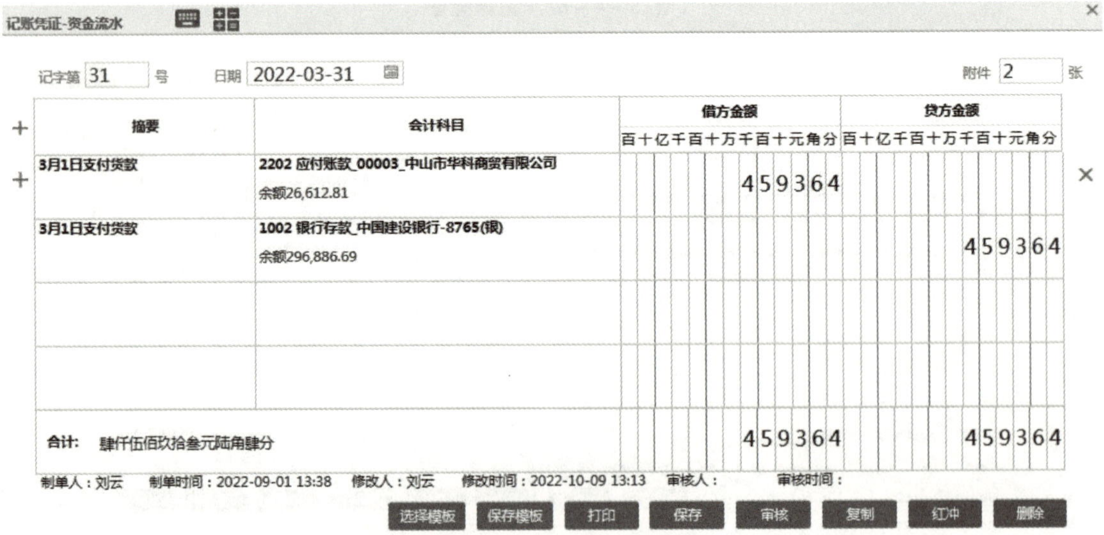

图3－4－70 记账凭证

模块五　薪酬业务智能核算

相关知识

一、职工薪酬的含义

职工薪酬，是指企业为获得职工提供的服务或解除劳动关系而给予的各种形式的报酬或补偿。企业提供给职工配偶、子女、受赡养人、已故员工遗属及其他受益人等的福利，也属于职工薪酬。

这里所称的“职工”主要包括三类人员：一是与企业订立劳动合同的所有人员，含全职、兼职和临时职工；二是未与企业订立劳动合同，但由企业正式任命的企业治理层和管理层人员，如董事会成员、监事会成员等；三是在企业的计划和控制下，虽未与企业订立劳动合同或未由其正式任命，但向企业所提供服务与职工所提供服务类似的人员，也属于职工的范畴，包括通过企业与劳务中介公司签订用工合同而向企业提供服务的人员。

二、职工薪酬的内容

职工薪酬包括短期薪酬、离职后福利、辞退福利和其他长期职工福利。

（一）短期薪酬

短期薪酬，是指企业在职工提供相关服务的年度报告期间结束后12个月内需要全部予以支付的职工薪酬，因解除与职工的劳动关系给予的补偿除外。分为货币性职工薪酬与非货币性职工薪酬，具体包括以下几种：

1. 职工工资、奖金、津贴和补贴

工资，是指支付给职工的计时工资和计件工资。

奖金，是指支付给职工的超额劳动报酬和增收节支的劳动报酬。如生产奖，包括超产奖、质量奖、安全奖、考核各项经济指标的综合奖、年终奖、劳动分红等。又如劳动竞赛奖，包括发给劳动模范、先进个人的各种奖金和实物奖励等。

津贴和补贴，是指为了补偿职工特殊或额外的劳动消耗和因其他特殊原因支付给职工的津贴，以及为了保证职工工资水平不受物价影响支付的物价补贴，包括补偿职工特殊或额外劳动消耗的津贴（如高空津贴、井下津贴等），保健津贴，技术性津贴，工龄津贴及其他津贴（如直接支付的伙食津贴、合同制职工工资性补贴及书报费等）。

2. 职工福利费

职工福利费主要包括企业向职工提供的生活困难补助、丧葬补助费、抚恤费、职工异地安家费、防暑降温费等职工福利支出。

3. 社会保险费

社会保险费，是指企业按照国家规定的基准和比例计算，向社会保险经办机构缴纳的医疗保险、工伤保险、养老保险和失业保险。其中医疗保险、工伤保险属于短期薪酬；养老保险和失业保险属于职工薪酬中的离职后福利。

4. 住房公积金

住房公积金，是指企业按照国家规定的基准和比例计算，向住房公积金管理机构缴存的住房公积金。

5. 工会经费和职工教育经费

工会经费和职工教育经费，是指企业为了改善职工文化生活、为职工学习先进技术和提高文化水平和业务素质，用于开展工会活动和职工教育及职业技能培训等相关支出。

6. 短期带薪缺勤

短期带薪缺勤，是指职工虽然缺勤但企业仍向其支付报酬的安排，包括年休假、病假、婚假、产假、丧假、探亲假等。长期带薪缺勤属于其他长期职工福利。

7. 短期利润分享计划

短期利润分享计划，是指因职工提供服务而与职工达成的基于利润或其他经营成果提供薪酬的协议。长期利润分享计划属于其他长期职工福利。

8. 其他短期薪酬

其他短期薪酬，是指除上述薪酬以外的其他为获得职工提供的服务而给予的短期薪酬。

（二）离职后福利

离职后福利，是指企业为获得职工提供的服务而在职工退休或与企业解除劳动关系后，提供的各种形式的报酬和福利，短期薪酬和辞退福利除外。企业应当将离职后福利计划分类为设定提存计划和设定受益计划。离职后福利计划，是指企业与职工就离职后福利达成的协议，或者企业为向职工提供离职后福利制定的规章或办法等。其中，设定提存计划，是指向独立的基金缴存固定费用后，企业不再承担进一步支付义务的离职后福利计划，比如养老保险和失业保险；设定受益计划，是指除设定提存计划以外的离职后福利计划。

（三）辞退福利

辞退福利，是指企业在职工劳动合同到期之前解除与职工的劳动关系，或者为鼓励职工自愿接受裁减而给予职工的补偿。

（四）其他长期职工福利

其他长期职工福利，是指除短期薪酬、离职后福利、辞退福利之外所有的职工薪酬，包括长期带薪缺勤、长期残疾福利、长期利润分享计划等。

三、短期薪酬的确认和计量

（一）短期薪酬的确认

企业应当在职工为其提供服务的会计期间，将实际发生的短期薪酬确认为负债，并计入当期损益，其他《企业会计准则》要求或允许计入资产成本的除外。

（1）企业发生的职工工资、津贴和补贴等短期薪酬，应当根据职工提供服务情况和工资标准等计算应计入职工薪酬的工资总额，并按照受益对象计入当期损益或相关资产成本。

（2）企业发生的职工福利费，应当在实际发生时根据实际发生额计入当期损益或相关资产成本。

（3）企业为职工缴纳的医疗保险费、工伤保险费等社会保险费和住房公积金，以及按规定提取的工会经费和职工教育经费，应当在职工为其提供服务的会计期间，根据规定的计提基础和计提比例计算确定相应的职工薪酬金额，并确认相应负债，按照受益对象计入当期损益或相关资产成本。

（4）企业应当在职工提供服务从而增加了其未来享有的带薪缺勤权利时，确认与累积带薪缺勤相关的职工薪酬，并以累积未行使权利而增加的预期支付金额计量。对于确认当期已行使权利的累积带薪缺勤，因相应的薪酬已经包括在当期的薪酬金额中，因此，不必额外做相应的计量。

5. 短期利润分享计划同时满足下列条件的，企业应当确认相关的应付职工薪酬：

（1）企业因过去事项导致现在具有支付职工薪酬的法定义务或推定义务。

（2）因利润分享计划所产生的应付职工薪酬义务金额能够可靠估计。属于下列三种情形之一的，视为义务金额能够可靠估计：

第一，在财务报告批准报出之前企业已确定应支付的薪酬金额。

第二，该短期利润分享计划的正式条款中包括确定薪酬金额的方式。

第三，过去的惯例为企业确定推定义务金额提供了明显证据。

（二）短期薪酬的计量

对于国务院有关部门、省、自治区、直辖市人民政府或经批准的企业年金计划规定了计提基础和计提比例的职工薪酬项目，应当按照规定的标准计提。

（1）对于国家（包括省、市、自治区政府）相关法律法规没有明确规定计提基础和计提比例的职工薪酬项目，企业应当根据历史经验数据和自身实际情况，合理预计当期应付职工薪酬。当期实际发生金额大于预计金额的，应当补提；当期实际发生金额小于预计金额的，应当冲回多提的应付职工薪酬。

（2）职工福利费为非货币性福利的，应当按照公允价值计量。

（3）累积带薪缺勤以累积未行使权利而增加的预期支付金额计量。

四、短期薪酬的核算

（一）账户设置

企业应设置“应付职工薪酬”账户，核算应付职工薪酬的提取、结算、使用等情况。该账户的贷方登记已分配计入有关成本费用项目的职工薪酬的数额，借方登记实际发放职工薪酬的数额，包括扣还的款项等；该账户期末贷方余额，反映企业应付未付的职工薪酬。同时，“应付职工薪酬”账户还应当按照工资、奖金、津贴和补贴、职工福利费、非货币性福利、社会保险费、住房公积金、工会经费和职工教育经费等设置明细账户进行明细核算。

（二）账务处理

1. 货币性短期薪酬

货币性短期薪酬是企业以货币形式发放的职工薪酬，主要有工资、社会保险费、住房公积金、工会经费、职工教育经费等。其具体账务处理如表3－5－1所示。需要说明的是，个人负担的社会保险、住房公积金也可不进行先缴再扣或先扣再缴的区分，在“扣”和“缴”时统一用“其他应付款——社会保险”“其他应付款——住房公积金”或统一用“其他应收款——社会保险”“其他应收款——住房公积金”，是不影响业务处理本质的。

表3－5－1　　货币性职工薪酬的核算

情　形	账务处理
计提职工薪酬	借：生产成本（生产车间生产工人薪酬） 　　制造费用（生产车间管理人员薪酬） 　　管理费用（行政人员薪酬） 　　销售费用（销售人员薪酬） 　　研发支出（从事研发活动人员薪酬） 　　在建工程等（从事工程建设人员薪酬） 　　合同履约成本 　　贷：应付职工薪酬——工资 　　　　　　　　　——社会保险费 　　　　　　　　　——住房公积金 　　　　　　　　　——工会经费 　　　　　　　　　——职工教育经费等

续表

情　形	账　务　处　理
扣还各种款项（如代垫的房租费、代扣社会保险、住房公积金、个人所得税等）	1. 社会保险、住房公积金先缴再扣 借：应付职工薪酬——工资 　贷：其他应收款——社会保险费（已代为支付） 　　其他应收款——住房公积金（已代为支付） 　　应交税费——应交个人所得税 2. 社会保险、住房公积金先扣再缴 借：应付职工薪酬——工资 　贷：其他应付款——社会保险费（尚未支付） 　　其他应付款——住房公积金（尚未支付） 　　应交税费——应交个人所得税
发放工资	借：应付职工薪酬——工资 　贷：银行存款 　　库存现金
缴纳社会保险和住房公积金	1. 社会保险、住房公积金先缴再扣，缴纳时： 借：应付职工薪酬——社会保险费（企业负担部分） 　　——住房公积金（企业负担部分） 　其他应收款——社会保险费（个人负担部分） 　　——住房公积金（个人负担部分） 　贷：银行存款 2. 社会保险、住房公积金先扣再缴，缴纳时： 借：应付职工薪酬——社会保险费（企业负担部分） 　　——住房公积金（企业负担部分） 　其他应付款——社会保险费（个人负担部分） 　　——住房公积金（个人负担部分） 　贷：银行存款
缴纳个税时	借：应交税费——应交个人所得税 　贷：银行存款

说明：对于公司应负担的社会保险费的处理，按照《企业会计准则》，其中养老保险费、失业保险费应划归长期职工薪酬，通过“应付职工薪酬——设定提存计划”账户处理，《小企业会计准则》则无须区分，均通过“应付职工薪酬——社会保险费”处理。

2. 非货币性短期薪酬

（1）企业以其自产产品作为非货币性福利发放给职工的，应当根据受益对象，按照该产品的含税公允价值，计入相关资产成本或当期损益，同时确认应付职工薪酬。其具体账务处理如表 3－5－2 所示。

表 3-5-2　　以自产产品发放职工福利的核算

情　形	账务处理
计提职工薪酬	借：生产成本（生产车间生产工人薪酬） 　　制造费用（生产车间管理人员薪酬） 　　管理费用（行政人员薪酬） 　　销售费用（销售人员薪酬） 　　研发支出（从事研发活动人员薪酬） 　　在建工程等（从事工程建设人员薪酬） 　　合同履约成本 　　贷：应付职工薪酬——非货币性福利
发放	1. 视同销售、确认收入： 借：应付职工薪酬——非货币性福利 　　贷：主营业务收入（售价） 　　　　应交税费——应交增值税（销项税额）（按计税价格或售价计算） 2. 结转成本： 借：主营业务成本 　　存货跌价准备（如果有） 　　贷：库存商品

（2）企业以外购的商品作为非货币性福利提供给职工的，应当按照该商品的公允价值和相关税费确定职工薪酬的金额，并计入当期损益或相关资产成本。其具体账务处理如表 3-5-3 所示。

表 3-5-3　　以外购商品发放职工福利的核算

情　形	账务处理
外购商品时	借：库存商品（含增值税，不可抵扣） 　　贷：银行存款/应付账款/应付票据等
计提时	借：生产成本（生产车间生产工人薪酬） 　　制造费用（生产车间管理人员薪酬） 　　管理费用（行政人员薪酬） 　　销售费用（销售人员薪酬） 　　研发支出（从事研发活动人员薪酬） 　　在建工程等（从事工程建设人员薪酬） 　　合同履约成本 　　贷：应付职工薪酬——非货币性福利
发放时	借：应付职工薪酬——非货币性福利 　　贷：库存商品（含增值税）

（3）企业无偿向职工提供自有住房等资产使用的，应当根据受益对象，将自有房屋等资产的每期折旧额确认为应付职工薪酬，并计入相关的成本费用。其账务处理如表3－5－4所示。

表3－5－4　　无偿提供自有住房等资产给职工使用的核算

情形	账务处理
按应计提的折旧额计提职工薪酬	借：生产成本（生产车间生产工人薪酬） 　　制造费用（生产车间管理人员薪酬） 　　管理费用（行政人员薪酬） 　　销售费用（销售人员薪酬） 　　研发支出（从事研发活动人员薪酬） 　　在建工程等（从事工程建设人员薪酬） 　　合同履约成本 　　贷：应付职工薪酬——非货币性福利
按应计提的折旧额发放职工薪酬	借：应付职工薪酬——非货币性福利 　　贷：累计折旧

（4）企业无偿租赁房屋等资产无偿提供给职工使用的，应当根据受益对象，租赁房屋等资产的每期应支付的租金确认为应付职工薪酬，并计入相关的成本费用。其账务处理如表3－5－5所示。

表3－5－5　　无偿提供租赁住房等资产给职工使用的核算

情形	账务处理
按每期应支付的租金计提职工薪酬	借：生产成本（生产车间生产工人薪酬） 　　制造费用（生产车间管理人员薪酬） 　　管理费用（行政人员薪酬） 　　销售费用（销售人员薪酬） 　　研发支出（从事研发活动人员薪酬） 　　在建工程等（从事工程建设人员薪酬） 　　合同履约成本 　　贷：应付职工薪酬——非货币性福利
按每期应支付的租金发放职工薪酬	借：应付职工薪酬——非货币性福利 　　贷：银行存款 　　　　其他应付款等

业务流程

财务云协同管理平台新增人员信息—智能财税业务处理系统新增人员信息—创建薪酬表—录入个税—生成凭证。

业务操作

财务云协同管理平台导入人员信息

一、财务云协同管理平台新增人员信息

共享中心如果有新增客户，为了进行新客户薪资业务的核算、个税申报等业务处理，需要在财务云协同管理平台新增客户员工信息。

任务1：在财务云协同管理平台新增花田公司人员信息。

方法一：Excel导入。

（1）登录财务云协同管理平台，进入“税务管理—个税人员信息”页面，点击“导入”，如图3－5－1所示。

图3－5－1　个税人员信息

（2）进入“客户人员档案导入”页面，点击“获取导入模板”，下载“客户人员导入模板”，如图3－5－2所示。按照模板填下客户人员信息。

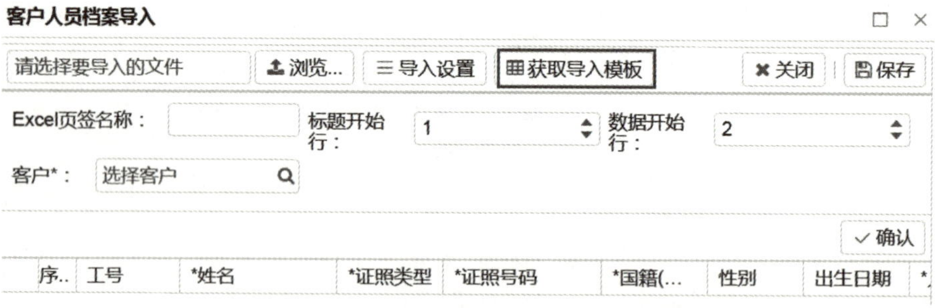

图3－5－2　客户人员档案导入

（3）根据客户提供的员工人员信息，填写客户人员导入模板的必填信息，如表3－5－6所示。

（4）在“客户人员档案导入”页面，点选已填的“中山花田人员信息导入模板”，页面下方将会出现导入的人员信息，选择客户“中山市花田公司有限公司”，点击“保存”按钮，保存成功，即可看到导入的人员信息。如图3－5－3、图3－5－4所示。

表 3－5－6　　　　花田公司人员信息导入模板（简表）

花田公司人员信息

工号	姓名	身份证号码	性别	出生年月	人员状态	手机号码	任职日期
20200501	罗成功	440400198510131038	男	1985－10－13	正常	13611111111	2020－05－10
20200502	林绵绵	410184199006191145	女	1990－06－19	正常	13611111112	2020－05－10
20200503	陈青	450900198804115327	女	1988－04－11	正常	13611111113	2020－05－10
20200504	程琳	441300198702104489	女	1987－02－10	正常	13611111114	2020－05－10
20200505	周大福	445300198409266491	男	1984－09－26	正常	13611111115	2020－05－10

图 3－5－3　导入个税人员信息

图 3－5－4　花田公司个税人员信息

手工录入人员信息

方法二：手工录入。

（1）登录财务云协同管理平台，进入“税务管理—个税人员信息”页面，如图 3－5－5 所示。

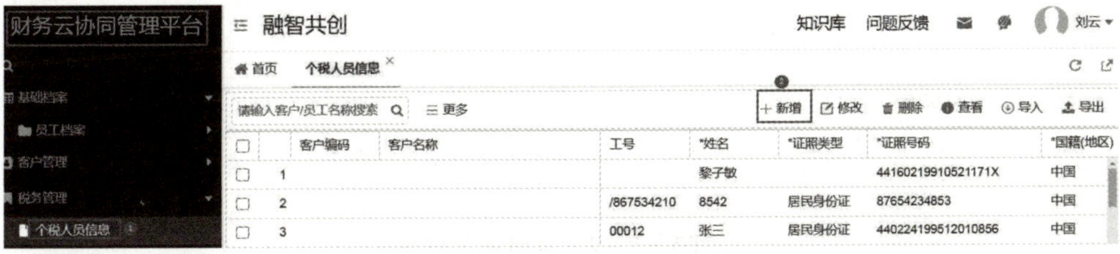

图 3－5－5　个税人员信息

（2）点击“新增”按钮，弹出“新增员工信息”对话框，如图3－5－6所示。

图3－5－6　新增员工信息

（3）根据客户员工信息表（见图3－5－7），正确填写员工的“姓名”“客户名称”“受雇日期”“受雇年限”等新增员工的“基本信息”“工作信息”和“个人信息”，其中带“＊”为必填项，不过“员工工号”虽未带“＊”，也属于必填项，填写完成，点击“保存”按钮，如图3－5－8所示。

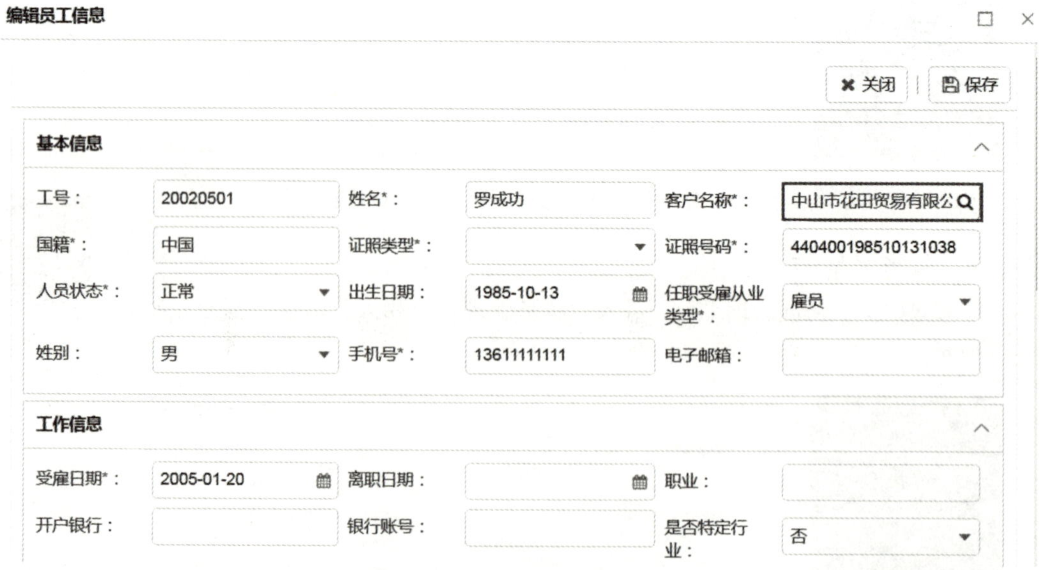

图3－5－7　编辑员工信息

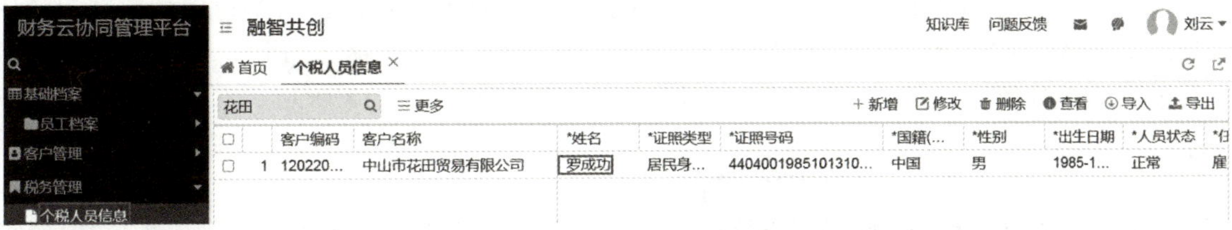

图 3-5-8 新增个税人员信息

（4）采用同样的方法，一一新增花田公司其他员工信息。如果员工信息填写有误需要更正，勾选需要更正的员工，点击“修改”按钮进行更整即可，如图 3-5-9 所示。

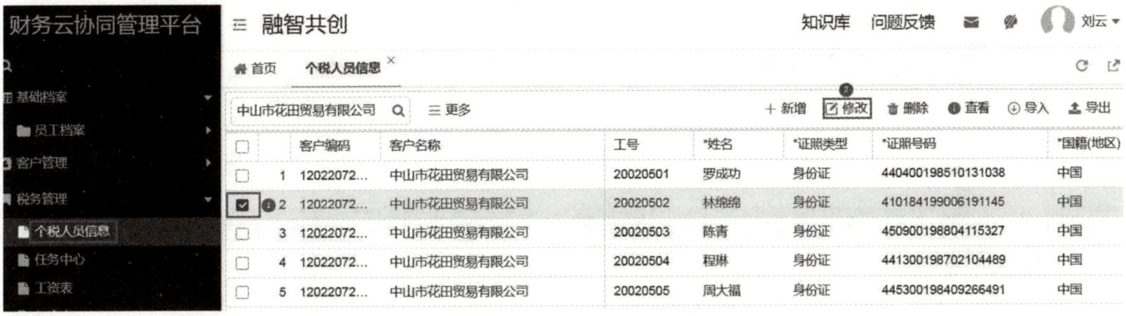

图 3-5-9 花田公司个税人员信息

二、智能财税业务处理系统新增人员信息

智能财税业务处理系统新增人员信息

任务 2：在智能财税业务处理系统新增花田公司人员信息。

智能财税业务处理系统新增人员信息同财务云协同管理平台类似，有 Excel 导入和手工录入两种方式，下面仅介绍手工录入新增方式。

（1）登录智能财税业务处理系统，依次点击“业务处理—业务台账—人员登记”，进入人员登记页面。如图 3-5-10 所示。

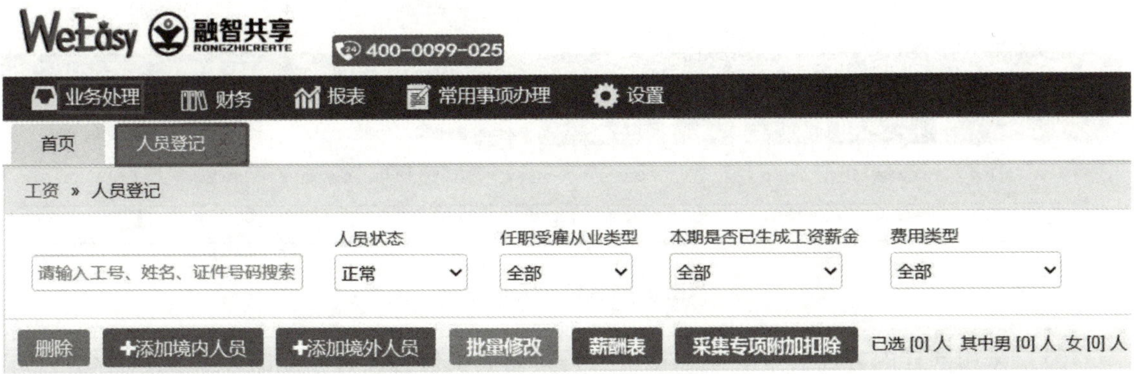

图 3-5-10 人员登记

（2）点击“添加境内人员信息”，打开人员登记信息填写页面，根据花田公司客户员工信息表（见表3-5-6），填写员工信息，填写完毕，点击“保存”按钮，保存后即可在人员登记页面看到所添加的人员信息，如图3-5-11至图3-5-13所示。

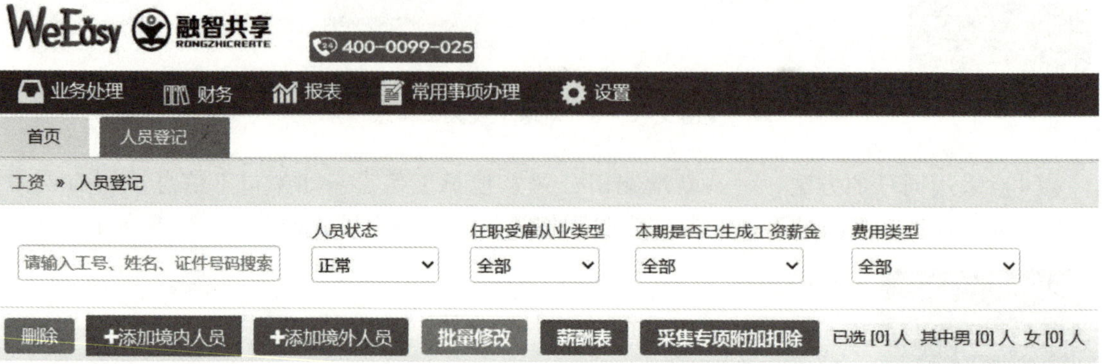

图3-5-11 添加境内人员

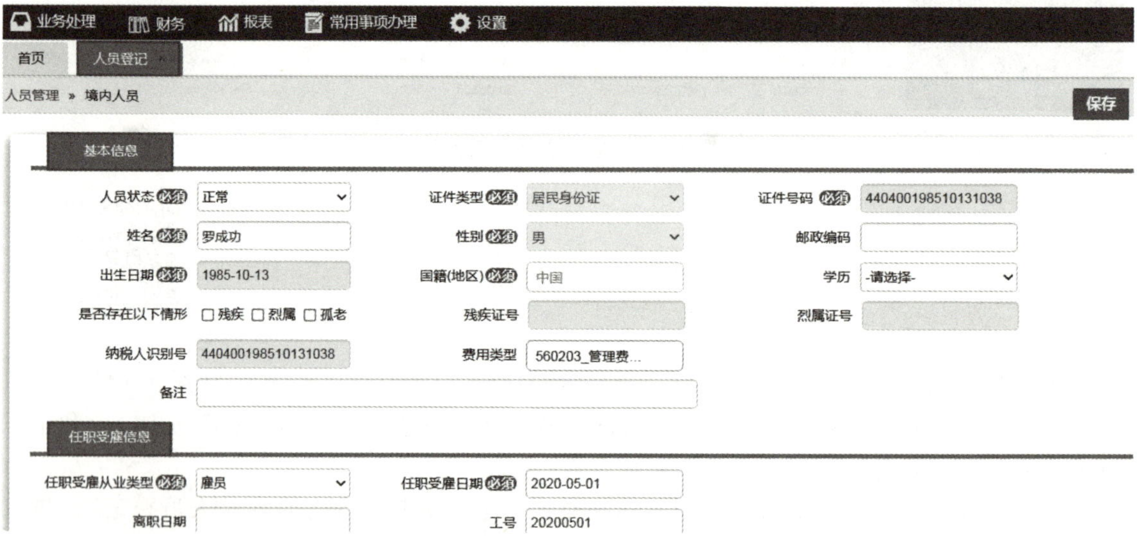

图3-5-12 填写人员信息

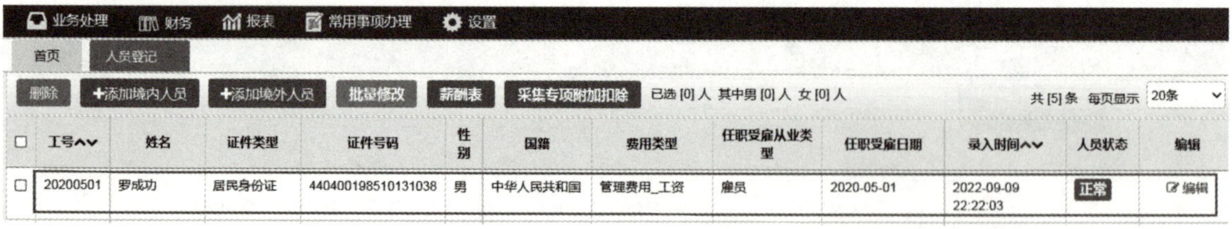

图3-5-13 人员登记

（3）采用同样的方法，一一添加花田公司其他员工信息即可，如图3-5-14所示。

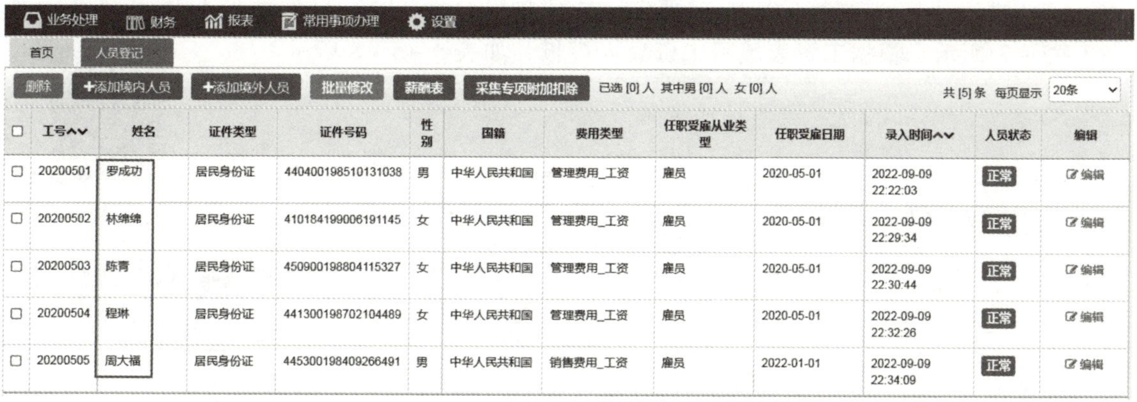

工号	姓名	证件类型	证件号码	性别	国籍	费用类型	任职受雇从业类型	任职受雇日期	录入时间	人员状态	编辑
20200501	罗成功	居民身份证	440400198510131038	男	中华人民共和国	管理费用_工资	雇员	2020-05-01	2022-09-09 22:22:03	正常	编辑
20200502	林绵绵	居民身份证	410184199006191145	女	中华人民共和国	管理费用_工资	雇员	2020-05-01	2022-09-09 22:29:34	正常	编辑
20200503	陈青	居民身份证	450900198804115327	女	中华人民共和国	管理费用_工资	雇员	2020-05-01	2022-09-09 22:30:44	正常	编辑
20200504	程琳	居民身份证	441300198702104489	女	中华人民共和国	管理费用_工资	雇员	2020-05-01	2022-09-09 22:32:26	正常	编辑
20200505	周大福	居民身份证	445300198409266491	男	中华人民共和国	销售费用_工资	雇员	2022-01-01	2022-09-09 22:34:09	正常	编辑

图 3－5－14　花田公司人员登记

三、创建薪酬表

创建薪酬表

任务 3： 创建花田公司 2022 年 3 月份薪酬表。

共享中心完成了花田公司新增人员信息操作之后，接下来就需要在财务云协同管理平台创建 2022 年 3 月份的工资表。创建工资表有 Excel 导入和手工录入两种方式，下面分别介绍其操作步骤。

方法一：Excel 导入。

（1）登录财务云协同管理平台，进入“税务管理—工资表”页面，点击“导入”按钮，弹出“客户人员工资薪金导入”对话框。点击“获取导入模板”，下载工资薪金导入模板，如图 3－5－15、图 3－5－16 所示。

图 3－5－15　工资表导入

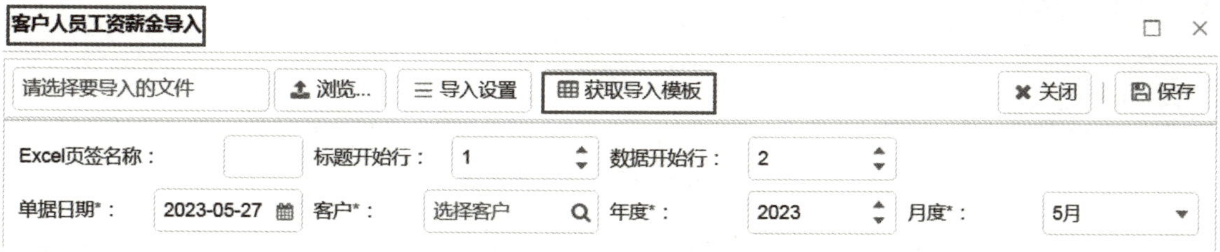

图 3－5－16　下载导入模板

（2）进入“智能核算—智能理票”，查看花田公司2022年3月份职工工资表，如表3－5－7所示。根据工资表填写工资导入模板，如表3－5－8所示。

花田公司薪酬表

表3－5－7　　工资表

中山市花田贸易有限公司　　2022年3月　　单位：元

序号	姓名	证件号码	本期收入	累计收入	工资代扣													实发工资
					养老保险	医疗保险	失业保险	社保小计	住房公积金	累计减除费用	累计专项扣除	累计专项附加扣除	累计应预缴税额	累计已预缴税额	本期应预缴税额	代扣合计		
1	罗成功	440400198510131038	12,800.00	38,400.00	337.44	124.24	3.60	465.28	612.00	15,000.00	3,231.84	7,500.00	380.04	253.36	126.68	1,203.96		11,596.04
2	林绵绵	410184199006191145	5,000.00	15,000.00	337.44	124.24	3.60	465.28	250.00	15,000.00	2,145.84	2,400.00	0.00	0.00	0.00	715.28		4,284.72
3	陈青	450900198804115327	4,200.00	12,600.00	337.44	124.24	3.60	465.28	210.00	15,000.00	2,025.84	3,000.00	0.00	0.00	0.00	675.28		3,524.72
4	程琳	441300198702104489	5,000.00	15,000.00	337.44	124.24	3.60	465.28	250.00	15,000.00	2,145.84	3,900.00	0.00	0.00	0.00	715.28		4,284.72
5	周大福	445300198409266491	10,756.00	30,396.00	337.44	124.24	3.60	465.28	489.00	15,000.00	2,862.84	6,000.00	195.99	111.94	84.05	1,038.33		9,717.67
合计			37,756.00	111,396.00	1,687.20	621.20	18.00	2,326.40	1,811.00	75,000.00	12,412.20	22,800.00	576.03	365.30	210.73	4,348.13		33,407.87

表3－5－8　　花田公司人员薪金导入模板

工号	姓名	＊证照类型	＊证照号码	＊本期收入	本期免税收入	基本养老保险费	基本医疗保险费	……	其他	备注

（3）点选已填写的“花田公司人员薪金导入模板”，即可看到人员薪金信息；单据日期默认为系统操作日期；客户选择“中山市花田公司有限公司”；选择对应日期“2022年3月”，然后点击“保存”按钮。如图3－5－17所示。

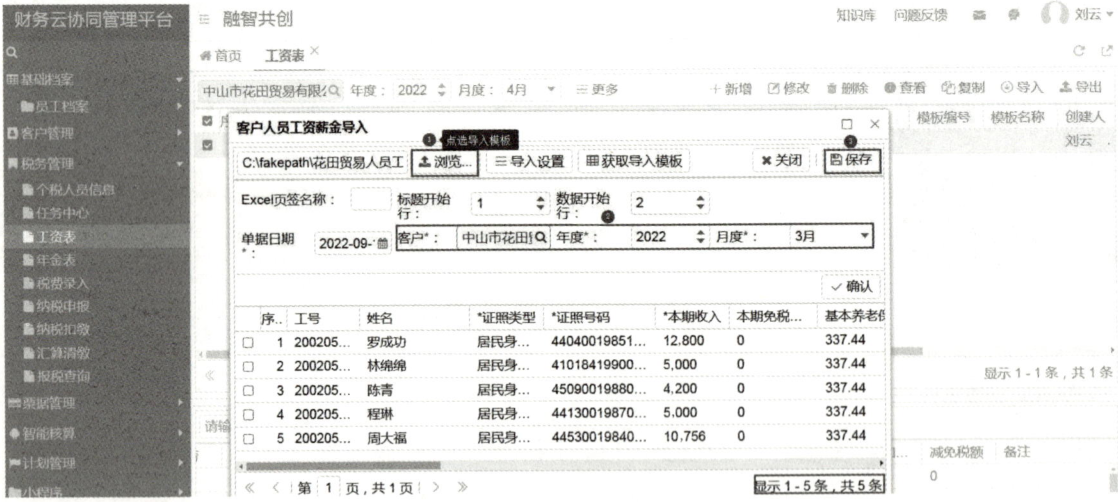

图3－5－17　导入薪资表

（4）保存后，返回到“工资表”页面，即可查看创建的工资表信息。如果数据有误，点击“修改”按钮，修改后保存即可，如图3－5－18所示。

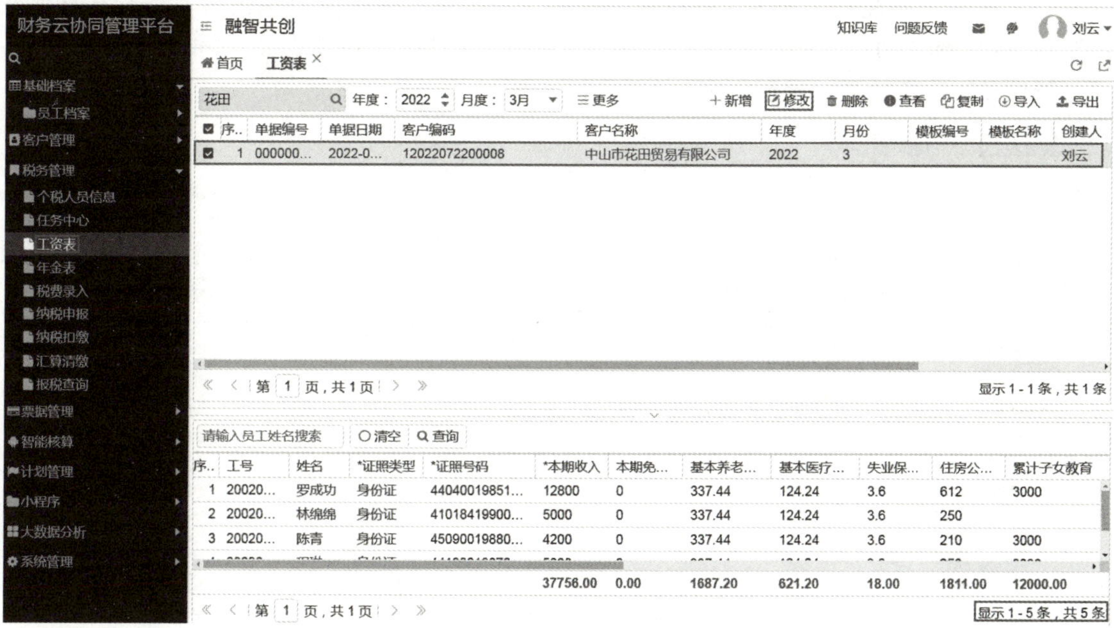

图 3－5－18　花田公司 3 月工资表

方法二：手工录入。

（1）登录财务云协同管理平台，进入“智能核算—智能理票”，查看花田公司 2022 年 3 月份的职工工资表（见表 3－5－7）。

（2）进入“税务管理—工资表”页面，点击“新增”按钮，弹出“新建员工个人所得税薪资”对话框，如图 3－5－19 所示。

图 3－5－19　新建员工薪资

（3）填写“新建员工个人所得税薪资”信息。客户名称选择“中山市花田贸易有限公司”，年度选择“2022”，月度选择“3月”，点击“增行”，根据花田公司3月份薪资表，一一新增员工工资信息，然后点击“保存”，如图3－5－20所示。

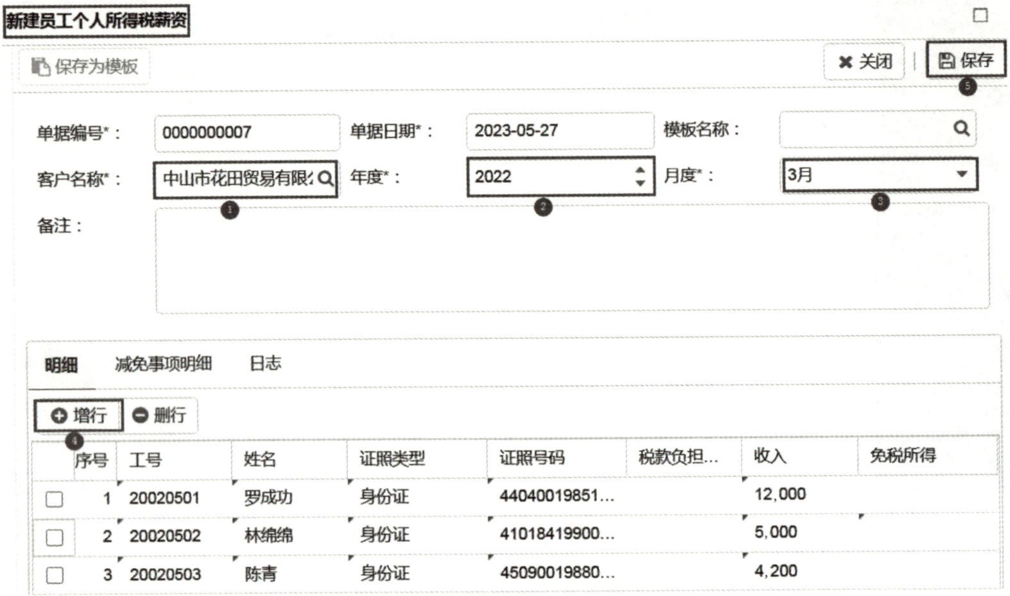

图3－5－20　填写花田公司员工薪资

（4）保存后，返回到“工资表”页面，即可查看创建的工资表信息。如果数据有误，点击“修改”按钮，修改后保存即可，如图3－5－21所示。

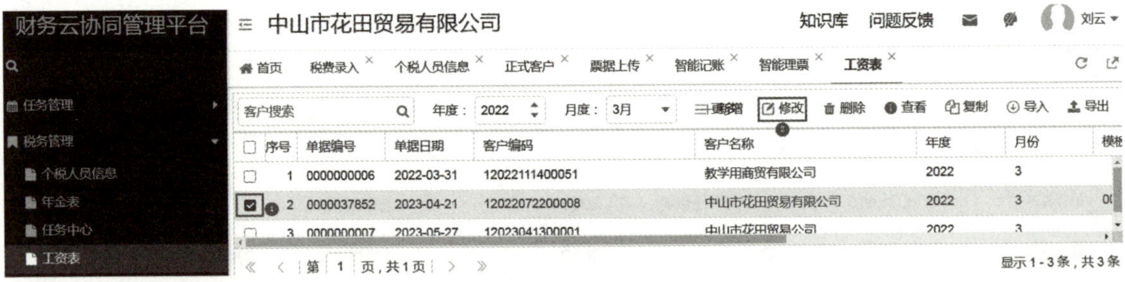

图3－5－21　工资表

四、录入个税

录入个税

任务4： 录入花田公司2022年3月份个税。

财务云协同管理平台创建薪资表后，需要进行个税录入，即个税分派，工资表数据才能同步到智能财税业务处理系统，避免在智能财税业务处理系统重复创建工资表。

（1）进入“税务管理—税费录入”页面，点击“新增”按钮，如图3－5－22所示。

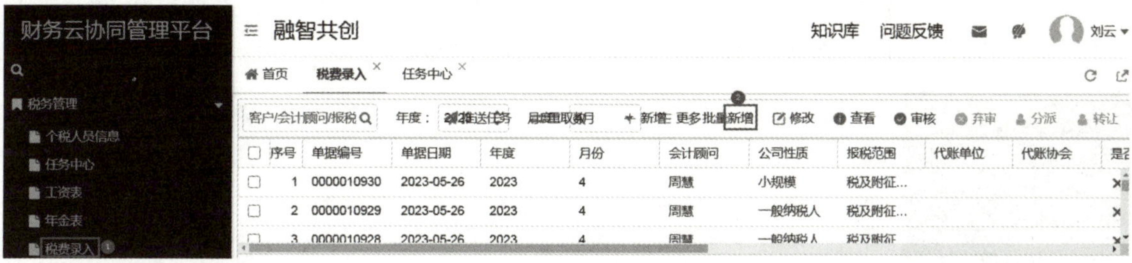

图 3－5－22 新增税费录入

（2）选填“新建客户税费申报”年度、月度、报税范围、客户名称等信息，如图 3－5－23 所示。其中单据编号由系统自动生成，当选定客户后，系统自动带出客户的财税顾问。

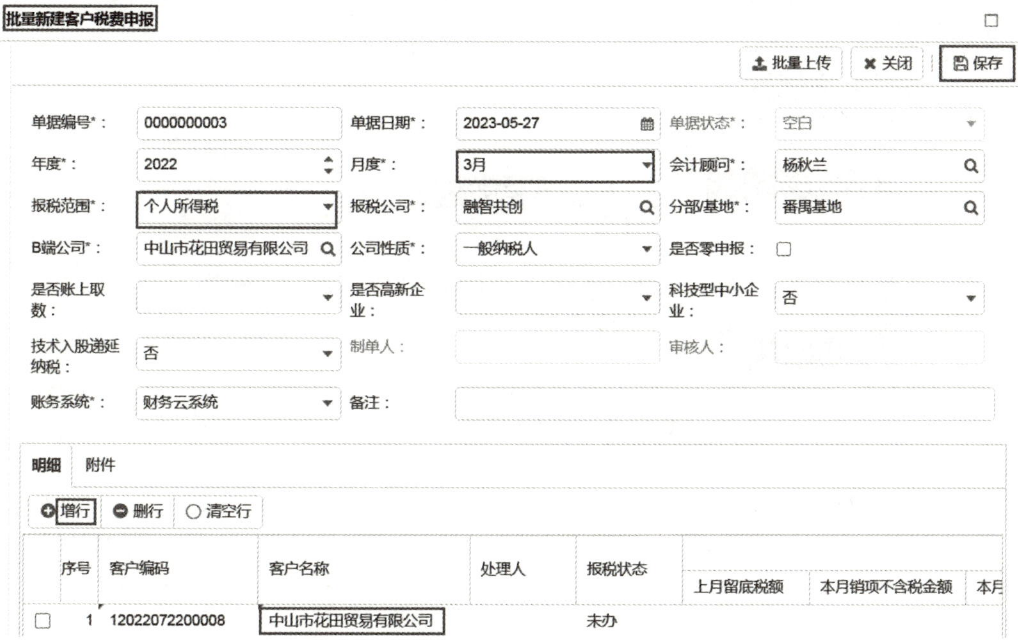

图 3－5－23 新建花田公司税费申报

（3）保存后，即可看到花田公司 3 月份“表单状态”为“自由”，“报税状态”处于“发起”状态，点击“审核”按钮，如图 3－5－24 所示。

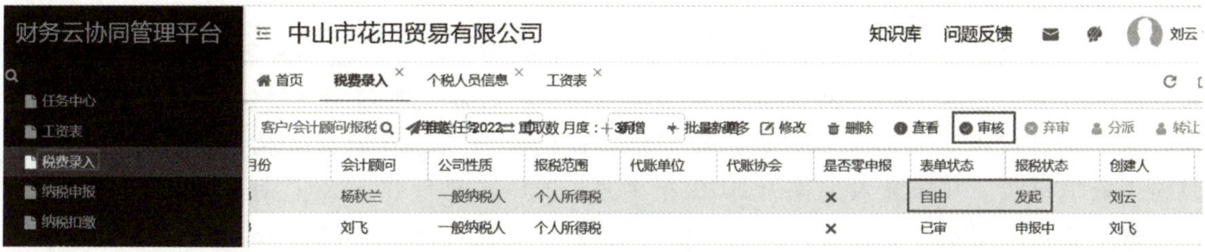

图 3－5－24 审核税费申报

（4）审核后，即可看到花田公司3月份“表单状态”为“已审”，“报税状态”处于“待分派”状态，点击“分派”按钮，如图3－5－25所示。

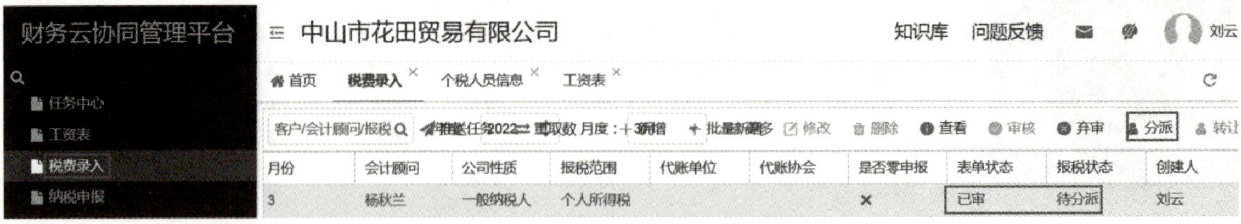

图3－5－25　分派税费申报

（5）填写“客户税费申报任务分派”，选择客户分派对象，并添加客户给分派对象，然后点击“保存”按钮，保存后，花田公司报税状态就转为“申报中”如图3－5－26至图3－5－28所示。

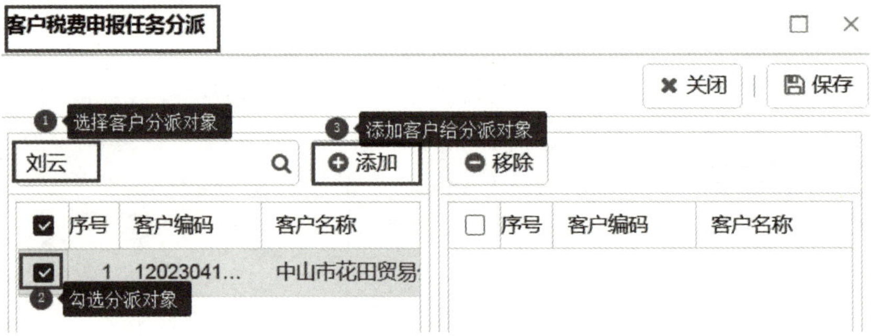

图3－5－26　选择花田分派对象

图3－5－27　保存分派任务

（6）登录智能财税业务处理系统，进入“业务处理—业务台账—薪酬表”，可查看到同步的薪酬数据，如图3－5－29所示。点击编辑按钮，查看员工薪酬详情，如图3－5－30所示。从“应计（退）税额”可以看出数据是有误的，原因是在财务云协同管理平台录入3月份工资信息时，并未录入上期（2022年1月、2月）累计收入及上期累计扣除，而个税的计税办法是采用累计预扣法，所以需要分别编辑每位员工的工资数据，把1月、2月的信息补充填写到工资表中。

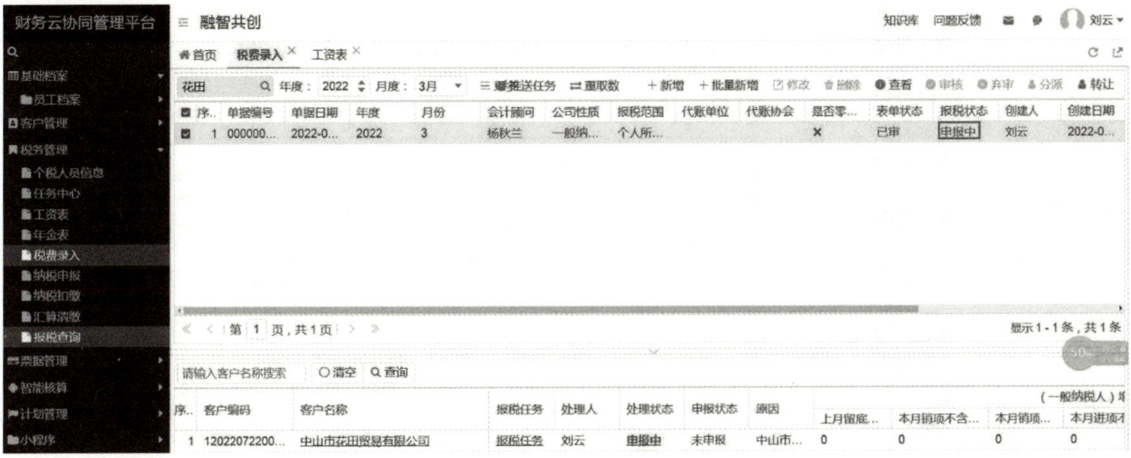

图 3－5－28　完成税费分派

图 3－5－29　编辑薪酬表

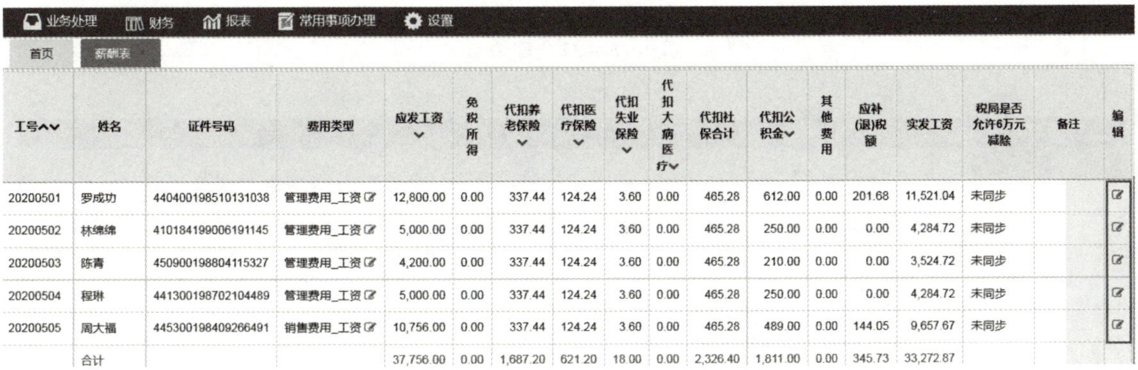

工号	姓名	证件号码	费用类型	应发工资	免税所得	代扣养老保险	代扣医疗保险	代扣失业保险	代扣大病医疗	代扣社保合计	代扣公积金	其他费用	应补(退)税额	实发工资	税局是否允许6万元减除	备注	编辑
20200501	罗成功	440400198510131038	管理费用_工资	12,800.00	0.00	337.44	124.24	3.60	0.00	465.28	612.00	0.00	201.68	11,521.04	未同步		
20200502	林缔绵	410184199006191145	管理费用_工资	5,000.00	0.00	337.44	124.24	3.60	0.00	465.28	250.00	0.00	0.00	4,284.72	未同步		
20200503	陈青	450900198804115327	管理费用_工资	4,200.00	0.00	337.44	124.24	3.60	0.00	465.28	210.00	0.00	0.00	3,524.72	未同步		
20200504	程琳	441300198702104489	管理费用_工资	5,000.00	0.00	337.44	124.24	3.60	0.00	465.28	250.00	0.00	0.00	4,284.72	未同步		
20200505	周大福	445300198409266491	销售费用_工资	10,756.00	0.00	337.44	124.24	3.60	0.00	465.28	489.00	0.00	144.05	9,657.67	未同步		
	合计			37,756.00	0.00	1,687.20	621.20	18.00	0.00	2,326.40	1,811.00	0.00	345.73	33,272.87			

图 3－5－30　正常工资薪金

（7）根据花田公司的 3 月份工资表，补充每位员工的上期累计收入、上期累计扣除数据，并保存。以员工罗成功为例（见图 3－5－31），其他员工类似。

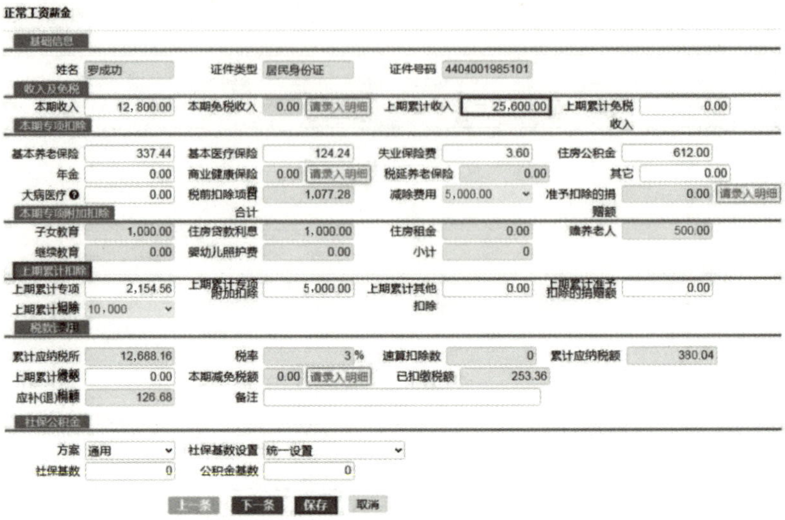

图 3－5－31 修改员工薪资

（8）保存后，返回“薪酬表”页面，查看数据是否有误，如图 3－5－32、图 3－5－33 所示，如果没问题，智能财税业务处理系统薪酬表就创建完毕。

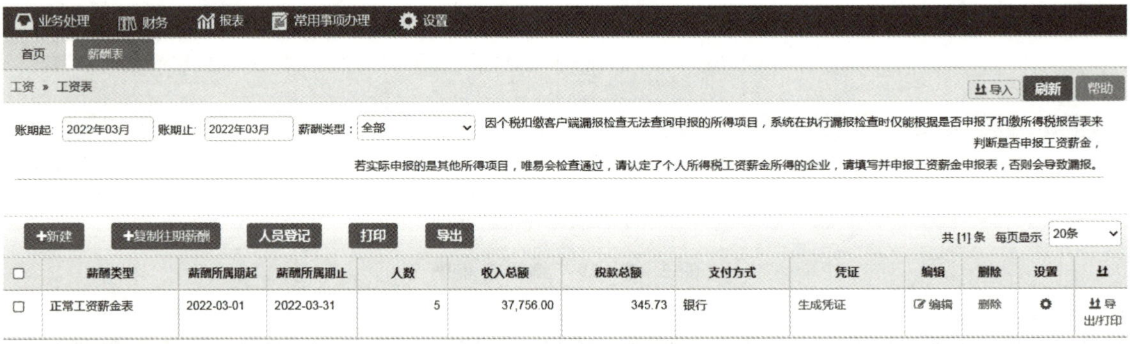

☐	薪酬类型	薪酬所属期起	薪酬所属期止	人数	收入总额	税款总额	支付方式	凭证	编辑	删除	设置	导出
☐	正常工资薪金表	2022-03-01	2022-03-31	5	37,756.00	345.73	银行	生成凭证	编辑	删除		导出/打印

图 3－5－32 薪资表

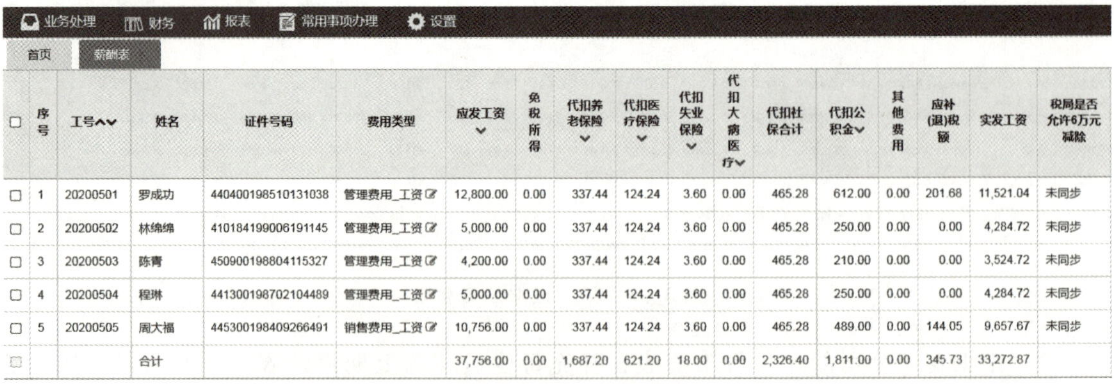

☐	序号	工号	姓名	证件号码	费用类型	应发工资	免税所得	代扣养老保险	代扣医疗保险	代扣失业保险	代扣大病医疗	代扣社保合计	代扣公积金	其他费用	应补(退)税额	实发工资	税局是否允许6万元减除
☐	1	20200501	罗成功	440400198510131038	管理费用_工资	12,800.00	0.00	337.44	124.24	3.60	0.00	465.28	612.00	0.00	201.68	11,521.04	未同步
☐	2	20200502	林绵绵	410184199006191145	管理费用_工资	5,000.00	0.00	337.44	124.24	3.60	0.00	465.28	250.00	0.00	0.00	4,284.72	未同步
☐	3	20200503	陈青	450900198804115327	管理费用_工资	4,200.00	0.00	337.44	124.24	3.60	0.00	465.28	210.00	0.00	0.00	3,524.72	未同步
☐	4	20200504	程琳	441300198702104489	管理费用_工资	5,000.00	0.00	337.44	124.24	3.60	0.00	465.28	250.00	0.00	0.00	4,284.72	未同步
☐	5	20200505	周大福	445300198409266491	销售费用_工资	10,756.00	0.00	337.44	124.24	3.60	0.00	465.28	489.00	0.00	144.05	9,657.67	未同步
☐			合计			37,756.00	0.00	1,687.20	621.20	18.00	0.00	2,326.40	1,811.00	0.00	345.73	33,272.87	

图 3－5－33 正常工资薪金

五、生成凭证

生成职工薪酬相关凭证

任务4：智能核算花田公司2022年3月份计提工资及代扣社保、住房公积金、个人所得税业务。

（1）进入“业务处理—业务台账—薪酬表”页面，点击“设置”按钮，弹出“修改薪酬”对话框。花田公司以银行存款支付工资，支付方式选择“银行”，工资发放是当月发放上月，工资发放凭证选择“上月”，花田公司薪酬设置具体如图3－5－34、图3－5－35所示。设置完成点击“确定”即可。

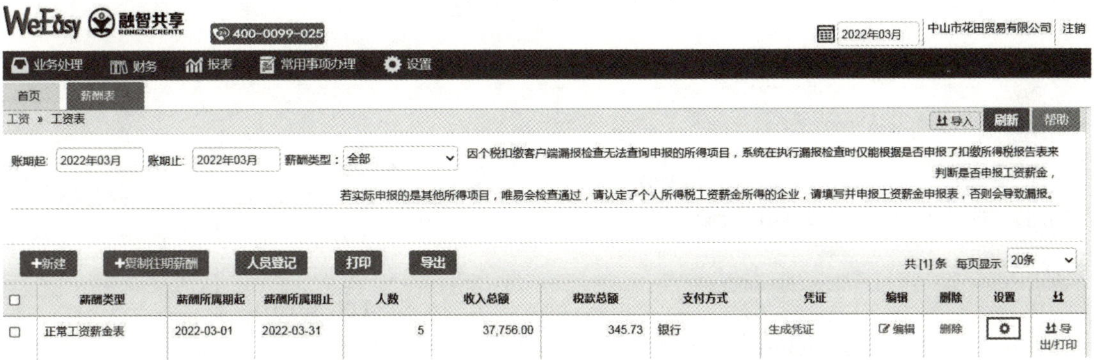

图3－5－34 正常工资薪金

图3－5－35 薪资设置

（2）设置完成，返回到薪酬表页面，点击“生成凭证”，即可看到弹出的计提和代扣个人社保公积金的记账凭证，如图 3－5－36、图 3－5－37 所示。

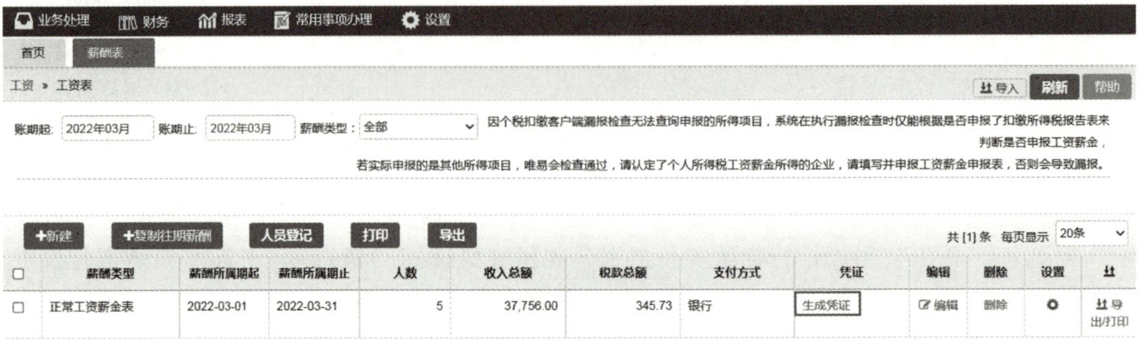

图 3－5－36　生成凭证

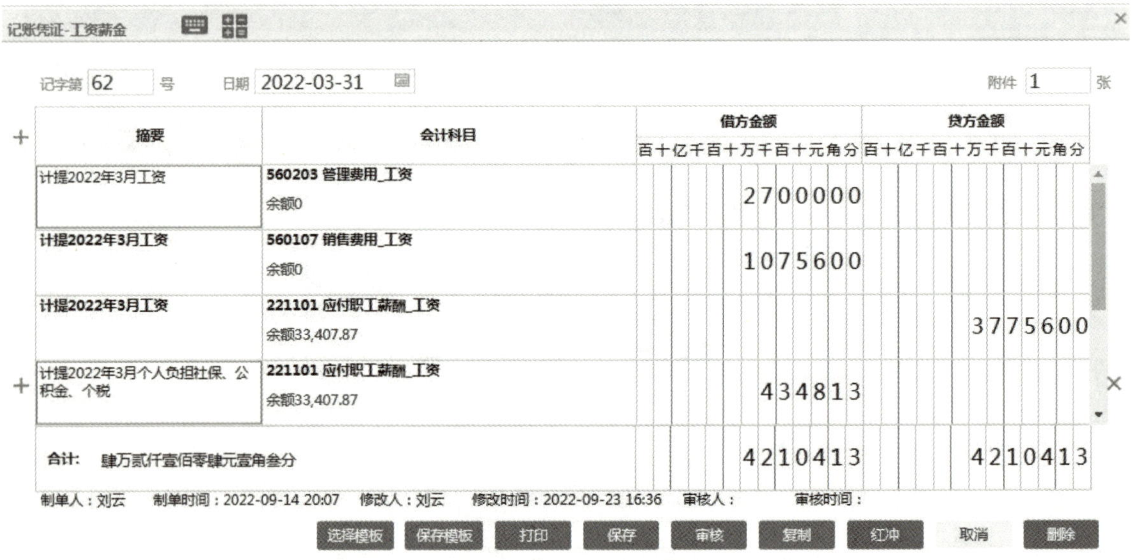

图 3－5－37　记账凭证

（3）审查生成的记账凭证。审查凭证发现，扣还个人承担的社保、公积金、个税的摘要为“计提 2022 年 3 月社保、公积金、个税”，表达不准确，可直接修改生成的凭证摘要内容，修改后点击“保存”按钮，如图 3－5－38 所示。返回薪酬表页面，也能查看到薪酬已生成“记 62”凭证，如图 3－5－39 所示。

任务 5：智能核算花田公司 2022 年 3 月份发放工资业务。

（1）进入“业务处理—银行账单—账单一览”查看工资发放情况。在账单一览可以看到 2022 年 3 月 1 日支付了员工工资，如图 3－5－40 所示。

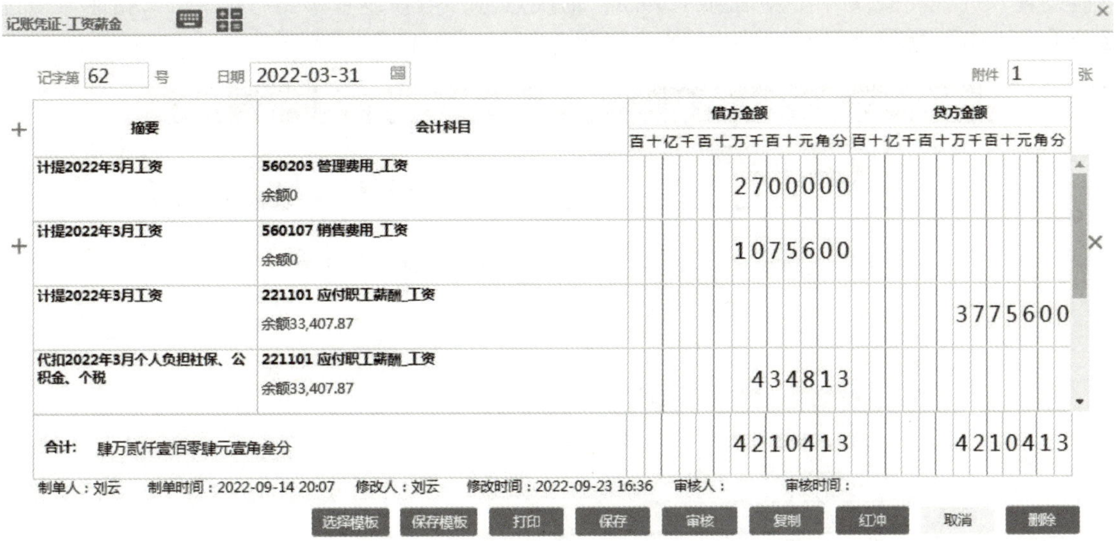

图 3－5－38 记账凭证

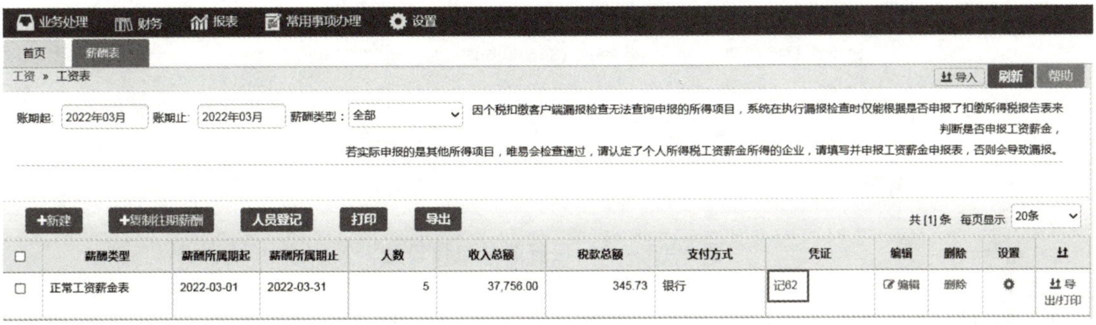

图 3－5－39 薪资表

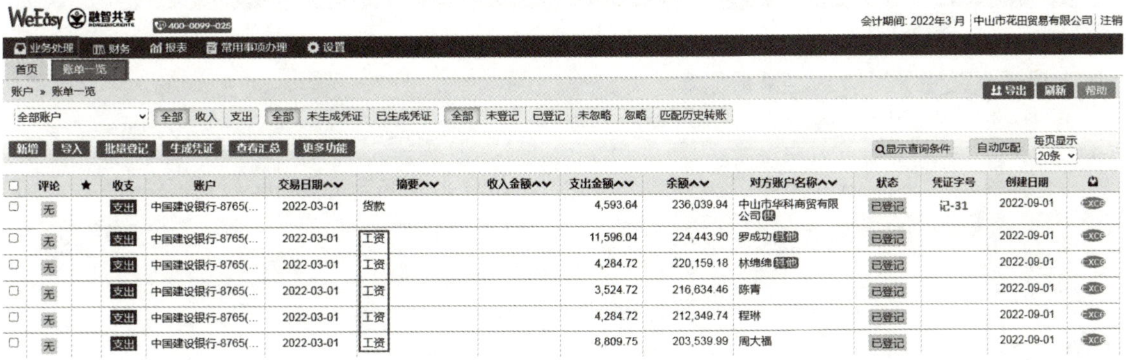

图 3－5－40 银行账单

（2）银行账单习惯设置。在根据银行流水生成凭证时，可以根据 1 条流水生成 1 张凭证，也可同类业务生成 1 张凭证。假若发放工资合并生成 1 张凭证，则需要进行银行流水的习惯设置。进入“设置—企业信息”页面，依次点击“习惯设置—银行账单”，凭证习惯选择“相同交易事项合并生成凭证”，然后点击保存，如图 3－5－41 所示。

图 3－5－41　银行账单习惯设置

（3）勾选所有发放工资银行流水，点击“生成凭证”按钮，即可看到生成的“记－63”凭证，如图 3－5－42、图 3－5－43 所示。

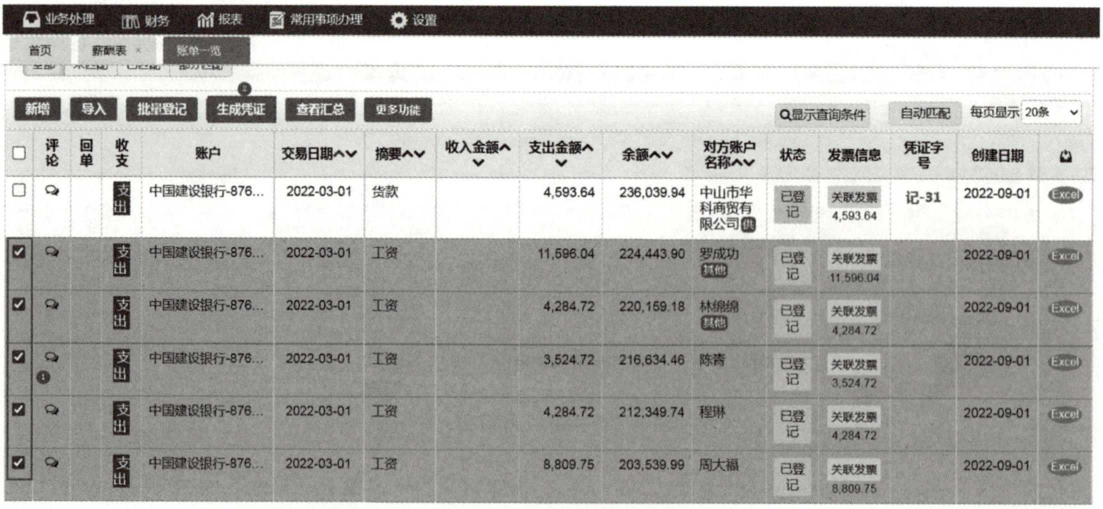

图 3－5－42　生成凭证

图 3-5-43 生成凭证

（4）点击“记-63”，打开记账凭证，可以看到系统生成凭证的摘要为“3月1日工资”。由于是发放2月工资，所以平台自动生成的摘要未能准确表达业务内容，则需要更改摘要，更改后保存即可，如图3-5-44、图3-5-45所示。

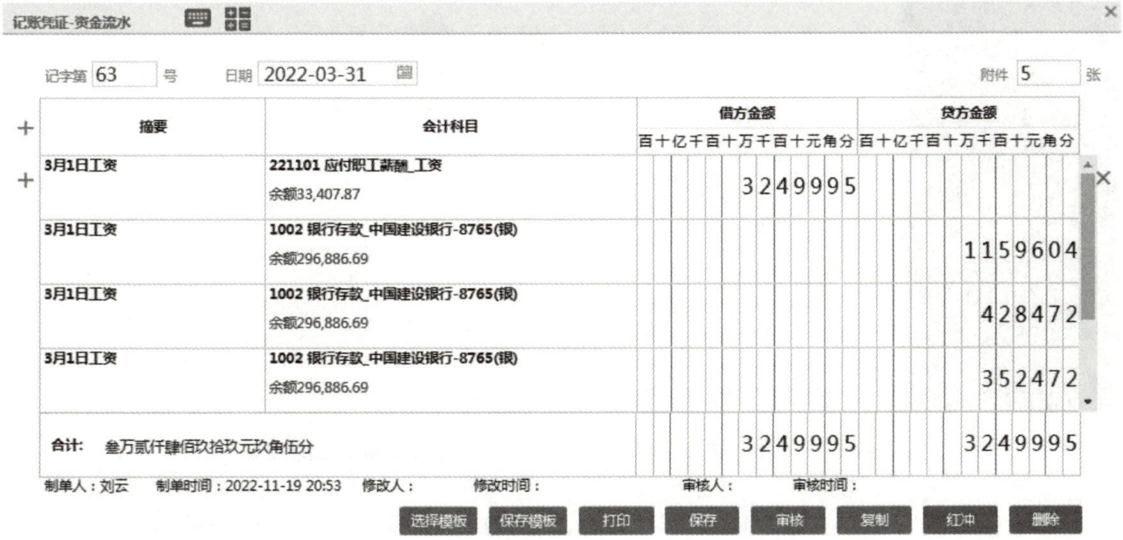

图 3-5-44 记账凭证

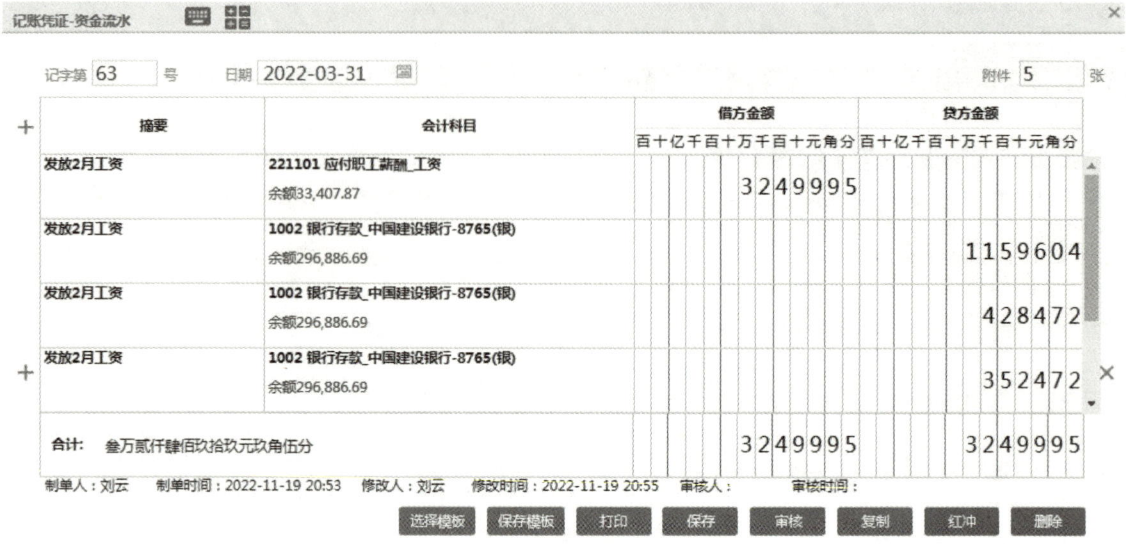

图 3－5－45　记账凭证

任务 6：智能核算花田公司 2022 年 3 月份计提社保、住房公积金业务。

（1）登录财务云协同管理平台，进入“智能核算—票据上传”页面，查看花田公司社保、住房公积金明细表对应的编号，如图 3－5－46 所示。

图 3－5－46　花田公司社保、住房公积金明细表对应的编号

（2）进入“智能核算—智能理票”页面，点击社保公积金明细表对应编码，下载社保、公积金明细表，如图 3－5－47、表 3－5－10 所示。

（3）登录智能财税业务管理系统，进入“业务处理—业务台账—社保公积金”页面，根据花田公司社保、公积金明细表中显示的社保、公积金各明细的计提比例，设置“社保公积金方案”。以“失业保险”为例，点击“失业保险”对应的“编辑”按钮，填写公司比例和个人比例。特别需要提醒的是，为精准起见，公司取整规则和个人取整规则建议为“四舍五入到分”，设置好后点击“保存”。采用同样的方式，设置工伤保险、住房公积金等方案，分别如图 3－5－48、图 3－5－49 所示。

图 3－5－47

花田公司社保公积金明细

表 3－5－10　　花田公司职工社保、公积金明细表

统一社会信用代码（纳税人识别号）：	914420005989807279	纳税人名称：	中山市花田贸易有限公司
社保管理机构：	中山市社会保险基金管理局	税务管理机关：	国家税务总局中山市税务局东区税务分局
单位社保号：	4420100001111	费款所属期：	2022-03-01至2022-03-31

单位：元

序号	姓名	证件号码	企业基本养老保险			工伤保险			失业保险			基本医疗保险			单位部分社保合计	个人部分社保合计	社保金额总计	住房公积金			单位部分合计	个人部分合计	总计
			缴费基数	单位	个人	缴费基数	单位	个人	缴费基数	单位	个人	缴费基数	单位	个人				缴费基数	单位	个人			
1	罗成功	440400198510131038	4,218.00	590.52	337.44	1,800.00	1.80	0.00	1,800.00	8.64	3.60	6,212.00	394.46	124.24	995.42	465.28	1,460.70	12,240.00	612.00	612.00	1,607.42	1,077.28	2,684.70
2	林绵绵	410184199006191145	4,218.00	590.52	337.44	1,800.00	1.80	0.00	1,800.00	8.64	3.60	6,212.00	394.46	124.24	995.42	465.28	1,460.70	5,000.00	250.00	250.00	1,245.42	715.28	1,960.70
3	陈青	450900198804115327	4,218.00	590.52	337.44	1,800.00	1.80	0.00	1,800.00	8.64	3.60	6,212.00	394.46	124.24	995.42	465.28	1,460.70	4,200.00	210.00	210.00	1,205.42	675.28	1,880.70
4	程琳	441300198702104489	4,218.00	590.52	337.44	1,800.00	1.80	0.00	1,800.00	8.64	3.60	6,212.00	394.46	124.24	995.42	465.28	1,460.70	5,000.00	250.00	250.00	1,245.42	715.28	1,960.70
5	周大福	445300198409266491	4,218.00	590.52	337.44	1,800.00	1.80	0.00	1,800.00	8.64	3.60	6,212.00	394.46	124.24	995.42	465.28	1,460.70	9,780.00	489.00	489.00	1,484.42	954.28	2,438.70

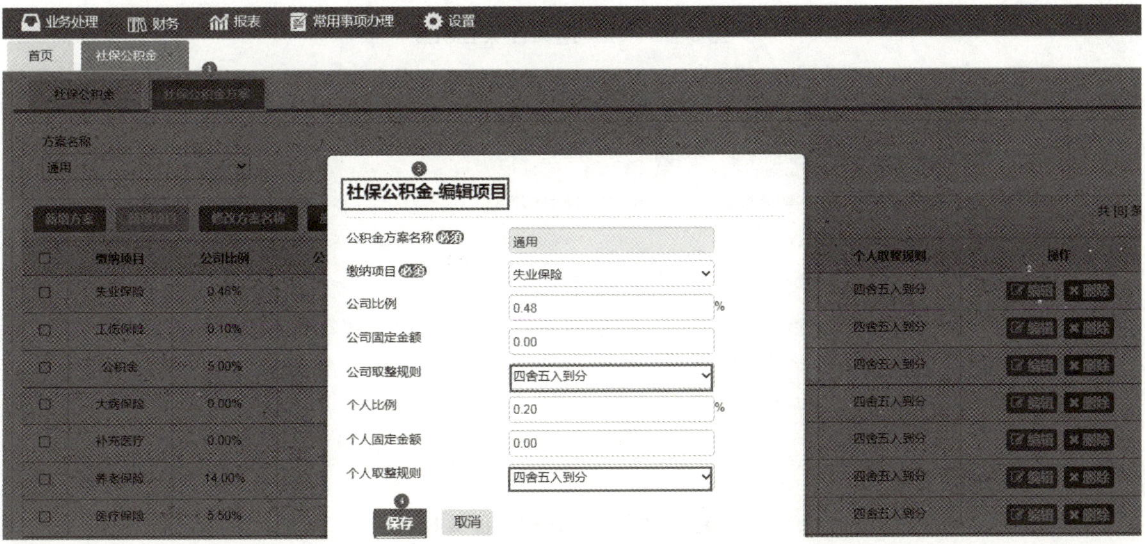

图 3－5－48　设置社保公积金方案

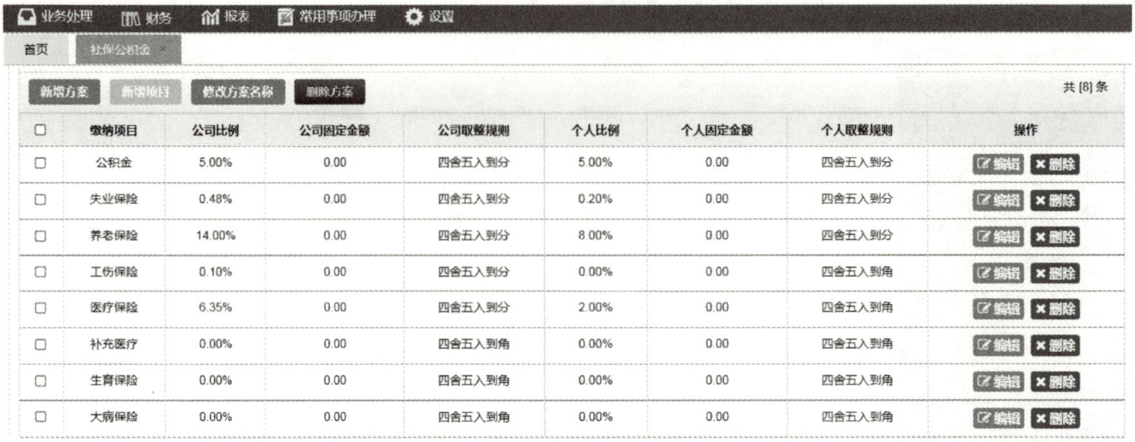

业务处理 财务 报表 常用事项办理 设置

首页 社保公积金

新增方案 新增项目 修改方案名称 删除方案 共 [8] 条

□	缴纳项目	公司比例	公司固定金额	公司取整规则	个人比例	个人固定金额	个人取整规则	操作
□	公积金	5.00%	0.00	四舍五入到分	5.00%	0.00	四舍五入到分	编辑 删除
□	失业保险	0.48%	0.00	四舍五入到分	0.20%	0.00	四舍五入到分	编辑 删除
□	养老保险	14.00%	0.00	四舍五入到分	8.00%	0.00	四舍五入到分	编辑 删除
□	工伤保险	0.10%	0.00	四舍五入到分	0.00%	0.00	四舍五入到角	编辑 删除
□	医疗保险	6.35%	0.00	四舍五入到分	2.00%	0.00	四舍五入到角	编辑 删除
□	补充医疗	0.00%	0.00	四舍五入到角	0.00%	0.00	四舍五入到角	编辑 删除
□	生育保险	0.00%	0.00	四舍五入到角	0.00%	0.00	四舍五入到角	编辑 删除
□	大病保险	0.00%	0.00	四舍五入到角	0.00%	0.00	四舍五入到角	编辑 删除

图 3－5－49　社保公积金方案

（4）进入“业务处理—业务台账—社保公积金”页面，点击其中一职工对应的“编辑”按钮。以林绵绵为例，根据“花田公司职工社保、公积金明细表”填写单位、个人社保、公积金明细数据，分别填写“公积金基数”“养老保险基数”“医疗保险基数”等，基数填制后，公司和个人保险、公积金将自动计算，如图 3－5－50、图 3－5－51 所示。

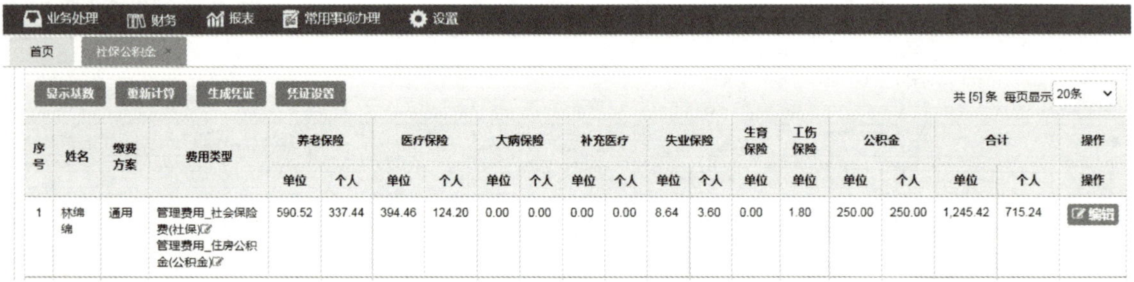

业务处理 财务 报表 常用事项办理 设置

首页 社保公积金

显示基数 重新计算 生成凭证 凭证设置 共 [5] 条 每页显示 20条

序号	姓名	缴费方案	费用类型	养老保险		医疗保险		大病保险		补充医疗		失业保险		生育保险	工伤保险	公积金		合计		操作
				单位	个人	单位	个人	单位	个人	单位	个人	单位	个人	单位	单位	单位	个人	单位	个人	操作
1	林绵绵	通用	管理费用_社会保险费(社保) 管理费用_住房公积金(公积金)	590.52	337.44	394.46	124.20	0.00	0.00	0.00	0.00	8.64	3.60	0.00	1.80	250.00	250.00	1,245.42	715.24	编辑

图 3－5－50　编辑社保公积金

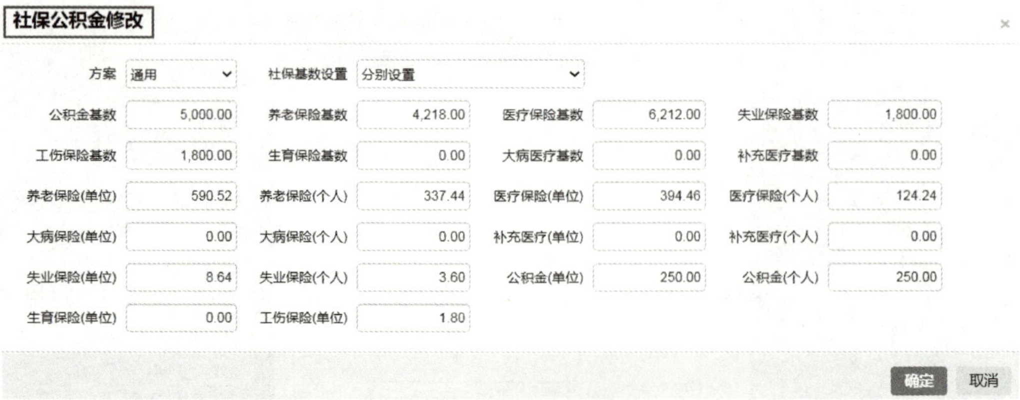

社保公积金修改

方案	通用	社保基数设置	分别设置				
公积金基数	5,000.00	养老保险基数	4,218.00	医疗保险基数	6,212.00	失业保险基数	1,800.00
工伤保险基数	1,800.00	生育保险基数	0.00	大病医疗基数	0.00	补充医疗基数	0.00
养老保险(单位)	590.52	养老保险(个人)	337.44	医疗保险(单位)	394.46	医疗保险(个人)	124.24
大病保险(单位)	0.00	大病保险(个人)	0.00	补充医疗(单位)	0.00	补充医疗(个人)	0.00
失业保险(单位)	8.64	失业保险(个人)	3.60	公积金(单位)	250.00	公积金(个人)	250.00
生育保险(单位)	0.00	工伤保险(单位)	1.80				

确定 取消

图 3－5－51　填制计提基数

（5）采用同样的方法，填写花田公司其他职工的社保、公积金数据。数据填写完成，审核一下数据是否与社保、公积金明细表一致，如果一致，点击“生成凭证”按钮，如图3－5－52所示。核查一下生成的凭证，如图3－5－53所示（显示部分内容），如果无误，点击“保存”，计提单位负担社保、公积金的核算工作就完成了；如果有误，进行相应修改即可。

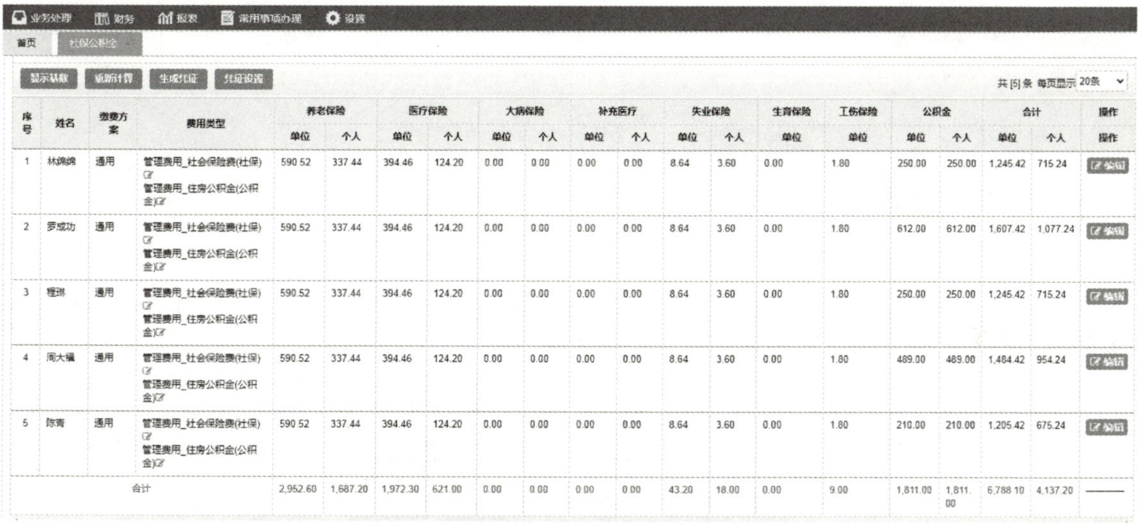

序号	姓名	缴费方案	费用类型	养老保险		医疗保险		大病保险		补充医疗		失业保险		生育保险	工伤保险	公积金		合计		操作
				单位	个人	单位	个人	单位	个人	单位	个人	单位	个人	单位	单位	单位	个人	单位	个人	操作
1	林绵绵	通用	管理费用_社会保险费(社保) 管理费用_住房公积金(公积金)	590.52	337.44	394.46	124.20	0.00	0.00	0.00	0.00	8.64	3.60	0.00	1.80	250.00	250.00	1,245.42	715.24	编辑
2	罗成功	通用	管理费用_社会保险费(社保) 管理费用_住房公积金(公积金)	590.52	337.44	394.46	124.20	0.00	0.00	0.00	0.00	8.64	3.60	0.00	1.80	612.00	612.00	1,607.42	1,077.24	编辑
3	程琳	通用	管理费用_社会保险费(社保) 管理费用_住房公积金(公积金)	590.52	337.44	394.46	124.20	0.00	0.00	0.00	0.00	8.64	3.60	0.00	1.80	250.00	250.00	1,245.42	715.24	编辑
4	周大福	通用	管理费用_社会保险费(社保) 管理费用_住房公积金(公积金)	590.52	337.44	394.46	124.20	0.00	0.00	0.00	0.00	8.64	3.60	0.00	1.80	489.00	489.00	1,484.42	954.24	编辑
5	陈青	通用	管理费用_社会保险费(社保) 管理费用_住房公积金(公积金)	590.52	337.44	394.46	124.20	0.00	0.00	0.00	0.00	8.64	3.60	0.00	1.80	210.00	210.00	1,205.42	675.24	编辑
			合计	2,952.60	1,687.20	1,972.30	621.00	0.00	0.00	0.00	0.00	43.20	18.00	0.00	9.00	1,811.00	1,811.00	6,788.10	4,137.20	——

图3－5－52　生成凭证

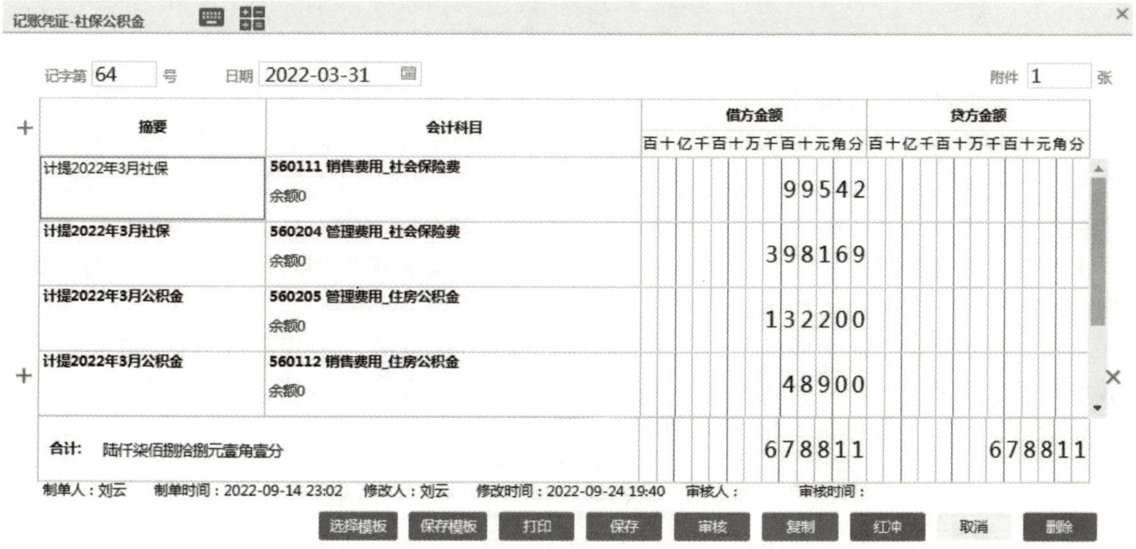

图3－5－53　记账凭证

模块六　费用业务智能核算

相关知识

一、费用的概念

费用是指企业在日常活动中发生的、会导致所有者权益减少的、与向所有者分配利润无关的经济利益的总流出，其内容如图 3－6－1 所示。

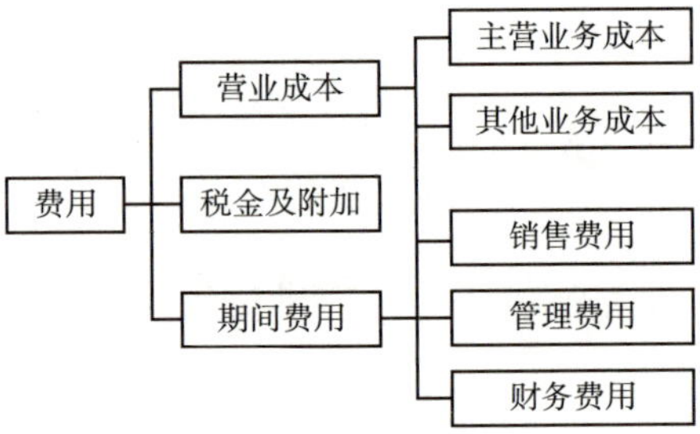

图 3－6－1　费用构成

需要注意的是，费用形成于企业的日常活动使其有别于产生于非日常活动的损失。企业从事的某些活动或事项也能导致经济利益流出企业，但不属于企业的日常活动。例如，企业非流动资产毁损报废损失、因违约支付罚款、对外捐赠、因自然灾害等非正常原因造成的财产损失等，这些活动或事项形成的经济利益的总流出属于损失而不是费用，应确认为营业外支出。除此之外，投资损失、公允价值变动损失、资产处置损失也同样属于损失，而不属于费用。本模块只介绍期间费用。

期间费用是指企业当期发生的，不能直接归属某个特定产品成本的费用。由于难以判定其所归属的产品，因而不能列入产品制造成本，而在发生的当期直接计入当期损益。期间费用包括销售费用、管理费用和财务费用。

二、销售费用

（一）销售费用的内容

销售费用是指企业在销售商品、材料和提供劳务等过程中发生的各项费用以及为销售本企业商品、材料和提供劳务而专设的销售机构（含销售网点、售后服务网点等）的经营费用。其具体项目包括：

（1）企业自销费用。企业自销费用主要包括应由本企业负担的包装费、运输费、装卸费、保险费等。

（2）产品促销费用。产品促销费用主要包括展览费、广告费、经营租赁费、销售服务等。

（3）销售部门费用。销售部门费用一般是指专设销售机构的职工工资及福利费、类似工资性质的费用、业务费、折旧费等经营费用。

（4）委托代销费用，主要是指企业委托其他单位代销，按代销合同规定支付的委托代销手续费。

（5）商品流通企业的进货费用。商品流通企业的进货费用是指商品流通企业在进货过程中发生的，金额相对较少，不计入进货成本的运输费、装卸费、包装费、保险费等。

（二）销售费用的核算

（1）企业发生的销售费用，应设置“销售费用”账户，并在“销售费用”账户中按费用项目设置明细账进行明细核算。

（2）企业发生的与专设销售机构相关的不满足资本化确认条件的固定资产日常修理费用和大修理费用等固定资产后续支出，也在“销售费用”账户核算。

（3）企业在销售商品过程中发生的包装费、保险费、展览费、广告费、运输费和装卸费等费用，借记“销售费用”账户，贷记“库存现金”“银行存款”等账户。

（4）企业发生的为销售本企业商品而专设的销售机构的职工薪酬、业务费等经营费用，借记“销售费用”账户，贷记“应付职工薪酬”“银行存款”“累计折旧”等账户。

（5）期末应将“销售费用”账户的余额转入“本年利润”账户，结转后应无余额。

销售费用的核算分录具体如下：

借：销售费用

　　贷：库存现金

　　　　银行存款

　　　　应付账款

　　　　周转材料

　　　　预计负债（预计产品质量保证损失）

　　　　应付职工薪酬

　　　　累计折旧

三、管理费用

（一）管理费用的内容

管理费用是指企业为组织和管理企业生产经营活动发生的各种费用。具体项目包括：

（1）企业管理部门发生的直接管理费用，包括总部管理人员工资、职工福利费、差旅费、办公费、折旧费、修理费、物料消耗、低值易耗品摊销等公司经费。

（2）用于企业直接管理之外的费用，主要包括董事会费、咨询费、聘请中介机构费、诉讼费等。

（3）提供生产技术条件的费用，主要包括研发费用、无形资产摊销、长期待摊费用摊销。

（4）业务招待费，是指企业为业务经营的合理需要而支付的交际应酬费用。

（5）其他费用，是指不包括在以上各项之内又应列入管理费用的费用，如企业生产车间和行政管理部门等发生的不满足资本化确认条件的固定资产日常修理费用和大修理费用等。

（二）管理费用的核算

（1）企业发生的管理费用，应设置“管理费用”账户，并在“管理费用”账户中按费用项目设置明细账进行明细核算，期末应将“管理费用”账户的余额转入“本年利润”账户，结转后应无余额。

（2）商品流通企业管理费用不多的，可不设置“管理费用”账户，而将应核算内容并入“销售费用”账户核算。

管理费用的核算分录具体如下：

借：管理费用

　　贷：银行存款

　　　　应付职工薪酬

　　　　原材料

　　　　周转材料

　　　　累计折旧

　　　　其他应收款

　　　　应付账款

　　　　研发支出——费用化支出（研究费用）

　　　　长期待摊费用（租赁资产发生的改良支出的摊销）

四、财务费用

（一）财务费用的内容

财务费用是指企业为筹集生产经营所需要资金而发生的各项费用，具体包括的项目有利息净支出（减利息收入户的支出）、汇兑净损失（减汇兑收益后的损失）、金融机构手续费以及筹集生产经营资金发生的其他费用等。具体包括的项目为：

（1）利息净支出，是指企业短期借款利息、长期借款利息、应付票据利息、票据贴现利息、应付债券利息等利息支出减去银行存款的利息收入后的金额。

（2）汇兑净损失，是企业因向银行结售或购入外汇而产生的银行买入、卖出价与记账所采用的汇率之间的差额，以及月度终了，各种外币账户的外币期末余额，按照期末汇率折合的记账本位币金额与账面记账本位币金额之间的差额等。

（3）金融机构手续费，是指发行债券所需支付的手续费、开出汇票的银行手续费，调剂外汇手续费等。

（4）其他费用，如融资租入固定资产发生的融资租赁费用，以及筹集生产经营资金发生的其他费用等。

（二）财务费用的核算

（1）企业发生的财务费用，应设置“财务费用”账户，并在“财务费用”账户中按费用项目设置明细账进行明细核算。

（2）期末应将“财务费用”账户的余额转入“本年利润”账户，结转后应无余额。

（3）为构建或生产满足资本化条件的资产发生的应予资本化借款费用，在“在建工程”“制造费用”账户核算，不在“财务费用”账户核算。

财务费用的核算分录具体如下：

借：财务费用

　　贷：应付利息（利息支出）

　　　　长期借款

　　　　应付债券（分期付息长期借款、应付债券计提利息）

　　　　银行存款（相关的手续费、如银行承兑汇票手续费）

　　　　应收票据（商业汇票贴现发生的贴现利息）

　　　　未确认融资费用（具有融资性质的分期付款融资费用）

　　　　租赁负债——未确认融资费用（尚未支付的租赁付款额的利息费用）

借：未实现融资收益（具有融资性质的分期收款融资收益）

　　贷：财务费用

业务流程

登记经济业务—生成记账凭证—核对凭证。

业务操作

一、登记经济业务

费用增值税发票的登记

任务1： 登记花田公司2022年3月份费用类增值税发票。

如前所述，智能财税业务处理系统可通过“电子税务局采集”，“Excel

导入”和“手动增加”方式获取进项发票信息，其中首选的获取发票信息方式是电子税务局采集。智能财税业务处理系统在进行花田公司进项发票信息采集时，将一同获取花田公司费用业务增值税发票信息和采购商品业务增值税发票信息，因此，本模块主要介绍费用增值税发票的登记。

需要说明的是，并不是所有采集到的发票均需登记，其登记依据是财务云协同管理平台上传的发票，即只有上传到财务云协同管理平台的发票，才需在智能财税业务处理系统进行登记。对于采集到但未上传到财务云协同管理平台的发票，要先行删除到“云票池”，等后期发票上传到财务云协同管理平台后再从“云票池”获取并进行登记，如图 3－6－2、图 3－6－3所示。

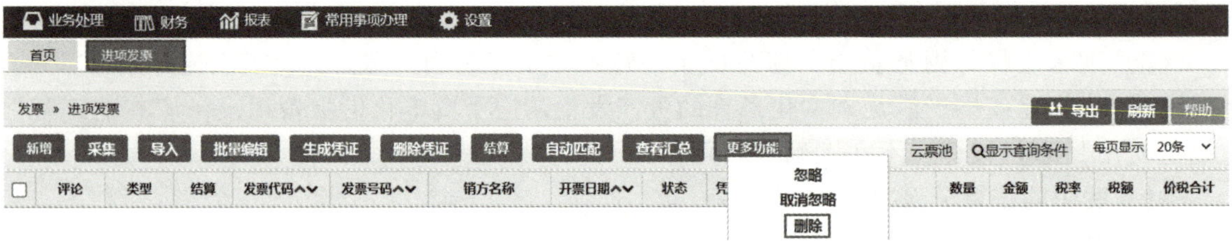

图 3－6－2　删除发票

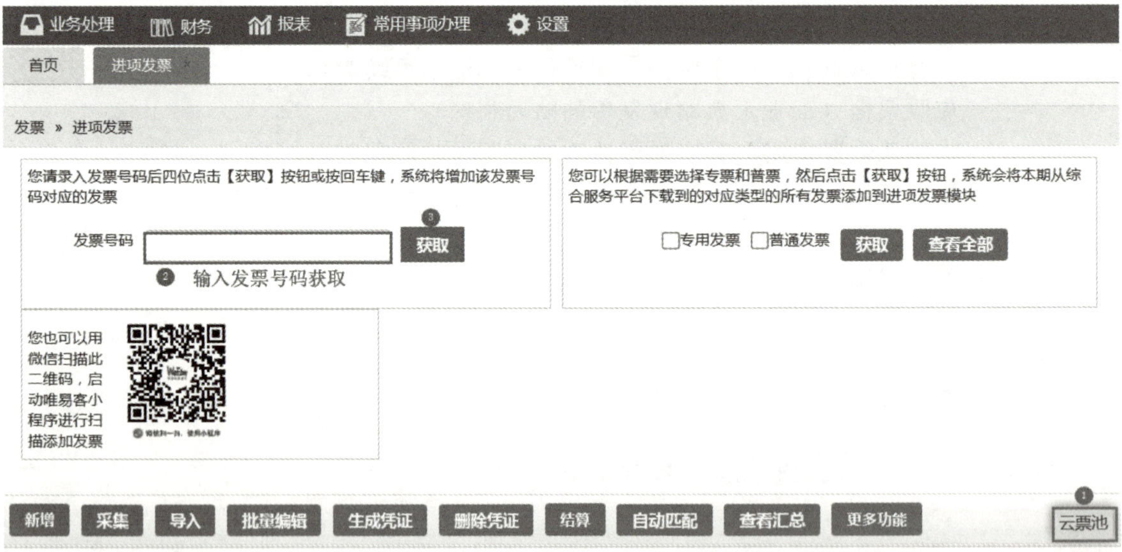

图 3－6－3　获取云票池发票

花田公司 2022 年 3 月采集到的费用发票信息（部分）如图 3－6－4 所示，下面以部分费用发票为例介绍其登记方法。

（1）发票代码“044001613111”、发票号码“65359626”的费用发票的登记。

①点击发票代码“044001613111”、发票号码“65359626”对应的“未登记”按钮，弹出登记事项对话框，其中登记信息中的“开票日期”“客户/供应商”“发票类型”已由采

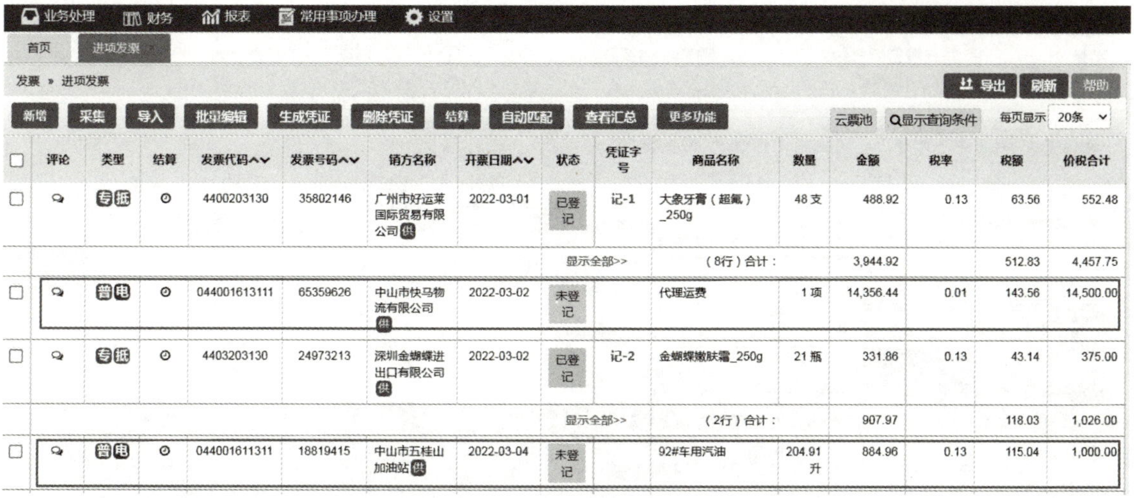

图 3－6－4　进项发票

集信息自动带出。另外，除了餐费、交通费、加油费等不适合挂账的外，一般通过往来账过渡核算，即选择未结算，如图 3－6－5 所示。

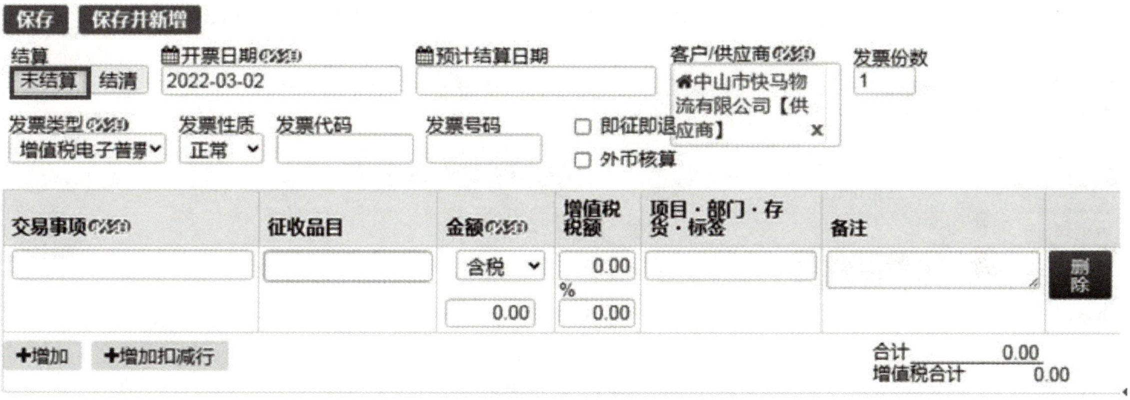

图 3－6－5　发票登记

②根据采集信息的商品名称“代理运费”查找平台内置的对应交易事项，经过查找，发现没有合适直接对应“代理运费”的交易事项。根据业务内容知，“代理运费”属于花田公司的销售费用，则可通过关键词“销售费用”搜索并选填，如图 3－6－6、图 3－6－7 所示。

③填写金额和税率。填写金额时，首先选择金额是“含税”或“不含税”，如果选择含税，金额填写“14 500.00”；如果选择“不含税”，金额填写“14 356.44”。然后选择对应税率，税额由系统自动计算，填写完成，检查一下是否有问题，如无问题，点击“保存”即可，如图 3－6－8 所示。保存后，发票代码为“044001613111”、发票号码为“65359626”的发票将由“未登记”转变为“已登记”状态。如图 3－6－9 所示。

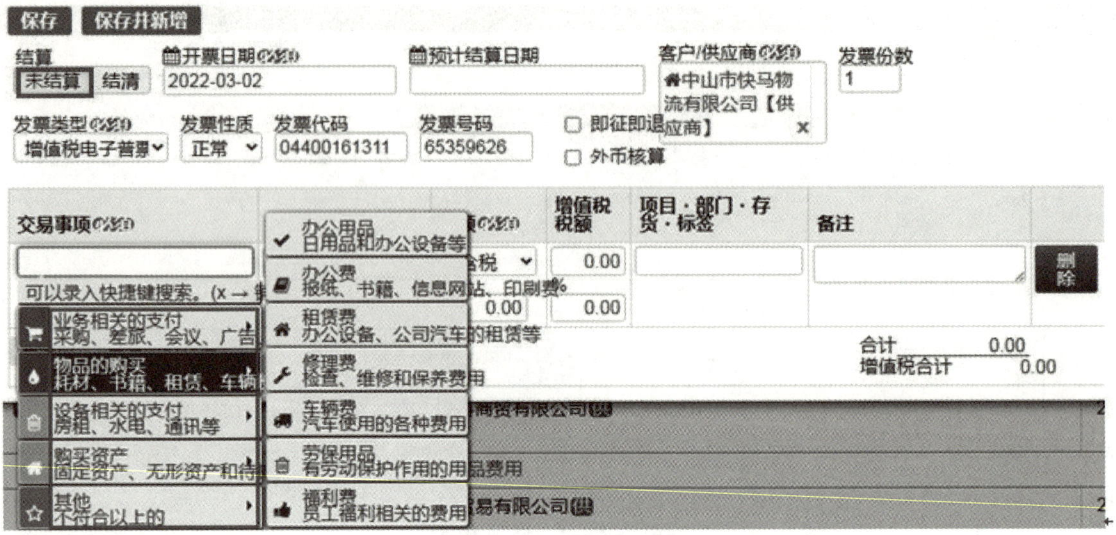

图 3－6－6 发票登记

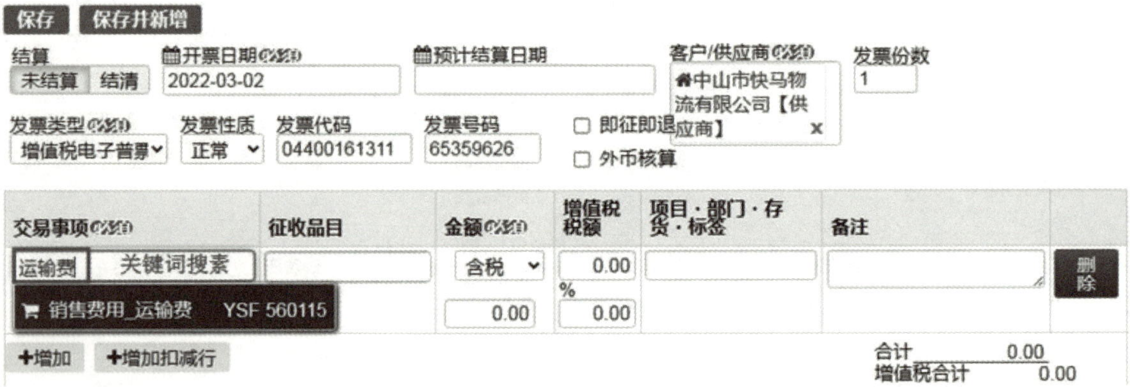

图 3－6－7 发票登记

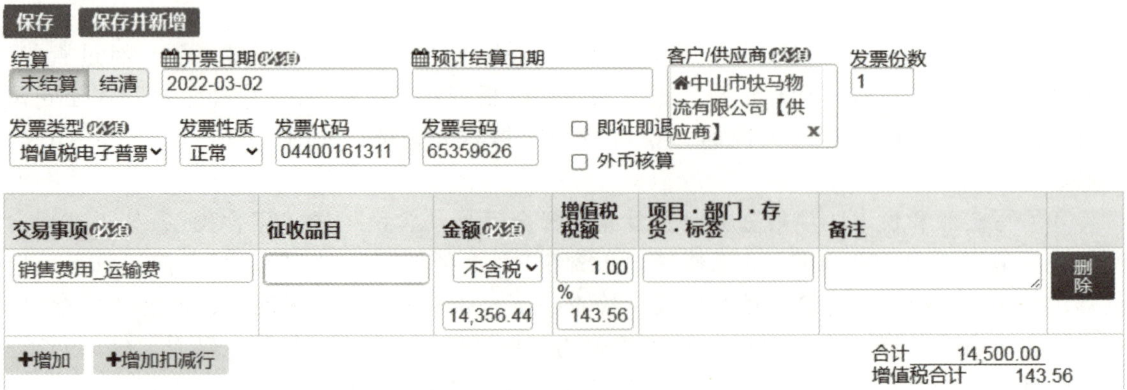

图 3－6－8 发票登记

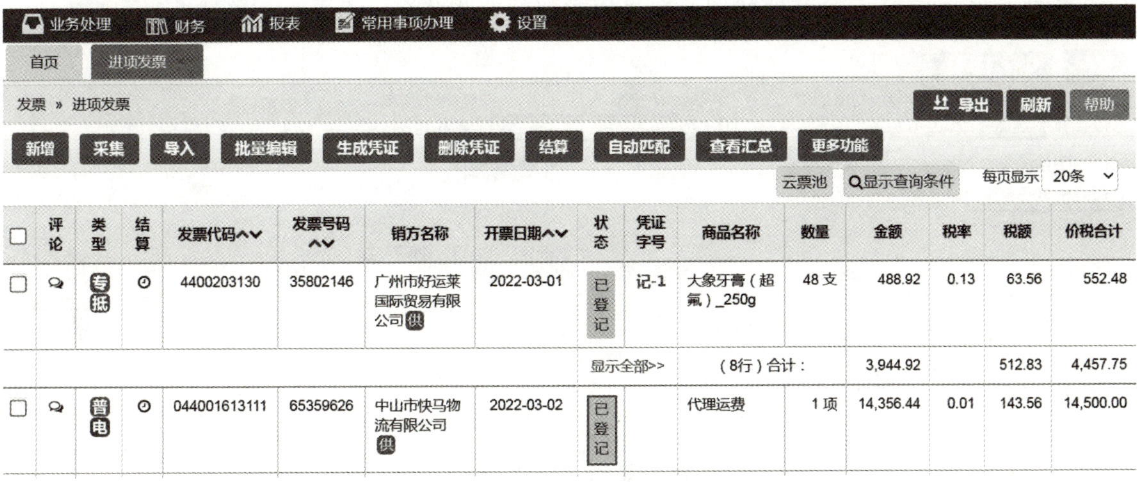

评论	类型	结算	发票代码	发票号码	销方名称	开票日期	状态	凭证字号	商品名称	数量	金额	税率	税额	价税合计
	专抵		4400203130	35802146	广州市好运莱国际贸易有限公司 供	2022-03-01	已登记	记-1	大象牙膏（超氟）_250g	48 支	488.92	0.13	63.56	552.48
							显示全部>>		（8行）合计：		3,944.92		512.83	4,457.75
	普电		044001613111	65359626	中山市快马物流有限公司 供	2022-03-02	已登记		代理运费	1 项	14,356.44	0.01	143.56	14,500.00

图 3－6－9 “已登记”发票

（2）发票代码“044001613111”、发票号码“18819415”的费用发票的登记。该张发票是加油费发票，加油时一般是直接结算，因此需要登录财务云协同管理平台查看相关单据，以确认其结算方式。

①登录财务云协同管理平台，查看加油费费用报销单，如图 3－6－10 所示。由报销单知，该笔业务的结算方式为现金结算。

费 用 报 销 单

2022年03月08日　　附件 1 张

报销人	周大福	所属部门	销售	报销形式	现金支付
项目		摘要		金额	备注
车辆费		加油		1,000.00	现金付讫
合　　计				¥1,000.00	
金额大写（人民币）：壹仟元整				原借款：¥0.00	公司应支付：¥1,000.00 个人应退回：¥0.00

经理：罗成功　　出纳：林绵绵

图 3－6－10 费用报销单

②点击发票代码“044001613111”、发票号码“18819415”对应的“未登记”按钮，弹出登记事项对话框。点击“结算”，“账户”选择“现金”。其他的登记事项类似第一张费用发票的登记，登记完成，点击“保存”即可，如图 3－6－11 所示。保存后，发票代码为“044001613111”、发票号码为“18819415”的发票将由“未登记”转变为“已登记”状

态，如图 3－6－12 所示。其他费用发票采用类似的方法登记，不再一一赘述。

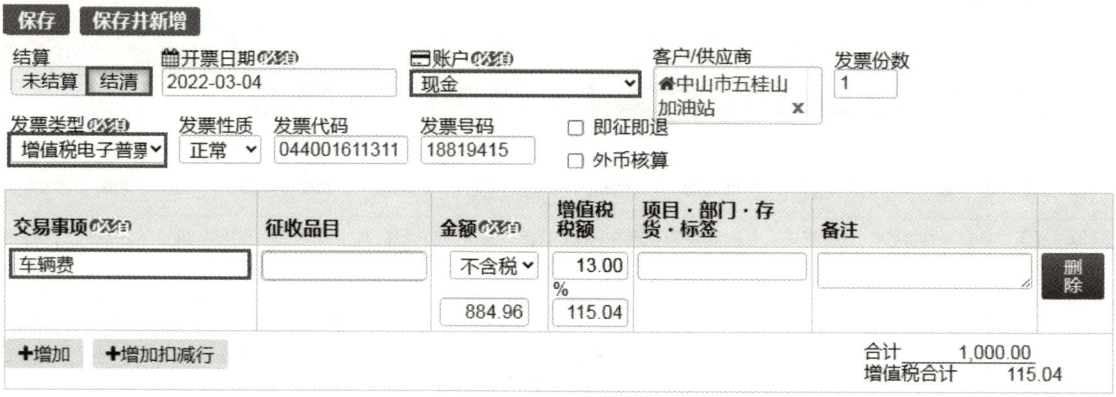

图 3－6－11　发票登记

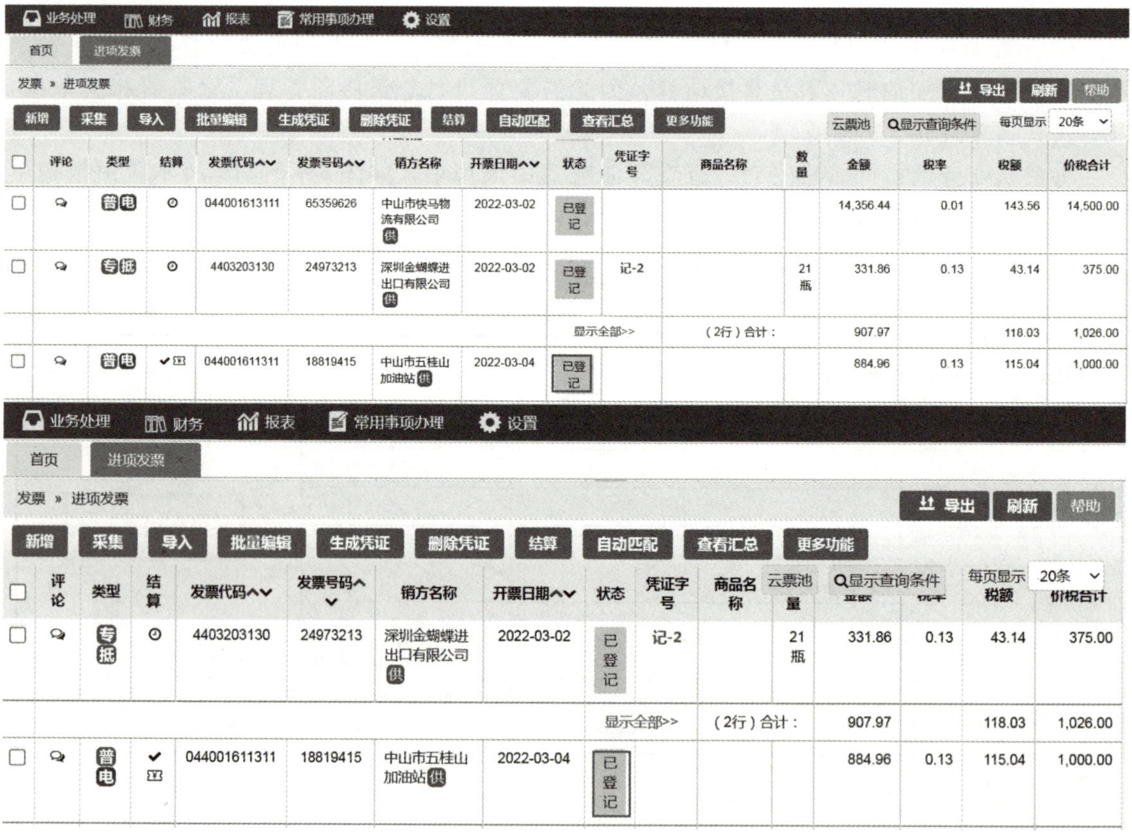

图 3－6－12　“已登记”发票

任务 2： 登记花田公司 2022 年 3 月份其他费用票据。

对于定额发票、高铁票、飞机行程单等无法通过税务局采集或导入方式获取的发票信息，就需要采用手工“单据登记”的方式添加。因此，需要登

其他费用发票登记

录财务云协同管理平台，查看花田公司2022年3月份上传的票据是否存在定额发票、高铁票、飞机行程单等类似票据及相应的费用报销单。其操作步骤如下：

（1）登录财务云协同管理平台，进入“智能核算—智能理票”，搜索“花田”，年度选择“2022”，月度选择“3月”，平台将呈现上传的花田公司2022年3月份的票据，如图3-6-13所示。

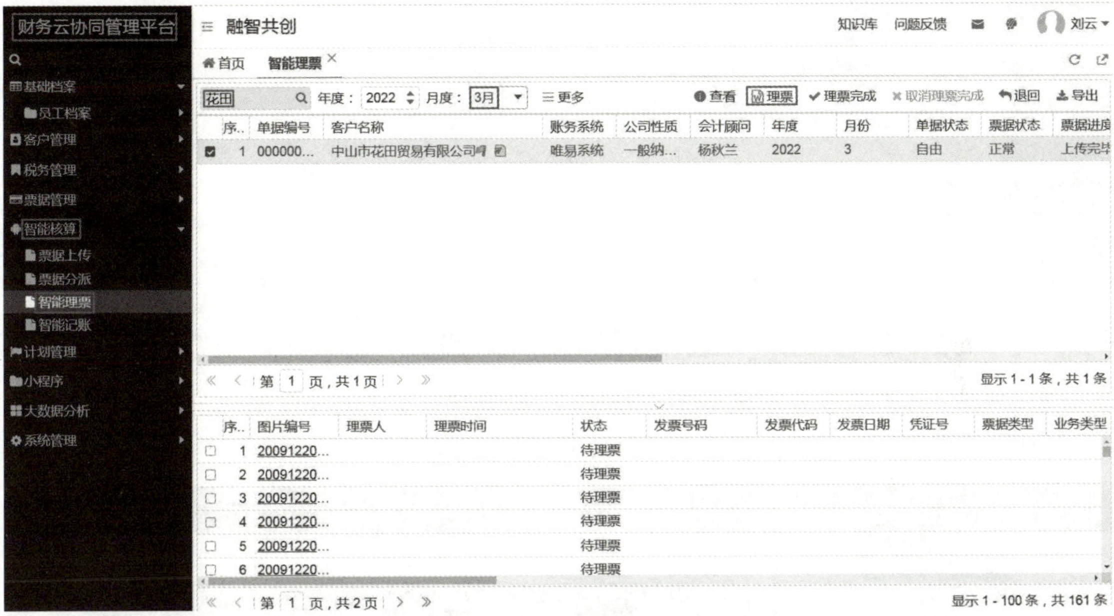

图3-6-13 智能理票

（2）点击“理票”按钮，逐一查看票据。其中有金额50元的停车费报销单和停车费定额发票，如图3-6-14、图3-6-15（其余7张略）所示。

费用报销单

2022年03月31日　　　　附件 8 张

报销人	周大福	所属部门	销售	报销形式	现金支付
项目		摘要		金额	备注
车辆费		停车费		50.00	现金付讫
合　　计				¥50.00	
金额大写（人民币）：伍拾元整				原借款：¥0.00	公司应支付：¥50.00 个人应退回：¥0.00

经理：罗成功　　出纳：林绵绵

图3-6-14 费用报销单

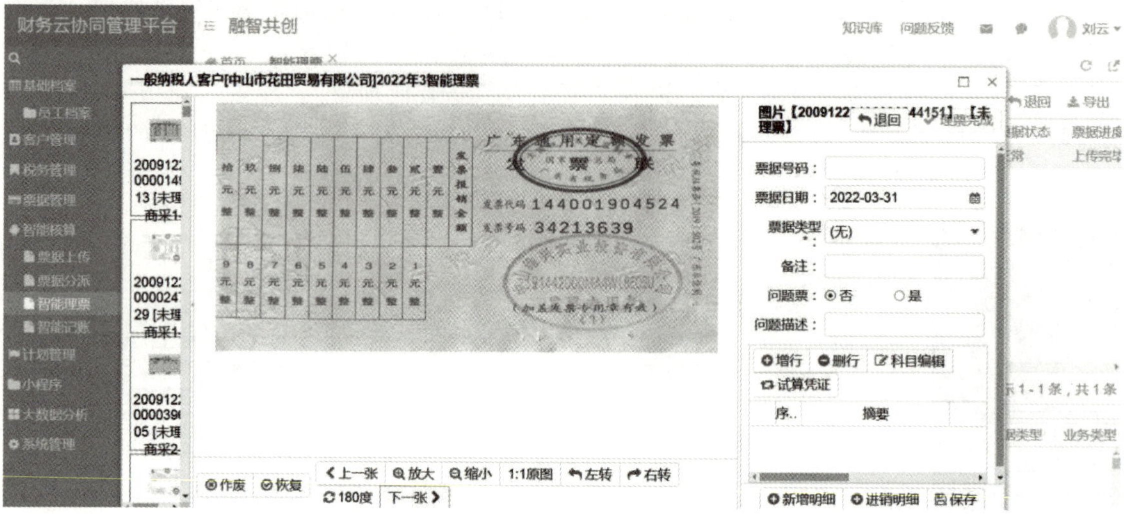

图 3－6－15　定额发票

（3）登录智能财税业务处理系统，进入“业务处理—单据—单据登记”，进入“单据登记”页面，如图 3－6－16 所示。

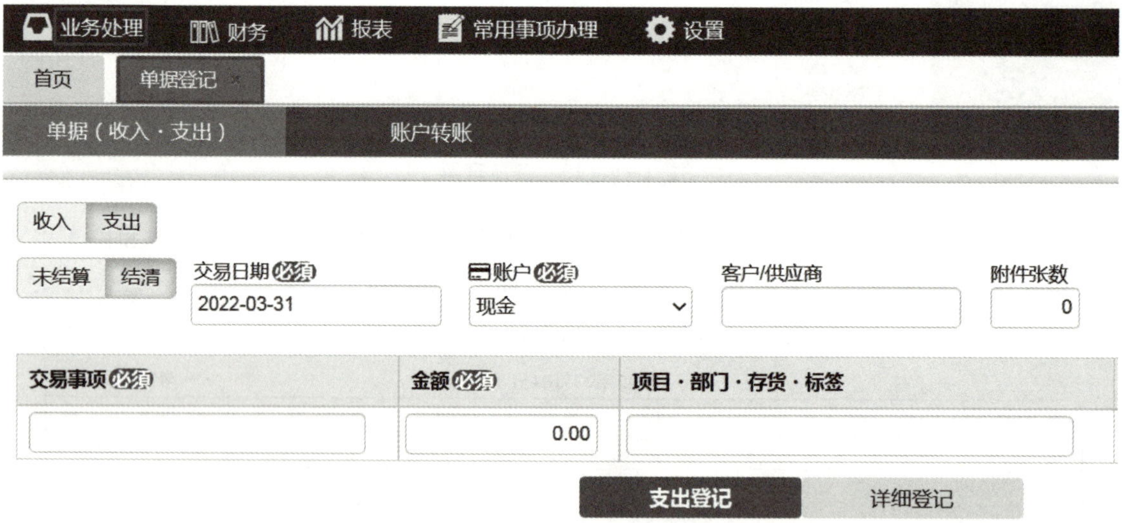

图 3－6－16　单据登记

（4）根据费用报销单，选填登记信息，填写完毕后点击“支出登记”按钮，即可在下方看到登记完成并立即生成记账凭证，如图 3－6－17、图 3－6－18 所示。

（5）点击查看生成的记账凭证，如图 3－6－19 所示。由于是销售部门报销停车费，对应的会计科目应该是“销售费用”，所以需更改生成的记账凭证。但系统内置销售费用二级明细没有车辆费，此时可在“销售费用”科目下增加车辆费二级明细，如图 3－6－20 所示。更改科目后记账凭证如图 3－6－21 所示，更改后点击“保存”，此时该项业务就完成了单据登记工作。如果还有其他单据需要登记，采用类似方法即可。

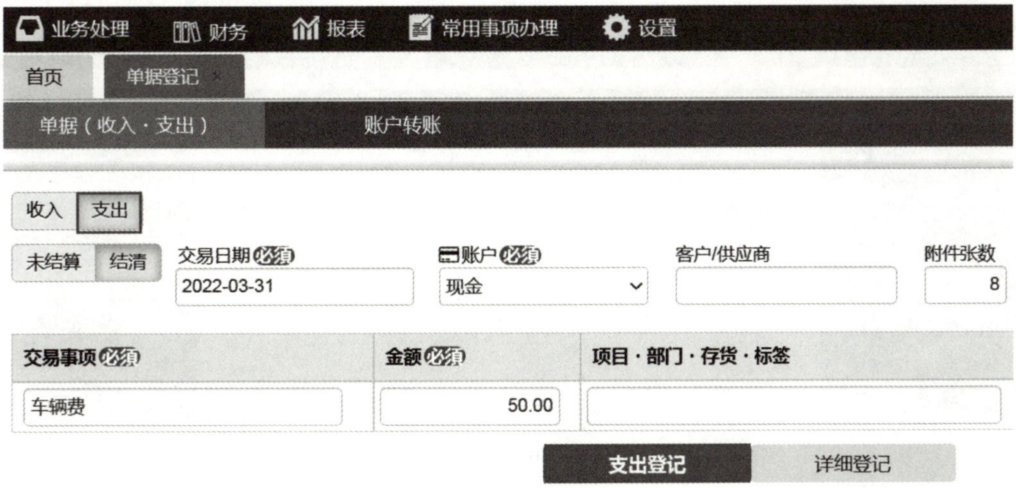

图 3－6－17 支出登记

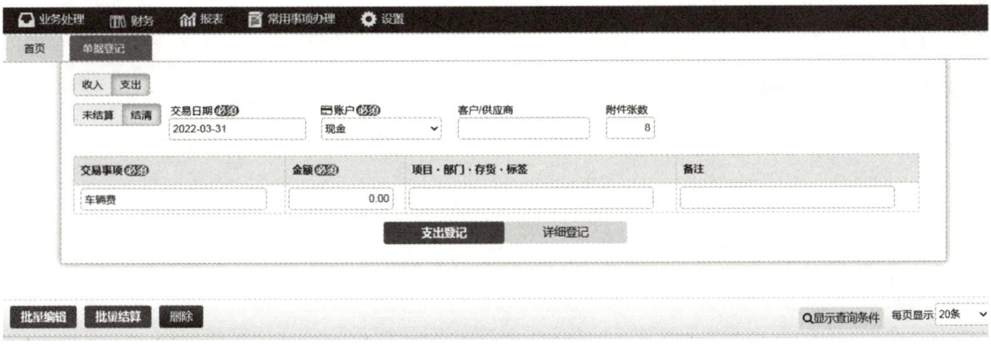

图 3－6－18 填写登记信息

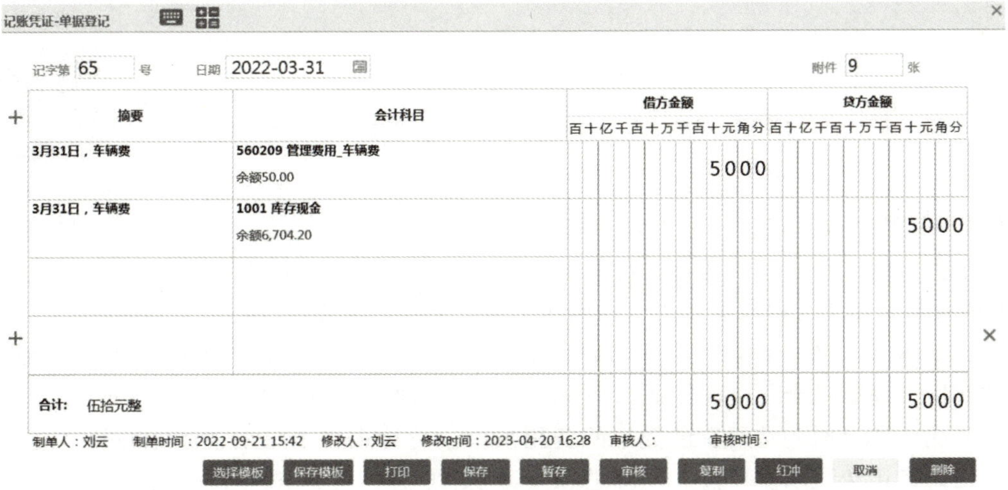

图 3－6－19 记账凭证

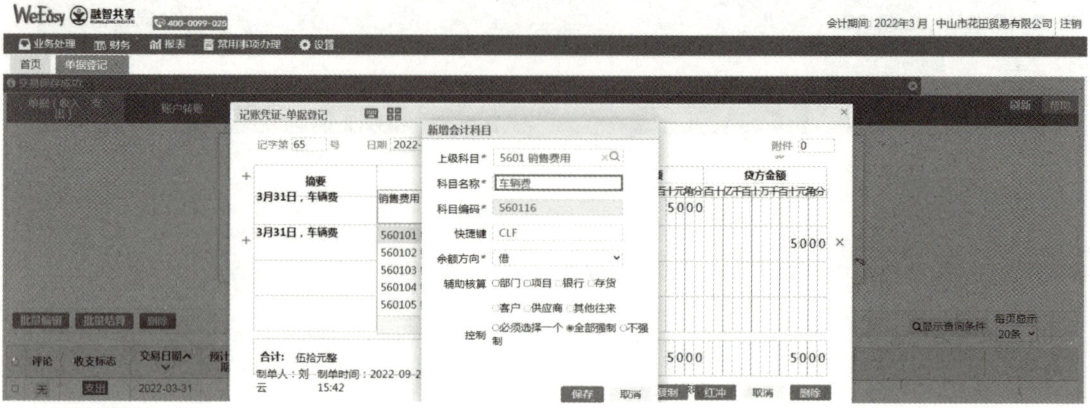

图 3-6-20　新增会计科目

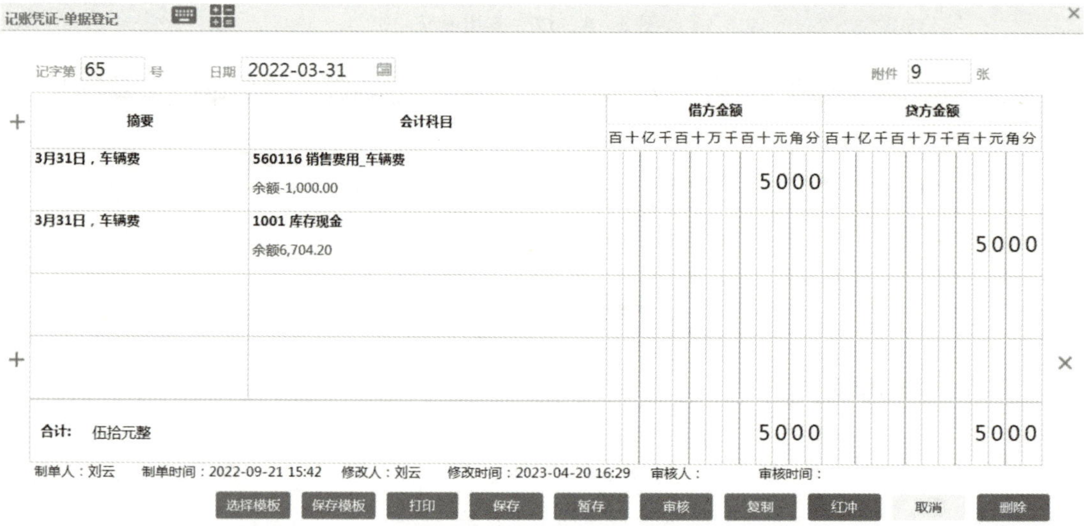

图 3-6-21　记账凭证

二、生成记账凭证

生成费用业务记账凭证

任务 3： 智能核算花田公司 2022 年 3 月份费用业务。

由于企业经常会发生多笔同类费用业务，或者经常多张费用发票构成 1 笔报销业务，如果希望同类费用合并生成 1 张凭证，就需要进行进项发票的习惯设置。

（1）进入“设置—企业信息—习惯设置”，点击“进项发票”按钮，在“凭证习惯”勾选“相同交易事项合并生成凭证”，点击“保存”即可，如图 3-6-22 所示。

（2）为了能同时勾选所有已登记的费用发票，可以根据采集的发票数量设置每页显示条数，比如花田公司 2022 年 3 月份进项发票共 30 条，可以选择每页显示“50 条”，如图 3-6-23 所示。

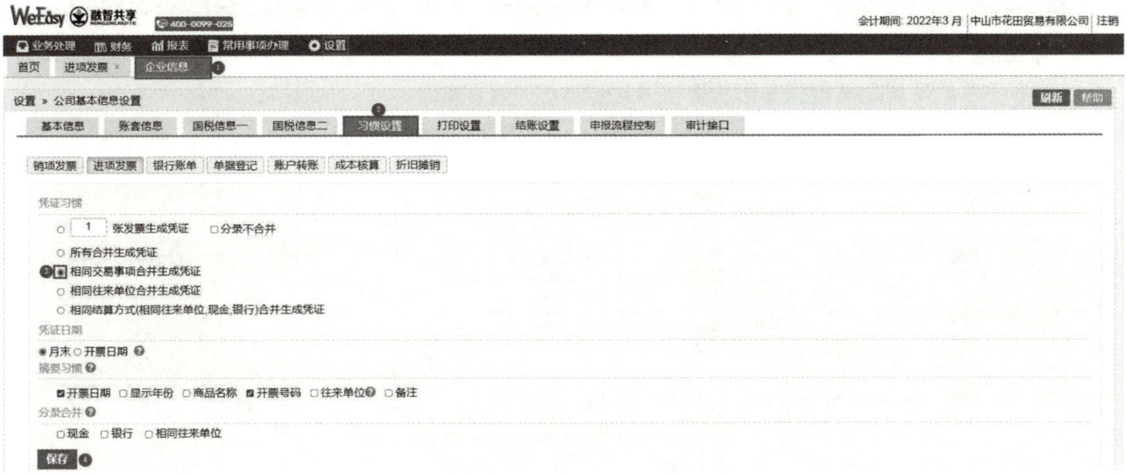

图 3-6-22　进项发票习惯设置

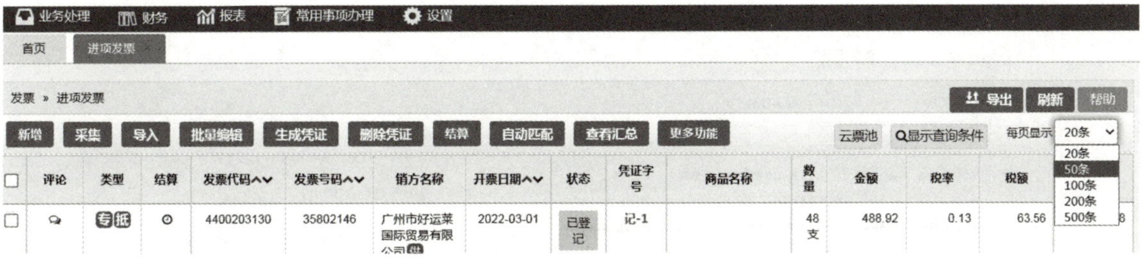

图 3-6-23　显示设置

（3）完成进项发票生成凭证的习惯设置后，勾选所有已经登记的进项费用发票，点击“生成凭证”按钮，弹出“发票批量生成凭证”对话框，点击“生成凭证”，平台就自动生成记账凭证，如图 3-6-24、图 3-6-25 所示。

图 3-6-24　生成凭证

图 3－6－25 进项发票

花田公司 2022 年 3 月费用发票共生成 11 张记账凭证，具体如图 3－6－26 至图 3－6－36 所示。

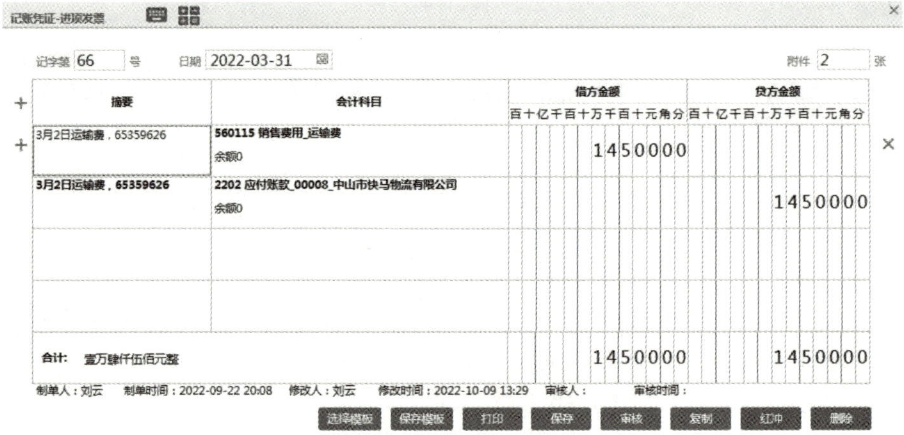

图 3－6－26 记账凭证

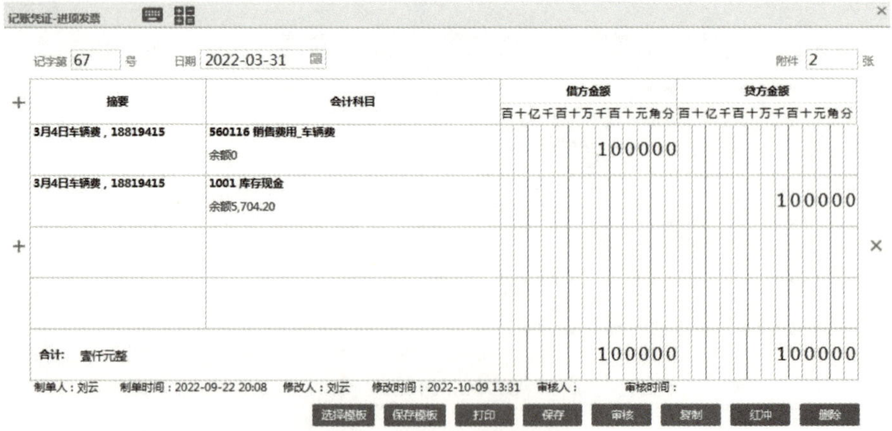

图 3－6－27 记账凭证

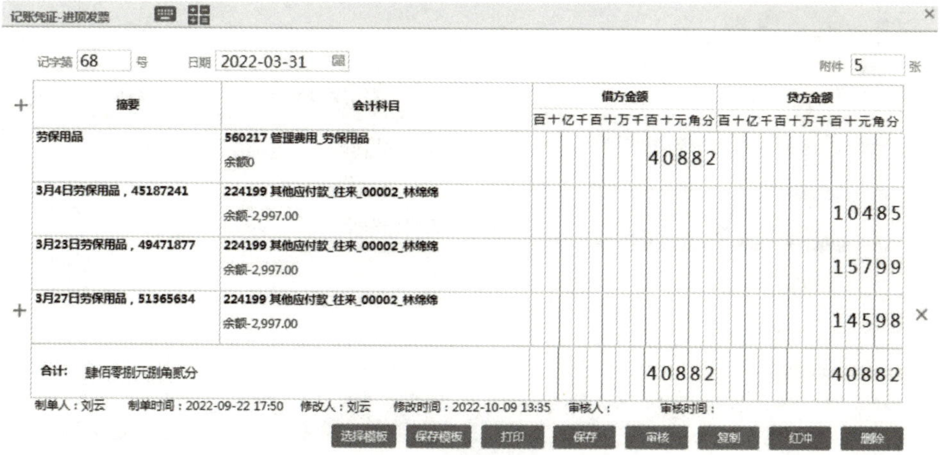

记账凭证-进项发票

记字第 68 号 日期 2022-03-31 附件 5 张

摘要	会计科目	借方金额	贷方金额
劳保用品	560217 管理费用_劳保用品 余额0	40882	
3月4日劳保用品，45187241	224199 其他应付款_往来_00002_林绵绵 余额-2,997.00		10485
3月23日劳保用品，49471877	224199 其他应付款_往来_00002_林绵绵 余额-2,997.00		15799
3月27日劳保用品，51365634	224199 其他应付款_往来_00002_林绵绵 余额-2,997.00		14598
合计：肆佰零捌元捌角贰分		40882	40882

制单人：刘云 制单时间：2022-09-22 17:50 修改人：刘云 修改时间：2022-10-09 13:35 审核人： 审核时间：

选择模板 保存模板 打印 保存 审核 复制 红冲 删除

图 3-6-28 记账凭证

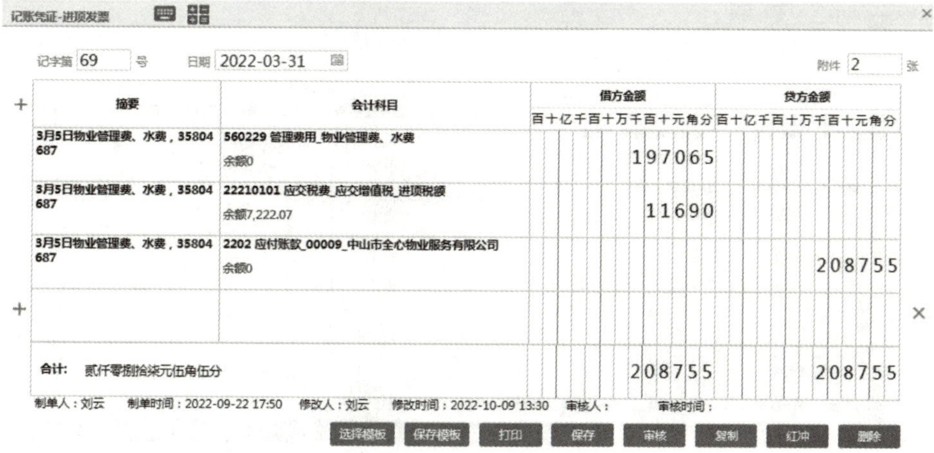

记账凭证-进项发票

记字第 69 号 日期 2022-03-31 附件 2 张

摘要	会计科目	借方金额	贷方金额
3月5日物业管理费、水费，35804687	560229 管理费用_物业管理费、水费 余额0	197065	
3月5日物业管理费、水费，35804687	22210101 应交税费_应交增值税_进项税额 余额7,222.07	11690	
3月5日物业管理费、水费，35804687	2202 应付账款_00009_中山市全心物业服务有限公司 余额0		208755
合计：贰仟零捌拾柒元伍角伍分		208755	208755

制单人：刘云 制单时间：2022-09-22 17:50 修改人：刘云 修改时间：2022-10-09 13:30 审核人： 审核时间：

选择模板 保存模板 打印 保存 审核 复制 红冲 删除

图 3-6-29 记账凭证

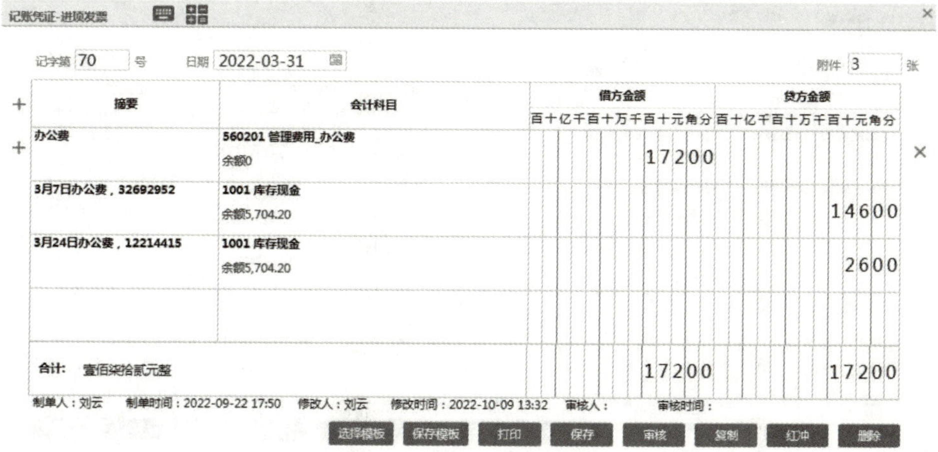

记账凭证-进项发票

记字第 70 号 日期 2022-03-31 附件 3 张

摘要	会计科目	借方金额	贷方金额
办公费	560201 管理费用_办公费 余额0	17200	
3月7日办公费，32692952	1001 库存现金 余额5,704.20		14600
3月24日办公费，12214415	1001 库存现金 余额5,704.20		2600
合计：壹佰柒拾贰元整		17200	17200

制单人：刘云 制单时间：2022-09-22 17:50 修改人：刘云 修改时间：2022-10-09 13:32 审核人： 审核时间：

选择模板 保存模板 打印 保存 审核 复制 红冲 删除

图 3-6-30 记账凭证

记账凭证-进项发票

记字第 71 号　日期 2022-03-31　附件 3 张

摘要	会计科目	借方金额	贷方金额
邮电费	560222 管理费用_邮电费 余额0	4700	
3月8日邮电费，82459927	1001 库存现金 余额5,704.20		1200
3月28日邮电费，87738659	1001 库存现金 余额5,704.20		3500
合计：肆拾柒元整		4700	4700

制单人：刘云　制单时间：2022-09-22 17:50　修改人：刘云　修改时间：2022-10-09 13:33　审核人：　审核时间：

选择模板　保存模板　打印　保存　审核　复制　红冲　删除

图 3－6－31　记账凭证

记账凭证-进项发票

记字第 72 号　日期 2022-03-31　附件 2 张

摘要	会计科目	借方金额	贷方金额
3月11日差旅费，11557108	560106 销售费用_差旅费 余额-480.00	40200	
3月11日差旅费，11557108	1001 库存现金 余额6,184.20		40200
合计：肆佰零贰元整		40200	40200

制单人：刘云　制单时间：2022-09-22 17:50　修改人：刘云　修改时间：2022-10-09 13:31　审核人：　审核时间：

选择模板　保存模板　打印　保存　审核　复制　红冲　删除

图 3－6－32　记账凭证

记账凭证-进项发票

记字第 73 号　日期 2022-03-31　附件 2 张

摘要	会计科目	借方金额	贷方金额
3月13日通讯费，57212716	560114 销售费用_通讯费 余额0	50000	
3月13日通讯费，57212716	1001 库存现金 余额5,704.20		50000
合计：伍佰元整		50000	50000

制单人：刘云　制单时间：2022-09-22 17:50　修改人：刘云　修改时间：2022-10-09 13:32　审核人：　审核时间：

选择模板　保存模板　打印　保存　审核　复制　红冲　删除

图 3－6－33　记账凭证

记账凭证-进项发票

记字第 74 号　日期 2022-03-31　附件 2 张

摘要	会计科目	借方金额	贷方金额
3月14日业务招待费，05494644	560207 管理费用_业务招待费 余额0	57900	
3月14日业务招待费，05494644	1001 库存现金 余额5,704.20		57900
合计：伍佰柒拾玖元整		57900	57900

制单人：刘云　制单时间：2022-09-22 17:50　修改人：刘云　修改时间：2022-10-09 13:32　审核人：　审核时间：

选择模板　保存模板　打印　保存　审核　复制　红冲　删除

图 3-6-34　记账凭证

记账凭证-进项发票

记字第 75 号　日期 2022-03-31　附件 2 张

摘要	会计科目	借方金额	贷方金额
3月28日咨询费，05635494	560227 管理费用_代理记账费 余额0	378000	
3月28日咨询费，05635494	2202 应付账款_00014_中山市谨信会计事务所有限公司 余额0		378000
合计：叁仟柒佰捌拾元整		378000	378000

制单人：刘云　制单时间：2022-09-22 17:58　修改人：刘云　修改时间：2022-10-09 13:33　审核人：　审核时间：

选择模板　保存模板　打印　保存　审核　复制　红冲　删除

图 3-6-35　记账凭证

记账凭证-进项发票

记字第 76 号　日期 2022-03-31　附件 2 张

摘要	会计科目	借方金额	贷方金额
3月30日福利费，00383592	560216 管理费用_福利费 余额0	83600	
3月30日福利费，00383592	1001 库存现金 余额5,704.20		83600
合计：捌佰叁拾陆元整		83600	83600

制单人：刘云　制单时间：2022-09-22 17:50　修改人：刘云　修改时间：2022-10-09 13:34　审核人：　审核时间：

选择模板　保存模板　打印　保存　审核　复制　红冲　删除

图 3-6-36　记账凭证

三、核对凭证

核对凭证

任务4：核对花田公司2022年3月份费用业务记账凭证。

记账凭证生成以后，同样需要根据财务云协同管理平台上传的原始凭证对生成的记账凭证进行检查和核对。检查知，“记72”号凭证（见图3－6－32），其所对应的费用报销单如图3－6－37所示。根据费用报销单，该笔业务包含两部分金额：一是发票对应住宿费402.00元，二是出差补助费480.00元，而智能财税业务处理系统在生成凭证时，仅仅是生成发票所记载金额，所以需要对生成的记账凭证进行金额的修改。进入“业务处理—发票—进项发票”，点开“记72”记账凭证，直接修改打开的记账凭证金额为“882.00”元，修改完成，点击“保存”即可，如图3－6－38所示。同样需要核对其他费用发票生成的记账凭证是否有问题，发现问题应及时修改，生成的记账凭证全部核对后，费用业务智能核算就完成了。

差旅费报销单

部门：销售　　2022年03月12日　　附件：1张

出差人	周大福、程琳						出差事由		参加行业交流会				
出发			到达				交通		出差补助			其他费用	
月	日	地点	月	日	地点	人数	工具	金额	天数	补助标准	金额	项目	金额
3	11	中山	3	11	中山	2	自驾		2	240.00	480.00	住宿费用	402.00
3	12	中山	3	12	中山	2	自驾					市区交通	
										现金付讫			
合计									—	——	¥480.00	——	¥402.00
报销总额	人民币（大写）	捌佰捌拾贰元整						¥882.00	预借金额	¥0.00			
									退/补金额	¥882.00		支付方式	现金

经理：罗成功　　出纳：林绵绵

图3－6－37　费用报销单

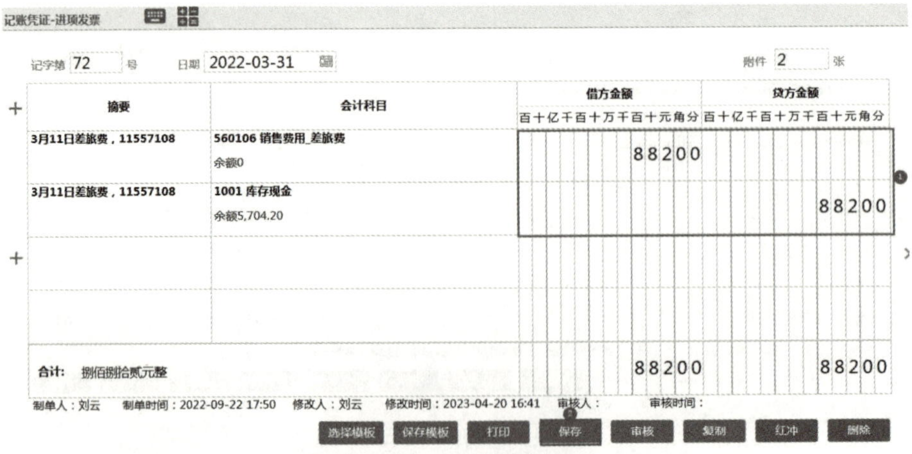

图3－6－38　修改记账凭证

模块七　成本业务智能核算

相关知识

一、销售成本的概念

商品销售成本，是指与销售商品收入相关的销售成本，即已售商品的制造成本或采购成本。企业为正确计算当期销售产品实现的损益，需根据配比原则，把“收入”与“取得收入所耗费成本”在同一时间内确认，即在确认商品销售收入的同时，应该对应结转已销售商品的销售成本。《企业会计准则》规定，对于销售商品而发生的销售费用，应当作为期间费用，直接计入当期损益，不构成销售成本的内容。

二、销售成本的确定

确定销售成本，需要选择一定的存货发出计价方法。存货发出计价方法主要有先进先出法、月末一次加权平均法、移动加权平均法、个别计价法、毛利率法、零售价法、计划成本法等，计价方法一经选用，不得随意变更。

（一）先进先出法

先进先出法是假定“先购入的存货先发出”，并根据这种假定的成本流转次序确定发出存货成本的一种方法。采用这种方法，先购入的存货成本在后购入存货成本之前转出，据此确定发出存货和期末存货的成本。

（二）月末一次加权平均法

月末一次加权平均法是指以本月进货数量与月初结存数量之和作为权数，去除本月全部进货成本与月初存货成本之和，计算出存货的加权平均单位成本，以此为基础计算本月发出存货的成本和期末结存存货成本的一种方法。

（三）移动加权平均法

移动加权平均法是指每次收货以后，立即根据库存存货数量和总成本，计算出新的平均单位成本的一种计算方法。据以计算的移动加权平均单位成本，作为在下次进货前计算发出存货成本依据的一种方法。

（四）个别计价法

个别计价法是指对库存和发出的每一特定存货或每一批特定存货的个别成本或每批成本加以认定的一种方法。个别计价法主要适用于不可替代使用的或为某一特定的项目专门购入或制造并单独存放的存货。个别计价法是假设存货具体项目的实物流转与成本流转相一致。

（五）毛利率法

毛利率法是根据本期销售净额乘以前期实际（或本月计划）毛利率匡算本期销售毛利，并计算发出存货成本的一种方法。本方法常见于商品流通企业。

（六）零售价法

零售价法是指用成本占零售价的百分比计算期末存货成本的一种方法。该方法主要适用于商业零售企业。期末编制资产负债表时，存货项目中的商品存货部分，应根据“库存商品”科目的期末余额扣除“商品进销差价”科目的期末余额（即实际成本）列示。

（七）计划成本法

计划成本法是指存货的收入、发出和结余均按预先制定的计划成本计价，同时另设“材料成本差异”科目，登记、分摊、按期结转实际成本与计划成本的差额，期末将发出和结存存货的成本调整为实际成本的一种计价方法。计划成本法一般适用于存货品种繁多、收发频繁的企业。

三、销售成本业务的核算

（一）账户设置

1. “主营业务成本”账户

“主营业务成本”账户用于核算企业因销售商品、提供劳务及让渡资产使用权等日常活动而发生的实际成本，属于损益类账户。该账户借方登记企业已经销售的商品、已经提供的劳务等主营业务的实际成本；贷方登记期末转入“本年利润”账户的主营业务成本及因销售退回而冲减的主营业务成本，结转后该账户应无余额。该账户应按主营业务的种类设置明细账，进行明细核算。

2. “其他业务成本”账户

“其他业务成本”账户用于核算企业除主营业务活动以外的其他经营活动所发生的成本，包括销售材料的成本、出租固定资产的折旧额、出租无形资产的摊销额、出租包装物的成本或摊销等，属于损益类账户。该账户借方登记企业除主营业务成本以外的其他销售或其他业务所发生的成本；贷方登记期末转入“本年利润”账户的余额，结转后应无余额；该账户应按其他业务的种类设置明细账，进行明细分类核算。

（二）账务处理

为准确计算企业销售产品等取得的收益，企业在确认收入的当期应确认与其对应的成本，结转成本的账务处理如表3－7－1所示。

表3－7－1　　结转成本的核算

情　形	账　务　处　理
结转销售商品、提供劳务成本等	借：主营业务成本 　贷：库存商品 　　合同履约成本 　　银行存款等
结转销售材料的成本、出租固定资产的折旧额、出租无形资产的摊销额、出租包装物的成本或摊销额等	借：其他业务成本 　贷：原材料 　　累计折旧 　　累计摊销 　　周转材料

业务流程

进项入库—销项出库—成本核算—生成凭证。

业务操作

销售成本业务智能核算

一、进项入库

任务1：花田公司2022年3月份进项（商品采购）入库。

花田公司需要进行存货成本明细核算，共享中心在帮其建账时，已开启成本核算模式，且在初始设置时也已进行了花田公司存货类别的维护和期初存货数据的录入，同时涉及库存商品采购和销售业务的发票也已进行了存货明细登记，所以，在前期准备的基础上，成本业务智能核算就非常简易。首先获取存货进项入库数据，其步骤如下：

（1）登录智能财税业务处理系统，进入“业务处理—成本核算—成本核算”页面，点击“销售成本核算未开始”按钮，如图3－7－1所示。

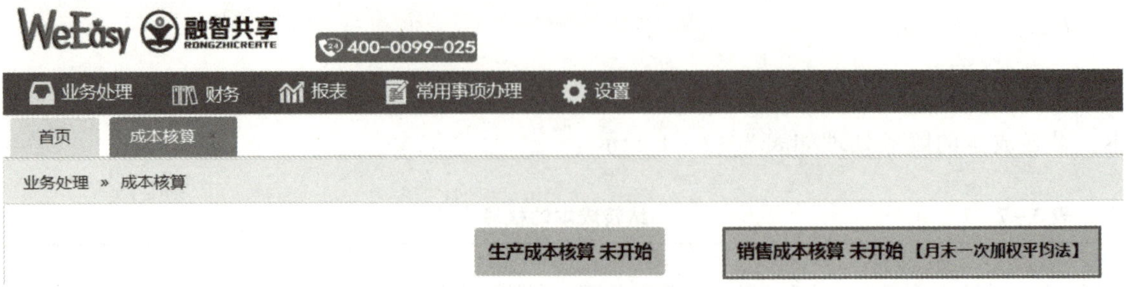

图 3－7－1　成本核算

（2）进入销售成本核算页面，第一步是月初库存录入，由于已录入期初库存数据信息，所以可以直接查到，点击“下一步”按钮，如图 3－7－2 所示。进入第二步“进项入库”，平台自动获取本期进项发票中，交易事项登记为存货的明细，状态为“已入库”，如图 3－7－3 所示。

图 3－7－2　月初库存

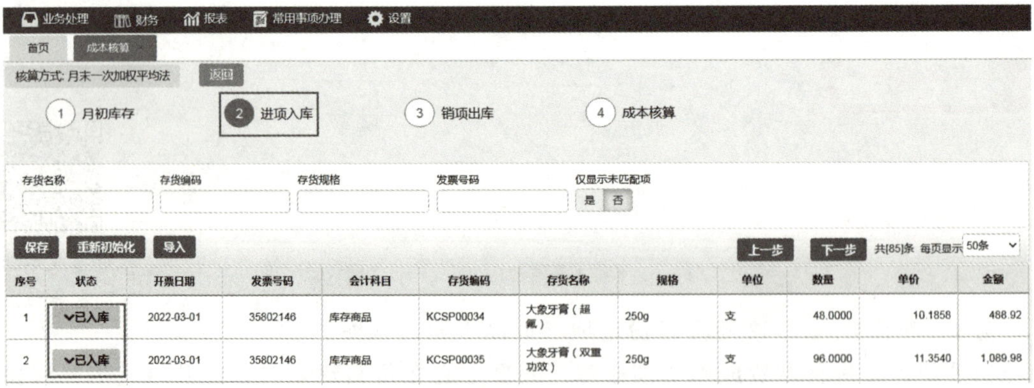

图 3－7－3　进项入库

（3）核对入库的存货金额（见图 3－7－4）是否与科目余额表中库存商品（见图 3－7－5）一致，以确保本期采购的所有库存商品均进行存货明细登记。如果双方一致，进项入库就完成了，否则需要对采购库存商品的发票进行存货明细的补充登记。

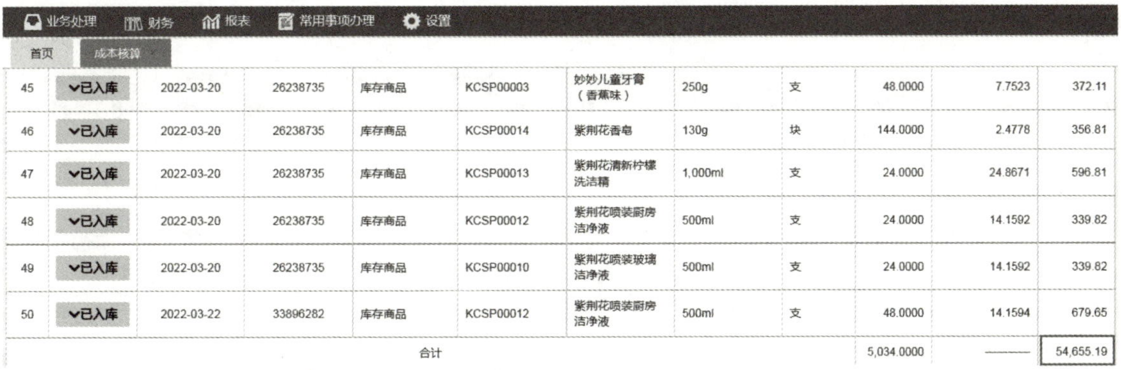

45	✔已入库	2022-03-20	26238735	库存商品	KCSP00003	妙妙儿童牙膏（香蕉味）	250g	支	48.0000	7.7523	372.11
46	✔已入库	2022-03-20	26238735	库存商品	KCSP00014	紫荆花香皂	130g	块	144.0000	2.4778	356.81
47	✔已入库	2022-03-20	26238735	库存商品	KCSP00013	紫荆花清新柠檬洗洁精	1,000ml	支	24.0000	24.8671	596.81
48	✔已入库	2022-03-20	26238735	库存商品	KCSP00012	紫荆花喷装厨房洁净液	500ml	支	24.0000	14.1592	339.82
49	✔已入库	2022-03-20	26238735	库存商品	KCSP00010	紫荆花喷装玻璃洁净液	500ml	支	24.0000	14.1592	339.82
50	✔已入库	2022-03-22	33896282	库存商品	KCSP00012	紫荆花喷装厨房洁净液	500ml	支	48.0000	14.1594	679.65
合计									5,034.0000	———	54,655.19

图 3-7-4 进项入库

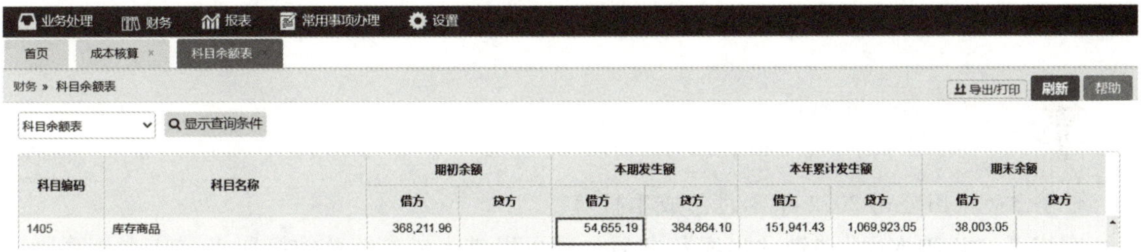

科目编码	科目名称	期初余额		本期发生额		本年累计发生额		期末余额	
		借方	贷方	借方	贷方	借方	贷方	借方	贷方
1405	库存商品	368,211.96		54,655.19	384,864.10	151,941.43	1,069,923.05	38,003.05	

图 3-7-5 科目余额表

二、销项出库

任务 2：花田公司 2022 年 3 月份存货销项出库。

在存货进项入库的基础上，点击“下一步”按钮，进入成本核算第三步“销项出库”。系统自动获取本期销项发票中，征税品目登记为“货物明细”，存货状态为“已出库”，如图 3-7-6 所示。并可查看期末库存情况，比如是否存在期末库存为负数，需要暂估入库的问题，如图 3-7-7 所示。

序号	状态	开票日期	发票号码	会计科目	存货编码	存货名称	规格	单位	销售数量	单价	销售金额
1	✔已出库	2022-03-02	29320406	销售商品收入	KCSP00007	紫荆花彩漂	2,000ml	支	18.0000	27.8761	501.77
2	✔已出库	2022-03-02	29320406	销售商品收入	KCSP00012	紫荆花喷装厨房洁净液	500ml	支	72.0000	15.9292	1,146.90

图 3-7-6 销项出库

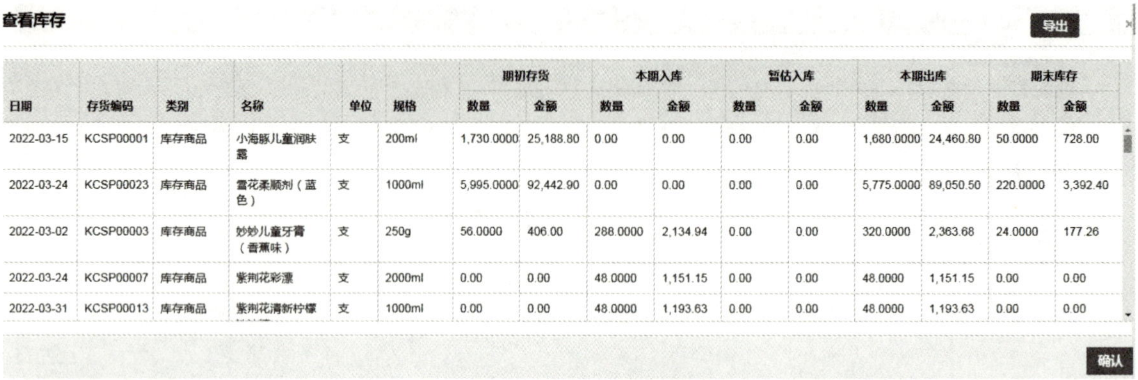

查看库存

日期	存货编码	类别	名称	单位	规格	期初存货		本期入库		暂估入库		本期出库		期末库存	
						数量	金额	数量	金额	数量	金额	数量	金额	数量	金额
2022-03-15	KCSP00001	库存商品	小海豚儿童润肤露	支	200ml	1,730.0000	25,188.80	0.00	0.00	0.00	0.00	1,680.0000	24,460.80	50.0000	728.00
2022-03-24	KCSP00023	库存商品	雪花柔顺剂（蓝色）	支	1000ml	5,995.0000	92,442.90	0.00	0.00	0.00	0.00	5,775.0000	89,050.50	220.0000	3,392.40
2022-03-02	KCSP00003	库存商品	妙妙儿童牙膏（香蕉味）	支	250g	56.0000	406.00	288.0000	2,134.94	0.00	0.00	320.0000	2,363.68	24.0000	177.26
2022-03-24	KCSP00007	库存商品	紫荆花彩漂	支	2000ml	0.00	0.00	48.0000	1,151.15	0.00	0.00	48.0000	1,151.15	0.00	0.00
2022-03-31	KCSP00013	库存商品	紫荆花清新柠檬	支	1000ml	0.00	0.00	48.0000	1,193.63	0.00	0.00	48.0000	1,193.63	0.00	0.00

图 3－7－7　期末库存

三、成本核算

任务 3： 花田公司 2022 年 3 月份成本核算。

完成了"进项入库""销项出库"之后，就可以进入成本核算的第四步"成本核算"。

（1）点击"下一步"按钮，进入成本核算第四步"成本核算"。将展现本期销售存货的情况，包括出库前数量、出库前金额、成本单价、成本金额等成本信息，如图 3－7－8 所示。

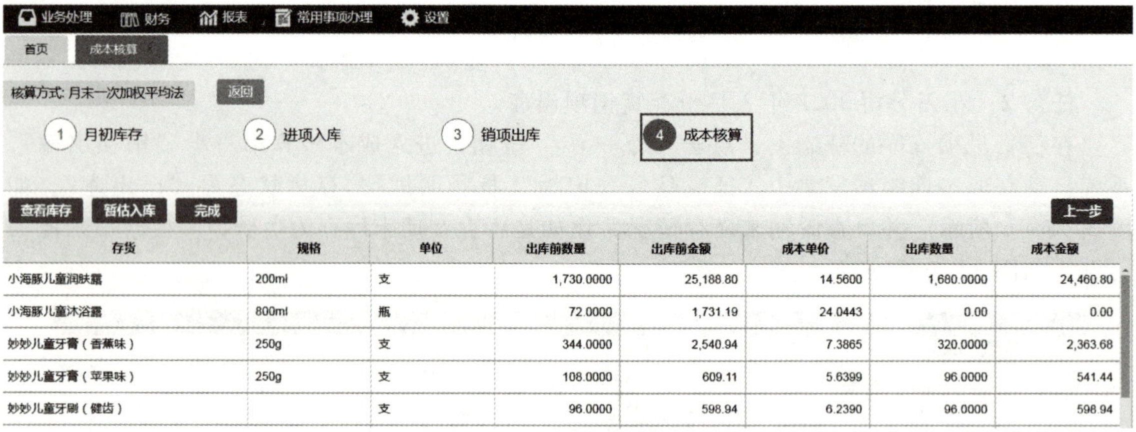

存货	规格	单位	出库前数量	出库前金额	成本单价	出库数量	成本金额
小海豚儿童润肤露	200ml	支	1,730.0000	25,188.80	14.5600	1,680.0000	24,460.80
小海豚儿童沐浴露	800ml	瓶	72.0000	1,731.19	24.0443	0.00	0.00
妙妙儿童牙膏（香蕉味）	250g	支	344.0000	2,540.94	7.3865	320.0000	2,363.68
妙妙儿童牙膏（苹果味）	250g	支	108.0000	609.11	5.6399	96.0000	541.44
妙妙儿童牙刷（健齿）		支	96.0000	598.94	6.2390	96.0000	598.94

图 3－7－8　成本核算

（2）点击"完成"按钮，将返回到成本核算的初始页面，成本核算状态也由"未开始"转为"已完成"，如图 3－7－9 所示。此时可以查看"出入库单明细""库存汇总表""销售成本结转表""商品类别汇总表"，分别如图 3－7－9 至图 3－7－13 所示。

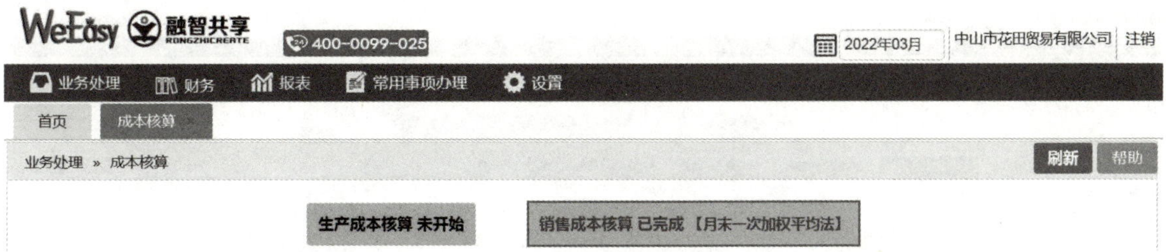

图 3-7-9　完成成本核算

日期	编号	发票号码	类型	存货编码	名称	规格	单位	数量	单价	金额	总价	凭证号	操作
2022-03-01	RK202203010001	35802146	采购入库	KCSP00034	大象牙膏（超氟）	250g	支	48.0000	10.1858	488.92	488.92	记-1	删除 详情
2022-03-01	RK202203010002	35802146	采购入库	KCSP00035	大象牙膏（双重功效）	250g	支	96.0000	11.3540	1,089.98	1,089.98	记-1	删除 详情
2022-03-01	RK202203010003	35802146	采购入库	KCSP00029	乐悠悠牙刷（洁净）	4支装	组	24.0000	10.1771	244.25	244.25	记-1	删除 详情
2022-03-01	RK202203010004	35802146	采购入库	KCSP00044	大象牙刷（七彩虹））	9支装	组	24.0000	15.9292	382.30	382.30	记-1	删除 详情

图 3-7-10　出入库单明细

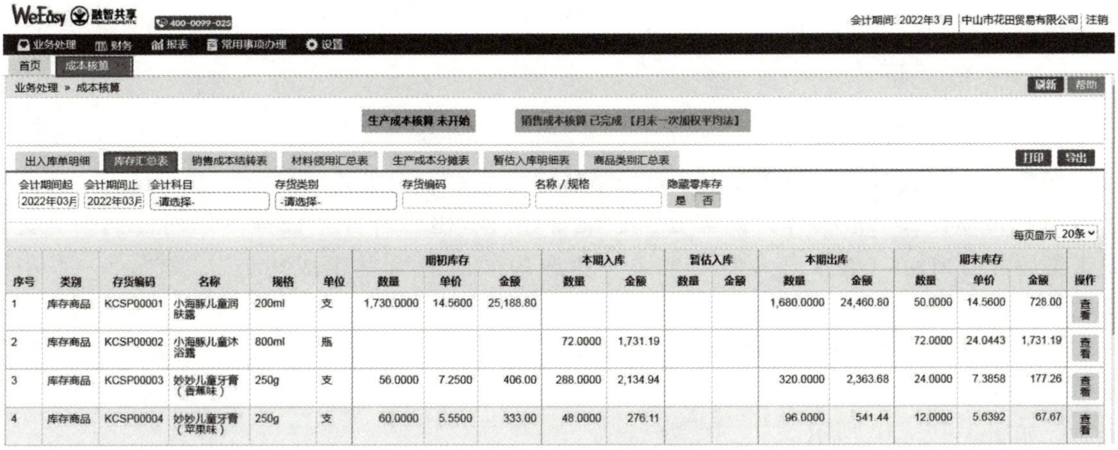

序号	类别	存货编码	名称	规格	单位	期初库存			本期入库		暂估入库		本期出库		期末库存			操作
						数量	单价	金额	数量	金额	数量	金额	数量	金额	数量	单价	金额	
1	库存商品	KCSP00001	小海豚儿童润肤露	200ml	支	1,730.0000	14.5600	25,188.80					1,680.0000	24,460.80	50.0000	14.5600	728.00	查看
2	库存商品	KCSP00002	小海豚儿童沐浴露	800ml	瓶				72.0000	1,731.19					72.0000	24.0443	1,731.19	查看
3	库存商品	KCSP00003	妙妙儿童牙膏（香蕉味）	250g	支	56.0000	7.2500	406.00	288.0000	2,134.94			320.0000	2,363.68	24.0000	7.3858	177.26	查看
4	库存商品	KCSP00004	妙妙儿童牙膏（苹果味）	250g	支	60.0000	5.5500	333.00	48.0000	276.11			96.0000	541.44	12.0000	5.6392	67.67	查看

图 3-7-11　库存汇总表

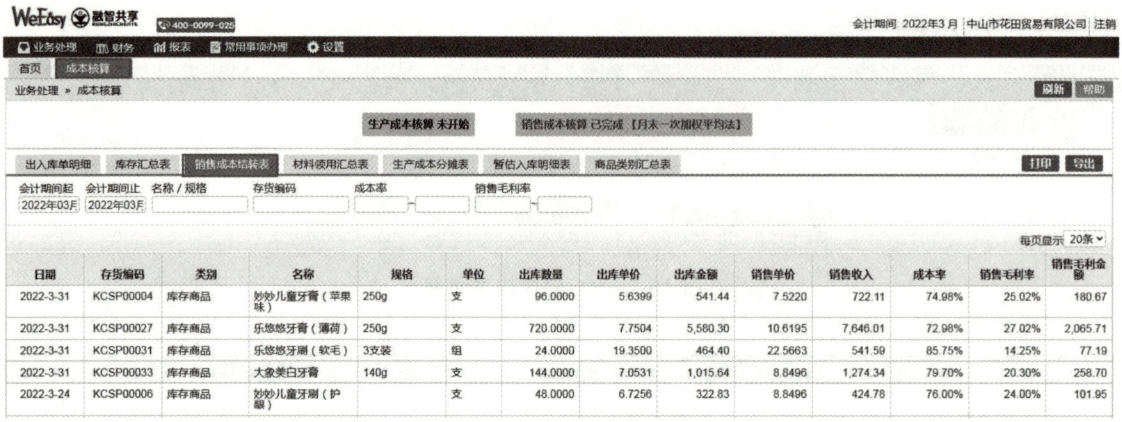

日期	存货编码	类别	名称	规格	单位	出库数量	出库单价	出库金额	销售单价	销售收入	成本率	销售毛利率	销售毛利金额
2022-3-31	KCSP00004	库存商品	妙妙儿童牙膏（苹果味）	250g	支	96.0000	5.6399	541.44	7.5220	722.11	74.98%	25.02%	180.67
2022-3-31	KCSP00027	库存商品	乐悠悠牙膏（薄荷）	250g	支	720.0000	7.7504	5,580.30	10.6195	7,646.01	72.98%	27.02%	2,065.71
2022-3-31	KCSP00031	库存商品	乐悠悠牙刷（软毛）	3支装	组	24.0000	19.3500	464.40	22.5663	541.59	85.75%	14.25%	77.19
2022-3-31	KCSP00033	库存商品	大象美白牙膏	140g	支	144.0000	7.0531	1,015.64	8.8496	1,274.34	79.70%	20.30%	258.70
2022-3-24	KCSP00006	库存商品	妙妙儿童牙刷（护龈）		支	48.0000	6.7256	322.83	8.8496	424.78	76.00%	24.00%	101.95

图 3－7－12　销售成本结转表

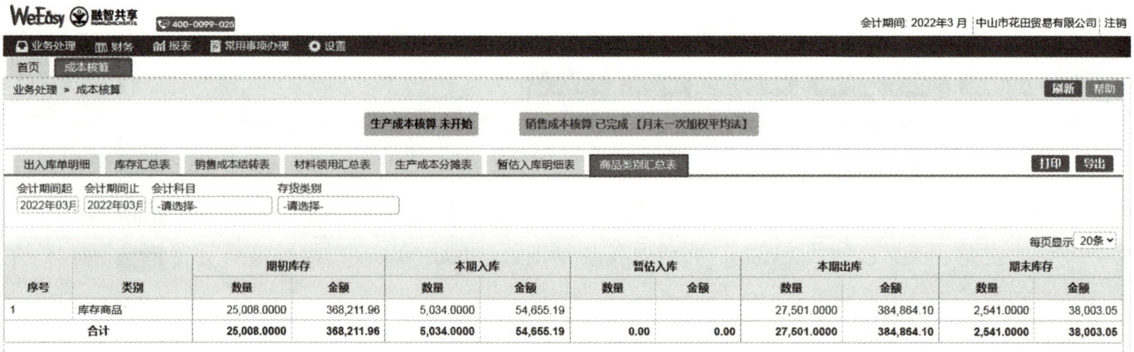

序号	类别	期初库存		本期入库		暂估入库		本期出库		期末库存	
		数量	金额	数量	金额	数量	金额	数量	金额	数量	金额
1	库存商品	25,008.0000	368,211.96	5,034.0000	54,655.19			27,501.0000	384,864.10	2,541.0000	38,003.05
	合计	25,008.0000	368,211.96	5,034.0000	54,655.19	0.00	0.00	27,501.0000	384,864.10	2,541.0000	38,003.05

图 3－7－13　商品类别汇总表

四、生成凭证

任务 4： 生成花田公司 2022 年 3 月份结转销售成本的记账凭证。

（1）习惯设置。根据客户的需要，如果希望所有出库合并生成成本结转的记账凭证，就需把凭证习惯由“单张出入库单生成”更改为“所有合并生成凭证”，如图 3－7－14 所示。

（2）进入“业务处理—成本核算—成本核算”页面，点击“生成凭证”，如图 3－7－15 所示，将弹出批量生成凭证对话框，单击“确认”，稍等片刻，将弹出批量生成凭证成功的提示，如图 3－7－16 所示。

（3）进入“财务—会计凭证”页面，即可查看生成的销售成本结转记账凭证，如图 3－7－17 所示。此时，成本业务智能核算完成。

图 3－7－14　成本核算习惯设置

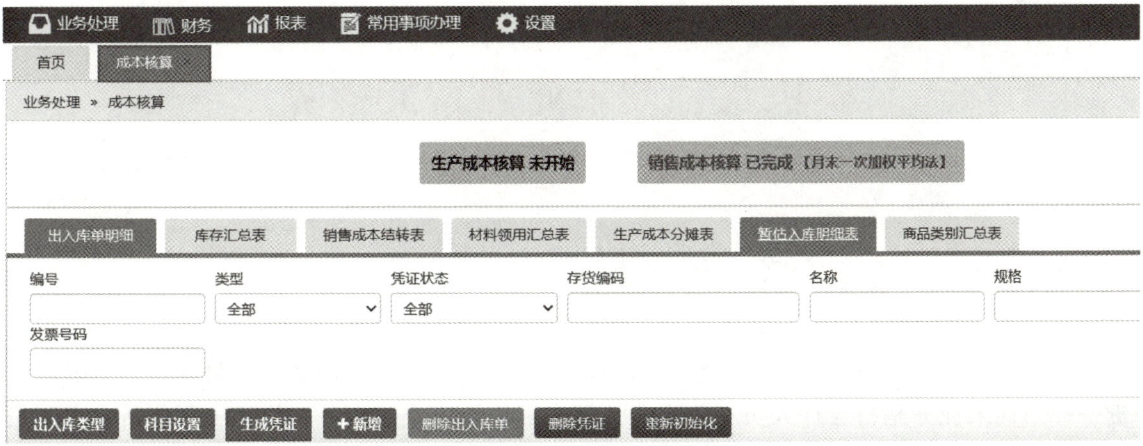

图 3－7－15　生成凭证

图 3－7－16　生成凭证

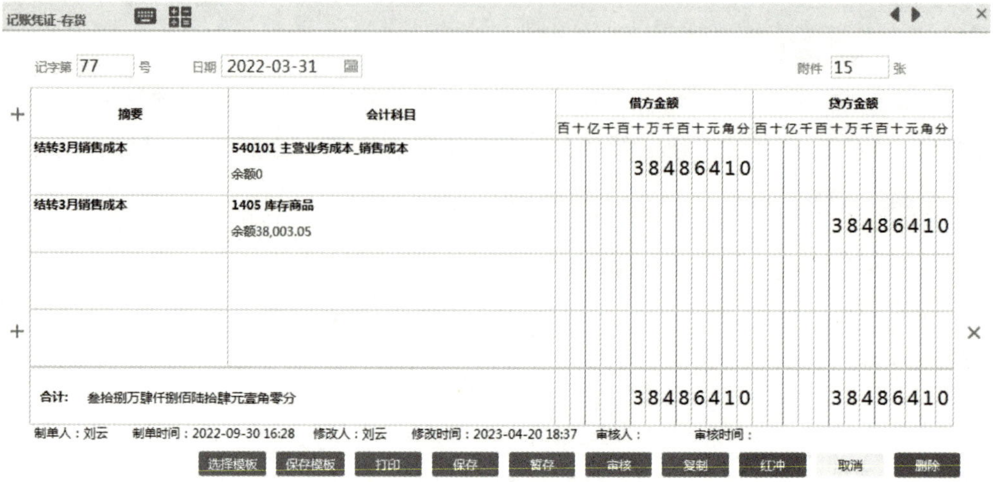

图 3-7-17 记账凭证

模块八 期末业务智能核算

相关知识

期末业务的智能核算是财务核算工作的最后一个步骤，也是使会计资料完整、正确的关键一环。期末业务是指会计人员在每个会计期末都需要完成的会计工作，主要包括成本和费用的计提与分摊、期末结转业务、对账和结账等工作。

一、期末业务主要账户设置

（一）“应交税费”账户

“应交税费”账户是负债类账户，用来核算企业按照税法规定计算应缴纳的各种税费，主要包括增值税、消费税、企业所得税、个人所得税、资源税、土地增值税、城市维护建设税、房产税、城镇土地使用税、车船税、环境保护税及教育费附加和地方教育费附加。该账户贷方登记应缴纳的各种税费，借方登记实际缴纳的税费；期末余额一般在贷方，反映企业尚未缴纳的税费，期末余额如在借方，反映企业多缴或尚未抵扣的税费。本账户按应交税费项目设置明细账进行明细核算。可以不在“应交税费”账户核算的税费主要有印花税、车辆购置税、契税和耕地占用税等。

（二）“应交税费——应交增值税（转出未交增值税）”账户

“应交税费——应交增值税（转出未交增值税）”账户用于增值税一般纳税人一般计税方法下，若当期销项税额大于当期进项税额，产生的月终应缴未缴的增值税，通过该账户进行结转。若当期销项税额小于当期进项税额，产生的月终多负担的增值税，按照现行增值税政策，除满足条件可执行增量、存量留抵税额退税政策的，均不退回多负担的增值税，直接形成“留抵税额”，结转下期继续抵扣。因此，若由于当期进项税额大于当期销项税额导致产生的月终多负担的增值税，不需要进行账务处理，也就是不需要通过“转出多交增值税”账户进行核算。

（三）“应交税费——应交增值税（转出多交增值税）”账户

“应交税费——应交增值税（转出多交增值税）”账户用于一般纳税人月终转出当月多缴的增值税，即月末企业“应交税费——应交增值税”账户出现借方余额（当期进项税额大于当期销项税额产生的借方余额除外）时，通过“应交税费——应交增值税（转出多交增值税）”账户进行结转。

（四）“应交税费——未交增值税”账户

“应交税费——未交增值税”账户是负债类账户，该账户专门用来核算未缴或多缴的增值税，平时无发生额，月末结账时，当“应交税费——应交增值税”账户为贷方余额时，为应缴增值税，应将其贷方余额转入该账户的贷方，反映企业未缴纳的增值税；当“应交税费——应交增值税”账户为借方余额（当期进项税额大于当期销项税额产生的借方余额除外）时，为多缴增值税，应将其多缴的增值税转入该账户的借方，反映企业多缴的增值税。

（五）“税金及附加”账户

“税金及附加”账户是费用类账户，税金及附加是指企业经营活动应负担的相关税费，包括消费税、城市维护建设税、教育费附加、资源税、房产税、城镇土地使用税、车船税、印花税等。该账户借方登记本期应确认的税金及附加，贷方登记期末转入“本年利润”账户的税金及附加，结转后无余额。

（六）“本年利润”账户

“本年利润”账户是所有者权益类账户，用来反映企业利润的形成过程，计算企业财务成果。该账户贷方登记由有关收入类账户转入的本期各项收入，如主营业务收入、其他业务收入、营业外收入等；借方登记由费用类账户转入的本期各项费用支出，如主营业务成本、税金及附加、其他业务成本、管理费用、营业外支出等；期末贷方余额表示截至本期末年度累计实现的利润，如果期末余额在借方，表示截至本期末累计发生的亏损。

（七）“所得税费用”账户

“所得税费用”账户是费用类账户，用来核算企业确认的应从当期利润总额中扣除的所得税费用。该账户的借方登记企业按照税法规定计算的当期应交所得税及递延所得税的确认和转回；贷方登记递延所得税的确认或转回及期末转入“本年利润”账户的所得税费用；结转后该账户应无余额。贷方登记企业会计期末转入“本年利润”账户的所得税额；结转后该账户应无余额。

二、期末业务账务处理

（一）结转增值税

月末企业“应交税费——应交增值税”账户出现贷方余额时，根据余额借记“转出未交增值税”账户，贷记“应交税费——未交增值税”账户。即：

借：应交税费——应交增值税（转出未交增值税）

　　贷：应交税费——未交增值税

月末企业“应交税费——应交增值税”账户出现借方余额（当期进项税额大于当期销项税额产生的借方余额除外）时，根据余额借记“应交税额——未交增值税”账户，贷记“转出多交增值税”账户。即：

借：应交税费——未交增值税

　　贷：应交税费——应交增值税（转出多交增值税）

（二）计提附加税费

借：税金及附加

　　贷：应交税费——应交城市维护建设税

　　　　　　　　——应交教育费附加

　　　　　　　　——应交地方教育费附加

（三）计提印花税

借：税金及附加

　　贷：应交税费——应交印花税

企业需要计提印花税时，可以通过“应交税费”账户核算；无须计提时，也可以不通过“应交税费”账户核算。

（四）计提折旧或摊销

1. 计提固定资产折旧

借：管理费用

　　销售费用

制造费用

……

贷：累计折旧

2. 摊销无形资产

借：管理费用

制造费用

其他业务成本

……

贷：累计摊销

3. 摊销长期待摊费用

借：管理费用

销售费用

……

贷：长期待摊费用

（五）结转损益

（1）将本期的所有收入结转到“本年利润”账户的贷方，相当于归集企业的所有收入。结转各项收入时：

借：主营业务收入

其他业务收入

投资收益

营业外收入

公允价值变动损益

……

贷：本年利润

（2）将本期的所有费用结转到“本年利润”账户的借方，相当于归集企业的所有成本费用。结转各项费用时：

借：本年利润

贷：主营业务成本

税金及附加

其他业务成本

销售费用

管理费用

财务费用

营业外支出

……

（六）计提企业所得税

借：所得税费用（当期应纳所得税）

贷：应交税费——应交企业所得税

（七）结转所得税费用

借：本年利润
　　贷：所得税费用

业务流程

结转增值税及计提税费—计提企业所得税—结转损益—完成智能核算。

业务操作

一、结转增值税及计提税费

结转增值税及计提附加税费

任务1：结转花田公司2022年3月份增值税。

花田公司是一般纳税人，3月末需要根据增值税申报表进行期末增值税的结转，其步骤如下：

（1）登录广东省电子税务局，查看花田公司2022年3月的增值税及附加税申报表，如图3-8-1所示。根据申报表知，本期应纳增值税54 428.93元，则需要把本期应纳增值税进行期末结转。

（2）登录智能财税业务处理系统，进入“财务—会计凭证”页面，点击“增加”，填制结转增值税的记账凭证并保存，如图3-8-2所示。保存后，结转增值税的记账凭证即手工填制完成，如图3-8-3所示。

任务2：计提花田公司2022年3月份附加税费。

根据花田公司3月份增值税及附加税申报表（见图3-8-1）可知，本期应缴纳的城市维护建设税为1 905.01元，教育费附加816.43元，地方教育费附加544.29元。同样，登录智能财税业务处理系统，进入“财务—会计凭证”页面，点击“增加”，填制计提城市维护建设税、教育费附加及地方教育费附加的记账凭证并保存即可，如图3-8-4所示。

任务3：计提花田公司2022年3月份印花税。

（1）登录广东省电子税务局，查看花田公司2022年3月的印花税申报表，如图3-8-5所示。

（2）登录智能财税业务处理系统，进入“财务—会计凭证”页面，点击“增加”，填制计提印花税的记账凭证并保存即可，如图3-8-6所示。

增值税及附加税费申报表

（一般纳税人适用）

根据国家税收法律法规及增值税相关规定制定本表。纳税人不论有无销售额，均应按税务机关核定的纳税期限填写本表，并向当地税务机关申报。

税款所属时间：2022-03-01 至 2022-03-31　　填表日期：2022-04-12　　金额单位：元（列至角分）

纳税人识别号(统一社会信用代码):	91442000MA54C8888C			所属行业：		
纳税人名称:	中山市花田贸易有限公司	法定代表人姓名	罗成功	注册地址	中山市东区复兴南路365号	生产经营地址	中山市东区复兴南路365号
开户银行及账号	中国建设银行中山市城东支行 44050178230100098765	登记注册类型	有限责任公司		电话号码	13582073234

	项目	栏次	一般项目		即征即退项目	
			本月数	本年累计	本月数	本年累计
销售额	（一）按适用税率计税销售额	1	474,237.76	1,318,380.97	0.00	0.00
	其中：应税货物销售额	2	474,237.76	1,318,380.97	0.00	0.00
	应税劳务销售额	3	0.00	0.00	0.00	0.00
	纳税检查调整的销售额	4	0.00	0.00	0.00	0.00
	（二）按简易办法计税销售额	5	0.00	0.00	0.00	0.00
	其中：纳税检查调整的销售额	6	0.00	0.00	0.00	0.00
	（三）免、抵、退办法出口销售额	7	0.00	0.00	——	——
	（四）免税销售额	8	0.00	0.00	——	——
	其中：免税货物销售额	9	0.00	0.00	——	——
	免税劳务销售额	10	0.00	0.00	——	——
税款计算	销项税额	11	61,651.00	171,389.53	0.00	0.00
	进项税额	12	7,222.07	20,077.10	0.00	0.00
	上期留抵税额	13	0.00	0.00	0.00	——
	进项税额转出	14	0.00	0.00	0.00	0.00
	免、抵、退应退税额	15	0.00	0.00	——	——
	按适用税率计算的纳税检查应补缴税额	16	0.00	0.00	——	——
	应抵扣税额合计	17=12+13-14-15+16	7,222.07	——	0.00	——
	实际抵扣税额	18（如17<11，则为17，否则为11）	7,222.07	20,077.10	0.00	0.00
	应纳税额	19=11-18	54,428.93	151,312.43	0.00	
	期末留抵税额	20=17-18	0.00	0.00	0.00	——
	简易计税办法计算的应纳税额	21	0.00	0.00	0.00	0.00
	按简易计税办法计算的纳税检查应补缴税额	22	0.00	0.00	——	——
	应纳税额减征额	23	0.00	0.00	0.00	0.00
	应纳税额合计	24=19+21-23	54,428.93	151,312.43	0.00	0.00
税款缴纳	期初未缴税额（多缴为负数）	25	38,062.78	38,062.78	0.00	0.00
	实收出口开具专用缴款书退税额	26		0.00	——	——
	本期已缴税额	27=28+29+30+31	38,062.78	38,062.78	0.00	0.00
	①分次预缴税额	28	0.00	——	0.00	——
	②出口开具专用缴款书预缴税额	29	0.00	——	——	——
	③本期缴纳上期应纳税额	30	38,062.78	38,062.78	0.00	0.00
	④本期缴纳欠缴税额	31	0.00	0.00	0.00	0.00
	期末未缴税额（多缴为负数）	32=24+25+26-27	54,428.93	54,428.93	0.00	0.00
	其中：欠缴税额（≥0）	33=25+26-27	0.00	——	0.00	——
	本期应补(退)税额	34=24-28-29	54,428.93	——	0.00	——
	即征即退实际退税额	35	——	——	0.00	0.00
	期初未缴查补税额	36	0.00	0.00	——	——
	本期入库查补税额	37	0.00	0.00	——	——
	期末未缴查补税额	38=16+22+36-37	0.00	0.00	——	——
附加税费	城市维护建设税本期应补（退）税额	39	1,905.01	8,686.86	——	——
	教育费附加本期应补（退）费额	40	816.43	4,539.37	——	——
	地方教育附加本期应补（退）费额	41	544.29	3,026.25	——	——

声明：此表是根据国家税收法律法规及相关规定填写的，本人（单位）对填报内容（及附带资料）的真实性、可靠性、完整性负责。

纳税人（签章）：　　年 月 日

经办人：罗成功 经办人身份证号：440***************5687 代理机构签章： 代理机构统一社会信用代码：	受理人：广东省电子税务局 受理税务机关（章）：国家税务总局中山市东城区税务局　　受理日期：2022年04月12日

图 3－8－1　增值税申报表

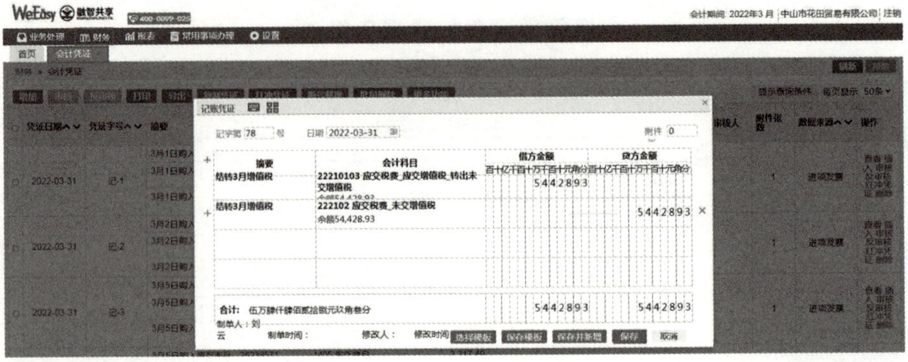

图 3－8－2　填制记账凭证

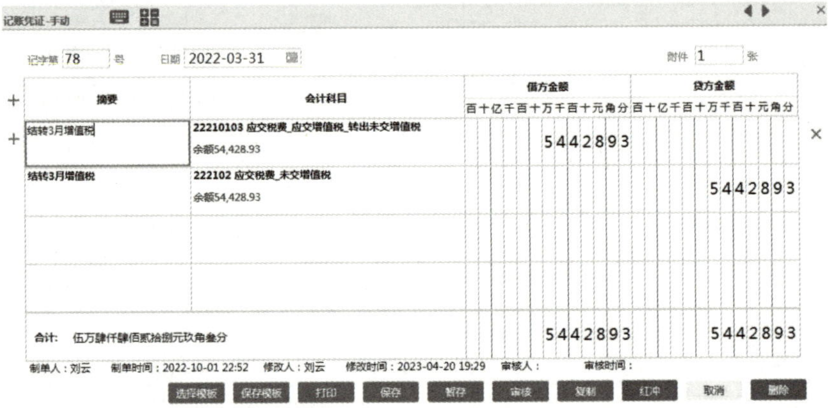

图 3－8－3　记账凭证

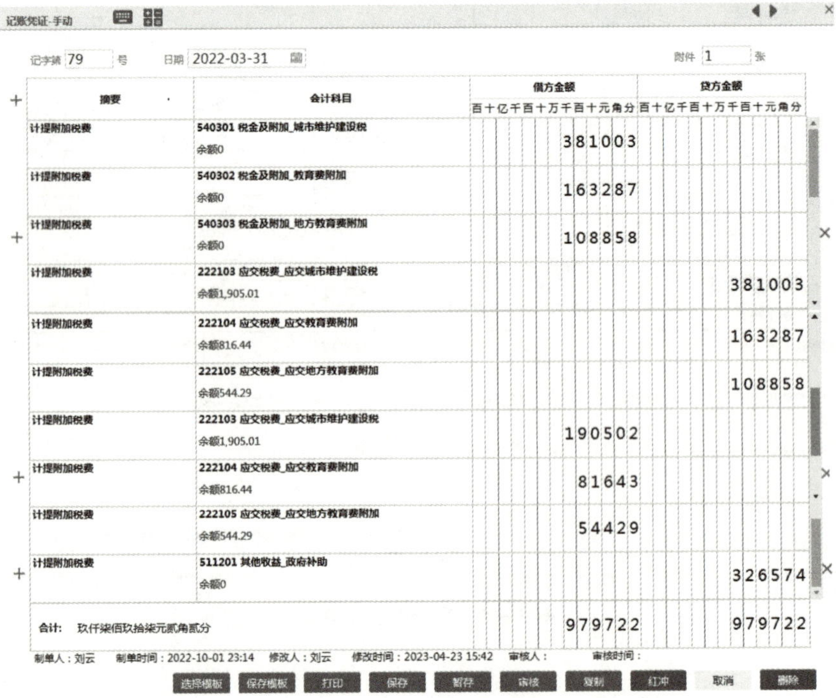

图 3－8－4　记账凭证

财产和行为税纳税申报表

纳税人识别号(统一社会信用代码)	91442000MA54C8888C	纳税人名称		中山市花田贸易有限公司		申报类型		正常申报	
申报日期	2022-04-13	税款所属期起		2022-01-01		税款所属期止		2022-03-31	
本期是否适用小微企业"六税两费"减征政策	是	适用减征政策起始时间		2022-01-01		适用减征政策终止时间		2022-03-31	
减征政策适用主体		增值税小规模纳税人：☑ 是 ☐ 否				增值税一般纳税人：☐ 个体工商户 ☑ 小型微利企业			
双击主表每一行，可查看单行税源（申报）明细									
序号	税种	税目	税款所属期起	税款所属期止	计税依据	税率	应纳税额	减免税额	已缴税额	应补退税额
1	印花税	买卖合同	2022-01-01	2022-03-31	1,472,820.20	0.000300	441.85	220.92	0.00	220.92
合计	--	--	--	--	1,472,820.20	--	441.85	220.92	0.00	220.92

< 1 > 到第 1 页 确定 共1条 10条/页

声明：此表是根据国家税收法律法规及相关规定填写的，本人(单位)对填报内容(及附带资料)的真实性、可靠性、完整性负责。

纳税人(签章)：

经办人：	罗成功	受理人：	国家税务总局广东省税务局 电子 业务专用章
经办人身份证件号：	4401********5687	受理税务机关(章)：	
代理机构签章：		受理日期：	2022-04-1
代理机构统一社会信用代码：			

图 3-8-5　财产和行为税纳税申报表

记账凭证-手动

记字第 80 号　日期 2022-03-31　附件 1 张

摘要	会计科目	借方金额	贷方金额
计提印花税	540304 税金及附加_印花税 余额0	441.85	
计提印花税	222106 应交税费_应交印花税 余额220.93		441.85
计提印花税	222106 应交税费_应交印花税 余额220.93	220.92	
计提印花税	511201 其他收益_政府补助 余额0		220.92
合计：陆佰陆拾贰元柒角柒分		662.77	662.77

制单人：刘云　制单时间：2022-10-02 14:34　修改人：刘云　修改时间：2023-04-23 15:44　审核人：　审核时间：

选择模板　保存模板　打印　保存　暂存　审核　复制　红冲　取消　删除

图 3-8-6　记账凭证

任务 4： 计提花田公司 2022 年 3 月份固定资产折旧费。

（1）进入"财务—期末结转"页面，可以查看尚待处理的业务，包括计提折旧，如图 3-8-7 所示。

（2）点击"生成凭证"按钮，弹出计提折旧的记账凭证，如图 3-8-8 所示，如果无问题，直接保存；如果需要修改，比如为了摘要更精准，摘要"计提折旧"修改为"计提 3 月折旧"，直接修改凭证，然后保存即可。

计提固定资产折旧

图 3-8-7　期末结转

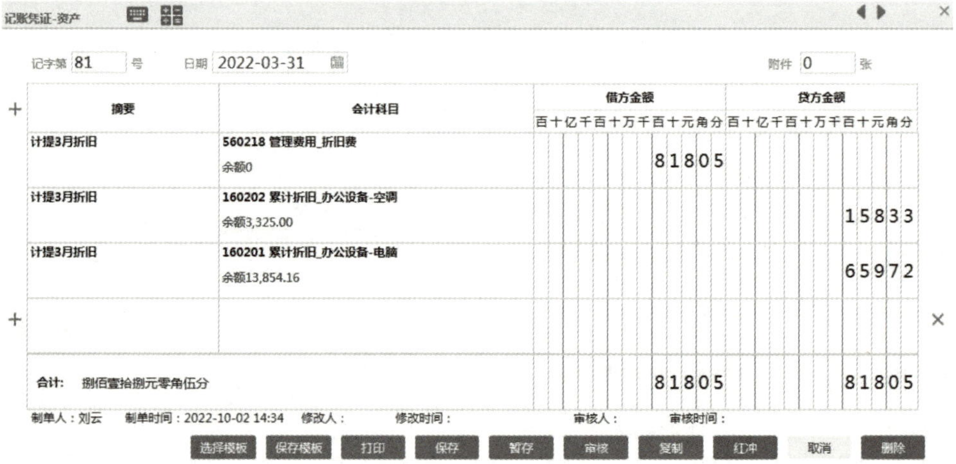

图 3-8-8　记账凭证

二、计提企业所得税

计提企业所得税及结转损益

任务 5：计提花田公司 2022 年 3 月份企业所得税。

（1）登录广东省电子税务局，查看花田公司 2022 年第一季度的企业所得税月（季）度预缴纳税申报表，如图 3-8-9 所示。

（2）登录智能财税业务处理系统，进入"财务—科目余额表"界面，查看花田公司 2022 年 1 月、2 月计提的企业所得税为 329.02 元，如图 3-8-10 所示。由花田公司第一季度企业所得税预缴申报表可知，第一季度共计应交企业所得税为 722.68 元，因此，花田公司 2022 年 3 月应计提 393.66 元（722.68 - 329.02）。

中华人民共和国企业所得税月(季)度预缴纳税申报表(A类)

税款所属期间：2022-01-01 至 2022-03-31

纳税人识别号(统一社会信用代码)：91442000MA54C8888C　　　　金额单位:人民币元（列至角分）

纳税人名称：中山市花田贸易有限公司

预缴方式	◉ 按照实际利润额预缴	○ 按照上一纳税年度应纳税所得额平均额预缴	○ 按照税务机关确定的其他方法预缴
企业类型	◉ 一般企业	○ 跨地区经营汇总纳税企业总机构	○ 跨地区经营汇总纳税企业分支机构
跨省总机构行政区划		提示：总机构在外省的分支机构申报时，请先选择跨省总机构行政区划	

优惠及附报事项有关信息

项目	一季度		二季度		三季度		四季度		季度平均值
	季初	季末	季初	季末	季初	季末	季初	季末	
从业人数	5	5							5
资产总额(万元)	110.6	105.52							108.06
国家限制或禁止行业	○ 是 ◉ 否				小型微利企业		◉ 是 ○ 否		

代码	附报事项名称	金额或选项
K01002	□ 扶贫捐赠支出全额扣除(本年累计，元)	0.00
Y01001	□ 软件集成电路企业优惠政策适用类型	□ 原政策　□ 新政策

预缴税款计算

行次	项　目	本年累计金额
1	营业收入	1,318,380.97
2	营业成本	1,069,923.05
3	利润总额	28,907.01
4	加：特定业务计算的应纳税所得额	0.00
5	减：不征税收入	0.00
6	减：资产加速折旧、摊销(扣除)调减额(填写A201020)	0.00
7	减：免税收入、减计收入、加计扣除(7.1+7.2+...)	0.00
8	减：所得减免(8.1+8.2+...)	0.00
9	减：弥补以前年度亏损	0.00
10	实际利润额(3+4-5-6-7-8-9) \ 按照上一纳税年度应纳税所得额平均额确定的应纳税所得额	28,907.01
11	税率(25%)	25%
12	应纳所得税额(10×11)	7,226.75
13	减：减免所得税额(13.1+13.2+...)	0.00
13.1	符合条件的小型微利企业减免企业所得税	6504.08
14	减：本年实际已缴纳所得税额	0.00
15	减：特定业务预缴（征）所得税额	
16	本期应补（退）所得税额（12-13-14-15）\ 税务机关确定的本期应纳所得税额	722.68

图 3－8－9　企业所得税预缴纳申报表

WeEasy 融智共享 RONGZHICREATE　400-0099-025　2022年03月　中山市花田贸易有限公司　注销

业务处理　财务　报表　常用事项办理　设置

首页　科目余额表

财务 » 科目余额表　　导出/打印　刷新　帮助

科目余额表　显示查询条件

科目编码	科目名称	期初余额		本期发生额		本年累计发生额		期末余额	
		借方	贷方	借方	贷方	借方	贷方	借方	贷方
222105	应交地方教育费附加		761.26	1,305.55	1,088.58	2,660.58	3,026.25		544.29
222106	应交印花税			220.92	441.85	220.92	441.85		220.93
222107	应交企业所得税		4,997.54				329.02		4,997.54

图 3－8－10　科目余额表

（3）进入“财务—会计凭证”界面，点击“增加”按钮，手工填制计提企业所得税的记账凭证并保存即可，如图 3-8-11 所示。

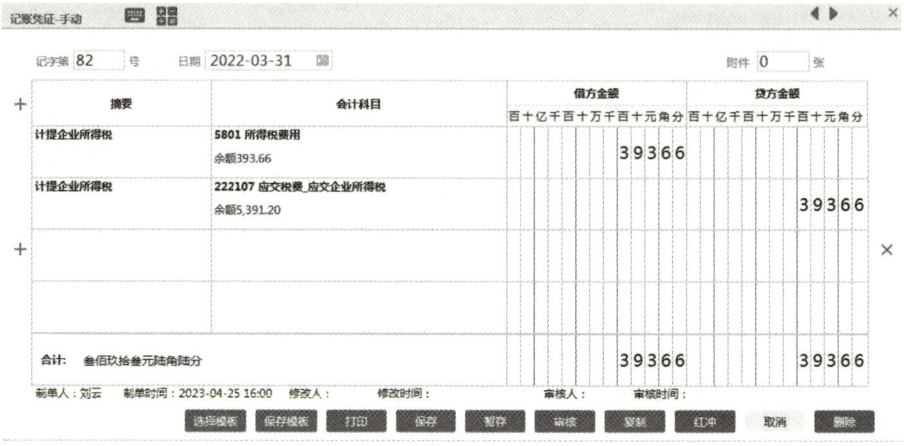

图 3-8-11　填制记账凭证

三、结转损益

任务 6：结转花田公司 2022 年 3 月份损益。

（1）进入“财务—期末结转”页面，可以查看到本期尚待结转损益 15 352.50 元，如图 3-8-12 所示。

图 3-8-12　期末结转

（2）点击“生成凭证”按钮，即可生成的结转损益“记 83 号”记账凭证（部分），如无问题，点击“保存”，如图 3-8-13 所示。

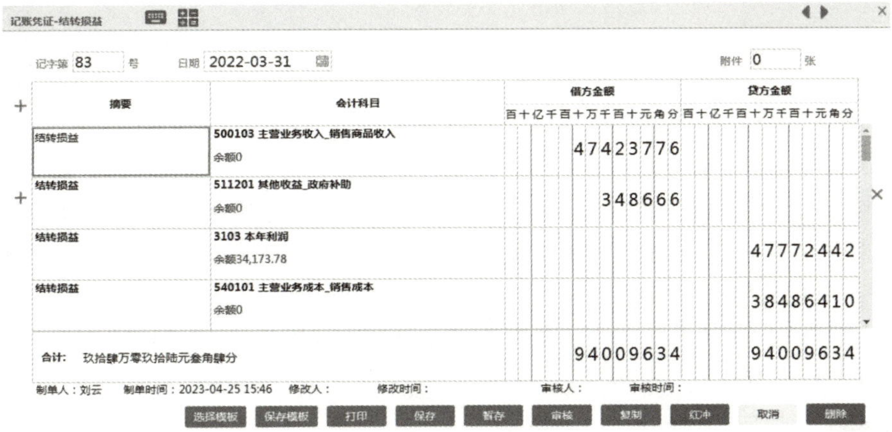

图 3－8－13　生成凭证

（3）完成了花田公司 2022 年 3 月份各业务智能核算，且记账凭证经过了审核会计的审核后，就需要进行期末结账。进入“财务—期末结账”页面，点击“直接结账”，弹出是否确认结账对话框，点击“确认”即可，如图 3－8－14 所示。结账后，会计期间所对应的 2022 年 3 月就处于“已结账”状态。如果结账后发现凭证有问题需要修改，需要先取消结账，即反结账，如图 3－8－15 所示，修改后，按同样的方法结账即可。

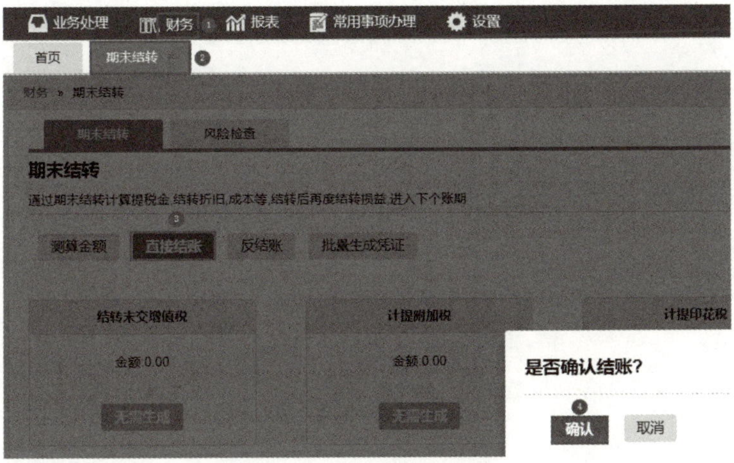

图 3－8－14　确认结账

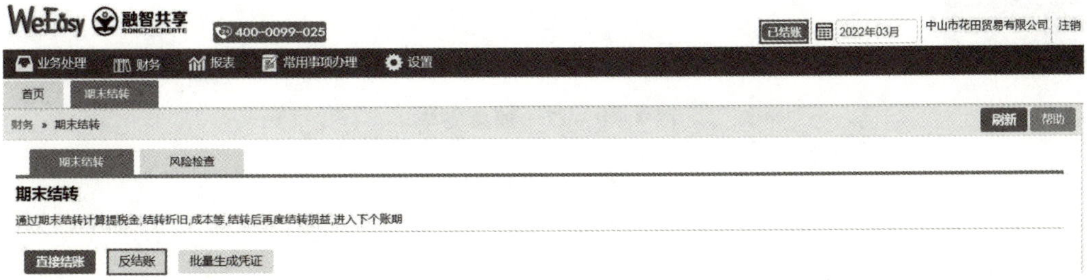

图 3－8－15　反结账

四、完成智能核算

完成智能核算

任务 7： 完成花田公司 2022 年 3 月份智能核算流程管理。

在智能财税业务处理系统完成了花田公司 2022 年 3 月份各业务的智能核算后，为便于共享中心及时了解客户业务处理进度，需要在财务云协同管理平台完成流程管理操作：

（1）登录财务云协同管理平台，进入“智能核算—智能理票”页面，关键词搜索“花田”，时间选择 2022 年 3 月，此时可以查看到花田公司票据进度为“理票中”，点击“理票完成”，如图 3－8－16 所示。

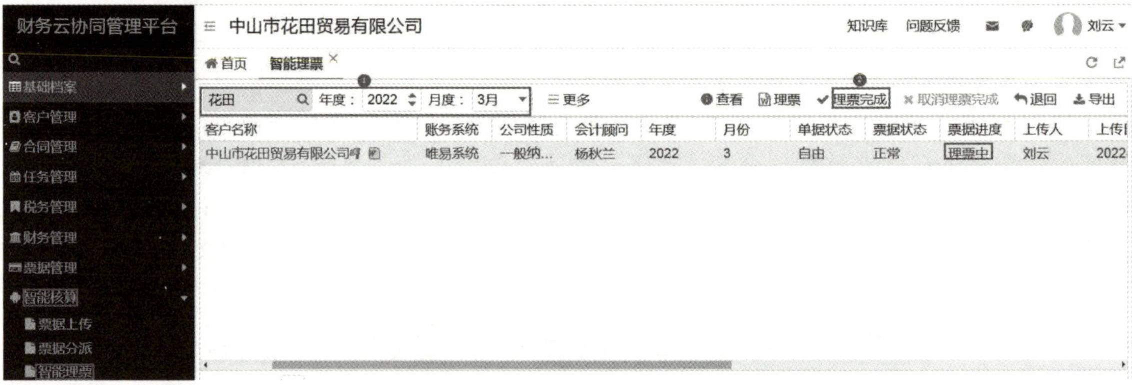

图 3－8－16　智能理票

点击“理票完成”后，票据进度就转为“理票完成”，如图 3－8－17 所示。此时表明共享中心完成了客户花田公司 2022 年 3 月份的智能核算及核算流程管理。

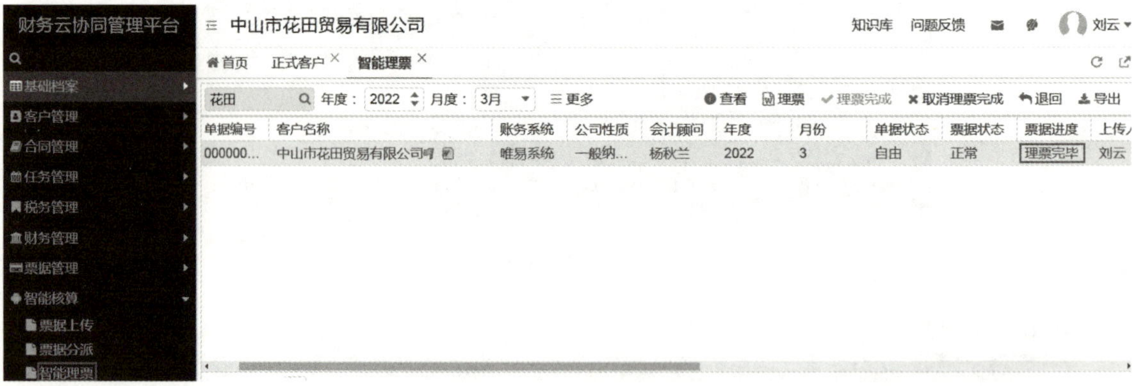

图 3－8－17　理票完毕

思政园地

孔子“会计当而已矣”

据文献记载，孔子曾经做过管理库房的小吏，总结出这一职位的主要职责，就是做到“会计当而已矣”。“会计当而已矣”的出处是《孟子·万章下》，其完整表述为：“为贫者，辞尊居卑，辞富居贫，恶乎宜乎？抱关击柝。孔子尝为委吏矣，曰：‘会计当而已矣’，尝为乘田矣，曰：‘牛羊茁壮长而已矣。’位卑而言高，罪也。”大体的意思是：那些安于贫苦的人，不会选择做高官，而是选择在低位任职；不愿选择享受高薪，乐于接受低的薪酬，这些职位又是什么样的呢？比如打更的工作。孔子曾经担任库管小吏，他说“会计，做到当就可以了。”他曾担任主管畜牧的官，说“把牛羊养得壮就可以了。”处在低位的人一直说着高位应做的事，就罪过了。这里的“会计”很显然并不是现在意义上的会计，它只是库房管理官员应当具备的职责。

孔子的“会计当而已矣”的“当”字含义很多，中心思想是“得当”，其意义主要有三点：一是对于经济收支事项要遵循会计制度得“当”；二是对会计事项的计算与记录要处理得“当”；三是使用会计人员要德才兼备得“当”。孔子的这番经验之谈非常有借鉴意义。

（资料来源：《财会学习》2016 年第 15 期，周星，原文经过整理）

问题：“会计当而已矣”作为两千五百多年前的会计理念，今天的你如何理解？

分析提示：两千五百多年前，孔子提出的“会计当而已矣”，在当时的意义虽不能与现代社会等同，但不可否认这一思想是会计思想史上的创举。“会计当而已矣”，在当代特殊的时代背景下，仍然具有极强的现实意义，它不仅体现了会计的基本职能、原则和要求，更反映了会计人员的职业道德。

对企业来讲，要有诚信意识并开展诚信建设，提高会计工作的质量和诚信度。会计职业道德是会计工作人员应当遵循的基本原则，会计人员应严格遵守。其次，企业要完善内控制度的建设，通过健全的内部监督制度，有效地制约各种财务问题和财务行为。

对会计从业人员来讲，应强化其职业道德自律行为。会计人员要以朱总理提出的“诚信为本、操守为重、坚持准则、不做假账”的要求做到严于律己，并指导自己的工作。努力做到爱岗敬业、廉洁自律，诚实守信，坚持原则，客观公正的职业精神和职业行为。

项目四
共享中心业务审核

知识目标

1. 掌握原始凭证审核标准
2. 掌握采购业务审核标准
3. 掌握销售业务审核标准
4. 掌握货币资金业务审核标准
5. 掌握薪酬业务审核标准
6. 掌握成本费用业务审核标准
7. 掌握期末业务审核标准
8. 掌握财务报表审核标准

能力目标

1. 能对原始凭证进行审核
2. 能对记账凭证进行审核
3. 能对期末摊提转业务进行审核
4. 能对财务报表进行审核

素养目标

1. 诚信为本，操守为重
2. 坚持准则，严格审核

工作任务

1. 审核采购业务
2. 审核销售业务
3. 审核货币资金业务
4. 审核薪酬业务
5. 审核成本费用业务
6. 审核期末摊提转业务
7. 审核财务报表

标志性成果

1. 经审核的会计凭证
2. 经审核的财务报表

模块一 原始凭证审核

共享中心业务审核流程

相关知识

一、共享中心业务审核流程

共享中心设有专门的账务审核人员，其主要职责为审核财税顾问上传的原始凭证是否真实、完整、规范；审核凭证录入人员编制的记账凭证是否正确；审核系统生成的财务报表是否正确。共享中心业务审核流程与一般企业业务审核流程大同小异，但也有其特殊的地方。在共享中心，每一个财务人员面临的都是上万家客户的账务，财务人员在处理业务的过程中容易走错“片场”，把 A 公司当成 B 公司；也容易弄错企业所处行业特征，弄错企业一般纳税人、小规模纳税人身份，等等。比如，同样是购买小轿车，普通企业一般会计入固定资产，但如果客户是一家专门卖小轿车的 4S 店，它购买来的小轿车一般用于销售，那就得作为库存商品来处理；再比如，同样是购买面料，如果客户是一家商贸企业，面料就得作为库存商品来处理，但如果客户是一家服装生产企业，那购买的面料就得作为原材料来处理。这就需要财务审核人员格外留意所审核客户的基本特征，做出准确的职业判断。

共享中心业务审核流程一般包括：分派审核任务—审核原始凭证—审核记账凭证—审核财务报表—办理审核完毕手续。如图 4－1－1 所示。

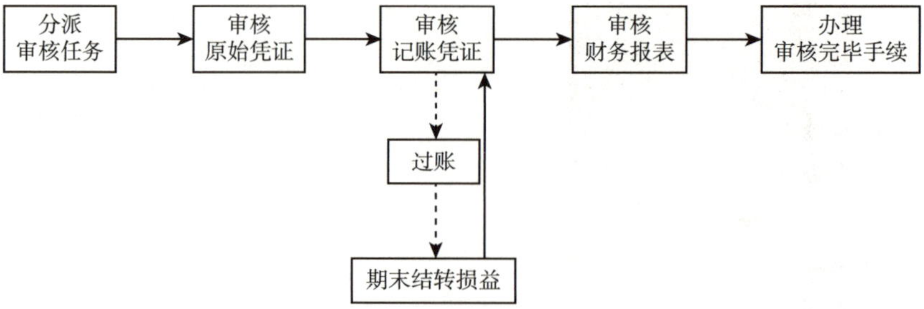

图 4－1－1　共享中心业务审核流程

（一）分派审核任务

项目经理分派待审核的公司给审核人员，其具体操作步骤如下：

登录财务云协同管理平台，点击“票据分派”，在搜索框输入要审核的公司名称，选择要审核的年度、月度，处理人类别选择“账务审核人”，在“选择处理人”搜索框里点击放大镜，进入选择员工界面，在搜索框中输入要指定的审核人，点击“查询”，搜索到审核人后，点击审核人员名字旁边的复选框，点击界面右上角“确定”，返回到任务分派界面，点击“分派”。主要操作流程如图 4－1－2 所示。审核任务分派后不能取消审核任务，但可以改派给其他人审核。也可以不通过系统分派审核任务，而是直接在线下以 Excel 等形式批量分派任务给账务审核人员。

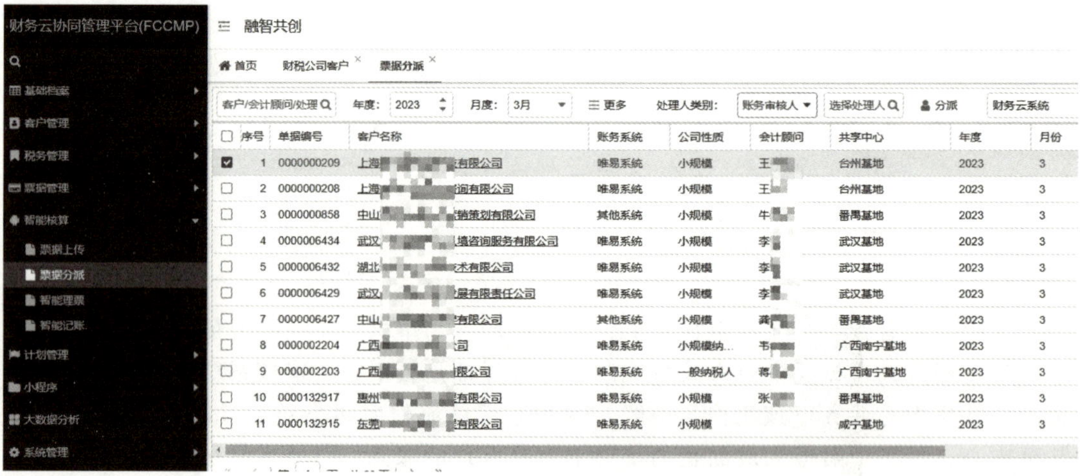

图 4－1－2　分派审核任务

（二）审核原始凭证

审核人员根据分派的任务进行账务审核，具体操作步骤如下：

1. 搜索审核公司

财务云协同管理平台目前尚不能自动推送分派的任务，审核人员可根据线下分派的审核任务搜索要审核的公司，如图 4－1－3 所示。

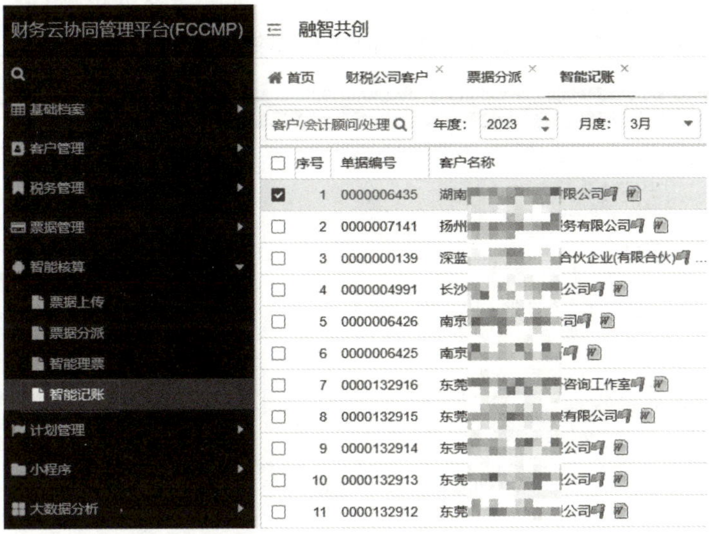

图 4-1-3　搜索审核对象

2. 查看票据

搜索到要审核的公司后，首先查看该公司是否处于“理票完毕”状态，未完成理票步骤的公司不可以审核。找到上传的公司票据后，可以翻转、放大、缩小票据仔细审核票据内容（见图 4-1-4，图 4-1-5）。

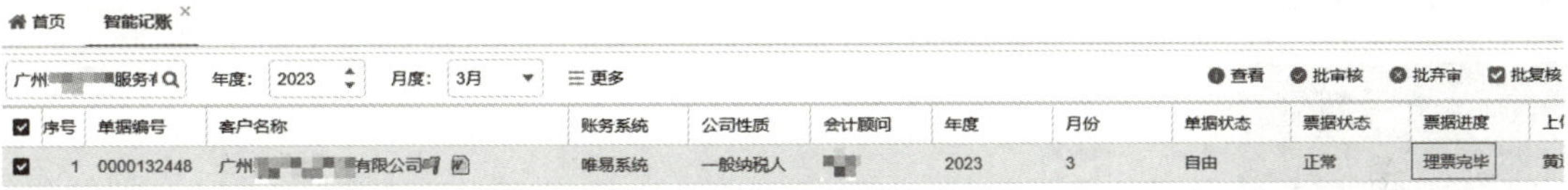

图 4-1-4　查看公司票据

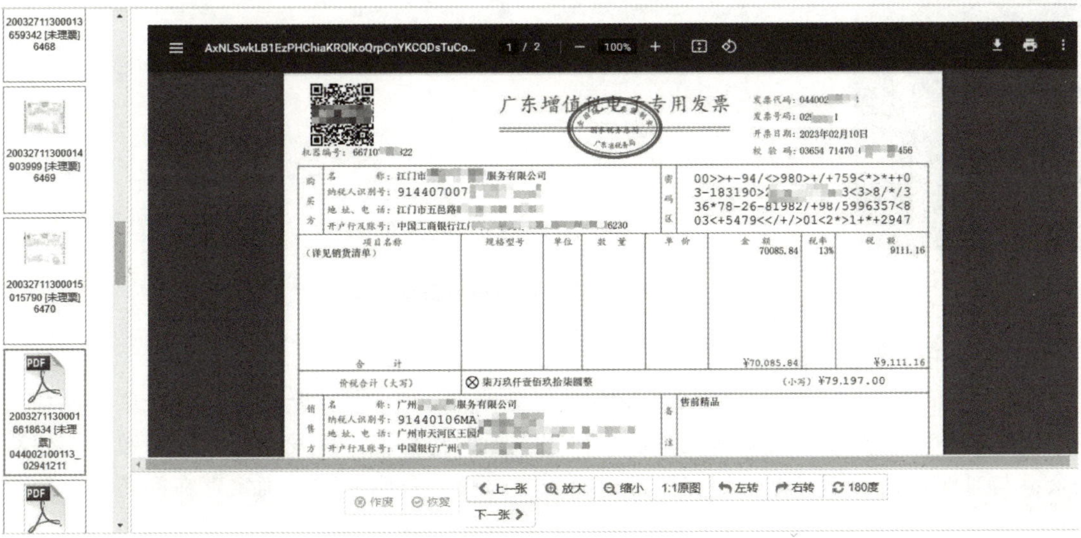

图 4-1-5　审核公司票据

对于有问题的票据，应注明票据存在的问题，退回票据给财税顾问，如图 4－1－6 所示。如票据有欠缺的，要和财税顾问沟通补回相关票据。

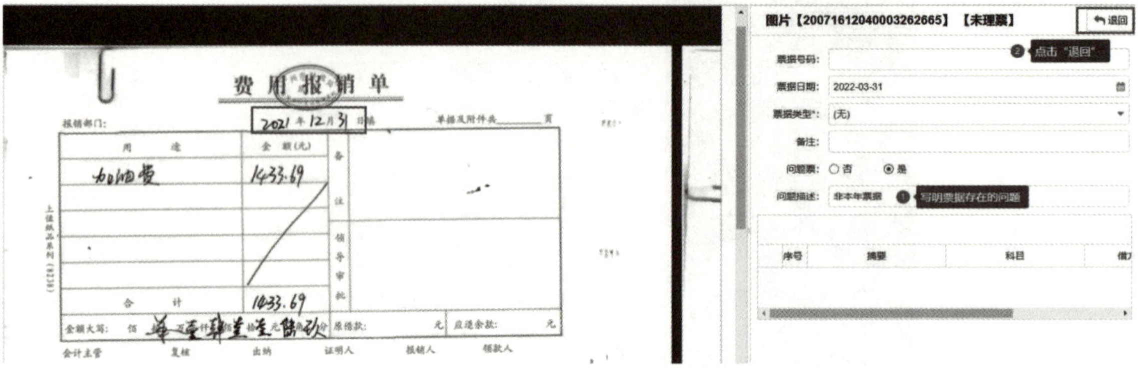

图 4－1－6　退回问题票据

（三）审核记账凭证

1. 分析科目余额表

（1）登录智能财税业务处理系统。登录财务云协同管理平台，点击“智能记账”，在搜索框输入要审核的公司名称，选择要审核的年度、月度，点击搜索框里的放大镜，搜索到审核公司后，点击公司名称旁边的“W”标识，进入智能财税业务处理系统。具体如图 4－1－7 所示。

图 4－1－7　登录智能财税业务处理系统

（2）打开科目余额表，如图 4－1－8 所示。

（3）分析科目余额表。分析科目余额表（见图 4－1－9），看有无异常现象，比如货币资金类账户、存货类账户余额出现负数，往来款无期初数但本期发生额有反向数据，银行存款余额与对账单余额不符等。如有异常，应重点审核，查明原因，确实存在问题的，应予以修正。

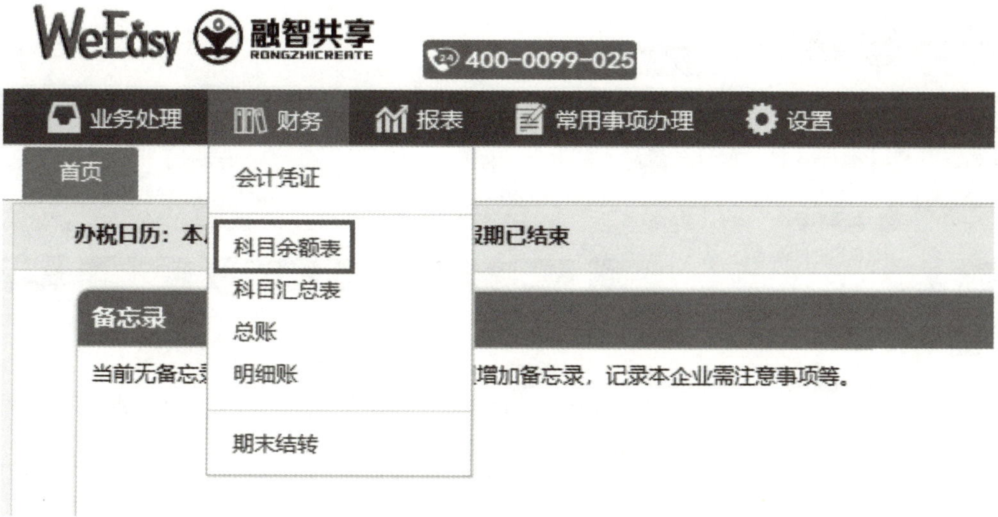

图 4－1－8　打开科目余额表

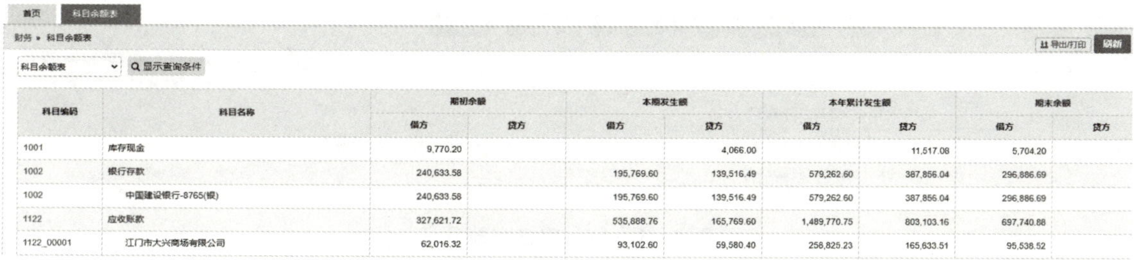

科目编码	科目名称	期初余额		本期发生额		本年累计发生额		期末余额	
		借方	贷方	借方	贷方	借方	贷方	借方	贷方
1001	库存现金	9,770.20			4,066.00		11,517.08	5,704.20	
1002	银行存款	240,633.58		195,769.60	139,516.49	579,262.60	387,856.04	296,886.69	
1002	中国建设银行-8765(银)	240,633.58		195,769.60	139,516.49	579,262.60	387,856.04	296,886.69	
1122	应收账款	327,621.72		535,888.76	165,769.60	1,489,770.75	803,103.16	697,740.88	
1122_00001	江门市大兴商场有限公司	62,016.32		93,102.60	59,580.40	258,825.23	165,633.51	95,538.52	

图 4－1－9　分析科目余额表

2. 记账凭证审核

共享中心每个工位配置有两台显示器，在对记账凭证进行审核时，用一台显示器显示原始凭证，另一台显示器显示记账凭证，审核人员根据原始凭证对记账凭证逐一进行审核，对审核无误的记账凭证在审核完毕后点击“审核”，有问题的记账凭证在修正以后点击“审核”。某个会计期间记账凭证全部审核完毕后返回财务云协同管理平台办理审核完毕手续。具体操作步骤如下：

（1）打开审核公司原始凭证。具体操作参照本模块原始凭证审核部分，注意确认审核的对象及审核的会计期间是否正确。

（2）打开审核公司记账凭证。

①登录智能财税业务处理系统，操作步骤参照图 4－1－7。

②调出要审核的记账凭证，见图 4－1－10，注意再次核对公司名称及会计期间是否正确。

每审核完一张记账凭证，要点击审核界面左上角的“审核”按钮，如图 4－1－11 所示，避免漏审。

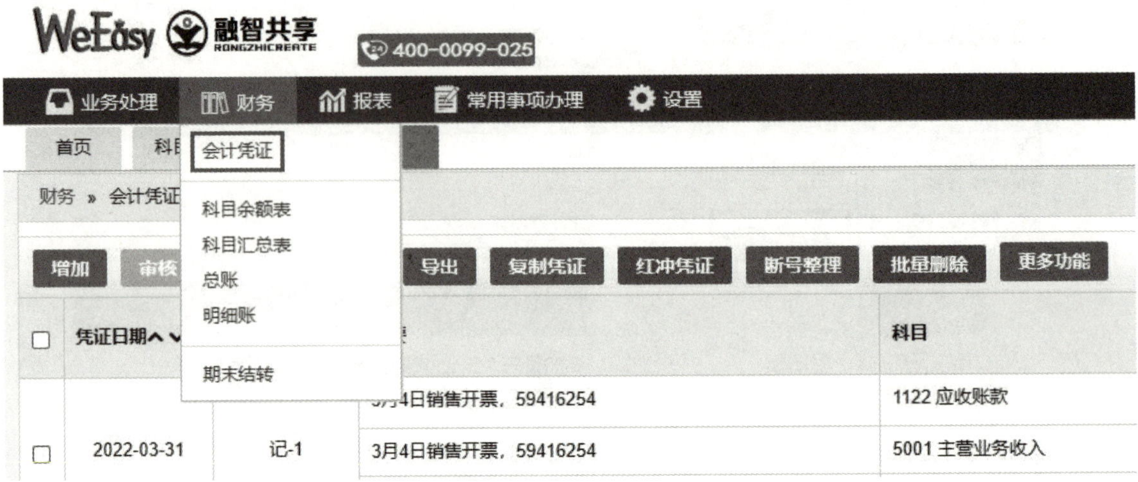

图 4－1－10　打开记账凭证

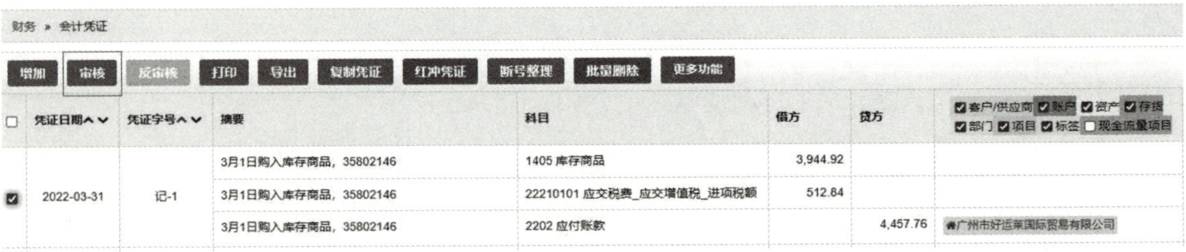

图 4－1－11　审核记账凭证

（四）办理审核完毕手续

审核完被审核公司某个会计期间全部会计凭证后，审核人员应在财务云协同管理平台办理审核完毕手续，便于共享中心对审核业务进行管理。具体操作步骤如下：

在财务云协同管理平台关闭查看票据界面，回到“智能记账”界面，检查公司名称及会计期间是否正确，确保被审核公司处于勾选状态，然后点击“批审核”即可。如图 4－1－12 所示。

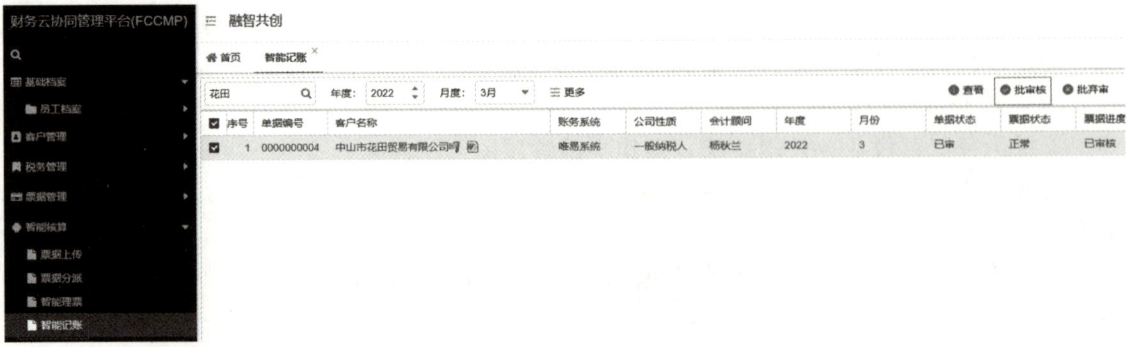

图 4－1－12　办理审核完毕手续

二、原始凭证审核的主要内容

原始凭证审核的主要内容

为了如实反映经济业务的发生和完成情况，充分发挥会计的监督职能，保证会计信息的真实、完整，会计人员必须对原始凭证进行严格审核。《会计法》第十四条规定：会计机构、会计人员必须按照国家统一的会计制度的规定对原始凭证进行审核，对不真实、不合法的原始凭证有权不予接受，并向单位负责人报告；对记载不准确、不完整的原始凭证予以退回，并要求按照国家统一的会计制度的规定更正、补充。原始凭证记载的各项内容均不得涂改；原始凭证有错误的，应当由出具单位重开或者更正，更正处应当加盖出具单位印章。原始凭证金额有错误的，应当由出具单位重开，不得在原始凭证上更正。

（一）审核原始凭证的真实性

真实性的审核包括凭证日期的真实性、业务内容的真实性、业务数据的真实性等。对外来原始凭证，有填制单位公章或财务专用章和填制人员签章要求的必须要有相应印章；对自制原始凭证，必须有经办部门和经办人员的签名或者盖章。此外，对于通用原始凭证，还应审核凭证本身的真实性，防止以假冒伪造的原始凭证记账。

（二）审核原始凭证的合法性、合理性

审核原始凭证所记录经济业务是否符合国家法律法规，是否履行了规定的凭证传递和审核程序，审核原始凭证所记录经济业务是否符合企业经济活动的需要、是否符合有关的计划和预算等。

（三）审核原始凭证的完整性

审核原始凭证各项要素是否填写齐全，是否有漏项情况，日期是否完整、数字是否清晰、文字是否工整、有关签名或盖章是否齐全、凭证联次是否正确。

（四）审核原始凭证的正确性

审核原始凭证记载的各项内容是否正确，包括：（1）接受原始凭证的单位名称是否正确。（2）金额的填写和计算是否正确。阿拉伯数字分位填写，不得连写。小写金额前要标明“¥”字样，中间不能留有空位。大写金额前要加“人民币”字样，大写金额与小写金额要相符。

（五）共享中心原始凭证审核的特殊性

作为处理大量客户业务的共享中心，原始凭证审核有其特殊性，审核时除了要关注票据的真实性、合法性、合理性、完整性和正确性之外，还要注意以下要点：

1. 审核公司名称

票据公司名称与被审核公司名称一致。

销售发票：普通销售发票看销售方名称，代开发票则查看发票备注。

采购发票：看购买方名称。

银行流水：核对账户名称，注意观察对方户名有没有显示。

社保、工资、税费缴款凭证：看纳税人名称是否正确。

社保申报明细表：看单位名称是否正确。

收据：看收款单位是否正确。

火车票、飞机票：看票面姓名是否为公司员工。

费用报销单：一般不注明公司名称，默认为公司名称无问题。

2. 审核票面清晰度

票据票面要清晰，内容要填写完整，对于不规范的票据要退回给财税顾问。

3. 审核票据期间

票据期间要正确，票据时间不能跨年，不能将以前年度票据放在本年度处理，也不能将本年度本会计期间之后的票据提前放在本期处理。银行对账单、银行回单日期应为业务处理当月。

4. 审核银行对账单

有银行业务发生的，不仅要有银行回单，还要有银行对账单，便于核对银行存款数据。银行对账单有欠缺的，要和财税顾问沟通，及时补回对账单。

业务流程

采购业务审核—销售业务审核—货币资金业务审核—薪酬业务审核—成本费用业务审核—期末业务审核。

业务操作

采购业务原始凭证审核

一、采购业务审核

共享中心采购业务主要包括资产类采购，比如原材料采购、库存商品采购、周转材料采购、固定资产采购、无形资产采购；不包括服务类采购，比如餐饮、加油、修理修配服务等，也不包括可以一次性作为费用处理的商品采购，比如办公用品等。采购业务审核主要指针对资产类采购业务的审核。常见的采购业务原始凭证一般包括：采购发票、入库单等，另外还包括一些辅助单据，比如进项发票清单等。

（一）采购发票审核

1. 发票是否真实

可通过国家税务总局全国增值税发票查验平台查验；或者通过税务数字账户核对；或者

通过扫描发票二维码、拨打 12366 电话、利用当地税务局公众号等方式查询真伪。

方法一：通过国家税务总局全国增值税发票查验平台查验。

登录查验平台（网址：https://inv-veri.chinatax.gov.cn/index.html）输入相关信息查询真伪，如图 4-1-13 所示。

图 4-1-13　在线查验发票真伪

方法二：利用税务数字账户在线查验。

（1）单张发票查验。登录电子税务局：https://etax.guangdong.chinatax.gov.cn/xxmh/；依次点击“我要办税—税务数字账户—发票查验—单张查验—上传发票文件（PDF、OFD、XML 或者含有发票二维码的图片）—选择发票来源”，输入“全电发票号码”或“发票代码”“发票号码”等信息，点击“查验”，接下来点击“查看用途标签”，查看“增值税勾选属期”“增值税用途标签”“发票入账状态”等信息；也可以点击“预览”查看、打印发票详情。

（2）批量发票查验。登录电子税务局：https://etax.guangdong.chinatax.gov.cn/xxmh/；依次点击“我要办税—税务数字账户—发票查验—批量查验—选择发票来源”，根据发票来源选择下载“增值税发票管理系统发票批量查验模板”或“电子发票服务平台发票批量查验模板”，在批量查验模板中填写发票信息（单次查验上限 500 条），然后上传文件，点击“查验”，查询结果区自动显示发票信息和查验结果。

方法三：通过电子清单查验。

不管是在线查验还是电话查验，效率都比较低下，比较便捷的查询方式是登录电子税务局进入税务数字账户下载发票电子清单后核对。这里以国家税务总局广东省电子税务局为例介绍如何下载采购增值税发票清单：

登录电子税务局：https：//etax. guangdong. chinatax. gov. cn/xxmh/；依次点击“我要办税—税务数字账户—发票查询统计—全量发票查询”，查询类型选择“取得发票”，再选择要查询的期间后查询。

导出客户进项发票清单（表4－1－1、表4－1－2），再将财务云协同管理平台的采购发票信息与清单里的发票信息进行核对。

表4－1－1　　发票基础信息

序号	发票代码	发票号码	全电发票号码	销方识别号	销方名称	购方识别号	购买方名称	开票日期	金额	税额	发票来源	发票票种	发票状态	发票风险等级	备注
1															
2															
……															
合计															

表4－1－1中要留意“发票状态”信息，看有无作废发票。

表4－1－2　　货物清单

序号	发票代码	发票号码	全电发票号码	税收分类编码	货物或应税劳务名称	规格型号	单位	数量	单价	金额	税率	税额
1												
2												
……												
合计												

2. 发票联次是否为记账联

看发票是否为购买方记账联，其他联次发票不可以作为入账凭证。

3. 发票购销双方信息是否准确

查看购销方公司名称是否正确，如有购买合同，则与合同比对；没有合同，可以与查验结果或进项发票清单比对。

4. 发票日期是否合理

发票日期不能跨年，不能将本期以后的发票提前到本期处理。

5. 发票内容是否正确完整

主要审核发票所列商品类别、数量、单价、金额、税率等是否正确完整。

6. 是否盖有发票专用章

一般情况下，发票应盖有发票专用章，但增值税电子专用发票例外。国家税务总局于2020年12月印发的《关于在新办纳税人中实行增值税专用发票电子化有关事项的公告》中指出，电子专用发票由各省税务局监制，采用电子签名代替发票专用章，属于增值税专用发票，其法律效力、基本用途、基本使用规定等与增值税纸质专用发票相同。另外，全电发票即将全面普及，全电发票也无须加盖发票专用章。

7. 发票清单信息是否正确完整

对于货物名称不详的发票，应查验是否附有发票清单，发票金额与发票清单金额是否一致，发票清单是否盖有发票专用章。

8. 发票是否属于资产类采购发票

不是所有的采购发票均归类为采购业务发票，比如共享中心一般将采购的办公用品直接计入费用，相应的采购发票往往划归费用类单据，不作为采购类业务处理。

（二）入库单审核

1. 入库单内容是否与发票保持一致

尤其要注意审核商品名称、数量、单价、金额与发票要保持一致。

2. 入库单签名是否完整

入库单一般应有仓管、验收人、制单人签名。有些小微企业因为财务制度不健全，内部控制不严格，入库单可能只有仓管签名，甚至无人签名。

3. 入库单联次是否为记账联

在存货管理完善的企业，为加强内部控制，入库单会设计一式几联，其中一联为记账联，财务人员通过入库单的记账联来了解存货入库情况。对于错误的联次，作为普通企业，应退回给业务员，要求其补回正确的联次；作为共享中心，如果客户同意，可以补回正确的联次，如果客户不配合，也可以用非记账联次入账。

共享中心的一些小微企业客户因为财务制度不健全，对于存货的收入和发出往往缺乏管理，或者出入库有管理，但为了工作的方便，没有通过单据来管理出入库。作为共享中心，可以为这样的客户提供财务管理咨询服务，帮助其建立简单的必要的存货管理制度。

任务1：审核花田公司2022年3月份采购业务获取的增值税发票。

登录财务云协同管理平台，调出花田公司采购业务获取的发票进行票据审核，如图4-1-14、图4-1-15所示。

该发票要素齐全，取得的联次正确，发票和清单均盖有发票专用章，但发票上发票号码与清单上的发票号码对不上，此发票应退回。需要说明的是，一般情况下，发票上的发票号码和清单上的发票号码是能保持一致的，但不排除因人为的原因导致发票主体和发票清单错配的情况。另外还有一个小细节，发票清单中妙妙儿童牙刷规格型号为空，如果有的话，开票人员在开票时应填上，当然这个小细节不影响共享中心将其作为入账依据。

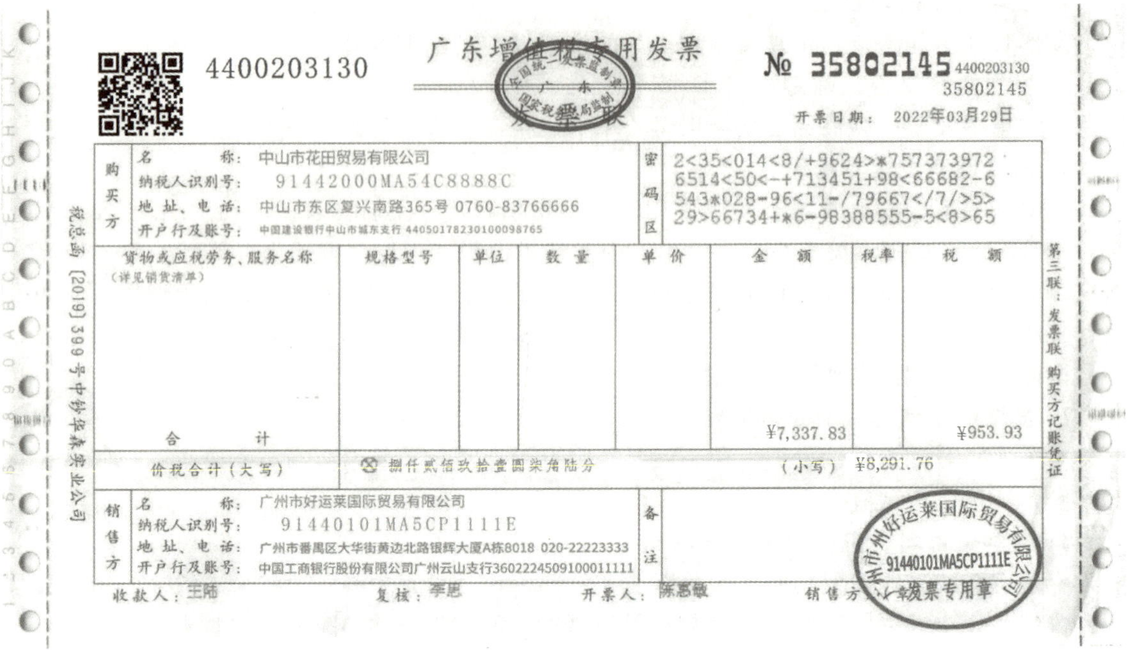

4400203130 广东增值税专用发票 № 35802145 4400203130 35802145

发票联

开票日期：2022年03月29日

购买方	名　　称：中山市花田贸易有限公司 纳税人识别号：91442000MA54C8888C 地 址、电 话：中山市东区复兴南路365号 0760-83766666 开户行及账号：中国建设银行中山市城东支行 44050178230100098765	密码区	2<35<014<8/+9624>*757373972 6514<50<-+713451+98<66682-6 543*028-96<11-/79667</7/>5> 29>66734+*6-98388555-5<8>65

货物或应税劳务、服务名称	规格型号	单位	数量	单价	金额	税率	税额
（详见销货清单）							
合　计					¥7,337.83		¥953.93
价税合计（大写）	⊗捌仟贰佰玖拾壹圆柒角陆分				（小写）¥8,291.76		

销售方	名　　称：广州市好运莱国际贸易有限公司 纳税人识别号：91440101MA5CP1111E 地 址、电 话：广州市番禺区大华街黄边北路银辉大厦A栋8018 020-22223333 开户行及账号：中国工商银行股份有限公司广州云山支行3602224509100011111	备注	

收款人：王阳　复核：李思　开票人：陈惠敏　销售方：（章）

第三联：发票联 购买方记账凭证

税总函［2019］399号中钞华森实业公司

图 4－1－14　采购商品发票

销售货物或者提供应税劳务、服务清单

购买方名称：中山市花田贸易有限公司

销售方名称：广州市好运莱国际贸易有限公司

所属增值税专用发票代码：4400203130　　号码：35802145　　共 1 页　第 1 页

序号	货物（劳务）名称	规格型号	单位	数量	单价	金额	税率	税额
1	*口腔清洁护理品*大象牙膏（双重功效）	250g	支	144	11.35	1,634.97	13%	212.55
2	*口腔清洁护理品*大象美白牙膏	140g	支	72	7.05	507.82	13%	66.02
3	*口腔清洁护理品*大象亮白牙膏	140g	支	144	9.48	1,364.81	13%	177.43
4	*口腔清洁护理品*大象牙膏（超氟）	250g	支	96	10.19	977.84	13%	127.12
5	*口腔清洁护理品*乐悠悠牙刷（护龈）	3支装	组	24	17.52	420.53	13%	54.67
6	*口腔清洁护理品*乐悠悠牙刷（洁净）	4支装	组	48	10.18	488.50	13%	63.51
7	*口腔清洁护理品*大象牙刷（金丝黄）	3支装	组	24	17.70	424.78	13%	55.22
8	*口腔清洁护理品*大象牙刷（红黄蓝）	9支装	组	48	16.28	781.59	13%	101.62
9	*口腔清洁护理品*妙妙儿童牙刷（健齿）		支	48	6.73	322.83	13%	41.97
10	*口腔清洁护理品*大象牙刷（红与黑）	2支装	组	24	17.26	414.16	13%	53.84
小计						7,337.83		953.93
总计						7,337.83		953.93
备注								

销售方（章）：　　　　填开日期：2022年03月29日

图 4－1－15　采购商品发票清单

任务 2：审核广州某养生休闲会所 2021 年 6 月的采购发票，如图 4－1－16 所示。

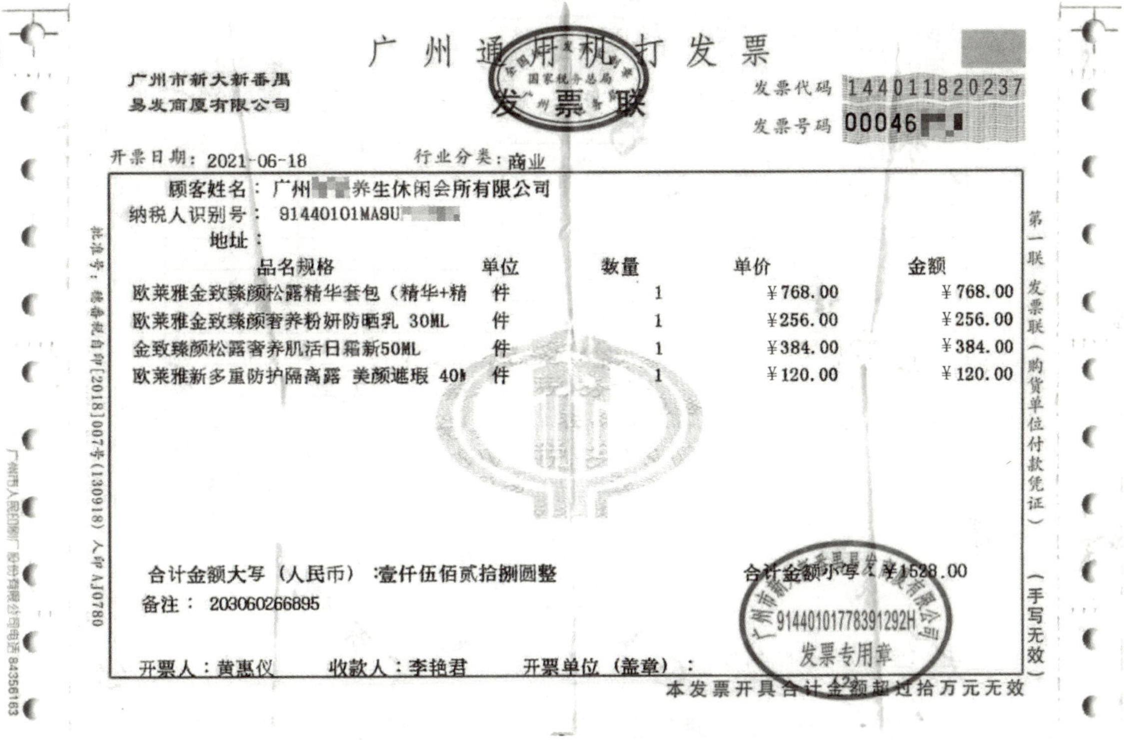
广州通用机打发票

发票联

广州市新大新番禺易发商厦有限公司

发票代码 144011820237

发票号码 00046[redacted]

开票日期：2021-06-18　　行业分类：商业

顾客姓名：广州[redacted]养生休闲会所有限公司

纳税人识别号：91440101MA9U[redacted]

地址：

品名规格	单位	数量	单价	金额
欧莱雅金致臻颜松露精华套包（精华+精	件	1	¥768.00	¥768.00
欧莱雅金致臻颜奢养粉妍防晒乳 30ML	件	1	¥256.00	¥256.00
金致臻颜松露奢养肌活日霜新50ML	件	1	¥384.00	¥384.00
欧莱雅新多重防护隔离露 美颜遮瑕 40M	件	1	¥120.00	¥120.00

合计金额大写（人民币）：壹仟伍佰贰拾捌圆整　　合计金额小写：¥1528.00

备注：203060266895

开票人：黄惠仪　　收款人：李艳君　　开票单位（盖章）：

本发票开具合计金额超过拾万元无效

第一联 发票联（购货单位付款凭证）（手写无效）

图 4－1－16　通用机打发票

该发票是来自非增值税发票管理系统的普通发票。来自非增值税发票管理系统的普通发票包括定额发票、客运发票、门票、冠名发票、通用机打发票等。通用机打发票审核与增值税发票基本相同，但其真伪查验无法通过国家税务总局全国增值税发票查验平台查询，只能通过当地税务网站、拨打 12366 电话、扫描二维码等方式查询。

任务 2 中，广州某养生休闲会所获取的该发票要素齐全，联次正确，可以作为入账依据。

任务 3：审核花田公司 2022 年 3 月份的入库单。

企业采购的资产在验收入库后应填写相应的产品入库单，如图 4－1－17 所示，相关发票如图 4－1－14 所示。

该入库单要素齐全，经与相关发票内容核对，该入库单反映的商品信息正确，可以作为入账的依据。

二、销售业务审核

销售业务原始凭证审核

常见的销售业务单据有销售发票、出库单等，其审核标准和采购发票及入库单类似。

入　库　单　　NO. 2022032914

供货单位：广州市好运莱国际贸易有限公司　2022年03月29日

序号	商品名称	规格	单位	数量	单价	金额
1	大象牙膏（双重功效）	250g	支	144	11.35	1,634.97
2	大象美白牙膏	140g	支	72	7.05	507.82
3	大象亮白牙膏	140g	支	144	9.48	1,364.81
4	大象牙膏（超氟）	250g	支	96	10.19	977.84
5	乐悠悠牙刷（护龈）	3支装	组	24	17.52	420.53
6	乐悠悠牙刷（洁净）	4支装	组	48	10.18	488.50
7	大象牙刷（金丝黄）	3支装	组	24	17.70	424.78
8	大象牙刷（红黄蓝）	9支装	组	48	16.28	781.59
9	妙妙儿童牙刷（健齿）		支	48	6.73	322.83
10	大象牙刷（红与黑）	2支装	组	24	17.26	414.16
合计						¥7,337.83

第二联　记账联

仓库：陈青　　验收：程琳　　制单：陈青

图 4－1－17　入库单

（一）销售发票是否为当期发票

为避免重复入账，共享中心处理销售业务时，一般以当月销售发票作为当月销售收入入账的依据，故销售发票开票日期一般应为当月，对于本年度以前会计期间的销售发票应着重审核是否已经入账。

（二）销售发票联次

销售商品入账所用的发票联次为第一联记账联，注意与采购商品入账用的第三联发票联联次不一样。

（三）销售发票是否齐全

为避免漏计收入，审核人员应将财务云协同管理平台里的销售发票与电子税务局统计到的企业开具的销售发票进行核对，如有不一致的地方应予以特别关注。从电子税务局导出销售发票清单的操作步骤与导出采购发票清单基本相同，唯一的区别是在查询类型选择时不再选择“取得发票”，而是选择“开具发票”，然后导出，导出的表格格式与采购发票清单相同（参考表 4－1－1，表 4－1－2），这里不再展示。

（四）是否存在未开票收入

出于各种原因，企业会存在销售未开票情况。对于未开票收入，企业可以销售小票、销售清单、现金收据、银行回单等作为销售业务凭证。作为共享中心，其面临的客户情况比较复杂，客户可能并未提供销售小票之类的单据，但在增值税纳税申报时又有申报。为确保如实反映企业销售收入，对于一般纳税人，审核人员在审核时应登录电子税务局查看客户《增值税及附加税费申报表附列资料（一）（本期销售情况明细）》；对于小规模纳税人，因其一个季度才申报一次增值税及附加税，审核人员应将某个季度销售收入汇总后与增值税及附加税费申报表主表及附表相关数据进行核对，确保账面季度销售额与增值税及附加税费申报表中销售额保持一致，避免漏计收入。同时与财税顾问沟通，要求客户补回相关销售清单作为入账依据。需要补充说明的是，鉴于我国对增值税的管理非常严格且透明，目前正由“以票控税”转向“以数治税”。不管是“以票控税”还是“以数治税”，客户不需要等待共享中心的账出来以后再申报增值税及附加税费，直接根据票据信息即可申报；又因为单据传递及共享中心与客户沟通需要时间的原因，共享中心在处理客户账务时，其增值税及附加税费一般已经先行申报，所以共享中心审核人员在审核收入业务时，可以直接和增值税及附加税费申报表主表及附表相关数据进行核对。

任务4：审核花田公司2022年3月份销售商品开具的增值税发票，如图4－1－18所示。

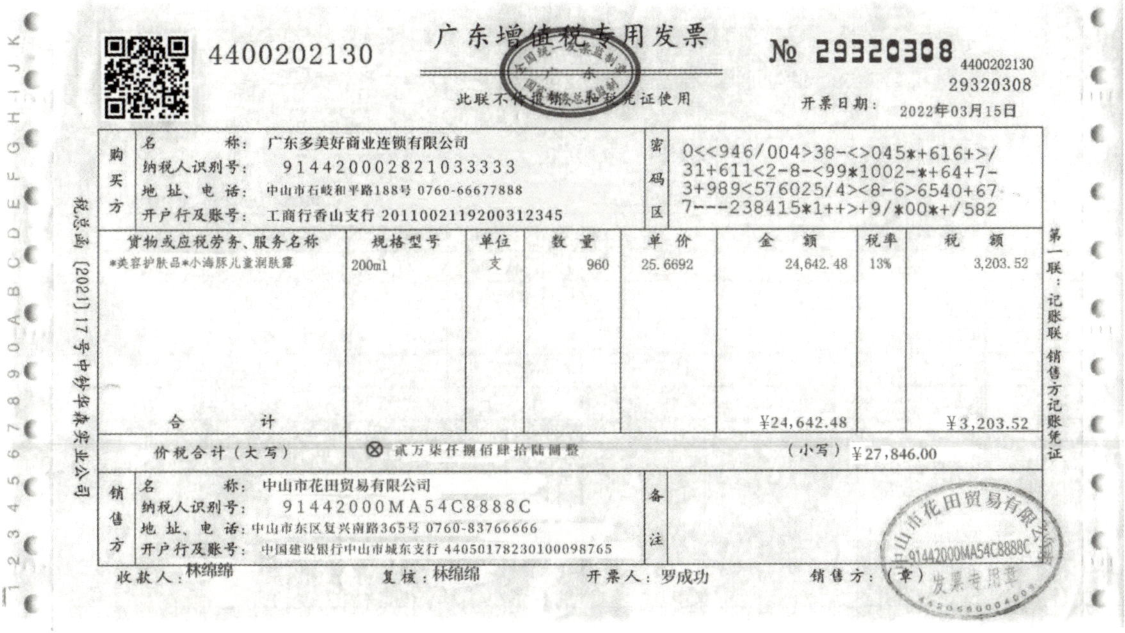

4400202130　　广东增值税专用发票　　№ 29320308　4400202130　29320308

此联不作报销、扣税凭证使用　　开票日期：2022年03月15日

购买方　名称：广东多美好商业连锁有限公司
纳税人识别号：91442000282103333 3
地址、电话：中山市石岐和平路188号 0760-66677888
开户行及账号：工商行香山支行 2011002119200312345

密码区：
0<<946/004>38-<>045*+616+>/
31+611<2-8-<99*1002-*+64+7-
3+989<576025/4><8-6>6540+67
7---238415*1++>+9/*00*+/582

货物或应税劳务、服务名称	规格型号	单位	数量	单价	金额	税率	税额
*美容护肤品*小海豚儿童润肤露	200ml	支	960	25.6692	24,642.48	13%	3,203.52
合计					¥24,642.48		¥3,203.52

价税合计（大写）⊗贰万柒仟捌佰肆拾陆圆整　（小写）¥27,846.00

销售方　名称：中山市花田贸易有限公司
纳税人识别号：91442000MA54C8888C
地址、电话：中山市东区复兴南路365号 0760-83766666
开户行及账号：中国建设银行中山市城东支行 44050178230100098765

备注

收款人：林绵绵　复核：林绵绵　开票人：罗成功　销售方：（章）

第一联：记账联　销售方记账凭证

税总函〔2021〕17号中钞华森实业公司

图4－1－18　销售商品发票

该发票要素齐全，联次正确，可以作为入账依据。

三、货币资金业务审核

货币资金业务原始凭证审核

共享中心服务对象多是小微企业，涉及货币资金业务并不复杂，主要包括现金收支和银行结算业务。现金收支凭证包括收款收据、盖有现金付讫章的费用报销单等；银行结算业务单据包括银行回单、银行对账单等。

（一）现金收支业务审核

1. 是否盖有现金收讫章或现金付讫章

出纳收到现金要开具收据，在收据上加盖“现金收讫”章，支付现金要在支付凭单上加盖“现金付讫”章，表明已收款或者付款，避免重复收付款。

2. 是否遵守《现金管理暂行条例》

为改善现金管理，促进商品生产和流通，加强对社会经济活动的监督，国务院颁发了《现金管理暂行条例》规定，根据该规定，企业能够使用现金的场景有限，如发现客户有超出现金开支范围使用现金的情况，共享中心应提醒客户规范使用现金。

（二）银行往来结算业务审核标准

1. 银行回单是否为客户开户行回单

共享中心涉及客户较多，审核时要注意银行回单有否和其他企业的银行回单混淆。如图 4－1－19 所示，这是花田公司的银行回单，如果我们拿到的银行回单不是我们要处理的客户的，要与财税顾问及时沟通退回。

中国建设银行 China Construction Bank　　中国建设银行单位客户专用回单

币别：人民币　　2022年03月28日　　流水号：4402700010NJP8OPMI6

付款人	全称	江门市大兴商场有限公司	收款人	全称	中山市花田贸易有限公司
	账号	701657951234		账号	44050178230100098765
	开户行	中国银行江门胜利路支行		开户行	中国建设银行中山市城东支行
金额	(大写)人民币壹万壹仟柒佰壹拾叁元捌角			(小写)¥11,713.80	
凭证种类	电汇凭证		凭证号码		
结算方式	转账		用途	货款	
汇款交易日期:20220328 支付清算业务类型:A100 汇款合约编号:03305342105281164819505 实际收款人账户:44050178230100098765 实际收款人户名:中山市花田贸易有限公司 实际收款人汇入行:中国建设银行中山市城东支行 汇出行行名:中国银行江门胜利路支行 汇款备注:电子汇入			打印柜员: 打印机构: 打印卡号: 支行 汇款附言:货款	中国建设银行 电子回单 专用章	

（贷方回单）

图 4－1－19　银行回单

2. 银行回单时间是否为入账当期回单

鉴于银行业务的特殊性，共享中心要尽量做到当期的银行业务当期处理，不要延期。如果因为客户单据传递不及时，应通过财税顾问和客户沟通，督促客户及时提供银行回单。

3. 银行回单与银行对账单信息是否一致

将银行回单信息与银行对账单（见图 4－1－20）信息进行核对时，核对的关键要素包括：时间、付款人信息、收款人信息、金额、用途。其中，银行回单的“用途”应与银行对账单的“摘要”进行核对。对于客户已授权给共享中心智能采集银行对账单的，要及时采集，无须等待客户纸质版对账单。审核中发现的非本期、非审核单位的银行回单要及时与财税顾问沟通，对于缺失的银行回单要通知客户及时补单。

中国建设银行 China Construction Bank　对账单　页码：1/2

账　号：44050178230100099999　户名：中山市花田贸易有限公司　币种：人民币

交易日期	摘　要	凭证号	借方发生额	贷方发生额	借/贷	余　额	交易对方名称
20220301	货款		4,593.64		贷	236,039.94	中山市华科商贸有限公司
20220301	工资		11,596.04		贷	224,443.90	罗成功
20220301	工资		4,284.72		贷	220,159.18	林绵绵
20220301	工资		3,524.72		贷	216,634.46	陈青
20220301	工资		4,284.72		贷	212,349.74	程琳
20220301	工资		8,809.75		贷	203,539.99	周大福
20220302	运输费		14,500.00		贷	189,039.99	中山市快马物流有限公司
20220305	货款		2,618.76		贷	186,421.23	中山市华科商贸有限公司

图 4－1－20　银行对账单

（三）银行缴税业务审核

主要审核银行缴税业务单据是否完整，企业缴纳税款涉及的单据包括银行回单和税费缴款凭证（或者完税证明），如果只有银行回单，没有税费缴款凭证（或者完税证明）的，需要登录电子税务局下载。

任务 5： 共享中心客户广州志高科技公司于 2022 年 6 月 18 日收到广州力玮商贸公司软件开发定金 888 元，收款收据如图 4－1－21 所示。

收　款　收　据　　№ 45678127

客户名称：广州力玮商贸公司　　2022 年 06 月 18 日

项　目	单位	数　量	单价	金额 十	万	千	百	十	元	角	分	备注
存货管理软件开发定金	项	1	888				8	8	8	0	0	
合计人民币 （大写）零 拾 零 万 零 仟 捌 佰 捌 拾 捌 元 零 角 零 分												

第三联：记账联

收款人 张朝阳　　会计 夏天　　收款单位（盖章）

图 4－1－21　现金收款收据

该单据存在的问题：收款单位未盖公章，收据上未盖“现金收讫”章，未填写小写金额合计。单据应退回给客户，补盖欠缺的印章。

任务6：审核人员在审核某公司2022年2月份业务时发现有一张银行缴税回单，如图4－1－22所示，但无相应税费缴款明细。

中国银行 BANK OF CHINA

客户借记回单

客户号：583[redacted]　　日期：2022年02月24日

付款人账号：70037[redacted]　　收款人账号：24401130000

付款人名称：广州[redacted]有限公司　　收款人名称：国家税务总局广州市番禺区税务局

付款人开户行：中国银行广州番禺清河东路支行　　收款人开户行：广州银行电子结算中心

金额：CNY9, 676. 56

人民币玖仟陆佰柒拾陆元伍角陆分

业务种类：同城交换　　业务编号：84420005　　凭证号码：

用途：

备注：

附言：

如您已通过银行网点取得相应纸质回单，请注意核对，勿重复记账！

中国银行股份有限公司 中国银行广州番禺清河东路支行 业务专用章 WBP21M3W 327T1WXU

交易机构：33516　　交易渠道：银行客户端　　交易流水号：106616018-658　　经办：

图4－1－22　银行缴税回单

从银行回单信息来看，可以判断这是一张缴纳税款的回单，但看不出缴纳的是哪一种税，需要登录电子税务局核对。

登录电子税务局，依次点击“我要办税—税费申报及缴纳—缴款查询及打印”，选择银行回单所在月份后查询，如图4－1－23所示。

缴款查询及打印

查询条件

缴款日期起：2022-02-24　　缴款日期止：2022-02-24　　缴款凭证打印

税款所属期起：　　税款所属期止：　　查询　　重置

代扣代缴：☐

序号	电子税票号码	税(费)种	税(品)目	税款所属期起	税款所属期止	缴款日期	实缴金额
1	344016220200[redacted]	增值税	针织品	2021-10-01	2021-10-31	2022-02-24	19,033.5
2	344016220200[redacted]	城市维护建设税	市区（增值税附征）	2021-10-01	2021-10-31	2022-02-24	1,332.35
3	344016220200[redacted]	增值税	滞纳金	2021-10-01	2021-10-31	2022-02-24	9.52
4	344016220200[redacted]	城市维护建设税	滞纳金	2021-10-01	2021-10-31	2022-02-24	0.67
5	344016220200[redacted]	地方教育附加	增值税地方教育附加	2021-10-01	2021-10-31	2022-02-24	380.67
6	344016220200[redacted]	教育费附加	增值税教育费附加	2021-10-01	2021-10-31	2022-02-24	571.01

10条/页，共6条信息

图4－1－23　税费缴款查询

图4－1－23查询不到缴款信息，考虑是否为缴纳社保，继续查询社保缴纳信息。如果能查询到缴款信息，则可以根据税款所属期间查询并下载税费缴款凭证。登录电子税务局，依次点击“我要办税—税费申报及缴纳—社保费管理—社保费查询—申报缴款情况查询”，选择要查询的期间查询。如图4－1－24所示。

申报缴款情况查询

单位社保号：61010[redacted] | 广州[redacted]有限公

费款所属期：2022-02 至 2022-02

查询 重置 查询结果打印

单位：元、人

序号	申报流水号	应缴费额	已缴费额	费款所属期起	费款所属期止	申报日期	申报方式	申报汇总表	申报明细表	缴费情况
1	202202[redacted]	9676.56	9676.56	2022-02	2022-02	2022-02-24	网络申报	查看汇总	查看明细	查看缴款
合计	---	9,676.56	9,676.56	---	---	---	---	导出合计明细	---	---

图 4－1－24　社保缴款查询

因为电子税务局目前不提供缴纳社保的缴款凭证，所以在查询到缴纳社保的记录以后，可以依次点击“查看缴款—打印”，然后根据需要选择打印纸质版查询结果或者 PDF 版查询结果（见图 4－1－25）作为处理缴纳社保业务的辅助证明。也可以通过下载社保完税证明作为辅助证明，操作步骤：依次点击“我要办税—税费申报及缴纳—社保费管理—社保费清缴—税收完税证明（社保表格式）”。

社会保险费缴款情况查询

纳税人识别号：	91440101[redacted]	纳税人名称：	广州[redacted]有限公司
社保管理机构：	广州市社会保险基金管理中心	税务管理机关：	国家税务总局广州市番禺区税务局石碁税务所
单位社保号：	610102[redacted]	费款所属期：	2022-02至2022-02

单位：元

序号	申报流水号	征收项目	征收品目	费款所属期起	费款所属期止	应缴款总金额	已缴款总金额	缴款日期	缴款期限
1	202202138[redacted]	企业职工基本养老保险费	基本养老保险(单位缴纳)	2022-02	2022-02	4,129.2	4,129.2	2022-02-25	2022-02-28
2	202202138[redacted]	企业职工基本养老保险费	基本养老保险(个人缴纳)	2022-02	2022-02	2,202.24	2,202.24	2022-02-25	2022-02-28
3	202202138[redacted]	失业保险费	失业保险(单位缴纳)	2022-02	2022-02	66.24	66.24	2022-02-25	2022-02-28
4	202202138[redacted]	失业保险费	失业保险(个人缴纳)	2022-02	2022-02	27.6	27.6	2022-02-25	2022-02-28
5	202202138[redacted]	基本医疗保险费	基本医疗保险（含生育）(单位缴纳)	2022-02	2022-02	2,209.56	2,209.56	2022-02-25	2022-02-28
6	202202138[redacted]	基本医疗保险费	基本医疗保险（含生育）(个人缴纳)	2022-02	2022-02	810.84	810.84	2022-02-25	2022-02-28
7	202202138[redacted]	基本医疗保险费	职工重大疾病医疗补助	2022-02	2022-02	175.68	175.68	2022-02-25	2022-02-28
8	202202138[redacted]	工伤保险费	工伤保险	2022-02	2022-02	55.2	55.2	2022-02-25	2022-02-28
合计						9,676.56	9,676.56		

图 4－1－25　社保缴款情况查询结果

如果在电子税务局确实查询不到缴款信息，可考虑是否为缴纳个人所得税，可与上期工资表中个税信息进行核对。

薪酬业务原始凭证审核

四、薪酬业务审核

薪酬业务常见单据包括工资表（见表 4－1－3）、“四险一金”计提表、职工教育经费和工会经费计提表、社保缴款情况查询表或社保完税证明。

表 4－1－3　　　　工资表

年　　月　　　　单位：元

序号	姓名	证件号码	本期收入	累计收入	工资代扣												实发工资
					养老保险	医疗保险	……	社保小计	住房公积金	累计减除费用	累计专项扣除	累计专项附加扣除	累计应预缴税额	累计已预缴税额	本期应预缴税额	代扣合计	

在财务云协同管理平台中可以查阅工资表。登录平台后，点击“税务管理”下的“工资表”，再搜索客户名称，选择会计期间即可查看，如图 4－1－26 所示。

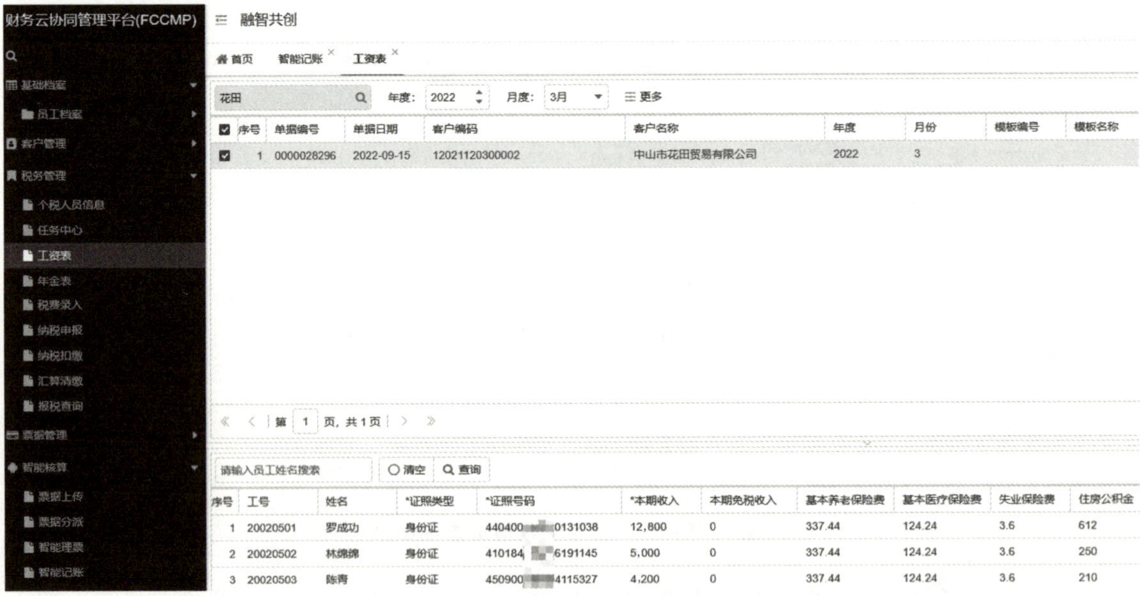

图 4－1－26　财务云协同管理平台工资表

薪酬业务审核内容一般包括核对员工信息、工资收入总额及社保缴纳情况。

（一）核对人员信息

薪酬业务单据主要审核其人员信息是否正确，可与电子税务局登记的在册人员信息进行核对。

登录电子税务局，依次点击“我要办税—税费申报及缴纳—社保费管理—社保费查询—在册人员查询”，可以导出在册人员清单，如表 4－1－4 所示。

表 4－1－4　　在册人员信息表

<table>
<tr><td colspan="3">统一社会信用代码（纳税人识别号）</td><td></td><td colspan="2">纳税人名称</td><td colspan="5"></td></tr>
<tr><td colspan="3">社保管理机构</td><td></td><td colspan="2">税务管理机关</td><td colspan="5"></td></tr>
<tr><td colspan="3">单位社保号</td><td></td><td colspan="2"></td><td colspan="5"></td></tr>
<tr><td>序号</td><td>姓名</td><td>证件号码</td><td>证件类型</td><td>性别</td><td>个人社保号</td><td>户籍类型</td><td>用工形式</td><td>人员类别</td><td>人员状态</td><td>缴费工资</td></tr>
<tr><td></td><td></td><td></td><td></td><td></td><td></td><td></td><td></td><td></td><td></td><td></td></tr>
<tr><td></td><td></td><td></td><td></td><td></td><td></td><td></td><td></td><td></td><td></td><td></td></tr>
<tr><td></td><td></td><td></td><td></td><td></td><td></td><td></td><td></td><td></td><td></td><td></td></tr>
<tr><td></td><td></td><td></td><td></td><td></td><td></td><td></td><td></td><td></td><td></td><td></td></tr>
<tr><td></td><td></td><td></td><td></td><td></td><td></td><td></td><td></td><td></td><td></td><td></td></tr>
</table>

（二）核对工资收入总额

工资表里的收入在智能财税业务处理系统要进行互相印证。从财务云协同管理平台搜索到被审核公司后进入智能财税业务处理系统，选择会计期间，点击“业务处理”下的“薪酬表”，可以看到如图 4－1－27 所示界面。

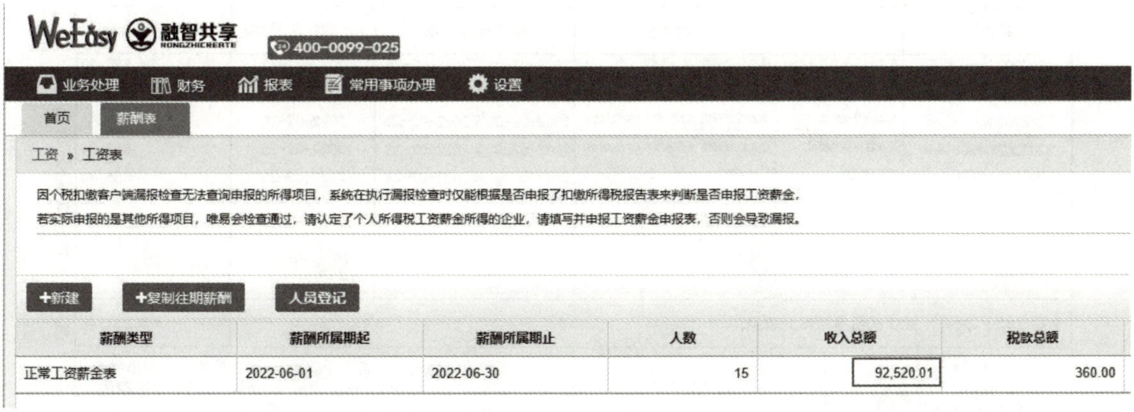

图 4－1－27　薪酬表

再点击“报表”下的“税务报表”，可以看到如图 4－1－28 所示的界面。

薪酬表中的工资要和税务报表中申报个税的工资及财务云协同管理平台工资表里的工资相吻合。

业务处理　财务　报表　常用事项办理　设置

首页　税务报表

税务报表 » 广州市[redacted]有限公司

申报列表（必报）　　【温馨提示】增值税附加税合并申报，附加税的计税依据，税局自动按照增值税的【应补退税额】带出，并且不可修改，唯易系统取数公式也已按此规则修改。有代开预缴增值税或异地建筑服务预缴增

申报　扣款　撤销申报　设为零申报　设为税款申报　收取回执　收取缴款书　复制税款信息

申报表名称	税款所属期起	税款所属期止	纳税期限	取数状态	申报状态	清卡状态	扣款状态	撤销申报状态	税款
增值税及附加税费申报表（一般纳税人适用）	2022-06-01	2022-06-30	月	未取数	未申报		未扣款	———	未生成
扣缴所得税报告表	2022-06-01	2022-06-30	月	需要重新取数 2022-07-12 09:23	申报成功（回执）2022-07-12 09:27		未扣款	———	员工人数:15 工资总额:92,520.01 应补退税额:360.00
小企业会计准则报表	2022-04-01	2022-06-30	季	未取数	未申报		无需扣款	———	———
企业所得税(季)度纳税申报表(A类)2021版	2022-04-01	2022-06-30	季	未取数	未申报		未扣款	———	未生成
社保费申报表	2022-07-01	2022-07-31	月	已取数 2022-10-17 10:36	未申报		未扣款	———	11,743.30

图 4－1－28　税务报表

（三）核对社保缴纳情况

工资表里的社保金额可以和社保完税证明（见图 4－1－29）核对，核对时注意工资表对应的会计期间和社保完税证明里的“税款所属时期”保持一致。如果财务云协同管理平台里没有上传社保完税证明，可以登录电子税务局，依次点击“我要办税—税费申报及缴纳—社保费管理—社保费清缴—税收完税证明（社保表格式）”，然后下载。

中华人民共和国
税收完税证明

No.4440152304[redacted]

填发日期：2023 年 4 月 16 日　　税务机关：国家税务总局广州市番禺区税务局石碁税务所

纳税人识别号	91440101[redacted]		纳税人名称	广州[redacted]有限公司	
原凭证号	税 种	品目名称	税款所属时期	入(退)库日期	实缴(退)金额
32022023[redacted]	企业职工基本养老保险费	基本养老保险(单位缴纳)	2022-02-01 至 2022-02-28	2022-02-25	4,129.20
32022023[redacted]	失业保险费	失业保险(个人缴纳)	2022-02-01 至 2022-02-28	2022-02-25	27.60
32022023[redacted]	基本医疗保险费	基本医疗保险（含生育）（单位缴纳）	2022-02-01 至 2022-02-28	2022-02-25	2,209.56
32022023[redacted]	基本医疗保险费	基本医疗保险（含生育）（个人缴纳）	2022-02-01 至 2022-02-28	2022-02-25	810.84
32022023[redacted]	工伤保险费	工伤保险	2022-02-01 至 2022-02-28	2022-02-25	55.20
金额合计	（大写）柒仟贰佰叁拾贰元肆角				¥7,232.40
税务机关（盖章）	填 票 人：广东省电子税务局	备注　缴费人社保号：[redacted]　社保机构：广州市社会保险基金管理中心　主管税务所（科、分局）：国家税务总局广州市番禺区税务局石碁税务所			

收据联　交纳税人作完税证明

妥善保管　　查验网址：https://etax.guangdong.chinatax.gov.cn/web-ssws/dzspController/dzsp/dzspCyInit.do

图 4－1－29　社保完税证明

五、成本费用业务审核

成本费用业务
原始凭证审核

成本类业务主要涉及主营业务成本、生产成本；费用类业务主要涉及管理费用、财务费用、销售费用。成本类业务单据要分行业情况来看，制造型企业成本类单据比较复杂，有领料单、工资单（已划归薪酬业务单独核算）、水电发票、各种成本计算单、产品出库单等；服务型企业成本类业务单据主要是企业在提供服务的过程中产生的成本类单据，比如物流公司营运车辆在营运过程中获取的加油票、维修保养发票、保险发票等。审核内容主要包括：

（一）成本费用类发票是否规范

其审核标准与采购类、销售类业务发票相同，这里不再重复。

（二）划清成本类业务与费用类业务界限

成本费用类业务单据包罗万象，审核人员要根据自己的职业判断分清楚费用类业务单据与成本类业务单据的界限。比如同样是差旅费单据，生产部门的人员出差获取的相关单据要划归成本类业务，行政管理部门的人员出差获取的相关单据则划归费用类业务；同样是车辆维修保养发票，如果是物流公司营运车辆维修保养产生的，要划归成本类业务，如果是非营运车辆维修保养产生的，要划归费用类业务。

（三）划清成本费用类业务与资产类业务界限

比如公司购买一批 A4 纸获取的发票，如果买来是为了出售，这样的业务单据就要划归资产类业务；如果是用于办公，可以划归费用类业务。审核人员只有清楚了单据的业务类别，才能正确审核相应的账务处理是否正确。

任务 7：审核花田公司 2022 年 3 月份销售出库单，如图 4－1－30 所示。

出　库　单　　　　***NO. 2022030402***

购货单位：广东多美好商业连锁有限公司　　**2022年03月04日**

序号	产品名称	规格	计量单位	数量	备注
1	小海豚儿童润肤露	200ml	支	240	

第二联　记账联

部门主管：周大福　　**仓库：**　　**制单：**陈青

图 4－1－30　出库单

审核出库单时，一是注意出库单里列举的商品名称、规格、计量单位、数量要与所开具的发票保持一致。二是注意出库单时间与发票时间要尽量保持一致，当然，不排除商品先出库，后开具发票的情况，如果不一致，一般出库单时间在前，发票时间在后；也有的公司几张出库单合并开具一张发票，审核时应留意。三是要注意签名是否完整，尤其是仓管员和制单人要签名，以明确责任。四是要注意出库单联次，财务做账一般用的是记账联。

就本业务而言，审核人员要将出库单和发票清单进行核对，可以找到发票编号为“15086736”的销售发票，发票日期和出库单日期一致，说明公司在产品出库当天已经为客户开具发票；再核对出库单和发票相关内容是否一致，比如产品名称、规格型号、计量单位、数量是否一致。要关注一些小的细节，比如出库单里的计量单位是“支”，发票会不会变成“瓶”“箱”“组”等；再比如出库单里的产品规格是200ml，发票里面的规格是不是200ml。经审核，本出库单存在的问题是仓管员没有在出库单上签名。对于这种内部控制存在瑕疵的情况，作为共享中心，应反馈给客户，提醒客户完善。

任务8：花田公司2022年3月用现金报销员工交通费，费用报销单如图4-1-31所示。

费 用 报 销 单

2022年03月31日　　　　附件 8 张

<table>
<tr><td>报销人</td><td>周大福</td><td>所属部门</td><td>销售</td><td>报销形式</td><td>现金支付</td></tr>
<tr><td colspan="2">项目</td><td colspan="2">摘要</td><td>金额</td><td>备注</td></tr>
<tr><td colspan="2">车辆费</td><td colspan="2">停车费</td><td>50.00</td><td rowspan="6">现金付讫</td></tr>
<tr><td colspan="2">车辆费</td><td colspan="2">加油费</td><td>1,000.00</td></tr>
<tr><td colspan="2"></td><td colspan="2"></td><td></td></tr>
<tr><td colspan="2"></td><td colspan="2"></td><td></td></tr>
<tr><td colspan="2"></td><td colspan="2"></td><td></td></tr>
<tr><td colspan="4">合　　计</td><td>¥1,050.00</td></tr>
<tr><td colspan="4">金额大写（人民币）：壹仟零伍拾元整</td><td>原借款：
¥0.00</td><td>公司应支付：¥1,050.00
个人应退回：¥0.00</td></tr>
</table>

经理：　　　　出纳：林绵绵

图4-1-31　费用报销单

单据存在的问题：一是无相关人员签名，二是支出金额超过了1 000元，违反了《现金管理暂行条例》中关于现金开支范围的规定。

期末业务原始凭证审核

六、期末业务审核

共享中心期末业务主要包括会计核算中涉及的期末“摊”“提”“转”业务。其中，“摊”是指期末费用摊销，比如无形资产摊销、预付费用摊销（如租金摊销）等；“提”是指期末费用计提，比如折旧计提、坏账计提等，不包括与工资费用相关的计提，比如社保费计提、工会经费计提等；“转”是指期末各种会计结转，比如增值税期末结转、损益结转等，不包括成本类结转，比如制造费用转入生产成本、生产成本转入库存商品、库存商品转入主营业务成本等，避免和其他类别业务重复交叉。审核内容主要包括：

（一）是否有漏记业务

通过智能财税业务处理系统查看有否生成折旧明细表（见图 4－1－32）、无形资产摊销表、长期待摊费用摊销表。在共享中心，“摊”“提”“转”业务主要通过系统自动进行或一键执行，一般不需要单独上传相关单据。

（二）长期资产是否有在系统登记

结合采购类业务审核智能财税业务处理系统有否新增固定资产、无形资产、长期待摊费用卡片。如果当期有采购固定资产、无形资产，或者有长期待摊费用发生，那么就要留意审核智能财税业务处理系统里是否有新增相关卡片，避免靠手工编制长期资产增加的记账凭证导致漏增相关资产卡片。

类别	编码	资产名称	月折旧率	原值	2023年4月	期末累计折旧
制品	0007	货架1	1.58%	14,800.00	234.33	5,389.59
		小计		14,800.00	234.33	5,389.59
电脑	0005	台式电脑主机+24寸显示器1	2.64%	9,700.00	255.97	5,631.34
电脑	0006	台式电脑主机+24寸显示器2	2.64%	4,850.00	127.99	2,815.78

图 4－1－32　系统自动生成的固定资产折旧表

模块二　记账凭证审核

记账凭证审核的主要内容

相关知识

在共享中心，为了保证会计信息的质量，在期末结转损益及结账之前应由有关稽核人员对记账凭证进行严格的审核。审核的内容主要包括：记账凭证是否有原始凭证为依据，所附原始凭证或记账凭证汇总表的内容与记账凭证的内容是否一致；记账凭证各项目的填写是否齐全，如日期、凭证编号、摘要、会计科目、金额、所附原始凭证张数及有关人员签章等；记账凭证的应借、应贷科目以及对应关系是否正确；记账凭证所记录的金额与原始凭证的有关金额是否一致，计算是否正确；记账凭证中的记录是否摘要清晰、数字准确，是否按规定进行更正等。

共享中心审核记账凭证，除了要关注通常的审核标准之外，还要留意以下几点：

（1）记账凭证是否为被审核单位的记账凭证。

（2）会计期间是否与上传的原始凭证的会计期间保持一致，如果不一致，是否合理。

（3）记账凭证是否与原始凭证一一对应，不能漏登记，也不能重复入账。

（4）原始凭证是否足以支撑记账凭证反映的业务内容，有无欠缺。

（5）同种性质的业务，其会计科目是否保持一致，有否擅自新增会计科目，尤其是擅自新增明细科目。

（6）增值税的处理是否与被审核单位一般纳税人身份或者小规模纳税人身份保持一致。

业务流程

了解客户基本信息—科目余额表审核—采购业务审核—销售业务审核—货币资金业务审核—薪酬业务审核—成本费用业务审核—期末业务审核。

业务操作

一、了解客户基本信息

在正式审核记账凭证之前，审核人员首先要对被审核的客户基本情况有一个大致的了解，比如客户所从事的行业，大致的经营范围，是一般纳税人还是小规模纳税人，法人代表是谁，等等。了解这些信息，有助于审核人员在审核客户账务时做出更为准确的判断。

任务9： 了解花田公司基本信息。

登录财务云协同管理平台，搜索到客户进入智能财税业务处理系统，依次点击“设置—企业信息—基本信息”。花田公司基本信息如图4-2-1所示。

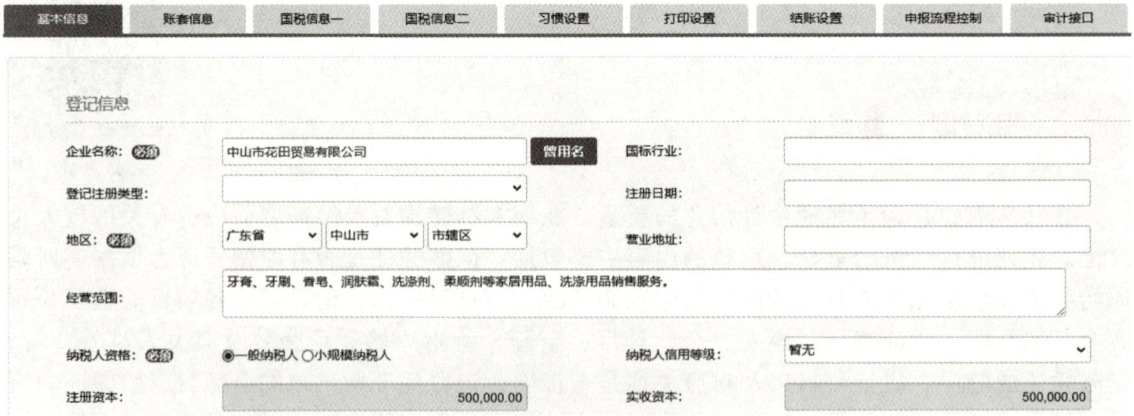

图4-2-1　企业基本信息

从图 4－2－1 中可以了解到，花田公司为一般纳税人，法人代表罗成功，经营范围为“牙膏、牙刷、香皂、润肤霜、洗涤剂、柔顺剂等家居用品、洗涤用品销售服务。”根据经营范围可以判断该公司主要从事商品流通业务，属于商品流通企业。

二、科目余额表审核

科目余额表审核

（一）科目余额表基本内容

科目余额表是根据一定时期内所有的记账凭证加以汇总而重新编制的记账凭证，它以报表形式呈现各个会计科目的期初余额 、本期发生额、本年累计发生额、期末余额。在财务云协同管理平台，科目余额表由系统自动生成，其基本内容如表 4－2－1 所示。

表 4－2－1 **科目余额表**

年 月 单位：元

科目编码	科目名称	期初余额		本期发生额		期末余额	
		借方	贷方	借方	贷方	借方	贷方
	库存现金						
	银行存款						
	其他货币资金						
	交易性金融资产						
	应收票据						
	应收账款						
	……						
	资产小计						
	短期借款						
	应付账款						
	应付职工薪酬						
	应交税费						
	……						
	负债小计						
	实收资本						
	盈余公积						
	……						
	权益小计						

续表

科目编码	科目名称	期初余额		本期发生额		期末余额	
		借方	贷方	借方	贷方	借方	贷方
	生产成本						
	制造费用						
	研发支出						
	……						
	成本小计						
	主营业务收入						
	主营业务成本						
	……						
	损益小计						
	总计						

（二）科目余额表审核内容

1. 账户使用有无异常

一看新增会计账户有无必要。比如某会计账户未见期初余额，本期首次出现发生额，这样的会计账户一般为新增会计账户，审核时应判断该会计账户新增的必要性。以“管理费用”明细账户为例，假设其明细账户中已经设有“社会保险费”账户，但录入人员在编制记账凭证时，又新设一个明细“单位社保”账户，这就没必要，应予以修正。二看现有会计账户使用是否异常。比如代扣代缴员工社保，过去通常通过“其他应收款”会计账户核算，本期是否突然改用“其他应付款”会计账户核算，如无正当理由，应予以修正。

2. 会计账户方向有无异常

一看会计账户发生额方向是否有异常。比如“应收账款”账户期初无借方余额，本期发生额仅贷方有金额，借方无金额。二看会计账户余额方向是否有异常，比如资产类账户余额一般在借方，但科目余额表中某资产类账户显示为贷方余额（累计折旧、坏账准备等抵减类账户除外），重点审核货币资金类账户、存货类账户余额是否出现贷方余额或者借方负数。以“库存现金”账户为例，如果其余额显示为贷方数，肯定不正常，应追查原因。

3. 会计账户金额有无异常

一看金额是否过大或过小。比如现金的使用受到《现金管理暂行条例》的约束，无论是发生额或者余额，金额都不应该过大，如果金额超过 1 000 元，应审核是否符合《现金管理暂行条例》中规定的开支范围；比如银行存款金额不应该过小，过小有可能是本该通过“库存现金”账户核算的业务记入了“银行存款”账户；或者有的会计账户金额与平时相比突然变得过大或过小，要考虑录入金额是否存在串位或其他误录情况。二看金额是否与期初匹配。比如“应付职工薪酬——工资”账户本期借方发生额远大于期初余额，要特别检查是否存在录入错误、工资计算错误等情况。

任务10： 审核小微企业广州市喜事多商贸有限公司2023年5月科目余额表中“应付账款”账户，如表4－2－2所示。

表4－2－2 **科目余额表**

2023年05月 单位：元

科目名称	期初余额		本期发生额		本年累计发生额		期末余额	
	借方	贷方	借方	贷方	借方	贷方	借方	贷方
应付账款		38 964.71	53 929.44	40 707.58	461 892.85	491 068.02		25 742.85
佛山梓霖贸易有限公司		6 081.79	12 495.36		94 735.97	96 668.72		－6 413.57
广州市莎园商贸有限公司		5 468.92	7 966.08	7 966.08	85 513.88	90 982.80		5 468.92
广东广珠西线高速公路有限公司				10.45		10.45		10.45
广东江中高速公路有限公司				33.00		33.00		33.00
广州市华兴商务酒店有限公司				205.00		205.00		205.00
广州市金色渔村餐饮有限公司				246.00		246.00		246.00
广州市凯旋物流有限公司		22 500.00			55 875.00	78 375.00		22 500.00
广州市沙湾加油站				1 000.00		1 000.00		1 000.00
广州市德英餐饮有限公司				261.00		261.00		261.00
深圳曼妙商贸有限公司		4 914.00						4 914.00
中国石化销售股份有限公司广东中山石油分公司				91.05		91.05		91.05

续表

科目名称	期初余额		本期发生额		本年累计发生额		期末余额	
	借方	贷方	借方	贷方	借方	贷方	借方	贷方
广州市番禺区泰然泰式餐厅				265.00		265.00		265.00
广州志高远贸易有限公司					166 800.00	166 800.00		
中山书平高新科技日用品有限公司					25 500.00	25 500.00		
中山市书平高新科技日用品有限公司			29 568.00	29 580.00	29 568.00	29 580.00		12.00
深圳市舒雁贸易有限公司			3 900.00	1 050.00	3 900.00	1 050.00		-2 850.00

说明：表4-2-2中“应付账款”为一级账户，其余供应商名称均为“应付账款”明细账户。

审核会计账户名称。可以发现两个几乎相同的会计账户“中山书平高新科技日用品有限公司”“中山市书平高新科技日用品有限公司”，可以推测，这两个会计账户实际指向的应该是同一家供应商，系重复设置会计账户，应予以修正。

审核会计账户方向。一级账户“应付账款”从方向上看，没有异常，但其下设明细账户有两个出现异常现象，一个是“佛山梓霖贸易有限公司”，另一个是“深圳市舒雁贸易有限公司”，它们的余额均出现负数。进一步观察数据可以发现，本期期初时欠佛山梓霖贸易有限公司货款6 081.79元，但本期在借方登记了12 495.36元；本期欠深圳市舒雁贸易有限公司货款1 050元，但在借方登记了3 900元。需要仔细审核为什么会多支付这两家公司货款。

审核异常金额。观察“应付账款”明细账户发生额或余额，可以发现和一些供应商结算的往来款很小，包括广东广珠西线高速公路有限公司、广东江中高速公路有限公司、广州市华兴商务酒店有限公司、广州市金色渔村餐饮有限公司、广州市沙湾加油站、广州市德英餐饮有限公司、中国石化销售股份有限公司广东中山石油分公司、广州市番禺区泰然泰式餐厅。根据这些公司特征，可以推测应该是发生了一些餐饮费、过路费、加油费，再结合广州市喜事多商贸有限公司作为一家小微企业，不太可能和这些公司定期结算货款，所以可以推测，本应该作为公司员工费用报销的业务，被录入人员作为往来款结算业务处理了，审核人员应结合原始凭证对这些会计分录予以修正。另外一个金额较小的会计账户是“中山市书平高新科技日用品有限公司”，该账户发生额看起来正常，但期末余额较小，仅12元，应仔细审核借方发生额或者贷方发生额是否录入有误，抑或是往期遗留的误差。

任务11：审核花田公司2022年3月份科目余额表，如表4－2－3所示。

表4－2－3 **科目余额表**

2022年3月 单位：元

科目名称	期初余额		本期发生额		期末余额	
	借方	贷方	借方	贷方	借方	贷方
库存现金	9 770.20			4 066.00	5 704.20	
银行存款	240 633.58		195 769.60	139 516.49	296 886.69	
中国建设银行—8765（银）	240 633.58		195 769.60	139 516.49	296 886.69	
应收账款	327 621.72		535 888.76	165 769.60	697 740.88	
江门市大兴商场有限公司	62 016.32		93 102.60	59 580.40	95 538.52	
广东多美好商业连锁有限公司	59 868.90		34 807.50		94 676.40	
中山市兴隆商贸有限公司	127 680.00		189 000.00	84 000.00	232 680.00	
江门市远旺超市有限公司	34 690.12		54 768.30	11 629.20	77 829.22	
中山市丽之洁洗衣有限公司	12 649.73		35 450.36	10 560.00	37 540.09	
珠海市隆泰实业有限公司	30 716.65		123 480.00		154 196.65	
中山市丰沛商贸有限公司			5 280.00		5 280.00	
库存商品	368 211.96		54 655.19	384 864.10	38 003.05	
固定资产	31 000.00		2 997.00		33 997.00	
办公设备—电脑	25 000.00		2 997.00		27 997.00	
办公设备—空调	6 000.00				6 000.00	
累计折旧		16 361.11		818.05		17 179.16
办公设备—电脑		13 194.44		659.72		13 854.16
办公设备—空调		3 166.67		158.33		3 325.00
资产小计	960 876.35		789 310.55	695 034.24	1 055 152.66	
应付账款		113 859.76	49 819.05	82 127.91		146 168.62
广州市好运莱国际贸易有限公司		65 008.57	12 935.66	25 947.04		78 019.95
中山市华科商贸有限公司		17 258.65	14 788.92	24 143.08		26 612.81
惠州市青山湖商贸有限公司		1 726.92	1 726.92	1 956.24		1 956.24
深圳金蝴蝶进出口有限公司		29 865.62		9 714.00		39 579.62
中山市快马物流有限公司			14 500.00	14 500.00		
中山市全心物业服务有限公司			2 087.55	2 087.55		
中山市谨信会计事务所有限公司			3 780.00	3 780.00		
应付职工薪酬		32 499.95	43 636.19	44 544.11		33 407.87
工资		32 499.95	36 848.08	37 756.00		33 407.87
社会保险费			4 977.11	4 977.11		

续表

科目名称	期初余额		本期发生额		期末余额	
	借方	贷方	借方	贷方	借方	贷方
住房公积金			1 811.00	1 811.00		
社会保险						
应交税费		47 810.50	104 463.96	126 116.48		69 463.02
应交增值税			61 651.00	61 651.00		
进项税额			7 222.07		7 222.07	
销项税额				61 651.00		61 651.00
转出未交增值税			54 428.93		54 428.93	
未交增值税		38 062.78	38 062.78	54 428.93		54 428.93
应交城市维护建设税		2 664.39	2 664.39	3 810.03		3 810.03
应交教育费附加		1 141.88	1 141.88	1 632.87		1 632.87
应交地方教育费附加		761.26	761.26	1 088.58		1 088.58
应交印花税				158.67		158.67
应交企业所得税		4 997.54		3 135.67		8 133.21
应交个人所得税		182.65	182.65	210.73		210.73
其他应付款		27 834.45	7 543.22	37 543.22		57 834.45
代扣社保			2 326.40	2 326.40		
代扣公积金			1 811.00	1 811.00		
林绵绵				2 997.00		2 997.00
往来		27 834.45	3 405.82	30 408.82		54 837.45
罗成功		27 834.45		30 000.00		57 834.45
林绵绵			3 405.82	408.82		-2 997.00
负债小计		222 004.66	205 462.42	290 331.72		306 873.96
实收资本		500 000.00				500 000.00
盈余公积		16 894.26				16 894.26
本年利润		18 821.28	464 830.75	474 237.76		28 228.29
利润分配		203 156.15				203 156.15
未分配利润		203 156.15				203 156.15
权益小计		738 871.69	464 830.75	474 237.76		748 278.70
主营业务收入			474 237.76	474 237.76		
销售商品收入			474 237.76	474 237.76		
主营业务成本			384 864.10	384 864.10		
销售成本			384 864.10	384 864.10		
税金及附加			6 690.15	6 690.15		
城市维护建设税			3 810.03	3 810.03		

续表

科目名称	期初余额		本期发生额		期末余额	
	借方	贷方	借方	贷方	借方	贷方
教育费附加			1 632.87	1 632.87		
地方教育费附加			1 088.58	1 088.58		
印花税			158.67	158.67		
销售费用			29 172.42	29 172.42		
差旅费			882.00	882.00		
工资			10 756.00	10 756.00		
社会保险费			995.42	995.42		
住房公积金			489.00	489.00		
社会保险						
通讯费			500.00	500.00		
运输费			14 500.00	14 500.00		
车辆费			1 050.00	1 050.00		
管理费用			40 915.21	40 915.21		
办公费			172.00	172.00		
工资			27 000.00	27 000.00		
社会保险费			3 981.69	3 981.69		
住房公积金			1 322.00	1 322.00		
业务招待费			579.00	579.00		
福利费			836.00	836.00		
劳保用品			408.82	408.82		
折旧费			818.05	818.05		
邮电费			47.00	47.00		
代理记账费			3 780.00	3 780.00		
社会保险						
物业管理费、水费			1 970.65	1 970.65		
财务费用			53.20	53.20		
银行手续费			53.20	53.20		
所得税费用			3 135.67	3 135.67		
损益小计			**939 068.51**	**939 068.51**		
总计	**977 237.46**	**977 237.46**	**2 398 672.23**	**2 398 672.23**	**1 072 331.82**	**1 072 331.82**

经过审核，从花田公司科目余额表来看，存在以下问题：

（1）会计账户使用异常。“应付职工薪酬”账户下设置有“社会保险费”“社会保险”两个明细账户，应删除其中一个，如果两个账户都已经启用，可以通过编制调整会计分录，使其中一个余额为零，然后予以冻结或者删除。假设保留“社会保险费”账户，清除“社会保险”明细账户，假设“应付职工薪酬”账户下的“社会保险”有贷方余额 10 000 元，可以编制如下调整分录：

借：应付职工薪酬——社会保险　　　　　　　　　　　　10 000. 00

　　贷：应付职工薪酬——社会保险费　　　　　　　　　　　10 000. 00

存在同样问题的还有“管理费用”账户、“销售费用”账户，它们的明细账户里均设置有“社会保险费”“社会保险”，应清理掉其中一个。处理时，应与“应付职工薪酬”账户的处理方法保持一致。

“其他应付款”账户下“林绵绵”分别作为二级账户、三级账户同时出现，应清理掉其中一个。

本例中，三个会计账户下的“社会保险”均无金额发生，可以删除。操作如下：进入智能财税业务处理系统，分别点击“设置—科目设置”，找到三个会计账户下的“社会保险”，点击笔形按钮，在弹出界面点击“删除”，如图 4－2－2 所示。如果该账户在过去会计期间曾经被调用过，则无法删除，目前系统尚无法冻结不再使用的会计账户。

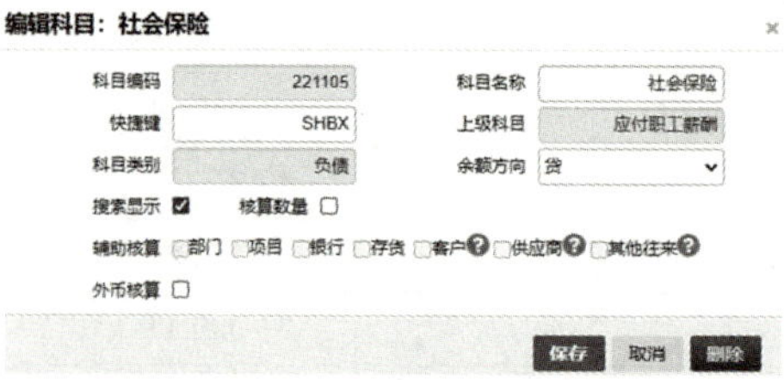

图 4－2－2　删除无用会计账户

（2）会计账户方向异常。“其他应付款——往来——林绵绵”账户下出现负数余额“－2 997”，结合“其他应付款——林绵绵”账户余额“2 997”，再观察“其他应付款——林绵绵”账户本期发生额也是“2 997”，不难推测问题产生的原因应为编制记账凭证时用错会计账户导致。调阅相关记账凭证如图 4－2－3 所示。

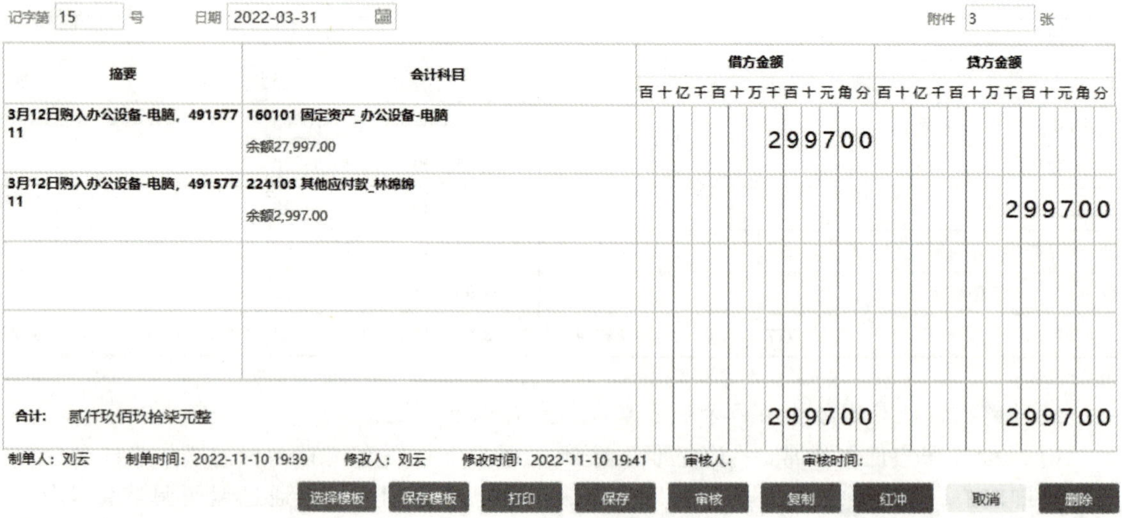

图 4－2－3　记账凭证

审核人员可以直接修改该笔业务，修改后点击“保存”，再点击“审核”，修改、审核后的记账凭证如图 4－2－4 所示。

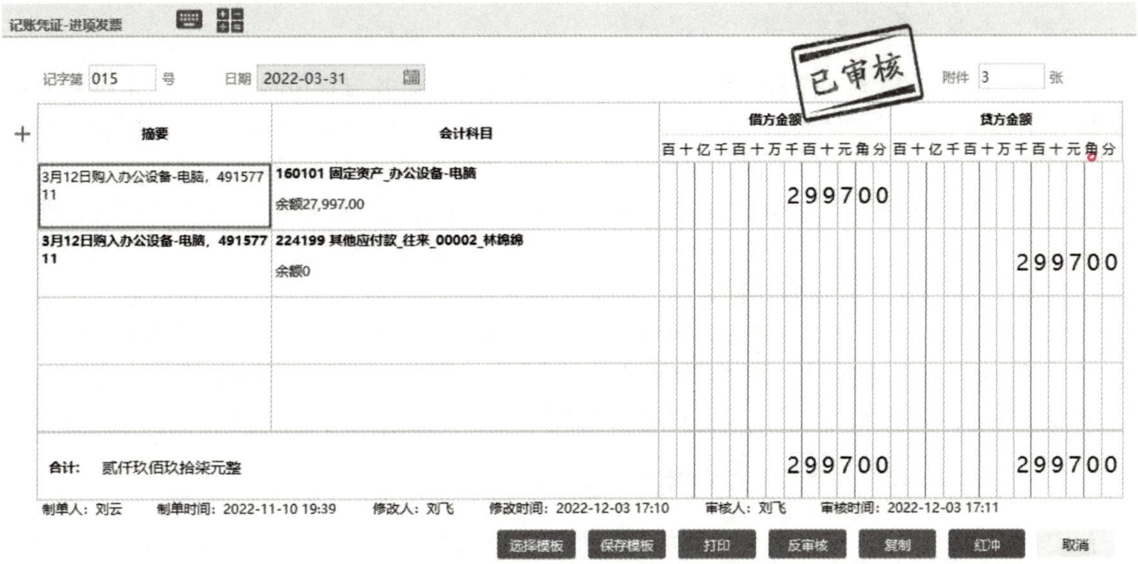

图 4－2－4　修改并审核

三、采购业务审核

采购业务记账凭证审核

（一）进项税额处理是否正确

对于企业取得的增值税专用发票涉及的进项税处理，注意一般纳税人是否记入“应交税费——应交增值税——进项税额”账户，留意借贷方向是否正确，比如可能会不小心记入到进项税额贷方；小规模纳税人是否将进项税额计入采购成本。对于企业取得的增值税普通发票涉及的进项税额，要关注是否被错误记入“应交税费——应交增值税——进项税额”账户。

（二）一般纳税人账面进项税额与电子税务局已认证进项税额是否一致

一般情况下，一般纳税人“应交税费——应交增值税——进项税额”账户当期发生额总额与电子税务局当期已认证进项税总额是吻合的，如果不一致，应查明原因。

（三）是否混淆资产类采购业务与成本费用类采购业务

资产类采购对象应计入企业资产，通过“库存商品”“原材料”“周转材料”“固定资产”“无形资产”等账户核算。成本费用类采购业务应通过成本费用报销形式予以处理，或者记入相关的成本类账户。同时注意企业所属行业性质，同样是采购商品，如果是制造型企业采购的用于生产的商品，应记入“原材料”账户；如果是商贸型企业采购来用于销售的商品，则记入“库存商品”账户；如果是采购的自用生产设备、办公设备等，应记入“固定资产”账户。

（四）采购业务是否通过往来账户结算

鉴于共享中心将客户的采购与支付业务分别划归采购业务与货币资金业务，审核时应注意贷方是否使用了“应付账款”账户进行结算。需要说明的是，客户如果是通过京东商城、天猫等网络购物平台或者线下商场采购商品，而公司又没有和对方单独签订结算合约，是不需要通过“应付账款”账户来核算的，应优先考虑存在员工先行购买再报销的情况，此时应通过“其他应付款”账户处理，至于“其他应付款”明细账户的选择，应结合银行回单处理，看银行回单中是否有支付相同金额的票据，如果有，支付给了谁、“其他应付款”明细账户就选择谁；如果银行回单里查阅不到相关信息，按照共享中心的处理办法，可以先挂在法人代表名下。基于此，审核时如果“其他应付款”明细账户挂的不是公司法人代表，则要与相关银行回单信息进行核对。审核成本费用类业务中涉及采购商品或服务业务时道理类似。

（五）是否将采购发票作为银行付款业务处理

支付货款要以银行回单作为主要依据，而不是以采购发票作为主要依据。采购发票只能说明采购了什么商品或服务，不能说明货款结算情况。如果依据采购发票动用了“银行存款”账户，即使货币资金业务那里没有再次根据银行回单重复入账，此处要也调整为通过“应付账款”或者“其他应付款”核算，然后再在货币资金业务那里根据相应的银行回单补做一笔付款分录。

（六）存货类账户余额在账务处理中途是否出现赤字

容易出现赤字的存货类账户包括“原材料”“库存商品”，出现赤字的主要原因是录入人员先录了存货出库业务，后录存货入库业务。审核人员通过调阅存货类账户明细账可以查看存货类账户在账务处理中途其余额是否出现赤字。

查看明细账的操作步骤：登录财务云协同管理平台，点击“智能记账”，在搜索框搜索公司名称，点击公司名称旁边的“W”标识进入到智能财税业务处理系统，核对会计期间后，依次点击“财务—明细账”，然后选择存货类账户进行查询。

对于中途出现余额赤字的存货类账户，需要调整记账凭证的顺序，不需要对记账凭证做出修正。记账凭证顺序调整方法：进入智能财税业务处理系统，依次点击“财务—会计凭证—更多功能—自定义排序”进行调整。

（七）采购业务单据是否已经全部入账

审核时要将采购业务涉及的原始凭证与记账凭证一一核对，确保不漏记，不重复。尤其要留意通过系统自动采集发票登记后自动生成的记账凭证有否出现漏记、多记，一是因为自动采集可能会因为采集时间的原因导致未能采集到所有发票，二是因为自动采集到的发票不一定是公司要入账的发票，比如有的员工买东西开了公司发票但并未拿到公司报销。审核时要注意和财务云协同管理平台上传的发票进行比对，如果客户是一般纳税人，可以和电子税务局进项数据进行比对，有遗漏的，要补录，有重复记账或者多记的，要删除或者冲销。

任务12： 审核一般纳税人广州月英服饰有限公司2023年4月采购业务进项税额。

登录财务云协同管理平台，搜索广州月英服饰有限公司进入智能财税业务处理系统，选择正确的会计期间，选择“财务”下的“科目余额表”，查阅“应交税费——应交增值税——进项税额”账户的本期发生额为74 844.67元，如图4－2－5所示。

财务 » 科目余额表

科目余额表 | 显示查询条件

科目编码	科目名称	期初余额		本期发生额	
		借方	贷方	借方	贷方
2221	应交税费		7,828.34	98,709.75	95,888.88
222101	应交增值税			84,771.18	84,771.18
22210101	进项税额			74,844.67	
22210102	销项税额				84,771.18

图4－2－5 “应交税费——应交增值税——进项税额”账户本期发生额

登录电子税务局，依次点击“我要办税—税务数字账户—发票勾选确认—抵扣类勾选—统计确认—查看历史确认信息—税款所属期”，选择正确的期间后出现如图4－2－6所示内容，可以观察到广州月英服饰有限公司2023年4月勾选抵扣的进项税额为74 844.67元，说明财务系统中本期进项税额数据是正确的。

国家税务总局电子发票服务平台

← 抵扣类勾选 税务数字账户 › 发票勾选确认 › 抵扣类勾选

抵扣类勾选统计结果

发票类型	合计份数	有效抵扣税额合计	出口转内销证明份数
增值税专用发票	13	74,844.67	0
收购发票	0	0	--
免税自产农产品普通发票	0	0	--
通行费发票	0	0	--
其他普通发票	0	0	--
机动车统一销售发票	0	0	--
海关缴款书	0	0	0
代扣代缴完税凭证	0	0	--
航空运输电子客票行程单	0	0	--
数电票（铁路电子客票）	0	0	--
合计	13	74,844.67	0

图4－2－6 电子税务局进项税抵扣额

任务 13：审核花田公司 2022 年 3 月一笔采购业务，单据如图 4－2－7 所示。

机器编号：661619950788

广东增值税电子普通发票

发票代码：044002000511
发票号码：49157711
开票日期：2022 年03 月12日
校 验 码：63392 71518 09215 19811

购买方	名称：中山市花田贸易有限公司 纳税人识别号：91442000MA54C8888C 地址、电话：中山市东区复兴南路365号 0760-83766666 开户行及账号：中国建设银行中山市城东支行 440501782310009876	密码区	+/0>5085+-8>802-0<3-41*6-51 39>6616-563012/</2>76748-4+ //1*89-82664588284+/4>3-05< 6+550-/6652<473*07/</<91>21

货物或应税劳务、服务名称	规格型号	单位	数量	单价	金额	税率	税额
*计算机外部设备*威联通（QNAP）TS-453Dmini 8G内存四盘位nas网络存储英特尔四核处理器2.5GbE网	TS-453Dmini	台	1	3,273.45	3,273.45	13%	425.55
*计算机外部设备*威联通（QNAP）TS-453Dmini 8G内存四盘位nas网络存储英特尔四核处理器2.5GbE网					-621.24	13%	-80.76
合计					¥2,652.21		¥344.79
价税合计（大写）	⊗贰仟玖佰玖拾柒圆整				（小写）¥2,997.00		

销售方	名称：广州晶东贸易有限公司 纳税人识别号：91440101664041243T 地址、电话：广州市黄埔区九龙镇九龙工业园凤凰三横路89号1号库房301020- 22165500-1602/1699 开户行及账号：招商银行股份有限公司北京青年路支行 120906065810403	备注	订单号:181592122856

收款人：王陆　　复核：李思　　开票人：王梅　　销售方：（章）

图 4－2－7　办公设备采购发票

会计分录为：

借：周转材料　　2 652.21

　　应交税费——应交增值税——进项税额　　344.79

　　贷：应付账款——广州晶东贸易有限公司　　2 997.00

经审核，该笔业务处理存在的问题如下：

（1）办公设备应作为固定资产处理，同时在智能财税业务处理系统增加固定资产卡片。

（2）采购发票为增值税普通发票，进项税不能抵扣。

（3）通过发票来看，这是花田公司在京东商城采购的办公设备。审核人员应查看相关原始单据，找到固定资产验收入库单、相关银行回单、费用报销单后对本笔业务处理予以修正。经查阅原始凭证，与本业务相关的单据还包括固定资产验收入库单、银行回单、费用报销单，系花田公司员工林绵绵在京东商城购买后报销，款已支付。修改会计分录如下：

借：固定资产——办公设备　　2 997.00

　　贷：其他应付款——往来——林绵绵　　2 997.00

借：其他应付款——往来——林绵绵　　2 997.00

　　贷：银行存款　　2 997.00

也可以通过智能财税业务处理系统“发票—进项发票”模块、“银行账单—账单一览”模块修改业务登记后再重新生成正确的记账凭证。如果没有银行回单，说明公司还没有支付款项给报销员工，第二笔分录可以不处理。

需要说明的是，如果员工林绵绵在京东商城购买办公设备时用的是公司银行账户支付货款，此处是可以通过"应付账款"账户来核算的。如何判断林绵绵是否动用公司银行账户支付货款呢？我们通过辨别银行回单上相关收款方信息就能知道了，比如快速的核对方法是查看银行对账单上的信息，如果对账单信息过于简略无法说明问题，可以再找出相应的银行回单核对。

四、销售业务审核

销售业务记账凭证审核

（一）销项税额处理是否正确

对于一般纳税人，注意审核销项税是否通过"应交税费——应交增值税——销项税额"账户处理；对于小规模纳税人，注意审核销项税是否通过"应交税费——应交增值税"账户处理，也要注意是否漏处理增值税。

（二）销项税额账面数据与电子税务局数据是否一致

通过智能财税业务处理系统查看科目余额表中"应交税费——应交增值税——销项税额"账户 或"应交税费——应交增值税"账户本期发生额贷方数，其数据应与电子税务局导出的发票清单中的销项数据一致。发票清单导出步骤在"模块二 原始凭证审核"中有介绍，这里不再重复。

（三）销售总额账面数据与电子税务局数据是否一致

通过智能财税业务处理系统查看科目余额表中"主营业务收入"账户、"其他业务收入"账户本期发生额贷方数，其数据应与电子税务局导出的发票清单中的销售额一致，也可以将主营业务收入、其他业务收入数据与增值税及附加税费申报表及其附表里的销售额进行核对看是否一致。如果企业有未开票收入，要特别注意与附表一核对。

增值税及附加税费申报表查询步骤：登录电子税务局，依次点击"我要办税—税费申报及缴纳—申报查询及打印—选择对应的税款所属起止日期"，查询后选择"打印"，可打开增值税及附加税费申报表，如图 4－2－8 所示。

增值税及附加税费申报表（一般纳税人适用）

根据国家税收法律法规及增值税相关规定制定本表。纳税人不论有无销售额，均应按税务机关核定的纳税期限填写本表，并向当地税务机关申报。

税款所属期间：2022-06-01　至 2022-06-30　填表日期：2022-07-07　金额单位：元（列至角分）

纳税人识别号(统一社会信用代码)：	91440101MA7UXBML98			所属行业：	其他针织或钩针编织服装制造		
纳税人名称：	广州莹凌服饰有限公司	法定代表人姓名：	蒋昕	注册地址：	广州市白云区大石镇长江路204号	生产经营地址：	广州市白云区大石镇长江路204号
开户银行及账号：	中国银行************东路支行			登记注册类型：	私营有限责任公司	电话号码：	136*****939

	项目	栏次	一般项目		即征即退项目	
			本月数	本年累计	本月数	本年累计
销售额	（一）按适用税率计税销售额	1	4,601.77	448,965.82	0.00	0.00
	其中：应税货物销售额	2	4,601.77	448,965.82	0.00	0.00
	应税劳务销售额	3	0.00	0.00	0.00	0.00
	纳税检查调整的销售额	4	0.00	0.00	0.00	0.00
	（二）按简易办法计税销售额	5	0.00	0.00	0.00	0.00
	其中：纳税检查调整的销售额	6	0.00	0.00	0.00	0.00
	（三）免、抵、退办法出口销售额	7	0.00	0.00	——	——
	（四）免税销售额	8	0.00	0.00	——	——
	其中：免税货物销售额	9	0.00	0.00	——	——
	免税劳务销售额	10	0.00	0.00	——	——

图 4－2－8　增值税及附加税费申报表（部分）

（四）销售业务是否通过往来账户结算

共享中心销售业务与收款业务一般要分开核算，相关款项结算需通过“应收账款”账户核算，审核时应注意借方是否直接通过“银行存款”账户处理了。有的企业可能存在用现金交易的小额未开票收入，要注意销售收据上加盖的收讫章是“现金收讫”还是“银行收讫”，如果是“现金收讫”，可以不通过“应收账款”账户核算。

（五）是否将销售发票作为银行收款业务处理

收回货款要以银行回单作为依据，而不是以销售发票作为依据。

（六）是否与采购业务混淆

是否将销售业务作为采购业务处理，或者将采购业务作为销售业务处理。共享中心提供的是代理记账服务，录入人员可能会混淆会计主体，比如客户本来是销售方，但销售发票被录入人员误判为采购业务。

（七）销售业务单据是否已经全部入账

审核时要将销售业务涉及的原始凭证与记账凭证一一核对，确保不漏记，不重复。

任务 14： 审核 2022 年 3 月份花田公司销售业务，单据如图 4－2－9 所示。

4400202130　　广东增值税专用发票　　№ 15086736　4400202130　15086736

此联不作报销、扣税凭证使用　　开票日期：2022年03月04日

购买方	名　　称：广东多美好商业连锁有限公司 纳税人识别号：91442000282103333 3 地址、电话：中山市石岐和平路188号 0760-66677888 开户行及账号：工商行香山支行 2011002119200312345			密码区	0<<946/002>38-<>045*+616+>/ 31+611<2-8-<99*1002-*+64+7- 3+989<576025/4><8-6>6540+67 7---238415*1++>+9/*00*+/582		
货物或应税劳务、服务名称	规格型号	单位	数量	单价	金额	税率	税额
*美容护肤品*小海豚儿童润肤露	200ml	支	240	25.6692	6,160.62	13%	800.88
合　计					¥6,160.62		¥800.88
价税合计（大写）	⊗陆仟玖佰陆拾壹圆伍角整				（小写）¥6,961.50		
销售方	名　　称：中山市花田贸易有限公司 纳税人识别号：91442000MA54C8888C 地址、电话：中山市东区复兴南路365号 0760-83766666 开户行及账号：中国建设银行中山市城东支行 44050178230100098765			备注			

收款人：林绵绵　　复核：林绵绵　　开票人：罗成功　　销售方：（章）

税总函〔2021〕17号中钞华森实业公司

第一联：记账联　销售方记账凭证

图 4－2－9　销售发票

会计分录为：

借：应收账款——工商行香山支行　　6 961. 50

　　贷：库存商品　　6 160. 62

　　　应交税费——应交增值税　　　　800.88

经审核，该笔业务处理存在的问题如下：

(1)“应收账款”明细科目错误。误把客户开户行作为应收账款明细。

(2)“库存商品”科目错误。此处不是结算产品成本，而是确认销售收入，应记入“主营业务收入”。

(3)“应交税费”明细科目错误。花田公司为一般纳税人，销项税应通过“应交税费——应交增值税——销项税额”核算。

修正会计分录如下：

借：应收账款——广东多美好商业连锁有限公司　　6 961.50

　贷：主营业务收入　　6 160.62

　　　应交税费——应交增值税——销项税额　　800.88

五、货币资金业务审核

货币资金业务记账凭证审核

(一) 银行存款明细账设置是否规范

银行存款明细账按客户开户行名称设置，录入人员可能将客户业务往来单位的开户行设为客户银行存款账户的明细，对于银行存款下设有多个明细的，审核时应格外注意；也可能出现重复设置相似明细账的情况，比如账上已经有了“中行中华大道支行”，录入人员又新增一个“中国银行”；另外也有可能在“银行存款”账户下设置“银行存款”明细，这也是不规范的，应予以修正。

(二) 货币资金类账户余额是否出现赤字

货币资金类账户包括“库存现金”“银行存款”“其他货币资金”，其期初、期末余额不能出现赤字，出现赤字要修正；账务处理中途其余额也不能出现赤字，如出现，应调整记账凭证顺序，或者按业务发生顺序调整记账凭证顺序，或者把货币资金收入业务调整在前面，货币资金支出业务调整到后面。在智能财税业务处理系统，货币资金类账户期初、期末余额是否出现赤字可以通过调出科目余额表查看，中途是否出现赤字可以通过调出“库存现金”“银行存款”“其他货币资金”三个账户的明细账查看。查看明细账的操作步骤：登录财务云协同管理平台，点击“智能记账”，搜索到公司后点击“W”标识进入智能财税业务处理系统，选择正确的会计期间，依次点击“财务—明细账”，选择需要审核的会计账户。查询结果如图 4-2-10 所示。

(三) 银行存款账面余额与银行对账单余额是否一致

将银行存款账面期初余额、期末余额与银行对账单期初余额、期末余额进行核对，看相关金额是否相等。如果期初余额对不上，要往前追查；如果只是期末余额对不上，要仔细核对本期账务处理是否有错漏，是否存在未达账项。

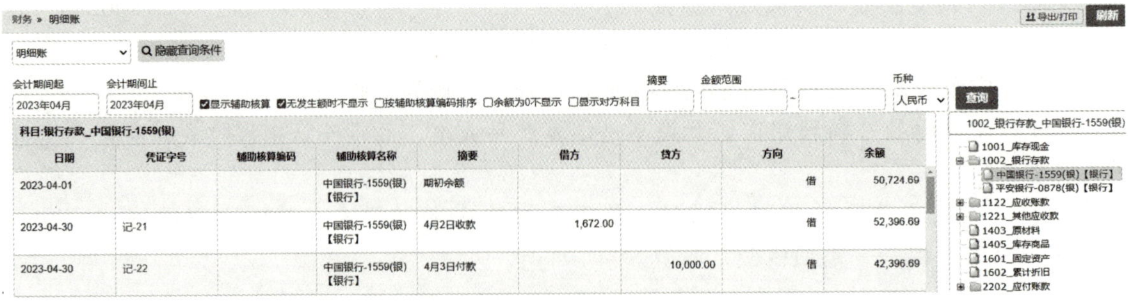

科目:银行存款_中国银行-1559(银)

日期	凭证字号	辅助核算编码	辅助核算名称	摘要	借方	贷方	方向	余额
2023-04-01			中国银行-1559(银)【银行】	期初余额			借	50,724.69
2023-04-30	记-21		中国银行-1559(银)【银行】	4月2日收款	1,672.00		借	52,396.69
2023-04-30	记-22		中国银行-1559(银)【银行】	4月3日付款		10,000.00	借	42,396.69

图 4－2－10 “银行存款——中国银行”明细账

（四）银行存款业务是否出现合并处理情况

为便于与银行对账，涉及银行存款业务必须逐笔入账，一般不能将几笔收款业务或者付款业务合并入账，更不能将几笔收支业务合并混合入账。特殊情况下，如果要合并入账，“银行存款”账户必须要按业务逐笔列示，其对应科目除现金外，可合并入账。

（五）银行收付款业务处理是否有银行回单作为依据

登记银行存款增加或者减少必须有银行回单作为支撑，不得仅以发票、收据、费用报销单等单据作为银行存款收支依据。留意审核有否混淆会计主体，导致把付款当收款处理，把收款当付款处理。

（六）货币资金业务单据是否已经全部入账

审核时要将货币资金业务涉及的原始凭证与记账凭证一一核对，确保不漏记、不重复。尤其要注意重复入账的情况，比如录入人员错误地以销售发票为依据做了银行存款增加的账，后又以银行收款回单为依据再次做了银行存款增加的账。

任务 15： 审核 2022 年 3 月份花田公司货币资金业务，单据如图 4－2－11 所示。

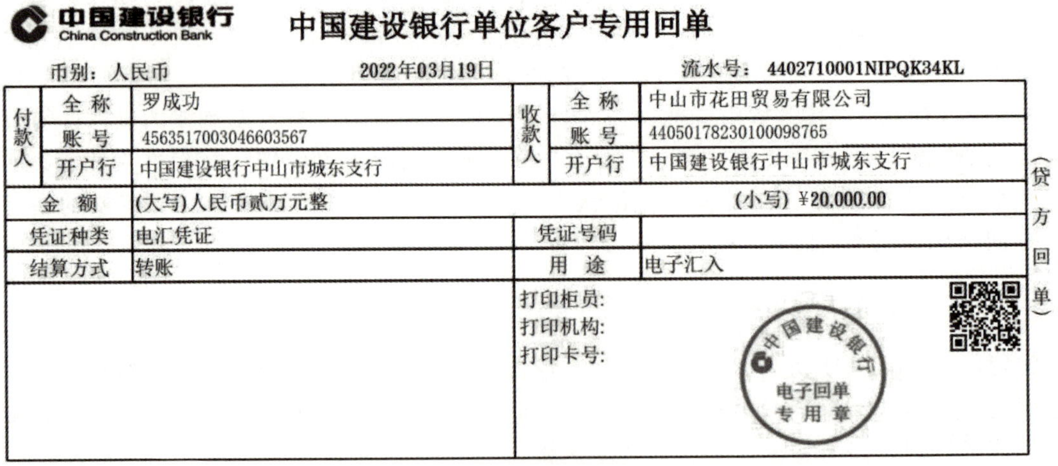

中国建设银行 China Construction Bank　　中国建设银行单位客户专用回单

币别：人民币　　2022年03月19日　　流水号：4402710001NIPQK34KL

付款人	全 称	罗成功	收款人	全 称	中山市花田贸易有限公司
	账 号	4563517003046603567		账 号	44050178230100098765
	开户行	中国建设银行中山市城东支行		开户行	中国建设银行中山市城东支行
金 额		(大写)人民币贰万元整			(小写) ¥20,000.00
凭证种类		电汇凭证	凭证号码		
结算方式		转账	用 途		电子汇入
			打印柜员: 打印机构: 打印卡号:		

(贷方回单)

图 4－2－11 银行回单

会计分录为：

借：应付职工薪酬——工资　　20 000.00

　　贷：银行存款——建设银行城东支行　　20 000.00

经审核，该笔业务处理存在如下问题：

（1）把收款回单作为付款回单处理。录入人员未仔细阅读银行回单中的收款方和付款方，看到公对私就习惯性地判断为发放工资，导致判断错误。

（2）未能仔细阅读银行回单中的“用途”栏。本单据中“用途”栏仅表述为“电子汇入”，有些银行回单的“用途”栏甚至为空，导致录入人员或者审核人员无法准确判断业务的发生情况，此时应查阅原始凭证，找到与之相关联的其他单据；同时调阅往来账户明细账，比如“应收账款”“其他应收款”“应付账款”“其他应付款”这四个账户的明细账，看有无“罗成功”这个明细账户及过去相关业务发生情况。如果查找不到，应和财税顾问沟通，找客户补齐单据或者说明业务性质。

审核人员经查阅原始凭证，发现本笔业务另有一张关联单据，如图 4－2－12 所示。

收 款 收 据　　№ 00301

2022 年 03 月 19 日

兹收到	罗成功借给公司款项。
人民币（金额大写）贰万元整	
小写：￥20,000.00	

收款人 林绵绵　　收款单位（盖章）中山市花田贸易有限公司 财务专用章

图 4－2－12　收款收据

两张单据关联起来就能清晰地还原业务本来面目。根据银行回单和收款收据修正会计分录如下：

借：银行存款——建设银行城东支行　　20 000.00

　　贷：其他应付款——往来——罗成功　　20 000.00

任务 16：审核 2022 年 2 月某公司（一般纳税人）货币资金业务，单据如图 4－2－13 所示。

会计分录为：

借：应付账款——广州市番禺区税务局　　9 676.56

　　贷：银行存款——中行清河东路支行　　9 676.56

经审核，该笔业务处理存在的问题如下：

把企业缴纳税款当作支付货款处理。虽然银行回单中没写明用途，但收款方是税务局，此处应为企业缴纳税款。

银行回单中未注明企业缴纳的是何种税，审核人员应查阅原始凭证，找到金额为 9 676.56 元的完税证明；如果查找不到，应参照本项目模块一“任务 5”介绍的操作步骤到电子税务局下载完税证明或缴款凭证，补齐单据。

经查询，本笔业务为企业缴纳社会保险费，完税证明如图 4－2－14 所示。

中国银行 BANK OF CHINA　　**客户借记回单**

客户号：583[redacted]　　日期：2022年02月24日

付款人账号：70037[redacted]　　收款人账号：24401130000

付款人名称：广州[redacted]有限公司　　收款人名称：国家税务总局广州市番禺区税务局

付款人开户行：中国银行广州番禺清河东路支行　　收款人开户行：广州银行电子结算中心

金额：CNY9,676.56

人民币玖仟陆佰柒拾陆元伍角陆分

业务种类：同城交换　　业务编号：84420005　　凭证号码：

用途：

备注：

附言：

如您已通过银行网点取得相应纸质回单，请注意核对，勿重复记账！

交易机构：33516　　交易渠道：银行客户端　　交易流水号：106616018-658　　经办：

中国银行股份有限公司 中国银行广州番禺清河东路支行 业务专用章 WHP21M3W 327T1WXU

图 4－2－13　银行回单

中华人民共和国
税收完税证明

No.6440022070480[redacted]

填发日期：2022 年 7 月 31 日　　税务机关：国家税务总局广州市番禺区税务局[redacted]税务所

纳税人识别号	91440101MA[redacted]	纳税人名称	广州[redacted]有限公司		
原凭证号	税种	品目名称	税款所属时期	入（退）库日期	实缴（退）金额
3202202356932318	社会保险基金	基本养老保险 单位	2022-02-01至2022-02-28	2022-02-24	4,129.20
3202202356932318	社会保险基金	基本养老保险 个人	2022-02-01至2022-02-28	2022-02-24	2,202.24
3202202356932318	社会保险基金	工伤保险 单位	2022-02-01至2022-02-28	2022-02-24	55.20
3202202356932318	社会保险基金	失业保险 单位	2022-02-01至2022-02-28	2022-02-24	66.24
3202202356932318	社会保险基金	失业保险 个人	2022-02-01至2022-02-28	2022-02-24	27.60
3202202356932318	社会保险基金	职工重大疾病医疗补助 单位	2022-02-01至2022-02-28	2022-02-24	175.68
3202202356932318	社会保险基金	基本医疗保险（含生育） 单位	2022-02-01至2022-02-28	2022-02-24	2,209.56
3202202356932318	社会保险基金	基本医疗保险（含生育） 个人	2022-02-01至2022-02-28	2022-02-24	810.84
金额合计	（大写）玖仟陆佰柒拾陆元伍角陆分				¥9,676.56
税务机关（盖章） 国家税务总局广州市番禺区税务局 电子征税专用章	填票人 广东省电子税务局	备注 社保机构：广州市社会保险基金管理中心 主管税务所（科，分局）：国家税务总局广州市番禺区税务局[redacted]税务所 不同打印设备造成的色彩不影响使用效力			

收据联 交纳税人作完税证明

图 4－2－14　社保完税证明

结合银行回单及完税证明，修改会计分录如下：

借：应付职工薪酬——社会保险费　　6 635.88

　　其他应收款——社会保险费　　3 040.68

贷：银行存款——中行清河东路支行　　9 676.56

上述分录假设该公司每月有计提社会保险费，代扣代缴个人社保通过“其他应收款”核算，实际工作中，也可以通过“其他应付款”核算。

就本业务而言，也有的录入人员在未查清企业缴纳的到底是何种税款的情况下，凭感觉录入一个税种，比如录为缴纳增值税，分录如下：

借：应交税费——未交增值税　　9 676.56

贷：银行存款——中行清河东路支行　　9 676.56

这样的分录比较具有欺骗性，审核人员应提高警惕，不能先入为主地认为录入人员肯定已经查阅过缴纳的是何种税费，从而判断分录没有问题。审核人员要以高度敬业的精神，不要怕麻烦，务必要查明缴纳的是何种款项，不能为了追求审核效率导致降低审核质量。

六、薪酬业务审核

薪酬业务记账凭证审核

（一）工资费用计提金额是否正确

审核工资费用计提是否按应发工资计提，如果是按实发工资计提，要予以修正。

（二）社会保险费、住房公积金金额计提是否正确

计提社会保险费、住房公积金只能将企业负担的部分计入成本费用，不能将个人负担的部分也计进来，审核时应留意。

（三）社保与住房公积金代扣代缴会计账户是否一致

审核代扣社会保险费、住房公积金与代缴社会保险费、住房公积金是否通过同一账户核算。审核时应注意和前期进行比对，如果以前会计期间用的是“其他应收款——社会保险费”账户、“其他应收款——住房公积金”账户核算，则本期也要通过该账户核算。不能前期用“其他应收款”账户，本期改用“其他应付款”账户，反之也一样。

（四）单位社保与个人社保缴纳是否分开核算

审核缴纳企业负担的部分是否通过“应付职工薪酬——社会保险费”账户、“应付职工薪酬——住房公积金”账户核算，缴纳个人负担部分是否通过“其他应收款——社会保险费”账户、“其他应收款——住房公积金”账户或者“其他应付款——社会保险费”账户、“其他应付款——住房公积金”账户核算。录入人员容易出现的错误是根据银行回单将支付的企业负担和个人负担的总额全部通过“应付职工薪酬——社会保险费”账户、“应付职工薪酬——住房公积金”账户核算。

（五）薪酬费用计提与支付、缴纳环节是否被两次重复计入费用

计提薪酬费用时应将由企业负担的部分记入相关成本费用，但支付时不能再次作为成本费用处理，审核时要特别注意工资发放、社会保险费及住房公积金缴纳分录是否再次记入了

相关成本费用账户。另外要留意账务处理是否与上期保持一致，如果不一致，是否有正当理由。比如有的客户以往没有计提环节核算，只是在支付与缴纳时作为费用处理，如果本期改为分计提、支付两个环节处理，应与项目经理或审核主管沟通，是否允许。

（六）薪酬费用相关明细账户中是否出现相似度较高的账户

比如在“应付职工薪酬”账户下同时出现“社会保险费”账户、“单位社保”两个明细账户，甚至出现前文提到的在“应付职工薪酬”账户下同时设置“社会保险费”“社会保险”两个明细账户。如有出现类似情况，应予以修正。

（七）个人所得税是否被计入成本费用

审核时注意个人所得税在计提、代缴环节有否被记入成本费用，尤其在缴纳环节有可能被错误记入相关成本费用。

（八）薪酬业务单据是否已经全部入账

审核时要将薪酬业务涉及的原始凭证与记账凭证一一核对，确保不漏记、不重复。尤其要留意审核当月两次计提薪酬费用、两次出现支付薪酬的分录，要结合原始单据、分录摘要仔细分析是错误记账还是因为凭证传递时间的原因导致的补提补付前期薪酬费用。

任务 17： 审核 2022 年 3 月份花田公司薪酬业务，单据如表 4－2－4 所示。

表 4－2－4　　工资表

中山市花田贸易有限公司　　2022年3月　　单位：元

序号	姓名	证件号码	本期收入	累计收入	工资代扣												实发工资
					养老保险	医疗保险	失业保险	社保小计	住房公积金	累计减除费用	累计专项扣除	累计专项附加扣除	累计应预缴税额	累计已预缴税额	本期应预缴税额	代扣合计	
1	罗成功	440400198510131038	12,800.00	38,400.00	337.44	124.24	3.60	465.28	612.00	15,000.00	3,231.84	7,500.00	380.04	253.36	126.68	1,203.96	11,596.04
2	林绵绵	410184199006191145	5,000.00	15,000.00	337.44	124.24	3.60	465.28	250.00	15,000.00	2,145.84	2,400.00	0.00	0.00	0.00	715.28	4,284.72
3	陈青	450900198804115327	4,200.00	12,600.00	337.44	124.24	3.60	465.28	210.00	15,000.00	2,025.84	3,000.00	0.00	0.00	0.00	675.28	3,524.72
4	程琳	441300198702104489	5,000.00	15,000.00	337.44	124.24	3.60	465.28	250.00	15,000.00	2,145.84	3,900.00	0.00	0.00	0.00	715.28	4,284.72
5	周大福	445300198409266491	10,756.00	30,396.00	337.44	124.24	3.60	465.28	489.00	15,000.00	2,862.84	6,000.00	195.99	111.94	84.05	1,038.33	9,717.67
合计			37,756.00	111,396.00	1,687.20	621.20	18.00	2,326.40	1,811.00	75,000.00	12,412.20	22,800.00	576.03	365.30	210.73	4,348.13	33,407.87

会计分录为：

借：管理费用——工资　　37 765.00
　　管理费用——社会保险费　　2 326.40
　　管理费用——住房公积金　　1 811.00
　　贷：应付职工薪酬——工资　　37 765.00
　　　　　　——社会保险费　　2 326.40
　　　　　　——住房公积金　　1 811.00

经审核，该笔业务处理存在的问题如下：

（1）花田公司周大福为销售人员，其工资费用应记入“销售费用”账户；其他人员为行政人员，工资费用记入“管理费用”账户。

（2）代扣的社会保险费、住房公积金不能作为费用处理，计提工资费用时不需要考虑代扣代缴的社会保险费和住房公积金。

（3）工资费用总额错误。正确的工资总额应为 37 756 元，而不是 37 765 元。

修改会计分录如下：

借：管理费用——工资　　27 000.00

　　销售费用——工资　　10 756.00

　　贷：应付职工薪酬——工资　　37 756.00

七、成本费用业务审核

成本费用业务记账凭证审核

（一）是否合理区分成本费用业务与资产采购业务

大多数成本费用类业务有着比较明显的标识，比如公共交通、餐饮、复印、快递等服务性质的业务多归入成本费用类。容易混淆的是商品采购业务，此类业务要结合企业所属行业属性及商品用途进行综合判断，具体参考采购业务审核标准，此处不再表述。再比如商品出库，要根据出库单审核用途，如果是用于生产，看是否通过生产成本类账户核算；如果是用于销售，看是否通过营业成本类账户核算；如果是用于办公，看是否使用期间费用类账户核算。

（二）是否合理区分营业成本与期间费用

为取得营业收入而发生的费用应作为营业成本处理，记入“主营业务成本”账户、“其他业务成本”账户，不得作为期间费用处理。比如同样是加油费，如果是物流公司营运车辆产生的，应记入“主营业务成本”账户；如果是公务车辆产生的，则要视情况记入“管理费用——车辆使用费”“销售费用——车辆使用费”账户。

（三）是否正确使用费用类账户

一些小微企业因财务制度未建立或者不规范，费用报销往往只有发票，缺乏费用报销单，导致无法准确选择费用类账户。这种情况下，审核人员应按共享中心账务处理标准进行审核。比如本地餐饮费一般记入“管理费用——福利费”账户，异地餐饮费一般记入“管理费用——差旅费”账户，烟、酒、礼品、景点门票等费用一般记入“管理费用——业务招待费”账户。

（四）是否合理使用费用类结算账户

费用类业务如果有费用报销单，一般通过“其他应付款——××员工”账户进行结算；如果没有费用报销单，对于常见的不太可能定期结算的业务，比如餐饮、住宿、公共交通、景点门票等现结业务，如果确实无法找到报销单且银行回单中也未见付款给员工个人的，按照共享中心的账务处理标准，可以利用“其他应付款——××法人”账户结算。审核人员在审核费用类业务时应根据专业经验作出准确的职业判断。作为共享中心，也可以和客户沟通，帮助客户建立简易费用报销制度。

（五）是否存在同一费用类会计账户下重复设置明细账户问题

比如在“管理费用”下同时出现“车辆费”“车辆使用费”两个明细账户，这就不正常，应予以修正。

（六）是否正确处理特殊费用业务

智能财税业务处理系统为保证会计报表取数正确，对某些费用业务采用了特殊处理，比如企业取得的银行存款利息收入，正常情况下其会计分录为：

借：银行存款

　　贷：财务费用

但在智能财税业务处理系统中如果也这样编制会计分录，会导致系统自动生成的利润表中的“财务费用”项目不正确，系统是从“财务费用”科目本期发生额借方取数，不能识别到本业务中的利息收入为财务费用的抵减项，从而导致利润表虚增财务费用。为保证系统取数不出现异常，对于这样的特殊事项，在智能财税业务处理系统中编制的会计分录为：

借：银行存款

借：财务费用（负数）

在上笔分录中，有借无贷，违背了“有借必有贷”的记账规则，但能保证系统生成正确的会计报表。

（七）成本费用业务单据是否已经全部入账

审核时要将成本费用业务涉及的原始凭证与记账凭证一一核对，确保不漏记，不重复。

任务 18：审核广州某公司（一般纳税人）2021 年 7 月费用业务，单据如图 4－2－15 所示。

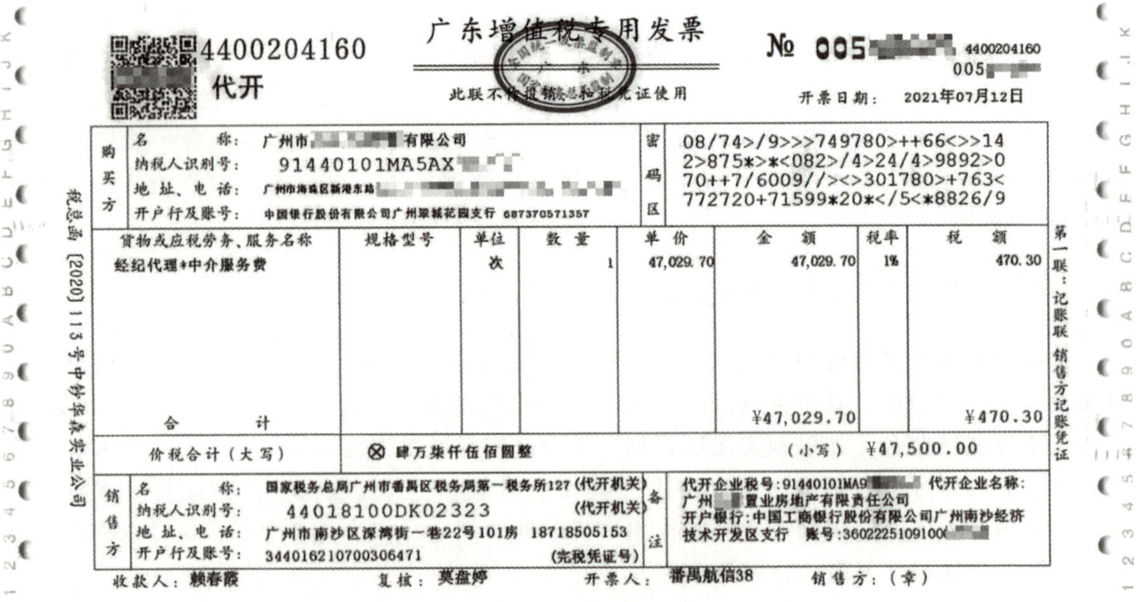
广东增值税专用发票

4400204160　代开

此联不作报销、扣税凭证使用

№ 005[redacted]　4400204160　005[redacted]

开票日期：2021年07月12日

购买方　名称：广州市[redacted]有限公司

纳税人识别号：91440101MA5AX[redacted]

地址、电话：广州市海珠区新港东路[redacted]

开户行及账号：中国银行股份有限公司广州翠城花园支行 687370571357

密码区：08/74>/9>>>749780>++66<>>14
2>875*>*<082>/4>24/4>9892>0
70++7/6009//><>301780>+763<
772720+71599*20*</5<*8826/9

货物或应税劳务、服务名称	规格型号	单位	数量	单价	金额	税率	税额
经纪代理*中介服务费		次	1	47,029.70	47,029.70	1%	470.30
合计					¥47,029.70		¥470.30
价税合计（大写）	⊗肆万柒仟伍佰圆整				（小写）¥47,500.00		

销售方　名称：国家税务总局广州市番禺区税务局第一税务所127（代开机关）

纳税人识别号：44018100DK02323（代开机关）

地址、电话：广州市南沙区深湾街一巷22号101房 18718505153

开户行及账号：34401621070030647１（完税凭证号）

备注：代开企业税号：91440101MA9[redacted] 代开企业名称：广州[redacted]置业房地产有限责任公司 开户银行：中国工商银行股份有限公司广州南沙经济技术开发区支行 账号：3602225109100[redacted]

收款人：赖春霞　复核：莫盈婷　开票人：番禺航信38　销售方：（章）

第一联：记账联 销售方记账凭证

税总函［2020］113号中钞华森实业公司

图 4－2－15　中介服务费发票

会计分录为：

借：管理费用——中介服务费　47 500.00

　　贷：应付账款——番禺区税务局　47 500.00

经审核，该笔业务处理存在的问题如下：

（1）未单独处理可以抵扣的增值税进项税额。

（2）应付账款明细账户使用错误，应付款对象应为广州某置业房地产公司。

修改会计分录如下：

借：管理费用——中介服务费　47 029.70

　　应交税费——应交增值税——进项税额　470.30

　　贷：应付账款——广州××置业房地产公司　47 500.00

鉴于本笔业务涉及金额较大，也可以先记入“长期待摊费用”账户，再分期摊销，具体应和项目经理或审核主管、财税顾问沟通确认。

任务19：审核广州某装卸公司（小规模纳税人）2021年5月发生的费用业务，单据如图4－2－16所示。

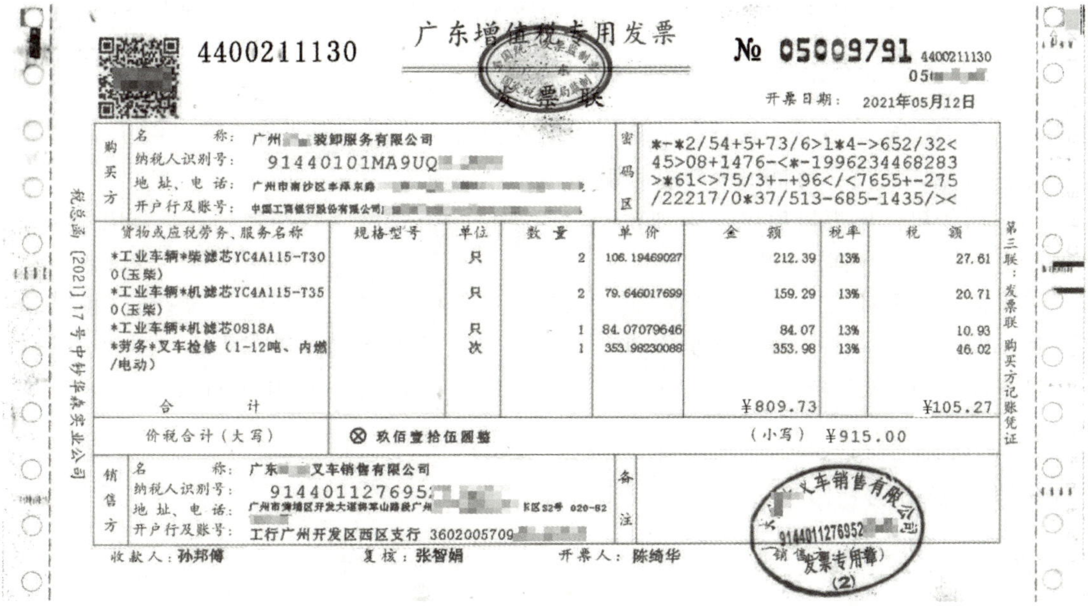

广东增值税专用发票

4400211130　№ 05009791　4400211130

发票联

开票日期：2021年05月12日

购买方　名称：广州　装卸服务有限公司
纳税人识别号：91440101MA9UQ
地址、电话：广州市南沙区
开户行及账号：中国工商银行股份有限公司

密码区：*-*2/54+5+73/6>1*4->652/32<45>08+1476-<*-1996234468283>*61<>75/3+-+96</<7655+-275/22217/0*37/513-685-1435/><

货物或应税劳务、服务名称	规格型号	单位	数量	单价	金额	税率	税额
*工业车辆*柴滤芯YC4A115-T300(玉柴)		只	2	106.19469027	212.39	13%	27.61
*工业车辆*机滤芯YC4A115-T350(玉柴)		只	2	79.646017699	159.29	13%	20.71
*工业车辆*机滤芯0818A		只	1	84.07079646	84.07	13%	10.93
*劳务*叉车检修（1-12吨、内燃/电动）		次	1	353.98230088	353.98	13%	46.02
合计					¥809.73		¥105.27

价税合计（大写）⊗玖佰壹拾伍圆整　（小写）¥915.00

销售方　名称：广东　叉车销售有限公司
纳税人识别号：914401127695
地址、电话：广州市黄埔区开发大道　区52号 020-82
开户行及账号：工行广州开发区西区支行 3602005709

备注

收款人：孙邦倩　复核：张智娟　开票人：陈绮华

税总函〔2021〕17号中钞华森实业公司

第三联：发票联 购买方记账凭证

图4－2－16　车辆滤芯采购发票

会计分录为：

借：固定资产　809.73

　　应交税费——应交增值税——进项税额　105.27

　　贷：应付账款——广州某叉车销售有限公司　915.00

经审核，该笔业务处理存在的问题如下：

（1）发票中所购物资为装卸公司营运车辆耗材，不应记入固定资产，而应直接作为主营业务成本处理。

（2）某装卸公司为小规模纳税人，其获取的增值税专用发票不能抵扣，不能作为进项税处理，应记入成本。

修改会计分录如下：

借：主营业务成本　915.00

　　贷：应付账款——广州某叉车销售有限公司　915.00

期末业务记账凭证审核

八、期末业务审核

（一）期末摊提转业务审核

（1）查阅企业是否有固定资产，如果有，本期是否有计提折旧；查阅企业是否有无形资产，如果有，本期是否有摊销；查阅企业是否有长期摊销费用，如果有，本期是否有摊销。操作步骤：登录智能财税业务处理系统，依次点击“业务处理—折旧摊销—固定资产账表比对—无形资产账表比对—长期待摊费用账表比对”。

（2）制造型企业是否有结转制造费用、生产成本。

（3）劳务成本、已售商品成本等是否有结转至“主营业务成本”“其他业务成本”。

（二）与税费相关业务期末处理审核

（1）一般纳税人增值税是否有结转至“应交税费——未交增值税”。

（2）减免增值税、留抵退税等有否做相应账务处理。

（3）对于已经申报增值税及附加税费、印花税的企业可以将与增值税、印花税相关的数据与电子税务局数据进行比对：

①审核科目余额表中“税金及附加”账户中结转的附加税费与电子税务局相关数据是否一致。电子税务局附加税费数据查询步骤：登录电子税务局，依次点击“我要查询—申报信息查询”，选择对应的税款所属起止日期，点击“查询”后出现如图 4－2－17 所示界面。

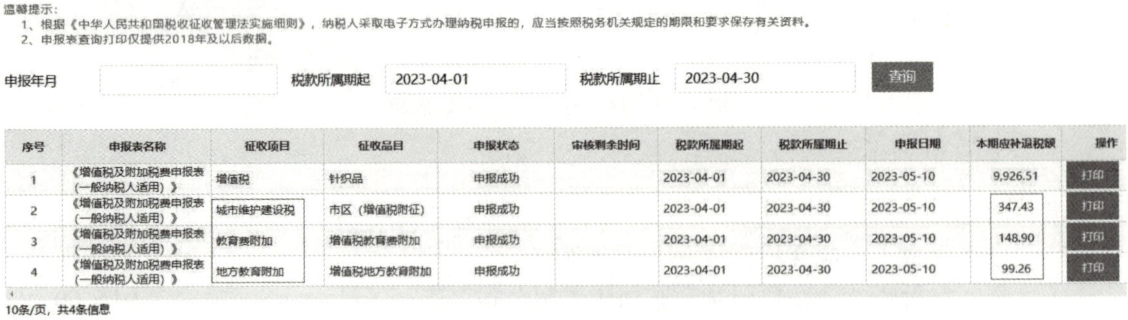
申报信息查询及打印

温馨提示：
1、根据《中华人民共和国税收征收管理法实施细则》，纳税人采取电子方式办理纳税申报的，应当按照税务机关规定的期限和要求保存有关资料。
2、申报表查询打印仅提供2018年及以后数据。

申报年月　税款所属期起 2023-04-01　税款所属期止 2023-04-30　查询

序号	申报表名称	征收项目	征收品目	申报状态	审核剩余时间	税款所属期起	税款所属期止	申报日期	本期应补退税额	操作
1	《增值税及附加税费申报表（一般纳税人适用）》	增值税	针织品	申报成功		2023-04-01	2023-04-30	2023-05-10	9,926.51	打印
2	《增值税及附加税费申报表（一般纳税人适用）》	城市维护建设税	市区（增值税附征）	申报成功		2023-04-01	2023-04-30	2023-05-10	347.43	打印
3	《增值税及附加税费申报表（一般纳税人适用）》	教育费附加	增值税教育费附加	申报成功		2023-04-01	2023-04-30	2023-05-10	148.90	打印
4	《增值税及附加税费申报表（一般纳税人适用）》	地方教育附加	增值税地方教育附加	申报成功		2023-04-01	2023-04-30	2023-05-10	99.26	打印

10条/页，共4条信息

图 4－2－17　税费申报查询

②对于一般纳税人，可以将科目余额表中的销项税额、进项税额、未交增值税和增值税及附加税费申报表核对，本期金额应一致。

③对于小规模纳税人，在季度末所在月份可以将科目余额表中应交增值税季度数、税金及附加季度数与电子税务局增值税及附加税费申报表、附加税费核对，季度累计金额应一致。

④科目余额表中的“应交税费——应交个人所得税”账户本期发生额与智能财税业务处理系统中税务报表中个税应一致。智能财税业务处理系统中个税查询步骤：通过财务云协同管理系统登录智能财税业务处理系统后，依次点击“报表—税务报表”，选择正确的会计期间后，点击查看“扣缴所得税报告表”，核对税款栏目中的个税金额。

任务 20：审核 2023 年 4 月广州某公司固定资产折旧计提情况。

登录智能财税业务处理系统查阅公司 2023 年 4 月科目余额表中“累计折旧”本期发生额，如图 4－2－18 所示。

科目编码	科目名称	期初余额		本期发生额	
		借方	贷方	借方	贷方
1602	累计折旧		76,022.38		12,492.53

图 4－2－18 “累计折旧”本期发生额

在智能财税业务处理系统中查阅“业务处理”菜单下的“折旧摊销”，将科目余额表中的累计折旧发生额与这里的“折旧明细表”中当期折旧合计进行核对，双方金额应该一致。接着再执行一次“固定资产账表比对”，看账与表有无差额，如果没有差额，说明账上已经计提了折旧；如果有差额，说明本期折旧额没有计提，或者计提数与“折旧明细表”中的折旧合计不一致。“固定资产账表比对”执行情况如图 4－2－19、图 4－2－20 所示。

序号	开始使用日期	资产编码	资产名称	数量/面积	规格型号	资产属性	资产类别	资产原值	使用期限(月)	应提折旧/摊销总额	本月应折旧/摊销额
1	2021-05-09	0002	制冷空调1	1.00		固定资产	空调	14,637.17	36	13,905.31	386.26
2	2021-05-10	0003	制冷空调2	1.00		固定资产	空调	6,929.20	36	6,582.74	182.85
3	2021-05-14	0007	货架1	1.00		固定资产	制品	14,800.00	60	14,060.00	234.33
4	2021-05-26	0001	美的3匹柜机空调	1.00		固定资产	空调	10,000.00	36	9,500.00	263.89
5	2021-06-11	0004	美的空调	1.00		固定资产	空调	5,000.00	36	4,750.00	131.94
6	2021-06-12	0005	台式电脑主机+24寸显示器1	1.00		固定资产	电脑	9,700.00	36	9,215.00	255.97
7	2021-06-12	0006	台式电脑主机+24寸显示器2	1.00		固定资产	电脑	4,850.00	36	4,607.50	127.99
8	2022-10-28	0008	必沃全电脑针织横机	1.00	MS352S57G	固定资产	针织机	486,283.21	60	461,969.05	7,699.48
9	2023-02-20	0009	必沃全电脑针织横机	4.00	HS352S57G	固定资产	针织机	202,725.68	60	192,589.40	3,209.82
合计								754,925.26		717,179.00	12,492.53

图 4－2－19 固定资产账表比对

账表比对 ×

固定资产账表比对一致

项目	资产卡片	科目余额表	差额
资产原值	754,925.26	754,925.26	0.00
累计折旧	88,514.91	88,514.91	0.00

图 4－2－20　固定资产账表比对结果

任务 21： 审核广州某公司 2023 年 2 月份税金及附加账户。

登录智能财税业务处理系统查阅公司 2023 年 2 月科目余额表中“税金及附加”账户本期发生额，如图 4－2－21 所示。

首页　科目余额表

财务 » 科目余额表

科目余额表　显示查询条件

科目编码	科目名称	期初余额		本期发生额	
		借方	贷方	借方	贷方
5403	税金及附加			20.24	20.24
540301	城市维护建设税			11.81	11.81
540302	教育费附加			5.06	5.06
540303	地方教育费附加			3.37	3.37

图 4－2－21　“税金及附加”账户本期发生额

登录电子税务局，依次点击“我要查询—申报信息查询—申报查询及打印”，起止日期分别选择 2023 年 2 月 1 日和 2023 年 2 月 28 日，点击“查询”，结果如图 4－2－22 所示。

申报信息查询及打印

温馨提示：
1、根据《中华人民共和国税收征收管理法实施细则》，纳税人采取电子方式办理纳税申报的，应当按照税务机关规定的期限和要求保存有关资料。
2、申报表查询打印仅提供2018年及以后数据。

申报年月　　税款所属期起 2023-02-01　税款所属期止 2023-02-28　查询

序号	申报表名称	征收项目	征收品目	申报状态	审核剩余时间	税款所属期起	税款所属期止	申报日期	本期应补退税额	操作
1	《增值税及附加税费申报表（一般纳税人适用）》	增值税	针织品	申报成功		2023-02-01	2023-02-28	2023-03-07	337.45	打印
2	《增值税及附加税费申报表（一般纳税人适用）》	城市维护建设税	市区（增值税附征）	申报成功		2023-02-01	2023-02-28	2023-03-07	11.81	打印
3	《增值税及附加税费申报表（一般纳税人适用）》	教育费附加	增值税教育费附加	申报成功		2023-02-01	2023-02-28	2023-03-07	5.06	打印
4	《增值税及附加税费申报表（一般纳税人适用）》	地方教育附加	增值税地方教育附加	申报成功		2023-02-01	2023-02-28	2023-03-07	3.37	打印

10条/页，共4条信息

图 4－2－22　税费申报信息查询

比对图 4－2－21 和图 4－2－22，两者的数据是一致的。如果不一致，可以将智能财税业务处理系统中的税金及附加数据与电子税务局上一个月数据进行比对，因为有时候共享中心会将当期缴纳的城建税、教育费附加、印花税等作为当期的税金及附加处理，而企业当期缴纳的城建税等往往是上一期应交的税费。

模块三 财务报表审核

财务报表审核

相关知识

共享中心要审核的财务报表主要包括资产负债表、利润表、现金流量表、所有者权益变动表。

一、审核企业财务报表的形式

主要审核财务报表要素是否齐全，包括：报表名称、公司名称及公章、报表编制时间、计量单位、报表编制人。鉴于财务报表均由系统自动生成，对于电子版财务报表可以不进行形式上的审核。

二、审核财务报表间的勾稽关系

主要是审核资产负债表、利润表、现金流量表、所有者权益变动表四者之间有关项目的勾稽关系。

（一）利润表与资产负债表勾稽关系

主要审核利润表中“净利润”项目与资产负债表中“未分配利润”的关系。

资产负债表的未分配利润和利润表的净利润之间勾稽关系为：

$$\begin{matrix}\text{资产负债表期末}\\\text{未分配利润}\end{matrix}=\begin{matrix}\text{年初资产负债表}\\\text{未分配利润}\end{matrix}+\begin{matrix}\text{本期利润表}\\\text{累计净利润}\end{matrix}-\text{提取盈余公积}-\text{分配股利}+\begin{matrix}\text{盈余公积}\\\text{弥补亏损}\end{matrix}$$
$$\pm\begin{matrix}\text{本年度调整以前年度损益从“以前年度损益调整”}\\\text{科目转入“利润分配－未分配利润”的金额}\end{matrix}$$

（二）现金流量表与资产负债表勾稽关系

鉴于共享中心客户较少出现符合现金等价物特征的业务，现金流量表中“期末现金及现金等价物余额”与资产负债表中的勾稽关系可以简单用下列式子来描述：

现金流量表里的期末现金及现金等价物余额 = 资产负债表的货币资金期末余额

现金及现金等价物净增加额 = 资产负债表的货币资金期末余额 - 资产负债表的货币资金期初余额

（三）所有者权益变动表与资产负债表的勾稽关系

所有者权益变动表是资产负债表中的所有者权益部分变动情况的体现。所有者权益变动表与资产负债表的勾稽关系为：“实收资本（或股本）”“其他权益工具”“资本公积”“库存股”“其他综合收益”“专项储备”“盈余公积”“未分配利润”这几个项目在资产负债表上的期初数与期末数要分别与所有者权益变动表中相应科目金额一致。

三、审核财务报表中异常项目

所谓“异常项目”是指报表项目超过了正常情况下的置信区间或者表明财务状况恶化等情况，比如货币资金出现负数、主营业务成本超过主营业务收入等反常现象。发现反常的报表项目，应追查原因，确认报表数据是否准确。

业务流程

利润表审核—资产负债表审核—现金流量表审核。

业务操作

一、利润表审核

（一）营业收入是否大于营业成本

正常情况下，企业营业收入应该大于营业成本，如果出现反常现象，应审核是否有漏计营业收入，或者营业成本计算错误、重复入账等。

（二）营业成本是否为零

在营业收入不为零的情况下，营业成本如果为零，应该是处理期末业务时漏了结转营业成本，应补回。

（三）营业毛利率是否反常

作为企业正常经营来讲，产品售价、单位成本不会出现大的波动，反映在营业毛利率上，应该保持一定程度的稳定，如果本期毛利率和往期相比出现较大波动，应审核营业收入、营业成本账务处理是否出现问题。

（四）所得税费用是否正常

在利润总额为正数的情况下，如果所得税费用为零，应审核是否漏提企业所得税费用。

二、资产负债表审核

（一）资产负债表各项目是否出现负数

除了部分反映往来业务的项目、未分配利润项目可能会出现负数外，资产负债表其他项目一般不会出现负数，如果出现负数，应仔细追查原因。对于出现负数的反映往来业务的项目，也要追查原因，比如应付账款出现负数，是多付了供应商货款，还是应划归预付账款的款项？再比如应付职工薪酬出现负数，是多支付了薪酬，还是漏计提了薪酬费用？

（二）长期资产账面价值是否正确

审核固定资产、无形资产、长期待摊费用项目金额是否正确，主要审核在账务处理环节有否计提固定资产折旧、摊销无形资产及摊销长期待摊费用。

（三）审核资产负债表与利润表及现金流量表的勾稽关系

财务云协同管理平台提供了一键检验报表勾稽关系功能，操作步骤：进入智能财税业务处理系统，依次点击“财务—会计报表—资产负债表—勾稽关系”。

三、现金流量表审核

（一）审核报表勾稽关系

审核现金流量表里的期末现金及现金等价物余额是否等于资产负债表里的货币资金期末余额。

（二）审核异常变动项目

比如，“收到其他与经营活动有关的现金”如果超过“销售商品、提供劳务收到的现金”就比较反常，应结合银行存款明细账进行大致审核，看有无异常。

（三）审核变动趋势反常项目

比如，经营活动产生的现金流量净额连续为负，应审核采购业务是否存在问题，如重复入账；如果账务处理无问题，应反馈给财税顾问，提醒客户加强采购管理，防止存货积压过度。

任务 22： 审核广州诗意服饰有限公司 2023 年 5 月资产负债表，如表 4－3－1 所示。

表 4－3－1 **资产负债表** 会小企 01 表

编制单位：广州诗意服饰有限公司 2023 年 5 月 单位：元

资产	行次	期末余额	年初余额	负债和所有者权益	行次	期末余额	年初余额
流动资产：				流动负债：			
货币资金	1	46 256.60	11 255.47	短期借款	31		
短期投资	2			应付票据	32		
应收票据	3			应付账款	33	420 803.97	122 502.06
应收账款	4	63 666.49	37 314.42	预收账款	34	560 011.10	242 169.70
预付账款	5	635 704.48	156 555.10	应付职工薪酬	35	39 110.00	75 000.00
应收股利	6			应交税费	36	－8 651.41	14 901.96
应收利息	7			应付利息	37		
其他应收款	8	456 509.19	493 410.69	应付利润	38		
存货	9	540 829.15	220 577.33	其他应付款	39	220 000.00	20 000.00
其中：原材料	10	301 737.16		其他流动负债	40		
在产品	11			流动负债合计	41	1 231 273.66	474 573.72
库存商品	12	239 091.99	220 577.33	非流动负债			
周转材料	13			长期借款	42		
其他流动资产	14			长期应付款	43		
流动资产合计	15	1 742 965.91	919 113.01	递延收益	44		
非流动资产：				其他非流动负债	45		
长期债券投资	16			非流动负债合计	46		
长期股权投资	17			负债合计	47	1 231 273.66	474 573.72
固定资产原价	18	65 916.37	65 916.37				
减：累计折旧	19	20 066.09	10 566.71				
固定资产账面价值	20	45 850.28	55 349.66				
在建工程	21						
工程物资	22						
固定资产清理	23						
生产性生物资产	24			所有者权益：			
无形资产	25			实收资本	48	820 000.00	500 000.00
开发支出	26			资本公积	49		
长期待摊费用	27			盈余公积	50		
其他非流动资产	28			未分配利润	51	－262 457.47	－111.05
非流动资产合计	29	45 850.28	55 349.66	所有者权益合计	52	557 542.53	499 888.95
资产合计	30	1 788 816.19	974 462.67	负债和所有者权益总计	53	1 788 816.19	974 462.67

（1）资产负债表中有两个项目出现负数。一是应交税费为 -8 651.41 元，查阅明细账，为未抵扣完的进项税额，无异常。二是未分配利润为 -262 457.47 元，此为公司历年来亏损额，无异常。

（2）存货项目中有 301 737.16 元原材料，查阅公司基本信息，该公司经营范围为“互联网销售（除销售需要许可的商品）、服装辅料销售、服饰研发、服装服饰批发、服装服饰零售。”可以判断该公司为商贸型企业，非制造型企业；再抽查本月任意一笔原材料记账凭证对应的原始凭证，实为采购面料。结合公司行业属性及记账凭证信息，资产负债表中 301 737.16 元原材料在账务处理环节应调整为库存商品。

（3）预付账款、其他应收款、其他应付款、存货占比较高，应提醒客户注意加强对往来款和存货的管理。

（4）审核资产负债表与利润表及现金流量表的勾稽关系。操作步骤：进入智能财税业务处理系统—财务—会计报表—资产负债表—勾稽关系，执行结果如图 4-3-1 所示。

勾稽关系平衡

资产负债表平衡		
资产合计_期末数	负债和所有者权益_期末数	差额
1,788,816.19	1,788,816.19	0
资产负债表和利润表		
资产负债表_未分配利润差额	利润表_净利润	差额
-262,346.42	-262,346.42	0
资产负债表和现金流量表		
资产负债表_货币资金_期末余额	现金流量表_期末现金余额	差额
46,256.6	46,256.6	0

关闭

图 4-3-1　检查财务报表之间勾稽关系

图 4-3-1 显示，资产负债表本身保持了资产与权益的平衡关系，资产负债表与利润表及现金流量表的勾稽关系也正常。

思政园地

执着求真，勇于创新

2013 年 11 月 25 日，新中国会计教育事业开拓者和会计准则奠基人、厦门大学资深教授葛家澍先生辞世。一颗巨星在祖国东南陨落了，带去了一位执着求真、“独树一帜”的著名学者，带去了一位德高望重、宽厚慈爱的师长。然而，葛家澍波澜壮阔的一生及其丰厚的学术思想遗产，却永远地留在了泱泱鹭水旁，也留在了辽阔的华夏大地上。

1950 年起，在时任厦门大学校长王亚南教授、会计系系主任萧贞昌教授等的鼓励和支持下，葛家澍发起成立“新会计研究小组”。他与当时会计系的年轻教师余绪缨、黄道标等一起，全身心投入到会计理论和方法的研究之中。葛家澍开始频频发表论文，其中最具代表性的当属 1956 年的《试论会计核算这门科学的对象与方法》及 1961 年的《关于社会主义会计对象的再认识》。在这两篇论文中，葛家澍正面挑战了当时苏联专家居于绝对权威地位的论述，即会计的对象是“社会主义扩大再生产过程及其社会主义财产”。一个企业怎么能反映社会主义扩大再生产的过程？葛家澍认为这种观点过于空洞，进而提出“资金运动”的观点，即会计的对象是一个企业经营资金的运动，即把资金投到企业，其耗费、循环、周转、收回、利润等整个过程，他也因此被称为“资金运动学派”。事实上，这不仅是 20 世纪五六十年代我国会计界所形成的唯一有别于苏联专家的理论观点，更是当时我国会计制度中资金平衡表三段平衡的理论基础。在葛家澍的引领下，构建与中国经济制度相适应的会计理论之路由此开启。

厦门大学曾经这样评价葛家澍教授：“葛家澍先生，文科资深教授，博学谦逊的经济学家、会计学家、管理学家。在神圣的科学殿堂，他是一名执着求真、勇于创新的斗士，敢于发表真知灼见，为夜行的人指明道路，被誉为‘独树一帜’的学者。”

资料来源：https：//news. xmu. edu. cn/info/1002/42225. htm。

思考：请你谈一谈我们应该从会计前辈身上学习哪些精神？作为一名审核人员，我们应该坚守哪些职业道德？

项目五

共享中心税务申报

知识目标

1. 掌握增值税法相关规定
2. 掌握企业所得税法相关规定
3. 掌握个人所得税法相关规定
4. 掌握其他税费相关规定

能力目标

1. 能进行增值税纳税申报
2. 能进行企业所得税纳税申报
3. 能进行个人所得税纳税申报
4. 能进行其他税费纳税申报

素养目标

1. 培养良好的税收职业道德
2. 增强税收风险意识
3. 养成遵纪守法、依法纳税的良好习惯

工作任务

1. 完成一般纳税人增值税智能申报

2. 完成小规模纳税人增值税智能申报
3. 完成企业所得税智能申报
4. 完成个人所得税智能申报
5. 完成其他税费智能申报

标志性成果

1. 一般纳税人增值税纳税申报表
2. 小规模纳税人增值税纳税申报表
3. 企业所得税季度预缴申报表
4. 个人所得税纳税申报表
5. 其他税费纳税申报表

模块一　税务智能申报流程

相关知识

税收是政府为了满足社会公共需要，凭借政治权力，按照法律的规定，强制、无偿地取得财政收入的一种形式，依法纳税是每个纳税人的责任和义务。企业作为最重要的纳税人之一，必须承担依法纳税的义务。一般来讲，企业需要缴纳的税收主要包括流转税（如：增值税、消费税、关税）、所得税（如：企业所得税、个人所得税）以及其他税费（包括但不限于房产税、城镇土地使用税、印花税、车船税、车辆购置税、车船税、契税、城市建设维护税、教育费附加、地方教育附加费等），企业只要产生纳税行为或取得纳税所得，都需要按法律法规申报纳税。

本模块以花田公司个人所得税的智能申报为例，结合财务机器人智能报税，介绍共享中心智能报税流程。

业务流程

税务下单—税务分派—税务智能申报—上传附件走税务流程—税务审核。

业务操作

税务智能申报

一、税务下单

在税务下单前，税务核算人员需要根据花田公司3月份工资表，进行个税人员信息维护和工资表数据维护。完成数据维护后，点击“税务管理”下“税费录入”，点击“批量新增”，操作如图5－1－1所示。进入税务下单界面，录入正确的会计年度、月份，选择报税范围为“个人所得税”，公司性质为“一般纳税人”，选择正确的财税顾问、分部/基地、B端公司、账务系统等，在界面左下角点击“增行”，录入客户名称为“中山市花田贸易有限公司”或点击放大镜搜索选择客户。如果有多家企业需要下税单，可以继续点击“增行”，添加需要下单的企业。完成添加后，点击右上角“保存”，操作如图5－1－2所示。

图5－1－1　进入税费录入界面

二、税务分派

下单完成后，回到税费录入界面，可以看到已下好的个税单，这时表单状态显示“自由”，自由状态的个税单是不能分派的，需要先审核。选中下好的个税单，点击“审核”，操作如图5－1－3所示。完成审核后，表单状态会变为“已审”，报税状态为“待分派”。点击“分派”，弹出选择处理人界面，点击“请选择处理人”旁边的放大镜，弹出选择公司员工窗口，输入财务机器人员工名字“小誉”，点击“查询”，在列表中勾选对应员工，最后点击“确定”，操作如图5－1－4、图5－1－5所示。

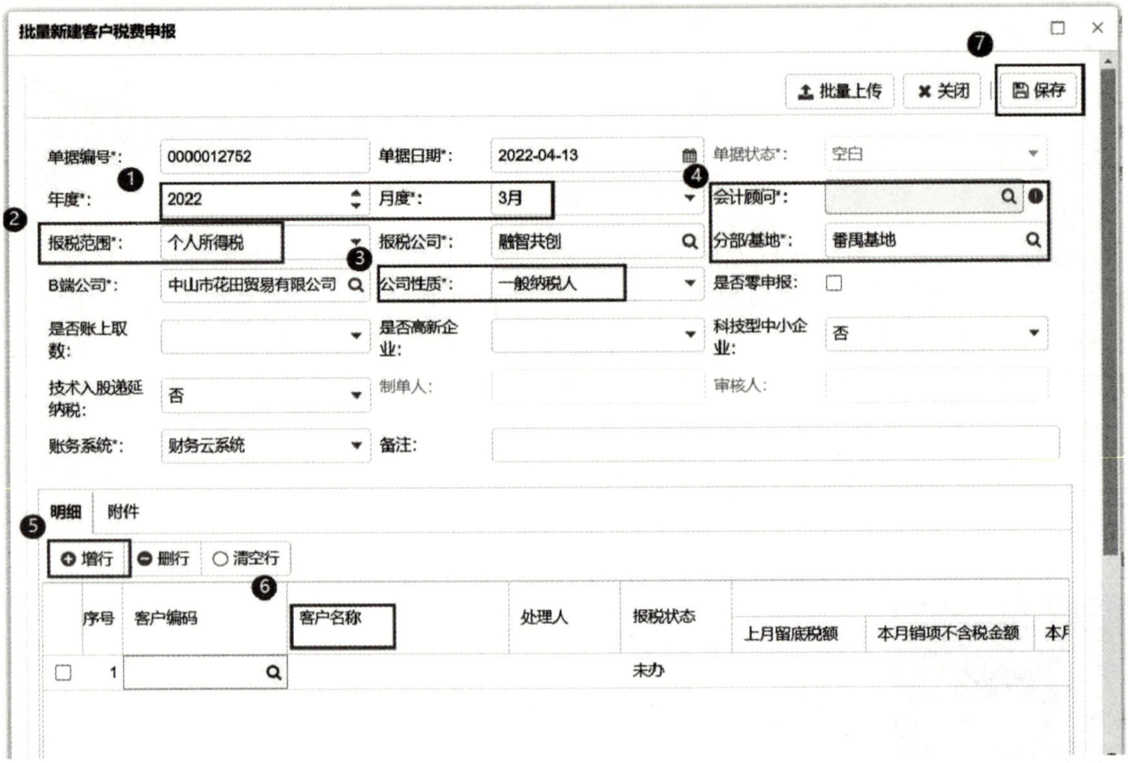

图 5－1－2　税务下单操作

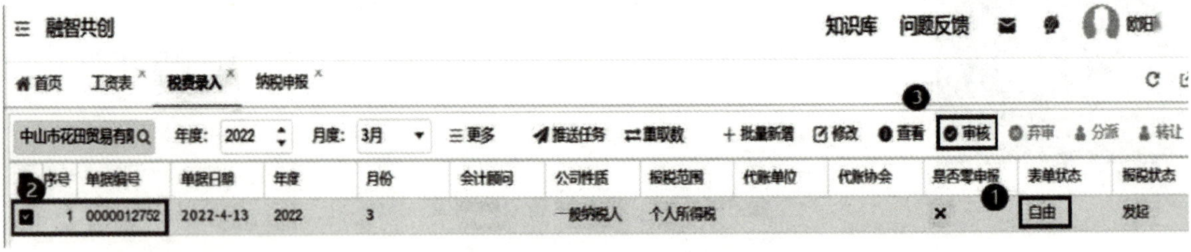

图 5－1－3　审核个税单

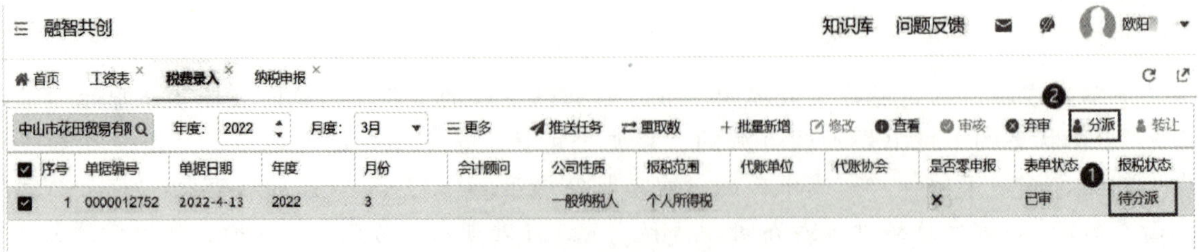

图 5－1－4　分派个税单

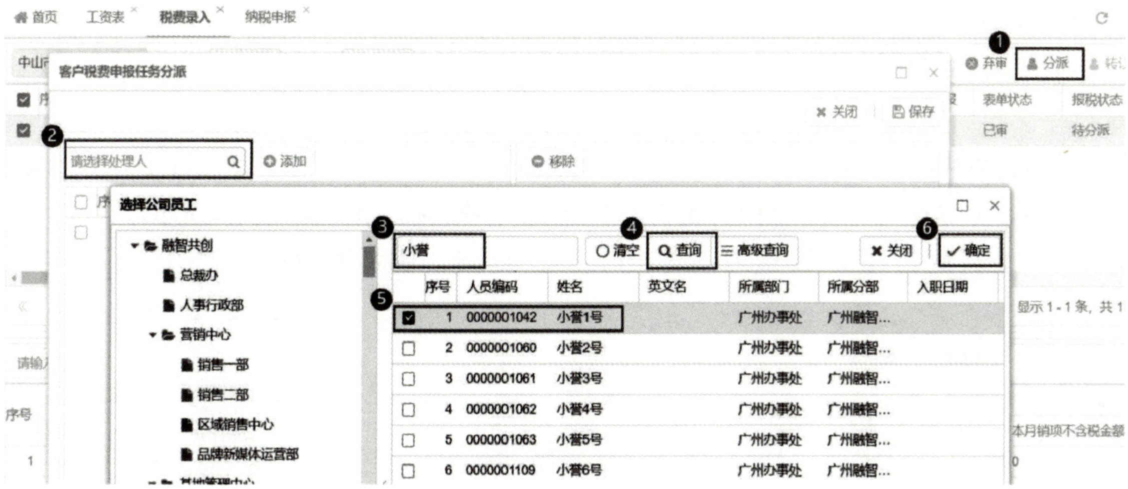

图 5－1－5　选择个税处理员工

点击“确定”后，界面会回到客户税费申报任务分派界面，勾选左边需要分派的公司，点击“添加”。勾选的企业会跳转到界面的右边，表示已经把客户分派给了“小誉 1 号”，点击右上角“保存”，操作如图 5－1－6、图 5－1－7 所示。至此，就将花田公司的个人所得税申报任务分派给财务机器人“小誉 1 号”。

图 5－1－6　勾选要添加的企业

图 5－1－7　保存企业添加结果

三、税务智能申报

经过前面的操作，花田公司的个人所得税就在排队等候财务机器人“小誉1号”申报。我们可以通过“税务管理”下的“纳税申报”查询申报情况如图5-1-8所示。报税人员显示为“小誉1号”，处理状态为“申报中”，表明正在排队等待报税。

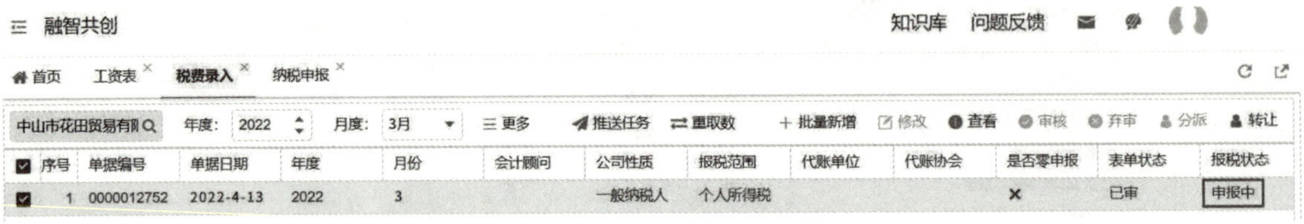

图5-1-8　排队等待报税

机器人“小誉1号”申报成功后，财务云税费录入中的报税处理状态会显示“成功”，表明已完成个税申报。

这里花田公司的个人所得税是通过财务机器人“小誉1号”进行智能申报，实务操作中，个人所得税的申报也可以登录自然人电子税务局进行申报，这部分内容将在模块三所得税智能申报中介绍。

四、上传附件走税务流程

在完成个税申报后，税务人员需要截取申报成功页面、下载申报表并上传到纳税申报单的附件走税务流程。

这里，财务机器人“小誉1号”在完成花田公司个人所得税申报后会自动截取申报成功的界面形成申报回执，我们可以登录智能财税业务处理系统，点击“报表”下的“税务报表”，找到“扣缴所得税报告表”，点击“申报成功”旁边的“回执”查看申报成功截图，操作如图5-1-9、图5-1-10所示。因为财务机器人不会自动下载申报表，上传附件走税务流程，需要税务审核人员登录智能财税业务处理系统查看申报回执，并与财务云协同管理平台的工资表核对申报数据。

如果是报税人员通过自然人电子税务局申报的个人所得税，在完成申报后，需要手动截取申报成功的界面，截图应该包括完整的公司名称、申报状态和应补（退）税额，并导出申报表，注意申报表需要选择标准表样。

另外，还需要回到财务云协同管理平台导出公司当月的工资表，截取工资表数据界面并保存，具体操作见图5-1-11。

图 5－1－9　申报成功截图

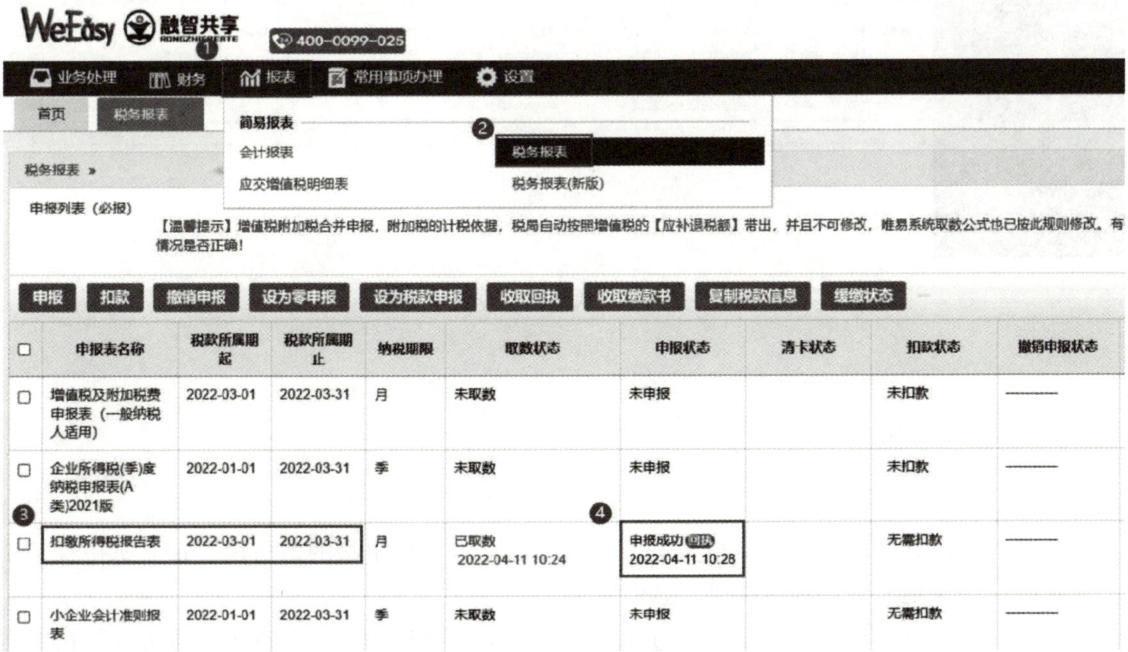

图 5－1－10　查看回执（申报成功截图）

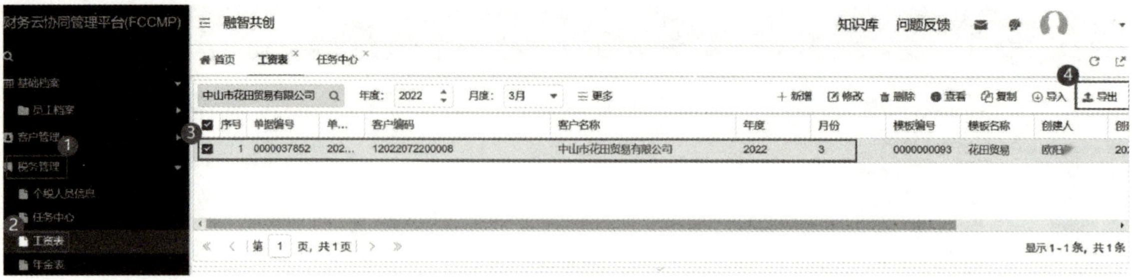

图 5 -1 -11　导出工资表

然后回到“纳税申报”界面，找到该公司的个税下单信息，选中后点击“查看”，在弹出的窗口中，分别填制报税电脑编号和税款合计。如果是财务机器人报税，填写财务机器人编号，如果是人工报税，填写自己的姓名，税款合计为智能财税业务处理系统税务报表中的应补退税额，如果是没有税款的，则不填。然后选择“附件”，点击“批量上传”，将之前的申报成功截图、工资表截图和下载的申报表批量上传，完成后，在附件栏可以看到已上传的表单。将报税状态改成“完成”后点击“保存”，关闭页面，完成税务流程，操作如图 5 -1 -12、图 5 -1 -13 所示。

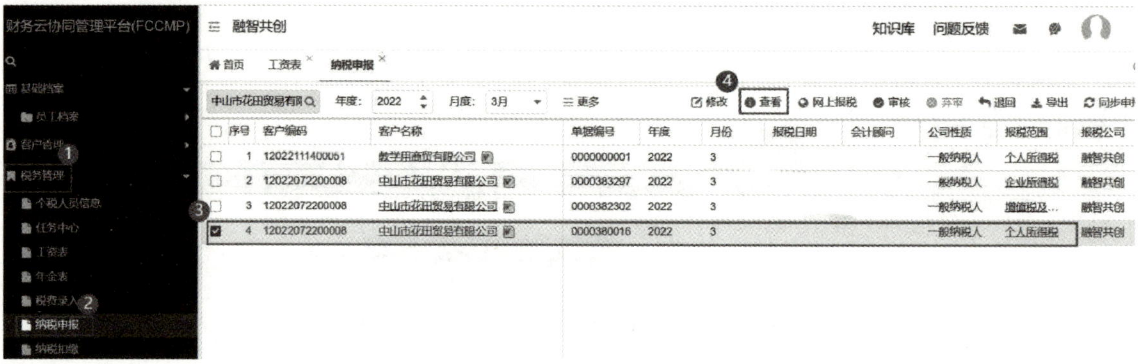

图 5 -1 -12　找到公司个税申报单

五、税务审核

共享中心设有专门的税务审核人员，其主要职责为审核申报的增值税、企业所得税、个人所得税、印花税、附加税费等是否及时正确。

这里，花田公司个人所得税是通过财务机器人自动报税的，税务审核人员可以通过财务云协同管理平台的“税务管理”下的“纳税申报”搜索“花田公司”，找到对应的个税申报单，点击公司名称后面的“W”标志，进入智能财税业务处理系统审核个税的申报。进入智能财税业务处理系统后，注意右上方的会计期间，选择正确的申报月份，点击“报表”

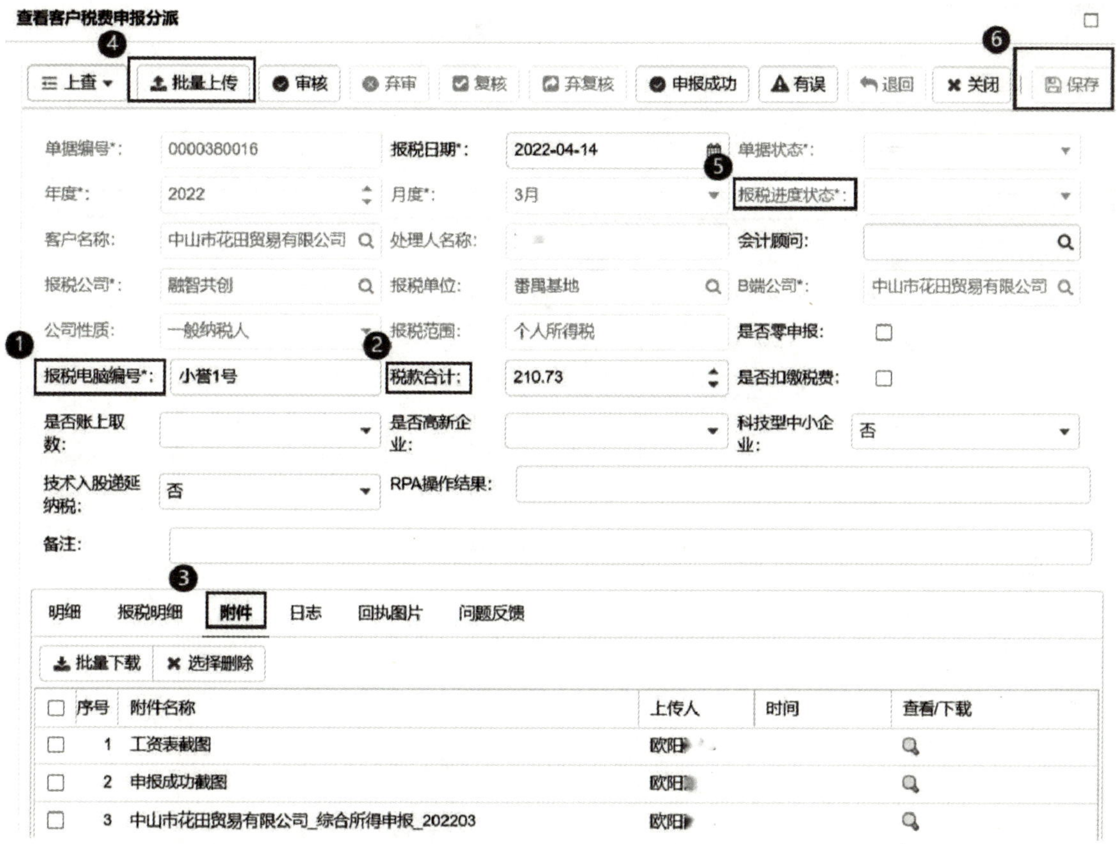

图 5－1－13　上传附件

下的“税务报表”，打开税务报表界面，找到申报表名称为“扣缴所得税报告表”的那一栏，操作同图 5－1－10 所示。核对这一栏税款处显示的员工人数、工资总额与财务云协同管理平台的工资表显示的员工人数和工资总额是否一致。

核对确认税务报表与工资表的人数和总额一致后，点开税务报表界面“扣缴所得税报告表”一栏“申报状态”下的绿色“回执”按钮，即可查看系统反馈的申报截图。截图需要截到完整且正确的公司名称，核对公司名称和税款所属期是否正确。确认都无误后，回到财务云协同管理平台的“税务管理”下的“纳税申报”界面，找到花田公司 3 月份个税申报单，选中后，点击“查看”，进入“查看客户税费申报分派”界面，点击“申报成功”后再单击“审核”，完成个人所得税申报的审核流程，具体操作如图 5－1－14 所示。

如果报税人员是通过自然人电子税务局申报了花田公司的个人所得税，并已上传附件走完税务流程，税务审核人员可以查看附件中的申报成功截图、工资表截图和综合所得申报表，确认公司名称和申报状态，并核对工资表的数据与综合所得申报表的数据是否一致。确认无误后，回财务云协同管理平台完成税务审核流程，具体操作与前面一样。

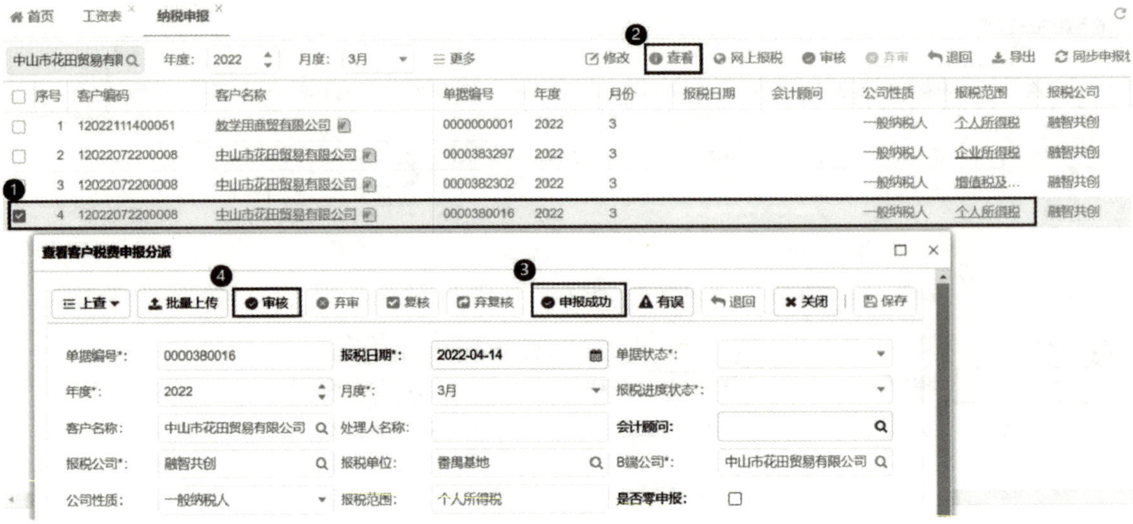

图 5－1－14　完成个税审核

模块二　流转税与附加税费智能申报

相关知识

一、流转税相关知识

流转税又称商品劳务税，是指以商品、劳务或服务买卖的流转额为征税对象征收的各种税，包括增值税、消费税、关税等，这里重点介绍增值税的智能处理。

（一）增值税征税范围

按照我国增值税法的规定，增值税是对在我国境内销售货物或者加工、修理修配劳务，销售服务、无形资产、不动产以及进口货物的单位和个人，就其销售货物、劳务、服务、无形资产、不动产的增值额和货物进口金额为计税依据而课征的一种流转税。增值税的征税范围包括在境内发生应税销售行为及进口货物，具体包括：

（1）销售或者进口货物。

（2）销售劳务。劳务是指纳税人提供的加工、修理修配劳务。

（3）销售服务。服务包括交通运输服务、邮政服务、电信服务、建筑服务、金融服务、现代服务和生活服务。

（4）销售无形资产。是指转让无形资产所有权或者使用权的业务活动。无形资产包括技术、商标、著作权、商誉、自然资源使用权和其他权益性无形资产。

（5）销售不动产。是指转让不动产所有权的业务活动。不动产包括建筑物、构筑物等。

（二）增值税纳税人

增值税纳税人是指在中华人民共和国境内销售货物、劳务、服务、无形资产、不动产的单位和个人。由于增值税实行增值税专用发票抵扣税款制度，为方便征收管理，税法将增值税纳税人按会计核算水平和经营规模分为一般纳税人和小规模纳税人，分别采取不同的登记管理办法。

小规模纳税人是指年销售额在规定标准以下，并且会计核算不健全，不能按规定报送有关税务资料的增值税纳税人。所称“会计核算不健全”是指不能正确核算增值税的销项税额、进项税额和应纳税额。

自2018年5月1日起，年应税销售额未超过500万元（含）的纳税人为小规模纳税人；年应税销售额超过500万元的纳税人为一般纳税人。财政部和国家税务总局可以根据试点情况对年应税销售额标准进行调整。

小规模纳税人以外的增值税纳税人，为增值税一般纳税人。一般纳税人适用购进扣税法计税（另有规定除外），即根据一个纳税期的销售额乘以适用税率计算销项税，再扣除采购环节已经支付的进行税额，据以计算应交增值税的方法。其计算公式如下：

当期应纳税额＝当期销项税额－当期进项税额＋进项税额转出－上期留抵税额

小规模纳税人适用简易计税方法，按照销售额和征收率计算应纳税额，不得抵扣进项税额。应纳税额计算公式：

应纳税额＝销售额×征收率

（三）增值税税率

我国增值税目前实行多档税率和征收率，现阶段增值税税率有以下四档：

13%税率。纳税人销售货物、有形动产租赁服务或者进口货物，除按规定适用9%税率的货物以外，适用13%的基本税率。

9%税率。纳税人销售或者进口跟民生相关的如粮食、食用植物油、食用盐、自来水、暖气、冷气、热水、煤气、石油液化气、天然气、沼气、居民用煤炭制品等；跟文化相关的如图书、报纸、杂志；跟农业相关的如饲料、化肥、农药、农机、农膜等都适用9%的低税率。“营改增”后，纳税人销售交通运输、邮政、基础电信、建筑、不动产租赁服务，销售不动产，转让土地使用权等也适用9%的低税率。

6%税率。纳税人销售增值电信服务、金融服务、现代服务业（租赁服务除外）、生活服务、销售无形资产（转让土地使用权除外），税率都为6%。

零税率。纳税人出口货物，境内单位和个人跨境销售国际运输服务、航天运输服务，向境外单位提供完全在境外消费的相关服务适用增值税零税率。

增值税小规模纳税人和一般纳税人发生应税销售行为按规定可以选择简易计税方法计税

的，也适用增值税的征收率，征收率目前有两档：3% 和 5% 。

（四）增值税纳税期限

增值税的纳税期限分别为 1 日、3 日、5 日、10 日、15 日、1 个月或者 1 个季度。纳税人的具体纳税期限，由主管税务机关根据纳税人应纳税额的大小分别核定。不能按照固定期限纳税的，可以按次纳税。

纳税人以 1 个月或者 1 个季度为 1 个纳税期的，自期满之日起 15 日内申报纳税；以 1 日、3 日、5 日、10 日、15 日为 1 个纳税期限的，自期满之日起 5 日内预缴税款，于次月 1 日起 15 日内申报纳税并结清上个月应纳税款。

按固定期限纳税的小规模纳税人可以选择以 1 个月或 1 个季度为纳税期限，一经选择，1 个会计年度内不得变更。

二、附加税费相关知识

附加税费包括城市维护建设税、教育费附加和地方教育附加。

（一）城市维护建设税

城市维护建设税是对从事工商经营，缴纳增值税、消费税的单位和个人征收的一种附加税。在中华人民共和国境内缴纳增值税、消费税的单位和个人为城市维护建设税的纳税人。城市维护建设税的税率按纳税人所在地的不同，设置了 3 档地区差别比例税率。纳税人所在地为市区的，税率为 7%；纳税人所在地为县城、镇的，税率为 5%；纳税人所在地不在市区、县城或者镇的，税率为 1%。城市维护建设税以纳税人实际缴纳的增值税、消费税税额为计税依据，纳税环节、纳税地点、纳税发生时间和纳税期限都比照增值税、消费税的规定执行。

（二）教育费附加和地方教育附加

教育费附加和地方教育附加是对缴纳增值税、消费税的单位和个人，就其实际缴纳的税额为计算依据征收的一种附加费。缴纳增值税、消费税的单位和个人即为教育费附加和地方教育附加的纳税人。我国目前教育费附加的计征比例为 3%，地方教育附加的征收率为 2%。

（三）纳税申报表

根据《国家税务总局关于增值税 消费税与附加税费申报表整合有关事项的公告》，自 2021 年 8 月 1 日起，增值税、消费税分别与城市维护建设税、教育费附加、地方教育附加申报表整合，启用《增值税及附加税费申报表（一般纳税人适用）》《增值税及附加税费申报表（小规模纳税人适用）》《增值税及附加税费预缴表》及其附列资料和《消费税及附加税费申报表》。

业务流程

登录电子税务局—智能取数—填写特殊报税事项—核对修改数据—智能申报。

业务操作

一、增值税智能税务申报

增值税一般纳税人智能申报

（一）一般纳税人增值税智能申报

1. 一般业务增值税的智能申报

任务1：根据花田公司3月份增值税涉税业务，申报该企业3月份的增值税。

花田公司作为增值税一般纳税人在办理纳税申报时，需先登录“增值税发票综合服务平台”查询、勾选，以确认该公司用于本月申报抵扣的增值税进项税额。另外，该公司还需要先进行抄税处理工作，之后，增值税的纳税申报可按以下步骤进行：

（1）登录电子税务局。

第一种方式：登录财务云协同管理平台，在左侧菜单栏找到“税务管理”，点击“纳税申报”，在搜索框输入“花田贸易”，点击旁边的放大镜搜索，在跳转出的列表中找到“中山市花田贸易有限公司”，点击公司名称旁边的“W”标识跳转至智能财税业务处理系统，具体操作如图5－2－1所示。

图5－2－1 登录财务云协同管理平台

在智能财税业务处理系统中点击“设置”下的“企业信息”，找到“国税信息一”，点击打开，查询看到该公司的“纳税人识别号”“用户名”“密码”，具体操作如图5－2－2所示。

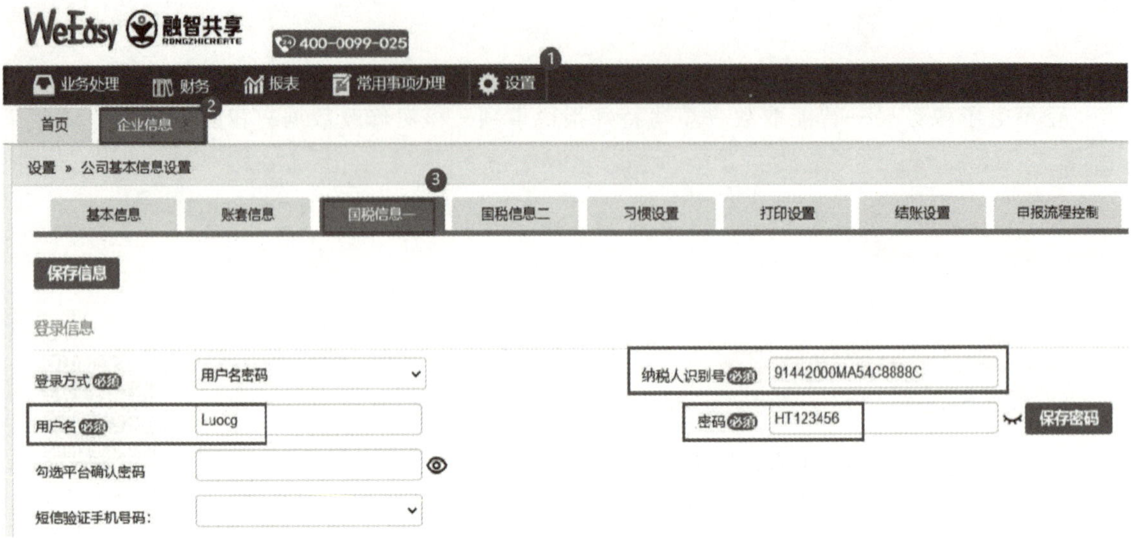

图 5-2-2　查询公司国税信息

打开广东省电子税务局网站（https：//etax. guangdong. chinatax. gov. cn/xxmh/），点击右上角“登录”，将刚查询到的花田公司的企业社会信用代码（纳税人识别号）、用户名、密码复制粘贴到登入界面后登录电子税务局，操作如图 5-2-3、图 5-2-4 所示。

图 5-2-3　电子税务局网站

第二种方式：安装唯易会计助手后，直接从智能财税业务处理系统跳转。选择“常用事项办理”下的“电子税务局”，如图 5-2-5 所示，系统会自动跳转到唯易会计助手下载界面，找到唯易会计助手安装程序，下载安装，如图 5-2-6 所示。安装完成后回到电脑桌面找到“唯易会计助手”的快捷方式，点击打开程序，找到“打开 Goolge Chrome”，通过唯易会计助手打开 Google 浏览器，如图 5-2-7 所示。在打开的浏览器中登录智能财税业

图 5-2-4　电子税务局登录界面

务处理系统，同样选择“常用事项办理”下的“电子税务局”，这时系统会自动跳转进入到电子税务局平台。

图 5-2-5　跳转唯易会计助手界面

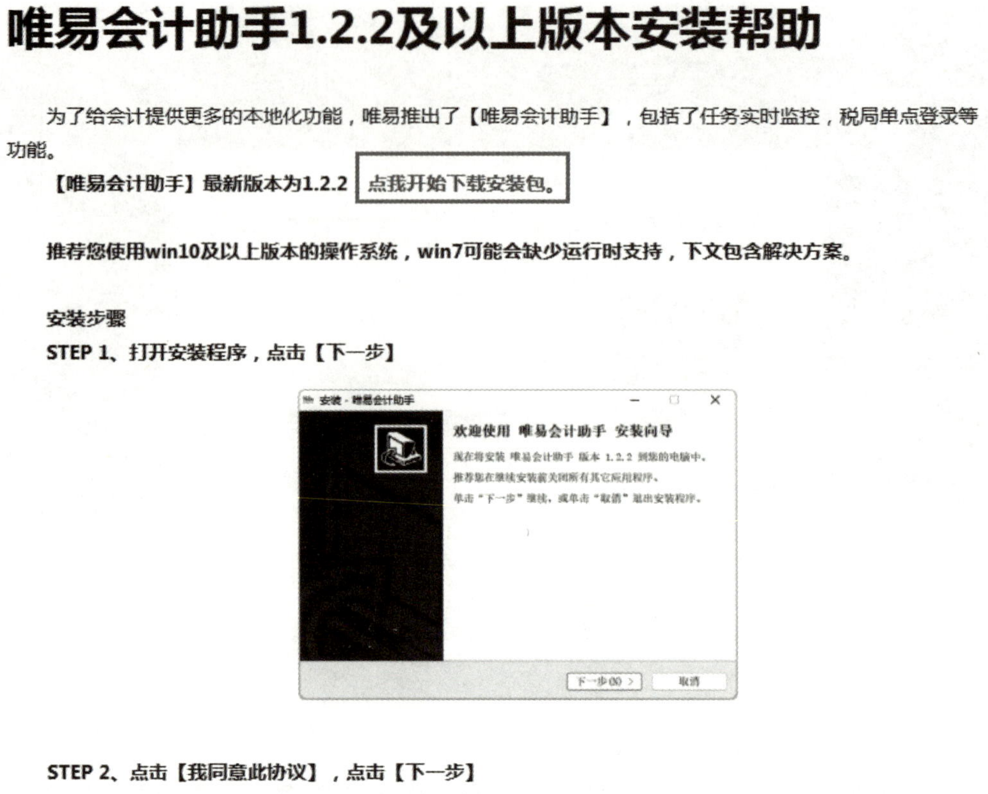

唯易会计助手1.2.2及以上版本安装帮助

为了给会计提供更多的本地化功能，唯易推出了【唯易会计助手】，包括了任务实时监控，税局单点登录等功能。

【唯易会计助手】最新版本为1.2.2 点我开始下载安装包。

推荐您使用win10及以上版本的操作系统，win7可能会缺少运行时支持，下文包含解决方案。

安装步骤

STEP 1、打开安装程序，点击【下一步】

安装 - 唯易会计助手

欢迎使用 唯易会计助手 安装向导

现在将安装 唯易会计助手 版本 1.2.2 到您的电脑中。

推荐您在继续安装前关闭所有其它应用程序。

单击“下一步”继续，或单击“取消”退出安装程序。

下一步(N) > 取消

STEP 2、点击【我同意此协议】，点击【下一步】

图 5－2－6　下载安装唯易会计助手

图 5－2－7　通过唯易会计助手打开浏览器

（2）智能取数。点击“我要办税—税费申报与缴纳”，选择“按期应申报”下的“增值税及附加税费申报表（一般纳税人适用）”，点击“填写申报表”，操作如图 5－2－8、图 5－2－9 所示。

单击右上角的“一键读取”，系统会自动读取该公司的进销项发票信息，并将数据自动匹配填入对应的申报表中，操作如图 5－2－10 所示。系统读取完数据后，单击“下一步”，进入增值税一般纳税人报表选择界面。

图 5－2－8 选择税费申报与缴纳

图 5－2－9 选择增值税及附加税申报表

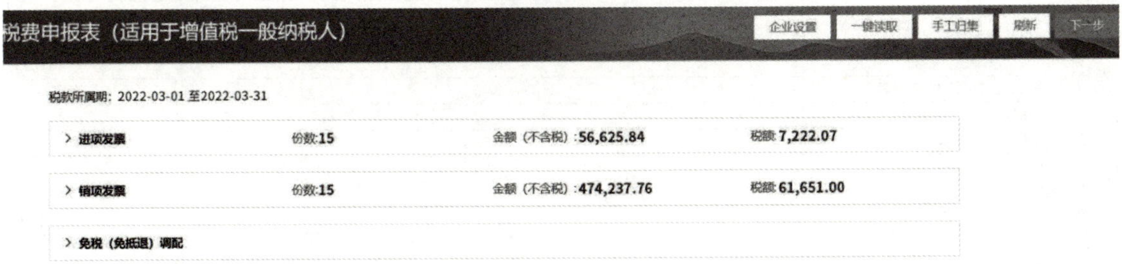

图 5－2－10 一键读取数据

根据花田公司所处行业类型勾选需要填写的申报表，然后点击右上角的“下一步”进入增值税申报界面，具体操作如图 5－2－11 所示。

增值税及附加税费申报表（适用于增值税一般纳税人）　下一步

增值税一般纳税人报表选择

选表变更之后,申报表将默认重置。

表单分类	表单名称	选择	填报说明	表单报送条件
主表	增值税及附加税费申报表（一般纳税人适用）	☑	必报	必报
销项	增值税及附加税费申报表附列资料（一）（本期销售情况明细）	☑	必报	必报
进项	增值税及附加税费申报表附列资料（二）（本期进项税额明细）	☑	必报	必报
扣除	增值税及附加税费申报表附列资料（三）（服务、不动产和无形资产扣除项目明细）	☑	据实填报	营业税改征增值税服务、不动产和无形资产有扣除项目的纳税人。有扣除项目的营业税改增值税纳税人填写，其他纳税人可不填。
抵减	增值税及附加税费申报表附列资料（四）（税额抵减情况表）	☑	据实填报	营业税改征增值税纳税人申报，发生相关业务的纳税人填写，其他纳税人可不填
附加税	增值税及附加税费申报表附列资料（五）（附加税费情况表）	☑	据实填报	有认定附加税的纳税人
优惠	增值税减免税申报明细表	☑	据实填报	享受增值税减免优惠政策的一般纳税人填写
成品油	成品油购销存情况明细表	☐	据实填报	适用于发生成品油零售业务的纳税人
	成品油购销存数量明细表	☐	据实填报	从事成品油零售业务的加油站
	加油站xx月份加油信息明细表	☐	据实填报	从事成品油零售业务的加油站
	加油站月销售油品汇总表	☐	据实填报	从事成品油零售业务的加油站
代扣代缴	代扣代缴税收通用缴款书抵扣清单	☐	据实填报	发生代扣代缴事项的纳税人

图 5－2－11　选择申报表

花田公司增值税纳税申报表包括 1 张主表《增值税及附加税费申报表（一般纳税人适用）》和 6 张附表：《增值税及附加税申报表附列资料（一）（本期销售情况明细）》《增值税及附加税费申报表附列资料（二）（本期进项税额明细）》《增值税及附加税费申报表附列资料（三）（服务、不动产和无形资产扣除项目明细）》《增值税及附加税费申报表附列资料（四）（税额抵减情况表）》《增值税及附加税费申报表附列资料（五）（附加税费情况表）》和《增值税减免税申报明细表》，具体如图 5－2－12 至图 5－2－18 所示。

增值税及附加税费申报表

（一般纳税人适用）

根据国家税收法律法规及增值税相关规定制定本表。纳税人不论有无销售额，均应按税务机关核定的纳税期限填写本表，并向当地税务机关申报。

税款所属时间：2022-03-01 至 2022-03-31　　填表日期：2022-04-12　　金额单位：元（列至角分）

纳税人识别号(统一社会信用代码):	91442000MA54C8888C			所属行业：		
纳税人名称:	中山市花田贸易有限公司	法定代表人姓名	罗成功	注册地址	中山市东区复兴南路365号	生产经营地址	中山市东区复兴南路365号
开户银行及账号	中国建设银行中山市城东支行 44050178230100098765	登记注册类型	有限责任公司		电话号码	13582073234

	项　目	栏次	一般项目		即征即退项目	
			本月数	本年累计	本月数	本年累计
销售额	（一）按适用税率计税销售额	1	474,237.76	1,318,380.97	0.00	0.00
	其中：应税货物销售额	2	474,237.76	1,318,380.97	0.00	0.00
	应税劳务销售额	3	0.00	0.00	0.00	0.00
	纳税检查调整的销售额	4	0.00	0.00	0.00	0.00
	（二）按简易办法计税销售额	5	0.00	0.00	0.00	0.00
	其中：纳税检查调整的销售额	6	0.00	0.00	0.00	0.00
	（三）免、抵、退办法出口销售额	7	0.00	0.00	——	——
	（四）免税销售额	8	0.00	0.00	——	——
	其中：免税货物销售额	9	0.00	0.00	——	——
	免税劳务销售额	10	0.00	0.00	——	——
税款计算	销项税额	11	61,651.00	171,389.53	0.00	0.00
	进项税额	12	7,222.07	20,077.10	0.00	0.00
	上期留抵税额	13	0.00	0.00	0.00	——
	进项税额转出	14	0.00	0.00	0.00	0.00
	免、抵、退应退税额	15	0.00	0.00	——	——
	按适用税率计算的纳税检查应补缴税额	16	0.00	0.00	——	——
	应抵扣税额合计	17=12+13-14-15+16	7,222.07	——	0.00	——
	实际抵扣税额	18（如17<11，则为17，否则为11）	7,222.07	20,077.10	0.00	0.00
	应纳税额	19=11-18	54,428.93	151,312.43	0.00	0.00
	期末留抵税额	20=17-18	0.00	0.00	0.00	——

	简易计税办法计算的应纳税额	21	0.00	0.00	0.00	0.00
	按简易计税办法计算的纳税检查应补缴税额	22	0.00	0.00	——	——
	应纳税额减征额	23	0.00	0.00	0.00	0.00
	应纳税额合计	24=19+21-23	54,428.93	151,312.43	0.00	0.00
税款缴纳	期初未缴税额（多缴为负数）	25	38,062.78	38,062.78	0.00	0.00
	实收出口开具专用缴款书退税额	26		0.00	——	——
	本期已缴税额	27=28+29+30+31	38,062.78	38,062.78	0.00	0.00
	①分次预缴税额	28	0.00	——	0.00	——
	②出口开具专用缴款书预缴税额	29	0.00	——	——	——
	③本期缴纳上期应纳税额	30	38,062.78	38,062.78	0.00	0.00
	④本期缴纳欠缴税额	31	0.00	0.00	0.00	0.00
	期末未缴税额（多缴为负数）	32=24+25+26-27	54,428.93	54,428.93	0.00	0.00
	其中：欠缴税额（≥0）	33=25+26-27	0.00	——	0.00	——
	本期应补(退)税额	34=24-28-29	54,428.93	——	0.00	——
	即征即退实际退税额	35	——	——	0.00	0.00
	期初未缴查补税额	36	0.00	0.00	——	——
	本期入库查补税额	37	0.00	0.00	——	——
	期末未缴查补税额	38=16+22+36-37	0.00	0.00	——	——
附加税费	城市维护建设税本期应补（退）税额	39	1,905.01	8,686.86	——	——
	教育费附加本期应补（退）费额	40	816.43	4,539.37	——	——
	地方教育附加本期应补（退）费额	41	544.29	3,026.25	——	——

声明：此表是根据国家税收法律法规及相关规定填写的，本人（单位）对填报内容（及附带资料）的真实性、可靠性、完整性负责。

纳税人（签章）： 年 月 日

经办人：罗成功 **经办人身份证号：440****************5687** **代理机构签章：** **代理机构统一社会信用代码：**	**受理人：广东省电子税务局** **受理税务机关（章）：国家税务总局中山市东城区税务局 受理日期：2022年04月12日**

图 5－2－12 增值税及附加税费申报表

增值税及附加税费申报表附列资料（一）（本期销售情况明细）

税款所属时间：2022-03-01 至 2022-03-31

纳税人名称：（公章）中山市花田贸易有限公司 金额单位：元（列至角分）

填表日期：2022/04/12 纳税人识别号：（社会统一信用代码）91442000MA54C8888C

项目及栏次				开具增值税专用发票		开具其他发票		未开具发票		纳税检查调整		合计			服务、不动产和无形资产扣除项目本期实际扣除金额	扣除后	
				销售额	销项(应纳)税额	销售额	销项(应纳)税额	销售额	销项(应纳)税额	销售额	销项(应纳)税额	销售额	销项(应纳)税额	价税合计		含税(免税)销售额	销项(应纳)税额
				1	2	3	4	5	6	7	8	9=1+3+5+7	10=2+4+6+8	11=9+10	12	13=11-12	14=13÷(100%+税率或征收率)×税率或征收率
一、一般计税方法计税	全部征税项目	13%税率的货物及加工修理修配劳务	1	474,237.76	61,651.00	0.00	0.00	0.00	0.00	0.00	0.00	474,237.76	61,651.00	——	——	——	——
		13%税率的服务、不动产和无形资产	2	0.00	0.00	0.00	0.00	0.00	0.00	0.00	0.00	0.00	0.00	0.00	0.00	0.00	0.00
		9%税率的货物及加工修理修配劳务	3	0.00	0.00	0.00	0.00	0.00	0.00	0.00	0.00	0.00	0.00	——	——	——	——
		9%税率的服务、不动产和无形资产	4	0.00	0.00	0.00	0.00	0.00	0.00	0.00	0.00	0.00	0.00	0.00	0.00	0.00	0.00
		6%税率	5	0.00	0.00	0.00	0.00	0.00	0.00	0.00	0.00	0.00	0.00	0.00	0.00	0.00	0.00
	其中：即征即退项目	即征即退货物及加工修理修配劳务	6	——	——	——	——	——	——	——	——	0.00	0.00	——	——	——	——
		即征即退服务、不动产和无形资产	7	——	——	——	——	——	——	——	——	0.00	0.00	0.00	0.00	0.00	0.00
二、简易计税方法计税	全部征税项目	6%征收率	8	0.00	0.00	0.00	0.00	0.00	0.00	——	——	0.00	0.00	——	——	——	——
		5%征收率的货物及加工修理修配劳务	9a	0.00	0.00	0.00	0.00	0.00	0.00	——	——	0.00	0.00	——	——	——	——
		5%征收率的服务、不动产和无形资产	9b	0.00	0.00	0.00	0.00	0.00	0.00	——	——	0.00	0.00	0.00	0.00	0.00	0.00
		4%征收率	10	0.00	0.00	0.00	0.00	0.00	0.00	——	——	0.00	0.00	——	——	——	——
		3%征收率的货物及加工修理修配劳务	11	0.00	0.00	0.00	0.00	0.00	0.00	——	——	0.00	0.00	——	——	——	——
		3%征收率的服务、不动产和无形资产	12	0.00	0.00	0.00	0.00	0.00	0.00	——	——	0.00	0.00	0.00	0.00	0.00	0.00
		预征率 %	13a	0.00	0.00	0.00	0.00	0.00	0.00	——	——	0.00	0.00	0.00	0.00	0.00	0.00
		预征率 %	13b	0.00	0.00	0.00	0.00	0.00	0.00	——	——	0.00	0.00	0.00	0.00	0.00	0.00
		预征率 %	13c	0.00	0.00	0.00	0.00	0.00	0.00	——	——	0.00	0.00	0.00	0.00	0.00	0.00
	其中：即征即退项目	即征即退货物及加工修理修配劳务	14	——	——	——	——	——	——	——	——	0.00	0.00	——	——	——	——
		即征即退服务、不动产和无形资产	15	——	——	——	——	——	——	——	——	0.00	0.00	0.00	0.00	0.00	0.00
三、免抵退税	货物及加工修理修配劳务		16	——	——	0.00	——	0.00	——	——	——	0.00	——	——	——	——	——
	服务、不动产和无形资产		17	——	——	0.00	——	0.00	——	——	——	0.00	——	0.00	0.00	0.00	——
四、免税	货物及加工修理修配劳务		18	0.00	0.00	0.00	——	0.00	——	——	——	0.00	——	——	——	——	——
	服务、不动产和无形资产		19	——	——	0.00	——	0.00	——	——	——	0.00	——	0.00	0.00	0.00	——

图 5－2－13 附列资料（一）本期销售情况明细

增值税及附加税费申报表附列资料（二）（本期进项税额明细）

税款所属时间：2022-03-01 至 2022-03-31

纳税人识别号：（社会统一信用代码） 91442000MA54C8888C

纳税人名称：（公章）中山市花田贸易有限公司　　　　金额单位：元（列至角分）

一、申报抵扣的进项税额				
项目	栏次	份数	金额	税额
（一）认证相符的增值税专用发票	1=2+3	15	56,625.84	7,222.07
其中：本期认证相符且本期申报抵扣	2	15	56,625.84	7,222.07
前期认证相符且本期申报抵扣	3	0	0.00	0.00
（二）其他扣税凭证	4=5+6+7+8a+8b	0	0.00	0.00
其中：海关进口增值税专用缴款书	5	0	0.00	0.00
农产品收购发票或者销售发票	6	0	0.00	0.00
代扣代缴税收缴款凭证	7	0	——	0.00
加计扣除农产品进项税额	8a	——	——	0.00
其他	8b	0	0.00	0.00
（三）本期用于购建不动产的扣税凭证	9	0	0.00	0.00
（四）本期用于抵扣的旅客运输服务扣税凭证	10	0	0.00	0.00
（五）外贸企业进项税额抵扣证明	11	——	——	0.00
当期申报抵扣进项税额合计	12=1+4+11	15	56,625.84	7,222.07
二、进项税额转出额				
项目	栏次	税额		
本期进项税额转出额	13=14至23之和	0.00		
其中：免税项目用	14	0.00		
集体福利、个人消费	15	0.00		
非正常损失	16	0.00		
简易计税方法征税项目用	17	0.00		
免抵退税办法不得抵扣的进项税额	18	0.00		
纳税检查调减进项税额	19	0.00		
红字专用发票信息表注明的进项税额	20	0.00		
上期留抵税额抵减欠税	21	0.00		
上期留抵税额退税	22	0.00		
异常凭证转出进项税额	23a	0.00		
其他应作进项税额转出的情形	23b	0.00		
三、待抵扣进项税额				
项目	栏次	份数	金额	税额
（一）认证相符的增值税专用发票	24	——	——	——
期初已认证相符但未申报抵扣	25	0	0.00	0.00
本期认证相符且本期未申报抵扣	26	0	0.00	0.00
期末已认证相符但未申报抵扣	27	0	0.00	0.00
其中：按照税法规定不允许抵扣	28	0	0.00	0.00
（二）其他扣税凭证	29=30至33之和	0	0.00	0.00
其中：海关进口增值税专用缴款书	30	0	0.00	0.00
农产品收购发票或者销售发票	31	0	0.00	0.00
代扣代缴税收缴款凭证	32	0	——	0.00
其他	33	0	0.00	0.00
	34	0	0.00	0.00
四、其他				
项目	栏次	份数	金额	税额
本期认证相符的增值税专用发票	35	**15**	56625.84	7222.07
代扣代缴税额	36	——	——	

图 5-2-14　附列资料（二）本期进项税额明细

增值税及附加税费申报表附列资料（三）（服务、不动产和无形资产扣除项目明细）

税款所属时间：2022-03-01 至 2022-03-31

纳税人名称：（公章）中山市花田贸易有限公司　　　　金额单位：元（列至角分）

项目及栏次		本期服务、不动产和无形资产价税合计额（免税销售额）	服务、不动产和无形资产扣除项目				
			期初余额	本期发生额	本期应扣除金额	本期实际扣除金额	期末余额
		1	2	3	4=2+3	5(5≤1且5≤4)	6=4-5
13%税率的项目	1	0.00	0.00	0.00	0.00	0.00	0.00
9%税率的项目	2	0.00	0.00	0.00	0.00	0.00	0.00
6%税率的项目（不含金融商品转让）	3	0.00	0.00	0.00	0.00	0.00	0.00
6%税率的金融商品转让项目	4	0.00	0.00	0.00	0.00	0.00	0.00
5%征收率的项目	5	0.00	0.00	0.00	0.00	0.00	0.00
3%征收率的项目	6	0.00	0.00	0.00	0.00	0.00	0.00
免抵退税的项目	7	0.00	0.00	0.00	0.00	0.00	0.00
免税的项目	8	0.00	0.00	0.00	0.00	0.00	0.00

图 5-2-15　附列资料（三）服务、不动产和无形资产扣除项目明细

增值税及附加税费申报表附列资料（四）（税额抵减情况表）

税款所属时间：2022-03-01 至 2022-03-31

纳税人名称：（公章）中山市花田贸易有限公司　　　　金额单位：元（列至角分）

一、税额抵减情况						
序号	抵减项目	期初余额	本期发生额	本期应抵减税额	本期实际抵减税额	期末余额
		1	2	3=1+2	4≤3	5=3-4
1	增值税税控系统专用设备费及技术维护费	0.00	0.00	0.00	0.00	0.00
2	分支机构预征缴纳税款	0.00	0.00	0.00	0.00	0.00
3	建筑服务预征缴纳税款	0.00	0.00	0.00	0.00	0.00
4	销售不动产预征缴纳税款	0.00	0.00	0.00	0.00	0.00
5	出租不动产预征缴纳税款	0.00	0.00	0.00	0.00	0.00

二、加计抵减情况							
序号	加计抵减项目	期初余额	本期发生额	本期调减额	本期可抵减额	本期实际抵减额	期末余额
		1	2	3	4=1+2-3	5	6=4-5
6	一般项目加计抵减额计算	0.00	0.00	0.00	0.00	0.00	0.00
7	即征即退项目加计抵减额计算	0.00	0.00	0.00	0.00	0.00	0.00
8	合计	0.00	0.00	0.00	0.00	0.00	0.00

图 5-2-16　附列资料（四）税额抵减情况表

增值税及附加税费申报表附列资料（五）（附加税费情况表）

税（费）款所属时间：2022-03-01 至 2022-03-31

填表日期：2022-04-12　　　　　　　　　　　　金额单位：元（列至角分）

本期是否适用试点建设培育产教融合型企业抵免政策	O是　◉否	当期新增投资额	0.00
		上期留抵可抵免金额	0.00
		结转下期可抵免金额	0.00
可用于扣除的增值税留抵退税额使用情况		当期新增可用于扣除的留抵退税额	0.00
		上期结存可用于扣除的留抵退税额	0.00
		结转下期可用于扣除的留抵退税额	0.00
被冲红所属期起		被冲红所属期止	
计税（费）依据修改原因		其他修改原因	
本期是否适用小微企业“六税两费”减征政策：◉是　O否		减征政策适用主体	小型微利企业（增值税一般纳税人）
		减征政策起始时间	2022/03/01
		减征政策终止时间	2022/03/31

申报表信息

税（费）种		计税（费）依据				税（费）率（%）	本期应纳税（费）额	本期减免税（费）额		小微企业“六税两费”减征政策		试点建设培育产教融合型企业		本期已缴税（费）额	本期应补（退）税（费）额
		增值税税额	增值税限额减免金额	增值税免抵税额	留抵退税本期扣除额			减免性质代码	减免税（费）额	减征比例（%）	减征额	减免性质代码	本期抵免金额		
		1	2	3	4	5	6=（1+2-3）×4	7	8	9	10	11	12	13	14=6-8-10-12-13
城市维护建设税	1	54,428.93	0.00	0.00		7%	3,810.03	0.00	0.00	50%	1,905.02	——	——	0.00	1,905.01
教育费附加	2	54,428.93	0.00	0.00		3%	1,632.87	0.00	0.00	50%	816.43		0.00	0.00	816.44
地方教育附加	3	54,428.93	0.00	0.00		2%	1,088.58	0.00	0.00	50%	544.29		0.00	0.00	544.29
合计	4	——	——	——		——	6,531.48	——		——	3,265.74	——			3,265.74

图 5-2-17　附列资料（五）附加税费情况表

增值税减免税申报明细表

税款所属时间：2022-03-01 至 2022-03-31

纳税人名称（公章）：中山市花田贸易有限公司　　　　金额单位：元（列至角分）

一、减税项目						
减税性质代码及名称	栏次	期初余额	本期发生额	本期应抵减税额	本期实际抵减税额	期末余额
		1	2	3=1+2	4≤3	5=3-4
合计	1	0.00	0.00	0.00	0.00	0.00
	2	0.00	0.00	0.00	0.00	0.00
	3	0.00	0.00	0.00	0.00	0.00
二、免税项目						
免税性质代码及名称	栏次	免征增值税项目销售额	免税销售额扣除项目本期实际扣除金额	扣除后免税销售额	免税销售额对应的进项税额	免税额
		1	2	3=1-2	4	5
合 计	1	0.00	0.00	0.00	0.00	0.00
出口免税	2	0.00	——	——	——	0.00
其中：跨境服务	3	0.00	——	——	——	0.00
	4	0.00	0.00	0.00	——	0.00
	5	0.00	0.00	0.00	0.00	0.00

图 5-2-18　增值税减免税申报明细表

系统已根据前面“一键读取”的数据，自动生成申报表上相应的数据。如果企业有未开具发票销售收入，有销售服务、不动产和无形资产，享有加计抵减或减免税收优惠政策的，需要手动填写纳税申报表及对应附表中相应的数据。由于花田公司没有上述报税事项，只需要核对、确认申报表主表和附表中的相关数据。

（3）核对修改数据。核对附表《增值税及附加税申报表附列资料（一）（本期销售情况明细）》。返回电子税务局主页，点击“我要查询”“发票信息查询”，具体操作如图 5-2-19 所示。

图 5－2－19　选择发票查询

进入发票信息查询界面，选择“发票开具信息查询”，录入开票起止日期，选择要查询的发票种类，将查询到的所有发票导出到 Excel 表格，具体操作如图 5－2－20 所示。注意：这里需要查询纳税期限内公司所开具的所有发票种类。

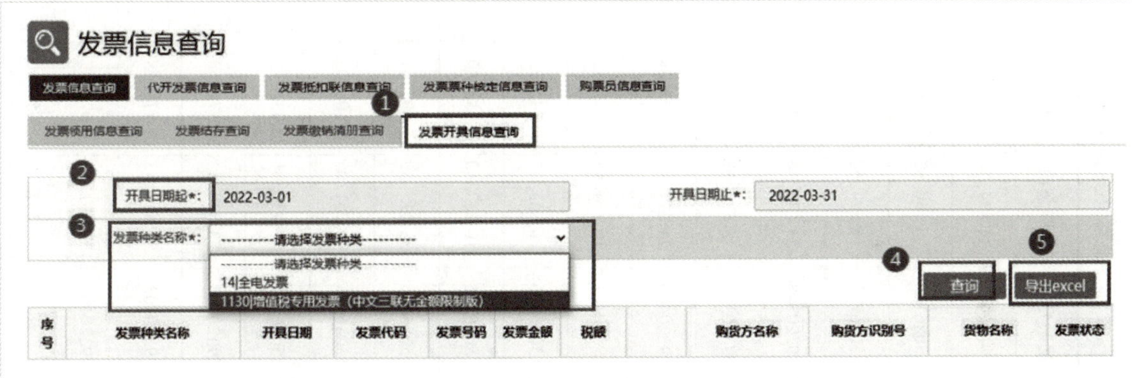

图 5－2－20　查询发票

花田公司销售时开具的都是增值税专用发票，导出发票数据如表 5－2－1 所示。如有作废发票在计算销售额和税额时需要剔除掉。根据查询结果计算出来花田公司 2022 年 3 月份的销售额为 474 237.76 元，税率都为 13%，税额为 61 651 元，并与附表《增值税及附加税申报表附列资料（一）（本期销售情况明细）》（如图 5－2－13）的数据核对。

核对附表《增值税及附加税申报表附列资料（二）（本期进项税额明细）》。根据客户提供的增值税发票综合服务平台勾选确认本月申报抵扣的发票信息，统计如表 5－2－2，公司本月抵扣发票的金额为 56 625.84 元，进项税额为 7 222.07 元，将表格数据与附列资料（二）进项税额明细表（如图 5－2－14）的数据进行核对，确认税局系统一键取数读取到数据与花田公司本月申报抵扣的进项税额一致。

表 5－2－1　　发票开具信息查询结果

序号	发票种类名称	开具日期	发票代码	发票号码	发票金额	税额	开票人名称	购货方名称	购货方识别号	货物名称	发票状态
1	增值税专用发票（中文三联无金额限制版）	2022－03－02	4400202130	29320406	34 837. 34	4 528. 86		江门市大兴商场有限公司	914407036650255555		正常
2	增值税专用发票（中文三联无金额限制版）	2022－03－04	4400202130	15086736	6 160. 62	800. 88		广东多美好商业连锁有限公司	914420002821033333		正常
3	增值税专用发票（中文三联无金额限制版）	2022－03－12	4400202130	15086745	16 924. 68	2 200. 22		江门市远旺超市有限公司	914407056863544444		正常
4	增值税专用发票（中文三联无金额限制版）	2022－03－15	4400202130	29320308	24 642. 48	3 203. 52		广东多美好商业连锁有限公司	914420002821033333		正常
5	增值税专用发票（中文三联无金额限制版）	2022－03－15	4400202130	29320309	4 672. 57	607. 43		中山市丰沛商贸有限公司	91442000727858888F		正常
6	增值税专用发票（中文三联无金额限制版）	2022－03－15	4400202130	29320400	24 677. 16	3 208. 04		江门市远旺超市有限公司	914407056863544444		正常
7	增值税专用发票（中文三联无金额限制版）	2022－03－15	4400202130	29320401	19 354. 68	2 516. 12		江门市大兴商场有限公司	914407036650255555		正常
8	增值税专用发票（中文三联无金额限制版）	2022－03－24	4400202130	15086706	6 865. 65	892. 55		江门市远旺超市有限公司	914407056863544444		正常
9	增值税专用发票（中文三联无金额限制版）	2022－03－24	4400202130	15086716	10 267. 60	1 334. 80		江门市大兴商场有限公司	914407036650255555		正常
10	增值税专用发票（中文三联无金额限制版）	2022－03－24	4400202130	15086756	39 212. 39	5 097. 61		珠海市隆泰实业有限公司	91440400618389999F		正常
11	增值税专用发票（中文三联无金额限制版）	2022－03－24	4400202130	15086676	70 061. 95	9 108. 05		珠海市隆泰实业有限公司	91440400618389999F		正常
12	增值税专用发票（中文三联无金额限制版）	2022－03－25	4400202130	15086677	17 932. 01	2 331. 19		江门市大兴商场有限公司	914407036650255555		正常
13	增值税专用发票（中文三联无金额限制版）	2022－03－27	4400202130	29320404	83 628. 32	10 871. 68		中山市兴隆商贸有限公司	91442000680633777F		正常
14	增值税专用发票（中文三联无金额限制版）	2022－03－27	4400202130	29320403	83 628. 32	10 871. 68		中山市兴隆商贸有限公司	91442000680633777F		正常
15	增值税专用发票（中文三联无金额限制版）	2022－03－27	4400202130	29320405	31 371. 99	4 078. 37		中山市丽之洁洗衣有限公司	91442000338266666X		正常
	合计				474 237. 76	61 651. 00					

表 5-2-2　　申报抵扣发票统计表

序号	发票号码	供货商	金额（元）	税率	税额（元）
1	35802146	广州市好运莱国际贸易有限公司	3 944.92	13%	512.84
2	24973213	深圳金蝴蝶进出口有限公司	907.97	13%	118.03
3	26238966	中山市华科商贸有限公司	1 538.69	13%	200.03
4	35804213	广州市好运莱国际贸易有限公司	7 386.13	13%	960.19
5	26238571	中山市华科商贸有限公司	2 317.49	13%	301.27
6	35804213	中山市华好物业服务有限公司	1 926.04	6%	115.56
6	35804213	中山市华好物业服务有限公司	44.61	3%	1.34
7	33896120	中山市华科商贸有限公司	2 762.44	13%	359.12
8	20446155	惠州市青山湖商贸有限公司	1 731.19	13%	225.05
9	24972236	深圳金蝴蝶进出口有限公司	7 688.49	13%	999.51
10	26238174	中山市华科商贸有限公司	3 301.06	13%	429.14
11	26238735	中山市华科商贸有限公司	2 592.98	13%	337.10
12	33896282	中山市华科商贸有限公司	4 787.73	13%	622.39
13	35802147	广州市好运莱国际贸易有限公司	4 293.10	13%	558.10
14	26238377	中山市华科商贸有限公司	4 065.17	13%	528.47
15	35802145	广州市好运莱国际贸易有限公司	7 337.83	13%	953.93
合计			56 625.84		7 222.07

由于花田公司没有销售服务、不动产和无形资产，不享有加计抵减或减免税优惠，增值税及附加税费申报表附列资料（三）（服务、不动产和无形资产扣除项目明细）和增值税减免税申报明细表没有数据，我们只需要将申报表调出来点击保存即可；增值税及附加税费申报表附列资料（五）（附加税费情况表）会根据主表中实际需要缴纳的增值税税额自动计算需要缴纳的附加税费。

（4）一键智能申报。核对确认好附表数据后，相应的数据会自动勾稽关联到主表，纳税申报主表数据会根据所填写的附表自动生成，我们需要核对、确认申报表主表的相关数据，确认无误后点击申报界面右上角的“保存”“申报”，即可完成增值税的纳税申报，如图 5-2-21 所示。完成申报后，系统会提醒“申报成功”，如果需要缴款可以点击“缴款”，如果不立即缴款可点击“关闭本页”，完成企业 3 月份增值税的纳税申报，操作如图 5-2-22 所示。

2. 特殊业务增值税的申报

（1）未开具发票销售额的填报。实务中，企业往往会有未开具发票业务的情况，如企业偶尔发生的一些零散销售业务或视同销售的业务一般不开具发票。根据税法规定，未开具

增值税及附加税费申报表（适用于增值税一般纳税人） 新… ① 保存 导出报盘 发票汇总 ② 申报 查看PDF 更多

增值税及附加税费申报表

（一般纳税人适用）

根据国家税收法律法规及增值税相关规定制定本表。纳税人不论有无销售额，均应按税务机关核定的纳税期限填写本表，并向当地税务机关申报。

税款所属时间：2022-03-01 至 2022-03-31　　填表日期：2022-04-12　　金额单位：元（列至角分）

纳税人识别号(统一社会信用代码)：	91442000MA54C8888C			所属行业：		
纳税人名称	中山市花田贸易有限公司	法定代表人姓名	罗成功	注册地址	中山市东区复兴南路365号	生产经营地址：中山市东区复兴南路365号
开户银行及账号	中国建设银行中山市城东支行 44050178230100098765	登记注册类型	有限责任公司		电话号码	13582073234

项目		栏次	一般项目		即征即退项目	
			本月数	本年累计	本月数	本年累计
销售额	（一）按适用税率计税销售额	1	474,237.76	1,318,380.97	0.00	0.00
	其中：应税货物销售额	2	474,237.76	1,318,380.97	0.00	0.00
	应税劳务销售额	3	0.00	0.00	0.00	0.00
	纳税检查调整的销售额	4	0.00	0.00	0.00	0.00
	（二）按简易办法计税销售额	5	0.00	0.00	0.00	0.00
	其中：纳税检查调整的销售额	6	0.00	0.00	0.00	0.00
	（三）免、抵、退办法出口销售额	7	0.00	0.00	——	——
	（四）免税销售额	8	0.00	0.00	——	——
	其中：免税货物销售额	9	0.00	0.00	——	——
	免税劳务销售额	10	0.00	0.00	——	——
	销项税额	11	61,651.00	171,389.53	0.00	0.00
	进项税额	12	7,222.07	20,077.10	0.00	0.00
	上期留抵税额	13	0.00	0.00	0.00	——
	进项税额转出	14	0.00	0.00	0.00	0.00

图 5-2-21　提交申报

申报成功

尊敬的中山市花田贸易有限公司（91442000MA54C8888C）：

您的税款所属期为2022-03-01至2022-03-31的《增值税及附加税费申报表（适用于增值税一般纳税人）》（应征凭证序号为：10014422000116734598）已申报成功。税款金额：54428.93元，请您在缴款期限前完成清缴税款，以免产生滞纳金。

请您在缴款期限前完成清缴税款，以免产生滞纳金！超过法律、行政法规规定或者税务机关依照法律、行政法规的规定确定的缴纳期限缴款的，将从税款滞纳次日按日加收滞纳税款万分之五的滞纳金。

缴款　关闭本页　办税评价

图 5-2-22　提示申报成功

发票也应确认销售额，计算缴纳增值税，发生上述行为的增值税纳税人应视同销售进行纳税申报。

任务 2：广东贝芬复合材料有限公司为增值税一般纳税人，公司主要以生产复合型材料为主，企业代码为 914416026844465333，法定代表人为朱光荣。根据公司 5 月份的业务，存在 2 笔未开票业务，未开票金额共计 30 510 元，税率 13%，税额 3 966.3 元。

广东贝芬复合材料有限公司在计算申报 5 月份的增值税时，未开票收入也应申报纳税。这部分收入由于没有开具发票，税务系统“一键取数”时读取不到相应数据，需要手动填写申报表。未开票销售金额和税额填列在附表《增值税及附加税申报表附列资料（一）（本期销售情况明细）》的未开具发票对应的位置，填写完成后点击右上角“保存”，相关数据会自动关联到申报表主表，具体操作如图 5－2－23 所示。

增值税及附加税费申报表附列资料（一）（本期销售情况明细）

税款所属时间：2022-05-01 至 2022-05-31

纳税人名称：（公章）广东贝芬复合材料有限么　　　　金额单位：元（列至角分）

填表日期：2022-06-12　　　　纳税人识别号：（社会统一信用代码）914416026844465

项目及栏次				开具增值税专用发票		开具其他发票		未开具发票		纳税检查调整		合计			服务、不动产和无形资产扣除项目本期实际扣除金额	扣除后	
				销售额	销项(应纳)税额	销售额	销项(应纳)税额	销售额	销项(应纳)税额	销售额	销项(应纳)税额	销售额	销项(应纳)税额	价税合计		含税(免税)销售额	销项(应纳)税额
				1	2	3	4	5	6	7	8	9=1+3+5+7	10=2+4+6+8	11=9+10	12	13=11-12	14=13÷(100%+税率或征收率)×税率或征收
一、一般计税方法计税	全部征税项目	13%税率的货物及加工修理修配劳	1	0.00	0.00	0.00	0.00	30,510.00	3,966.30	0.00	0.00	30,510.00	3,966.30	——	——	——	——
		13%税率的服务、不动产和无形资产	2	0.00	0.00	0.00	0.00	0.00	0.00	0.00	0.00	0.00	0.00	0.00	0.00	0.00	0.00
		9%税率的货物及加工修理修配劳务	3	0.00	0.00	0.00	0.00	0.00	0.00	0.00	0.00	0.00	0.00	——	——	——	——
		9%税率的服务、不动产和无形资产	4	0.00	0.00	0.00	0.00	0.00	0.00	0.00	0.00	0.00	0.00	0.00	0.00	0.00	0.00
		6%税率	5	0.00	0.00	0.00	0.00	0.00	0.00	0.00	0.00	0.00	0.00	0.00	0.00	0.00	0.00
	其中：即征即退	即征即退货物及加工修理修配劳务	6	——	——	——	——	——	——	——	——	0.00	0.00	——	——	——	——
		即征即退服务、不动产和无形资产	7	——	——	——	——	——	——	——	——	0.00	0.00	0.00	0.00	0.00	0.00

图 5－2－23　填写未开具发票销售金额

（2）企业销售服务、不动产和无形资产销售额的填列。如果企业有销售服务、不动产和无形资产的业务，需要根据企业实际销售情况填写《增值税及附加税费申报表附列资料（三）（服务、不动产和无形资产扣除项目明细）》。

任务 3：珠海源顺人力资源有限责任公司是增值税一般纳税人，公司主要经营人力资源外包和劳务派遣业务，其中劳务派遣业务选择差额征税，5 月份发生劳务派遣业务取得收入 1 284 978. 59 元，允许扣除代用工单位支付给劳务派遣员工的工资、福利和为其办理的社会保险及住房公积金合计金额 1 233 579. 45 元。

公司在申报 5 月份增值税时需填报《增值税及附加税费申报表附列资料（三）（服务、不动产和无形资产扣除项目明细）》。在申报表的第 3 栏次“6% 征收率的项目（不含金融商品转让）”对应的第 1 列“本期服务、不动产和无形资产价税合计额（免税销售额）”填入劳务派遣销售额“1 284 978. 59”；在第 3 栏次“6% 征收率的项目（不含金融商品转让）”对应的第 3 列“服务、不动产和无形资产扣除项目”下的“本期发生额”填入允许扣除的支付派遣员工相关费用“1 233 579. 45”；由于该公司没有期初的扣除项目，所以在第 3 栏次“6% 征收率的项目（不含金融商品转让）”对应的第 5 列“本期实际扣除金额”填入“1 233 579. 45”。填写完成后，其他栏次数据会自动关联自动填列，完成后点击右上角“保存”，相应的数据也会自动关联到《增值税及附加税申报表附列资料（一）（本期销售情况明细）》，具体操作如图 5－2－24 所示。

另外，还需要填报《增值税及附加税费申报表附列资料（一）（本期销售情况明细）》，在“一、一般计税方法计税”下的“6% 税率”栏对应的“开具其他发票”下的销售额填报“1 212 243. 95”，“销项（应纳）税额”填报“72 734. 64”，操作如图 5－2－25 所示。

增值税及附加税费申报表附列资料（三）（服务、不动产和无形资产扣除项目明细）

税款所属时间：2022-05-01 至 2022-05-31

纳税人名称：（公章）珠海源顺人力资源有限责任公司　　金额单位：元（列至角分）

项目及栏次		本期服务、不动产和无形资产价税合计额（免税销售额）	服务、不动产和无形资产扣除项目				
			期初余额	本期发生额	本期应扣除金额	本期实际扣除金额	期末余额
		1	2	3	4=2+3	5(5≤1且5≤4)	6=4-5
13%税率的项目	1	0.00	0.00	0.00	0.00	0.00	0.00
9%税率的项目	2	0.00	0.00	0.00	0.00	0.00	0.00
6%税率的项目（不含金融商品转让）	3	1,284,978.59	0.00	1,233,579.45	1,233,579.45	1,233,579.45	0.00
6%税率的金融商品转让项目	4	0.00	0.00	0.00	0.00	0.00	0.00
5%征收率的项目	5	0.00	0.00	0.00	0.00	0.00	0.00
3%征收率的项目	6	0.00	0.00	0.00	0.00	0.00	0.00
免抵退税的项目	7	0.00	0.00	0.00	0.00	0.00	0.00
免税的项目	8	0.00	0.00	0.00	0.00	0.00	0.00

图 5－2－24　填报服务、不动产和无形资产扣除明细表

增值税及附加税费申报表附列资料（一）（本期销售情况明细）

税款所属时间：2022-05-01 至 2022-05-31

纳税人名称：（公章）珠海源顺人力资源有限责任公　　金额单位：元（列至角分）

填表日期：2022-06-12　　纳税人识别号：（社会统一信用代码）914416026844465333

项目及栏次				开具增值税专用发票		开具其他发票		未开具发票		纳税检查调整		合计			服务、不动产和无形资产扣除项目本期实际扣除金额	扣除后	
				销售额	销项(应纳)税额	销售额	销项(应纳)税额	销售额	销项(应纳)税额	销售额	销项(应纳)税额	销售额	销项(应纳)税额	价税合计		含税(免税)销售额	销项(应纳)税额
				1	2	3	4	5	6	7	8	9=1+3+5+7	10=2+4+6+8	11=9+10	12	13=11-12	14=13÷(100%+税率或征收率)×税率或征收
一、一般计税方法计税	全部征税项目	13%税率的货物及加工修理修配劳务	1	0.00	0.00	0.00	0.00	0.00	0.00	0.00	0.00	0.00	0.00	——	——	——	——
		13%税率的服务、不动产和无形资产	2	0.00	0.00	0.00	0.00	0.00	0.00	0.00	0.00	0.00	0.00	0.00	0.00	0.00	0.00
		9%税率的货物及加工修理修配劳务	3	0.00	0.00	0.00	0.00	0.00	0.00	0.00	0.00	0.00	0.00	——	——	——	——
		9%税率的服务、不动产和无形资产	4	0.00	0.00	0.00	0.00	0.00	0.00	0.00	0.00	0.00	0.00	0.00	0.00	0.00	0.00
		6%税率	5	0.00	0.00	1,212,243.95	72,734.64	0.00	0.00	0.00	0.00	1,212,243.95	72,734.64	1,284,978.59	1,233,579.45	51,399.14	2,909.39
	其中：即征	即征即退货物及加工修理修配劳务	6	——	——	——	——	——	——	——	——	0.00	0.00	——	——	——	——
		即征即退服务、不动产和无形资产	7	——	——	——	——	——	——	——	——	0.00	0.00	0.00	0.00	0.00	0.00
	全部	6%征收率	8	0.00	0.00	0.00	0.00	0.00	0.00	——	——	0.00	0.00	——	——	——	——
		5%征收率的货物及加工修理修配劳务	9a	0.00	0.00	0.00	0.00	0.00	0.00	——	——	0.00	0.00	——	——	——	——
		5%征收率的服务、不动产和无形资产	9b	0.00	0.00	0.00	0.00	0.00	0.00	——	——	0.00	0.00	0.00	0.00	0.00	0.00
		4%征收率	10	0.00	0.00	0.00	0.00	0.00	0.00	——	——	0.00	0.00	——	——	——	——

图 5－2－25　珠海顺源本期销售情况明细表

（3）如果企业享有加计抵减税收优惠的，要根据企业实际情况填写《增值税及附加税费申报表附列资料（四）（税额抵减情况表）》。

根据《财政部 税务总局 海关总署关于深化增值税改革有关政策的公告》，自 2019 年 4 月 1 日至 2021 年 12 月 31 日，允许生产、生活性服务业纳税人按照当期可抵扣进项税额加计 10% 抵减应纳税额。这里的生产、生活性服务业纳税人是指提供邮政服务、电信服务、现代服务、生活服务取得的销售额占全部销售额的比重超过 50% 的纳税人。根据《关于促进服务业领域困难行业纾困发展有关增值税政策的公告》规定生产、生活性服务业增值税加计抵减政策，执行期延长至 2022 年 12 月 31 日。

根据《财政部 税务总局关于明确增值税小规模纳税人减免增值税等政策的公告》，自2023年1月1日至2023年12月31日，增值税加计抵减政策按照以下规定执行：（1）允许生产性服务业纳税人按照当期可抵扣进项税额加计5%抵减应纳税额。生产性服务业纳税人，是指提供邮政服务、电信服务、现代服务、生活服务取得的销售额占全部销售额的比重超过50%的纳税人；（2）允许生活性服务业纳税人按照当期可抵扣进项税额加计10%抵减应纳税额。生活性服务业纳税人，是指提供生活服务取得的销售额占全部销售额的比重超过50%的纳税人。

任务4：广东元泰科技发展有限公司为增值税一般纳税人，是一家以提供现代服务为主的科技公司，公司2022年5月份提供现代服务取得销售收入1 407 330.45元，销项税额84 439.86元，符合增值税加计抵减政策，5月份勾选确认抵扣的进项税税额为15 897.85元。根据相关税法规定，元泰公司在申报5月份的增值税时，允许按当期可抵扣进项税额15 897.85元加计10%抵减应纳税额。查询公司4月份增值税纳税申报表可知，存在期末加计抵减额余额2 893.53元，公司5月份可抵减加计抵减额为：

当期可抵减加计抵减额 = 2 893.53 + 1 589.79

= 4 483.32（元）

元泰公司在申报5月份增值税时，需要根据计算的加计抵减税额填列《增值税及附加税费申报表附列资料（四）税额抵减情况表》。进入纳税申报表填写页面，点击左侧的《增值税及附加税费申报表附列资料（四）（税额抵减情况表）》，系统会根据企业本期可抵扣的进项税额自动计算可加计抵减税额数值，并给出提示加计抵减本期发生额填报的最大值为“1 589.79元”，如图5－2－26所示。

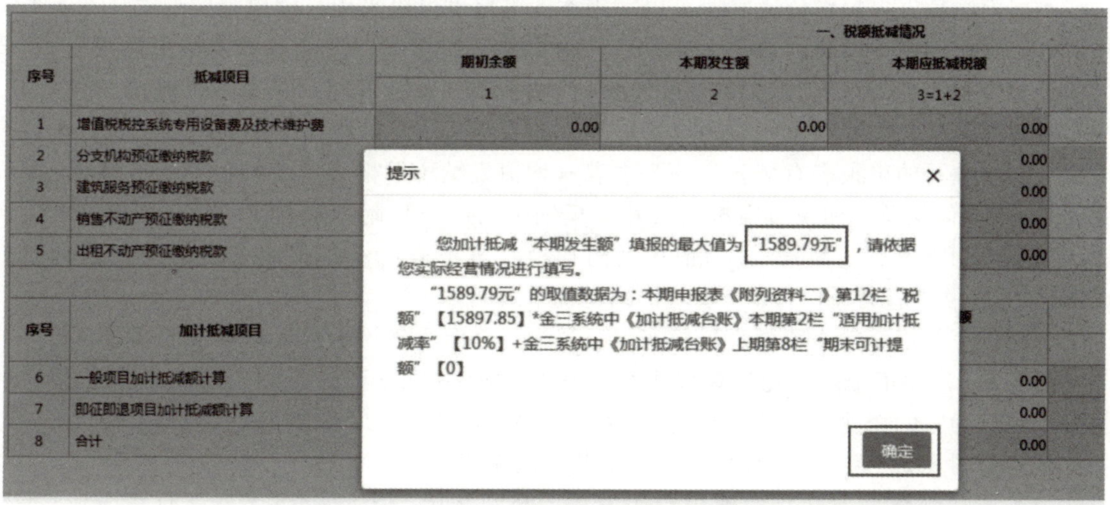

图5－2－26　提示本期可加计抵减额

填报时可点击提示框中的“确定”，然后将本期计提的加计抵减额“1 589.79元”填入《增值税及附加税费申报表附列资料（四）（税额抵减情况表）》第6行的“本期发生额”。申报表中加计抵减的期初余额系统会根据上期的期末数自动填报。广东元泰科技发展有限公司本期实际抵减额4 483.32元，填报在第6行第5列“本期实际抵减额”，具体操作如

图 5－2－27。填写完成后点击右上角“保存”，数据会自动关联到增值税申报表主表。

增值税及附加税费申报表附列资料（四）（税额抵减情况表）

税款所属时间：2022-05-01 至 2022-05-31

纳税人名称：（公章）广东元泰科技发展有限公司　　　　金额单位：元（列至角分）

一、税额抵减情况							
序号	抵减项目	期初余额	本期发生额	本期应抵减税额	本期实际抵减税额	期末余额	
		1	2	3=1+2	4≤3	5=3-4	
1	增值税税控系统专用设备费及技术维护费	0.00	0.00	0.00	0.00	0.00	
2	分支机构预征缴纳税款	0.00	0.00	0.00	0.00	0.00	
3	建筑服务预征缴纳税款	0.00	0.00	0.00	0.00	0.00	
4	销售不动产预征缴纳税款	0.00	0.00	0.00	0.00	0.00	
5	出租不动产预征缴纳税款	0.00	0.00	0.00	0.00	0.00	
二、加计抵减情况							
序号	加计抵减项目	期初余额	本期发生额	本期调减额	本期可抵减额	本期实际抵减额	期末余额
		1	2	3	4=1+2-3	5	6=4-5
6	一般项目加计抵减额计算	2,893.53	1,589.79	0.00	4,483.32	4,483.32	0.00
7	即征即退项目加计抵减额计算	0.00	0.00	0.00	0.00	0.00	0.00
8	合计	2,893.53	1,589.79	0.00	4,483.32	4,483.32	0.00

图 5－2－27　填报本期可加计抵减额

（二）小规模纳税人增值税智能申报

小规模纳税人增值税智能申报

小规模纳税人申报增值税时，可以采用季度申报也可以采用月度申报的形式，在实务工作中，小规模纳税人增值税申报大多数采用的是季报的形式，一般在季度结束的次月 15 日之前（遇节假日会顺延，具体看电子税务局网站征期的截止日期）完成纳税申报工作。

小规模纳税人需要在申报期内登录电子税务局网站填写纳税人申报表申报纳税。小规模纳税人需要填写的申报表有 4 张，一张主表《增值税纳税申报表（小规模纳税人适用）》，3 张附表：《增值税及附加税费申报表（小规模纳税人适用）附列资料（一）（服务、不动产和无形资产扣除项目明细）》《增值税及附加税费申报表（小规模纳税人适用）附列资料（二）（附加税费情况表）》和《增值税减免税申报明细表》。

下面以广州市金韵文化教育科技有限公司为例介绍小规模纳税人增值税的智能申报。

任务 5：广州市金韵文化教育科技有限公司为增值税小规模纳税人，是一家以提供文化教育等项目为主的企业，企业代码为 91441234NA67RXXR56，法定代表人为黄家文。

金韵公司 2022 年第一季度发生了以下相关的销售业务：

（1）提供教育培训开具增值税专用发票，金额共计 582 524.28 元，征收率 3%，税额 17 475.72 元；

（2）提供教育培训服务开具增值税电子普通发票，金额共计 190 215.05 元，征收率 1%，税额 1 902.15 元；

（3）提供教育培训开具广东省通用机打发票，取得收入 2 190 元；

（4）销售文化教育商品未开票不含税收入 3 000 元。

根据以上信息，金韵公司委托共享中心申报 2022 年第一季度的增值税。

由于小规模纳税人适用简易征税办法，不能抵扣进项税，不需要勾选确认用于抵扣的进项税额，但在纳税申报前仍需进行抄税处理工作。申报金韵公司第一季度的增值税时可按以下步骤操作：

（1）登录电子税务局网站查询发票。登录后依次点击“我要查询—发票信息查询—发票开具信息查询”，录入需要查询的发票开票日期，选择需要查询的发票种类，点击“查询”，具体操作如图5－2－28。

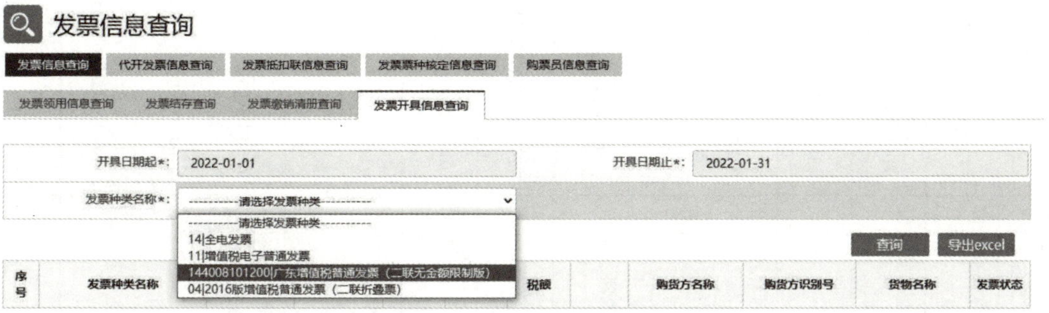

图5－2－28 查询发票

这里注意，由于小规模纳税人是季报，需要逐月逐月查询3个月公司所开具的所有种类发票信息，不能有遗漏，将查询的发票信息导出到Excel表格，整理计算3个月所开具的各种发票的合计金额，如表5－2－3至表5－2－5所示。在计算时注意剔除作废的发票和重复的发票。因为发票号码是唯一的，在整理通用机打发票时注意查看是否有重复的发票号码，计算发票合计金额时注意去除。

（2）打开纳税申报表。返回主页，进入“我要报税—税费申报与缴纳”，找到“增值税及附加税费申报表（小规模纳税人适用）”，点击“填写申报表”，具体操作见图5－2－29。

（3）获取发票数据导入申报表。进入申报界面，系统会弹出导入申报表的界面，先点击右上角“获取发票数据”，系统会自动读取广州金韵文化科技有限公司第一季度销售业务所开具的增值税专用发票和增值税普通发票的开票金额，但不能读取通用机打发票和未开票收入金额。查看并核对所获取的发票数据是否与前面在发票查询系统导出的发票数据（见表5－2－3、表5－2－4）是否一致。因为企业存在未开票收入，所以点击未开票收入后的按钮“是”，在3%征收率下的货物及劳务不含税销售额填列“3 000.00”然后单击“导入申报表”，系统会自动将读取的数据导入纳税申报表，具体操作如图5－2－30所示。

（4）核对申报表数据。查看系统自动导入纳税申报表的数据，确认数据与前面导入界面的数据是否一致。金韵公司属于服务业，在填报纳税申报表时，相应的数据都填报在本期数“服务、不动产和无形资产”列。查看增值税及附加税申报表（小规模纳税人适用）中“增值税专用发票不含税销售额”中，本期数“服务、不动产和无形资产”为582 524.28，“其他增值税发票（增值税普通发票）不含税销售额”中，本期数“服务、不动产和无形资产”为190 215.05，“其他增值税发票（增值税普通发票）不含税销售额”中，本期数“货物及劳务”为3 000.00，“应征增值税不含税销售额（3%征收率）”中，本期数“服务、不动产和无形资产”为772 739.33，如图5－2－31所示。

表 5－2－3　　广州市金韵公司第一季度开具增值税专用发票信息

序号	发票种类名称	开具日期	发票代码	发票号码	发票金额	税额	购货方名称	购货方识别号	货物名称	发票状态
1	增值税专用发票（中文三联无金额限制版）	2022－01－05	4400194130	36770550	99 009. 90	990. 10	广州飞逸科技股份有限公司	91440106728458793F		作废
2	增值税专用发票（中文三联无金额限制版）	2022－01－05	4400194130	36770551	97 087. 38	2 912. 62	广州飞逸科技股份有限公司	91440106728458793F		作废
3	增值税专用发票（中文三联无金额限制版）	2022－01－08	4400194130	36770552	0. 00	0. 00	null	000000000000000		作废
4	增值税专用发票（中文三联无金额限制版）	2022－01－08	4400211130	36770553	97 087. 38	2 912. 62	广州飞逸科技股份有限公司	91440106728458793F		作废
5	增值税专用发票（中文三联无金额限制版）	2022－01－08	4400211130	36770554	97 087. 38	2 912. 62	广州飞逸科技股份有限公司	91440106728458793F		作废
6	增值税专用发票（中文三联无金额限制版）	2022－01－08	4400211130	36770555	97 087. 38	2 912. 62	广州飞逸科技股份有限公司	91440106728458793F		作废
7	增值税专用发票（中文三联无金额限制版）	2022－01－08	4400211130	36770556	97 087. 38	2 912. 62	广州飞逸科技股份有限公司	91440106728458793F		正常
8	增值税专用发票（中文三联无金额限制版）	2022－01－08	4400211130	36770557	97 087. 38	2 912. 62	广州飞逸科技股份有限公司	91440106728458793F		正常
9	增值税专用发票（中文三联无金额限制版）	2022－01－08	4400211130	36770558	97 087. 38	2 912. 62	广州飞逸科技股份有限公司	91440106728458793F		正常
合计					291 262. 14	8 737. 86				
1	增值税专用发票（中文三联无金额限制版）	2022－02－16	4400211130	54869660	97 087. 38	2 912. 62	广州飞逸科技股份有限公司	91440106728458793F		正常
2	增值税专用发票（中文三联无金额限制版）	2022－02－16	4400211130	54869661	97 087. 38	2 912. 62	广州飞逸科技股份有限公司	91440106728458793F		正常
3	增值税专用发票（中文三联无金额限制版）	2022－02－16	4400211130	54869662	97 087. 38	2 912. 62	广州飞逸科技股份有限公司	91440106728458793F		正常
合计					291 262. 14	8 737. 86				
季度合计					582 524. 28	17 475. 72				

表 5-2-4　　广州市金韵公司第一季度开具增值税普通发票信息

序号	发票种类名称	开具日期	发票代码	发票号码	发票金额	税额	购货方名称	购货方识别号	货物名称	发票状态
1	广东省国家税务局通用机打发票（单联平推式）	2022-03-14	144002102666	01353330	180.00	0.00	河源市龙影传媒有限公司	91441678095		正常
2	广东省国家税务局通用机打发票（单联平推式）	2022-03-21	144002102666	01353331	100.00	0.00	河源市通达道路工程有限公司	91441658970		作废
3	广东省国家税务局通用机打发票（单联平推式）	2022-03-20	144002102666	01353332	150.00	0.00	东源县方方建筑工程有限公司	91441634596		正常
4	广东省国家税务局通用机打发票（单联平推式）	2022-03-20	144002102666	01353332	150.00	0.00	东源县方方建筑工程有限公司	91441634596		正常
5	广东省国家税务局通用机打发票（单联平推式）	2022-03-27	144002102666	01353333	160.00	0.00	河源市龙影传媒有限公司	91441678095		正常
6	广东省国家税务局通用机打发票（单联平推式）	2022-03-27	144002102666	01353334	1 250.00	0.00	天河县古楼镇人民政府	11441623455		正常
7	广东省国家税务局通用机打发票（单联平推式）	2022-03-27	144002102666	01353334	1 250.00	0.00	天河县古楼镇人民政府	11441623455		正常
8	广东省国家税务局通用机打发票（单联平推式）	2022-03-27	144002102666	01353334	1 250.00	0.00	天河县古楼镇人民政府	11441623455		正常
9	广东省国家税务局通用机打发票（单联平推式）	2022-03-27	144002102666	01353334	1 250.00	0.00	天河县古楼镇人民政府	11441623455		正常
10	广东省国家税务局通用机打发票（单联平推式）	2022-03-30	144002102666	01353335	150.00	0.00	河源市龙影传媒有限公司	91441678095		正常
11	广东省国家税务局通用机打发票（单联平推式）	2022-03-30	144002102666	01353335	150.00	0.00	河源市龙影传媒有限公司	91441678095		正常
12	广东省国家税务局通用机打发票（单联平推式）	2022-03-30	144002102666	01353336	300.00	0.00	河源市龙影传媒有限公司	91441678095		正常
13	广东省国家税务局通用机打发票（单联平推式）	2022-03-30	144002102666	01353336	300.00	0.00	河源市龙影传媒有限公司	91441678095		正常
合计					2 190.00	0.00				

表 5－2－5　　广州市金韵公司第一季度开具通用机打发票信息

序号	发票种类名称	开具日期	发票代码	发票号码	发票金额	税额	购货方名称	购货方识别号	货物名称	发票状态
1	广东省国家税务局通用机打发票（单联平推式）	2022－03－14	144002102666	01353330	180.00	0.00	河源市龙影传媒有限公司	91441678095		正常
2	广东省国家税务局通用机打发票（单联平推式）	2022－03－21	144002102666	01353331	100.00	0.00	河源市通达道路工程有限公司	91441658970		作废
3	广东省国家税务局通用机打发票（单联平推式）	2022－03－20	144002102666	01353332	150.00	0.00	东源县方方建筑工程有限公司	91441634596		正常
4	广东省国家税务局通用机打发票（单联平推式）	2022－03－20	144002102666	01353332	150.00	0.00	东源县方方建筑工程有限公司	91441634596		正常
5	广东省国家税务局通用机打发票（单联平推式）	2022－03－27	144002102666	01353333	160.00	0.00	河源市龙影传媒有限公司	91441678095		正常
6	广东省国家税务局通用机打发票（单联平推式）	2022－03－27	144002102666	01353334	1 250.00	0.00	天河县古楼镇人民政府	11441623455		正常
7	广东省国家税务局通用机打发票（单联平推式）	2022－03－27	144002102666	01353334	1 250.00	0.00	天河县古楼镇人民政府	11441623455		正常
8	广东省国家税务局通用机打发票（单联平推式）	2022－03－27	144002102666	01353334	1 250.00	0.00	天河县古楼镇人民政府	11441623455		正常
9	广东省国家税务局通用机打发票（单联平推式）	2022－03－27	144002102666	01353334	1 250.00	0.00	天河县古楼镇人民政府	11441623455		正常
10	广东省国家税务局通用机打发票（单联平推式）	2022－03－30	144002102666	01353335	150.00	0.00	河源市龙影传媒有限公司	91441678095		正常
11	广东省国家税务局通用机打发票（单联平推式）	2022－03－30	144002102666	01353335	150.00	0.00	河源市龙影传媒有限公司	91441678095		正常
12	广东省国家税务局通用机打发票（单联平推式）	2022－03－30	144002102666	01353336	300.00	0.00	河源市龙影传媒有限公司	91441678095		正常
13	广东省国家税务局通用机打发票（单联平推式）	2022－03－30	144002102666	01353336	300.00	0.00	河源市龙影传媒有限公司	91441678095		正常
合计					2 190.00	0.00				

申报缴纳 返回主页

- 申报清册
  - 按期应申报
  - 其他申报
  - 逾期申报
- 清缴税款
- 延期申报预缴税款
- 建筑企业项目部预缴企业所得税

按期应申报

申报月份: 2022-04　　重置申报清册

税费申报

序号	征收项目	征收品目	税款所属期起	税款所属期止	申报期限	申报日期	操作
1	增值税及附加税费申报表(小规模纳税人适用)		2022-01-01	2022-03-31	2022-04-17		填写申报表
2	居民企业（查账征收）企业所得税月（季）度申报	应纳税所得额	2022-01-01	2022-03-31	2022-04-17		填写申报表
3	居民企业（查账征收）企业所得税年度申报	应纳税所得额	2021-01-01	2021-12-31	2022-05-31		填写申报表

图 5－2－29　选择增值税及附加税费申报表（小规模纳税人适用）

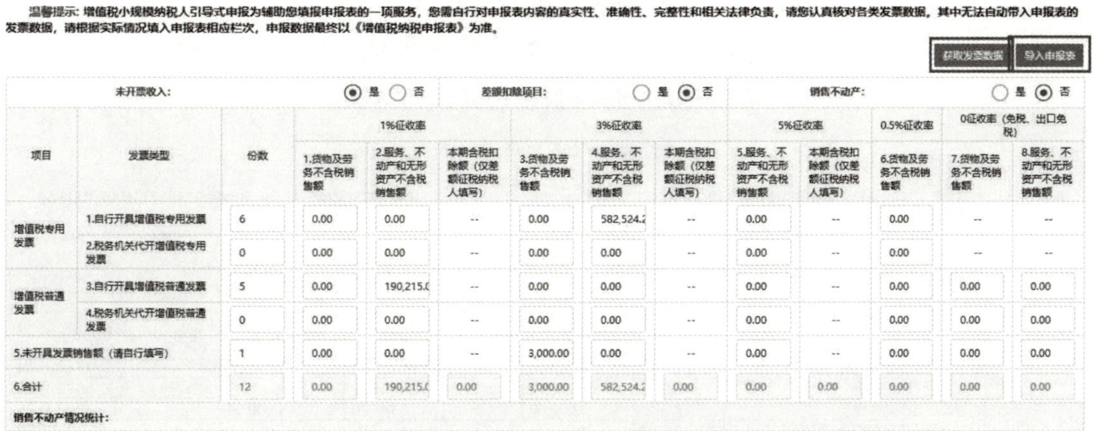

温馨提示：增值税小规模纳税人引导式申报为辅助您填报申报表的一项服务，您需自行对申报表内容的真实性、准确性、完整性和相关法律负责，请您认真核对各类发票数据。其中无法自动带入申报表的发票数据，请根据实际情况填入申报表相应栏次，申报数据最终以《增值税纳税申报表》为准。

获取发票数据　导入申报表

未开票收入：◉是 ○否　　差额扣除项目：○是 ◉否　　销售不动产：○是 ◉否

项目	发票类型	份数	1%征收率 1.货物及劳务不含税销售额	1%征收率 2.服务、不动产和无形资产不含税销售额	1%征收率 本期含税扣除额（仅差额征税纳税人填写）	3%征收率 3.货物及劳务不含税销售额	3%征收率 4.服务、不动产和无形资产不含税销售额	3%征收率 本期含税扣除额（仅差额征税纳税人填写）	5%征收率 5.服务、不动产和无形资产不含税销售额	5%征收率 本期含税扣除额（仅差额征税纳税人填写）	0.5%征收率 6.货物及劳务不含税销售额	0征收率（免税、出口免税） 7.货物及劳务不含税销售额	0征收率（免税、出口免税） 8.服务、不动产和无形资产不含税销售额
增值税专用发票	1.自行开具增值税专用发票	6	0.00	0.00	--	0.00	582,524.2	--	0.00	--	0.00	--	--
	2.税务机关代开增值税专用发票	0	0.00	0.00	--	0.00	0.00	--	0.00	--	0.00	--	--
增值税普通发票	3.自行开具增值税普通发票	5	0.00	190,215.(	--	0.00	0.00	--	0.00	--	0.00	0.00	0.00
	4.税务机关代开增值税普通发票	0	0.00	0.00	--	0.00	0.00	--	0.00	--	0.00	0.00	0.00
5.未开具发票销售额（请自行填写）		1	0.00	0.00	--	3,000.00	0.00	--	0.00	--	0.00	0.00	0.00
6.合计		12	0.00	190,215.(	0.00	3,000.00	582,524.2	0.00	0.00	0.00	0.00	0.00	0.00
销售不动产情况统计:													

图 5－2－30　获取发票数据导入申报表

增值税及附加税费申报表（小规模纳税人适用）

税款所属期间：2022-01-01　至　2022-03-31

纳税人名称（公章）：广州市金韵文化教育科技有限公司　　　　纳税人识别号(统一社会信用代码):91441234NA67RXXR56

填表日期：　2022-04-13　　　　金额单位：元（列至角分）

本期销售不动产的销售额:		0.00				
	项　　目	栏次	本期数 货物及劳务	本期数 服务、不动产和无形资产	本年累计 货物及劳务	本年累计 服务、不动产和无形资产
一、计税依据	（一）应征增值税不含税销售额（3%征收率）	1	3,000.00	772,739.33	3,000.00	772,739.33
	增值税专用发票不含税销售额	2	0.00	582,524.28	0.00	582,524.28
	其他增值税发票不含税销售额	3	3,000.00	190,215.05	3,000.00	190,215.05
	（二）应征增值税不含税销售额（5%征收率）	4	——	0.00	——	0.00
	增值税专用发票不含税销售额	5	——	0.00	——	0.00
	其他增值税发票不含税销售额	6	——	0.00	——	0.00
	（三）销售使用过的固定资产不含税销售额	7（7≥8）	0.00	——	0.00	——
	其中：其他增值税发票不含税销售额	8	0.00	——	0.00	——
	（四）免税销售额	9=10+11+12	0.00	0.00	0.00	0.00
	其中：小微企业免税销售额	10	0.00	0.00	0.00	0.00
	未达起征点销售额	11	0.00	0.00	0.00	0.00
	其他免税销售额	12	0.00	0.00	0.00	0.00
	（五）出口免税销售额	13(13≥14)	0.00	0.00	0.00	0.00

图 5－2－31　核对申报表数据

（5）调整修改申报表数据。金韵公司开具的通用机打发票金额需要手动填报。该公司第一季度开具通用机打发票的金额是 2 190 元（见表 5 – 2 – 5），机打发票金额一般是价税合计数，应先做价税分离。

不含税销售额 = 2 190 ÷ (1 + 3%) = 2 126.21（元）

增值税额 = 2 126.21 × 3% = 63.79（元）

根据前面计算修改调整申报表数据，其他增值税发票金额应加上通用机打发票的金额。

其他增值税发票金额 = 190 215.05 + 2 126.21 = 192 341.26（元）

调整修改增值税及附加税申报表（小规模纳税人适用）中"其他增值税发票（增值税普通发票）不含税销售额"中，本期数"服务、不动产和无形资产"为 192 341.26，"应征增值税不含税销售额（3%征收率）"中，本期数"服务、不动产和无形资产"为 774 865.54，具体如图 5 – 2 – 32 所示。填报完成后，其他剩余数据报税系统会自动计算填报。

增值税及附加税费申报表（小规模纳税人适用）

税款所属期间：2022-01-01 至 2022-03-31

纳税人名称（公章）：广州市金韵文化教育科技有限公司　　　纳税人识别号(统一社会信用代码):91441234NA67RXXR56

填表日期：　2022-04-13　　　金额单位：元（列至角分）

本期销售不动产的销售额:				0.00		
	项　　目	栏次	本期数		本年累计	
			货物及劳务	服务、不动产和无形资产	货物及劳务	服务、不动产和无形资产
一，计税依据	（一）应征增值税不含税销售额（3%征收率）	1	3,000.00	774,865.54	3,000.00	774,865.54
	增值税专用发票不含税销售额	2	0.00	582,524.28	0.00	582,524.28
	其他增值税发票不含税销售额	3	3,000.00	192,341.26	3,000.00	192,341.26
	（二）应征增值税不含税销售额（5%征收率）	4	——	0.00	——	0.00
	增值税专用发票不含税销售额	5	——	0.00	——	0.00
	其他增值税发票不含税销售额	6	——	0.00	——	0.00
	（三）销售使用过的固定资产不含税销售额	7（7≥8）	0.00	——	0.00	——
	其中：其他增值税发票不含税销售额	8	0.00	——	0.00	——
	（四）免税销售额	9=10+11+12	0.00	0.00	0.00	0.00
	其中：小微企业免税销售额	10	0.00	0.00	0.00	0.00
	未达起征点销售额	11	0.00	0.00	0.00	0.00
	其他免税销售额	12	0.00	0.00	0.00	0.00
	（五）出口免税销售额	13（13≥14）	0.00	0.00	0.00	0.00

图 5 – 2 – 32　调整修改申报表数据

（6）查看核对附表申报数据。小规模纳税人申报表有 1 张主表和 3 张附表，金韵公司没有涉及服务、不动产和无形资产扣除项目，无须填报《附列资料（一）（服务、不动产和无形资产扣除项目明细）》，可以点击出来查看后直接点"保存"，如图 5 – 2 – 33 所示；《增值税及附加税费申报表（小规模纳税人适用）附列资料（二）（附加税费情况表）》的填报我们会在附加税费的纳税申报中讲解，这张附表系统会根据主表上实际应交的增值税税额自动计算取数，如图 5 – 2 – 34 所示。

根据相关财税政策，自 2019 年 1 月 1 日至 2022 年 3 月 31 日，小规模纳税人发生增值税应税销售行为，合计月销售额未超过 15 万元（以 1 个季度为 1 个纳税期的，季度销售额未超过 45 万元）的，免征增值税；超过 15 万元（以 1 个季度为 1 个纳税期的，季度销售额超过 45 万元）的，按 3% 的征收率减按 1% 征收；自 2022 年 4 月 1 日至 2022 年 12 月 31 日，增值税小规模纳税人适用 3% 征收率的应税销售收入，免征增值税；自 2023 年 1 月 1 日至 2023 年 12 月 31 日，对月销售额 10 万元以下（含本数）的增值税小规模纳税人，免征增值税；自 2023 年 1 月 1 日至 2023 年 12 月 31 日，增值税小规模纳税人适用 3% 征收率的应税销售收入，减按 1% 征收率征收增值税；适用 3% 预征率的预缴增值税项目，减按 1% 预征率预缴增值税。

增值税及附加税费申报表（小规模纳税人适用）附列资料（一）（服务、不动产和无形资产扣除项目明细）

税款所属期： 2022-01-01 至 2022-03-31

纳税人名称（公章）：广州市金韵文化教育科技有限公司　　纳税人识别号(统一社会信用代码): 91441234NA67RXXR56

填表日期： 2022-04-13　　金额单位：元（列至角分）

应税行为（3%征收率）扣除额计算			
期初余额	本期发生额	本期扣除额	期末余额
1	2	3（3≤1+2之和，且3≤5）	4=1+2-3
0.00	0.00	0.00	
全部含税收入（适用3%征收率）	本期扣除额	含税销售额	不含税销售额
5	6=3	7=5-6	8=7÷（1+征收率）
0.00	0.00	0.00	0.00
应税行为（5%征收率）扣除额计算			
期初余额	本期发生额	本期扣除额	期末余额
9	10	11（11≤9+10之和，且11≤13）	12=9+10-11
0.00	0.00	0.00	0.00
应税行为（5%征收率）计税销售额计算			
全部含税收入（适用5%征收率）	本期扣除额	含税销售额	不含税销售额
13	14=11	15=13-14	16=15÷1.05
0.00	0.00	0.00	0.00

图 5－2－33　服务、不动产和无形资产扣除项目明细

增值税及附加税费申报表（小规模纳税人适用）附列资料（二）（附加税费情况表）

税款所属期： 2022-01-01 至 2022-03-31

纳税人名称（公章）：广州市金韵文化教育科技有限公司　　纳税人识别号(统一社会信用代码): 91441234NA67RXXR56

填表日期： 2022-04-13　　金额单位：元（列至角分）

被冲红所属期起					被冲红所属期止				
计税（费）依据修改原因					其他修改原因				
税（费）种	计税（费）依据	税（费）率（%）	本期应纳税（费）额	本期减免税（费）额		增值税小规模纳税人"六税两费"减征政策		本期已缴税（费）额	本期应补（退）税（费）额
	增值税税额			减免性质代码	减免税（费）额	减征比例（%）	减征额		
	1	2	3=1×2	4	5	6	7=（3-5）×6	8	9=3-5-7-8
城市维护建设税	19,429.141	0.070000	1,360.04		0.00	50.00%	680.02	0.00	680.02
教育费附加	19,429.141	0.030000	582.87		0.00	50.00%	291.44	0.00	291.44
地方教育附加	19,429.141	0.020000	388.58		0.00	50.00%	194.29	0.00	194.29
合计	--	--	2,331.50	--	0.00	--	1,165.75	0.00	1,165.75

图 5－2－34　附加税费情况表

金韵公司是增值税小规模纳税人，2022 年第一季度的销售额超过 45 万元，不适用于免税政策，可以按 3% 的征收率减按 1% 征收。增值税减免税申报明细表会根据主表所填报的数据自动生成，可以点击出来查看后直接点“保存”，如图 5－2－35。

<table>
<tr><td colspan="8" align="center">增值税减免税申报明细表</td></tr>
<tr><td colspan="8">税款所属期：2022-01-01　至 2022-03-31</td></tr>
<tr><td colspan="5">纳税人名称（公章）：广州市金韵文化教育科技有限公司</td><td colspan="3">纳税人识别号(统一社会信用代码):91441234NA67RXXR56</td></tr>
<tr><td colspan="5">填表日期：2022-04-13</td><td colspan="3">金额单位：元（列至角分）</td></tr>
<tr><td colspan="8" align="center">一、减税项目</td></tr>
<tr><td rowspan="2">减税性质代码及名称</td><td rowspan="2">栏次</td><td>期初余额</td><td>本期发生额</td><td>本期应抵减税额</td><td>本期实际抵减税额</td><td>期末余额</td><td rowspan="2">操作</td></tr>
<tr><td>1</td><td>2</td><td>3=1+2</td><td>4≤3</td><td>5=3-4</td></tr>
<tr><td>合计</td><td></td><td>0.00</td><td>3,906.83</td><td>3,906.83</td><td>3,906.83</td><td>0.00</td><td></td></tr>
<tr><td>0001011608|SXA031901121|对湖北省外的小规模纳税人减按1%征收率征收增值税|《财政部 税务总局关于支持个体工商户复工</td><td>1</td><td>0.00</td><td>3,906.83</td><td>3,906.83</td><td>3,906.83</td><td>0.00</td><td>增加</td></tr>
<tr><td colspan="8" align="center">二、免税项目</td></tr>
<tr><td rowspan="2">免税性质代码及名称</td><td rowspan="2">栏次</td><td>免征增值税项目销售额</td><td>免税销售额扣除项目</td><td>扣除后免税销售额</td><td>免税销售额对应的进项税额</td><td>免税额</td><td rowspan="2">操作</td></tr>
<tr><td>1</td><td>2</td><td>3=1-2</td><td>4</td><td>5</td></tr>
<tr><td>合计</td><td></td><td>0.00</td><td>0.00</td><td>0.00</td><td>0.00</td><td>0.00</td><td></td></tr>
<tr><td>出口免税</td><td></td><td>0.00</td><td>0.00</td><td>0.00</td><td>0.00</td><td>0.00</td><td></td></tr>
<tr><td>其中跨境服务</td><td></td><td>0.00</td><td>0.00</td><td>0.00</td><td>0.00</td><td>0.00</td><td></td></tr>
<tr><td></td><td>1</td><td></td><td></td><td></td><td></td><td></td><td>增加</td></tr>
</table>

图 5－2－35　增值税减免税申报明细表

（7）申报缴税。核对填报完附表后，数据会自动勾稽关联到主表。如果确认都无误就可以点击“保存”并“申报”。

申报成功后，系统会生成“申报成功”界面，如果需要立刻缴款可以点击“缴款”，如果不缴款，可以点击“关闭本页”，如图 5－2－36 所示。

申报成功

尊敬的广州市金韵文化教育科技有限公司（91441234NA67RXXR56）

您的税款所属期为2022-01-01至2022-03-31的《增值税及附加税费申报表（小规模纳税人适用）》（应征凭证序号为：100144220021324578509）已申报成功。税款金额：15557.31元，请您在缴款期限前完成清缴税款，以免产生滞纳金。

请您在缴款期限前完成清缴税款，以免产生滞纳金！超过法律、行政法规规定或者税务机关依照法律、行政法规的规定确定的缴纳期限缴款的，将从税款滞纳次日按日加收滞纳税款万分之五的滞纳金。

缴款　关闭本页　办税评价

图 5－2－36　申报成功界面

（8）确认申报成功。可以回到电子税务局清册界面查看，找到《增值税及附加税费申报表（小规模纳税人适用）》，会看到操作状态显示“已申报”（见图 5－2－37）。至此，小规模纳税人增值税申报完成。

（三）智能财税业务处理系统增值税的智能申报

智能财税业务处理系统增值税智能申报

企业可以登录电子税务局进行增值税纳税申报，也可以通过智能财税业务处理系统一键智能申报，下面还是以“任务 1：根据花田公司 3 月份增值税涉税业务，申报该企业 3 月份的增值税”为例说明智能财税业务处理系统报税流程。

（1）登录财务云协调管理平台，找到并打开“税务管理”中的“纳税申报”，在搜索框录入“花田公司”，选择会计期间为“2022 年 3 月”，点击放大镜搜索该公司，然后点击公司名称后的“W”图标，进入智能财税业务处理系统，操作如图 5－2－38。

图 5－2－37　查看申报成功

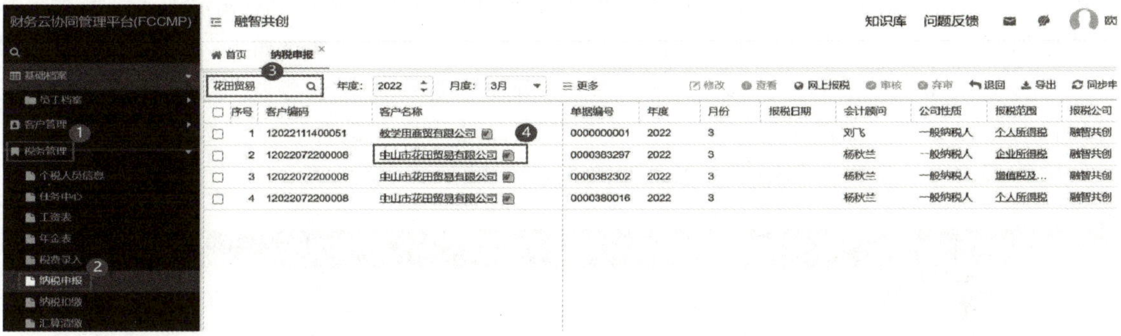

图 5－2－38　登录智能财税业务处理系统

（2）进入智能财税业务处理系统后，先确认会计期间是否正确（申报几月份的税，则选择几月份的会计期间），确认无误后在“业务处理”中打开“销项发票”项目，点击“查看汇总”，查看确认该公司的销项发票都已登记，核对金额合计、税额合计数与电子税务局导出的数据是否一致，操作如图 5－2－39 所示。

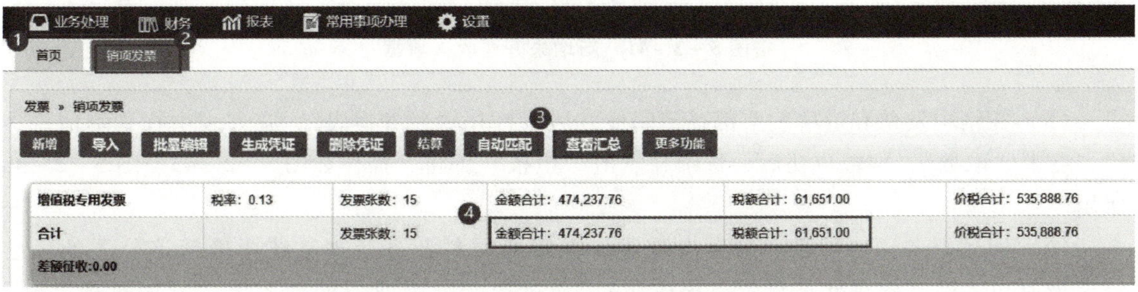

图 5－2－39　查看销项发票登记汇总

（3）查看核对进项发票的登记（如果企业为小规模纳税人则无须查看进项发票的登记）。在“业务处理”中打开“进项发票”项目，点击“查看汇总”，如图 5－2－40 所示。

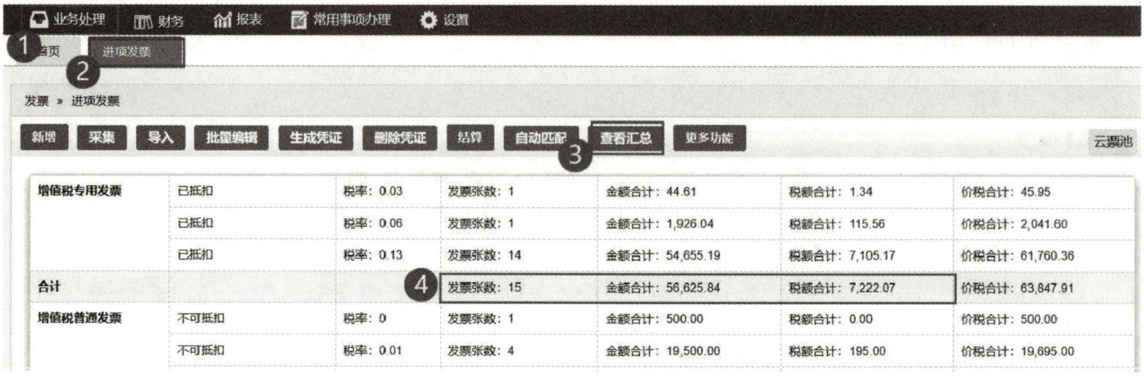

图 5－2－40　查看核对登记的进项发票

（4）如果企业存在未开票收入，还需采集未开票收入数据。在财务云协同管理平台查找未开票收入单据，进入智能财税业务处理系统销项发票登记界面，点击“新增”，根据相关单据填写内容后点击保存，操作如图 5－2－41 所示。应填写内容如下：“结算”选“结清”，“发票类型”选“没有开具发票”，“交易事项”选“主营业务收入”（选销售商品还是提供服务根据公司主营业务判断），税率根据商品适用税率选择，金额选不含税，然后把顾问给的表中不开票收入数据填上去，如图 5－2－42 所示。

图 5－2－41　新增未开票收入票据

（5）在销项发票和进项发票都登记完成之后，打开“税务报表”，在列表中找到增值税一栏，点击“取数”，取数成功后，选中并点击“申报”即可，操作如图 5－2－43、图 5－2－44 所示。

（6）回到财务云协同管理平台走流程。在智能财税业务处理系统中确认该公司的税已经申报成功之后（报税状态显示申报成功），通过智能财税业务处理系统“常用事项办理”下“电子税务局”跳转到电子税务局系统，对完成的申报内容进行截图。需要截取申报清册界面和清缴税款界面，截图时要注意，将申报公司的信息完整截取下来，如图 5－2－45、图 5－2－46。

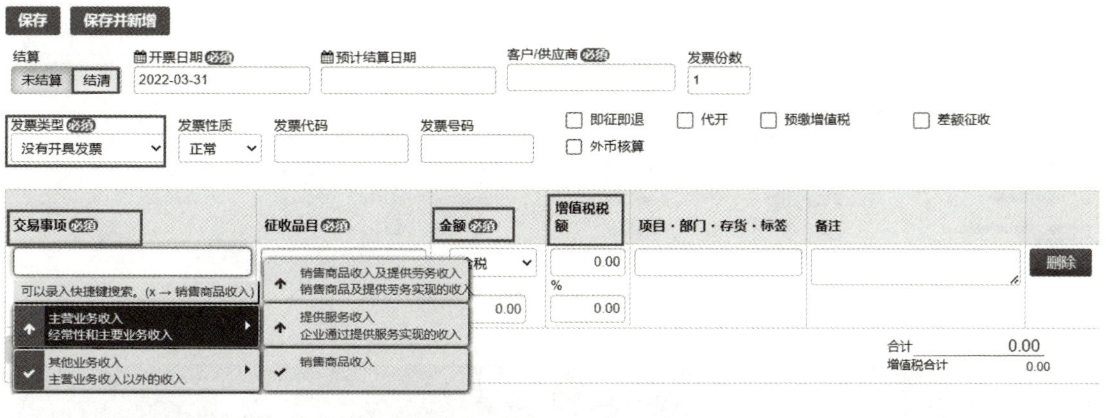

图 5－2－42　登记未开票收入

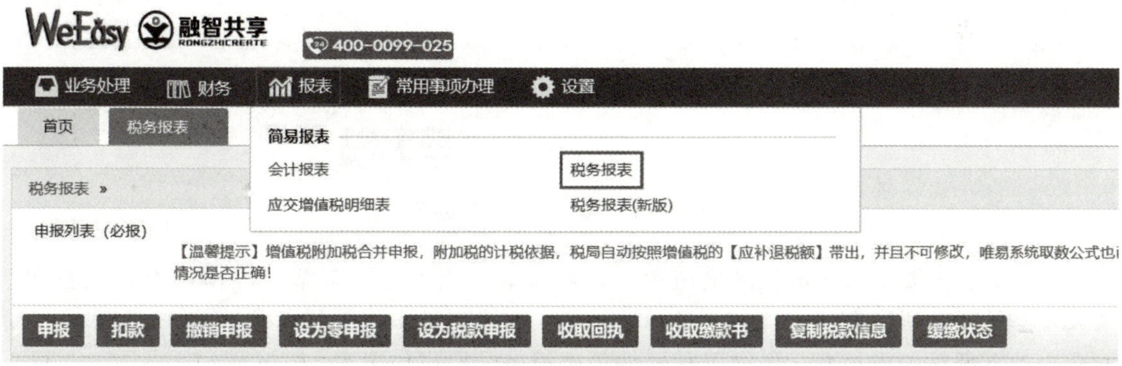

图 5－2－43　打开税务报表

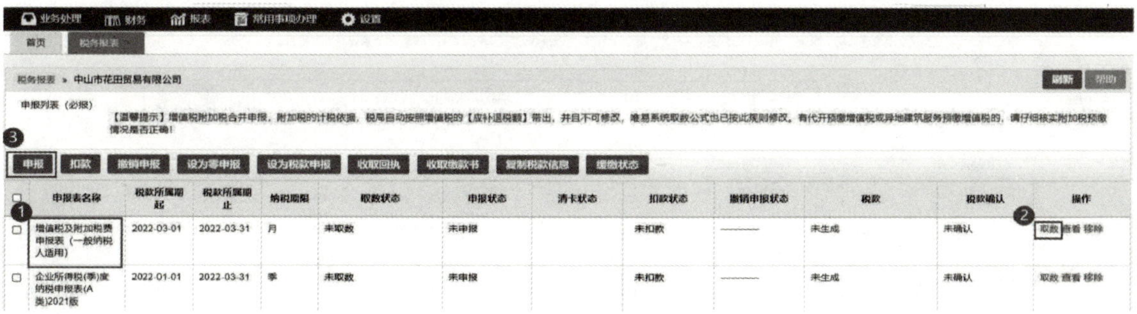

图 5－2－44　一键取数申报

图 5-2-45　清册表截图

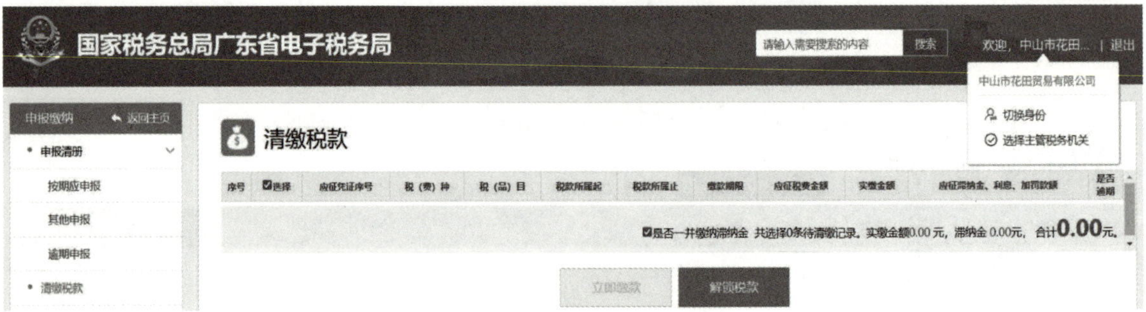

图 5-2-46　清缴税款截图

另外，还需要下载已申报的增值税纳税申报表，点击左侧菜单栏“申报查询及打印”，录入正确的税款所属期间，点击“查询”，在列表找到已申报的增值税，点击“打印”，系统会自动下载纳税申报表，保存下载的纳税申报表，操作如图 5-2-47。

图 5-2-47　查询下载纳税申报表

完成上述步骤后，回到财务云协同管理平台走流程。在“纳税申报”界面搜索栏填公司名，填写正确的会计期间，点击放大镜，该公司的各税种的纳税申报单会列示出来，选择增值税的纳税申报单，在该税种的空白处双击，进入该流程界面，操作如图 5-2-48 所示。

在弹出的窗口中，分别填制报税电脑编号、税款合计、备注三栏。报税电脑编号为自己的名字，税款合计为智能财税业务处理系统税务报表中的应补退税额，备注写有税款注意事项：如果是没有税款的，只填报税电脑编号即可，另外两个不用填。再将之前截取的“申报清册表”和“申报清缴单”、下载的纳税申报表批量上传。上传完成后，点击“附件”按钮，可以看到已上传的表单，如图 5－2－49 所示。至此，完成增值税的申报。

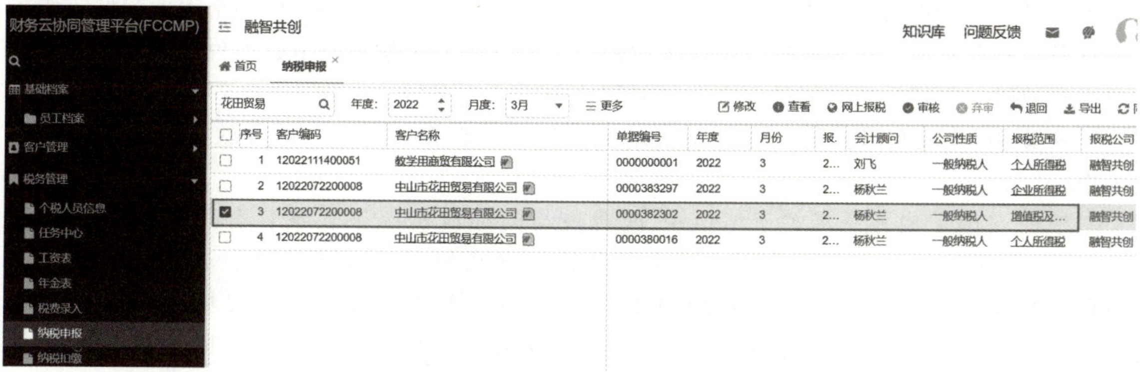

图 5－2－48　选择增值税纳税申报单

图 5－2－49　上传附件

二、附加税费智能税务申报

附加税费包括城市维护建设税、教育费附加、地方教育附加，它们是以纳税人实际缴纳的增值税、消费税为计税依据的附加税费，缴纳增值税、消费税的单位和个人即为城市维护建设税、教育费附加和地方教育附加的纳税人。附加税费的纳税环节、纳税地点、纳税发生时间和纳税期限都比照增值税、消费税的规定执行。

任务6：完成花田公司3月份城市维护建设税、教育费附加、地方教育费附加的纳税申报。

根据《国家税务总局关于增值税 消费税与附加税费申报表整合有关事项的公告》，自2021年8月1日起，增值税、消费税分别与城市维护建设税、教育费附加、地方教育附加申报表整合。增值税一般纳税人需要缴纳的附加税费明细情况填报在《增值税及附加税费申报表附列资料（五）》；增值税小规模纳税人需要缴纳的附加税费明细填报在《增值税及附加税费申报表（小规模纳税人适用）附列资料（二）（附加税费情况表）》；消费税纳税人需要缴纳的附加税费明细情况填列在附表6《消费税附加税费计算表》中。

花田公司在进行增值税纳税申报时，需要同时申报城市维护建设税、教育费附加和地方教育费附加，《增值税及附加税费申报表附列资料（五）（附加税费情况表）》会根据主表增值税及附加税费申报表增值税本期应补（退）税额自动取数填列，花田公司本期应补（退）税额为54 428.93元，所以附加税费情况表中“计税（费）依据”下的“增值税税额”应自动填列的数为“54 428.93”（见图5－2－17）。

花田公司符合小微企业条件，根据“六税两费”减免政策，自2022年1月1日至2024年12月31日，由省、自治区、直辖市人民政府根据本地区实际情况，以及宏观调控需要确定，对增值税小规模纳税人、小型微利企业和个体工商户可以在50%的税额幅度内减征资源税、城市维护建设税、房产税、城镇土地使用税、印花税（不含证券交易印花税）、耕地占用税和教育费附加、地方教育附加。花田公司可以享受城市维护建设税、教育费附加和地方教育费附加可以享受50%的减征优惠，在系统自动取数填列附加税费情况表时也同时会自动判断和填列相应信息。所以，在进行纳税申报时，《增值税及附加税费申报表附列资料（五）（附加税费情况表）》会根据前面主表信息自动取数填列，我们只需要调出来点保存即可。

另外，纳税人要缴纳的城市维护建设税、教育费附加和地方教育附加的金额也会同时列报在增值税、消费税申报表主的最后，纳税人在申报增值税、消费税的同时一起申报需要缴纳的附加税费。

模块三　所得税智能申报

相关知识

对所得征税简称“所得税”，是对纳税人在一定时期的合法收入总额减除成本费用和法定允许扣除的其他各项支出后的余额（即应纳税所得额）征收的税。所得税按照纳税人负担能力（即所得）的大小和有无来确定税收负担，实行“所得多的多征，所得少的少征，无所得的不征”的原则。它对调节国民收入分配、缩小纳税人之间的收入差距有着特殊的作用；同时，所得税的征收也较为广泛，因此成为经济发达国家的主要收入来源。在我国，随着经济的发展，居民所得逐步增加，所得税已成为近年来收入增长较快的一类税。

我国当前开征的所得税主要有企业所得税和个人所得税。

一、企业所得税

企业所得税是对我国境内除个人独资、合伙性质的企业以外的企业和组织，就其生产经营所得和其他所得征收的一种税。

（一）企业所得税的纳税人

在我国境内，企业和其他取得收入的组织（以下统称企业）为企业所得税的纳税人，应按规定缴纳企业所得税，但并不包括个人独资企业和合伙企业。企业所得税采取收入来源地管辖权和居住地管辖权相结合的双重管辖权，根据注册地或实际管理机构标准把企业所得税的纳税义务人分为居民企业和非居民企业，分别承担不同的纳税义务。

居民企业是指依法在中国境内成立，或者依照外国（地区）法律成立但实际管理机构在中国境内的企业。居民企业应当就其来源于中国境内、境外的所得，缴纳企业所得税。

非居民企业，是指依照外国（地区）法律成立且实际管理机构不在中国境内，但在中国境内设立机构、场所的，或者在中国境内未设立机构、场所，但有来源于中国境内所得的企业。非居民企业在中国境内设立机构、场所的，应当就其所设机构、场所取得的来源于中国境内的所得，以及发生在中国境外但与其所设机构、场所有实际联系的所得，缴纳企业所得税。非居民企业在中国境内未设立机构、场所的，或者虽设立机构、场所但取得的所得与其所设机构、场所没有实际联系的，应当就其来源于中国境内的所得缴纳企业所得税。

（二）企业所得税的税率

企业所得税实行比例税率，主要有基本税率、低税率、优惠税率三档，如表5－3－1所示。

表5－3－1　企业所得税税率表

种类	税率	适用范围
基本税率	25%	（1）居民企业 （2）在中国境内设有机构、场所且取得的所得与机构、场所有关联的非居民企业
低税率	20% （实际按10%征收）	在中国境内未设立机构、场所的，或者虽设立机构、场所但取得的所得与其机构、场所没有实际联系的非居民企业
优惠税率	20%	符合条件的小型微利企业
	15%	国家需要重点扶持的高新技术企业等

（三）企业所得税应纳税额的计算

企业所得税主要征收方式包括查账征收和核定征收。对账簿健全、核算准确的企业，一般采用查账征收方式；对其他企业可以采用核定征收的方法。

在查账征收方式下，应纳税额的基本计算公式为：

应纳税额＝应纳税所得额×适用税率－减免税额－抵免税额

其中应纳税所得额的计算一般有以下两种方法：

第一种：直接计算法。

在直接计算法下，企业每一纳税年度的收入总额减除不征税收入、免税收入、各项扣除以及允许弥补的以前年度亏损后的余额为应纳税所得额。其计算公式为：

应纳税所得额＝收入总额－不征税收入－免税收入－准予扣除项目金额
－弥补以前年度亏损

这里“收入总额”指以货币形式和非货币形式从各种来源取得的收入，包括现金、银行存款、应收账款、应收票据、准备持有至到期的债券投资和债务的豁免以及企业以非货币形式取得的各种收入等。“准予扣除项目金额”是指企业实际发生的与取得收入有关的、合理的支出，包括成本、费用、税金、损失和其他支出等。

第二种：间接计算法。

在间接计算法下，在会计利润总额的基础上加或减按照税法规定调整的项目金额后，即为应纳税所得额。现行企业所得税年度纳税申报表采取该方法。其计算公式为：

应纳税所得额＝会计利润总额±纳税调整项目金额

“纳税调整项目金额”包括两方面的内容：一是企业财务会计制度规定的项目范围与税收法规规定的项目范围不一致应予以调整的金额；二是企业财务会计制度规定的扣除标准与税法规定的扣除标准不一致应予以调整的金额。

（四）企业所得税的申报

企业所得税按纳税年度计征，分期预缴，年终汇算清缴，多退少补。纳税年度自公历1

月 1 日起至 12 月 31 日止。

企业所得税的申报方式主要有分期预缴和年终汇算清缴。

企业分期预缴一般是按月或按季预缴，应于月份或者季度终了之日起 15 日内，向税务机关报送资料，同时应按规定附送财务会计报表和其他有关资料，预缴税款。

企业年终汇算清缴，应于年底终了之日起 5 个月内，填写企业所得税年度纳税申报表并向税务机关报送，汇算清缴，结清应缴应退税额。

企业所得税征收方式分为：查账征收、核定征收。查账征收一般适用于会计机构和会计核算体系健全，能够正确核算应纳税所得额并提供纳税资料的企业；核定征收适用于账册不全，不能提供完整、准确的收入凭证、成本资料、费用凭证，不能正确计算应纳税所得额的企业。

根据企业所得税法相关规定，企业分月或者分季预缴企业所得税时，应当按照月度或季度的实际利润额预缴；按照月度或季度实际利润额预缴有困难的，可以按照上一纳税年度应纳税所得额的月度或季度平均额预缴。预缴方法一经确定，该纳税年度内不得随意变更。

二、个人所得税

个人所得税主要以自然人取得的各类应税所得为征税对象征收的一种所得税，是政府利用税收对个人收入进行调节的一种手段。

（一）个人所得税纳税人

个人所得税以所得人为纳税人，以支付所得的单位或者个人为扣缴义务人，具体包括中国公民、个体工商户、个人独资企业、合伙企业投资者以及在中国有所得的外籍人员（包括无国籍人员）和香港、澳门、台湾同胞。

上述纳税义务人依据住所和居住时间两个标准，分为居民纳税义务人和非居民纳税义务人，分别承担不同的纳税义务。其中，在中国境内有住所，或者无住所而 1 个纳税年度内在中国境内居住累计满 183 天的个人，为居民个人，居民个人的征税收入为从中国境内和境外取得的所得；在中国境内无住所又不居住或者无住所而 1 个纳税年度内在中国境内居住累计不满 183 天的个人为非居民个人，非居民个人的征税收入为从中国境内取得的所得。这里的纳税年度，是指自公历 1 月 1 日起至 12 月 31 日止。

（二）个人所得税征税范围

个人所得税的征税对象为个人取得的应税所得。

应税所得的范围包括：工资、薪金所得，经营所得，劳务报酬所得，稿酬所得，利息、股息、红利所得，财产租赁所得、财产转让所得及偶然所得等。

我国个人所得税实行综合征收与分类征收相结合的模式，对工资薪金、劳务报酬、稿酬和特许权使用费这 4 项劳动性所得按照统一的超额累进税率实行综合征税，对其他所得实行分类课征。

（三）个人所得税的税率

个人所得税的税率按所得项目不同分别确定，包括超额累进税率和比例税率两种形式。

综合所得适用3%～45%的七级超额累进税率（见表5－3－2）；经营所得适用5%～35%的五级超额累进税率；利息、股息、红利所得，财产租赁所得，财产转让所得，偶然所得，均适用20%的比例税率。

表5－3－2　个人所得税税率表

（居民个人工资、薪金所得预扣预缴和综合所得汇算清缴适用）

级数	全年应纳税所得额	税率	速算扣除数（元）
1	不超过36 000元	3%	0
2	超过36 000元至144 000元的部分	10%	2 520
3	超过144 000元至300 000元的部分	20%	16 920
4	超过300 000元至420 000元的部分	25%	31 920
5	超过420 000元至660 000元的部分	30%	52 920
6	超过660 000元至960 000元的部分	35%	85 920
7	超过960 000元的部分	45%	181 920

注：本表所称“全年应纳税所得额”是指依照《个人所得税法》的规定，居民个人取得综合所得以每一纳税年度收入额减除费用6万元以及专项扣除、专项附加扣除和依法确定的其他扣除后的余额。

（四）居民个人综合所得应纳税额的计算

居民个人取得的工资、薪金所得，劳务报酬所得，稿酬所得和特许权使用费所得统称为综合所得，实行按年综合计算的办法，有扣缴义务人的，由扣缴义务人按月或按次预扣预缴税款；需要办理汇算清缴的，应当在取得所得的次年3月1日至6月30日内办理汇算清缴。

居民个人的综合所得，以每一纳税年度的收入额减除基本费用60 000元以及专项扣除、专项附加扣除和依法确定的其他扣除后的余额，为应纳税所得额。计算公式为：

应纳税额＝应纳税所得额×适用税率－速算扣除数

应纳税所得额＝纳税年度的综合收入额－基本费用－专项扣除－专项附加扣除
　　　　　　－其他扣除

纳税年度的综合收入额＝全年工资薪金所得＋劳务报酬所得×80%
　　　　　　　　　　＋特许权使用费所得×80%＋稿酬所得×56%

“专项扣除”是指居民个人按照国家规定的范围和标准缴纳的基本养老保险、基本医疗保险、失业保险费和住房公积金。

“专项附加扣除”是指《个人所得税法》规定的子女教育、继续教育、大病医疗、住房贷款利息或者住房租金、赡养老人等6项专项附加扣除。个人所得税专项附加扣除在纳税人本年度综合所得应纳税所得额中扣除，本年度扣除不完的，不得结转以后年度扣除。

（五）工资、薪金所得预扣预缴税款的计算方法

扣缴义务人向居民个人支付工资、薪金所得时，需要按照“累计预扣法”计算预扣预

缴税款。具体计算公式为：

本期应预扣预缴税额 =（累计预扣预缴应纳税所得额 × 预扣率 − 速算扣除数）
− 累计减免税额 − 累计已预扣预缴税额

累计预扣预缴应纳税所得额 = 累计收入 − 累计免税收入 − 累计减除费用 − 累计专项扣除
− 累计专项附加扣除 − 累计依法确定的其他扣除

其中，累计减除费用，按照 5 000 元/月乘以纳税人当年截至本月在本单位的任职受雇月份计算。

（六）个人所得税纳税申报

个人所得税的纳税申报分为全员全额扣缴申报纳税和自行申报纳税两种方式。

1. 全员全额扣缴申报纳税

全员全额扣缴申报，是指扣缴义务人向个人支付应税所得时，不论其是否属于本单位人员、支付的应税所得是否达到纳税标准，扣缴义务人均应当在代扣税款的次月 15 日内，向主管税务机关报送其支付应税所得个人的基本信息、支付所得项目和数额、扣缴税款的具体数额和总额以及其他相关涉税信息。

2. 自行申报纳税

自行申报纳税，是由纳税人自行在税法规定的纳税期限内，向税务机关申报取得的应税所得项目和数额，如实填写个人所得税的纳税申报表，并按税法规定计算应纳税额，据此缴纳个人所得税的一种方法。

综合所得个人所得税预扣预缴申报，由扣缴义务人在向居民个人支付综合所得时，根据已采集的个人身份证信息，结合当期收入、扣除等情况，在支付所得的月度终了之日起 15 日内，向主管税务报送综合所得个人所得税预扣预缴报告表和主管税务机关要求报送的其他有关资料，进行综合所得个人所得税预扣预缴申报。

业务流程

本模块包括企业所得税和个人所得税的智能税务申报，企业所得税智能申报流程为：查询下载财报—报送财报—自动取数填报申报表—核对修改申报表——键申报。

个人所得税智能申报流程为：登录自然人电子税务局—采集人员信息—采集专项附加扣除信息—填写综合所得申报—报送申报表。

业务操作

一、企业所得税智能税务申报

企业所得税智能税务申报

企业所得税的申报方式主要有分期预缴和年终汇算清缴。这里主要介绍企业所得税分期预缴申报。

企业所得税分期预缴一般是按月或按季预缴，应于月份或季度终了之日起 15 日内，向税务机关报送资料，同时按规定附送财务会计报表和其他有关资料，按照月度或季度的实际利润额预缴税款。下面以花田公司第一季度企业所得税的预缴为例介绍企业所得税的智能申报。

任务 1：根据花田公司第一季度经营情况，申报预缴该公司第一季度的企业所得税。

花田公司实行查账征收，按季度的实际利润额预缴企业所得税。根据该公司 1－3 月的经营数据，按以下步骤进行企业所得税的预缴申报：

（1）查询下载花田公司第一季度财务报表。登录财务云协同管理平台，搜索“花田”，点击企业名称旁的“W”标识，进入智能财税业务处理系统，具体操作如图 5－3－1 所示。

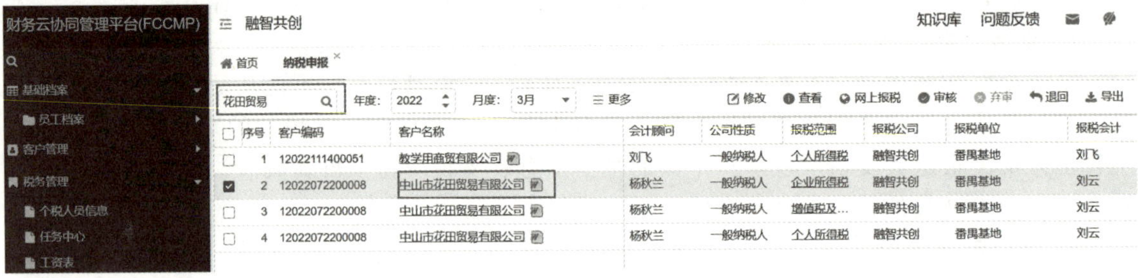

图 5－3－1　登录智能财税业务处理系统

点击右上角会计期间，选择会计期间“2022 年 3 月”，查看企业 3 月账务是否已完成。点击“报表”下“会计报表”，查看企业第一季度的“资产负债表”和“利润表”，点击“导出/打印”，导出公司的第一季度资产负债表和利润季度表，具体操作如图 5－3－2 所示。

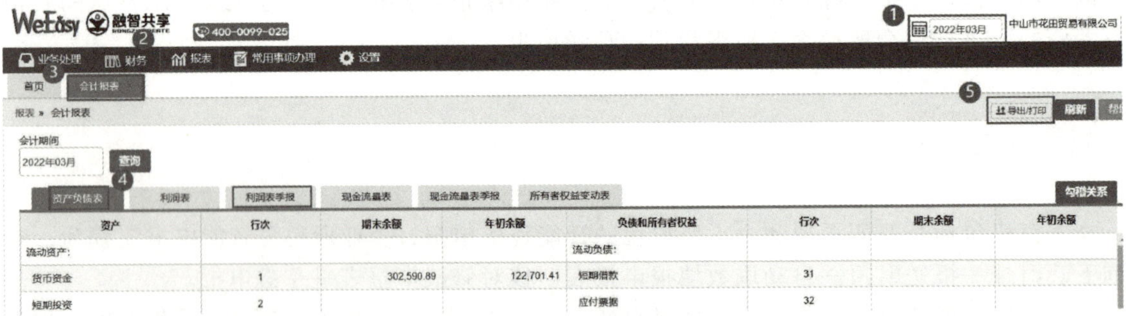

图 5－3－2　导出花田公司财务报表

（2）登录电子税务局，报送财务报表。可以在智能财税业务处理系统查询企业纳税人识别号、用户名、密码，直接在电子税务局网站登录，也可以通过点击“常用事项办理”下的“电子税务局”，进行快捷登录，具体操作如图 5－3－3 所示。

点击“我要办税”下的“税费申报及缴纳”，进入税费申报界面；找到“财务报表报送”，点击“填写财报”，具体操作如图 5－3－4 所示。

系统会跳出申报方式的选择框，选择“填写财务报表—申报”，点击进入，操作如图 5－3－5 所示；查看核对基础设置的报送期限和报送所属期间是否正确，确认无误后点击“下一步”，操作如图 5－3－6 所示。

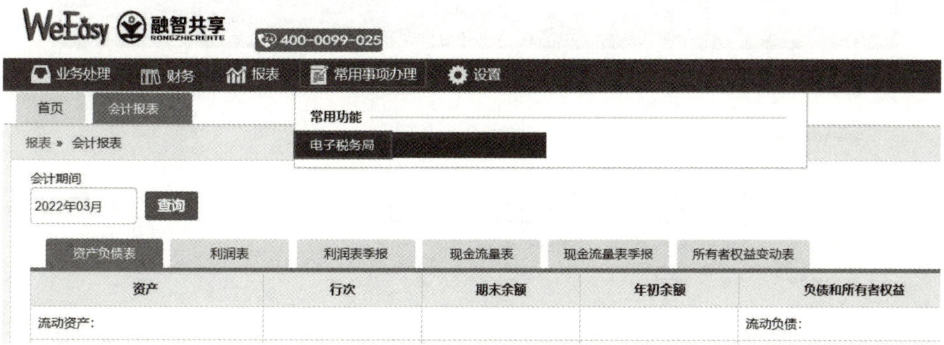

图 5-3-3 登录电子税务局

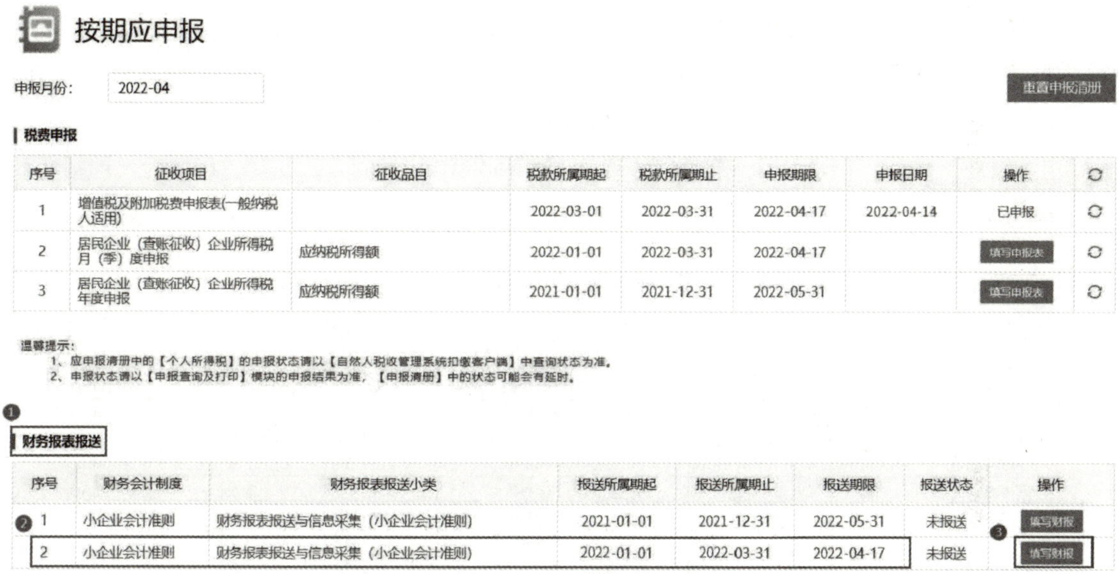

图 5-3-4 选择财务报表报送

图 5-3-5 选择财报申报方式

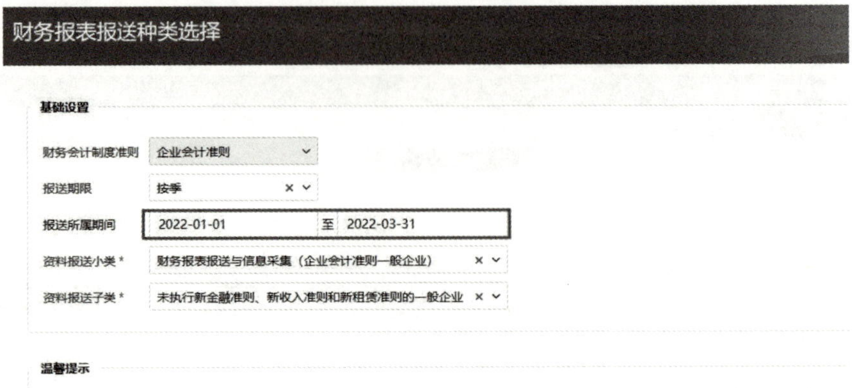

图 5－3－6　核对基础设置

根据从智能财税业务处理系统导出的花田公司 2022 年第一季度的财务报表数据，填报“资产负债表”和“利润表”，具体如图 5－3－7、图 5－3－8 所示。

资产负债表（适用执行小企业会计准则的企业）

所属期起 2022-01-01　　所属期止 2022-03-31

报送日期：2022-04-17

纳税人识别号：91442000MA54C8888C　　会小企02表

纳税人名称：中山市花田贸易有限公司　　单位：元

资产	行次	期末余额	年初余额	负债和所有者权益	行次	期末余额	年初余额
流动资产:				流动负债:			
货币资金	1	302, 590. 89	122, 701. 41	短期借款	31	0. 00	0. 00
短期投资	2	0. 00	0. 00	应付票据	32	0. 00	0. 00
应收票据	3	0. 00	0. 00	应付账款	33	146, 273. 47	206, 349. 99
应收账款	4	697, 740. 88	11, 073. 29	预收账款	34	0. 00	0. 00
预付账款	5	0. 00	0. 00	应付职工薪酬	35	33, 407. 87	30, 883. 85
应收股利	6	0. 00	0. 00	应交税费	36	63, 517. 53	14, 803. 92
应收利息	7	0. 00	0. 00	应付利息	37	0. 00	0. 00
其他应收款	8	104. 85	0. 00	应付利润	38	0. 00	0. 00
存货	9	38, 003. 05	955, 984. 67	其他应付款	39	57, 834. 45	127, 956. 75
其中：原材料	10	0. 00	0. 00	其他流动负债	40	0. 00	0. 00
在产品	11	0. 00	0. 00	流动负债合计	41	301, 033. 32	379, 994. 51
库存商品	12	38, 003. 05	955, 984. 67	非流动负债		0. 00	0. 00
周转材料	13	0. 00	0. 00	长期借款	42	0. 00	0. 00
其他流动资产	14	0. 00	0. 00	长期应付款	43	0. 00	0. 00
流动资产合计	15	1, 038, 439. 67	1, 089, 759. 37	递延收益	44	0. 00	0. 00
非流动资产:				其他非流动负债	45	0. 00	0. 00
长期债券投资	16	0. 00	0. 00	非流动负债合计	46	0. 00	0. 00
长期股权投资	17	0. 00	0. 00	负债合计	47	301, 033. 32	379, 994. 51
固定资产原价	18	33, 997. 00	31, 000. 00				
减：累计折旧	19	17, 179. 16	14, 725. 00				
固定资产账面价值	20	16, 817. 84	16, 275. 00				
在建工程	21	0. 00	0. 00				
工程物资	22	0. 00	0. 00				
固定资产清理	23	0. 00	0. 00				
生产性生物资产	24	0. 00	0. 00	所有者权益（或股东权益）：			
无形资产	25	0. 00	0. 00	实收资本（或股本）	48	500, 000. 00	500, 000. 00
开发支出	26	0. 00	0. 00	资本公积	49	0. 00	0. 00
长期待摊费用	27	0. 00	0. 00	盈余公积	50	16, 894. 26	16, 894. 26
其他非流动资产	28	0. 00	0. 00	未分配利润	51	237, 329. 93	209, 145. 60
非流动资产合计	29	16, 817. 84	16, 275. 00	所有者权益（或股东权益）合计	52	754, 224. 19	726, 039. 86
资产合计	30	1, 055, 257. 51	1, 106, 034. 37	负债所有者权益（或股东权益）总计	53	1, 055, 257. 51	1, 106, 034. 37

图 5－3－7　填报资产负债表

利润表（适用执行小企业准则的企业）

所属期起 2022-01-01　　所属期止 2022-03-31

报送日期：2022-04-17

纳税人识别号：91442000MA54C8888C

会小企02表

纳税人名称：中山市花田贸易有限公司

单位：元

项目	行次	本年累计金额	本月金额
一、营业收入	1	1,318,380.97	474,237.76
减：营业成本	2	1,069,923.05	384,864.10
税金及附加	3	18,881.79	6,973.33
其中：消费税	4	0.00	
营业税	5	0.00	
城市建设维护税	6	10,591.88	3,810.03
资源税	7	0.00	
土地增值税	8	0.00	
城镇土地使用税、房产税、车船税、印花税	9	724.28	441.85
教育附加、矿产资源、排污费	10	7,565.63	2,721.45
销售费用	11	87,294.19	29,172.42
其中：商品维修费	12	0.00	0.00
广告费和业务宣传费	13	0.00	0.00
管理费用	14	116,713.69	40,915.21
其中：开办费	15	0.00	0.00
业务招待费	16	579.00	579.00
研究费用	17	0.00	0.00
财务费用	18	147.90	53.20
其中：利息费用(收入以“-”号填列)	19	0.00	0.00
加：投资收益(损失以“-”号填列)	20	0.00	0.00
二、营业利润(亏损以“-”号填列)	21	25,420.35	12,259.50
加：营业外收入	22	3,486.66	3,486.66
其中：政府补助	23	0.00	0.00
减：营业外支出	24	0.00	0.00
其中：坏账损失	25	0.00	0.00
无法收回的长期债券投资损失	26	0.00	0.00
无法收回的长期股权投资损失	27	0.00	0.00
自然灾害等不可抗力因素造成的损失	28	0.00	0.00
税收滞纳金	29	0.00	0.00
三、利润总额(亏损总额以“-”号填列)	30	28,907.01	15,746.16
减：所得税费用	31	722.68	393.66
四、净利润(净亏损以“-”号填列)	32	28,184.33	15,352.50

图 5－3－8　填报利润表

填报完成后，点击右上角“申报”，系统会提示“您确定要提交申报吗?”，点击“确定”，系统提示“申报成功”，点击“关闭本页”，返回申报纳税页面，财务报表报送列表会显示财报“已报送”，如图 5－3－9 所示。

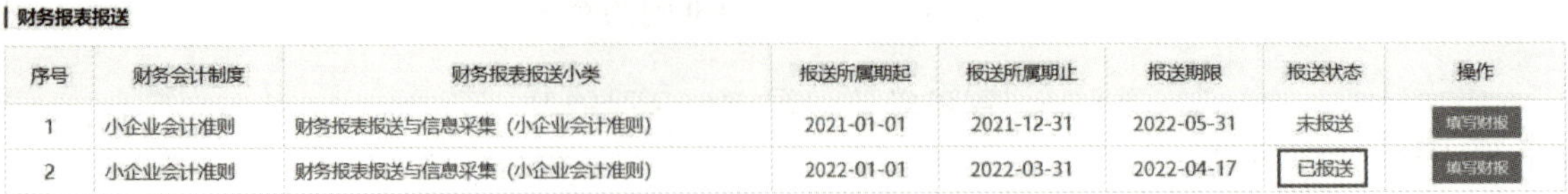

财务报表报送

序号	财务会计制度	财务报表报送小类	报送所属期起	报送所属期止	报送期限	报送状态	操作
1	小企业会计准则	财务报表报送与信息采集（小企业会计准则）	2021-01-01	2021-12-31	2022-05-31	未报送	填写财报
2	小企业会计准则	财务报表报送与信息采集（小企业会计准则）	2022-01-01	2022-03-31	2022-04-17	已报送	填写财报

图 5－3－9　显示财务报表已报送

（3）填报修改申报表。在按期申报界面找到税费申报列表的“居民企业（查账征收）企业所得税月（季）度申报”，点击“填写申报表”，系统会跳出申报方式选择框，选择在线申报，具体操作如图 5－3－10 所示。

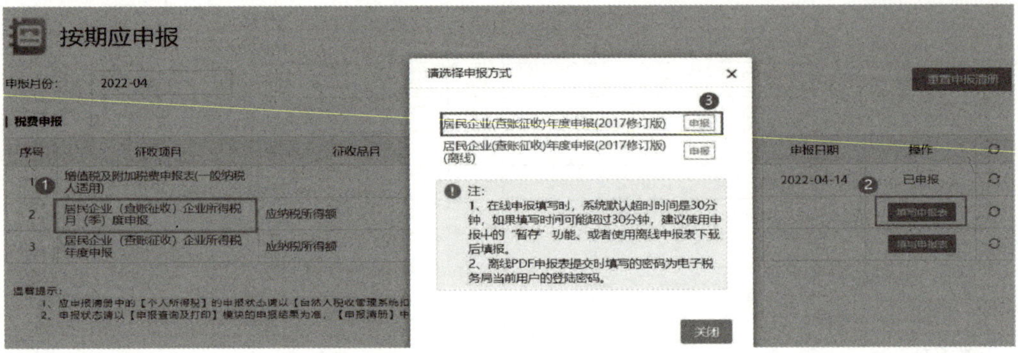

图 5－3－10　所得税季度申报列表

花田公司按季度的实际利润额预缴企业所得税，系统会根据前面已报送的第一季度财务报表数据自动取数填报申报表。需要填报的申报表一般有 4 张，包括《中华人民共和国企业所得税月（季）度预缴纳税申报表（A 类）》《资产加速折旧、摊销（扣除）优惠明细表》《居民企业参股外国企业信息报告表》和《技术成果投资入股企业所得税递延纳税备案表》（见图 5－3－11）。如果企业没有参股外国企业、没有涉及技术成果投资入股，后面的 2 张表只需要点击保存就可以。如果企业享有资产加速折旧、摊销的优惠政策，还需要填报《资产加速折旧、摊销（扣除）优惠明细表》，花田公司 3 月份购入的固定资产要下一个月才开始计提折旧才会享受加速折旧的优惠政策，所以第一季度预缴税费时，不需要填报加速折旧明细表，只需要填写《企业所得税月（季）度预缴纳税申报表》。

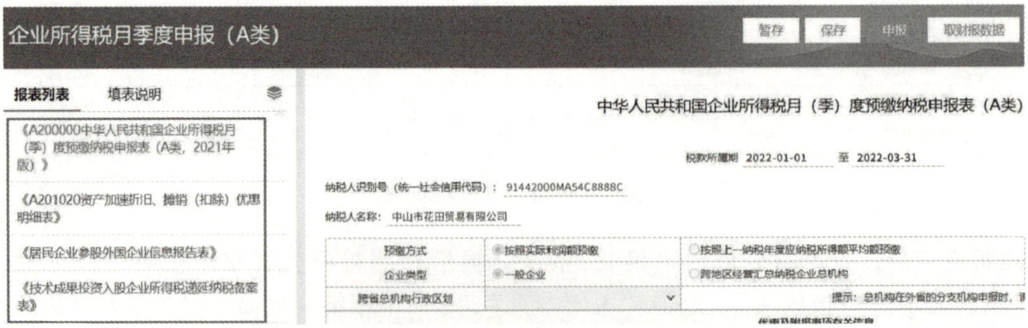

图 5－3－11　花田公司企业所得税预缴纳税申报表

返回财务云协同管理平台，查询公司第一季度末的从业人数。在左侧菜单栏找到“税务管理”下的“工资表”，搜索“花田”，选择年度为“2022 年”，月度为“3 月”，点击放大镜搜索，可以查看到花田公司第一季度末的员工人数为 5 人，具体操作如图 5－3－12 所示。

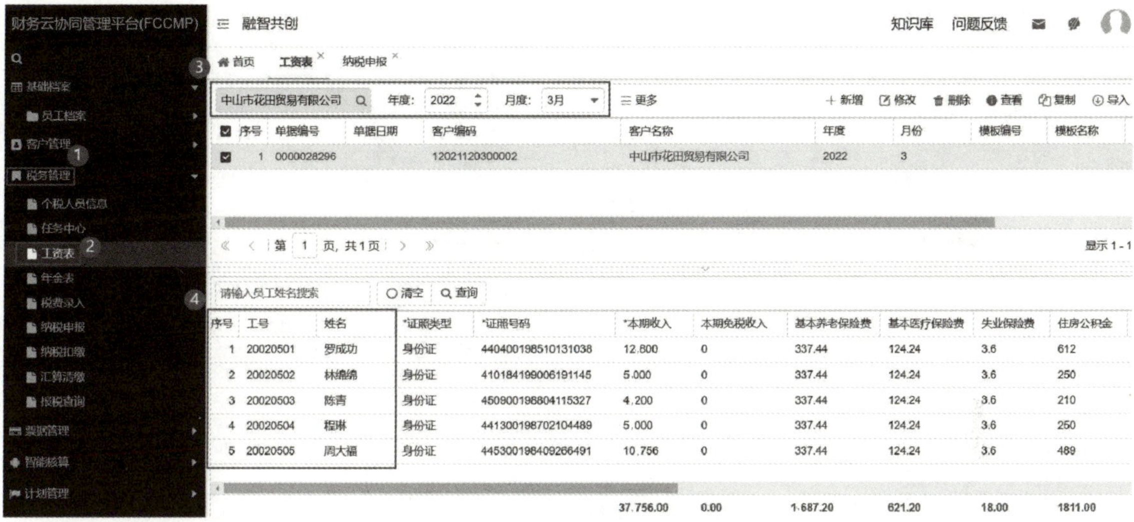

图 5－3－12　查看工资表人员数量

查看导出的花田公司第一季度的资产负债表，报表显示公司第一季度资产期初余额为 1 106 034.37，期末余额为 1 055 152.66 元。将查询到的从业人数和资产总额数据填入企业所得税月（季）度预缴纳税申报表附表事项，如图 5－3－13 所示。

（4）核对提交申报表。填写完附表事项有关信息后，点击右上角“取财报数据”，报税系统会根据之前填报的公司第一季度财报自动取数，填写“营业收入”“营业成本”“本年利润”本年累计金额列数据，核对相关数据，营业收入为“1 318 380.97”、营业成本为“1 069 923.05”、利润总额为“28 907.01”，如图 5－3－13 所示。

根据相关财税政策小型微利企业（是指从事国家非限制和禁止行业，且同时符合年度应纳税所得额不超过 300 万元、从业人数不超过 300 人、资产总额不超过 5 000 万元等 3 个条件的企业）2021 年 1 月 1 日至 2022 年 12 月 31 日，年应纳税所得额不超过 100 万元的部分，减按 12.5% 计入应纳税所得额，按 20% 的税率缴纳企业所得税。花田公司符合小型微利企业条件，第一季度应纳税所得额为 28 907.01 元，可以享受减按 12.5% 计应纳税所得额，按 20% 税率预缴企业所得税。花田公司第一季度应预缴的企业所得税为：28 907.01 × 12.5% ×20% ＝722.68 元。

核对确认申报表中的其他数据，确认无误后可以点击右上角的“保存”“申报”，系统会跳出提示框，点击“提交”，操作如图 5－3－14 所示。

提交申报后，报税系统显示“申报成功”，点击“关闭本页”，返回按期申报界面，找到“税费申报”“居民企业（查账征收）企业所得税月（季）度申报”，在申报清册列表会显示“已申报”，如图 5－3－15 所示。至此，企业所得税预缴申报完成，可以截图、下载申报表完成企业所得税预缴的税务流程。

企业所得税月季度申报（A类）　暂存　保存　申报 ②　取消报数据　查看PDF　附送资料　更多　重置

中华人民共和国企业所得税月(季)度预缴纳税申报表(A类)

税款所属期间：2022-01-01　至　2022-03-31

纳税人识别号(统一社会信用代码)：91442000MA54C8888C　　金额单位:人民币元（列至角分）

纳税人名称：中山市花田贸易有限公司

预缴方式	● 按照实际利润额预缴		○ 按照上一纳税年度应纳税所得额平均额预缴					○ 按照税务机关确定的其他方法预缴	
企业类型	● 一般企业		○ 跨地区经营汇总纳税企业总机构					○ 跨地区经营汇总纳税企业分支机构	
跨省总机构行政区划			提示：总机构在外省的分支机构申报时，请先选择跨省总机构行政区划						
优惠及附报事项有关信息									
项目	一季度		二季度		三季度		四季度		季度平均值
	季初	季末	季初	季末	季初	季末	季初	季末	
从业人数 ①	5	5							5
资产总额(万元)	110.6	105.52							108.06
国家限制或禁止行业	○ 是	● 否		小型微利企业				● 是	○ 否

代码	附报事项名称	金额或选项
K01002	□ 扶贫捐赠支出全额扣除(本年累计，元)	0.00
Y01001	□ 软件集成电路企业优惠政策适用类型	□ 原政策　□ 新政策

预缴税款计算

行次	项目	本年累计金额 ③
1	营业收入	1,318,380.97
2	营业成本	1,069,923.05
3	利润总额	28,907.01
4	加：特定业务计算的应纳税所得额	0.00
5	减：不征税收入	0.00
6	减：资产加速折旧、摊销(扣除)调减额(填写A201020)	0.00
7	减：免税收入、减计收入、加计扣除(7.1+7.2+...)	0.00
8	减：所得减免(8.1+8.2+...)	0.00
9	减：弥补以前年度亏损	0.00
10	实际利润额(3+4-5-6-7-8-9)\按照上一纳税年度应纳税所得额平均额确定的应纳税所得额	28,907.01
11	税率(25%)	25%
12	应纳所得税额(10×11)	7,226.75
13	减：减免所得税额(13.1+13.2+...)	0.00
13.1	符合条件的小型微利企业减免企业所得税	6,504.08
14	减：本年实际已缴纳所得税额	0.00
15	减：特定业务预缴（征）所得税额	④
16	本期应补（退）所得税额（12-13-14-15）\税务机关确定的本期应纳所得税额	722.68

图 5－3－13　花田公司第一季度企业所得税预缴申报表

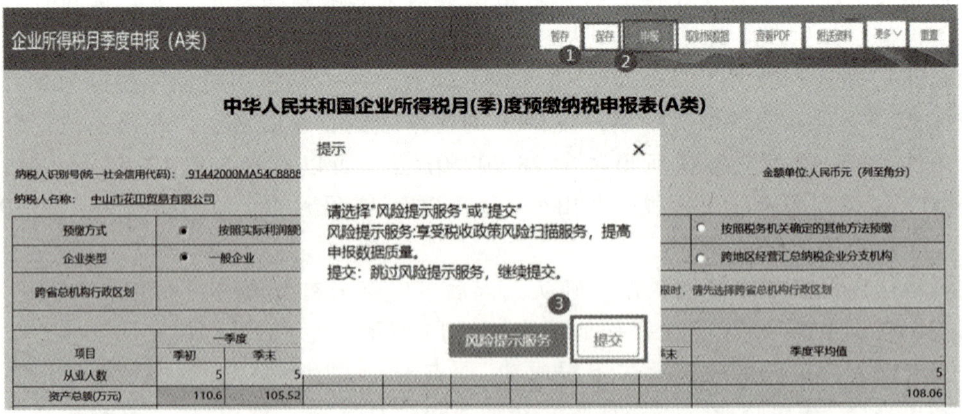

图 5－3－14　确认提交申报

按期应申报

申报月份: 2022-04

税费申报

序号	征收项目	征收品目	税款所属期起	税款所属期止	申报期限	申报日期	操作
1	增值税及附加税费申报表(一般纳税人适用)		2022-03-01	2022-03-31	2022-04-17	2022-04-14	已申报
2	居民企业(查账征收)企业所得税月(季)度申报	应纳税所得额	2022-01-01	2022-03-31	2022-04-17	2022-04-14	已申报
3	居民企业(查账征收)企业所得税年度申报	应纳税所得额	2021-01-01	2021-12-31	2022-05-31		填写申报表

图 5－3－15　查看申报操作状态

二、个人所得税智能税务申报

个人所得税智能税务申报

个人所得税是国家对我国公民、居住在我国境内的个人的所得和境外个人来源于我国的所得所征收的一种税。个人所得税的内容较多，这里主要以常见的工资、薪金进行介绍。工资、薪金所得的个人所得税，一般由公司代为缴纳。公司应当在代扣税款的次月 15 日内，向主管税务机关报送其支付工资、薪金所得的员工基本信息、支付的工资、薪金所得数额、扣缴税款的具体数额和总额以及其他相关涉税信息。个人所得税的纳税申报是通过自然人电子税务局系统申报，下面以花田公司 3 月份需要代扣代缴的个税为例讲解个人所得税智能税务申报。

任务 2：根据花田公司 3 月份工资计提情况申报企业需要帮员工代扣代缴的个人所得税。

花田公司代扣员工 3 月份个人所得税税款需要在 4 月 15 日前向主管税务机关申报纳税，报税人员根据 3 月工资表相关数据进行个人所得税纳税申报。

1. 注册自然人电子税务局

双击“自然人税收管理系统扣缴客户端”，登录自然人电子税务局（扣缴端），如果电脑是第一次登录自然人电子税务局，双击之后会出现如图 5－3－16 所示的界面，录入花田公司纳税人识别号。

录入信息后，点击“下一步”获取办税信息，继续点击“下一步”，操作如图 5－3－17 所示；填写备案办税人员信息，需要填入办税人员姓名和联系方式，可以在智能财税业务处理系统查找单位办税人员的信息、联系方式，也可以用法人信息进行录入，具体操作如图 5－3－18、图 5－3－19 所示。

录入备案办税人员信息后，点击“下一步”，进入设备数据自动备份，点“立即体验”进入“自然人电子税务局（扣缴端）”登录界面，如图 5－3－20 所示。

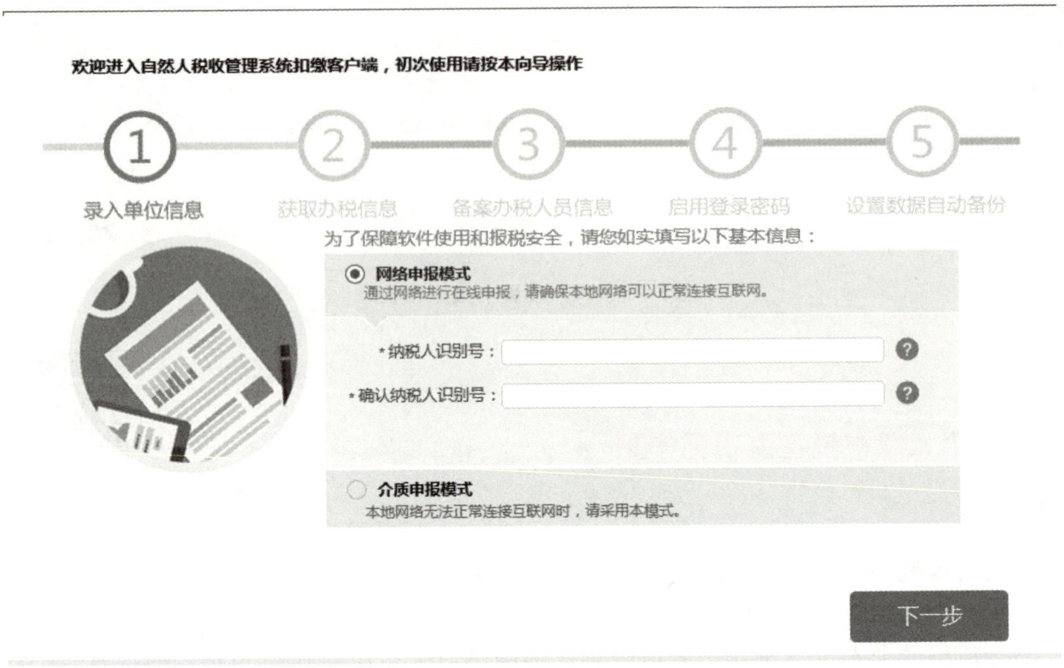

图 5－3－16 录入单位信息

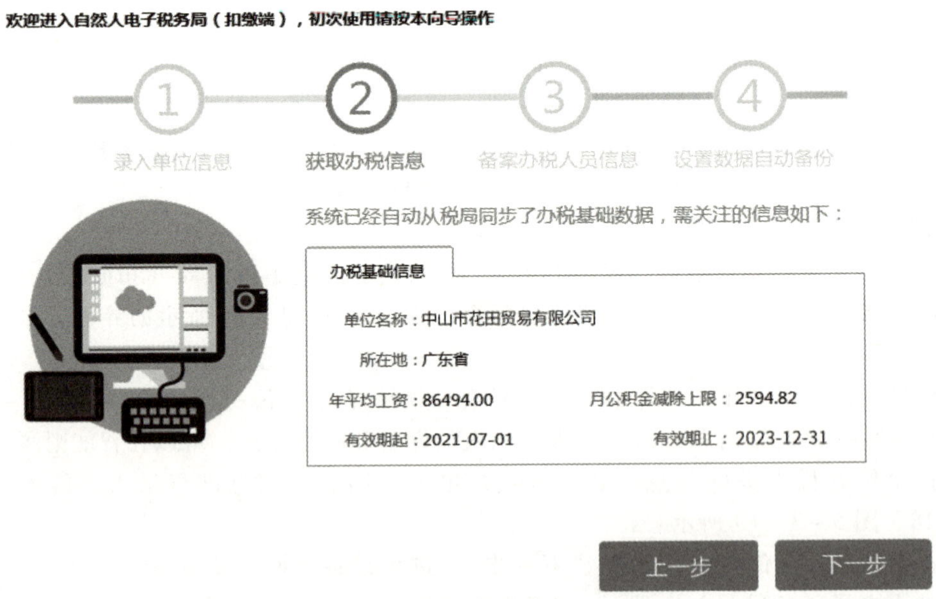

图 5－3－17 获取办税信息

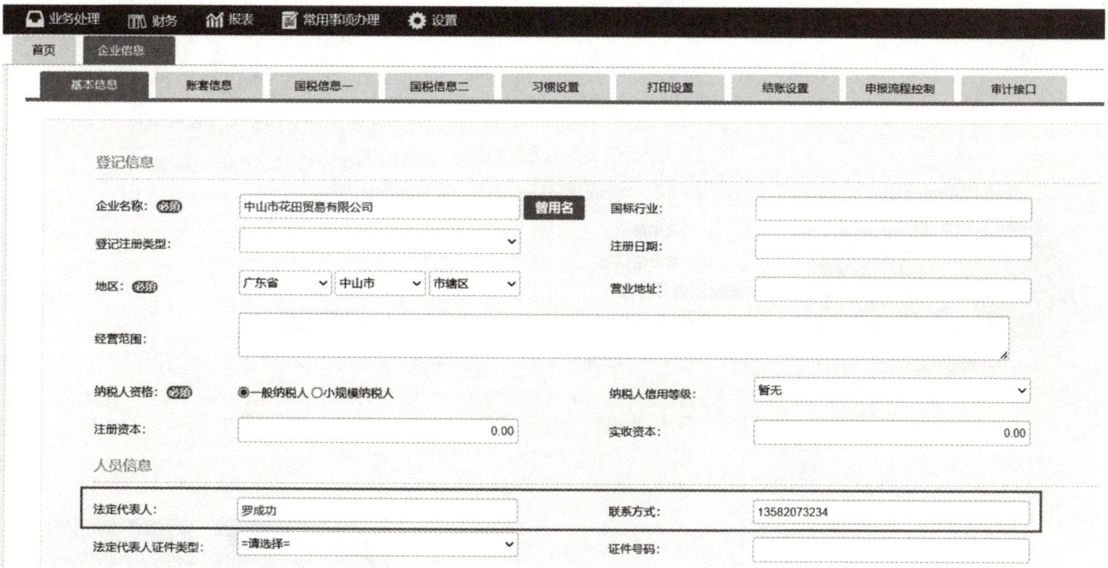

图 5-3-18　查询公司法定代表人信息

图 5-3-19　填写备案办税人员信息

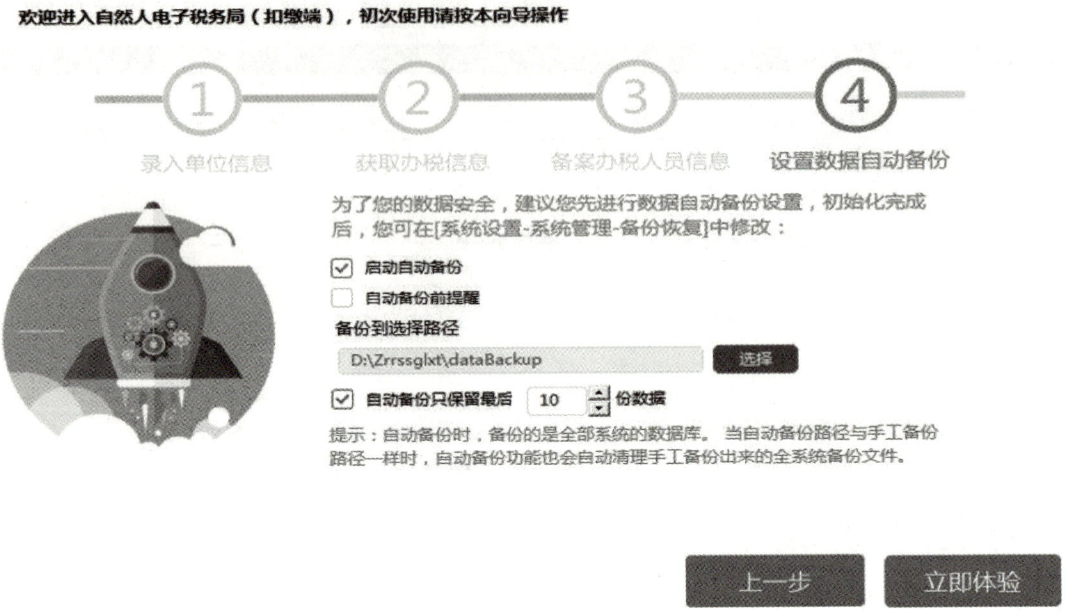

图 5－3－20　设置数据自动备份

2. 登录自然人电子税务局

登录自然人电子税务局网站的申报密码可以在智能财税业务处理系统查找，登入智能财税业务处理系统，点击“设置”下面“基本信息”的“企业信息”，找到“国税信息二”，查找个税申报密码，具体操作如图 5－3－21 所示。

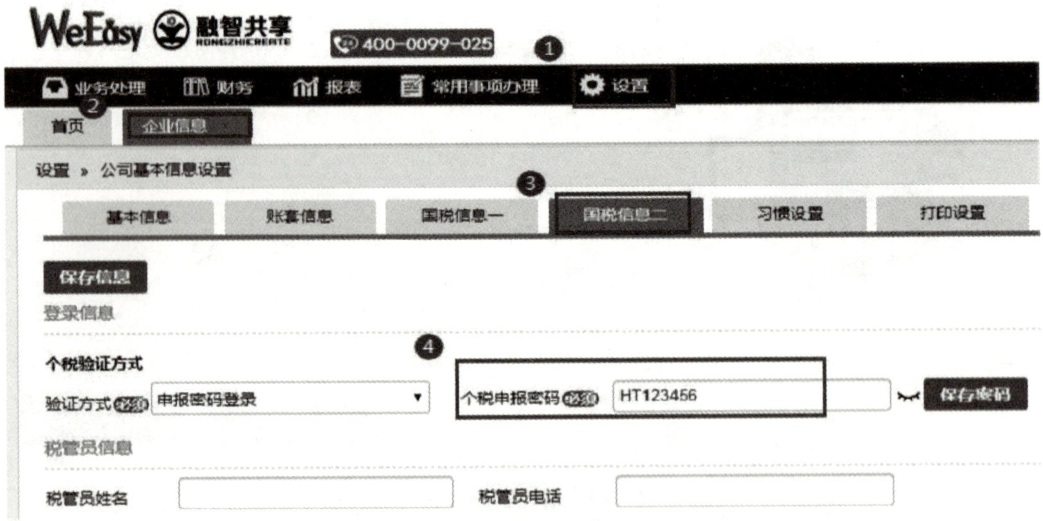

图 5－3－21　查询申报密码

回到自然人电子税务局系统，选择“申报密码登入”，录入个税申报密码，点击“登入”，进入自然人电子税务局，操作如图 5－3－22 所示。

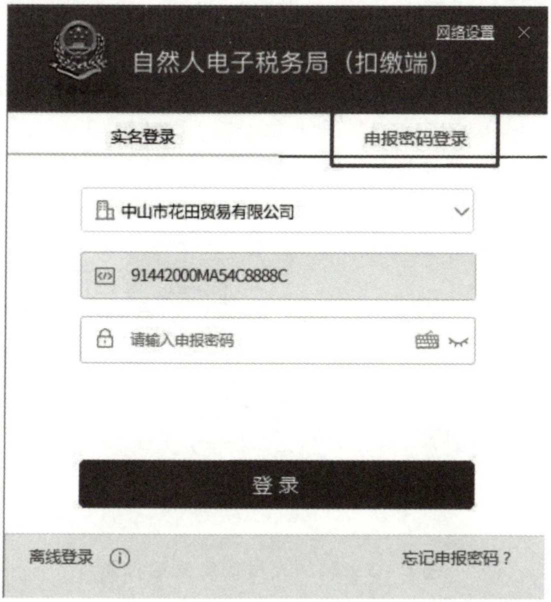

图 5－3－22　录入密码登录自然人电子税务局

如果之后需要切换申报企业，可以直接点击右上角的“单位管理”，然后点击“添加”，直接录入纳税人识别号。添加好企业后点击“进入”，可以切换企业登录申报系统进行个人的申报。具体操作如图 5－3－23 所示。

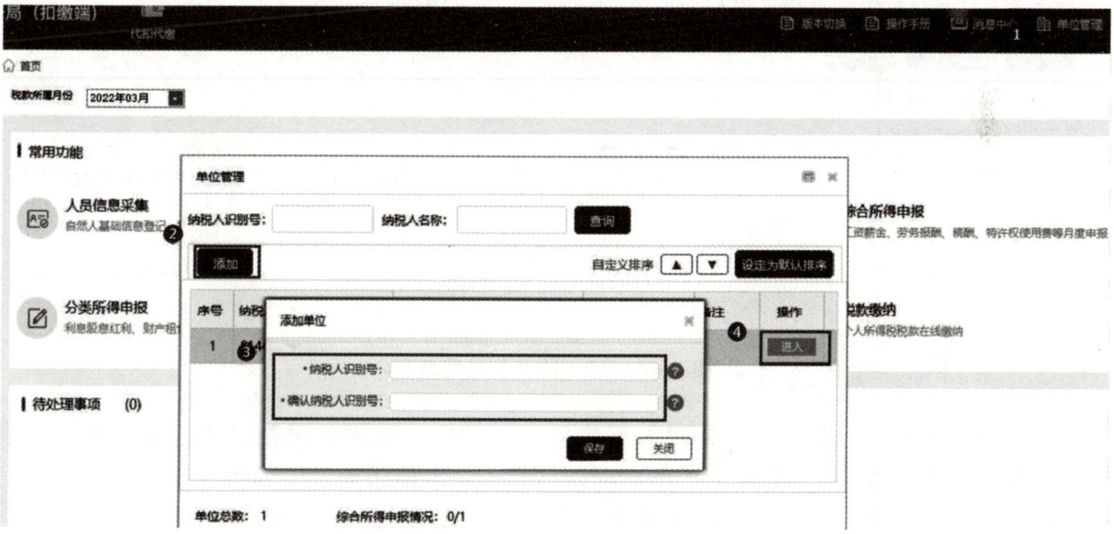

图 5－3－23　添加申报企业

3. 人员信息采集

登录自然人税收管理系统后，需要先采集企业员工信息。人员信息采集主要包括添加、导入、报送、导出、展开查询条件和更多操作功能，企业可根据具体情况，添加人员或编辑人员信息。如果企业人员较少，可以点击“添加”，逐个添加人员信息，主要添加信息包括：基本信息、任职受雇信息、联系方式、投资信息等，如图 5 - 3 - 24 所示。

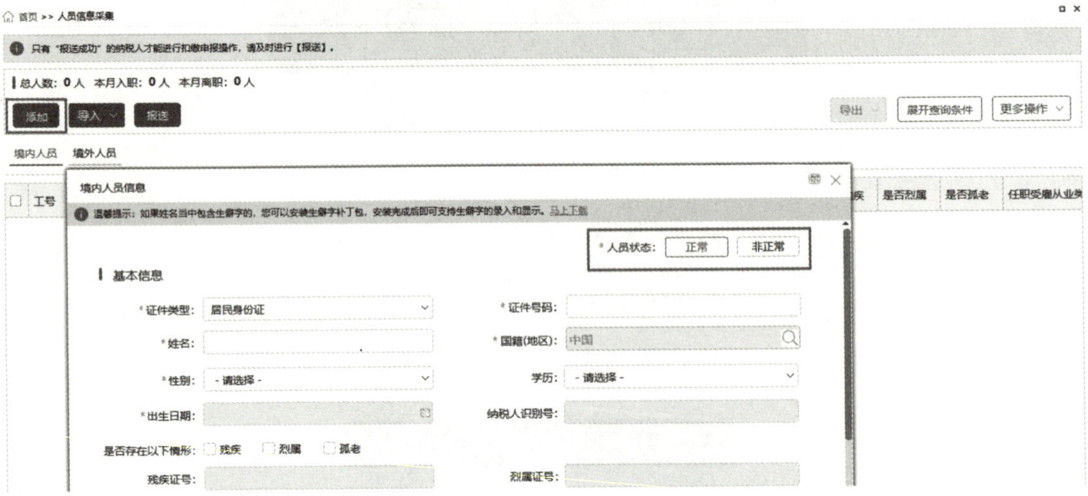

图 5 - 3 - 24 人员信息采集界面

如果企业人员较多可以点击"导入"，下载导入模板，根据企业人员信息填写完成再导入，操作如图 5 - 3 - 25 所示。

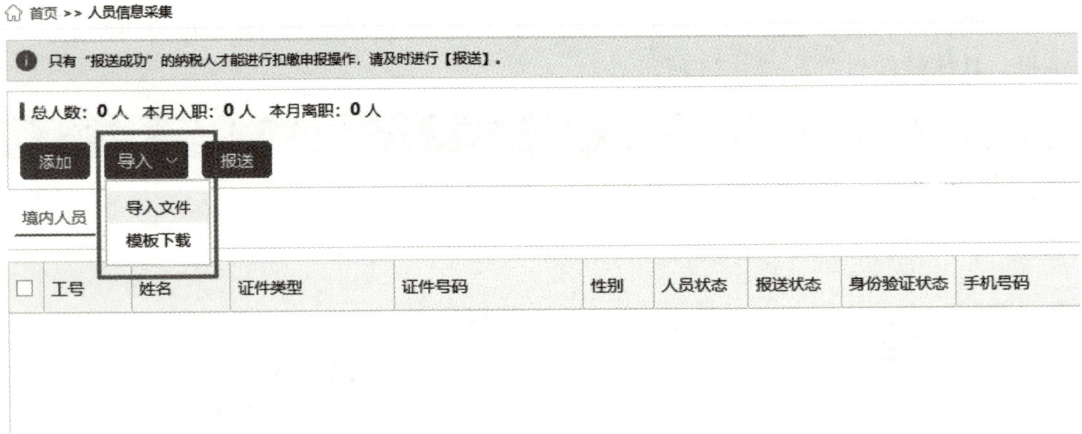

图 5 - 3 - 25 导入人员信息表

如果有员工离职，需要修改离职员工信息，可以将"境内人员信息表"右上角的人员状态更改为"非正常"，表明该员工已离职，已经不是本公司成员，如图 5 - 3 - 24 所示。

人员信息采集完毕后，需先点击报送，将人员信息报送至税务端进行验证。

在本任务中我们需要申报花田公司 3 月份个税，可以先查看花田公司 3 月份工资表，对比 2 月份数据，会发现员工信息并没有发生变化，所以不用添加或更改人员信息。

4. 专项附加信息采集

专项附加扣除信息采集，是指《个人所得税法》规定的子女教育、继续教育、大病医疗（暂不支持）、住房贷款利息、住房租金、赡养老人、3 岁以下婴幼儿照护专项附加扣除支出信息的采集。企业员工符合上述扣除范围和条件的，可以自符合条件开始之日，通过手机个人所得税 App 填报专项附加扣除信息，由扣缴义务人在次月预扣预缴税款时办理扣除；也可以在次年 3 月 1 日至 6 月 30 日内，向税务机关办理汇算清缴申报时扣除。在纳税人未自行填报时，可以由扣缴单位代为采集和报送。

如果企业员工已通过手机个人所得税 App 填报过专项附加扣除信息的，可以点击“下载更新”，获取填报的数据导入系统；如果员工没有自行填报，企业需要点击“添加”或“导入”采集专项附加信息，或者点击“迁入上年数据”后再根据实际情况进行更改。完成后，查看核对员工的专项附加扣除的一些统计情况，确认无误后，点击“报送”，具体操作如图 5 – 3 – 26 所示。

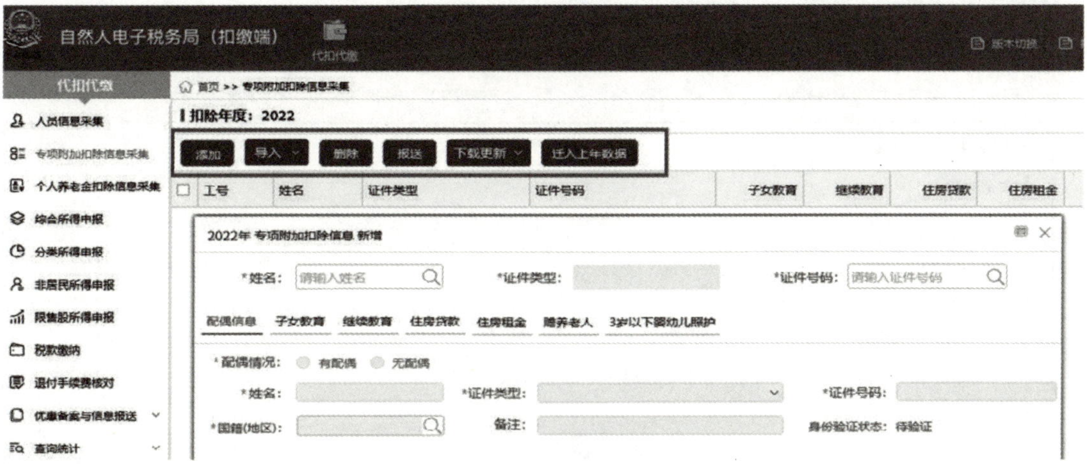

图 5 – 3 – 26　专项附加扣除信息采集界面

在本任务中，花田公司的专项附加扣除已由员工通过手机个人所得税 App 填报，查看公司 3 月份工资表，跟之前月份相比没有发生变化，点击“下载更新”后直接“报送”，完成专项附加信息的采集。

5. 预扣预缴申报

专项附加扣除信息采集完后，企业就可以进行预扣预缴申报了。工资、薪金所得属于综合所得的一项，通过综合所得项进行预扣预缴，需要在扣缴义务人向居民个人支付工资、薪金的月度终了之日起 15 日内，向主管税务机关报送综合所得预扣预缴报告表和主管税务机关要求报送的其他有关材料，进行综合所得工资薪金所得的预扣预缴申报。

点击左侧菜单栏的“综合所得申报”，进入综合所得预扣预缴申报界面，填写的内容主要包括：收入及减除填写、税款计算、附表填写、申报表报送，如图 5 – 3 – 27 所示。

图 5 – 3 – 27　综合所得申报界面步骤

根据花田公司3月份工资表数据，按下面步骤进行综合所得预扣预缴申报。

(1) 收入及减除填写。花田公司3月份工资属于综合所得中的“正常工资薪金所得”。单击界面下方“正常工资薪金所得”或其对应的“填写”进入表单，即可进行数据的录入。

在填写正常工资薪金所得表单时，可选择使用单个添加或下载模板批量导入。如果选择单个数据录入，点击“添加”，在弹出“正常工资薪金所得新增”界面，进行单个数据录入，具体操作如图5-3-28所示。

图5-3-28 填写正常工资薪金数据

如果选择批量导入，点击“导入”“模板下载”下载标准模板，录入数据后，点击“导入数据”“标准模板导入”选择模板文件批量导入数据。如果企业员工信息变动不大，也可以通过复制上月数据来录入，点击“导入”“导入数据”。若上月没有数据，则“复制上月当期数据”的单选内容置灰，且提示“暂无上月数据，无法复制”；上期有数据的，可正常选中“复制上月当期数据”项，点击“立即复制数据”，可将上月的数据复制到本月所属期报表中。复制成功后若有员工涉及专项附加扣除的，需再点击“预填专项附加扣除”，弹出提示框，勾选确认需要进行自动预填，选择预填人员范围后，点击“确认”，可自动将采集的专项附加扣除信息下载到对应纳税人名下，自动填入申报表，具体操作如图5-3-29、图5-3-30所示。

根据花田公司3月份工资表数据，可选择导入数据，通过复制上月数据来填入3月份工资薪金的收入和减除数据。

(2) 税款计算。填完正常工资薪金所得表单后，可以进行税款计算。点击“税款计算”，系统会自动统计花田公司在收入及减除填写模块中填写的数据进行计算，其中工资、薪金所得会从自然人税务管理系统扣缴客户端下载往期计税数据并与当期申报数据合并累计计税，如图5-3-31所示。

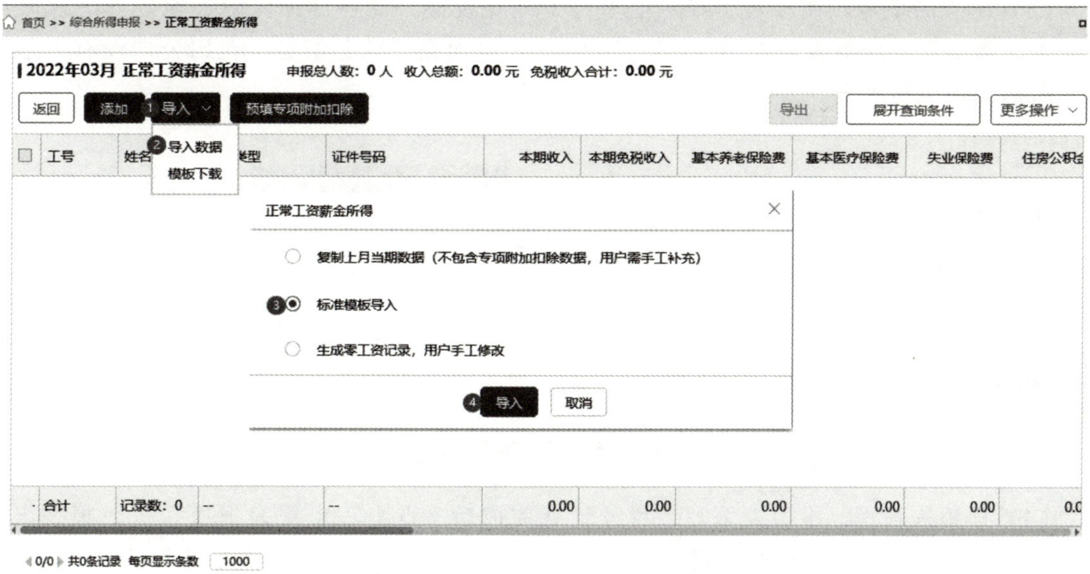

图 5－3－29 导入工资薪金所得

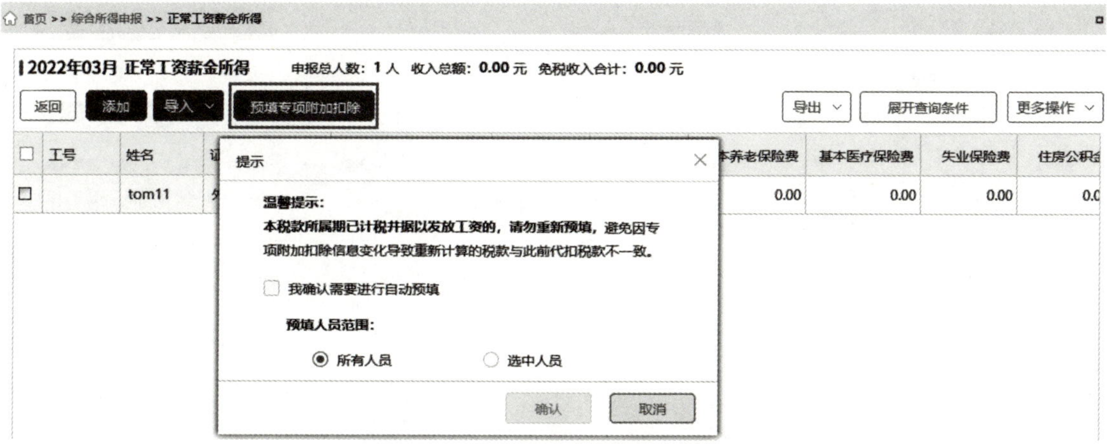

图 5－3－30 勾选预填专项附加扣除

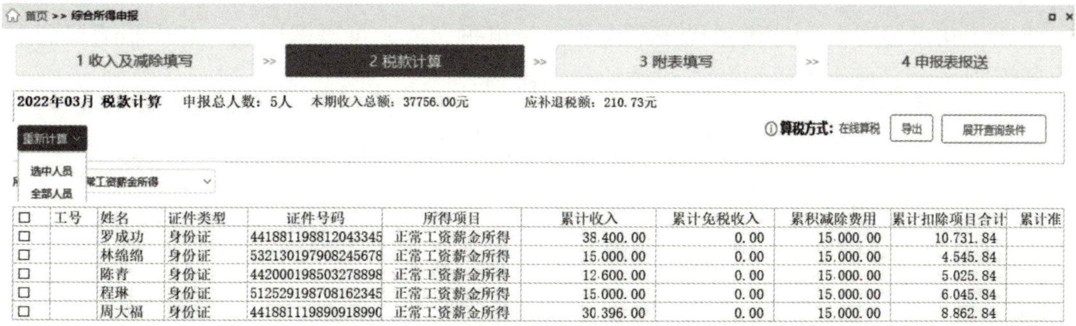

图 5－3－31 税款计算

（3）附表的填写。在收入及减除中填写了减免税额、商业健康保险、税延养老保险的情况下，需要在相应附表（如图5－3－32所示）里面完善减免信息，花田公司没有上述情况，所以无须填写附表。

附表名称	填写人数	金额合计	填写状态	操作
减免事项附表	0	0.00	无需填写	填写
商业健康保险附表	0	0.00	无需填写	填写
税延养老保险附表	0	0.00	无需填写	填写
准予扣除的捐赠附表	0	0.00	无需填写	填写

图5－3－32 附表填写

（4）申报表报送。申报表填写、税款计算完成后，点击“申报表报送”进入报表申报界面。当月第一次申报发送时，进入“申报表报送”界面，默认申报类型为正常申报，如果申报状态显示“申报成功”，如图5－3－33所示。

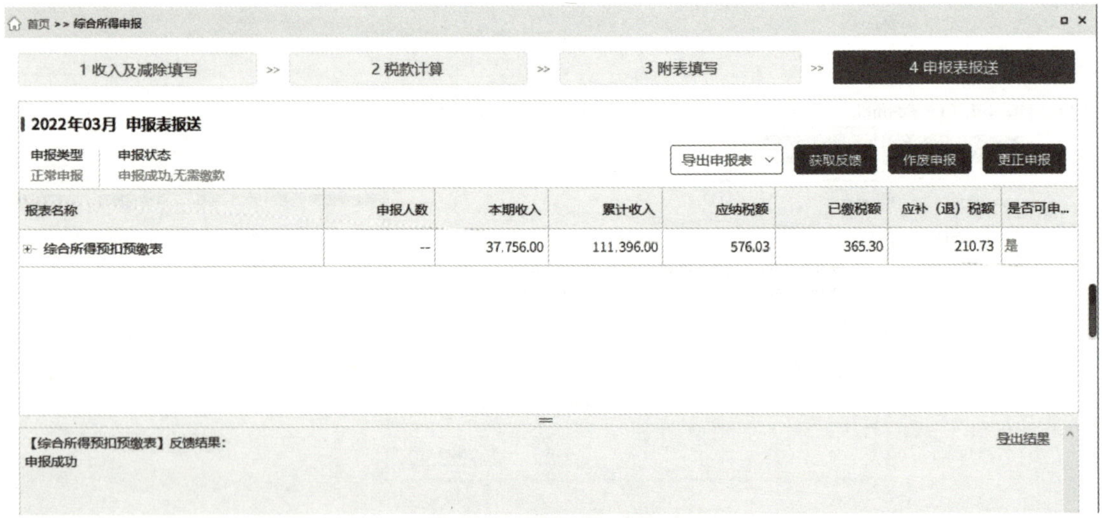

报表名称	申报人数	本期收入	累计收入	应纳税额	已缴税额	应补（退）税额	是否可申...
综合所得预扣预缴表	--	37,756.00	111,396.00	576.03	365.30	210.73	是

图5－3－33 申报表报送

至此，花田公司3月份代扣代缴个人所得税申报完成，可以截图、下载申报表回到财务云协同管理平台完成个人得税代扣代缴的税务流程。

模块四 其他税智能申报

相关知识

通常情况下，中小型企业日常经营活动涉及的税种主要有：增值税、企业所得税、个人所得税、城市维护建设税、教育费附加、地方教育费附加和印花税等。本模块中，我们主要介绍印花税的智能申报。

一、征税范围

印花税是对在中华人民共和国境内书立应税凭证、进行证券交易的单位和个人征收的一种行为税。在中华人民共和国境外书立在境内使用的应税凭证的单位和个人，也应当按规定缴纳印花税。

印花税的征税范围为税法所列举的应税凭证，具体包括下面四类：

（1）合同，指书面合同。包括借款合同、融资租赁合同、买卖合同、承揽合同、建设工程合同、运输合同、技术合同、租赁合同、保管合同、仓储合同、财产保险合同等。

（2）产权转移书据，是指单位和个人产权的买卖、继承、赠与、交换、分割等所立的书据，包括土地使用权出让书据、土地使用权、房屋等建筑物和构筑物所有权转让书据、股权转让书据、商标专用权、著作权、专利权、专有技术使用权转让书据。但不包括土地承包经营权和土地经营权的转移。

（3）营业账簿，是指记载实收资本（股本）、资本公积资金的账簿等。

（4）证券交易，是指转让在依法设立的证券交易所、国务院批准的其他全国性证券交易场所交易的股票和以股票为基础的存托凭证。

二、税纳税人

在中华人民共和国境内书立应税凭证、进行证券交易的单位和个人，为印花税的纳税人，应当依法缴纳印花税。

三、税率

现行印花税基本采用比例税率的形式。适用的比例税率共分为五个档次，具体税目税率如表 5－4－1 所示。

表 5－4－1　　　　印花税税目税率表

税目		税率	备注
合同（指书面合同）	借款合同	借款金额的 0.05‰	指银行业金融机构、经国务院银行业监督管理机构批准设立的其他金融机构与借款人（不包括同业拆借）之间的借款合同
	融资租赁合同	租金的 0.05‰	
	买卖合同	价款的 0.3‰	指动产买卖合同（不包括个人书立的动产买卖合同）
	承揽合同	报酬的 0.3‰	
	建设工程合同	价款的 0.3‰	
	运输合同	运输费用的 0.3‰	指货运合同和多式联运合同（不包括管道运输合同）
	技术合同	价款、报酬或者使用费的 0.3‰	
	租赁合同	租金的 1‰	
	保管合同	保管费的 1‰	
	仓储合同	仓储费的 1‰	
	财产保险合同	保险费的 1‰	不包括再保险合同
产权转移书据	土地使用权出让书据	价款的 0.5‰	转让包括买卖（出售）、继承、赠与、互换、分割
	土地使用权、房屋等建筑物和构筑物所有权转让书据（不包括土地承包经营权和土地经营权转移）	价款的 0.5‰	
	股权转让书据（不包括应缴纳证券交易印花税的）	价款的 0.5‰	
	商标专用权、著作权、专利权、专有技术使用权转让书据	价款的 0.3‰	
营业账簿		实收资本（股本）、资本公积合计金额的 0.25‰	
证券交易		成交金额的 1‰	

四、应纳税额的计算

印花税应纳税额的计算公式为：

应纳税额 = 计税依据 × 适用税率

根据应税凭证种类，对计税依据分别规定如下：

应税合同的计税依据，为合同所列的金额，不包括列明的增值税税款。

应税产权转移书据的计税依据，为产权转移书据所列的金额，不包括列明的增值税税款。

应税营业账簿的计税依据，为账簿记载的实收资本（股本）、资本公积合计金额。

证券交易的计税依据，为成交金额。

五、纳税申报

印花税智能税务申报

印花税按季、按年或者按次计征。实行按季、按年计征的，纳税人应当自季度、年度终了之日起15日内申报缴纳税款；实行按次计征的，纳税人应当自纳税义务发生之日起15日内申报缴纳税款。

根据国家税务总局公告2021年第9号《国家税务总局关于简并税费申报有关事项的公告》，自2021年6月1日起，纳税人申报缴纳城镇土地使用税、房产税、车船税、印花税、耕地占用税、资源税、土地增值税、契税、环境保护税、烟叶税中一个或多个税种时，统一使用《财产和行为税纳税申报表》。该申报表由1张主表和1张减免税附表组成，主表为纳税情况，附表为申报享受的各类减免税情况。

业务流程

登录电子税务局—维护税源信息—核对申报表数据——键申报。

业务操作

依据《印花税法》规定，印花税是按季、按年或按次申报，《印花税法》自2022年7月1日施行。本模块以花田公司2022年第一季度的涉税业务为背景介绍印花税的智能申报。

任务1：根据花田公司第一季度发生的印花税涉税业务申报印花税。

花田公司第一季度印花税的申报应在季度结束终了的15日内进行，申报时使用《财产和行为税纳税申报表》，该申报表由1张主表和1张减免税附表组成，主表为纳税情况明细表，附表为企业享受的减免税明细情况。在进行印花税的纳税申报前或申报期内，需先维护税源信息，填报《财产和行为税税源明细表》。

根据花田公司第一季度业务资料，形成企业合同登记统计表，如表5-4-2所示。

根据《印花税法》，买卖合同税率为价款的0.3‰，计税依据一般为合同所列的金额，不包括列明的增值税税款。

花田公司3月应纳印花税 = (99 784.04 + 844 143.21 + 54 655.19 + 474 237.76) × 0.3‰

= 441.85（元）

根据花田公司第1季度印花税相关涉税事项，按以下步骤进行印花税纳税申报。

表5-4-2　　企业合同登记统计表

序号	合同名称	签订所属期	合同金额（元）
1	买卖合同（采购合同）	2022年1-2月	99 784.04
2	买卖合同（销售合同）	2022年1-2月	844 143.21
3	买卖合同（采购合同）	2022年3月	54 655.19
4	买卖合同（销售合同）	2022年3月	474 237.76

1. 登录电子税务局网站

点击“我要办税”下“税费申报及缴纳”，操作如图5-4-1所示。

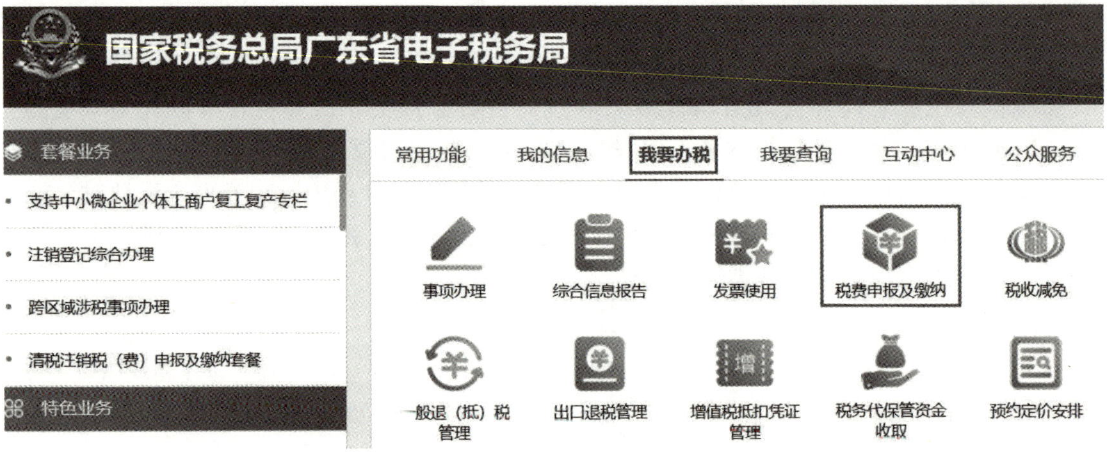

图5-4-1　选择税费申报与缴纳

如果企业印花税已核定，可以选择“按期应申报”下的“印花税”，点击“填写申报表”；如果企业未核定印花税，又有报税事项，可以按次申报，选择“其他申报”下的“财产和行为税合并纳税申报”，点击“填写申报表”，具体操作如图5-4-2、图5-4-3所示。

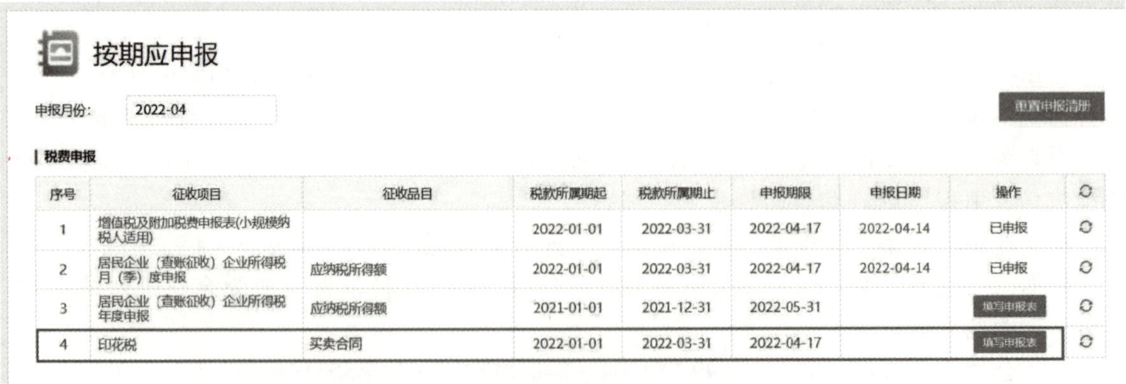

图5-4-2　选择填写印花税申报表

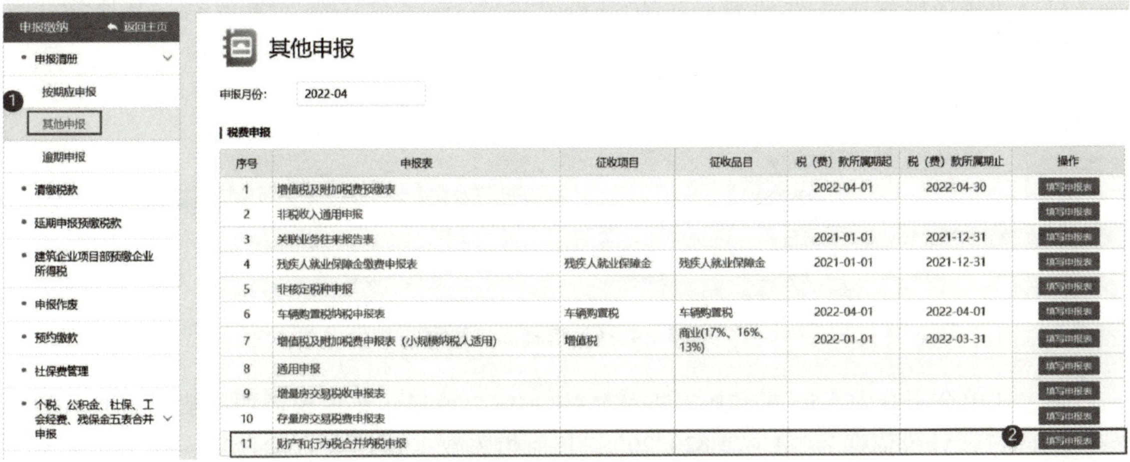

图 5-4-3　选择其他申报填写财产和行为税合并纳税申报表

2. 维护税源信息

进入财产和行为税合并纳税申报界面，勾选印花税，点击“税源采集”，进入税源采集界面，进行印花税税源采集，具体操作如图 5-4-4、图 5-4-5 所示。

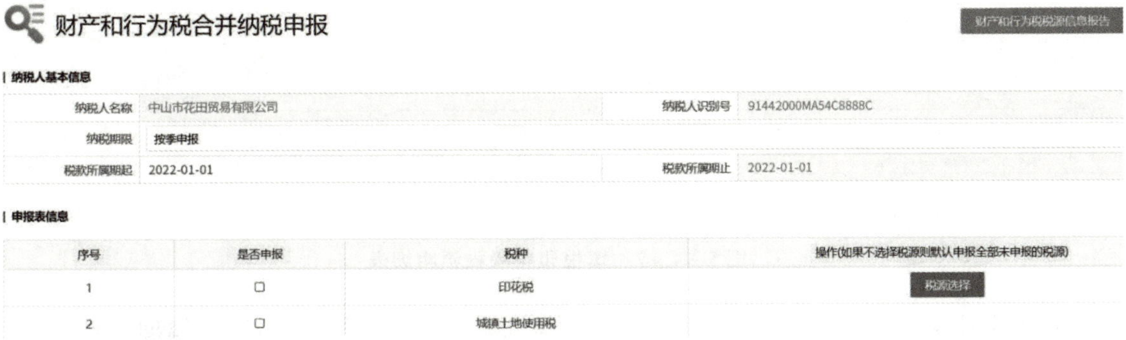

图 5-4-4　财产和行为税合并纳税申报界面

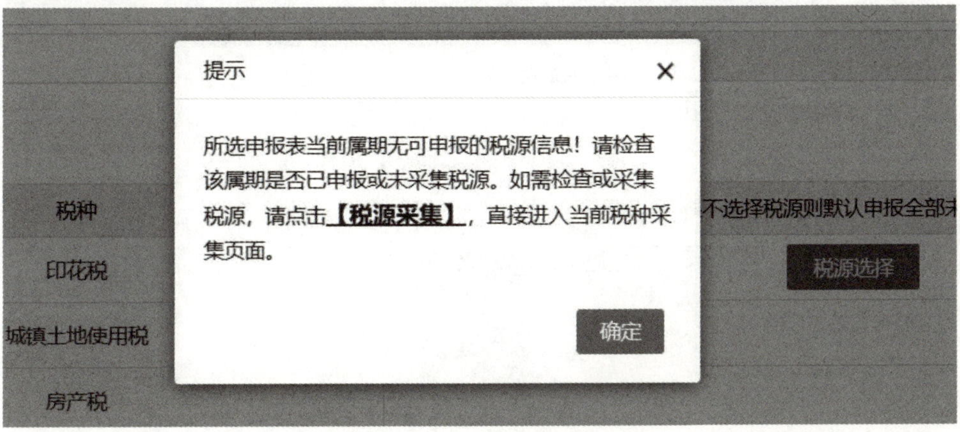

图 5-4-5　选择税源采集

进入印花税税源采集界面后，点击“新增税源”，填写税源采集信息，具体操作如图 5－4－6 所示。

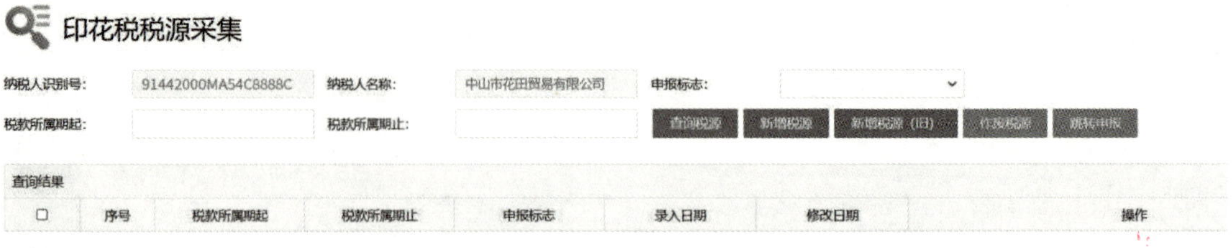

图 5－4－6　选择新增税源

根据花田公司合同登记统计表（见表 5－4－2），填报印花税税源明细表。选择税目为“买卖合同”，计税依据为“1 472 820. 20”，其他相关数据系统会自动计算。如果企业有多条税源信息可通过“增加”“删除”实现添加或删除税源信息，具体操作如图 5－4－7 所示，填报完成后点击右上角“保存”。

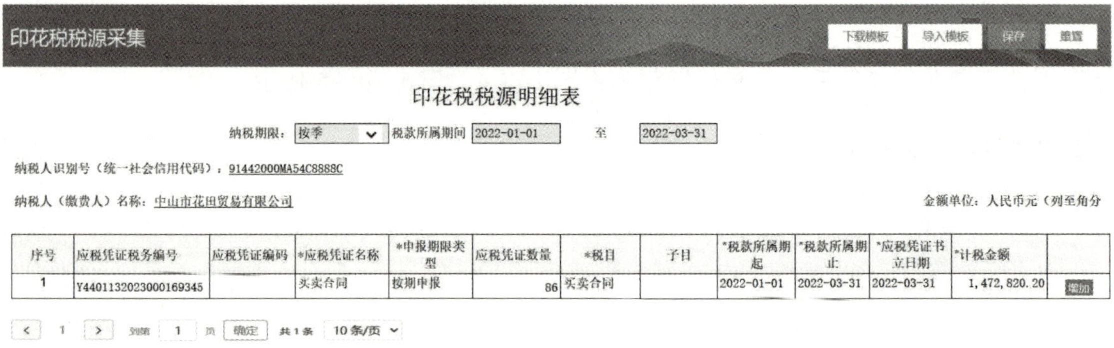

图 5－4－7　填报印花税税源明细表

如果企业是按次申报印花税，需要将纳税期限改为“按次”，将税款所属期起更改为当月的最后一天，并点击“增加”，填写税源信息，操作如图 5－4－8 所示。

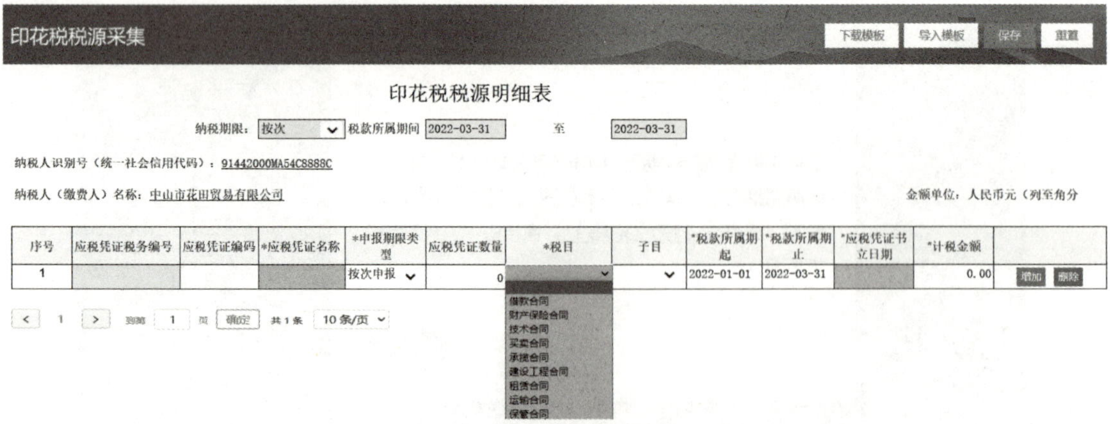

图 5－4－8　按次填写税源明细

在填完税源信息采集后如果发现税源信息采集有错漏，可以回到税源信息采集环节进行修改，录入税款所属期起止日期，点击“查询税源”，可以看到我们之前所填写的税源采集信息，可以选择“修改”或“新增税源”操作，也可以选择“作废税源”，具体操作如图5－4－9所示。如果点击“修改”，则返回税源信息采集印花税税源明细表填写（图5－4－7），直接在表格中添加或修改相应错漏信息，修改完后点击“保存”。

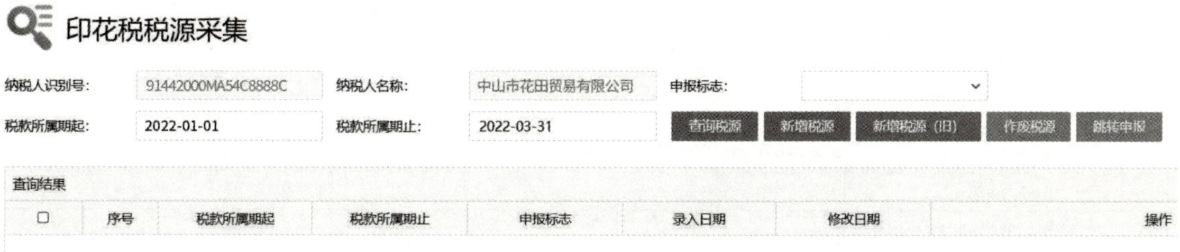

图5－4－9 查询税源信息

3. 申报印花税

填报好税源明细表后，点击“保存”，系统会提醒“您确认要保存此条税源信息”，点击“确定”，系统提醒“保存税源信息成功，是否立即申报”，点击“确认”，系统自动跳转申报界面。

花田公司印花税申报包括两张申报表，即《财产和行为纳税申报表》和《财产和行为税减免税明细申报附表》。其中，《财产和行为纳税申报表》会根据上一步骤维护好的税源信息自动取数填报，如图5－4－10所示；如果企业享受有印花税的优惠政策，还需要填报《财产和行为税减免税明细申报附表》，如图5－4－11所示。由于花田公司不享有印花税优惠政策，可以直接点击右上角的“申报”，点击“确定”，完成企业印花税的申报后会看到申报成功的界面，点击“关闭本页”，印花税申报完成。

财产和行为税纳税申报表

纳税人识别号（统一社会信用代码）	91442000MA54C8888C	纳税人名称	中山市花田贸易有限公司	申报类型	正常申报
申报日期	2022-04-13	税款所属期起	2022-03-01	税款所属期止	2022-03-31
本期是否适用小微企业“六税两费”减征政策	是	适用减征政策起始时间	2022-03-01	适用减征政策终止时间	2022-03-31
减征政策适用主体	增值税小规模纳税人：☑ 是 □ 否		增值税一般纳税人：□ 个体工商户 ☑ 小型微利企业		
双击主表每一行，可查看单行税源（申报）明细					

序号	税种	税目	税款所属期起	税款所属期止	计税依据	税率	应纳税额	减免税额	已缴税额	应补退税额
1	印花税	买卖合同	2022-03-31	2022-03-31	1,472,820.20	0.000300	441.85	220.92	0.00	220.92
合计	－－	－－	－－	－－	1,472,820.20	_	441.85	220.92	0.00	220.92

< 1 > 到第 1 页 确定 共1条 10条/页

图5－4－10 花田公司财产和行为税纳税申报表

财产和行为税减免税明细申报附表

纳税人识别号(统一社会信用代码)	91442000MA54C8888C	纳税人名称	河源市园之艺园林有限公司	申报类型	正常申报
申报日期	2022-04-13	税款所属期起	2022-01-01	税款所属期止	2022-03-31
本期是否适用小微企业“六税两费”减征政策	是	适用减征政策起始时间	2022-01-01	适用减征政策终止时间	2022-03-31
减征政策适用主体		增值税小规模纳税人：☑是 ☐否		增值税一般纳税人：☐个体工商户 ☑小型微利企业	
双击主表每一行，可查看单行税源（申报）明细					

序号	税目	税款所属期起	税款所属期止	减免税额	减免性质代码和项目名称
1	买卖合同	2022-01-01	2022-03-31	220.92	《财政部 税务总局关于进一步实施小微企业“六税两费”减免政策的公告》财政部 税务总局公告2022年第10号

声明：此表是根据国家税收法律法规及相关规定填写的，本人(单位)对填报内容(及附带资料)的真实性、可靠性、完整性负责。

纳税人(签章)：

经办人：	罗成功	受理人：	
经办人身份证件号：	441623********0310	受理税务机关(章)：	
代理机构签章：		受理日期：	2022-04-13
代理机构统一社会信用代码：			

图 5－4－11　花田公司财产和行为税减免税明细申报附表

接下来可以截取申报清册界面和清缴税款界面、下载印花税纳税申报表，并上传至印花税申报税单的附件，完成印花税的税务流程。

模块五　税务审核

相关知识

税务审核人员主要职责是审核报税人员是否按期申报了各项税费，申报的各项税费是否正确。按照相关法律法规，企业只要产生纳税行为，无论是否有应纳税款，都必须按税法规定的期限如实向主管税务机关办理纳税申报，报送纳税申报表、财务会计报表以及税务机关根据实际需要要求纳税人报送的其他纳税资料。由于共享中心为大量的中小微企业提供财税服务，每个报税人员面对的是很多家企业的税费申报，报税任务繁重，时间紧迫，很容易出错，而一旦出错，既会给客户造成损失，也会损害共享中心形象，所以税务审核显得尤为重要。税务审核人员需要打开报税人员上传到财务云协同管理平台纳税申报单的相应附件资料，仔细检查核对税费申报资料信息，保证税费申报的准确性和及时性。

通常情况下，中小微企业主要申报的税种包括：增值税、企业所得税、个人所得税、城市维护建设税、教育费附加、地方教育费附加、印花税等，其中城市维护建设税、教育费附加和地方教育费附加是随增值税、消费税计征的附加税费。在申报增值税时系统会根据实际需要缴纳的增值税自动计算需要缴纳的附加税费，自动填报附加税费情况表，并连同增值税一起申报，无须再单独报税，所以税务审核时只要确认增值税申报正确，附加税费一般不会出错。另外，个人所得税的税务审核在本项目模块一税务智能申报流程已经介绍过，本模块主要介绍增值税、企业所得税和印花税的税务审核。

业务流程

登录财务云协同管理平台查看附件—审核申报表数据—办理审核完毕手续。

业务操作

一、增值税的税务审核

增值税的税务审核

增值税的纳税人按会计核算水平和经营规模分为一般纳税人和小规模纳税人。在实务中，小规模纳税人申报增值税一般采用季度申报，一般纳税人往往采用月度申报。报税人员在完成企业的增值税申报后，会将增值税清册表截图、清缴税款截图及下载的增值税纳税申报表批量上传至财务云协同管理平台对应税费申报单的附件。税务审核人员需要登录财务云协同管理平台搜索分派审核的企业，找到对应的增值税申报单，查看报税人员上传的附件，按以下要求审核申报的增值税：

查看增值税清册表截图右上角的企业名称是否为申报的企业；清册表截图中，增值税及附加税申报表一行税款所属期是否正确，操作状态是否显示“已申报”。

查看清缴税款截图，如果有未缴税款，核对缴款查询与打印页是否显示已缴，并及时向审核主管反馈。

核对纳税申报表上的不含税销售额是否与电子税务局查询到的开票金额一致，要特别注意企业是否有开具机打通用发票、是否有未开票收入。

查看增值税纳税申报附列资料，检查是否填错、漏填。如果是增值税一般纳税人，需要特别注意附列资料（三）服务、不动产和无形资产扣除项目明细表和附列资料（四）税额抵减情况表的填写；如为小规模纳税人则需要注意附列资料（一）服务、不动产和无形资产扣除项目明细表和增值税减免税申报明细表的填写。企业有销售服务、不动产和无形资产的业务都需要在申报表附列资料填写扣除项目明细，如果企业享有税收优惠也需要在相应的申报表附列资料中填写清楚。

任务 1： 审核花田公司 3 月份增值税的纳税申报。

登录财务云协同管理平台，找到花田公司的增值税申报单，查看附件的清册表截图和清缴税款截图，确认企业信息、申报状态和清缴税款信息，如图 5－5－1、图 5－5－2 所示。

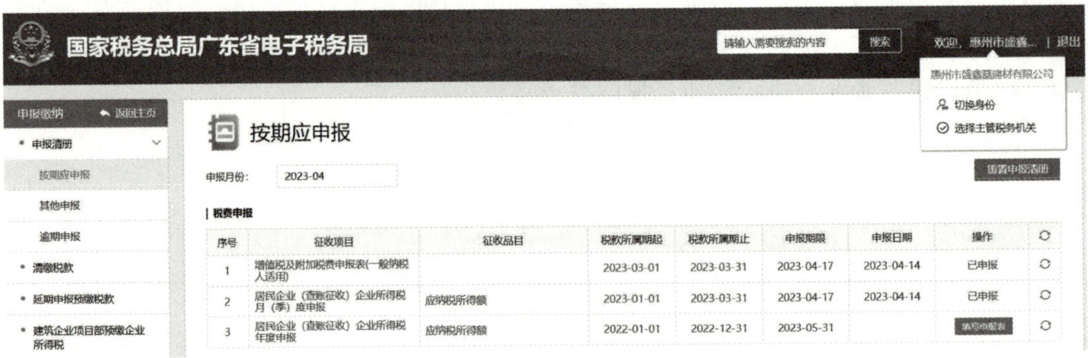

图 5－5－1　清册表截图

图 5－5－2　清缴税款截图

登录电子税务局系统，查询花田公司 3 月份开具的所有增值税发票，导出到 Excel 表格。花田公司 3 月份销售商品只开具了增值税专用发票，累计开票金额为 474 237.76 元，税率为 13%，累计销项税额为 61 651.00 元，如表 5－5－1 所示。查看核对附件中花田公司的增值税纳税申报表，增值税及附加税费申报表附列资料（一）（本期销售情况明细表）第 1 栏次“13% 税率的货物及加工修理修配劳务”，其中“开具增值税专用发票”列的“销售额”和“销项（应纳）税额”是否与电子税局系统查询到的发票的合计金额及销项税额一致，如图 5－5－3 所示；增值税及附加税费申报表（一般纳税人适用）第 1 栏次“按适用税率计税销售额”和“应税货物销售额”的数据是累计开票金额数，第 11 栏次“销项税额”为所开发票的累计税额数，如图 5－5－4 所示。

任务 2：审核广州市金韵文化教育科技有限公司第一季度增值税的申报表。

登录电子税务局系统，查询广州市金韵文化教育科技有限公司 1－3 月开具的所有发票，将查询到的发票导出到 Excel 表，该公司第一季度开具的发票共有 3 类：增值税专用发票、增值税普通发票和通用机打发票（见表 5－5－2 至表 5－5－4）。按类别整理发票数据，剔除掉作废和重号的发票，将整理好的各类发票数据与增值税纳税申报表进行核对。增值税专用发票 1－3 月开票金额合计 582 524.28 元、税额 17 475.72 元，增值税普通发票 1－3 月开票金额合计 190 215.05 元、税额 1 902.05 元，通用机打发票 1－3 月开票金额价税合计 2 190 元，价税分离后不含税金额 2 126.21 元、税额 63.79 元。另外，根据财税顾问提供的信息，企业还存在未开票销售商品不含税销售额 3 000 元。

表 5－5－1

花田公司 3 月份开具发票列表

序号	发票种类名称	开具日期	发票代码	发票号码	发票金额	税额	开票人名称	购货方名称	购货方识别号	货物名称	发票状态
1	增值税专用发票（中文三联无金额限制版）	2022－03－02	4400202130	29320406	34 837.34	4 528.86		江门市大兴商场有限公司	914407036650255555		正常
2	增值税专用发票（中文三联无金额限制版）	2022－03－04	4400202130	15086736	6 160.62	800.88		广东多美好商业连锁有限公司	914420002821033333		正常
3	增值税专用发票（中文三联无金额限制版）	2022－03－12	4400202130	15086745	16 924.68	2 200.22		江门市远旺超市有限公司	914407056863544444		正常
4	增值税专用发票（中文三联无金额限制版）	2022－03－15	4400202130	29320308	24 642.48	3 203.52		广东多美好商业连锁有限公司	914420002821033333		正常
5	增值税专用发票（中文三联无金额限制版）	2022－03－15	4400202130	29320309	4 672.57	607.43		中山市丰沛商贸有限公司	91442000727858888F		正常
6	增值税专用发票（中文三联无金额限制版）	2022－03－15	4400202130	29320400	24 677.16	3 208.04		江门市远旺超市有限公司	914407056863544444		正常
7	增值税专用发票（中文三联无金额限制版）	2022－03－15	4400202130	29320401	19 354.68	2 516.12		江门市大兴商场有限公司	914407036650255555		正常
8	增值税专用发票（中文三联无金额限制版）	2022－03－24	4400202130	15086706	6 865.65	892.55		江门市远旺超市有限公司	914407056863544444		正常
9	增值税专用发票（中文三联无金额限制版）	2022－03－24	4400202130	15086716	10 267.60	1 334.80		江门市大兴商场有限公司	914407036650255555		正常
10	增值税专用发票（中文三联无金额限制版）	2022－03－24	4400202130	15086756	39 212.39	5 097.61		珠海市隆泰实业有限公司	91440400618389999F		正常
11	增值税专用发票（中文三联无金额限制版）	2022－03－24	4400202130	15086676	70 061.95	9 108.05		珠海市隆泰实业有限公司	91440400618389999F		正常
12	增值税专用发票（中文三联无金额限制版）	2022－03－25	4400202130	15086677	17 932.01	2 331.19		江门市大兴商场有限公司	914407036650255555		正常
13	增值税专用发票（中文三联无金额限制版）	2022－03－27	4400202130	29320404	83 628.32	10 871.68		中山市兴隆商贸有限公司	91442000680633777F		正常
14	增值税专用发票（中文三联无金额限制版）	2022－03－27	4400202130	29320403	83 628.32	10 871.68		中山市兴隆商贸有限公司	91442000680633777F		正常
15	增值税专用发票（中文三联无金额限制版）	2022－03－27	4400202130	29320405	31 371.99	4 078.37		中山市丽之洁洗衣有限公司	91442000338266666X		正常
	合计				474 237.76	61 651.00					

增值税及附加税费申报表附列资料（一）（本期销售情况明细）

税款所属时间：2022-03-01 至 2022-03-31

纳税人名称：（公章）中山市花田贸易有限公司

金额单位：元（列至角分）

填表日期：2022/04/12

纳税人识别号：（社会统一信用代码） 91442000M

项目及栏次				开具增值税专用发票		开具其他发票		未开具发票		纳税检查调整		合计			服务、不动产和无形资产扣除项目本期实际扣除金额
				销售额	销项(应纳)税额	销售额	销项(应纳)税额	销售额	销项(应纳)税额	销售额	销项(应纳)税额	销售额	销项(应纳)税额	价税合计	
				1	2	3	4	5	6	7	8	9=1+3+5+7	10=2+4+6+8	11=9+10	12
一、一般计税方法计税	全部征税项目	13%税率的货物及加工修理修配劳务	1	474,237.76	61,651.00	0.00	0.00	0.00	0.00	0.00	0.00	474,237.76	61,651.00	——	——
		13%税率的服务、不动产和无形资产	2	0.00	0.00	0.00	0.00	0.00	0.00	0.00	0.00	0.00	0.00	0.00	0.00
		9%税率的货物及加工修理修配劳务	3	0.00	0.00	0.00	0.00	0.00	0.00	0.00	0.00	0.00	0.00	——	——
		9%税率的服务、不动产和无形资产	4	0.00	0.00	0.00	0.00	0.00	0.00	0.00	0.00	0.00	0.00	0.00	0.00
		6%税率	5	0.00	0.00	0.00	0.00	0.00	0.00	0.00	0.00	0.00	0.00	0.00	0.00
	其中：即征即退项目	即征即退货物及加工修理修配劳务	6	——	——	——	——	——	——	——	——	0.00	0.00	——	——
		即征即退服务、不动产和无形资产	7	——	——	——	——	——	——	——	——	0.00	0.00	0.00	0.00
		6%征收率	8	0.00	0.00	0.00	0.00	0.00	0.00	——	——	0.00	0.00	——	——
		5%征收率的货物及加工修理修配劳务	9a	0.00	0.00	0.00	0.00	0.00	0.00	——	——	0.00	0.00	——	——
		5%征收率的服务、不动产和无形资产	9b	0.00	0.00	0.00	0.00	0.00	0.00	——	——	0.00	0.00	0.00	0.00

图 5－5－3　花田公司增值税及附加税申报表附列资料（一）

增值税及附加税费申报表

（一般纳税人适用）

根据国家税收法律法规及增值税相关规定制定本表。纳税人不论有无销售额，均应按税务机关核定的纳税期限填写本表，并向当地税务机关申报。

税款所属时间：2022-03-01 至 2022-03-31　　填表日期：2022-04-12　　金额单位：元（列至角分）

纳税人识别号(统一社会信用代码):	91442000MA54C8888C					所属行业：	
纳税人名称:	中山市花田贸易有限公司	法定代表人姓名	罗成功	注册地址	中山市东区复兴南路365号	生产经营地址	中山市东区复兴南路365号
开户银行及账号	中国建设银行中山市城东支行 44050178230100098765	登记注册类型	有限责任公司			电话号码	13582073234

项　目		栏次	一般项目		即征即退项目	
			本月数	本年累计	本月数	本年累计
销售额	（一）按适用税率计税销售额	1	474,237.76	1,318,380.97	0.00	0.00
	其中：应税货物销售额	2	474,237.76	1,318,380.97	0.00	0.00
	应税劳务销售额	3	0.00	0.00	0.00	0.00
	纳税检查调整的销售额	4	0.00	0.00	0.00	0.00
	（二）按简易办法计税销售额	5	0.00	0.00	0.00	0.00
	其中：纳税检查调整的销售额	6	0.00	0.00	0.00	0.00
	（三）免、抵、退办法出口销售额	7	0.00	0.00	——	——
	（四）免税销售额	8	0.00	0.00	——	——
	其中：免税货物销售额	9	0.00	0.00	——	——
	免税劳务销售额	10	0.00	0.00	——	——
	销项税额	11	61,651.00	171,389.53	0.00	0.00
	进项税额	12	7,222.07	20,077.10	0.00	0.00
	上期留抵税额	13	0.00	0.00	0.00	——
	进项税额转出	14	0.00	0.00	0.00	0.00
	免、抵、退应退税额	15	0.00	0.00	——	——

图 5－5－4　花田公司增值税及附加税申报表

查看核对附件中广州金韵教育科技公司的增值税纳税申报表。申报表中“应征增值税不含税销售额（3%征收率）”栏对应的“本期数”列的“货物及劳务”，应为财税顾问提供的不开票销售商品收入“3 000”；表中“增值税专用发票”栏对应的“本期数”列的“服务、不动产和无形资产”，应为电子税务局查询到的企业开具增值税专用发票合计金额“582 524.28”；表中“其他增值税发票不含税金额”栏对应的“本期数”列，应为电子税务局查询到的增值税普通发票和通用机打发票合计金额“192 341.26”，如图 5－5－5 所示。

表 5-5-2　　广州市金韵公司第一季度开具增值税专用发票信息

序号	发票种类名称	开具日期	发票代码	发票号码	发票金额	税额	购货方名称	购货方识别号	货物名称	发票状态
1	增值税专用发票（中文三联无金额限制版）	2022-01-05	4400194130	36770550	99 009.90	990.10	广州飞逸科技股份有限公司	91440106728458793F		作废
2	增值税专用发票（中文三联无金额限制版）	2022-01-05	4400194130	36770551	97 087.38	2 912.62	广州飞逸科技股份有限公司	91440106728458793F		作废
3	增值税专用发票（中文三联无金额限制版）	2022-01-08	4400194130	36770552	0.00	0.00	null	00000000000000		作废
4	增值税专用发票（中文三联无金额限制版）	2022-01-08	4400211130	36770553	97 087.38	2 912.62	广州飞逸科技股份有限公司	91440106728458793F		作废
5	增值税专用发票（中文三联无金额限制版）	2022-01-08	4400211130	36770554	97 087.38	2 912.62	广州飞逸科技股份有限公司	91440106728458793F		作废
6	增值税专用发票（中文三联无金额限制版）	2022-01-08	4400211130	36770555	97 087.38	2 912.62	广州飞逸科技股份有限公司	91440106728458793F		作废
7	增值税专用发票（中文三联无金额限制版）	2022-01-08	4400211130	36770556	97 087.38	2 912.62	广州飞逸科技股份有限公司	91440106728458793F		正常
8	增值税专用发票（中文三联无金额限制版）	2022-01-08	4400211130	36770557	97 087.38	2 912.62	广州飞逸科技股份有限公司	91440106728458793F		正常
9	增值税专用发票（中文三联无金额限制版）	2022-01-08	4400211130	36770558	97 087.38	2 912.62	广州飞逸科技股份有限公司	91440106728458793F		正常
合计					291 262.14	8 737.86				
1	增值税专用发票（中文三联无金额限制版）	2022-02-16	4400211130	54869660	97 087.38	2 912.62	广州飞逸科技股份有限公司	91440106728458793F		正常
2	增值税专用发票（中文三联无金额限制版）	2022-02-16	4400211130	54869661	97 087.38	2 912.62	广州飞逸科技股份有限公司	91440106728458793F		正常
3	增值税专用发票（中文三联无金额限制版）	2022-02-16	4400211130	54869662	97 087.38	2 912.62	广州飞逸科技股份有限公司	91440106728458793F		正常
合计					291 262.14	8 737.86				
季度合计					582 524.28	17 475.72				

表 5-5-3　广州市金韵公司第一季度开具增值税普通发票信息

序号	发票种类名称	开具日期	发票代码	发票号码	发票金额	税额	购货方名称	购货方识别号	货物名称	发票状态
1	2016 版增值税普通发票（二联折叠式）	2022-03-02	044001900204	61482880	48 934. 65	489. 35	广州市大地文化有限公司	91441622EF52W8RTX3		正常
2	2016 版增值税普通发票（二联折叠式）	2022-03-02	044001900204	61482881	69 698. 22	696. 98	广州市大地文化有限公司	91441622EF52W8RTX3		正常
3	2016 版增值税普通发票（二联折叠式）	2022-03-10	044001900204	61482882	24 978. 22	249. 78	广州市红源科技有限公司	91441622GH57W6GJL3		正常
4	2016 版增值税普通发票（二联折叠式）	2022-03-10	044001900204	61482883	24 978. 22	249. 78	广州市红源科技有限公司	91441622GH57W6GJL3		作废
5	2016 版增值税普通发票（二联折叠式）	2022-03-29	044001900204	61482884	34 722. 77	347. 23	中山市华逸房产有限公司	91441622DF45W6MYX8		正常
6	2016 版增值税普通发票（二联折叠式）	2022-03-29	044001900204	61482885	11 881. 19	118. 81	广州市大地文化有限公司	91441622EF52W8RTX3		正常
合计					190 215. 05	1 902. 15				

表 5-5-4　　广州市金韵公司第一季度开具通用机打发票信息

序号	发票种类名称	开具日期	发票代码	发票号码	发票金额	税额	购货方名称	购货方识别号	货物名称	发票状态
1	广东省国家税务局通用机打发票（单联平推式）	2022-03-14	144002102666	01353330	180.00	0.00	河源市龙影传媒有限公司	91441678095		正常
1	广东省国家税务局通用机打发票（单联平推式）	2022-03-21	144002102666	01353331	100.00	0.00	河源市通达道路工程有限公司	91441658970		作废
2	广东省国家税务局通用机打发票（单联平推式）	2022-03-20	144002102666	01353332	150.00	0.00	东源县方方建筑工程有限公司	91441634596		正常
3	广东省国家税务局通用机打发票（单联平推式）	2022-03-20	144002102666	01353332	150.00	0.00	东源县方方建筑工程有限公司	91441634596		正常
4	广东省国家税务局通用机打发票（单联平推式）	2022-03-27	144002102666	01353333	160.00	0.00	河源市龙影传媒有限公司	91441678095		正常
1	广东省国家税务局通用机打发票（单联平推式）	2022-03-27	144002102666	01353334	1 250.00	0.00	天河县古楼镇人民政府	11441623455		正常
2	广东省国家税务局通用机打发票（单联平推式）	2022-03-27	144002102666	01353334	1 250.00	0.00	天河县古楼镇人民政府	11441623455		正常
3	广东省国家税务局通用机打发票（单联平推式）	2022-03-27	144002102666	01353334	1 250.00	0.00	天河县古楼镇人民政府	11441623455		正常
4	广东省国家税务局通用机打发票（单联平推式）	2022-03-27	144002102666	01353334	1 250.00	0.00	天河县古楼镇人民政府	11441623455		正常
5	广东省国家税务局通用机打发票（单联平推式）	2022-03-30	144002102666	01353335	150.00	0.00	河源市龙影传媒有限公司	91441678095		正常
6	广东省国家税务局通用机打发票（单联平推式）	2022-03-30	144002102666	01353335	150.00	0.00	河源市龙影传媒有限公司	91441678095		正常
7	广东省国家税务局通用机打发票（单联平推式）	2022-03-30	144002102666	01353336	300.00	0.00	河源市龙影传媒有限公司	91441678095		正常
8	广东省国家税务局通用机打发票（单联平推式）	2022-03-30	144002102666	01353336	300.00	0.00	河源市龙影传媒有限公司	91441678095		正常
合计					2 190.00	0.00				

增值税及附加税费申报表（小规模纳税人适用）

税款所属期间：2022-01-01 至 2022-03-31

纳税人名称（公章）：广州市金韵文化教育科技有限公司　　纳税人识别号(统一社会信用代码):91441234NA67RXXR56

填表日期：　2022-04-13　　金额单位：元（列至角分）

本期销售不动产的销售额:				0.00		
	项　　目	栏次	本期数		本年累计	
			货物及劳务	服务、不动产和无形资产	货物及劳务	服务、不动产和无形资产
一、计税依据	(一) 应征增值税不含税销售额（3%征收率）	1	3,000.00	774,865.54	3,000.00	774,865.54
	增值税专用发票不含税销售额	2	0.00	582,524.28	0.00	582,524.28
	其他增值税发票不含税销售额	3	3,000.00	192,341.26	3,000.00	192,341.26
	(二) 应征增值税不含税销售额（5%征收率）	4	——	0.00	——	0.00
	增值税专用发票不含税销售额	5	——	0.00	——	0.00
	其他增值税发票不含税销售额	6	——	0.00	——	0.00
	(三) 销售使用过的固定资产不含税销售额	7（7≥8）	0.00	——	0.00	——
	其中：其他增值税发票不含税销售额	8	0.00	——	0.00	——
	(四) 免税销售额	9=10+11+12	0.00	0.00	0.00	0.00
	其中：小微企业免税销售额	10	0.00	0.00	0.00	0.00
	未达起征点销售额	11	0.00	0.00	0.00	0.00
	其他免税销售额	12	0.00	0.00	0.00	0.00
	(五) 出口免税销售额	13(13≥14)	0.00	0.00	0.00	0.00

图 5－5－5　广州金韵教育科技有限公司增值税纳税申报表

广州市金韵文化教育科技有限公司为增值税小规模纳税人，第一季度发生的增值税销售额为 777 865.54 元，超过 45 万元，不能享受免征增值税的优惠政策，但可以享受按 3% 的征收率减按 1% 征收的优惠政策，所以在填报增值税时，需要填写增值税减免税申报明细表，享受的税收优惠为：(192 341.26 + 3 000) × 2% = 3 906.82 元。查看附件中广州金韵公司的增值税纳税申报表附列资料，找到“增值税减免税申报明细表”（图 5－5－6），核对确认在减税项目是否已填报了抵减额。

增值税减免税申报明细表

税款所属期间：　2022-01-01　　至　2022-03-31

纳税人名称（公章）：　广州市金韵文化教育科技有限公司　纳税人识别号(统一社会信用代码):91441234NA67RXXR56

填表日期：　2022-04-13　　金额单位：元（列至角分）

一、减税项目						
减税性质代码及名称	栏次	期初余额	本期发生额	本期应抵减税额	本期实际抵减税额	期末余额
		1	2	3=1+2	4≤3	5=3-4
合计		0.00	3,906.83	3,906.83	3,906.83	0.00
0001011608|SXA031901121|对湖北省外的小规模纳税人减按1%征收率征收增值税|《财政部 税务总局关于支持个体工商户复工复业增值税政策的公告》 财政部 税务总局公告2020年	1	0.00	3,906.83	3,906.83	3,906.83	0.00
免税性质代码及名称	栏次	免征增值税项目销售额	免税销售额扣除项目本期实际扣除金额	扣除后免税销售额	免税销售额对应的进项税额	免税额
		1	2	3=1-2	4	5

图 5－5－6　广州市金韵文化教育科技有限公司增值税减免税申报明细表

按上述要求完成增值税税务审核后，税务审核人员需要回到财务云协同管理平台，找到对应的增值税申报单，办理税务审核完毕手续，完成税务审核流程，具体操作如图 5－5－7 所示。

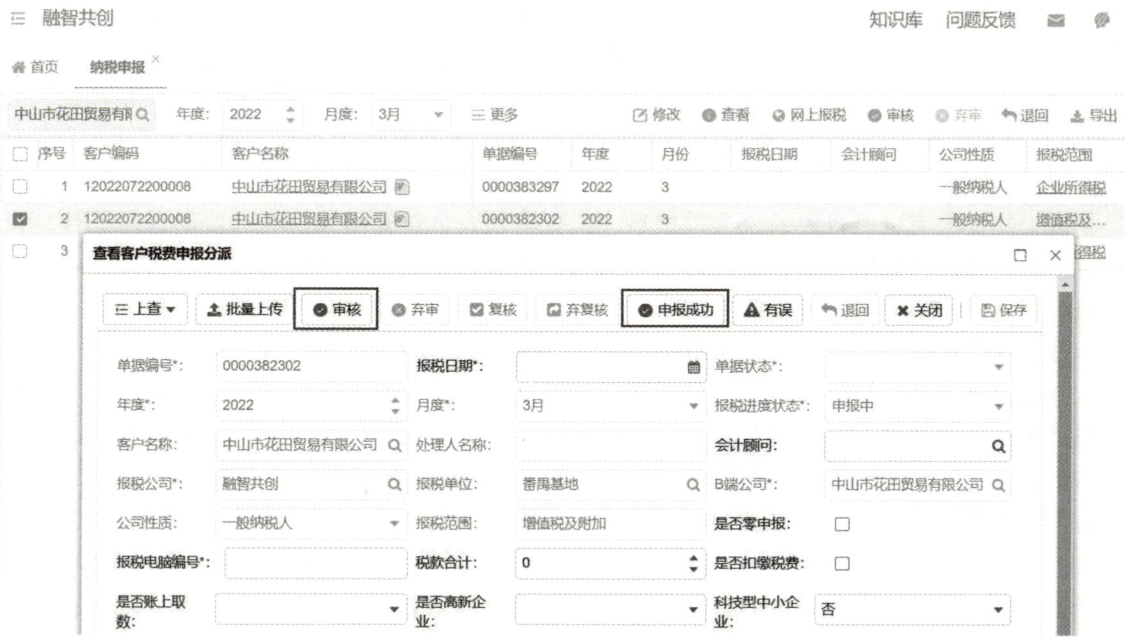

图 5－5－7 完成增值税的税务审核

企业所得税的税务审核

二、企业所得税的税务审核

企业所得税按纳税年度计征，分期预缴，年终汇算清缴。实务中，企业所得税一般按季预缴，季度终了之日起 15 日内，向税务机关报送资料，同时应按规定附送财务会计报表和其他有关资料，预缴税款。报税人员在完成企业的所得税预缴申报后，会将企业所得税清册表截图、清缴税款截图及下载的企业所得税预缴纳税申报表批量上传至财务云协同管理平台对应税费申报单的附件。税务审核人员需要登录财务云协同管理平台搜索分派审核的企业，找到企业所得税申报单处理状态为“申报成功”的企业，查看报税人员上传的附件，按以下要求审核申报的企业所得税：

（1）查看附件中企业所得税清册表截图右上角的企业全称是否为申报的企业，清册表截图上的财务报表报送状态是否为“已报送”，清册表截图中企业所得税申报表一行税款所属期是否正确，操作状态是否显示“已申报”。

（2）查看附件中的清缴税款截图，如果有未缴税款，核对缴款查询与打印页是否显示已缴，并及时向财税顾问反馈。

（3）查看附件中的企业所得税预缴申报表，与智能财税业务处理系统查询到的财报数据比对。申报表中的营业收入、营业成本、利润总额应与财务云系统查询到的该企业利润表中的本季营业收入、营业成本、利润总额核对一致。另外，还需要将企业所得税预缴申报表中的营业收入与增值税申报表中的销售收入核对，如果企业为增值税一般纳税人，需要将本季度各月的增值税纳税申报表中的销售收入加总后与企业所得税季度预缴申报表中的营业收入核对；如果企业为小规模纳税人，只需将增值税季度申报表中的销售收入与企业所得税季度预缴申报表的营业收入核对，确认相应数值是否一致。

（4）查看核对企业所得税季度预缴纳税申报附表信息，提醒注意资产加速折旧、摊销（扣除）优惠明细表，如果企业在本季度有新购入的固定资产并享受一次性扣除的优惠政策，则需填写此表。

按上述要求完成所得税的税务审核后，税务审核人员需要回到财务云协同管理平台，找到对应的企业所得税申报单，办理税务审核完毕手续，完成税务审核流程，具体操作同前面增值税的税务审核完毕流程。

任务3：审核花田公司2022年第一季度企业所得税的预缴申报。

登录财务云协同管理平台，找到花田公司2022年第一季度企业所得税申报单，点击查看附件的清册表截图和清缴税款截图，确认企业为花田公司，清册表中企业所得税预缴一栏显示“已申报”，财务报表报送状态显示“已报送”，并且企业不存在未清缴的税款。核对好以上基本信息后，进入智能财税业务处理系统，点击“报表”下的“会计报表”，找到“利润表季报”并导出查看附件中的企业所得税季度预缴申报表，如图5－5－8、图5－5－9所示，核对表中的营业收入、营业成本和利润总额与利润表季报中的数据是否一致。经核对两张表中的营业收入都为1 318 380.97元，营业成本都为1 069 923.05元，利润总额都为28 907.01元，说明企业所得税季度预缴申报数据无误。

中华人民共和国企业所得税月(季)度预缴纳税申报表(A类)

税款所属期间：2022-01-01 至 2022-03-31

纳税人识别号(统一社会信用代码)：91442000MA54C8888C　　　　金额单位:人民币元（列至角分）

纳税人名称：中山市花田贸易有限公司

预缴方式	(●) 按照实际利润额预缴	(○) 按照上一纳税年度应纳税所得额平均额预缴	(○) 按照税务机关确定的其他方法预缴
企业类型	(●) 一般企业	(○) 跨地区经营汇总纳税企业总机构	(○) 跨地区经营汇总纳税企业分支机构
跨省总机构行政区划		提示：总机构在外省的分支机构申报时，请先选择跨省总机构行政区划	

优惠及附报事项有关信息

项目	一季度		二季度		三季度		四季度		季度平均值
	季初	季末	季初	季末	季初	季末	季初	季末	
从业人数	5	5							5
资产总额(万元)	110.6	105.52							108.06
国家限制或禁止行业	(○) 是　(●) 否				小型微利企业				(●) 是　(○) 否

代码	附报事项名称	金额或选项
K01002	□ 扶贫捐赠支出全额扣除(本年累计，元)	0.00
Y01001	□ 软件集成电路企业优惠政策适用类型	□ 原政策　□ 新政策

预缴税款计算

行次	项目	本年累计金额
1	营业收入	1,318,380.97
2	营业成本	1,069,923.05
3	利润总额	28,907.01
4	加：特定业务计算的应纳税所得额	0.00
5	减：不征税收入	0.00
6	减：资产加速折旧、摊销(扣除)调减额(填写A201020)	0.00

图5－5－8　花田公司企业所得税季度预缴申报表

利润表季报

纳税人识别号：91442000MA54C8888C　　　　会小企03表

编制单位：中山市花田贸易有限公司　　2022-03　　单位：元

项目	行次	第一季度	第二季度	第三季度	第四季度	本年累计金额
一、营业收入	1	1,318,380.97				1,318,380.97
减：营业成本	2	1,069,923.05				1,069,923.05
税金及附加	3	18,881.79				18,881.79
其中：消费税	4					
营业税	5					
城市建设维护税	6	10,591.88				10,591.88
资源税	7					
土地增值税	8					
城镇土地使用税、房产税、车船税、印花税	9	724.28				724.28
教育附加、矿产资源、排污费	10	7,565.63				7,565.63
销售费用	11	87,294.19				87,294.19
其中：商品维修费	12					
广告费和业务宣传费	13					
管理费用	14	116,713.69				116,713.69
其中：开办费	15					
业务招待费	16	579.00				579.00
研究费用	17					
财务费用	18	147.90				147.90
其中：利息费用（收入以“-”号填列）	19					
加：投资收益（损失以“-”号填列）	20					
二、营业利润（亏损以“-”号填列）	21	25,420.35				25,420.35
加：营业外收入	22	3,486.66				3,486.66
其中：政府补助	23					
减：营业外支出	24					
其中：坏账损失	25					
无法收回的长期债券投资损失	26					
无法收回的长期股权投资损失	27					
自然灾害等不可抗力因素造成的损失	28					
税收滞纳金	29					
三、利润总额（亏损总额以“-”号填列）	30	28,907.01				28,907.01

图 5－5－9　花田公司利润表季报

另外，还需将企业所得税预缴申报表中的营业收入与增值税纳税申报表（见图 5－5－4）中销售收入进行核对。花田公司申报的是2022年第一季度的增值税，申报表中的本年累计销售收入即为第一季度的销售收入，查看增值税申报表可以知道第一季度销售收入为 1 318 380.97 元，与所得税预缴申报表一致，也进一步印证了企业所得税季度预缴的营业收入是无误的。

三、印花税的税务审核

印花税的税务审核

根据新的《印花税法》规定，印花税按季、按年或按次申报。实务中，已核定印花税的企业一般按季申报，没有核定印花税的企业发生印花税涉税事项时往往按次申报。报税人员在申报完印花税后，会将印花税清册表截图、清缴税款截图和印花税纳税申报表上传到财务云协同管理平台对应税费申报单的附件。税务审核人员需要登录财务云协同管理平台搜索分派审核的企业，找到对应的印花税申报单，查看报税人员上传的附件，并按以下要求审核申报的印花税：

查看附件中印花税清册表截图右上角的企业名称是否为申报的企业；清册表截图印花税申报表一行税款所属期是否正确，操作状态是否显示“已申报”。

查看附件中清缴税款截图，如果有未缴税款，核对缴款查询与打印页是否显示已缴，并及时向财税顾问反馈。

查看附件中印花税申报表，检查印花税税目是否正确，核对申报表上的数据。如果企业只有买卖合同的话，注意核对印花税申报表上的计税依据与公司增值税申报表上相关数据的一致性。

任务5：审核花田公司2022年第一季度印花税的申报。

登录财务云协同管理平台，找到花田公司2022年第一季度印花税的申报单，点击查看附件的清册表截图和清缴税款截图，确认企业为花田公司，清册表中印花税一栏操作状态显示“已申报”，并且企业不存在未清缴的税款。核对完基本信息之后，查看附件中公司第一季度印花税的纳税申报表，核对申报表上的数据，因为花田公司第一季度核定的印花税税目为“买卖合同”，企业没有发生其他相关的涉税事项，计税依据中“买卖合同（销售合同）”2022年1－3月合计的数应该是增值税纳税申报表中本年累积的“应税货物销售额”的数。根据表5－4－2企业合同登记统计表，2022年1－3月花田公司“买卖合同（销售合同）”合计数为：844 143.21＋474 237.76＝1 318 380.97元；增值税及附加税申报表中“本年累计”下的“应税货物销售额”为“1 318 380.97”（见图5－5－4），两项数据是一样的。

按上述要求完成印花税的税务审核后，税务审核人员需要回到财务云协同管理平台，找到对应的印花税申报单，办理税务审核完毕手续，完成税务审核流程，具体操作同前面增值税的税务审核完毕流程。

思政园地

依法诚信纳税是每个公民的基本义务

税收是税和税的征收的全称，也就是指将大家在生产、消费时花费的钱收集一部分交给国家，由国家根据需要来安排用处。俗话说：“有国就有税。”为什么无论哪个国家都要收税呢？原因很简单，税收对个人以及整个国家都是有益而无害的。

首先，税收可以帮助发展国防事业，保障国家安全。国家的安宁、民族的尊严，离不开强大的国防，而国防建设需要雄厚的财力作支撑，国家财政收入则主要来源于税收。我国能够拥有这么多的飞机、大炮、火箭、航空母舰、载人飞船、反舰导弹等，它们的研制、开发或购买费用都来源于税收。换句话说，我国的国防建设能够日趋完善、国家能够日益壮大起来，都有税收的一份功劳。

其次，税收有利于保障内政外交，服务政府运转。政府如一部庞大的机器，而税收就是维持这部机器运转的“汽油、柴油、润滑油”，当我们党和国家领导人对外国进行友好访问，促进国际合作时；当我们伸出友谊之手，参与国际援助时；当我们拨打110求救时……请不要忘记，这些都是靠强大的税收后盾作保障的。因为有了税收这一重要的经济来源，政府才能够更好地履行保障人民民主和维护国家长治久安的职能，贯彻执行组织经济建设和文化建设以及提供公共服务的职能，进一步提高政府为经济社会发展服务、为人民服务的能力和水平。

最后，税收的发展，能够着力改善民生，保障公民福利。“学有所教，劳有所得，病有所医，老有所养，住有所居……”是我们构建和谐社会的宏伟蓝图和追求，这些都需要国家、政府拿钱来办，而国家、政府的主要经济来源就是税收。例如，政府依靠税收作为主要经济支撑，修建了廉租房和经济适用房；建立了居民医疗保险和新型农村医疗合作保险；加强公共基础设施、公共文化设施、公共卫生设施等方面的建设。国家通过税收这一主要经济来源，修建了三峡水坝、青藏铁路、矮寨大桥等大型建筑；完成了南水北调、西电东送、西气东输等利民工程；尤其是国家提供的社会福利，有力地保障了人民的生活水平。所以说，“税收取之于民，用之于民。”

除了这些之外，税收的用途还有很多。作为一位公民，应当积极纳税，绝对不能偷税、欠税、骗税甚至抗税，这是不可取的，更是违法的！

资料来源：https：//easylearn. baidu. com/edu - page/tiangong/composition？ id = ec3ed708d6e339990b66438f422df817&fr = search9。

思考：请你谈一谈作为财务人员如何帮助企业规范管理涉税业务。

项目六

共享中心档案管理

知识目标

1. 了解会计档案的概念
2. 了解电子版档案管理规定
3. 掌握会计档案保管期限
4. 熟悉会计档案销毁程序

能力目标

1. 能根据记账凭证分类整理原始凭证
2. 能利用凭证纸粘贴原始凭证
3. 能装订会计凭证

素养目标

1. 培养干净整洁、耐心细致的工作作风
2. 具备遵纪守法的法制意识

工作任务

1. 根据记账凭证整理粘贴原始凭证
2. 利用装订机装订会计凭证

标志性成果

装订成册的会计凭证

模块一 会计档案整理

相关知识

会计档案
管理规定

一、什么是会计档案

会计档案是指单位在进行会计核算等过程中接收或形成的，记录和反映单位经济业务事项的，具有保存价值的文字、图表等各种形式的会计资料，包括通过计算机等电子设备形成、传输和存储的电子会计档案。单位应当加强会计档案管理工作，建立和完善会计档案的收集、整理、保管、利用和鉴定销毁等管理制度，采取可靠的安全防护技术和措施，保证会计档案的真实、完整、可用、安全。

根据财政部、国家档案局于 2015 年 12 月颁发的修订版《会计档案管理办法》，下列会计资料应当进行归档：

（1）会计凭证，包括原始凭证、记账凭证。

（2）会计账簿，包括总账、明细账、日记账、固定资产卡片及其他辅助性账簿。

（3）财务会计报告，包括月度、季度、半年度、年度财务会计报告。

（4）其他会计资料，包括银行存款余额调节表、银行对账单、纳税申报表、会计档案移交清册、会计档案保管清册、会计档案销毁清册、会计档案鉴定意见书及其他具有保存价值的会计资料。

二、电子版档案管理规定

同时满足下列条件的，单位内部形成的属于归档范围的电子会计资料可仅以电子形式保存，形成电子会计档案：

（1）形成的电子会计资料来源真实有效，由计算机等电子设备形成和传输。

（2）使用的会计核算系统能够准确、完整、有效地接收和读取电子会计资料，能够输出符合国家标准归档格式的会计凭证、会计账簿、财务会计报表等会计资料，设定了经办、审核、审批等必要的审签程序。

（3）使用的电子档案管理系统能够有效接收、管理、利用电子会计档案，符合电子档案的长期保管要求，并建立了电子会计档案与相关联的其他纸质会计档案的检索关系。

（4）采取有效措施，防止电子会计档案被篡改。

（5）建立电子会计档案备份制度，能够有效防范自然灾害、意外事故和人为破坏的影响。

（6）形成的电子会计资料不属于具有永久保存价值或者其他重要保存价值的会计档案。

满足上述规定条件，单位从外部接收的电子会计资料附有符合《中华人民共和国电子签名法》规定的电子签名的，可仅以电子形式归档保存，形成电子会计档案。

为加强对电子会计资料的管理，财政部、国家档案局于2020年3月颁发了《关于规范电子会计凭证报销入账归档的通知》，通知指出：电子会计凭证，是指单位从外部接收的电子形式的各类会计凭证，包括电子发票、财政电子票据、电子客票、电子行程单、电子海关专用缴款书、银行电子回单等电子会计凭证。来源合法、真实的电子会计凭证与纸质会计凭证具有同等法律效力。符合档案管理要求的电子会计档案与纸质档案具有同等法律效力。除法律、行政法规另有规定外，电子会计档案可不再另以纸质形式保存。单位以电子会计凭证的纸质打印件作为报销入账归档依据的，必须同时保存打印该纸质件的电子会计凭证。

三、会计档案保管期限

会计档案的保管期限分为永久、定期两类。定期保管期限一般分为10年和30年。会计档案的保管期限，从会计年度终了后的第一天算起。

各类会计档案的保管期限原则上应当按照表6-1-1执行，表中列举的会计档案保管期限为最低保管期限。

表6-1-1　企业和其他组织会计档案保管期限表

序号	档案名称	保管期限	备注
一	会计凭证		
1	原始凭证	30年	
2	记账凭证	30年	
二	会计账簿		
3	总账	30年	
4	明细账	30年	
5	日记账	30年	
6	固定资产卡片		固定资产报废清理后保管5年
7	其他辅助性账簿	30年	

续表

序号	档案名称	保管期限	备注
三	财务会计报告		
8	月度、季度、半年度财务会计报告	10 年	
9	年度财务会计报告	永久	
四	其他会计资料		
10	银行存款余额调节表	10 年	
11	银行对账单	10 年	
12	纳税申报表	10 年	
13	会计档案移交清册	30 年	
14	会计档案保管清册	永久	
15	会计档案销毁清册	永久	
16	会计档案鉴定意见书	永久	

四、会计档案销毁

经鉴定可以销毁的会计档案，应当按照以下程序销毁：

（1）单位档案管理机构编制会计档案销毁清册，列明拟销毁会计档案的名称、卷号、册数、起止年度、档案编号、应保管期限、已保管期限和销毁时间等内容。

（2）单位负责人、档案管理机构负责人、会计管理机构负责人、档案管理机构经办人、会计管理机构经办人在会计档案销毁清册上签署意见。

（3）单位档案管理机构负责组织会计档案销毁工作，并与会计管理机构共同派员监销。监销人在会计档案销毁前，应当按照会计档案销毁清册所列内容进行清点核对；在会计档案销毁后，应当在会计档案销毁清册上签名或盖章。

（4）电子会计档案的销毁还应当符合国家有关电子档案的规定，并由单位档案管理机构、会计管理机构和信息系统管理机构共同派员监销。

（5）保管期满但未结清的债权债务会计凭证和涉及其他未了事项的会计凭证不得销毁，纸质会计档案应当单独抽出立卷，电子会计档案单独转存，保管到未了事项完结时为止。

（6）单独抽出立卷或转存的会计档案，应当在会计档案鉴定意见书、会计档案销毁清册和会计档案保管清册中列明。

业务流程

整理原始凭证—粘贴原始凭证—打印会计资料—装订凭证。

业务操作

一、整理原始凭证

将客户某月份纸质版原始凭证与账务系统记账凭证进行匹配，在对应的原始凭证右上角登记匹配上的记账凭证的编号。如果原始凭证出现短缺，能帮客户补回的先补回，比如缺失完税证明，可以登录电子税务局下载，确实无法找到或补回的，可以先利用 Excel 登记后与财税顾问沟通；如果原始凭证出现多余，比如发票清单、小规模纳税客户获取的增值税专用发票抵扣联等，可按共享中心要求处理；如果混入其他客户原始凭证，应与财税顾问沟通。整理好的原始凭证按记账凭证编号从小到大放好并用夹子夹住以备下一工序使用。

二、粘贴原始凭证

整理原始凭证时，如果一张记账凭证对应多张原始凭证，应将原始凭证按小票在下、大票在上的要求，从右至左呈阶梯状依次粘贴在空白原始凭证粘贴单上。在小票据较多的情况下，比如差旅费报销业务中经常出现的车票（见图 6－1－1），一般从粘贴纸的右下角开始，齐线齐边地下贴一张、中贴一张、上贴一张，适度左移后再下贴一张、中贴一张、上贴一张，粘贴的距离根据凭证数量的多少来确定，但必须在粘贴纸左侧留出装订的位置，排列要均匀美观。必要的时候，可使用多张原始凭证粘贴单。

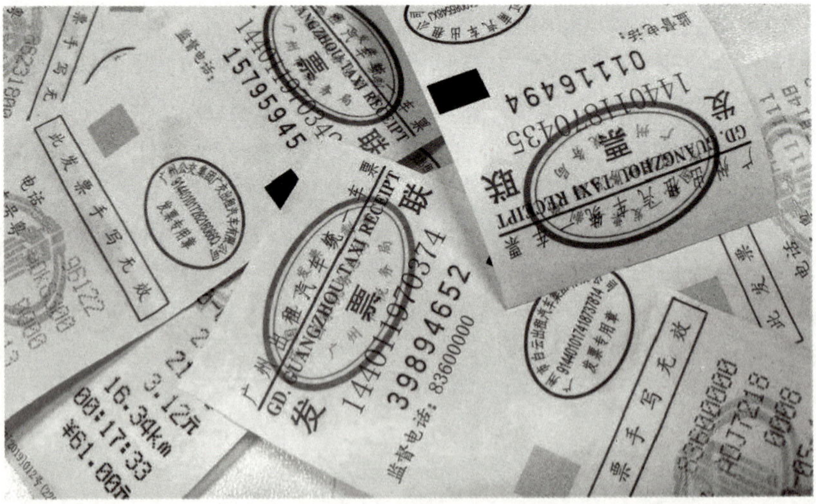

图 6－1－1　报销用车票

尽量不要将票据集中在原始凭证粘贴单中间，以免造成中间厚四周薄，凭证装订起来不整齐的现象。每张票据均应直接粘贴在原始凭证粘贴单上，不要将票据粘贴在票据上，否则票据容易脱落丢失。

对于超出原始凭证粘贴单的较大的单据，在不影响单据内容的情况下，可将多余部分修剪后再粘贴；不能修剪的，可通过折叠的办法处理，一般方法为齐左折右或齐上折下，右折和下折位置要留有余地，不能超出原始凭证粘贴单。

不论是粘贴小的单据还是大的单据，粘贴时只需粘牢原始凭证的左侧部分，不要将单据全部贴实在粘贴单上；同时要将褶皱的凭证摊开、压平，对破损的凭证还要进行适当修补；对于一些装订在一起的单据要拆掉订书针、回形针、大头针等。

三、打印会计资料

打印会计资料

共享中心需要打印的会计资料包括：记账凭证、科目余额表、会计报表。

（一）打印记账凭证

任务1：打印花田公司2022年3月份记账凭证。

1. 选择打印会计期间

进入账务处理系统，点击“财务—会计凭证—显示查询条件”，选择需要打印的月份：2022年3月1日至2022年3月31日，点击“打印”，操作界面如图6-1-2所示。

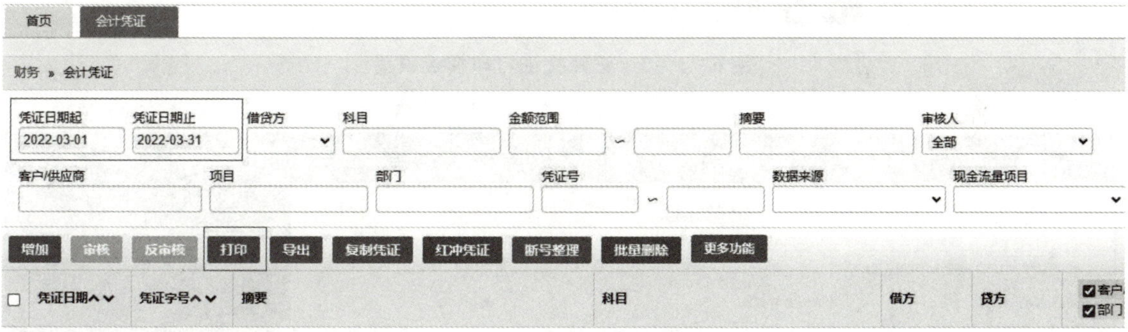

图6-1-2 选择打印会计期间

2. 打印模板设置

首次打印记账凭证时，需要按共享中心要求做一些基本设置，设置完成后可以另存为模板，以后再打印时可以直接调用模板。记账凭证打印模板设置界面如图6-1-3所示。

3. 打印记账凭证

点击图6-1-3最下面的“打印”按钮，系统会弹出要打印的全部记账凭证，如图6-1-4所示。

再点击图6-1-4右上角的打印机图标，系统弹出图6-1-5所示界面，根据共享中心具体情况选择合适的打印机及纸张后，执行打印任务即可。

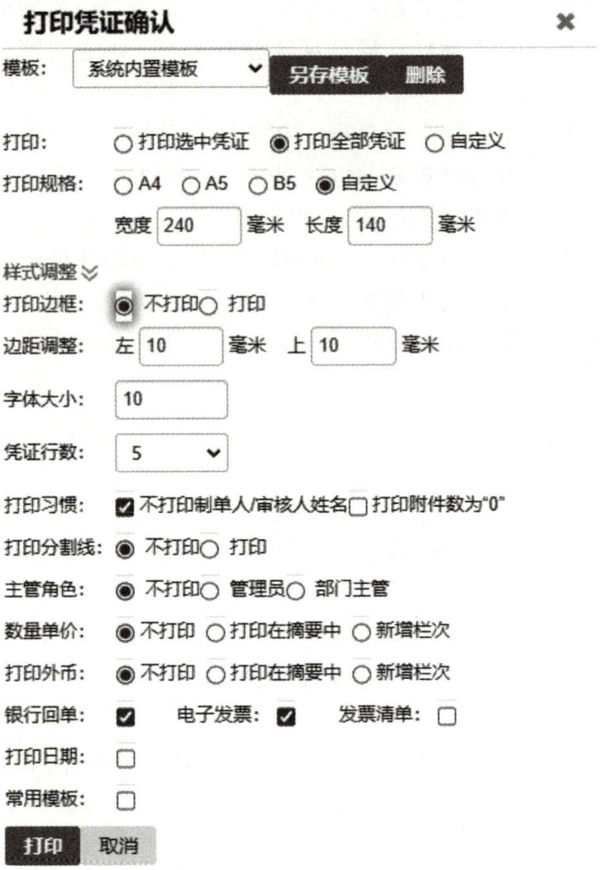

图 6－1－3　记账凭证打印模板设置

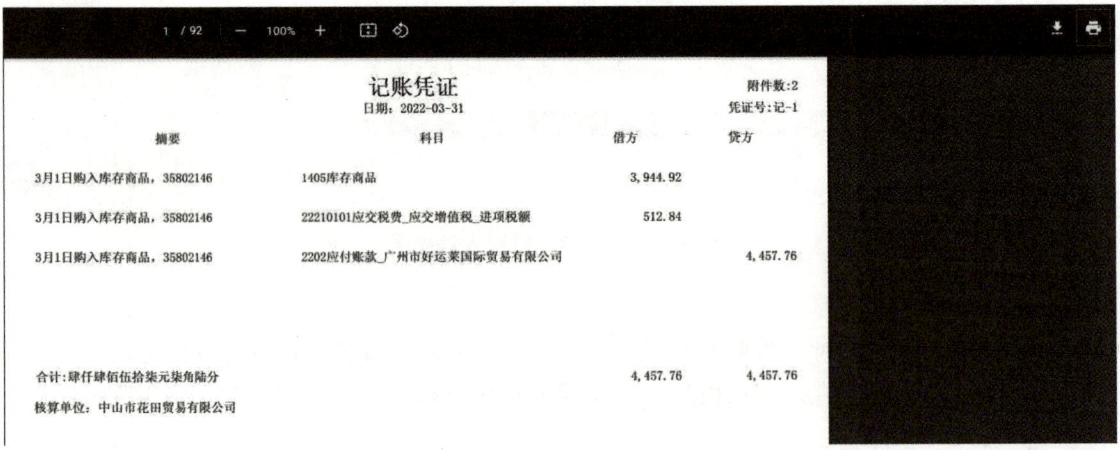
1 / 92　100%

记账凭证

日期：2022-03-31　　附件数:2　凭证号:记-1

摘要	科目	借方	贷方
3月1日购入库存商品，35802146	1405库存商品	3,944.92	
3月1日购入库存商品，35802146	22210101应交税费_应交增值税_进项税额	512.84	
3月1日购入库存商品，35802146	2202应付账款_广州市好运莱国际贸易有限公司		4,457.76
合计:肆仟肆佰伍拾柒元柒角陆分		4,457.76	4,457.76

核算单位：中山市花田贸易有限公司

图 6－1－4　需要打印的记账凭证

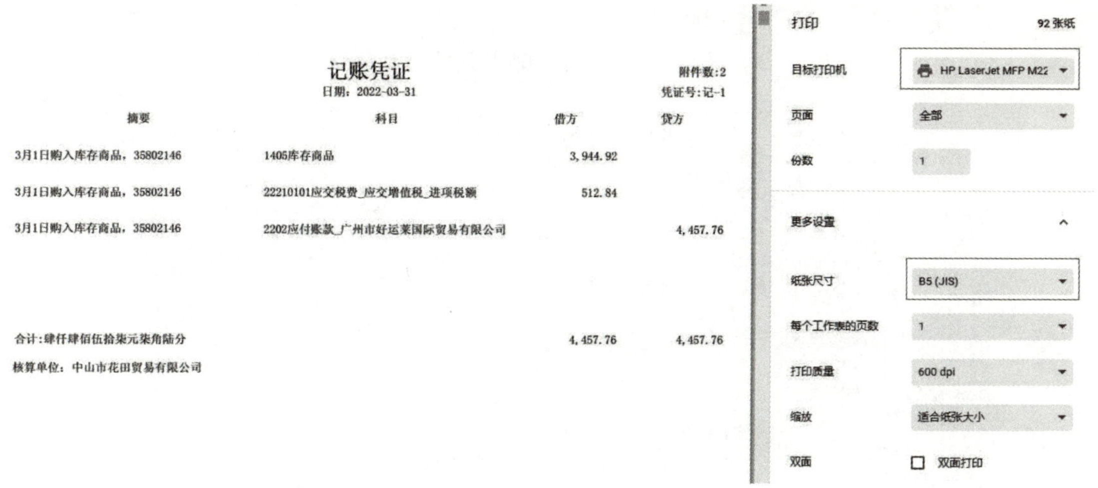

图 6－1－5　选择打印机和打印纸张

任务 2：打印花田公司 2022 年 3 月记账凭证封面。

1. 填写封面模板

填写共享中心凭证封面模板，如图 6－1－6 所示。模板中要填写公司名称、记账凭证起止时间、记账凭证起止编号、记账凭证册数。有的企业记账凭证很少，共享中心可能会一个季度合并打印一次甚至一年合并打印一次后装订，此时不用填写记账凭证起止编号。

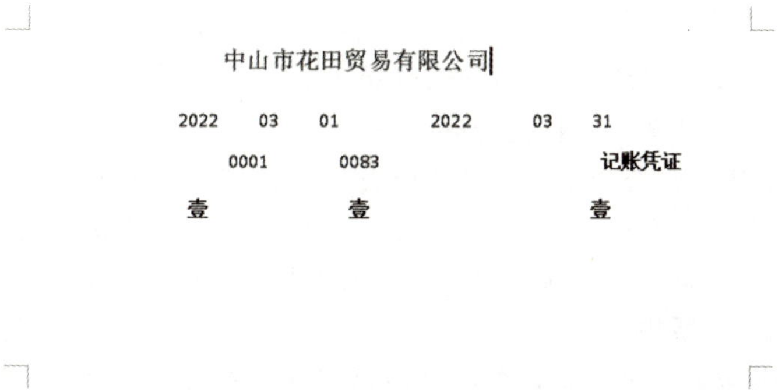

图 6－1－6　记账凭证封面模板

2. 打印封面

用共享中心专用的封面直接打印即可，打印后的效果如图 6－1－7 所示。

（二）打印科目余额表

任务 3：打印花田公司 2022 年 3 月份科目余额表。

1. 导出花田公司 2022 年 3 月份科目余额表

进入账务处理系统，点击“财务—科目余额表—显示查询条件”，选择需要打印的月份 2022 年 3 月，会计科目选择“全部”，科目级次选择“1 至 4 级”，点击“查询”，再点击

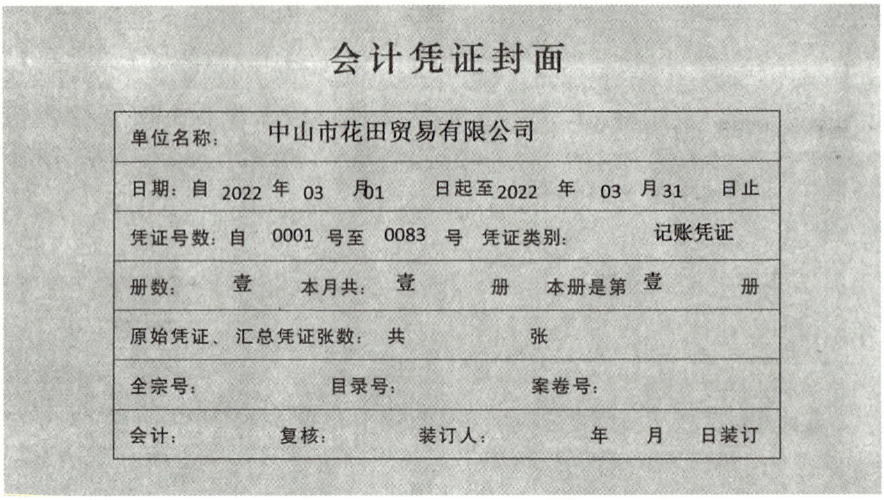

会计凭证封面

单位名称：	中山市花田贸易有限公司				
日期：自 2022 年 03 月01	日起至2022 年 03 月31	日止			
凭证号数：自 0001 号至 0083 号	凭证类别：	记账凭证			
册数：	壹	本月共：	壹 册	本册是第	壹 册
原始凭证、汇总凭证张数：共	张				
全宗号：	目录号：	案卷号：			
会计：	复核：	装订人：	年 月 日装订		

图 6-1-7 凭证封面

“导出/打印—导出所有数据（PDF 格式）/打印”，即可导出要打印的花田公司 2022 年 3 月份的 PDF 版科目余额表。

2. 打印导出的 PDF 版科目余额表

打开导出的 PDF 版科目余额表后，点击打印机图标，点击“更多设置”，纸张尺寸按共享中心要求选择凭证纸，“缩放”选择“适合可打印区域”，然后执行打印。

（三）打印会计报表

任务 4：打印花田公司 2022 年 3 月份会计报表。

1. 导出花田公司 2022 年 3 月份的会计报表

进入账务处理系统，点击“报表—会计报表”，选择需要打印的月份 2022 年 3 月后，点击“查询”，点击“导出/打印—导出所有数据（PDF 格式）/打印”，系统会下载花田公司 3 月份的资产负债表、利润表、现金流量表及所有者权益增减变动表。

2. 打印导出的 PDF 版报表

打开导出的 PDF 版会计报表后，点击打印机图标，点击“页面”，选择“自定义”，根据需要打印的报表选择合适的页面；点击“更多设置”，纸张尺寸按共享中心要求选择凭证纸或者其他符合要求的纸张，“缩放”选择“适合可打印区域”，然后执行打印。

四、装订凭证

按照财政部颁发的《会计基础工作规范》要求，记账凭证应当连同所附的原始凭证或者原始凭证汇总表，按照编号顺序，折叠整齐，按期装订成册，并加具封面，注明单位名称、年度、月份和起讫日期、凭证种类、起讫号码，由装订人在装订线封签外签名或者盖章。对于数量过多的原始凭证，可以单独装订保管，在封面上注明记账凭证日期、编号、种类，同时在记账凭证上注明“附件另订”和原始凭证名称及编号。各种经济合同、存出保证金收据以及涉外文件等重要原始凭证，应当另编目录，单独登记保管，并在有关的记账凭证和原始凭证上相互注明日期和编号。

为保证装订好的凭证美观整齐且方便查阅，一般情况下每本记账凭证厚度不超过 5 厘米；如果客户某月份凭证较多，一本凭证装订不了的，应进行拆分。拆分后应在凭证封面注明某月共有几本记账凭证，每一本的顺序号是多少。

（一）确认装订对象

记账凭证只有在审核无误的情况下才能打印装订，因此，在装订凭证之前，首先要确认要装订的客户的某月份的记账凭证是否已经审核完毕。

进入财务云协同管理平台，依次点击“大数据分析—共享中心财税业务执行明细表”，搜索要打印的客户名称，点击“查询”，看对应的会计期间是否有记账审核人，如果有，说明已经审核过了，可以执行打印装订任务。如图 6－1－8 所示。

首页　共享中心财税业务执行明细表 ×

康民　清空　查询　高级查询

序号	基地名称	财税公司分部	客户名称	会计期间	记账审核...	记账审核人
12	增城基地	正誉股份-广州本部	广州康民[redacted]有限公司	202104	2021-08-27	胡[redacted]
13	增城基地	正誉股份-广州本部	广州康民[redacted]有限公司	202105	2021-08-27	胡[redacted]
14	增城基地	正誉股份-广州本部	广州康民[redacted]有限公司	202106	2021-08-27	胡[redacted]

图 6－1－8　凭证审核确认

（二）整理凭证

按照共享中心要求，每月提供给客户的记账凭证装订本应包括的内容有：科目余额表、资产负债表、利润表、记账凭证、银行对账单、发票清单。将上述单据按顺序整理好后，在记账凭证最上面放凭证封面，最下面放凭证封底，用夹子固定好。

（三）装订凭证

装订凭证

1. 裁剪包角纸

将空白包角纸按包角纸上的虚线进行裁剪，如图 6－1－9 所示。

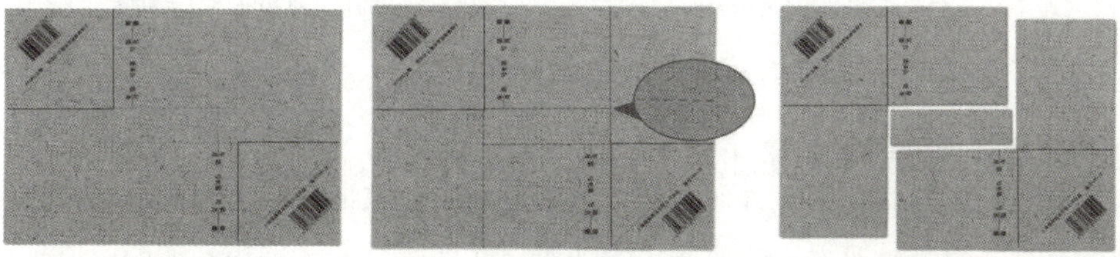

空白包角纸　　沿虚线裁剪　　裁剪后的包角纸

图 6－1－9　裁剪包角纸

2. 包角装订

将包角纸有字的一面朝向记账凭证放置，用两只夹子夹住记账凭证上面和左侧固定住记账凭证及包角纸，然后用装订机打孔装订，如图 6－1－10 所示。

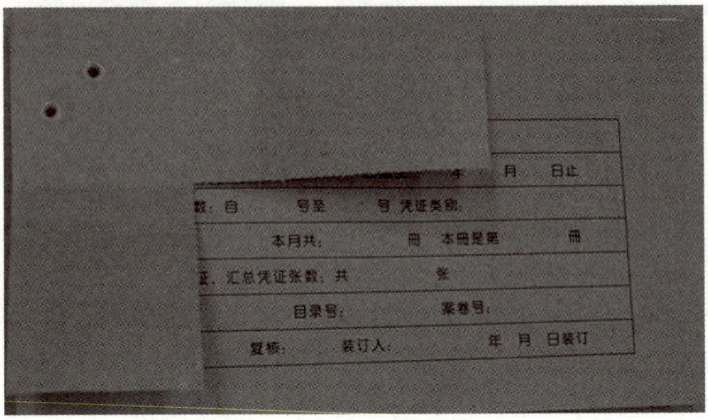

图 6－1－10　放置包角纸

3. 包角并粘紧

包角方法如图 6－1－11 所示。

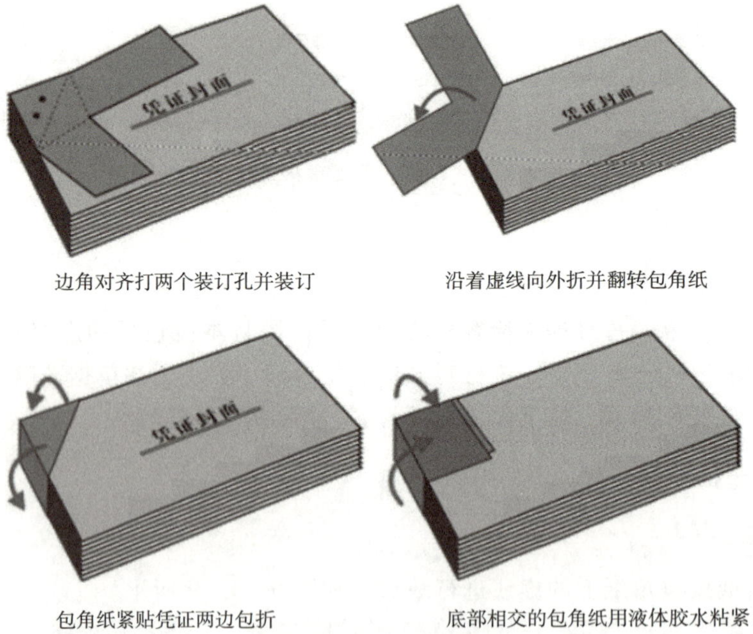

图 6－1－11　包角

4. 填写记账凭证侧面信息

记账凭证装订完毕后，为了方便查阅记账凭证，还要在记账凭证侧面填写相关信息，比如凭证的年、月，当月总册数，本册属于第几册，凭证编号等。记账凭证侧面信息也可以在装订之前提前在包角纸上填写好。

模块二　会计档案流转

相关知识

根据财政部、国家档案局于2015年12月颁发的修订版《会计档案管理办法》，单位之间交接会计档案时，交接双方应当办理会计档案交接手续。具体要求如下：

移交会计档案的单位，应当编制会计档案移交清册，列明应当移交的会计档案名称、卷号、册数、起止年度、档案编号、应保管期限和已保管期限等内容。

交接会计档案时，交接双方应当按照会计档案移交清册所列内容逐项交接，并由交接双方的单位有关负责人负责监督。交接完毕后，交接双方经办人和监督人应当在会计档案移交清册上签名或盖章。

电子会计档案应当与其元数据一并移交，特殊格式的电子会计档案应当与其读取平台一并移交。档案接受单位应当对保存电子会计档案的载体及其技术环境进行检验，确保所接收电子会计档案的准确、完整、可用和安全。

单位的会计档案及其复制件需要携带、寄运或者传输至境外的，应当按照国家有关规定执行。

单位委托中介机构代理记账的，应当在签订的书面委托合同中，明确会计档案的管理要求及相应责任。

业务流程

签收客户票据—发出客户会计档案。

业务操作

一、签收客户票据

（一）复制客户条码

财税顾问收到客户票据后，核对客户名称、会计期间、单据数量，进入财务云协同管理平台，点击“大数据分析”下的“共享中心财税业务执行明细表”，在查询窗口输入要签收的客户名称，点击票据所属会计期间，如图6－2－1所示。

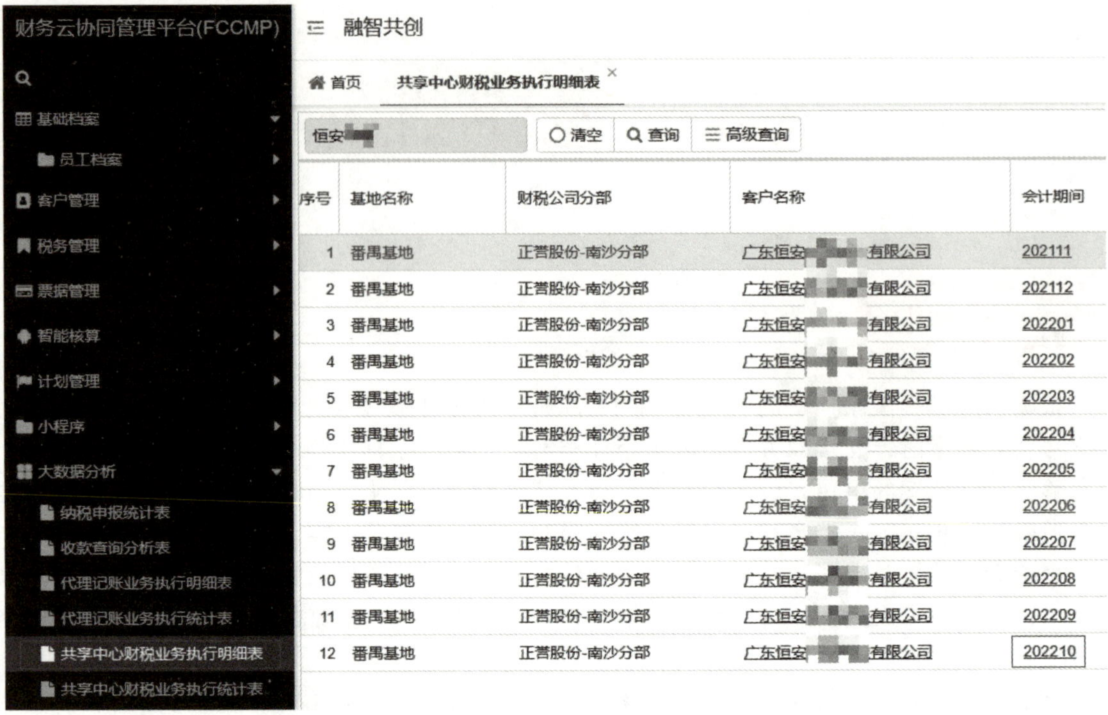

图 6－2－1　查找客户

点击票据所属会计期间后弹出如图 6－2－2 所示界面，核对客户名称、会计期间无误后，复制条码，退出页面。

图 6－2－2　复制条码

（二）签收

依次点击“票据管理—共享中心—收发管理—票据签收（扫）”，在查询窗口输入复制的条码，点击“添加”，勾选添加的条码后，再点击“签收”，完成签收流程，如图6－2－3所示。

图6－2－3 签收

二、快递客户会计档案

（一）封装会计档案

在快递客户会计档案之前，首先要对客户会计档案进行整理，将同一家公司所有凭证放在一起，整理完毕后核对凭证封面公司名称、月份，无误后放密封袋装好，然后装箱，防止摔坏或淋湿档案。在箱子上标注公司名称及收件人名字，方便快递员提高分拣效率，减少差错。

（二）办理凭证发运手续

1. 添加客户条码

登录财务云协同管理平台，点击“大数据分析”下的“共享中心财税业务执行明细表”，在查询窗口输入要快递会计档案的客户名称，再点击票据所属会计期间，在弹出的页面中找到客户条码并复制（见图6－2－4），操作过程与签收环节相同。

依次点击“票据管理—共享中心—收发管理—凭证发运”，如图6－2－5所示。点击“新建”，弹出界面如图6－2－6所示，在该界面输入客户条码，点击“添加”。如果同一客户有多个会计期间的会计档案需要快递出去，在条码那里直接修改月份继续添加即可（见图6－2－7），比如图6－2－7中，条码“862654－202211－2021070500001”中的“202211”代表的是2022年11月，每个月条码中只是会计期间不同，其他编码是一样的。

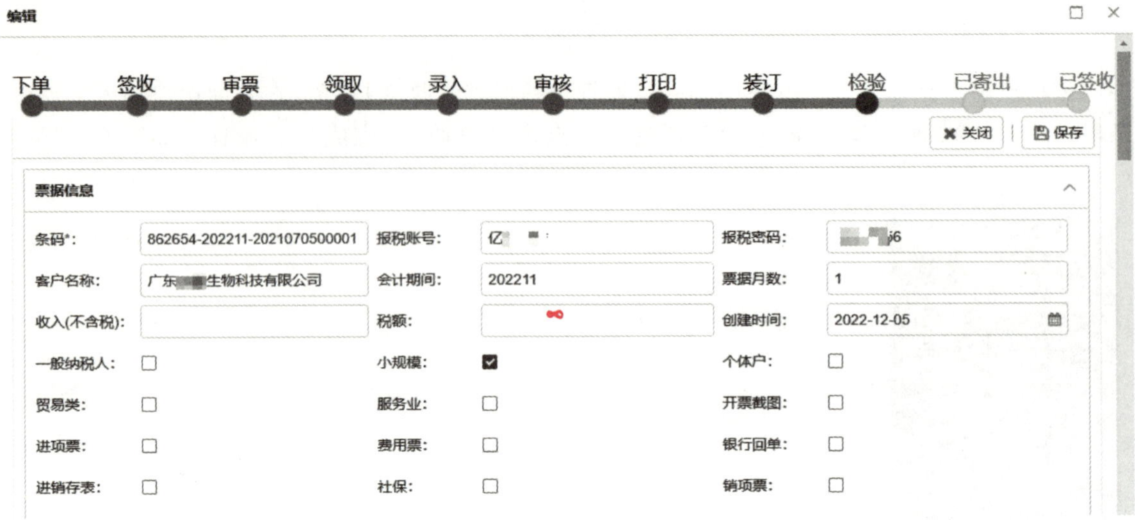

图 6-2-4　复制条码

图 6-2-5　新建凭证发运事项

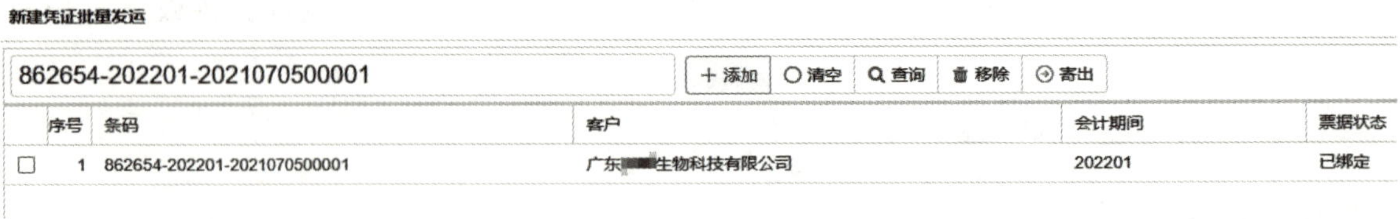

图 6-2-6　添加条码

2. 寄出

添加完客户条码后，如果前面只添加了某客户一个会计期间的条码，勾选该条码确认无误后点击“寄出”；如果添加了某客户多个会计期间的条码，只需要勾选任意会计期间的条码，确认无误后点击“寄出”，弹出如图 6-2-8 所示界面，选择寄件人和收件人信息，注意不要选错寄件人和收件人单位信息，保存后将无法返回修改。寄件人和收件人信息选择完毕后点击“保存”，完成寄出操作流程。

图 6-2-7　批量添加条码

图 6-2-8　选择快递信息

此时再点击“大数据分析”下的“共享中心财税业务执行明细表”，在查询窗口输入完成会计档案寄出手续的客户名称，再点击票据所属会计期间，可以看到档案管理流程已经发生的变化，会计档案显示为“已寄出”，如图 6-2-9 所示。

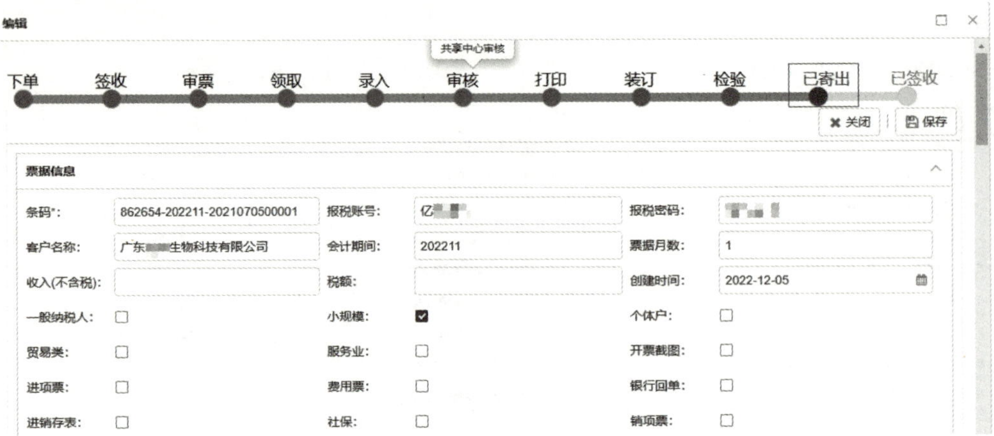

图 6-2-9 查询会计档案流转进度

思政园地

数字经济助推会计档案无纸化管理

习近平总书记指出："数字经济健康发展，有利于推动构建新发展格局"。在此背景下，国家陆续出台一系列电子发票应用与电子会计档案管理相关政策，明确电子会计档案的法律效力，并积极开展示范试点工作，为数字经济时代会计档案电子化管理提供了良好的实施环境。

财政部、国家档案局于2020年3月颁发《关于规范电子会计凭证报销入账归档的通知》，这对于会计行业而言，具有里程碑意义，意味着电子会计凭证全面落地实施有了政策依据。

2020年6月，第十三届全国人民代表大会常务委员会第十九次会议修订《中华人民共和国档案法》，自2021年1月1日起施行。修订的《档案法》第五章指出："档案馆和机关、团体、企业事业单位以及其他组织应当加强档案信息化建设，并采取措施保障档案信息安全。""电子档案与传统载体档案具有同等效力，可以以电子形式作为凭证使用。"

用友集团张艳超表示："从国家全面推行专票电子化和无纸化进程的层面来说，电子会计档案在其中起到了关键节点和枢纽的作用：企业在推行无纸化的过程中，业务系统的建设，主要解决了线上业务处理的问题，没有实质性地解决纸质文件存储的问题，最终是否能够实现无纸化，关键是看存档环节是否实现电子化和线上化。因此，业务系统的电子化和无纸化是前置条件，电子会计档案系统是完全实现无纸化进程的最后一公里。"蔡堃表示："年凭证量十万级的企业每年可节省综合成本达百万级，而千万级年凭证量的集团型企业、大型企业每年节省综合成本达到数千万元。不论企业类型、不分行业领域，能够实现降本增效并将更多的资源投入到企业经营中，都是档案电子化的价值体现。"

思考：政策的驱动使得数字化财务系统建设发展进入快车道，电子会计档案是企业财务数字化转型的重要一环。请你谈一谈，会计档案电子化管理有哪些优点？数字经济背景下，作为财务人员，应该如何帮助企业实施会计档案无纸化管理？